洞鉴

政协江苏省沛县委员会 编

中国文史出版社

目　录

文化卷:培根塑魂

经济卷:固本强基

科教卷:兴业树人

生态卷：和谐共生

民生卷:实事惠民

创建卷:提质增效

制度卷:守正创新

○县委文件

○政协党组文件

宣传卷：凝心聚力

大事卷:继往开来(2017—2021)

汇聚奋进力量　接续时代荣光（序言）

郝敬彬

“横空大气排山去,砥柱人间是此峰。”

风云激荡,苦难辉煌。2021年7月1日,无疑是一个辉耀千秋的历史时刻。中国共产党百年华诞和“两个一百年”奋斗目标在此交汇。习近平总书记庄严宣告:“经过全党全国各族人民持续奋斗,我们实现了第一个百年奋斗目标,在中华大地上全面建成了小康社会,历史性地解决了绝对贫困问题,正在意气风发向着全面建成社会主义现代化强国的第二个百年奋斗目标迈进。这是中华民族的伟大光荣！这是中国人民的伟大光荣！这是中国共产党的伟大光荣!”

与祖国同步,与时代同行。与人民同心,与日月同辉。

人民政协的历史就是一部与祖国和人民心连心、同呼吸、共命运的奋斗史。人民政协紧跟中国共产党,团结带领中国人民踏上了实现第二个百年奋斗目标新的赶考之路,必将续写“两大奇迹”新篇章,实现中华民族伟大复兴。

中国共产党领导的多党合作和政治协商制度是中国共产党、中国人民和各民主党派、无党派人士的伟大政治创造。长期共存、互相监督、肝胆相照、荣辱与共,形成了通力合作、团结和谐的新型政党关系,共同书写了人类政治史上的崭新篇章。

在大汉之源、刘邦故里这片英雄的土地上,沛县政协在中共沛县县委的领导下,即将走完十届历程。特别是走进新时代、踏上新征程的第十届政协谱写了浓墨重彩的时代新篇。全体政协委员风雨同舟、共同奋斗,用智慧和汗水书写了可歌可泣的政协篇章,留下了感天动地的政协故事,播撒了薪火相传的政协火种,烙下了不可磨灭的政协印记。为此,汇集委员智慧,凝聚政协力量的《洞鉴》一书呼之欲出。这是十届政协向党和人民,向祖国和家乡交上的一份时代答卷。

2017—2021,这五年是沛县政协矢志初心、践行使命的五年,是筚路蓝缕、强基兴业的五年,也是创造辉煌、开辟未来的五年。赓续精神血脉,奋进前行之路。一切向前走，都不能忘记走过的路。沛县政协永葆初心的生命力，不负使命的感召力，与时俱进的创造力，攻坚克难的战斗力……言近旨远、力透纸背，规模宏远、语重心长。政协人用永不懈怠的脚步和忘我劳动的身影，书写着人民至上的政协答卷。

在字里行间的生动诠释里，在感悟初心的智慧建言里，关于挑战与机遇、问题与思辨、理想与探索、担当与奉献的深邃思考跨越时空，激荡在每一位政协人心中，化作一份份建言，深深影响着地方经济发展和社会进步。文字倾注着政协人的心血，蕴含着政协人的智慧。如同无言的路标、无形的磁场，成为一段独特的政协记忆。

沧海横流，方显英雄本色；关键之时，彰显硬核力量。一幅幅动人的场景，映照着人民政协为人民的血肉联系、鱼水之情；一份份精彩的建言，诠释着人民至上的忠诚担当；一个个特殊的节点，标注于这座城市的永恒记忆里。一个个奋进的身影，熔铸于一个伟大民族的精神中，也必将凝练在人民政协的奋斗基因中。

顶天立地的坚强脊梁，共克时艰的磅礴力量，休戚与共的责任担当……十届政协，政协委员与全县人民同舟共济，风雨兼程。五载春秋，见证了政协智慧、政协方案、政协力量、政协担当，也见证了这股力量和这种精神共同书写的政协答卷，蓬勃着无限生机和活力。

《洞鉴》一书由县政协文化文史委主编。重点总结政协沛县十届委员会以来的工作亮点、特点、创新点，全方位展现全县政协系统和广大政协委员在助推经济发展、维护社会稳定、改善民生等方面所做的努力，重点对沛县的文化建设、经济发展、科教振兴、城乡融合、产业转型、民生事业、社会治理等方面进行系统谋划和深入思考。为存史资政和委员更好地建言献策、履职尽责提供有价值的借鉴和参考。

历尽天华成此景，人间万事出艰辛！洋洋数十万言，皇皇巨制鸿篇。政协没有荣誉委员，政协只有责任委员。政协离群众最近，委员就在身边。扩大最佳朋友圈，求取最大公约数，有事好商量，画好同心圆……人民政协，一个伟大的组织；政协委员，一个光荣的称谓。因为一个群体的共同付出，因为一部《洞鉴》的横空出世，镌刻在一座城市的史册里，铭记在一方百姓的心目中。

心中有党，心中有民，心中有责。在党的坚强领导下，沛县政协不负时代、不负人民，与全县人民一道共克时艰、共历风雨、共同前进、共襄伟业，谱写了可歌可泣、可圈可点的沛县篇章。

凡是过往，皆为序章。以史为鉴，开创未来。

百年恰是风华，初心历久弥坚。新的征程、新的起点，我们要始终坚持自我革新、始终走在时代前列、始终不渝为人民服务的初心宗旨和理想信念。加强思想淬炼、政治历练、实践锻炼、专业训练，做到政治过硬、本领高强、纪律严明，建成一支政治素质高、忠诚干净担当、专业化能力强的政协委员队伍。

提高组织凝聚力、政治动员力、群众影响力、历史穿透力、理论说服力、心灵震撼力。用更严标准、更高境界、更大格局要求自己，精准开展“以研资政”，大力提升决策咨询服务质量和效益；积极开展“以研助宣”，着力发挥政策宣传和舆论引导作用；深入开展“以研促鉴”，不断加强历史文化研究与区域协作交流。提出“更有高度、更有境界、更有品位”的意见建议。

“江山就是人民，人民就是江山，打江山，守江山，守的是人民的心。”沛县政协植根于人民、服务于人民，始终尊重人民的主体地位和首创精神，始终保持同人民群众的血肉联系。干在细致、干出精致、干到极致。我们要以“重整行装再出发”的壮志豪情，披荆斩棘、顶风破浪，顽强拼搏、一往无前，奋力走好新的赶考路，不断续写人民政协的时代华章。

2021 年 8 月 28 日

领航卷:举旗定向

○县委书记讲话

政协沛县十届一次会议第二次全体会议上的讲话

李淑侠

(2017 年 1 月 7 日)

各位委员、同志们:

刚才,六位委员做了大会发言,内容丰富、见解深刻,还有四个书面发言,读了以后深受启发、深受教育,我们将在今后工作中认真加以借鉴。吴县长对委员们的发言做了点评和回应。各位委员通过广泛调研、深入思考,用精准的眼光对我县当前经济社会发展以及群众生产生活中的一些热点、难点、重点问题进行了认真分析和剖析,并结合实际提出了建设性的建议与对策。从中可以感受到广大政协委员热爱沛县、心系发展、关注民生的炽热情怀,也体现出了县政协围绕中心、服务大局的务实作为。总的感觉,大家的发言有三个特点:一是选题准、站位高。比如关于工业转型升级方面的建议,关于全面提升水生态环境质量的建议,关于着力在优质品牌农业发展上求突破的建议,关于招引人才的建议,等等。这些都是我县改革发展的战略问题、关键问题,对于县委县政府进一步开阔思路、科学民主决策,提供了有益参考。二是招数实、接地气。委员们对群众最关心、最直接、最现实的利益问题给予了高度关注。比如关于小区物业管理提升工作的建议,关于加强食品安全监督、确保舌尖上的安全的建议,等等,都反映了民声、体现了民意,对于完善县委县政府决策、推动工作,更大力度改善保障民生,很有帮助。三是立意新、境界高。各位委员都是各个领域、各条战线的优秀代表,既有理论素养,又有实践经验,提出的很多观点立意新颖,思想开阔,见解独到。比如关于进一步开发利用汉文化资源的建议,关于加强教师队伍建设的建议,等等。这些建议反映情况实事求是、分析问题客观准确,有思想,有见地,为统筹推进经济社会各个领域的改革发展提供了智力支持。对于这些发言建议,县委县政府将做进一步梳理、研究,尽可能地吸收到决策之中。

多年来县政协及广大委员立足全县发展大局，建言献策、履职尽责，创造性地开展工作，为全县经济、政治、文化、社会以及生态文明建设做出了重要贡献。在此，我代表县委县政府，向广大政协委员表示衷心的感谢。

今年是党的十九大召开之年、供给侧结构性改革的深化之年。县委、县政府工作的各项目标任务已经明确，要全面完成这些目标任务，离不开全县人民的努力奋斗、积极参与，更离不开县政协和各位委员的大力支持和有效监督。希望县政协以及各位委员始终站在全局的高度，紧紧围绕县委县政府的决策部署，最大限度地凝聚社会各界的智慧和力量，主动融入发展大局，更加有效履行职责，为高水平全面小康社会建设再立新功。下面，借今天这个机会，与各位委员和同志们交换三点意见。

一是广聚发展之力，在推进经济发展上展现更大作为。发展是第一要务，是我们一切工作的核心。政协组织和广大政协委员要紧紧围绕全县发展大局，认真履行职能，做到政治协商从发展着眼，民主监督为发展助力，参政议政为发展服务，切实把县委县政府的决策部署贯彻到履行职能的各项工作中去。要多谋发展良策。充分发挥政协人才荟萃、智力密集的优势，切实搞好政策协商、决策分析和对策研究，特别是对县委县政府提出的以供给侧结构性改革为主线，积极融入徐州"一中心一基地一高地"建设，突出转型升级、创新创优、增强实力、补齐短板、优化生态、惠及民生等重点工作，扎实打造"三地一新"，奋力在落实"两聚一高"、发挥"三个作用"中走在全市前列的工作目标，组织政协委员广泛开展考察和调研活动，多提具有前瞻性、全局性和可行性的建议。要多做发展实事。要敢于担当，充分发挥政协"智囊团""人才库"的优势，认真开展政治协商、民主监督和参政议政活动，当好县委的参谋助手。要充分发挥政协委员的行业骨干力量和示范带动作用，把建言献策与创业出力结合起来，把监督发展与参与发展结合起来，为加快沛县经济社会发展建功立业。要多聚发展合力。充分发挥政协联系广泛、渠道畅通的优势，进一步加强内联外引，广泛宣传沛县在生态环境、资源禀赋、历史文化、产业发展上的特色和优势，提升沛县的知名度和影响力；多渠道、多形式为招商引资牵线搭桥，有效汇聚项目、资金、技术和人才；积极宣传沛县经济社会发展的巨大成就，多做凝心聚力的工作，把社会各界的智慧和力量凝聚到支持发展、推动发展上来。

二是恪尽为民之责，在增进民生福祉上发挥更大作用。人民对美好生活的向往，就是我们的奋斗目标。政协作为党和政府联系群众的桥梁纽带，要坚持把履职为民作为工作的出发点和落脚点，为党分忧、为人民服务。要密切联系群众。要坚持立身群众、扎根群众，充分发挥自身联系广泛、代表性强的优势，积极反映群众普遍关心的热点难点问题,积极宣传县委的重大决策部署,确保县委意图能够为社会各界准确把握,自觉接受,形成共识,更好地把各界人士团结在党的周围,不断增强党的执政基础和群众基础。要正确引导群众。政协委员在群众中有很高的威望,在化解社会矛盾、促进社会和谐方面有着不可替代的优势。政协组织和广大政协委员要多做通报情况、沟通思想的工作,多做联络感情、理顺情绪的工作,多做团结鼓励、凝聚人心的工作。特别是对深化改革、项目建设、征地拆迁等工作推进过程中出现的苗头性、倾向性问题,要主动作为、宣传政策,积极营造遵纪守法、向上向善、支持发展的良好氛围。要热心服务群众。扎实开展具有政协特色的服务社会活动,组织科技、教育、卫生等界别委员开展扶贫济困、送温暖献爱心等活动,切实为弱势群体解决实际问题和困难。工商联界委员,要充分发挥自身优势,进行就业岗位和创业资金帮扶,热心为群众做实事、办好事,带动群众共同富裕,以实际行动树立良好形象。

三是夯实履职之基,在加强自身建设上取得更大进步。新形势新任务,不仅为政协委员施展才华提供了更为广阔的舞台,也对政协工作提出了新的更高要求。政协组织要积极探索新时期人民政协履行职能作用的新途径、新方法、新载体,深入推进政协工作的规范化、制度化和程序化建设,努力使政协工作体现时代性、把握规律性、富于创造性。广大政协委员要时刻牢记肩负的使命责任,倍加珍惜政协委员的政治荣誉,坚持事业为上、责任为重、工作为先,充分发挥在本职岗位中的带头作用、政协工作中的主体作用、界别群众中的代表作用,在服务发展、服务人民的实践中施展才华。政协机关要牢固树立为政协工作服务、为委员履职服务、为科学发展服务的理念,不断增强政治意识、服务意识,进一步密切政协机关同政协委员、社会各界以及人民群众的联系,不断提高政协机关的工作效率、服务质量和统筹协调能力,为政协开展工作提供有力支撑。

政协工作是党的工作的重要组成部分。县委将一如既往地重视和支持政协独立负责、协调一致地开展工作。各级各部门要把政协工作摆上重要议事日程,统筹研究解决政协工作中遇到的重大问题,支持政协履行职能,虚心接受民主监督,认真听取意见建议,及时办理政协提案,为人民政协事业发展创造更好的环境,共同推进我县人民政协事业再上新台阶。

最后,祝愿大家在新的一年里,工作顺利,身体健康,阖家幸福!谢谢大家。

立足新时代 汇聚新合力

奋力谱写“强富美高”沛县建设新篇章

——在政协沛县十届二次会议上的讲话

李淑侠

(2018 年 1 月 12 日上午 9:00)

各位委员、同志们:

政协沛县第十届委员会第二次会议今天隆重开幕了！在此,我代表中共沛县县委,对大会的召开表示热烈的祝贺！向出席会议的全体政协委员和同志们,致以诚挚的问候!

刚刚过去的 2017 年,是沛县跨越发展的一年、很不平凡的一年。一年来,全县上下紧紧围绕“三地一新”主攻方向,坚持稳中求进工作总基调,推动经济社会发展和党的建设迈上新台阶。过去的一年,我们积极做好经济运行各项工作,综合实力实现新跃升。主要经济指标增速继续保持全市前列,预计全年完成地区生产总值 715 亿元,增长 8.5%;公共财政预算收入 54.46 亿元,增长 5%;全社会固定资产投资 623.1 亿元,增长 11.2%;社会消费品零售总额 276 亿元,增长 12.3%;金融存贷比突破 50%。第十七届全国县域经济基本竞争力百强县跃居第 46 位,全国县域经济与县域综合发展百强县列第 33 位。过去的一年,我们全力主攻项目建设,转型升级呈现新气象。狠抓实体经济,实体经济发展呈现园区基地化、产业集群化、项目规模化、平台中心化的“新四化”景象。新型工业化基地建设实现重大突破,形成省级光伏科技产业基地、省级新型铝材特色产业基地、省级高端装备制造业特色产业基地、省级绿色食品产业基地、国家级粘胶纱生产基地五大基地。光伏光电向全产业链发展,产值超百亿;新型铝材向高端、轻量突破,集聚上下游企业 20 家以上;装备制造业向智能、低碳迈进,特种车辆、无人机一批科技型企业快速形成。以大项目为引领,形成单月签约、双月开工、季度观摩“123”工作法,项目数量、体量、质量显著提高,形成工业项目顶天立地、服务业项目“井喷式”、农业产业化项目扎实推进的良好态势。

金融中心、大数据中心、科创中心、总部经济中心顺利推进,助推实体经济迈向中高端。过去的一年,我们持续深化改革创新,经济社会发展迸发新活力。“一地一策”牵引性改革压茬推进,农村集体产权制度改革、农村产权流转交易服务标准化建设等7项国家级改革试点、杨屯经济发达镇行政管理体制改革等9项省级改革试点工作次第展开,形成农村生活垃圾资源化利用、城乡物流高效配送体系的“沛县模式”。“放管服”改革不断深化,实现政务服务网上“不见面审批”全覆盖,政务中心被列为全省标准化试点。人才集聚实现突破,引进“长江学者”2人、“国家千人计划”专家2人,获批国家知识产权强县工程试点县。千岛湿地生态片区、沛北生态经济功能区、矿地融合发展示范区建设稳步推进。过去的一年,我们持续加大民生事业投入,人民群众有更强获得感。总投资15亿元的78件民生实事全面完成。城市品质提升,高标准建设新人民医院二期、新实验学校等一批功能性项目,完成棚户区改造163万平方米。美丽镇村亮点纷呈,3个镇(街道)、2个村通过首批省级生态文明建设示范镇(街道)、村验收。入选全国第三批结合新型城镇化开展支持农民工等人员返乡创业试点,带动创业就业21300多人,城乡居民人均可支配收入分别为29680元和17245元,增长8.9%和9.2%。精准脱贫扎实推进,9个省定经济薄弱村实现新“八有”,2.1万名建档立卡低收入人口人均年收入突破6000元。社会治理不断加强,在省民意调查测评中,群众安全感达98.5%,群众对法治建设的满意率达99%。

在宏观经济环境复杂多变的情况下,能够取得这样的成绩来之不易,这是全县干部群众团结拼搏、合力奋斗的结果,也凝聚着十届政协全体委员、各人民团体和社会各界人士的聪明才智和巨大贡献。可以说,沛县改革的每一次深入推进,发展的每一次重大跨越,城乡面貌的每一次深刻变化,都饱含着人民政协和广大政协委员的辛勤劳动、聪明才智和无私奉献。在此,我代表县委,向人民政协广大政协委员和全体政协工作者,表示衷心的感谢和崇高的敬意!

今后几年是“两个一百年”奋斗目标的历史交汇期,既要全面建成小康社会,实现第一个百年奋斗目标,又要乘势而上开启全面建设社会主义现代化强国新征程,向第二个百年奋斗目标进军。今年是贯彻党的十九大精神的开局之年,是改革开放40周年,也是决胜全面建成小康社会、落实“十三五”规划承上启下的关键之年。我们要按照县委十四届四次全会决策部署和高质量发展的要求,统筹推进“五位一体”总体布局和协调推进“四个全面”战略布局,以供给侧结构性改革为主线,统筹做好稳增长、促改革、调结构、惠民生、防风险各项工作,突出干在实处、走在前列,推动质量变革、效率变革、动力变革,加快建设高水平全面小康社会,奋力开创“强富美高”沛县建设新局面。

推进“三地一新”新实践，建设“强富美高”新沛县，必须以实体经济为支撑，在推进经济发展高质量上走在前列。突出供给侧结构性改革主线，坚持“工业立县、产业强县”不动摇，加快形成具有鲜明沛县特点的现代化经济体系。要做大做强特色产业集群。围绕打造淮海经济区最具竞争力的新型工业化基地目标，坚持“123”工作法，全力实施总投资590.1亿元的98项重大产业项目，确保全年新竣工超亿元项目40个以上。突出抓好光伏光电、新型铝材、高端装备制造、绿色建筑等特色产业基地建设，培育一批百亿级产业集群。要着力提升产业层次。聚焦数字经济、共享经济、现代供应链等领域，加大“双招双引”力度，促进新产业、新模式、新业态成长。突出抓好战略性新兴产业，围绕大数据、新能源、新材料、新医药等重点领域，延伸产业链、做大总量规模。推进总投资85.2亿元的东方运销现代物流、城乡高效配送等10个商贸服务业项目，促进服务业向现代化、规模化、数字化迈进。要全力打造创新平台。加力推进投资62.15亿元的22项区域性产业创新中心项目，举全县之力推进经济开发区创建国家级开发区，强力推进高新技术产业园、沛北经济开发区2个园区创建省级开发区，加速推进金融中心、大数据中心、科创中心、总部经济中心、物流中心建设，打造更具影响力和创新力的新型载体平台。

推进“三地一新”新实践，建设“强富美高”新沛县，必须以乡村振兴为突破，在推进城乡建设高质量上走在前列。要全面提升城市品质。以总投资568.5亿元的85项城乡建设重点工程为抓手，高标对接徐州淮海经济区“四个中心”，深入推进棚户区和城中村改造，促进城市有机更新，改进城市治理服务工作，加快建设生态宜居、富有活力、特色鲜明的现代化滨湖城市。要加快推进乡村振兴。深入贯彻落实中央农村工作会议精神，以“地矿融合”为切入点，加快建设杨屯、敬安、龙固等一批带动力强的工业强镇、特色小镇。突出农业跨界融合，探索“农业+互联网”等路径，实施“2811”工程，着力抓好大沙河、徐沛快速通道两大产业带，绿色稻米、养生牛蒡等八个产业集群，打造胡楼、任庄、陈油坊等一批乡村振兴示范村。做优“旅游+”文章，推进千岛湿地、安国湖湿地建设，打造胡寨淮海现代农业等一批田园综合体。要加快基础设施建设。大力推进“交通强县”建设，抓住省现代综合交通运输体系建设政策机遇，力争徐济城际铁路、徐菏铁路列入国家和省市建设规划。加快推进总投资17.1亿元的12项重大交通项目，加快构建低碳、高效、大容量的城市公共交通系统。加快推进总投资24.1亿元的26个保障项目，使群众生活更加便捷、更加舒适、更有品质。

推进“三地一新”新实践，建设“强富美高”新沛县，必须以深化改革为动力,在推动改革开放高质量上走在前列。坚持以系统化思维谋划、推进改革,以“一地一策”牵引性改革为突破口,加快完善区域创新体系,不断增强县域发展活力。要全力推进科技体制改革。坚持需求导向、问题导向、变革导向、效果导向,着力破解体制性障碍、结构性矛盾和政策性问题,不断强化产业技术创新、政产学研金融合、财政投入保障支撑,实施政策聚才、产业育才、精准引才行动,最大限度激发科技改革要素活力。要着力深化“放管服”改革。扎实推进相对集中行使行政许可权改革,以增加有效制度供给为动力,最大限度地释放市场活力、激励创新创业,营造“百姓创家业、能人创实业、企业创新业、干部创事业”的创业氛围。要聚力攻坚重大改革试点。以农村土地“三权分置”改革、杨屯省级经济发达镇行政管理体制改革等 13 项国家和省级重大改革试点项目为抓手,加大工作力度,提升改革成效,充分发挥试点对改革全局的示范带动作用。

推进“三地一新”新实践,建设“强富美高”新沛县,必须以民生幸福为导向,在推动人民生活高质量上走在前列。深入践行以人民为中心的发展思想,聚焦“七个有”“八个更”,不断增强群众获得感、满意度。要坚决打好脱贫攻坚战,深入实施八项富民工程,扎实推进六项脱贫举措,构建多层次社会保障体系,确保 9 个经济薄弱村实现新“八有”,2 万名低收入人口脱贫。要加大公共服务供给,以社会建设“十二大体系”为统领,纵深推进医疗卫生教育改革,积极应对人口老龄化等民生问题。要常态长效开展文明创建,紧扣广大群众的期盼,不断推动创建向标准化、精细化、品质化方向发展。要严守土地、生态、基本农田、城市发展边界“四条红线”,深入推进“263”专项行动,建立采煤塌陷区生态补偿机制,坚决打好治气治水治土三大攻坚战,争创国家生态文明建设示范县、国家重点采煤沉陷区综合治理试点和省地矿融合示范区。要创新社会治理体系,持续推进平安沛县、法治沛县建设,有效预防化解社会风险和各类矛盾,积极预防化解金融风险,扎实推进网格化社会治理工程,有力维护社会大局和谐稳定。

推进“三地一新”新实践,建设“强富美高”新沛县,必须以全面从严为保障,在提升引领推动发展能力上走在前列。认真贯彻落实新时代党的建设总要求,扎实推动全面从严治党向纵深发展,积极营造风清气正的政治生态。要建设高素质专业化的干部队伍,坚持严管厚爱与激励约束并重,健全完善鼓励激励、容错纠错、能上能下“三项机制”,引导全县干部敢于负责、勇于担当、善于突破、勤于落实,让敢于担当、奋发有为、干事创业在沛县蔚然成风。要增强执政本领,围绕全面增强八个方面本领,大兴学习研究之风,注重专业能力培养。坚持说实话、谋实事、出实招、求实效,撸起袖子加油干,一步一个脚印把各项工作推向前进。要持续巩固风清气正政治生态，坚持把“三清示范区”建设作为推进全面从严治党的有力抓手，认真落实习近平总书记关于进一步纠正“四风”、加强作风建设的重要批示精神，坚决打赢作风建设持久战。

推进“三地一新”新实践，建设“强富美高”新沛县，必须以协商民主建设为关键，汇聚建设美好沛县的强大合力。人民政协群英荟萃、智力密集，在推进“三地一新”新实践、建设“强富美高”新沛县的生动实践中大有可为、大有作为。要把新时代中国特色社会主义思想和习近平总书记视察徐州重要指示作为统揽各项工作的总纲。真正在学懂、弄通、做实上下功夫，切实做到思想上同心同向、政治上旗帜鲜明、行动上始终跟随，做到党委的工作推进到哪里、政协的力量就汇聚到哪里，党委的部署落实到哪里、政协的作用就发挥到哪里，确保政协事业沿着正确的方向向前推进。要紧扣中心工作，在服务改革发展上彰显新作为。牢牢把握新时代历史方位，把推动“三地一新”建设作为履职的总牵引，紧扣改革发展的大事要事和短板弱项，围绕贯彻新发展理念、建设现代化经济体系、发展壮大实体经济、推动乡村振兴等重大问题，通过调研视察、大会发言、民主监督等形式，深入协商议政，力争提供更多更优更好的“政协方案”。要发挥独特优势，在推动协商民主上迈出新步伐。把协商民主作为凝聚民心、集中民智、汇聚民力的重要途径，从党政所思、群众所盼、政协所能出发，进一步搭建协商平台、丰富协商形式、细化协商内容、明确协商主体、规范协商程序、促进协商成果转化运用。要充分发挥联系广泛的优势，把县委的政策主张准确有效地传递到社会各个阶层，形成上下同心、拼搏进取的良好氛围。要情系民生福祉，在促进和谐稳定上体现新成效。始终把实现好、维护好、发展好最广大人民群众的根本利益作为履职尽责的出发点和落脚点，积极协助破解民生工作难题，促进民生事业又好又快发展，让人民获得感、幸福感、安全感更加充实、更有保障、更可持续。

各位委员、同志们，美好前景令人鼓舞，宏伟目标催人奋进。新时代当有新作为，我们要更加紧密地团结在以习近平同志为核心的中共中央周围，同心同德，扎实工作，为建设“强富美高”新沛县，开辟新时代中国特色社会主义实践新境界而团结奋斗！

凝聚思想共识　担当责任使命
合力谱写新时代沛县高质量发展新篇章

——在政协沛县十届三次会议上的讲话

李淑侠

(2019 年 1 月 3 日)

各位委员、同志们:

政协沛县第十届委员会第三次会议今天隆重开幕了! 在此,我代表中共沛县县委,对大会的召开表示热烈的祝贺! 向出席会议的全体政协委员和同志们,致以诚挚的问候!

刚刚过去的 2018 年,面对复杂多变的外部环境和经济下行的巨大压力,全县上下紧扣“强富美高”新沛县的目标定位,聚焦“三地一新”主攻方向,创新克难、砥砺奋进,各项工作都有新的进展,取得了来之不易的发展业绩。过去的一年,我们以思想大解放破除藩篱禁锢,推动经济发展呈现新态势。以学习贯彻党的十九大精神和总书记视察江苏、徐州重要讲话精神为统揽,深入推进思想大解放,破除制约高质量发展的思想障碍,坚定推动高质量发展的战略自信,激发加快高质量发展的昂扬状态,“三地一新”的发展实践不断巩固提升,“强富美高”的宏伟蓝图展现现实模样。预计全年实现地区生产总值 785 亿元,公共财政预算收入 56.2 亿元,社会消费品零售总额 303 亿元。全国县域经济基本竞争力百强县列第 45 位,中国工业百强县居第 68 位,首次入选全国科技创新百强县列第 58 位,获得国家生态县、首批省级生态文明建设示范县。省委巡视组巡视后给予政通人和、风清气正的总体评价。过去的一年,我们以项目建设助力产业转型,推动高质量发展步入快车道。持续深化供给侧结构性改革,实体经济有数量更有质量。光伏产业形成 16GW 的产能,成为具有全国影响力的县域光伏光电产业基地。纺织产业招引落地总投资 121 亿元、年产 30 万吨天丝新材料及高端纺织项目。铝产业形成以珀然铝轮毂为代表的轻量化新型铝材、以铝边框为代表的太阳能光伏铝材、以铝蜂窝板为代表的绿色建筑铝材、以铝箔为代表的食品级包装印刷铝材四大板块。装备制造产业引进总投资15亿元的徐工高端零部件产业基地和投资10亿元淮海经济区5D智能制造谷项目。全县工业开票销售收入478.55亿元，增长17.1%；工业用电量29亿千瓦·时、绝对量全市第一。过去的一年，我们以乡村振兴引领城乡建设，推动城乡融合发展形成新格局。全面实施乡村振兴战略，积极融入省“1+3”功能区战略布局，高标对接徐州淮海经济区“四个中心”建设，城乡融合发展水平加速提升。中心城市开工建设260万平方米城市产业项目，“以产立城、以城兴业”的新格局逐渐形成。农民集中居住区建设高点起步，274万平方米16个项目稳步实施，杨屯城镇一体化片区、安国文化生态片区、大屯城郊融合发展片区、汉兴和开发区产城融合片区、沛城滨湖片区加快推进，形成区域整体提升的乡村振兴格局。城乡公交无缝对接，城乡道路客运一体化发展成为全市唯一一家5A级县。过去的一年，我们以为民情怀重抓民生改善，推动百姓获得感进一步提升。牢固树立以“人民为中心”的发展思想，总投资28.5亿元的115项民生实事基本完成。教育事业取得新进展，新(扩)建中小学校7所，改造校舍面积21.2万平方米；卫生健康事业加快发展，建成市县医联体14个、县镇医联体18个；精准脱贫扎实推进，9个省定经济薄弱村实现新“八有”，2.1万名建档立卡低收入人口人均年收入突破6000元，城乡居民人均可支配收入分别增长8.8%、9.2%。平安沛县、法治沛县建设成效显著，公众安全感和法治建设满意度保持全市领先。过去的一年，我们以改革创新驱动活力激发，推动发展内生动能持续增强。持续深化“放管服”改革，纵深推进“互联网+政务服务”“3550”与“不见面审批”等各项改革，实现“开办企业”审批最短1个工作日办结，“不动产登记”审批最短0.5个工作日办结。强化创新型企业培育，新获批国家高新技术企业28家、省级企业院士工作站2家，恒辉编织“高性能特种编织物编织技术与装备及其产业化”项目获国家科技进步二等奖和江苏省重大科技成果转化项目，实现了沛县国家级科技大奖和省重大科技成果转化两个零的突破。

在宏观经济环境复杂多变的情况下，能够取得这样的成绩来之不易，这是全县干部群众团结拼搏、合力奋斗的结果，也凝聚着全体政协委员和社会各界人士的智慧和汗水。一年来，县政协和广大政协委员坚持围绕中心服务大局，主动谋事、认真干事、努力成事，为县委、县政府的重大决策和重点工作的推进落实做出了不懈努力，为维护安定团结的社会大局发挥了重要作用，为促进沛县的对外交流与合作做出了积极贡献。对县政协一年来的工作，县委高度满意，社会各界充分肯定。在此，我代表中共沛县县委，向县政协和广大政协委员、各人民团体以及各界人士表示崇高的敬意和衷心的感谢！

今年是新中国成立70周年,是决胜全面建成小康社会第一个百年奋斗目标的关键之年。我们要按照县委十四届六次全会决策部署,统筹推进“五位一体”总体布局,协调推进“四个全面”战略布局,坚持稳中求进工作总基调,深入践行新发展理念,扎实贯彻高质量发展要求,以供给侧结构性改革为主线,继续打好三大攻坚战,加快构建现代化经济体系,纵深推进“三地一新”新实践,保持经济持续健康发展和社会大局稳定,为高水平全面建成小康社会收官打下决定性基础,合力谱写新时代沛县高质量发展新篇章。

新的一年,谱写高质量发展新篇章,必须在构建特色鲜明的现代产业体系上持续发力。坚持“工业立县、产业兴县”不动摇,全面推进战略性新兴产业引进培育和传统产业改造提升,推动“沛县制造”向“沛县智造”转变、“沛县产品”向“沛县品牌”转变。要着力打造特色产业高地。推动光伏光电、纺织新材料、轻量化铝型材、高端装备制造、绿色建筑、食品加工等六大优势产业向产业链、价值链、创新链高端攀升,全力打造全国最大的县域光伏产业基地、世界高端纺织产业制造基地、亚洲最大的轻量化新型铝材产业基地、全国高端装备制造特色产业基地、全省绿色建筑产业基地、全国绿色食品产业基地,夯实高质量发展的产业基础。要发展壮大现代服务业。积极发展与制造业紧密相关的科技、信息等生产性服务业,实现制造业与服务业的协同发展。全面发展与人民生活相关的文化旅游、健康养老、电子商务等生活性服务业,满足群众日益增长的高品质生活需求,打造“沛县服务”品牌。加大重大服务业项目推进力度,打造一批现代服务业产业集群,增强服务业竞争实力和发展后劲,打造全县经济发展的新亮点和新引擎。

新的一年,谱写高质量发展新篇章,必须在推进乡村振兴上持续发力。以“城区、镇区、农民集中居住区”三区共建为抓手,以农业“大花园”、农村“大公园”、农民“大乐园”三园建设为引领,以“三城同创”为载体,构建城乡融合并进的发展格局。要高品质优化城市功能。全力抓好六大类102项城乡建设重点工程,强力推进城市扩容提质,加大老旧小区改造力度,稳步推进一批棚户区改造,营造更优居住环境;扎实推进427省道改扩建、沛公路西延等项目建设,构建内联外畅的“大交通”格局。要高标准推进农民集中居住区建设。以采煤沉陷区居民搬迁为突破口,培育提升龙固、杨屯等7个镇(场)39个重点村(社区),加快推进274万平方米的16个续建项目,加快推进一批新规划项目,确保农民居住条件有大改观。要高水平改善农村人居环境。扎实推进村容村貌提升、农村垃圾污水治理、厕所革命和农业废弃物资源化利用,抓好特色田园乡村建设,推动乡村文化繁荣兴盛,创新乡村治理体系。要高质量推进农业现代化。

加快构建现代化农业的产业、生产和经营三大体系，全面提高综合效益和竞争力。积极探索发展“现代农业 + 旅游”模式，建设徐沛快速通道沿线农田大地景观，着力打造微山湖畔最具吸引力的休闲旅游目的地。

新的一年，谱写高质量发展新篇章，必须在深化改革创新上持续发力。要巩固“三去一降一补”成果，打好破、立、降组合拳，促进优质资源向优势企业和企业主业集聚。要增强微观主体活力，进一步落实“不见面”审批模式，推进“3550”改革实现常态化、普遍化，全方位完善社会、市场信用体系建设。党政机构改革要按照规范稳步推进，优化机构设置，切实提升服务能力。要提升产业链水平，围绕优化区域创新体系，加大精准支持力度，充分释放科技创新的强劲动能。要畅通经济循环，进一步优化融资服务，提高直接融资比重，加快推进多层次资本市场发展。要拓展开放空间。围绕开放格局、开放动能、开放优势、开放平台的全面提升，精准选商、高端选资，着力构筑沛县“双向开放”新格局。持续做强科创中心、金融中心、跨境贸易大数据中心、总部经济中心、区域现代物流中心五大中心，持续优化“1 +2 +8”平台布局，更大力度推动国家级开发区创建，加快沛北经济开发区创建省级开发区、临城产业园创建省级高新区步伐，提升 8 个镇级特色产业集聚水平，为全县产业转型升级提供有力支撑。

新的一年，谱写高质量发展新篇章，必须在增进人民群众福祉上持续发力。要多渠道促进富民增收，大力发展富民产业，大力推动创业就业，着力构建富有活力的创收体系，充分释放富民乘数效应。要高水平完善公共服务，纵深推进教师队伍质量双增、学校建设提质扩容，不断提升教育满意度；加快推进县镇村三级文化阵地体系建设，丰富群众文体生活；深化医药卫生体制改革，努力让老百姓享受便捷高效的医疗卫生服务；积极推动医养融合发展，构建多层次养老服务体系；健全社会保障体系，持续做好社会救助、社会福利、慈善事业等工作。要全方位加强社会治理，健全基层社会治理体制机制，切实加强安全生产监管、食品药品监管、公共卫生预防等公共安全体系建设，全力保障人民群众生命财产安全，维护社会大局和谐稳定。

新的一年，谱写高质量发展新篇章，必须在打好打赢三大攻坚战上持续发力。要决战决胜脱贫攻坚。逐项抓好健康扶贫、教育扶贫、最低生活保障、伤残补贴等扶贫政策，确保全年完成 1.5 万名建档立卡低收入人口的脱贫和 10 个经济薄弱村达标任务，坚决做到全面小康路上一个也不能少。要聚焦聚力污染防治。以“生态环境高质量”为导向，坚持源头治理与集中攻坚并重，污染防治与生态修复并举，能力建设与制度创新并进，扎实抓好中央环保督察“回头看”反馈问题整改，坚决打赢蓝天碧水净土保卫战，以高质量的生态文明建设成果向全县人民交出一份满意答卷。要严防严控重大风险。建立健全地方金融监管体系,加快不良贷款压降速度,确保金融安全高效稳健运行;加强政府性债务管理,坚决守住不发生系统性金融风险的底线。

新的一年,谱写高质量发展新篇章,必须在凝聚各方正能量上持续发力。人民政协会集各个领域、各条战线的精英,是推动各项事业发展的重要力量。要始终坚持正确的政治方向,紧紧围绕全县工作大局,积极发挥政治协商、民主监督、参政议政职能,凝聚各方力量,增进思想共识,努力寻求最大公约数,画好民心民愿"同心圆",凝聚改革发展正能量。要全力服务中心,在促发展抓落实中积极献智出力。进一步把思想和行动统一到县委的决策部署上来,充分发挥"人才库""智囊团"的作用,围绕产业转型发展、城市品质提升、乡村振兴、生态建设、民生保障等改革发展稳定的重大问题和群众最为关注的热点问题,深入进行调查研究,多谋创新之举,多建睿智之言,努力写好政协篇章、留下政协印迹、体现政协担当。要凝聚各方共识,在增民主求团结中发挥更大作用。始终高举团结民主两大旗帜,最广泛地团结一切发展力量、最充分地调动一切积极因素,紧扣全县重大决策部署和群众关切的热点问题,开展多层次、多形式、多渠道的协商,努力为全县发展大局凝聚民心、集中民智、汇聚民力。要厚植民本情怀,在惠民生促和谐中发挥更大作用。进一步强化"人民政协为人民"的履职理念和价值追求,更多地关注扶贫、教育、医疗等民生领域,关注群众的衣、食、住、行等民生实事,通过提案、视察、民主评议等形式,促进各项惠民利民政策落地见效,协助县委、县政府把群众最关心的事办好、最牵挂的事办实、最希望的事办成,努力让全县人民共享改革发展的成果,让群众在增进获得感中进一步提升幸福感。

各位委员、同志们,上下同欲者胜,风雨共舟者兴。让我们更加紧密地团结在以习近平同志为核心的党中央周围,高举中国特色社会主义伟大旗帜,同心同德、群策群力,践行新发展理念,推动高质量发展,为开创"强富美高"沛县建设新局面而努力奋斗!

同心书写高水平全面建成小康社会时代答卷

——在政协沛县十届四次会议上的讲话

李淑侠

（2020 年 1 月 2 日）

各位委员、同志们：

新年伊始，在全县上下深入学习贯彻十九届四中全会精神、决胜高水平全面建成小康社会之际，政协沛县第十届委员会第四次会议今天隆重开幕！这是全县人民政治生活中的一件大事，也是汇聚各方智慧和力量，共商沛县发展大计的一件盛事。在此，我代表中共沛县县委，对大会的召开表示热烈的祝贺！向出席会议的全体政协委员和同志们致以诚挚的问候！

过去的一年，面对复杂严峻的宏观形势和多重困难考验，我们高举习近平新时代中国特色社会主义思想伟大旗帜，团结依靠全县 130 万人民，凝心聚力，开拓创新，按照高质量发展要求，坚持稳中求进工作总基调，纵深推进“三地一新”新实践，统筹抓好稳增长、促改革、调结构、惠民生、防风险各项工作，高水平全面建成小康社会的图景日益清晰。

过去一年，我们在深学细照笃行中坚定政治立场，筑牢信仰之基，展现了高质量发展新担当。把新思想作为推动高质量发展的指南针，深入学习习近平新时代中国特色社会主义思想，在学中思、在学中悟，进一步提高了政治站位，更加系统地掌握了习近平总书记关于高质量发展的重要论述。深入学习宣传贯彻党的十九届四中全会精神，深刻领会和把握全会精神的核心要义，进一步统一了思想行动，推动全会精神在沛县落地生根。扎实开展主题教育，营造了担当实干、干事创业的浓厚氛围，广大党员干部在政治上更加坚定、纪律上更加严格、作风上更加严实，以锐意进取、敢闯敢干的奋斗姿态和时不我待、只争朝夕的进取精神，推动了沛县经济社会高质量发展。

过去一年，我们在产业转型升级中提振发展信心，保持稳定增长，激发了高质量发展新活力。坚持以重大项目引领转型升级，市“765”计划新签约项目 85

个,计划总投资362亿元,亿元以上项目78个,其中装备与智能制造等新兴产业项目28个。恒丰纺织、智汇谷等一批体量大、质量高的项目签约落户。总投资121亿元的华丝新材料及高端纺织制造基地等项目已运行投产,形成了光伏光电、轻量化新型铝材、纺织新材料、高端装备制造、绿色建筑等五大百亿级产业集群,为转型升级提供了坚实支撑。预计全年实现GDP800亿元,全社会固定资产投资376.9亿元,社会消费品零售总额309.2亿元。全国县域经济与县域综合发展百强居第32位、中国工业百强县居第62位,分别较上年前移4位、6位,全国科技创新百强县列第57位。高分通过国家卫生县城验收,创建全国文明城市提名城市全市靠前。

过去一年,我们在深化改革开放中释放发展红利,促进科技创新,打造了高质量发展新引擎。深化"放管服"改革,实施"有求必应、无事不扰"服务企业工作机制。降低增值税税率,落实各类税收优惠11.5亿元。杨屯镇依托经济发达镇改革试点建立"1+4"治理新模式,通过省评估验收。把创新驱动作为核心战略,打造了科创中心、金融中心、跨境贸易大数据中心、总部经济中心、区域现代物流中心五大中心,引进顶尖人才2人、领军人才3人、高层次创新创业人才16人,高层次人才队伍量质齐升。"1+1+8"园区承载能力持续提升,沛县经济开发区创建国家级开发区步伐加快,沛北经济开发区动能强劲,8个镇级产业集聚区错位发展、各具特色。

过去一年,我们在补齐城乡短板中提升城市能级,推进乡村振兴,实现了高质量发展新突破。老城区改造提升、新城区功能完善、开发区产城融合加快推进,6大类135项城建重点工程快速推进,超额完成省保障性住房建设任务,被省政府授予全省棚改工作先进县。农民群众住房条件加快改善,38个新建项目进展顺利,17个改善提升项目全部竣工,龙固镇入围苏北地区农民群众住房条件改善第一批省级示范创建项目。人居环境品质不断优化,创建省市特色田园乡村7个、美丽宜居村113个,完成1247个村庄环境整治,形成了五段"全域整治"环境提升经验,大屯安庄"美丽乡村"休闲旅游模式,国务院农村人居环境整治大检查专刊推广沛县因地制宜开展垃圾分类的经验做法。全县行政村双车道四级公路、镇村公交开通率均达100%。

过去一年,我们在保障改善民生中践行为民宗旨,增进百姓福祉,回应了高质量发展新期待。公共财政用于民生支出比重超过80%,城区"大班额"问题有效化解,2019年高考高分段人数居全市第一。在苏北县级率先启动城镇职工长期护理保险工作。社会治理更加有力,全县网格规范达标率达100%,全市率先建成县域网格化服务管理中心。安全生产隐患排查治理深入细致,全县未发生重大安全事故。坚决打好三大攻坚战,全县不良贷款压降明显,超序时完成隐性债务化解任务,建档立卡低收入人口和省定经济薄弱村实现全部脱贫和达标,获评“国家生态文明建设示范县”。

在宏观经济环境复杂多变的情况下,这些成绩的取得,是全县干部群众同心同德、合力奋斗出来的,也凝聚着全体政协委员和社会各界人士的智慧和汗水。一年来,县政协和广大政协委员,始终坚持正确的政治方向,秉持服务发展、服务人民的理念,紧紧围绕县委中心工作,担起联系各界、团结群众的重担,政治协商卓有成效,参政议政成果丰富,民主监督广泛深入,自身建设全面加强,在“强富美高”新沛县建设中做出了政协贡献、展现了政协担当。在此,我代表中共沛县县委,向县政协和广大政协委员、各人民团体以及各界人士表示崇高的敬意和衷心的感谢!

今年是实现“两个一百年”奋斗目标的历史交汇点,做好各项工作任务艰巨、意义重大。我们要坚持以习近平新时代中国特色社会主义思想为指导,全面贯彻党的十九大和十九届二中、三中、四中全会精神,深入贯彻中央经济工作会议和省市县委全会部署,坚持稳中求进工作总基调,深化供给侧结构性改革,坚决打好三大攻坚战,全面做好“六稳”工作,确保高水平全面建成小康社会和“十三五”规划圆满收官,不断开创高质量发展新局面。

新的一年,书写好高水平全面建成小康社会时代答卷,我们要以坚如磐石的定力打造新旧动能转换强引擎。持续做大做强“1 +1 +8”产业集聚平台,县经济开发区要加快国家级开发区创建步伐,构建“一区多园”发展新格局;沛北开发区要打造北部片区经济增长“桥头堡”;镇级工业集中区要坚持集约化、高品质、特色化发展,不断提升镇域板块贡献度。突出精准招商,攻坚世界500强、国内50强、行业前5强,集中精力招引符合全县现代产业体系构建方向和实际需求的优质项目,夯实发展基础。切实发挥好投资对经济增长的“稳定器”作用,全力抓好年度130项重大产业项目、130项城建重点工程,进一步优化投资结构、提高投资效益。加快发展以高速路连接线——西环路为主轴线,串联县经济开发区、沛北经济开发区和安国、大屯、龙固等产业集中区,重点发展新能源、新医药、纺织新材料等产业集群,打造以战略性新兴产业为主导的“工业走廊”。全面优化创新生态,推进产业链、科技链、资金链、人才链全面融合,打造融通各种资源、衔接各个产业、激发各方力量的系统创新链,提升创新驱动力、要素集聚力、功能承载力。以开展“营商环境深化年”活动为抓手,坚持不懈优化“六大环境”,全面落实“有求必应、无事不扰”服务企业工作机制,持续提升“放管服”水平,深入推进“一件事”改革,更大力度实施减税降费,形成优质服务“加速度”,在提升企业获得感和满意度上实现新突破。

新的一年,书写好高水平全面建成小康社会时代答卷,我们要以一抓到底的韧劲聚焦城乡融合见实效。一方面,高质量抓好精致城市建设。以做优50平方公里、50万人口现代化中等城市为目标,以构建“东进、西融、南扩、北连”空间格局为导向,在抓好中心城区功能品质提升的同时,推动东部汉文化新城规划建设、南部现代服务业集聚发展、提升西部产城融合水平、打造北部教育集聚区,全面提升城市承载力、辐射力。以全国文明城市提名城市创建为目标,系统化、整体化推进城市功能完善,健全完善“大城管”机制,提升城市管理精细化、智能化、常态化水平。深入实施“文化+旅游”战略,规划建设具有汉韵风格的公共文化设施集群和集社区、景区、园区于一体的汉文化主题产业园,构建产、城、人、文协同发展新格局,让彰显沛县元素的汉文化名片真正鲜活起来、闪耀起来。一方面,高标准推进乡村振兴。以建设沿微山湖和大沙河为轴线的东西两条基本实现农业农村现代化示范带为引领,重点打造东部生态优质稻米示范区、西部现代高效农业示范区、南部现代田园发展区、北部地矿融合发展区,构建“两带四区”互动发展新格局。持续深化农村集成改革,深入实施农村人才下乡、能人返乡、资本兴乡“三乡工程”,全面激发农村发展内生动力。持续改善农村人居环境,以“十百千工程”为引领,全面改善乡村整体面貌和农民生活环境。以采煤沉陷区居民搬迁为牵引,全力推动18个新建项目,着力改善农民群众住房条件,决不让群众住着危房“被小康”。

新的一年,书写好高水平全面建成小康社会时代答卷,我们要以舍我其谁的担当聚焦补齐短板弱项下功夫。以60项为民实事为抓手,全面增进民生福祉,坚决打好三大攻坚战,跨越高质量发展的重大关口。一方面,全力打好三大攻坚战。以开展建立风险防控四项机制试点工作为牵引,推动全县防范化解重大风险工作制度化、常态化、长效化,坚守不发生系统性风险的底线。建立解决相对贫困的长效机制,健全完善防止返贫的长效机制,让贫困群众实现高质量脱贫和可持续增收。牢固树立“两山”理念,坚决打好蓝天碧水净土保卫战,重拳惩治环境违法行为,大力推进采煤塌陷地治理修复,努力在生态修复治理领域打造更多沛县品牌,守护沛县“生态颜值”。一方面,持续增进民生福祉。实施更加积极的就业政策,推进富民增收提效工程,多途径促进就业、带动民富。大力实施公共服务提质工程,扩大优质教育资源供给,推进紧密型医联体建设,深入实施基层医疗服务体系提档升级,积极争取沛丰跨湖高速、徐菏铁路等规划尽快纳入省市盘子,继续推进沛公路西延等工程,让群众的幸福感更加充实。以法治沛县建设为引领,纵深推进扫黑除恶专项斗争,持续提升群众安全感。

打造更加稳定的安全生产环境,层层压实安全生产责任,守好安全生产底线。

新的一年,书写好高水平全面建成小康社会时代答卷,我们要以奋发有为的姿态聚焦中心工作汇合力。站在新的历史起点上,人民政协使命光荣、责任重大。希望县政协和广大委员以高度的责任感和使命感,紧紧围绕团结和民主两大主题,进一步提高政治站位、提升工作质量、增强履职成效,为“强富美高”新沛县建设贡献更多智慧、更大力量。要坚定政治立场,始终保持与党委同心同向同步。坚持把党的全面领导作为政协必须恪守的最高政治原则,进一步树牢“四个意识”、坚定“四个自信”、做到“两个维护”,自觉在思想上政治上行动上同以习近平同志为核心的党中央保持高度一致。坚定政治立场,提升政治站位,把牢政治方向,坚定不移贯彻中央和省市县委各项决策部署,切实做到党委有要求,政协见行动。要紧扣中心工作,在服务发展大局上建言献策。坚持以供给侧结构性改革为主线,聚焦高质量发展要求,聚焦高水平全面建成小康社会目标任务,聚焦乡村振兴、三城同创等重点工作,深入调研、真诚协商、务实监督、积极议政,推动我县高水平全面建成小康社会和“十三五”规划圆满收官。要牢固树立履职为民理念,多做协调关系、理顺情绪、宣传引导、凝心聚力的工作,充分发挥政协委员联系群众的桥梁纽带作用,在服务人民中彰显政协作为。要广泛凝聚共识,在增进团结联谊上汇聚合力。坚持把凝聚共识摆在更加突出位置,加强同党外知识分子、非公有制经济人士、新的社会阶层人士的沟通联络,引导社会各界人士参与到全县发展大局上来。鼓励和支持委员深入基层,宣传党和国家大政方针,引导群众正确认识改革发展中遇到的困难和问题,协助县委、县政府做好统一思想、引导预期、提振信心的工作,为全县发展大局凝聚最大共识、汇聚最大力量。要加强自身建设,在履职担当上展现政协风采。进一步抓好政协机关干部队伍建设,持续改进作风,做到从严要求、从严教育、从严管理。要加强和改进学习,认真履行职能,自觉改进作风,推动委员提高政治把握能力、调查研究能力、联系群众能力、合作共事能力,不断提高政协委员参政议政能力和机关人员履职水平,以过硬本领书写好政协履职的答卷。

各位委员、同志们,新时代催人奋进、新使命激荡人心。让我们更加紧密地团结在以习近平同志为核心的党中央周围,高举习近平新时代中国特色社会主义思想伟大旗帜,在县委的坚强领导下,不忘初心、牢记使命,勠力同心,开拓进取,不断开创人民政协工作新局面,为决胜全面建成小康社会、加快建设“强富美高”新沛县做出新的更大贡献!

乘势而上 再攀新高

为开启现代化建设新征程而合力奋斗

——在政协沛县十届五次会议上的讲话

吴 昊

(2021 年 1 月 12 日)

各位委员、同志们:

今天,政协沛县第十届委员会第五次会议隆重开幕了,这是全县人民政治生活中的一件大事。在此,我代表中共沛县县委,对大会的召开表示热烈的祝贺! 向出席会议的各位政协委员和社会各界人士致以诚挚的问候!

刚刚过去的 2020 年,是沛县发展历史上极不寻常、极不平凡的一年。面对复杂严峻的宏观形势和突如其来的新冠肺炎疫情,全县上下以习近平新时代中国特色社会主义思想为指导,以高度的战略定力扎实做好"六稳"工作,以强烈的责任意识全面落实"六保"任务,合力夺取了疫情防控和经济社会发展的"双胜利"。这一年,我们致力激发干部激情,工作作风得到新提升。坚持以新思想定向领航,以新作风践行使命,大兴研究问题之风、攻坚克难之风、协作配合之风,持之以恒转文风会风考风,县对镇考核指标压降 37%。强化工作实绩导向,推行"先定规矩再动人","进步有功压担子、进步无望让位子"成为全县干部共识。省委办公厅专号编发我县力戒形式主义做法,《新华日报》头版推介我们改进干部作风经验。这一年,我们致力产业转型升级,综合实力实现新提升。梳理明确"333"产业体系主攻方向,强链补链、以商引商,取得了"骨干企业基本都有扩张计划,九大产业个个都有补链项目"两个可喜成绩。重大产业项目签约、开工、投产数均居全市前列,新增规上工业企业全市第一,战略性新兴产业产值增长 28. 3%,载体能级全面提升。全县地区生产总值达到 820 亿元,工业应税销售收入突破 530 亿元,主要经济指标增幅走到全市前列。这一年,我们致力城乡统筹,美丽沛县呈现新面貌。加快提升城市品质,130 项城建工程全面推进,蝉联全省棚改先进县,入选国家县城新型城镇化建设示范,全国文明城市提名城市近期可望获批。纵深推进乡村振兴，大沙河和徐沛快速通道两大现代农业产业带加快建设，获批国家渔业健康养殖示范县，获评苏北农房改善绩效评价优秀等次，全省人居环境整治现场会在沛县召开。持续改善生态环境，龙湖湿地等3个采煤塌陷地治理完成，国省考断面水质全部达标，率先成立生态环境保护委员会，做法全省推广。这一年，我们致力改革创新，内生动力获得新增强。以8大类27项重点改革为抓手，厚植发展优势，三大国有企业建立现代企业制度，融媒体中心深度融合发展改革取得突破性进展，科创园获批国家级孵化器，国家知识产权强县工程试点县通过验收，获批国家火炬光伏特色产业基地。全市率先实现开办企业"长三角一网通办"，全省首宗集体经营性建设用地在沛县成交入市，全面推行项目建设容缺审批制度，创造了项目投产"重资产5个月、轻资产60天"新速度。这一年，我们致力以人为本，幸福指数实现新攀升。以百姓"真正享受得到"为标准，民生领域8个方面36个问题全面整改。多举措促进富民增收，村均集体经营性收入大幅增长，城乡居民可支配收入分别达到36490元和21930元。全方位发展社会事业，实施60所中小学校（幼儿园）新改扩建，中高考成绩首次超过全市平均水平，县人民医院创成三级医院，近20年久拖不决的殡仪馆搬迁问题妥善解决，统筹规划28所歌风书房。长效化加强社会治理，万人民事案件起诉量全市最低，大屯煤电公司"三供一业"顺利移交，倡导建立微山湖地区两省七县协同发展机制，高质量发展内外部环境更加和谐。

历尽天华成此景，人间万事出艰辛。这些成绩的取得，是全县上下比学赶超、攻坚克难的结果，也凝聚着县政协和全体政协委员的智慧和汗水。一年来，县政协和广大政协委员紧紧围绕县委县政府中心工作，建言资政和凝聚共识双向发力，民主监督与服务发展相互促进，发扬"四个一线"精神，助推我县全国文明城市提名城市创建取得优异成绩；创新建立"五大协商议事机制"，得到省政协主席黄莉新高度评价，打造了全省"有事好商量"协商议事的升级版，接边联合协商获2020年全省政协工作最佳创新奖，为全县高质量发展大局寻求了最大公约数、描画了最大同心圆，为夺取"双胜利"做出了重要贡献。县委对政协工作是满意的，对政协取得的成绩充分肯定。在此，我代表县委，向各人民团体和社会各界人士，表示崇高的敬意和衷心的感谢！

2021年，是"两个大局"交织、"两个百年"交汇、"两个五年"交接的节点，做好今年的工作，意义重大。刚刚闭幕的县委十四届十次全会，明确了"十四五"时期我县"争做徐州高质量发展的排头兵，争做微山湖地区县域协同发展的示范区"的发展战略定位，确立了"综合经济实力走到徐州最前列、宜居宜业水平走到徐州最前列、基本公共服务走到徐州最前列、生态环境改善幅度走到徐州最前列”的奋斗目标。实现这一目标,需要全县上下共同努力,全县各层各级要紧扣目标定位,再鼓干劲、再添豪情,在全面建设社会主义现代化新征程中乘势而上、再攀新高。

乘势而上,再攀新高,需要我们在做大做强产业上实现更大突破。坚定不移实施“工业立县、产业强县”战略,全力推动产业提档升级、经济转型发展。要打造现代产业高地,坚持传统产业与新兴产业并重、优化布局与提升层次并举,以投资 191.6 亿元的 116 个重大产业项目为引领,以强链补链、以商招商为抓手,加快构建具有沛县特色的“333”现代产业体系。要打造开放园区高地,统筹力量资源,推动沛县经济开发区、沛北经济开发区、宜沛工业园和各镇工业集聚区建设,全力提升园区承载力、吸引力和聚集力,真正让园区成为优势产业集聚之地,努力形成全县各个板块竞相发展、比拼争先的生动局面。要打造营商环境高地,以“都来想法办、不说不能办”营商品牌为牵引,发自真心地亲商安商,凡是承诺过的事项,都要坚定不移兑现到位,凡是能够向上争取的,都要千方百计跟进落实,强力推进 100 项高频事项“一件事一次办”,做到放得更加彻底、管得更加科学、服务得更加精准。

乘势而上,再攀新高,需要我们在建设美丽沛县上实现更大突破。坚持“四化同步”,不断擦亮宜居宜业、活力迸发、均衡协调的城乡底色。聚力提升城市品质,以全国文明城市创建为抓手,统筹规划、建设、管理三大环节,大力推进“城区主干道不积水工程”等总投资 352.7 亿元的 102 项城建重点工程,加快构建“北部科教、中部行政、南部商务商贸、西部工业生产、东部微山湖保护开发”城市功能格局。聚力建设美丽乡村,扎实推进年度投资 52.5 亿元的 36 项乡村振兴重点项目,确保建成 3 个省市特色田园乡村、30 个美丽宜居村庄,全面提升 1311 个整治达标村庄,持续改善农民住房条件,全力打造乡村振兴沛县样板。聚力改善生态环境,坚决打好蓝天、碧水、净土保卫战,扎实开展 116 家重点行业企业用地调查,完成洪福湿地等 3 个生态修复项目,安国湖湿地通过国家级湿地公园验收,让全县人民共享美好家园。

乘势而上,再攀新高,需要我们在增进百姓福祉上实现更大突破。深入践行以人民为中心的发展理念,持续增强群众获得感幸福感。要构建长效化富民增收体系,进一步增强增收活力,实施更加积极的就业政策,稳定就业总量,提高就业质量。进一步夯实增收基础,通过产业优势促进就业、带动富民。进一步挖掘增收潜力,在培育创业群体、搭建创业平台、优化创业生态等方面精准发力,确保新增就业岗位 1.5 万个以上。要构建立体化公共服务体系,统筹推进教育、医疗、养老、文化等社会事业发展，加快汉兴高中等22所中小学校（幼儿园）建设，全面推进湖西职业技术学院建设，确保汉源高中等10所学校秋季开学前投用，推动县人民医院加快三乙创建步伐，县中医院7月前搬迁运营。要构建现代化社会治理体系，毫不放松抓好常态化疫情防控，紧盯重要时段、重点场所、重点人群，突出"人""物"同防，全力巩固拓展疫情防控成果。深化"四位一体"社会治理体系建设，持续抓好重点行业领域安全生产专项整治，全面提升本质安全水平，确保社会大局和谐稳定。

乘势而上，再攀新高，需要我们在凝聚发展合力上实现更大突破。站在新的起点，人民政协使命光荣、责任重大。县政协和广大委员要紧扣团结和民主两大主题，进一步增强履行使命的政治自觉、思想自觉和行动自觉，在推动全县高质量发展实践中再立新功、再做贡献。要在凝聚共识中站稳政治立场。坚持把党的全面领导作为政协必须恪守的政治原则，进一步树牢"四个意识"、坚定"四个自信"、做到"两个维护"，自觉在思想上政治上行动上同以习近平同志为核心的党中央保持高度一致，坚定不移贯彻中央和省市县委各项决策部署，切实做到党委有要求，政协见行动，确保政协各项事业始终沿着正确政治方向前进。要在服务大局中彰显政协作为。充分发挥"人才库""智囊团"作用，聚焦现代产业体系构筑、全国文明城市创建、生态环境质量提升、人民群众所需所盼、"四位一体"社会治理等中心大局，广泛调查研究、深入开展协商，多建良言、多献良策，协助党委政府把民意了解得更真切，把政策制定得更确切，把工作做得更贴切。要在协商民主中发挥政协优势。充分发挥政协作为专门协商机构的作用，积极构建"权责清晰、程序规范、关系顺畅、运行有效"的政协协商工作制度体系，不断推动协商议事工作常态长效，确保各层级各类协商"有制可依、有规可守、有章可循、有序可遵"，打造更多具有沛县特色协商品牌。坚持以"懂政协、会协商、善议政"为标准抓好自身建设，大兴研究问题之风、攻坚克难之风、协作配合之风，增强履职能力，优化工作机制，不断开创新时代政协工作新局面。县委将一如既往地支持政协开展工作，更好汇聚全县各界共襄伟业的强大正能量！

各位委员、同志们，让我们更加紧密地团结在以习近平同志为核心的党中央周围，以更务实的作风画好最大同心圆，以更扎实的工作汇聚奋进正能量，同心同德，苦干实干，合力开启全县现代化建设新征程，以优异成绩向中国共产党成立100周年献礼！

○常委会工作报告

中国人民政治协商会议
江苏省沛县第九届委员会常务委员会工作报告

——2017 年 1 月 6 日在政协沛县第十届委员会第一次会议上

刘广远

各位委员、同志们:

我受政协沛县第九届委员会常务委员会的委托,向大会报告工作,请予审议,并请列席会议的同志提出意见。

九届政协的工作回顾

九届政协常委会,于 2012 年 5 月政协沛县九届一次全会选举产生。五年来,常委会认真学习中共十八大和历次全会精神,贯彻落实习近平总书记一系列重要讲话精神,认真贯彻落实中央、省、市、县委关于加强和改进人民政协工作的部署要求,认真履行政治协商、民主监督、参政议政职能,为建设"强富美高"新沛县做出了积极贡献!

一、始终坚持党的领导,坚定理想信念,保证人民政协事业发展的正确方向

政协常委会始终把坚持党的领导作为一切工作的前提和基础,认真贯彻落实中央和省、市、县委相关要求,不断开创全县政协工作新局面。

——认真贯彻十八大精神,始终把坚持和发展中国特色社会主义作为巩固共同思想政治基础的主轴。一是理想信念更加坚定。认真学习贯彻党的十八大和历次全会精神,坚定不移走中国特色社会主义政治发展道路,不断巩固党领导各族各界人士团结奋斗的共同思想政治基础。二是性质定位更加明确。常委会在依照宪法法律和政协章程准确定位的基础上,在县委的坚强领导下,大力推进自身各项工作和各项事业不断向前发展。三是民主渠道更加通畅。始终坚持改革创新精神,丰富民主形式,畅通民主渠道,有效组织政协委员、各团体、各族各界人士共商全县发展大计。

——认真贯彻县委决策部署，始终把围绕中心服务大局作为政协履行职能的主业。一是围绕中心，紧紧依靠县委的坚强领导。县委高度重视加强政协常委会建设、机关建设、基层组织建设和委员队伍建设，县政府大力支持政协工作，激发了政协工作的生机与活力。常委会牢固确立了“围绕中心、服务大局、主动融入”的指导思想，始终做到与县委、县政府在政治上同向、思想上同心、工作上同步。二是服务大局，积极投身“两个率先”的生动实践。主动对接党委政府决策部署，谋划政协工作。认真做好包挂项目、包镇驻村的服务协调工作。切实加强调研的广度和深度，摸实情、建真言。积极反映重要社情民意，争取省市的关注和支持。三是强化监督，全力推动县委县政府决策的贯彻落实。常委会始终坚持非权力监督的性质定位，不断扩大监督的范围，积极探索政协民主监督的有效形式，积极推进县委县政府决策的贯彻落实。

——认真贯彻《中国共产党章程》要求，始终把发挥党组的领导核心作用作为政协工作的主责。一是认真学习党章党规。政协党组认真学习并时常对照党章党规，正衣冠、常自省、多批评，为机关党员做表率。二是认真贯彻民主集中制。严格按照民主集中制原则办事，形成了分工负责、协调一致工作局面。三是认真落实党风廉政建设主体责任。深入开展党的群众路线教育实践活动、“三严三实”专题教育、“两学一做”学习教育，承担起对组织负责、对事业负责、对党员负责的责任。

二、始终坚持围绕中心，服务发展大局，努力促进全县经济社会又好又快发展

九届一次会议以来，共召开全体会议 5 次、党组会议 16 次、主席会议 68 次、常委会议 24 次、专委会议 96 次和镇区工委会议 10 次，开展专题调研 74 次、专题视察 46 次和专项活动 59 次，使政协工作更加契合发展大局，更加体现人民群众心声。

——围绕“科学发展”，充分发挥协商民主的制度优势，认真搞好政治协商。一是着眼前瞻性，认真组织专题协商。先后就加快开发区建设、沛北一体化发展等 10 多个重大问题，提出协商建议。在九届二、三、四次全会上，就加强小区管理问题进行大会发言协商，有力促进了小区管理工作的开展。二是着眼系统性，广泛开展对口协商。五年中，政协各委室就电子商务、扶贫开发、国家级生态县建设等 60 多个课题开展调查研究，多项建议已经转化为县委、县政府的决策部署。如四次会议期间，政协教文卫体委员会，组织教育系统的政协委员，远赴如皋等地调研，形成的《赴如皋等地学习考察职业教育发展的报告》，为县政府研究制定《县政府关于加快发展现代职业教育的实施意见》提供了参考。三是着眼专业性,深入推进界别协商。认真落实《政协沛县委员会界别(镇区委员小组)活动办法》,将343名委员划分为9个界别、19个镇区场街道工作委员会(以下简称"工委"),先后开展各类专项调研、视察等活动230余次。分别就农村土地使用权流转、高层次医疗人才引进等问题提出切实可行的意见建议。

——围绕"助推发展",充分发挥政协监督的组织优势,积极推进民主监督。一是进一步拓宽民主监督的范围。五年来,共组织委员900余人次对"三重一大"、生态环境建设等重大事项进行重点监督;对关系民生的教育、卫生、就业、食品安全和城乡低保等工作进行跟踪监督;对"平安法治沛县建设"、机关作风建设进行评议监督。二是进一步探索民主监督的形式。九届一次全会以来,在5次常委会上,专题听取讨论了《县政府关于提案办理情况的通报》。先后聘请52名委员担任各工委、各界别社情民意信息员。先后组织委员800余人次参与党政机关"述职述廉"和"委员评议"活动。推荐200多名委员担任政府部门和司法机关的特约监督员和行风评议员。三是进一步关注民主监督的成效。对县委、县政府主要领导签批的监督建议、重点提案进行跟踪督办,努力促进成果转化和问题的解决。

——围绕"服务发展",充分发挥人才荟萃的智力优势,深入开展参政议政。一是在议政选题上,坚持服务发展。从委员们反映的共性问题中选择调研课题,注重选题的全局性;从专委会对口联系的单位中征集选题,注重课题的专业性;从县委县政府工作部署中选题,注重课题的综合性;从上级和领导交办的事务中选题,注重课题的前瞻性。五年来共形成了23项专题调研视察报告,多数转化为县委、县政府的决策和工作部署。二是在议政形式上,坚持不断创新。积极参加县委县政府召开的各类会议,认真讨论《政府工作报告》及其他报告,努力做到又参又议。认真组织专题调研、视察活动,提出有参考价值的建议意见,努力做到先参后议。先后组织外出学习考察23批次,形成了《关于赴抚顺市学习考察棚户区改造的报告》《关于加快电子商务发展的报告》等。积极协调党委、政府及有关部门,就重大问题调研论证,共同提出意见和建议,努力做到共参共议。三是在议政成果上,坚持精益求精。坚持做到"熟悉上级政策、了解先发经验、掌握沛县实际、建言科学合理"。九届一次会议期间形成的《关于加快大沙河沿线经济带建设的建议》,在政协徐州市十四届一次会议上做了大会发言。三次会议期间提出的《关于东海、沭阳、泗洪三县统筹城乡发展情况的学习考察报告》和《关于新型农业经营主体培育情况的调研报告》两项调研成果,在2014年第七次和第十七次县委常委(扩大)会议上做了汇报。

三、始终坚持团结民主，凝聚发展共识，努力营造改革发展稳定的良好氛围

政协常委会充分发挥政协联系面广、智力密集优势，协助县委县政府做好协调关系、化解矛盾、理顺情绪、维护稳定的工作，为全县改革发展稳定营造了宽松环境。

——始终把了解民意、集聚民智、关注民生作为发扬民主的重要途径。一是密切联系群众，广泛集聚民智。针对农村生活垃圾乱扔乱倒的现象，政协组织 19 个镇场区街道工委，深入村组农户，听取意见，形成了《关于我县农村环境整治情况的调研报告》，有力地促进了农村环境的改善。常委会、专委会、各界别和各镇区场街道办工委先后组织 350 余个调研小组，1600 余人次深入一线调查研究，260 余项成果被各级党委政府和相关部门采纳。二是收集社情民意，了解民想民盼。五年中，共收集“关于养老问题”“三轮车接送小学生交通安全问题”等社情民意信息 1500 余条，引起县有关部门的重视。针对群众对行政审批意见大的社会舆情，县政协组织委员远赴宜兴、海门、涟水等地学习调研，并提出《关于赴宜兴等地学习考察政务服务中心建设运行情况的报告》，推进了沛县政务服务中心建设和规范化运行。三是关注弱势群体，组织扶贫济困。激励委员履行社会责任，积极投身“光彩事业”，认真开展“文化、卫生、科技三下乡”活动，积极参加扶贫济困活动，得到了社会的广泛赞誉。

——始终把凝聚人心、协调关系、增进共识作为服务大局的重要任务。一是大力宣传县委县政府决策部署，统一思想。通过全委会议、界别会议、镇区场街道工委会议等，广泛宣传全县发展规划，明确发展目标，凝聚发展意志。通过调研视察，宣传县委县政府具体部署，统一思想认识。通过提案督办，宣传县委县政府工作要求，密切党群干群关系。二是注重加强与各族各界人士的联系，增进共识。注重加强新形势下与人民团体、民族宗教、港澳台侨同胞和无党派人士的联络联谊工作，召开三胞眷属联谊等各类会议 26 次，努力把各方面的积极性和创造性汇聚到县委、县政府的决策部署上来。注重加强与工商联、非公经济人士的联系，全力帮助企业解决难题。三是注重加强与老干部的联系和沟通，交流感情。坚持每年组织政协老领导、老同志开展“游沛县、看变化、话发展”主题活动，老同志对我县近年来发生的可喜变化予以高度赞扬，关注发展、支持发展的氛围空前浓厚。

——始终把整合资源、宣传沛县、争取支持作为助推发展的重要形式。一是积极争取上级政协的工作指导。九届一次全会以来，共接待全国政协常委来沛考察活动 1 次，省政协来沛视察活动 9 次，市政协来沛调研活动 29 次，对我县经济社会发展情况给予充分肯定。二是切实加强兄弟政协的联络交流。接待北京、广东、江西、新疆等19个省(自治区、直辖市)以及我省各级政协组织来沛考察团47批600余人次,增进了友谊,宣传了沛县。三是认真做好文史资料的整理出版。先后编辑出版了《沛县方言》《沛县政协书画联谊会会员作品集》《记忆沛县》《沛县风物》《沛县政协志(2006—2016)》等,总计200万字、15000余册。《人民政协报》《江苏政协》《徐州政协》等新闻媒体发稿57篇,介绍了我县改革创新的经验。

四、始终坚持从严标准,加强队伍建设,努力提高委员的履职能力和履职水平

政协常委会在履职实践中,不断加强政治把握能力、调查研究能力、联系群众能力、合作共事能力建设,努力提高履职水平和实效。

——以落实《关于改进工作作风密切联系群众的十项规定》为契机,充分发挥政协机关服务保障作用。一是开展学教活动,逐步提高联系群众的能力。主席会议组成人员深入所联系的镇村驻点调研,召开各类座谈会16次,认真倾听基层群众的意见和呼声,提出合理化建议35条。主席会议成员和政协机关科级以上干部累计为16名孤贫学子送去23万多元助学金,帮扶贫困村资金20多万元。二是认真钻研业务,逐步提高参政议政能力。积极参加组织人事部门举办的各类学习培训,邀请上级政协领导来沛进行专业辅导,安排相关委室外出学习考察等,努力做到懂政协、会协商、善议政。三是强化平台建设,逐步提高服务水平。为适应新形势下人民政协事业发展,县委常委会研究决定,将政协机关原有的5个专门委员会增加到6个,同时配齐配强机关干部,为政协机关增添了新的生机和活力。界别划分由八届的6个调整为9个,使委员分组更专业。县政府支持30万元,为19个镇区场街道政协工委配备了电脑等办公设施,完善了信息传递、工作交流网络。

——以落实《关于提高常委会会议质量的意见》为抓手,充分发挥常委会的领导、参谋和示范作用。一是带头执行县委决策、履行政协章程。自觉遵守和认真履行《宪法》及《政协章程》,认真学习宣传贯彻县委县政府决策部署,做到政治上明白、工作上积极、议政上有效。二是带头深入调查研究、积极建言献策。各位常委主动适应新常态,围绕事关沛县改革发展的重大课题,人民群众普遍关心的热点、难点问题以及政协内部的重要事务等深入调查研究,积极建言献策。三是带头珍视政治荣誉、树立良好形象。各位常委在不同的岗位上争做学习研究、干事创业、探索创新、合作共事、遵纪守法的表率,树立了良好的社会形象。

——以落实《政协沛县委员会界别(镇场区委员小组)活动办法》为依托,

充分发挥界别、工委协商议政作用。一是发挥人才优势,凸显界别特色。中共界委员积极开展调研,完成了《农村建设用地整理与农民新居建设考察报告》和《农村垃圾分类可操作性建议》等调研成果;其他各界别小组也依托界别平台,发挥界别优势,开展了主题鲜明、各具特色、富有成效的履职活动。二是提高履职成效,彰显镇区亮点。各镇区场街道工委认真组织委员撰写提案和反映社情民意,100 余篇调研报告受到镇区场街道党(工)委的高度重视。三是开展学习交流,促进改革创新。以界别、镇区场街道办工委工作座谈会、"三创标兵"报告会和学习观摩座谈会为平台,交流创业经验,激发创新热情,涌现出一大批优秀政协委员。如工业界委员积极应对当前市场低迷的行情,巧抓时机,错位发展,为全县产业发展带来了勃勃生机。

——以落实《关于加强委员队伍建设的意见》为导向,充分发挥委员主体作用。一是把好入口,全面提高委员素质。九届政协一次会议安排委员名额 343 名,大专以上学历 280 名,占委员总数的 81.63%。大会选举 52 位同志组成政协常务委员会,常委更趋年轻化、知识化、专业化和一线化,为做好本界政协工作奠定了良好基础。二是加强培训,全面提升履职能力。认真组织委员学习党的十八大和历次全会精神,全面贯彻县委县政府工作部署;认真组织委员学习《关于加强社会主义协商民主建设的意见》,进一步深化对人民政协协商民主性质、地位、作用的认识;认真组织委员学习调研视察、提案撰写等业务知识,提高委员议政能力。三是组织活动,激发委员履职热情。各界别、镇区场街道工委,认真组织委员开展形式多样的履职活动,取得了显著成效。

五、始终坚持改革创新,积极探索实践,不断开创人民政协事业发展的新局面

常委会积极探索推进政治协商、民主监督、参政议政制度建设,不断提高协商民主制度化、规范化、程序化水平。制定完善了 19 项工作制度,确保协商民主有制可依、有规可守、有章可循、有序可遵。

——探索完善协商联动机制,形成协商议政整体合力,开创了县委重视、政府支持、部门配合、委员积极的新局面。一是规范协商议题提出机制。建立完善了县委办、政府办、政协办协商议题提出、会商制度,使政协工作更好地融入党政中心工作。二是健全部门联动机制。对涉及协商内容的部门,本着"争取部门支持、促进部门工作"的原则,探索完善了联合调研、问题分析、工作推进、经验总结等工作机制。三是探索协商成果落实机制。政协常委会不断加大对采纳意见建议的跟踪落实力度,对批转的建议促转化,对采纳的建议促落实,对落实的建议促推进。关于城区居民饮水问题,委员连续三年提出协商建议,加快了地表水厂建设和老城区管网改造进程。

——探索完善参政议政工作机制,提高资政建言水平,形成了一批产业培育、环境保护、教育发展、民生改善的新成果。一是规范各种会议协商。本着“全委会集中协商、常委会重点协商、主席会专题协商、专委会对口协商”的原则,积极开展协商议政。在本届召开的五次全体会议上,委员共提交50份大会发言,涉及经济社会发展的方方面面,凝聚着委员们的智慧和汗水。专委会累计开展了169次对口协商活动,促进了部门工作。二是规范调研视察协商。五年来,常委会将县委同意的协商议题列入年度工作计划,明确责任主体和完成时限。根据协商议题,由分管主席牵头,在调研视察基础上提出建议,经常委会议通过后共向县委县政府报送调研成果21项。三是规范提案办理协商。逐步建立并完善了政协委员、承办单位、政协组织三方沟通协商机制,委员提案均在规定时限内办复完毕,办复率达到100%,政协委员满意率和基本满意率达到98%以上。

——探索完善委员履职考评机制,激发委员创业创新创优热情,展示了政协委员热爱家乡、艰苦创业、联系群众、积极履职的新形象。一是健全参会议政机制。每年全体会议上,从出席会议、小组发言、提案撰写等方面进行考核,作为对委员参会议政的评价依据,并在下次全体会议上通报。二是健全提案评比机制。修订完善了《关于进一步加强提案工作的实施意见》,开展优秀提案撰写、承办先进单位评比活动,由县政府、县政协联合表彰。五年来,共表彰优秀提案先进个人50名,提案承办先进单位50个。三是健全“三创”活动促进机制。认真开展以“鼓励创业、激励创新、支持创优”为主题的“三创”活动,在全体委员中大力弘扬“创业、创新、创优”精神,有效激发委员履职的主动性、积极性和创造性,25名“三创标兵”受到表彰。

各位委员、同志们,回顾五年来的工作,我们深切感受到这些成绩的取得,是县委正确领导、重视关心的结果,是县政府和社会各界大力支持、热情帮助的结果,也是政协历届老领导、老同志、全县各级政协组织、政协各参加单位和广大政协委员团结协作、努力奋斗的结果。在此,我代表政协沛县九届委员会常务委员会,向全体委员五年来的无私奉献和辛勤履职表示衷心的感谢!向所有关心、支持人民政协事业发展的领导和同志们表示崇高的敬意!

过去的五年,我县政协工作虽然取得了一定的成绩,但仍有一些需要改进提高的地方,如政协基层组织建设还需进一步加强,委员的主体作用还需进一步发挥,专题调研的广度和深度还需进一步拓展,民主监督的途径和方法还需进一步探索等。这需要在今后的工作实践中,认真研究,加以改进,努力提高政协工作的整体水平。

对十届政协工作的建议

今后五年，是我县全面落实县第十四次党代会战略部署，全力当好县域经济发展排头兵的关键时期，也是十届政协承前启后、继往开来，不断推进人民政协事业创新发展的重要时期。政协工作指导思想和总体要求是：高举中国特色社会主义伟大旗帜，深入学习贯彻习近平总书记系列重要讲话特别是视察江苏重要讲话精神，在中共沛县县委的坚强领导下，全面贯彻县委十四次党代会精神，紧紧围绕“四个全面”战略布局，以“五大发展理念”为引领，对照“两聚一高”和发挥“三个作用”走在全市前列奋斗指向，牢牢把握团结民主主题，同心协力搞好政治协商，积极稳妥推进民主监督，扎实有效开展参政议政，努力开创人民政协事业新局面，为建设“强富美高”新沛县的宏伟目标做出更大贡献！

一、牢记使命，在党的领导下发挥职能

一是统一思想，始终做到在思想上、政治上、行动上与党中央保持高度一致。认真学习中央和省、市、县委关于加强人民政协建设的一系列指示精神，引导全体委员、各界人士进一步增强拥护中国共产党领导的自觉性和坚定性，使县委的主张成为广大委员和各界人士的共识。二是找准位置，始终做到同县委县政府方向一致、目标一致、工作一致。紧紧围绕县委的重大决策和工作部署履行职能、开展工作，按照县委县政府提出的新要求，顺应人民群众的新期待，认真履行职能。三是率先垂范，始终做到主动报告重要工作，及时反映重大事项，认真落实党风廉政建设主体责任。充分发挥政协党组和党员的先锋模范作用，从自身做起、从身边事做起，创先争优，为全县经济社会又好又快发展做出更大的贡献。

二、服务大局，在促进社会发展中强化职能

一是要突出协商重点，更加主动地融入全县改革发展大局。紧紧围绕“发挥市场配置资源的决定性作用和更好地发挥政府作用、健全城乡一体化体制机制、深化文化体制机制改革、推进社会制度创新、加快生态文明体制改革”等重点内容议政建言，为各项改革任务的顺利进行提供有深度、有价值的意见和建议。二是要丰富协商形式，更好地发挥政协这一规范性协商平台作用。更加灵活经常地开展对口协商、界别协商、提案办理协商，建立定期协商座谈会制度，探索网络议政、远程议政等新形式。加强同非党人士、社会各界的团结合作，努力促进民族关系、宗教关系、阶层关系、海内外同胞关系的和谐。三是要增强协商实效,更公平地把改革成果惠及广大群众。把促进社会公平正义、增进人民福祉作为政协工作的出发点和落脚点,倾听群众呼声,反映群众诉求,协助党委政府做好理顺情绪、协调关系、化解矛盾、增进共识、增强合力的工作,为全面深化改革营造良好社会环境,使改革成果更多更公平地惠及广大群众。

三、履职尽责,在加强自身建设中实现职能

一是进一步加强各级政协组织和全体政协委员的思想建设、组织建设、作风建设和制度建设。造就一支政治坚定、作风优良、学识丰富、业务熟练的高素质政协工作干部队伍,始终保持良好的精神状态,积极投身又好又快推进沛县改革发展的生动实践,努力开创全县政协事业发展新局面。二是进一步加强委员的履职管理,将委员的履职情况作为评价委员的重要依据。扩大委员例会发言、调研视察的参与面,为委员发挥作用创造条件。深入开展"好委员"评选活动。加强专委会建设,探索专委会联系界别开展活动、与党政部门对口协商的有效途径,更好地规范和活跃专委会工作。三是进一步探索和创新界别、联络小组的活动方式,组织委员参与常委会与专委会的重点调研、协商议政等活动。引导委员懂政协、会协商、善议政,形成委员参加界别活动,界别依托专委会开展活动的机制,实现委员、界别、专委会之间的良性互动,增强履职整体合力。

各位委员、同志们,奋力实现沛县未来五年经济社会发展目标,既为人民政协履行职能提供了难得机遇,又为政协委员施展才华搭建了广阔舞台。机遇考验我们的智慧,挑战锤炼我们的意志,使命召唤我们的行动。让我们在中共沛县县委的坚强领导下,进一步振奋精神,开拓进取,为沛县全面建成小康社会、创造更加美好的明天而努力奋斗!

中国人民政治协商会议
江苏省沛县第十届委员会常务委员会工作报告

——2018 年 1 月 12 日在政协沛县十届委员会第二次会议上

郝敬彬

各位委员、同志们：

我受政协沛县第十届委员会常务委员会的委托，向大会报告工作，请予审议，并请列席会议的同志提出意见。

2017 年工作回顾

2017 年是全县上下喜迎党的十九大，全面建成小康社会的关键一年。一年来，在中共沛县县委的正确领导下，在县人大、县政府和社会各界的大力支持下，县政协常委会高举中国特色社会主义伟大旗帜，紧紧围绕迎接十九大召开、学习宣传贯彻十九大精神和习近平总书记视察徐州重要讲话精神这个大局，牢牢把握团结和民主两大主题，认真履行政治协商、民主监督、参政议政三大职能，主动作为，务实创新，为加快建设“三地一新”和“强富美高”新沛县做出了积极贡献。

一、始终坚持党的领导，加强思想建设，牢固树立正确政治方向

政协常委会始终把坚持党的领导作为一切工作的前提和基础，认真贯彻落实中央和省、市、县委相关要求，切实将党的重大决策和工作部署贯彻到政协工作中。

——认真学习贯彻党的十九大精神，进一步巩固共同思想政治基础。组织开展了“旗帜鲜明讲政治”专题学习培训、“寻访红色足迹，不忘初心”专题党课等活动，为贯彻十九大精神奠定了思想基础。十九大胜利闭幕后，我们把学习好、宣传好、贯彻好党的十九大精神作为首要政治任务，推动全县政协系统迅速掀起学习宣传贯彻热潮，坚持用最新理论和要求武装头脑，指导履职，真正把十九大精神转化为推动科学发展的强大力量。12 月初,县政协主席、副主席专程到包挂镇组织开展面对面宣讲活动,深入宣讲党的十九大鲜明主题、丰富内涵、重大意义和深远影响,切实推动党的十九大精神家喻户晓、入脑入心。

——认真贯彻县委决策部署,围绕中心服务大局履行政协职能。县委高度重视政协工作,印发了《关于进一步加强改进人民政协工作的意见》,激发了政协工作的生机与活力。县政协常委会始终坚持与县委、县政府在政治上同向、思想上同心、工作上同步,主动对接党委政府决策部署,谋划政协工作。定期向县委汇报政协重大活动安排,在县委领导下制订年度协商计划和工作要点,高质量完成县委交办的调研课题。始终坚持非权力监督的性质定位,不断扩大监督的范围,积极探索政协民主监督的有效形式,积极推进县委县政府决策的贯彻落实。

——进一步强化学习培训,为政协履职奠定坚实的理论基础。按照"懂政协、会协商、善议政"要求,以学为先、学以致用,不断提高谋事、干事、成事本领。实行"请进来,走出去"相结合的办法,一次全会期间举办了新任政协委员培训班,2017 年 5 月 31 日到 6 月 1 日,又举办了十届政协委员能力提升专题培训班,邀请了专家学者前来授课,进一步增强委员的主体意识,提升了委员履职能力。推进"两学一做"学习教育常态化制度化,研究制订了《县政协机关关于推进"两学一做"学习教育常态化制度化的工作方案》,坚持每周三集中学习制度等。

二、围绕服务发展大局,不断探索创新,有序推进协商民主

十届一次会议以来,共召开全体会议 1 次、主席会议 14 次、常委会议 5 次、专委会议 16 次和镇(场、街道)联络小组会议 2 次,开展专题调研 6 次、专题视察 9 次和专项活动 13 次,使政协工作更加契合发展大局,更加体现人民群众心声。

——聚焦中心大局,在推动改革发展上有新贡献。把为"十三五"时期发展献计出力作为履行职能的落脚点,围绕"三地一新"建设、供给侧结构性改革等重大课题,建睿智之言,献务实之策。远赴湖南、陕西等地学习调研,形成了《关于充分发挥创新驱动的引领作用打造淮海经济区最具竞争力新型工业化基地的建议》《关于深度挖掘利用汉文化资源打造历史文化名城的建议》《坚持生态优先　引领绿色发展　打造江淮生态大走廊最具特色的绿色地标》等 3 篇调研报告,得到县委县政府主要领导肯定,部分建议被采纳并批转相关部门分头实施,并均被县委《沛县调研》选用。各镇(场、街道)联络小组围绕党委、政府的中心工作,精选课题,深入调研,取得明显成效。如湖西农场联络小组创造性地开展政协工作，助推滨湖新城和休闲观光园建设，2017 年 12 月 6 日央视网和 12 月 12 日人民网分别进行了报道；大屯街道组织委员围绕新型农业经营主体培育发展情况、汉兴街道组织委员围绕美丽乡村建设情况等开展专题调研活动，为党委、政府谋划全局、推动工作提供了参考。

——聚焦履职为民，在增进民生福祉上有新作为。重点选择提高百姓富裕程度、加大医药用品监管力度等课题建言献策，促进改革发展成果更多地惠及广大群众，组织了 13 次专项活动。进一步做好社情民意信息的收集上报工作，去年共收到社情民意信息 256 件，整理上报市政协 167 件，很多意见建议得到市、县和有关部门的重视。各界别积极组织委员参与重点调研、协商议政等活动，2017 年 10 月 27 日，中共界组织委员视察了基层党建工作，12 月 8 日又组织委员视察了环保工作；其他各界别也都组织委员开展了内容丰富、形式多样的活动，如卫生科技界围绕高新科技企业发展、人民团体界围绕养老及残疾人公益服务、驻沛企业界围绕天然气及冬季安全供气、农业界围绕“现代农业与生态农业发展”、政法界围绕十九大精神的贯彻落实等内容开展了调研视察活动，为推动我县经济社会发展献计献策。

——聚焦务实创新，在优化民主监督上有新举措。组织委员对我县“三重一大”建设、文化旅游资源开发等内容开展专题视察，有效促进工作开展。十届一次会议以来，共收到提案 244 件，立案 102 件，目前相关提案全部办结，答复率和满意率均在 99% 以上。2017 年 6 月 20 日，县政协开展了视察督办主席会议重点提案“关于加强城区电动三轮车管理的提案”活动，县政府高度重视，专题召开听证会，研究制定了实施意见，目前正在征求社会各界的意见。联合县电视台开办《提案追踪》专题栏目，围绕一次性餐具生产企业监管等提案，精心打造了 6 期专题片，扩大了提案办理工作社会影响力。围绕“深化小区物业管理”开展专项工作民主监督，通过召开座谈会、组织委员实地视察等形式，促进了物业管理市场健康有序发展。

三、增进共识凝聚合力，突出和衷共济，营造改革发展稳定的良好氛围

政协常委会充分发挥政协组织联系面广、智力密集优势，针对改革发展中出现的复杂问题，协助县委县政府做好协调关系、化解矛盾、理顺情绪、维护稳定的工作，发挥好桥梁纽带作用，为全县经济社会发展增共识、减阻力、聚合力。

——始终把“凝大智慧、聚众合力”作为服务大局的重要任务。注重加强与各族各界人士的联系，增进共识，努力把各方面的积极性和创造性汇聚到县委、县政府的决策部署上来。2017 年 3 月 23 日，全市县（市）政协主席座谈会在沛县召开，县委李淑侠书记介绍了沛县的经济社会发展情况，与会同志对我县日新月异的变化给予了高度赞扬。9 月 17 日,省政协原副主席、省国际文化交流中心理事长罗一民来沛调研,对我县经济社会发展情况给予充分肯定。11 月 8 日,市政协陈萍副主席带队专题来我县调研汉源文化和城市文化建设,为我们下步打造历史文化名城提出了指导意见。接待新疆巴州、湖南郴州等兄弟县(市、区)政协来沛参观考察团 8 批次 70 余人,增进了友谊,宣传了沛县。充分发挥存史资政的作用,编辑出版了《沛县政协志(2006—2016)》《冯亦吾诗词》等,总计 20 万字、1500 余册。《不只是观点的碰撞》等 17 篇稿件在《人民政协报》《江苏政协》《徐州政协》等新闻媒体刊发。11 月 28 日,省政协文史工作第 23 次会议上,我县政协做了典型发言,得到省政协及与会专家的一致好评。

——始终把"谋新良策、发好声音"作为发扬民主的重要途径。2017 年 9 月份,在国务院明确徐州为淮海经济区中心城市之后,县政协开展了"我为中心城市献一策"活动,广大委员积极响应、踊跃参与,共提交各类调研报告和建议 82 篇,经筛选上报市政协 41 篇,其中沛城街道、汉兴街道,以及孙彬、姚亮等委员所提建议得到市委市政府和有关方面采纳。注重加强与老干部的联系和沟通,交流感情,10 月 16 日,组织政协老领导、老同志开展"游沛县、看变化、话发展"主题活动,老同志对我县近年来发生的可喜变化予以高度赞扬,关注发展、支持发展的氛围空前浓厚。12 月 15 日,县政协机关联合县政府分管领导及相关部门负责人、驻沛市政协委员对"两减六治三提升"专项行动组织了视察活动,并提出了合理化建议。

——始终把"扬正能量、创高质效"作为助推发展的重要形式。以开展"百千万"帮扶活动为抓手,深入包挂村组访贫问苦,了解他们生产生活中遇到的困难与问题,走访群众 1058 户,梳理问题 29 个,提出了 11 条合理化发展建议,在三夏和秋收期间,又给农户送去了食用油、肥料和慰问金。认真开展"阳光扶贫"工作,政协各位主席、各委室负责同志深入贫困户家中实地走访,配合镇村制定切实可行的帮扶措施,推动贫困户鼓足干劲早日脱贫。9 月 5 日,在得知张庄镇贫困户朱邦明的孙女考上大学因为学费无处筹措而面临无法入学的困境后,县政协机关干部纷纷奉献爱心,捐献了 3000 余元,圆了孩子的上学梦。此外,还有很多委员也在默默奉献爱心,积极参加扶贫济困活动,得到了社会的广泛赞誉。

四、不断加强自身建设,坚持从严标准,努力提高履职能力

政协常委会在履职实践中,不断加强政治把握能力、调查研究能力、联系群众能力、合作共事能力建设,坚持以改革思维、创新理念和务实举措大力推进履职能力建设。

——抓住换届契机，把好委员"入口关"。真正把代表性强、议政水平高、群众认可、德才兼备的优秀人士吸收到委员队伍中来。十届政协一次会议共安排委员名额 340 名，大专以上学历委员 283 名，占委员总数的 83.24%。大会选举 61 名同志组成政协常务委员会，常委更趋年轻化、知识化、专业化和一线化，为做好本界政协工作奠定了良好基础。为适应新形势下人民政协事业发展，县委常委会配齐配强了政协机关干部，为政协机关增添了新的生机和活力，界别划分由九届的 9 个调整为 10 个，使委员分组更专业。

——完善制度建设，强化委员履职管理。进一步完善主席联系常委、常委联系委员制度，探索建立委员履职量化考核的新途径、新方法，研究出台了《政协沛县委员会界别（联络小组）活动办法》，在县层面以界别组织委员开展活动 20 余次，有效增加了委员之间的沟通联系，提高了委员参政议政的积极性；在镇（街道）层面以联络小组为单位积极反映社情民意、提出提案和建议，提高委员活动参与率。制定了《沛县政协委员履职管理办法》《社情民意信息评选表彰办法》《关于加强和改进政协提案工作的实施意见》等；探索建立了政协沛县十届常委群、委员群，方便委员工作联系；申请开通了"政协沛县"微信公众号，改版升级了沛县政协网站，及时发布政协工作动态，展示委员风采。

——推进作风建设，发挥委员主体作用。严格执行中央八项规定和省市县委十项规定，深入落实"两个责任"。组织开展了"创'五型'机关，做'六讲'委员"活动。深入开展"学习型、研究型、服务型、高效型、廉洁型"机关建设，加强整体协调和配合，高标准履行机关工作职责，以综合素质的提高来实现机关整体效能的提高。在政协委员中开展"讲政治、讲学习、讲责任、讲创新、讲协作、讲奉献"活动，推动全体委员增强学习本领、改革创新本领、科学发展本领、群众工作本领、狠抓落实本领和政治协商、民主监督、参政议政本领，以良好的作风和形象把各界人士团结在党的周围。

各位委员、同志们，回顾一年来的工作，我们深切感受到这些成绩的取得，是县委正确领导、重视关心的结果，是县政府和社会各界大力支持、热情帮助的结果，也是政协历届老领导、老同志、全县各级政协组织、政协各参加单位和广大政协委员团结协作、努力奋斗的结果。在此，我代表政协沛县十届委员会常务委员会，向全体委员一年来的无私奉献和辛勤履职表示衷心的感谢！向所有关心、支持人民政协事业发展的领导和同志们表示崇高的敬意！

在肯定成绩的同时，我们也清醒地认识到，仍有一些需要改进提高的地方，如政协基层组织建设还需进一步加强，协商民主渠道还较单一，还需要进一步创新和丰富，委员的主体作用还需进一步发挥，专题调研的广度和深度还需进一步拓展,民主监督的途径和方法还需进一步探索,提案和社情民意工作机制尚不健全,仍需要进一步规范等。这需要在今后的工作实践中,认真研究,加以改进,努力提高政协工作的整体水平。

2018 年工作意见

2018 年是全面贯彻落实党的十九大精神的开局之年,是改革开放 40 周年,也是决胜全面建成小康社会、落实“十三五”规划承上启下的关键之年。我们要立足沛县实际,结合中央、省市县委的重要部署,按照新时代要求,深入贯彻新发展理念,使常务委员会的工作在新的一年里有新的气象、新的作为。今年政协工作指导思想和总体要求是:高举中国特色社会主义伟大旗帜,全面学习贯彻落实党的十九大精神和习近平总书记视察徐州重要指示,以习近平新时代中国特色社会主义思想为指导,坚持在中共沛县县委的坚强领导下,牢牢把握团结民主主题,紧紧围绕县委县政府工作大局,紧抓“凝大智慧,聚众合力,谋新良策,发好声音,扬正能量,创高质效”的工作方针和“创‘五型’机关,做‘六讲’委员”的工作主线,同心协力搞好政治协商,积极稳妥推进民主监督,扎实有效开展参政议政,充分发挥协调关系、汇聚力量、建言献策、服务大局重要作用,在奋力打造“强富美高”新沛县的新进程中做出更大贡献。

一、以深入学习贯彻党的十九大精神为统领,为推动沛县发展凝聚共识

坚持学深悟透全面准确领会党的十九大提出的新思想、新论断、新使命、新目标、新部署,在学懂弄通做实上下功夫,融会贯通,学以致用,切实把党的十九大精神转化为发展思路、工作举措,落实到推动沛县改革发展的各项事业中。把学习贯彻习近平总书记视察徐州重要指示与学习贯彻十九大精神相结合,与贯彻落实省市县委决策部署相结合,与做好政协工作相结合,与时俱进抓好落实,确保政协工作始终沿着正确方向前进。围绕统筹推进“五大建设”和“七大战略”,引导政协各参加单位和社会各界人士把智慧和力量凝聚到创新强县、创业富民上来,坚定信念、真抓实干,把沛县打造成为宜居、宜业、宜游、美丽的滨湖之城。

二、以“推动协商民主广泛、多层、制度化发展”新要求为指导,发挥社会主义协商民主重要作用

坚持问题导向,认真落实中央和省市县委关于协商民主建设的有关意见和要求,深入研究政协协商的特点和规律,建立健全协商议题提出、活动组织、成果采纳落实和反馈机制,搭建好制度化、常态化的协商参与平台,创新丰富多彩、形式多样的协商民主形式。继续加强政党协商，扎实推进政府协商，认真做好人民团体协商，稳步推进基层协商，探索开展社会组织协商。进一步改进政协协商形式，完善协商座谈会制度，更加灵活、更为经常地开展专题协商、对口协商、界别协商、提案办理协商，探索网络议政、远程协商等新形式。

三、以加强和改进反映社情民意信息工作为重点，进一步提升民主监督实效

贯彻落实中共十九大关于政协民主监督的新要求，积极探索民主监督的新形式，进一步提高民主监督的能力和水平。下发《政协沛县委员会关于加强和改进反映社情民意信息工作的意见》，紧扣县委、县政府重点工作推进情况、民生政策执行情况和“十三五”时期重要指标落实、乡村振兴战略实施、决胜全面建成小康社会进程等情况，准确把握民主监督的方向和原则，以加强和改进社情民意信息工作等积极开展灵活多样、富有成效的监督性履职活动。鼓励委员综合运用履行职能的多种方式反映社情民意，原则上每位委员每年至少反映1件社情民意信息。每季度向各界别（联络小组）、县政协各专委会和全体委员通报信息反映和采用情况，充分调动委员参政议政的自觉性和积极性，保障委员的履职权利和归属感。

四、以加强和改进政协提案工作为抓手，充分发挥参政议政优势

准确把握我县经济社会发展的阶段性特征，选择助推绿色建筑业发展、实施乡村振兴战略、完善城市功能性项目建设等重要课题，深入调研视察和协商讨论。突出政协工作的民生指向，重点选择扩大基本公共服务供给、实施“教育均衡”工程、推进精准扶贫精准脱贫等课题建言献策。创新“六抓四办三提升”提案工作机制，着重抓委员培训、选题引导、成果转化、集体提案、审查立案、考核评优，建立书记县长批办领办、主席督办、协商快办、合力齐办的重点提案工作机制。健全重点提案遴选机制，全面推行提案办理全过程协商，努力提高提案的落实率和满意率。建设提案信息化管理系统，搭建提案网上提交、审查、反馈和查询为一体的综合化服务平台。继续办好《提案追踪》栏目，编发提案工作专报，不断扩大提案工作的社会影响力。

五、以深入开展“创‘五型’机关，做‘六讲’委员”活动为平台，努力加强自身建设

以提高“四种能力”为根本，继续深入开展“创‘五型’机关，做‘六讲’委员”活动，着力提升个人素质、提升工作水平，增强机关整体服务保障能力。进一步完善《沛县政协委员履职管理办法》，积极贯彻落实《关于开展“委员履职提升年”的意见》，对委员出席会议和活动、建言献策、参政议政情况以制度形式确定下来,提高政协履行职能的质量和水平。创新工作考核方式,实行“工作项目化、项目工程化、工程责任化”的三化工作法,将重点工作分解为可操作的项目,根据项目排定时间节点、包挂委室、具体责任人,明确职责和分工,定期召开工作推进会,分析解决问题,形成“主席+委室+界别(联络小组)+委员”条线纵横责任体系,延伸工作触角,推动工作落实。

各位委员、同志们！新时代的号角已经吹响,新的发展前景催人奋进,面对新的形势和任务,人民政协责任重大、使命光荣。让我们紧密团结在以习近平总书记为核心的党中央周围,在中共沛县县委的坚强领导下,牢记责任,不负重托,凝心聚力,奋发有为,为高水平全面建成小康新沛县而努力奋斗！

中国人民政治协商会议

江苏省沛县第十届委员会常务委员会工作报告

——2019年1月3日在政协沛县十届委员会第三次会议上

郝敬彬

各位委员、同志们:

我受政协沛县第十届委员会常务委员会的委托,向大会报告工作,请予审议,并请列席会议的同志提出意见。

2018年工作回顾

2018年是全面贯彻落实党的十九大精神的开局之年,是改革开放40周年,也是决胜全面建成小康社会、落实"十三五"规划承上启下的关键之年。今年以来,在中共沛县县委的正确领导下,在县人大、县政府和社会各界的大力支持下,县政协常委会高举中国特色社会主义伟大旗帜,紧紧围绕学习宣传贯彻十九大精神和习近平总书记视察徐州重要讲话精神这个大局,认真落实省委娄勤俭书记调研徐州特别到沛县调研的指示精神,牢牢把握团结和民主两大主题,认真履行政治协商、民主监督、参政议政三大职能,紧抓"凝大智慧,聚众合力,谋新良策,发好声音,扬正能量,创高质效"的工作方针和"创'五型'机关,做'六讲'委员"的工作主线,主动作为,务实创新,为加快建设"三地一新"和"强富美高"新沛县做出了积极贡献。

一、深化学习,把握方向,思想建设得到新加强

一是坚持党的领导。把坚持中国共产党的领导作为政协工作最根本的政治规矩挺在前面,始终坚持与县委、县政府在政治上同向、思想上同心、工作上同步,主动对接党委政府决策部署,谋划政协工作。牢牢把握正确的政治方向,不断强化政治意识,以坚定的政治态度、扎实有效的工作,确保全县政协工作始终沿着正确的方向不断发展进步。定期向县委汇报政协重大活动安排,在县委领导下制订年度协商计划和工作要点，高质量完成县委交办的调研课题。二是强化理论学习。按照建设“学习型”机关和做“讲学习”委员的要求，完善学习制度、落实学习计划、突出学习主题，采取专题学习、委员培训、外出参训等多种有效方式，组织政协委员和机关干部深入学习中共十九大精神，深刻领会习近平新时代中国特色社会主义思想，深入学习习近平总书记系列重要讲话精神，认真学习新时期统战理论和政协基本知识。先后举办了“提案和社情民意工作委员培训班”“政协新闻信息写作专题讲座”“政协常委履职能力提升培训班”等三次培训活动，并专门邀请九三学社中央经济委员会副主任、苏州政协常委龚震做了政协提案和社情民意信息专题报告，为委员履职打下了坚实基础，进一步提高了参政议政能力。三是凝聚思想共识。自觉把思想和行动统一到县委县政府的重大决策部署上来，把智慧和力量凝聚到推动改革发展、决战脱贫攻坚、打赢蓝天保卫战、实施乡村振兴等事关全县改革发展，纵深推进“三地一新”新实践上来。组织开展了“不忘初心，牢记使命”“加强政协党的建设”专题党课活动和“进一步解放思想，在新时代有新担当新作为”专题组织生活会。在全体政协委员中组织开展了解放思想大讨论活动，围绕“学习新思想、创新添活力、履职高质量、树立新形象”主题，兴起学习贯彻习近平总书记关于加强和改进人民政协工作的重要思想的热潮，以理论大学习、思想大武装促进政协工作质量的大提升。

二、围绕中心，发挥职能，协商议政取得新成效

一是协商建言规范有序。按照“推动协商民主广泛、多层、制度化发展”的要求，积极发挥政协作为专门协商机构的作用，大力推进专题协商、对口协商、界别协商、提案办理协商，不断规范民主协商秩序，提升民主协商质效。一年来，召开全体会议 1 次、常委会议 5 次、主席会议 16 次、专委会对口协商会议 9 次，围绕事关沛县改革发展的大事要事广泛协商、献计出力。积极推进整体协商。始终把协商议政的重点放在事关全县经济社会发展全局的问题上，定位在县委决策部署的贯彻落实上，定位在全力支持经济建设和事关人民群众切身利益的重大问题上。政协二次全会期间，组织政协委员列席县人代会，听取和协商讨论了《政府工作报告》和其他报告，并就生态文明建设、城乡统筹发展、公共文化体系建设、品牌农业建设、科技创新等经济社会发展中的热点、难点问题做了大会发言，得到县委县政府主要领导高度评价，推动了相关工作的落实。7 月中旬，配合省市政协三级联动，县政协牵头开展了“深化‘放管服’改革，建设一流营商环境”专题调研活动，为全省优化营商环境提供了沛县经验。深入推进专题协商。按照 2018 年度协商计划，县政协常委会组织委员就群众普遍关心的医养结合体系建设、农业供给侧改革、群众性体育工作开展、生态环境综合治理等进行专题协商,提出对策建议40多条,得到相关部门的重视和采纳。各镇(场街道)联络小组围绕党委、政府的中心工作,精选课题,深入调研,取得明显成效。如龙固镇联络小组提出的护城河治污、镇区集污管网疏通、建设大沙河休闲观光带等建议被镇党委、政府采纳。杨屯镇政协委员围绕"一镇八村"搬迁、创建省级经济发达镇、改善人居环境等重点工作进行调查研究,提出了很多有分量、有价值的意见建议,为党委、政府谋划全局、推动工作提供了参考。强化提案办理协商。以《政协沛县委员会关于加强和改进政协提案工作的实施意见》为抓手,严把提案审查立案关,完善提案答复机制、协商机制、督办机制、交办机制等制度创新,推行"六抓四办三提升"提案工作机制,十届二次会议以来,共收到提案295件,立案203件,目前相关提案全部办结,提案见面率、办结率均达到100%,满意率达99%以上。县委县政府高度重视委员提案办理工作,县委、县政府主要领导分别对政协报送的12件重点提案做出批示,要求县分管领导认真研究,加以推进。如蒋培培、孙守访、段培国、沈群惠等委员提出的"加强电动车交通安全管理""解决乱停车阻碍其他车辆出行""加强乱停车辆管理和规范占道停车点设置""规范治理小区停车问题"等一系列建议,关系群众生命安全和城市形象品质,县政府高度重视,以开展"三城同创"为契机,组织县公安交警、城管、交运等部门,实施了"三小车辆"整治、规范停车点位设置等一系列举措,加强交通安全秩序管理,城区交通秩序明显好转,停车难、停车无序、群众出行等一系列问题,得到极大改善。联合县电视台开办的《提案追踪》专题栏目自去年开播以来引起社会极大反响,扩大了提案办理工作社会影响力。

二是民主监督扎实有力。发挥政协协商式民主监督的优势和特色,坚持在参与中支持、在支持中服务、在服务中监督。适时召开政情通报会。县政协八次常委会上,常务副县长张长缨代表县政府通报全县经济社会发展情况,让委员们对沛县改革发展有一个全面深入的了解,并邀请政法委负责同志通报法治沛县建设情况,为委员知情明政搭建平台,提高了参政议政质量。扎实开展专项视察。组织政协委员对城建重点工程建设、现代服务业建设、文化旅游产业发展等产业发展和重点项目实施情况开展视察,提出工作建议30多条。教育文体界对教育和文体布局调整、义务教育优质均衡发展等工作开展了专题视察活动;人民团体界组织界别委员开展了医养结合专题视察活动;工业界组织界别委员到徐州高新区考察调研,并提出了"关于加快建设现代产业体系推进高质量发展的建议""关于加快推进沛县信息化产业发展的建议"等多条高质量的建议案;敬安镇政协委员围绕小城市规划建设出谋划策,组织委员参与小城市建设规划论证座谈会等12人次,提出建设性建议26条,被采纳9条。积极参与专项督查。2018年5月江苏黄淮网发表了《发挥政协委员职责打赢大气污染攻坚战》纪实文章,记录了汉兴街道王敦华委员的“散乱污”整治历程,获得中央环保督察组的肯定;朱寨镇联络小组选派委员参与镇政府对辖区内的网吧运营情况督查,得到了学校和家长的高度赞扬;政法界组织界别委员走进法检两院,开展行风政风民主监督,促进阳光司法、公正执法。广泛收集社情民意。组织引导委员深入基层,广泛倾听民声、真切了解民情、真实反映民意,畅通不同阶层、不同群体、不同界别群众利益表达渠道,大量民意诉求和基层呼声直通党政机关。二次全会以来,共收集社情民意126条,整理上报市政协55条,其中魏垂敬委员所提的《关于农村“四废”协同处理改为农口统一管理的建议》被省委办公厅采用;张玉委员所提的《关于在我县学校厕所配备洗手液和感应式水龙头的建议》、孔凡剑委员所提的《关于青年路与新沛路交叉口设置信号灯的建议》等11篇社情民意信息分别被县领导批转相关部门办理,充分体现了县委县政府对政协委员建言献策的重视,也激发了委员关心关注沛县发展的热情。

三是参政议政紧扣中心。围绕党政中心工作,选准课题、精心组织、科学分析,深入调查研究,积极献计纳策。扎实搞好调查研究。先后赴淮南、铜陵等地调研考察,形成了《关于加快推进矿地融合发展,助推乡村振兴的调查与建议》《关于创新金融服务机制,助推实体经济发展的调研报告》《建设一区一园一基地,实现建筑产业现代化》《狠抓严管,常态长效,不断提升城市文明品质》等调研报告4篇,得到县委县政府主要领导肯定,部分建议被采纳并批转相关部门分头实施。中共界充分发挥界别委员特长,积极开展视察和调查研究,完成多篇调研材料的撰写:《农村“四废”应由农口统筹管理》刊载于中央级《改革内参》;《垃圾分类处置的“高庄模式”》刊载于《江苏省人民政府研究室调查研究报告》(省级内参)。积极搭建议政平台。在运用好全委会、常委会、专题协商会、座谈会等常规性履职平台的基础上,建立了常委微信群、委员微信群,上线了“沛县政协”微信公众号等网络议政平台,支持政协委员实时参与讨论交流,灵活多样提出意见和建议,充分履行参政议政职能。改版升级政协网站,专门设立了提案工作和社情民意工作管理系统,畅通了委员提交提案反映民意的渠道,为委员有效履职搭建了很好的平台。力促议政成果转化。通过面商、督办等方式,加强与各部门的沟通协调,将重要建议落实情况纳入县委、县政府督查室跟踪问效,努力促进议政成果转化。根据《中共沛县县委关于建立县领导同志联系包挂重点改革任务责任制的通知》要求,县政协创新开展了专项民主监督工作,精心选择社会关注度高的“深化小区物业管理”课题,通过召开座谈会、组织视察调研、业主见面会等多种形式，深入了解我县物管现状，学习外地经验，形成了《提升社区物业管理水平，助推三城同创工作开展》的调研报告，为下一步提升我县物业管理水平提出了建设性的建议，并按照推进经济发展、改革开放、城乡建设、文化建设、生态环境、人民生活等六个高质量发展的具体要求，研究制定了《关于实施六个专项监督，助推高质量发展的工作意见》，突出专项民主监督重点，从党政所思、群众所盼、政协所能出发，为沛县改革发展提供更多更优更好的“政协方案”。

三、发挥优势，突出特色，助推发展做出新贡献

一是投身脱贫攻坚求实效。坚持把助推精准扶贫作为重大政治任务来抓，认真落实中央、省、市、县委关于精准脱贫的部署要求，广泛动员政协委员和社会各界人士投身脱贫攻坚主战场，为助推全面打赢脱贫攻坚战做出积极贡献。政协机关联系帮扶敬安镇孙楼村，先后投入帮扶资金 12 万元，6 位主席每人挂钩帮扶 3 户贫困户，并派驻第一书记挂职扶贫，深入包挂村组访贫问苦，真正面对面倾听群众的心声，了解他们生产生活中遇到的困难与问题，帮助理清发展思路，制订脱贫规划，解决具体问题，将真心真情帮扶精准滴灌到每个贫困家庭，切实做到真扶贫、扶真贫，在三夏和秋收期间，分别给农户送去了豆油、肥料和慰问金。二是助力民生改善用真情。组织动员界别委员，通过开展各种活动，积极为困难群众解难题、办实事。人民团体界委员组织家政服务员、育婴员、护理员积极参加徐州市妇联组织的巾帼家政服务大赛，2 人获三等奖、4 人获优秀奖，助推了我县家政服务业规范化、职业化建设；政法界委员认真做好我县“七五”普法的规划宣传工作，充分利用自身优势，结合以案释法等形式，取得了良好的社会效果，并与南京浦口监狱联合开展了“情暖高墙”帮教活动；驻沛企业界联合沛县红十字会、沛县卫计委开展了卫生应急、红十字养老照护进乡村、进家庭活动。政协机关组织开展了“关爱孤贫学子，我们在行动”主题党日活动，机关党员为敬安镇“心连心”向阳儿童公益服务中心的孩子们送去了书包文具等学习用品，鼓励他们努力自强，力争将来成为祖国的栋梁之材。此外，还有很多委员也在默默奉献爱心，积极参加扶贫济困活动，得到了社会的广泛赞誉。三是服务发展大局用实劲。围绕推动沛县高质量发展，政协组织开展了“我为高质量发展献良策办实事”活动，目前已征集金点子 27 条，为推动沛县改革发展献计添力。一年来，县政协多次组织政协委员针对城建重点工程开工及进展情况、工业重点工程进展情况、城建重点工程滞后项目等开展监督性视察活动，指出并分析存在的问题，提出合理化建议。县政协班子成员根据县委分工，围绕挂联的“三重一大”项目、环保督查项目等，经常进村入企召开座谈会，了解工作进展情况,协调解决具体问题,全程督导方案落实,为县域经济发展做出了应有的贡献。

四、联谊交往,凝心聚力,团结协作获得新发展

一是紧密联系各界凝聚人心。政协常委会充分发挥政协组织联系面广、智力密集优势,团结社会各界人士,做好争取人心、凝聚力量的工作,发挥好桥梁纽带作用,为全县经济社会发展增共识、减阻力、聚合力。年初县政协组织开展了"春节慰问暨十九大精神宣讲面对面"活动,给退职老干部送去了《党的十九大报告辅导读本》等书籍和慰问品;9 月 14 日,又组织政协老领导、老同志开展"游沛县、看变化、话发展"主题活动,老同志对我县近年来发生的可喜变化予以高度赞扬,关注发展、支持发展的氛围空前浓厚。二是加强交流交往增进友谊。一年来,共接待辽宁锦州、四川德阳等兄弟县(市、区)政协来沛参观考察团 13 批次 90 余人,组织委员参加了黄河故道政协助推经济发展联谊活动、湖北大冶首届百强县政协书画联谊活动等,宣传和推介了沛县。省市政协先后来沛就城市生态文明建设、公共文化设施建设和"书香沛县"建设、提案协商办理工作等开展调研,对我县工作取得的成绩给予高度赞扬。三是注重文化联谊团结育人。组织编写了《亲历沛县改革开放 40 年》专辑图书,真实、生动、具体地再现历史,为改革开放史研究提供第一手资料,近期将出版。进一步加强政协宣传工作,制定《信息工作目标考核办法》,鼓励广大政协委员多写稿,出好稿。去年以来,《发挥政协作用,助推高质量发展》等 14 篇稿件在《人民政协报》《江苏政协》《徐州日报》等新闻媒体刊发。

五、高标定位,激发活力,自身建设实现新提升

一是制度创新进一步推进。先后出台《关于加强和改进政协提案工作的实施意见》《关于开展"委员履职提升年"活动的意见》,印发《优秀提案评选表彰办法》《反映社情民意信息工作评选表彰办法》;修订完善《政协沛县委员会常务委员会工作规则》《沛县政协委员履职积分制管理实施办法(试行)》;进一步加强和改进乡镇政协委员联络工作,制定《2018 年度创"五型"机关先进政协联络小组工作评比细则》;印发了《政协沛县委员会提案办理协商办法》,对重点提案办理单位和热难点问题解决情况进行民主、公开、公正评价考核,构建了提案者、提案承办单位、政协组织三方沟通协商机制。二是作风建设进一步深化。认真落实从严管党、治党要求,坚决把政治纪律和政治规矩挺在前面,成立了由党组书记任组长的党风廉政建设领导小组,把党风廉政建设工作目标进行分解,责任落实到人,从制度上保证了党风廉政建设工作的开展。严格执行中央"八项规定"和省、市、县委十项规定,推进机关作风转变,努力锻造风清气正的政协干部队伍,积极营造干事创业、崇廉尚实、清正廉洁的政治生态。坚持“两学一做”学习教育常态化,积极推进廉政文化、法制文化进机关,切实解决党性意识、宗旨观念、组织纪律、工作状态等突出问题。三是服务保障进一步优化。按照打造“学习型、研究型、服务型、高效型、廉洁型”政协机关的要求,不断加强服务保障能力建设。完善委员履职服务机制,建立委员履职档案,强化履职动态管理,努力建设“讲政治、讲学习、讲责任、讲创新、讲协作、讲奉献”的政协委员队伍,不断增强政协组织凝聚力和向心力。加强政协协商与党委、政府工作的有效衔接,健全政协知情明政制度,完善协商成果的采纳、落实和反馈机制。四是“政协委员之家”建设进一步加强。高标准制订创建方案,多次召开座谈会及现场推进会,各界别、联络小组思想重视、措施得力、推进速度快、标准高,目前10个界别、18个镇(场、街道)委员之家已全部建成并投入使用,为政协委员提供了学习、联络和交流的平台,更好地巩固了委员履职的主阵地。

各位委员、同志们,回顾一年来的工作,我们深切感受到这些成绩的取得,是县委正确领导、重视关心的结果,是县政府和社会各界大力支持、热情帮助的结果,也是政协历届老领导、老同志、政协各参加单位和广大政协委员团结协作、努力奋斗的结果。在此,我代表政协沛县十届委员会常务委员会,向全体委员一年来的无私奉献和辛勤履职表示衷心的感谢!向所有关心、支持人民政协事业发展的领导和同志们表示崇高的敬意!

在看到成绩的同时,我们也清醒地认识到工作中存在的问题和不足,主要表现在:协商议政质量有待进一步提升,民主监督机制有待进一步完善,调查研究实效有待进一步提高,委员队伍建设有待进一步加强等。这需要在今后的工作实践中,认真研究,加以改进,努力提高政协工作的整体水平。

2019年工作安排

2019年及今后一个时期,是沛县高水平全面建成小康社会的关键期,也是建设“强富美高”新沛县的攻坚期,更是全县上下践行新发展理念、推进高质量发展的奋进期。县政协工作的总体要求是:以习近平新时代中国特色社会主义思想为指导,以习总书记视察徐州重要指示精神和中央、省、市、县委的新部署新要求为主线,以助推高质量发展为主旋律,以“资政履职高质量年”活动为抓手,汇聚力量、服务大局、创新履职,更有针对性地抓关键求突破,纵深助推“三地一新”新实践,为建设“强富美高”新沛县创造更多高质量发展成果和经验汇聚政协智慧,不断开创沛县政协工作新局面。

一、始终坚持党的领导,着力推动新时代政协系统党的建设高质量

中国特色社会主义最本质的特征是中国共产党的领导。坚持中国共产党对人民政协的领导是成立人民政协时的共识,是建立政治协商制度的前提。加强政协系统党的建设,最根本的就是结合政协实际,把新时代党的建设总要求贯彻好落实好。一是坚持党建工作高质量。根据中共中央办公厅印发的《关于加强新时代人民政协党的建设工作的若干意见》要求,以务实有效的举措,切实抓好全县政协系统党的建设工作。要始终坚持在党委领导下开展工作,做到重要精神及时传达、重要工作及时报告、重大事项及时请示,确保中央和省市县委各项决策部署不折不扣执行到位。二是坚持理论武装高质量。坚持每周四集中学习制度,将党组中心组学习扩大到普通党员,坚持把学习的要求同履职的需要结合起来,真正在深层次上提高思想理论水平,自觉在思想上、政治上、行动上同党中央保持高度一致,在增强"四个意识"、坚定"四个自信"中筑牢共同思想政治基础,为推进人民政协事业创新发展提供坚强思想保障。三是坚持作风建设高质量。认真抓好政协党建工作责任制、落实意识形态工作规定、落实党风廉政建设责任制、加强自身建设、"三会一课"、经常性警示教育、机关"党员活动日"等一系列制度规定的落实。制定"党员委员参加双重组织生活""党组成员联系界别(联络小组)、党员委员联系党外委员"等一系列新的制度机制,进一步提升政协系统党建工作组织化程度。

二、围绕中心服务大局,着力实现政协建言资政高质量

面对新时代新任务新要求,政协的各项履职活动要从注重"做了什么""做了多少"向"做出了什么效果"转变。要准确把握新时代沛县发展的新方位新坐标,坚持把打好"三大攻坚战"、推动"六个高质量"发展、决胜高水平全面建成小康社会作为献计出力的工作主线,把提质增效贯穿政协工作全过程和各方面,推动政协建言资政与县委县政府的工作同心同向、同频共振,全力做到十个"高质量"。一是协商议政高质量。健全完善以全体会议为龙头,以专题议政性常委会议和主席专题会议为重点,以专题协商、对口协商、界别协商、提案办理协商、网络协商等为常态的协商议政新格局。强化政治协商的组织领导、权益保障、知情反馈和沟通协调机制,更好地发挥协商式监督优势作用。探索研究建立协商议政质量体系,制定建言资政质量的评价办法。完善部门情况通报制度,更好地知情明政、履行职责。二是民主监督高质量。充分把握民主监督特点,紧密结合沛县实际,聚焦县委、县政府重大决策部署的落实情况,聚焦人民群众关心关注的热点难点问题,准确把握民主监督的方向和原则,充分发挥委员视察、重点提案督办、大会发言、反映社情民意信息等在民主监督中的作用,精心选择监督课题,以小切口解决大问题。加快探索创新步伐,探索特约监督员监督、民主评议监督、专项民主监督等监督形式,积极开展灵活多样、富有成效的监督性履职活动,更好地推进各项工作。三是提案工作高质量。深入贯彻落实全国政协提案工作座谈会精神,从以往追求提案数量向注重提高提案质量转变。坚持提出问题要聚焦、反映问题要准确、分析问题要深入、提出建议要具体,强化提案的立案审查工作,进一步完善细化立案要求,严格执行立案标准,着力提高提案办理水平。重视发挥好激励引导作用,认真组织开展提案评选、表彰和宣传工作,进一步办好《提案追踪》栏目,推动形成社会各方关注支持提高提案质量的良好氛围。四是社情民意信息工作高质量。建立完善反映社情民意信息的汇集整理、分析研判、跟踪反馈、定期通报、宣传转化等工作机制,拓宽信息来源,提高信息质量。建立经常反映与集中反映相结合的工作机制,进一步完善报送机制及采用反馈程序,始终把推动成果的转化落实作为反映社情民意信息工作的最终目的。不断完善政协信息工作的跟踪反馈机制,加强与党政部门的沟通联系,推动政协反映的社情民意信息进入党政决策信息收集、受理和反馈程序。加强和改进社情民意信息通报制度,及时通报信息的采用情况、处理意见、有关批示及落实情况。对领导批示的信息和其他重要信息,及时跟踪了解和督促办理,促进问题的解决。五是调查研究高质量。坚持围绕中心服务大局选准选好调研课题,进一步转变调研作风,改进调研方式,提高调研实效。紧扣县委、县政府重点工作推进情况、民生政策执行情况和"十三五"时期重要指标落实、乡村振兴战略实施、决胜全面建成小康社会进程等情况,深入调研视察和协商讨论。突出政协工作的民生指向,重点选择扩大基本公共服务供给、持续改善人居环境、推进城市扩容提质、"三城同创"等课题建言献策。充分发挥政协人才智力优势,增强建言资政的专业性、针对性。六是专项活动高质量。以《政协沛县委员会界别(委员联络小组)活动办法》为抓手,围绕县委、县政府重大决策、重点工作,人民群众普遍关心和重点关注的重要问题,组织委员开展主题党日活动、提案办理面商会、政情通报会等丰富多彩的社会活动,向党委、政府及其他有关组织提出意见、建议和批评,为助推改革发展服务。七是阵地建设高质量。进一步抓好"政协委员之家"和政协文史馆建设,"政协委员之家"要继续完善各项软硬件设施,确保政协委员办公有阵地、参政议政有场所、履职经费有保障。政协文史馆是集征集、收藏、研究、展示、利用、交流等功能于一体的综合性场馆,是宣传人民政协光辉历程,展示人民政协组织和政协委员履职成果的重要窗口,是研究政协理论、文化和文史资料的重要阵地,我们要下大力气高标准建设,让其成为政协组织与社会各界相互交流的重要平台以及弘扬和提升沛县文化的重要场所。在抓好阵地建设的基础上,规范开展集中学习培训、委员互动交流等形式多样的委员履职活动,切实增强服务委员功能,全面提升委员履职尽责的能力和水平。八是智慧政协建设高质量。充分发挥智能化、信息化的作用,办好“沛县政协”微信公众号、常委工作群、委员工作群、沛县政协网站等智慧政协平台,实现政协新闻通知、活动会议、提案、委员考核等信息管理全程的网络化、信息化、移动化,通过线上交流、提交提案和社情民意信息、网络议政、远程协商、履职考核与评价等。一方面鼓励委员通过智慧政协知情明政、履行职能、提高效率、展示形象;另一方面逐步形成各委室密切配合,政协委员、各参加单位积极参与的运行机制,实现政协工作全过程自动化、信息化管理。九是存史资政高质量。努力开创一条以突破“小编制”、带好“大队伍”为特色的“开门办文史”的新路子,加强县政协文史馆建设,为沛县地方文史资料的存储、宣传、征集、研究、交流打造新平台,让沛县地方文史资料焕发生机活力、释放价值效能。进一步加快《亲历沛县改革开放40年》图书征编进度,为改革开放提供内容丰富、资料翔实、视角独特的文史资料。十是民主评议高质量。建立健全民主评议报告、通报、反馈、督查制度等评议工作基本制度,确保民主评议开展有制可依、有章可循。规范政协民主监督的内容和形式,把民主评议作为重要形式予以支持,促进民主评议健康有序开展。要多方面、多渠道建立沟通互动平台,让委员与被评议单位深入交流沟通,多做提出问题、咨询情况、分析原因、协商对策等工作,促进形成共识,提出合力措施,较快解决问题,提升政协的影响力和监督力,实现评议成果的有效转化。

三、加强政协自身建设,全面促进履职能力建设高质量

汪洋主席强调,人民政协处于凝心聚力第一线、决策咨询第一线、协商民主第一线、国家治理第一线,是党和国家一线工作的重要组成部分。我们要主动适应“四个第一线”要求,以创新理念、务实举措大力推进履职能力建设。一是委员队伍建设高质量。以“讲政治、讲学习、讲责任、讲创新、讲协作、讲奉献”委员队伍建设为主线,加强委员教育培训工作,突出政治性、时代性、理论性和统战性,强化自律意识,提升自觉履职能力,确保每位委员每年至少参加一次集中学习研讨活动。深入开展“资政履职高质量年”活动,依托“政协委员之家”积极开展形式多样的座谈培训、调研视察等活动,激发委员活力。坚持驻沛市政协委员列席常委会会议制度,建立委员履职档案,引导委员做好“委员作业”、常委交好“履职报告”,推动委员懂政协、会协商、善议政。二是专委会建设高质量。要充分发挥专委会工作经常性、专业性、广泛性的特点,以创新有效的方式积极组织政协委员开展面对面协商座谈会、参与脱贫攻坚及乡村振兴等经常性活动，为委员履职和相互联络交流联谊搭建平台，让更多委员参与到政协活动中来，广泛集中委员的智慧和力量，形成高质量、高水平的工作成果。要加强与党政各职能部门、各人民团体、各级政协组织等的联系，通过多种形式，为委员知情明政、履行职责提供更多的平台，提供更好的服务，激活委员履职活力。同时，切实加强专委会的制度化、规范化、程序化建设，为专委会履职打好基础，提供保障，专委会相互之间要加强协作与配合，形成整体合力，发挥整体作用。三是机关建设高质量。要扎实推进创建“学习型、研究型、服务型、高效型、廉洁型”机关建设，推动机关干部多一些创新、多一些热情、多一些奉献，着力打造“四个铁一般”（铁一般的信仰，铁一般的信念，铁一般的纪律，铁一般的担当）干部队伍。健全完善干部激励考核机制，推动政协机关干部把心思集中在想事谋事上、本领体现在干事干好上、目标锁定在成事成效上，做好既想干事、能干事、干成事，又守纪律、讲规矩、重品行，更好地为工作大局服务、为履行职能服务、为政协委员服务。

各位委员、同志们，站在新起点，宏伟蓝图催人奋进，面向新时代，人民政协使命光荣。让我们紧密团结在以习近平总书记为核心的党中央周围，在中共沛县县委的坚强领导下，凝心聚力，奋发有为，为高水平全面建设“强富美高”新沛县而努力奋斗！

中国人民政治协商会议
江苏省沛县第十届委员会常务委员会工作报告

——2020 年 1 月 2 日在政协沛县十届委员会第四次会议上

郝敬彬

各位委员、同志们:

我受政协沛县第十届委员会常务委员会的委托,向大会报告工作,请予审议,并请列席会议的同志提出意见。

2019 年工作回顾

2019 年是新中国和人民政协成立 70 周年,是决胜全面建成小康社会第一个百年奋斗目标的关键之年。一年来,在中共沛县县委的坚强领导下,在县人大、县政府和社会各界的大力支持下,县政协高举中国特色社会主义伟大旗帜,深入学习十九大、十九届二中、三中、四中全会精神,深入学习贯彻习近平总书记关于加强和改进人民政协工作的重要思想,认真落实全国、省、市政协和县委县政府部署要求,牢牢把握新时代人民政协新方位、新使命,坚持围绕中心、服务大局,认真履行政治协商、民主监督、参政议政三大职能,主动担当、积极作为,推动了政协工作向高质量聚焦、向高质量迈进,为加快建设“三地一新”和“强富美高”新沛县做出了积极贡献。

一、始终坚持党的领导,坚定理想信念,确保人民政协事业发展的正确方向

始终把坚持党的领导作为一切工作的前提和基础,坚决维护以习近平同志为核心的中共中央权威和集中统一领导,以党的政治建设为统领,全面推进政协党的各项建设。一是理论学习更加深入。认真学习党的十九大、十九届二中、三中、四中全会精神,深入贯彻习近平新时代中国特色社会主义思想,特别是习近平总书记关于加强和改进人民政协工作的重要思想,持续在学懂弄通做实上下功夫、求实效,以学习的高质量促进履职高质量。二是履职方向更加明确。不断强化政治意识，确保全县政协工作始终沿着正确的方向不断发展进步；始终坚持与县委、县政府在政治上同向、思想上同心、工作上同步，主动对接党委政府决策部署，谋划政协工作。定期向县委汇报政协重大活动安排，在县委领导下制订年度协商计划和工作要点，高质量完成县委交办的调研课题。三是学习制度更加完善。建立了以党组理论学习为引领，主席会议集体学习、常委会议专题学习、政协讲坛系统学习等相配套的学习制度体系。坚持每周四集中学习制度，推广使用“学习强国”平台。全年共组织开展主题党日活动4次，廉政警示教育活动3次，领导干部专题党课4次。先后邀请省市政协专家来沛举办委员能力提升培训班3次，组织部分常委赴深圳开展委员履职能力提升培训1次。四是初心使命更加坚定。结合“不忘初心，牢记使命”主题教育，为庆祝新中国和人民政协成立70周年，分别组织了全县政协委员“不忘初心跟党走”演讲比赛、“祖国颂·政协情”书画摄影联展、“践行初心使命”政协知识竞赛等活动，通过一系列活动，进一步坚定了机关干部和广大委员永远跟党走的决心和信心。

二、始终坚持聚焦中心，服务发展大局，努力为全县高质量发展建言献策

坚持把助推“三地一新”作为履职主线，以“资政履职高质量年”活动为抓手，规范协商、务实监督、深入议政、建言献策。

（一）聚焦发展大局，规范推进政治协商。一年来，县政协紧紧围绕县委、县政府提出的年度目标任务，召开全体会议1次、常委会议5次、主席会议12次、专委会对口协商会议9次，围绕事关全县改革发展的大事要事广泛协商、献计出力。一是围绕大政方针开展大会协商。三次全会期间，组织政协委员列席县人代会，听取和协商讨论了《政府工作报告》和其他报告，委员们纷纷就县委、县政府重大决策部署建言献策；会上8位委员分别就全国文明城市提名城市创建、乡村振兴、医养融合、营商环境提升等方面做了大会发言，受到县委、县政府和有关部门的重视和采纳。二是围绕攻坚克难开展专题协商。主席会议和常委会议就“六小行业整治、农业供给侧结构性改革、三城同创”等重点工作分别进行专题协商，形成了一批高质量的协商议政成果。比如，六小行业整治和三城同创专题协商，有效助推我县国家卫生县城和国家生态文明建设示范县创建顺利通过验收。三是围绕推进落实开展对口协商。政协各专委会就农村人居环境改善长效管理、改善教育生态等重要提案的办理落实、重要视察调研课题与镇（街道、场）委员联络小组、界别、有关单位等开展对口协商17次，提出了切实可行的建议意见。四是围绕延伸职能开展基层协商民主建设。在县委主导下，充分发挥政协专门协商机构参与基层社会治理的独特优势，积极开展“党委领导、政协搭台、各方参与、服务群众”的基层协商民主建设,成立了县委书记任组长、政协主席任副组长的领导小组,形成了县、镇、村三级组织体系。按照“统筹谋划、典型带动、梯次推进、规范提升”的原则,坚持“主体化、规范化、科学化、实效化、常态化”五化工作路径,全力推动各镇村协商民主建设工作开展。李淑侠书记亲自带队到安国镇苇元村等地实地察看了我县基层协商民主建设开展情况,并就“有事多商量,遇事多商量,做事多商量”的形式、内容和成果落实做了明确的指示和要求。目前,全县18个镇(街道、场)级和388个村(社区)级基层协商议事平台已全部建成,已经召开议事会议493次,达成协商共识544个,解决实际问题503个。通过基层协商民主议事,一些事关民生、事关群众冷暖的事情得到了解决,如:杨屯镇“镇域自来水两网搭接”、龙固镇“大沙河公园公共空间治理水平提档升级”、栖山镇胡楼村“建设居家养老服务中心,为老人提供免费营养午餐、免费洗浴”等协商议题“有温度”、会议流程“有特色”、会议落实“有实效”,为我县基层协商民主建设实践了成功“样板”。

(二)聚焦民生福祉,务实推进民主监督。常委会积极探索民主监督的有效途径和成果转化的有效方式,工作中做到了“三个注重”。一是注重发挥提案监督的“主渠道”作用。三次全会以来,共收到委员提案285件,通过审查,立案168件,提案办理见面率、办结率100%,满意率和基本满意率达到99%。李淑侠书记、苏伟县长对8件重点提案分别做出了明确批示,并分别就领衔督办的《关于对城区“六小行业”规范整治的建议》和《关于加快农贸市场提档升级,助力三城同创》进行现场督办,针对提案办理情况,召开重点提案办理工作协商会,确保重点提案办理见成果出实效,推动了提案办理水平整体提高。提案《关于推进农村“四废”生态化协同处置的建议》相关观点被国务院办公厅督查室《农村环境整治大检查专刊》采纳。精心打造了10期《提案追踪》,在县电视台新闻频道播放宣传,特别是对“三城同创系列”厕所革命、农贸市场专题等6件重点提案办理落实情况面向社会追踪报道,增强了提案办理的透明度和政府公信力,扩大了提案工作的社会影响。二是注重发挥社情民意监督的“直通车”作用。一年来共收集整理委员社情民意信息136件,对于反映问题真实、建议可行的社情民意信息及时采用并转交有关部门办理。共编辑《关于打通开发区企业物流配送“最后一公里”的建议》等《社情民意专报》18期,均及时得到县政府主要领导和分管领导的签批,充分体现了县委县政府对政协委员建言献策的重视。整理上报徐州市政协社情民意信息57篇,其中《关于设置“朗读亭”的建议》等4篇社情民意信息被市政协采用。三是注重发挥调研视察监督的“助推器”作用。今年以来,按照县委县政府重点工作部署,由主席、副主席带队,各专委会牵头，分别组织开展了“三重一大”项目、三城同创进展情况、全县扫黑除恶专项斗争开展情况、精准脱贫攻坚情况、依法治县工作、科技创新工作等专题视察，通过委员现场问政、现场建议，对破解工作难题、加快工作推进起到了重要作用。

（三）聚焦服务发展，深入推进参政议政。充分发挥政协人才荟萃的智力优势，深入开展参政议政。一是精准选取参政议政课题。从重要讲话、县委县政府工作部署、委员反映的共性问题、专委会对口联系单位反映的问题中精准选题，注重选题的前瞻性、全局性、综合性和专业性。以此为基础，通过与县委办、政府办深入沟通，下发了《政协沛县委员会2019年度协商计划》，全年共安排重点协商议题20个，其中专题议政性常委会议议题3个，主席专题协商会议议题8个，“发展·民生”专题协商座谈会议题4个，委员集中视察议题4个，专题民主监督议题1个。二是实践创新参政议政形式。不断创新委员参政议政的方法和形式，印发了《深化基层协商民主建设，开展“三走进一联系”活动的实施方案》，组织政协委员按照包挂要求，“走进企业、走进社区、走进乡村，联系群众”，围绕企业、社区、乡村和群众所需所盼，提解困良策、献睿智之计、做惠民实事；印发了《关于开展“助力三城同创、共建美好家园”主题活动实施方案》，组织341名政协委员包挂三城同创104个网格和18个镇（街道、场），为我县三城同创提供了“一线”支持；依托“基层协商民主建设信息化服务系统”，运用PC端和手机客户端，利用信息的可交互性，进一步拓展了基层协商民主建设的广度和深度。三是切实增强参政议政实效。紧扣“十三五”时期重要指标、六个高质量发展、文化旅游建设等事关全县改革发展的重点工作，深入调研，形成了《全面打造中华民族精神高地，世界级汉文化旅游终极目的地》《打造一流营商环境，推进民营经济高质量发展》《健全社区服务功能，补齐三城同创短板》等调研报告，为推动我县高质量发展建言献策，为县委县政府决策提供了参考。其中，《全面打造中华民族精神高地，世界级汉文化旅游终极目的地》调研报告被市委研究室《徐州调研》第21期头版刊发，报市委市政府主要领导决策参考，同时被《徐州智库》采用，并被确定为市政协十五届五次会议口头发言报告。

三、始终坚持团结民主，凝聚发展共识，广泛汇聚建设美好沛县的智慧和力量

坚持大团结大联合，全力做好团结各界、凝聚人心的工作，为建设“强富美高”新沛县汇聚强大正能量。一是团结联谊，互建发展之言。今年以来，共接待河北阜城、四川彭州、山东岱岳等兄弟县（市、区）政协来沛参观考察团20余批次190余人，通过交流互鉴，宣传和推介了沛县，更好地为两地经济发展建言献策。二是上级调研,坚定发展信念。3 月 7 日,市政协副主席陈萍来沛调研,为我县加快推进汉文化新城项目的建设步伐提出了建设性的意见和建议。4 月 9 日,市政协主席王安顺、市政协理论研究会会长庄华平、市政协副主席周宝纯带领市政协理论研究会调研组来沛调研,对我县经济社会发展取得的成绩给予高度评价。5 月 8 日、7 月 1 日、10 月 18 日市政协主席王安顺,副主席王海永、孟铁林分别带队来沛调研基层协商民主建设工作,对我县基层协商民主建设工作给予充分肯定,并提出了相关指导意见。三是传递爱心,聚力共同发展。8 月 30 日,县政协爱心帮扶小组一行 6 人赶赴陕西省麟游县,县政协委员李扬、陈志民、刘新华向 12 位困难大学生每人捐助了 5000 元,激励学子们战胜困难,以倍加努力的实际行动回报家乡、回报社会。四是落实责任,合力脱贫攻坚。认真落实精准扶贫责任,机关落实帮扶资金 5 万元,通过走访慰问,切实帮助低收入农户解决实际问题,6 户帮扶对象全部实现脱贫;各位主席根据包挂要求,深入镇村访贫问苦,帮助群众解决实际困难、制订脱贫方案,送去扶贫资金 12 万元,18 户帮扶对象全部脱贫。五是秉持初心,共建美好沛县。10 月 18 日,组织举办了"老领导、老同志看变化话发展"主题活动,大家对当前我县经济社会发展取得的成绩给予了充分的肯定,一致表示,要持续秉承"不忘初心,牢记使命"的信念,为推进沛县"三地一新"新实践,发好声音,贡献智慧和力量。12 月 10 日吴天英会长带领县政协理论研究会部分成员对我县基层协商民主建设进行调研,对我县基层协商民主建设的成效和做法表示赞赏,并提出了深入推进的意见和建议。六是文史编撰,再现改革实践。为记录沛县改革开放历史,展现沛县改革开放成就,编辑出版了《亲历沛县改革开放 40 年》,全书涵盖了决策、改革、实干、兴业、树人、惠民等 6 个篇章,60 余万字,为我县改革开放提供了内容丰富、资料翔实、视角独特的文史资料。为庆祝新中国和人民政协成立 70 周年,编审出版了《祖国颂·政协情》沛县政协书画联谊会会员作品集。七是广泛宣传,书写履职答卷。提档升级沛县政协网站,办好"沛县政协"微信公众号、常委工作群、委员工作群等信息化履职宣传平台;积极通过《人民政协报》、省市政协杂志和各级媒体,宣传沛县政协履职成效和政协委员履职风采,全年在市级以上媒体发表文章 40 篇,我县基层协商民主建设实践文章,栖山镇胡楼村《协商议事解民忧》《探索基层协商民主建设新思路》和五段镇后六段村《没想到,在村里可以领钱花了》分别被《人民政协报》和中央广电总台国际在线报道,《切实增强金融支持实体经济的能力》等 2 篇文章在《江苏政协》发表。

四、始终坚持从严标准,健全机制平台,努力打造履职为民政协工作队伍

主动适应新形势新任务新要求,不断完善政协机关和政协委员履职工作机制，打造政治素质高、业务水平好、工作作风实、为民服务真的过硬政协队伍。一是机构设置更优化。为更好地发挥政协专委会职能作用，县机构编制部门为政协机关增加编制 9 人，对各专委员会进行优化设置，调整后机构为“两室六委”，即：办公室、研究室和提案委员会、文化文史委员会、教育卫生体育委员会、学习和委员工作委员会、农业和农村委员会、海外联络与社会法制委员会。二是工作机制更健全。坚持以完善的工作机制倒逼工作质量的提升，制定印发了《政协沛县委员会关于开展资政履职高质量年活动的意见》《沛县政协提案工作双向评议暂行办法》等制度文件，形成了覆盖党建、履职、自身建设等方面的制度体系。三是平台建设更规范。对各界别、镇（街道、场）“委员之家”，进行提档升级，各镇（街道、场）、各村（社区）、企事业单位分别设立协商议事室。以“委员之家”和“协商议事室”为平台，延伸政协工作手臂，不断加强与人民群众的血肉联系，实现委员与群众的“零距离”。四是委员能力更全面。以“讲政治、讲学习、讲责任、讲创新、讲协作、讲奉献”的“六讲”委员队伍建设和创建“学习型、研究型、服务型、高效型、廉洁型”的“五型”机关建设为主线，以“委员履职‘四个一’”“资政履职高质量年”和“三走进一联系”活动为抓手，依托“委员之家”积极开展了形式多样的座谈培训、调研视察等工作，推动委员“懂政协、会协商、善议政、守纪律、讲规矩、重品行”。

各位委员、同志们，回顾一年来的工作，我们深切感受到这些成绩的取得，是县委正确领导、重视关心的结果，是县人大、县政府和社会各界大力支持、热情帮助的结果，也是政协历届老领导、老同志、政协各参加单位和广大政协委员团结协作、努力奋斗的结果。在此，我代表政协沛县十届委员会常务委员会，向全体委员一年来的无私奉献和辛勤履职表示衷心的感谢！向所有关心、支持人民政协事业发展的领导和同志们表示崇高的敬意！

各位委员、同志们，在看到成绩的同时，我们也清醒地认识到工作中存在的问题和不足，主要表现在：基层协商民主建设工作还需进一步夯实，实效性、长效性机制还需进一步完善，委员助推三城同创活动还需进一步深入，政协工作信息化水平还有待进一步提升，民主监督机制有待进一步完善，调查研究实效有待进一步提高，委员作用发挥还需进一步提升。这需要在今后的工作实践中，认真研究，加以改进，努力提高政协工作的整体水平。

2020 年工作安排

2020 年是全面建成小康社会和“十三五规划”的收官之年，是全面贯彻十九届四中全会精神的开局之年,也是贯彻落实习近平总书记视察徐州重要指示精神的深化之年。县政协工作的总体要求是:以习近平新时代中国特色社会主义思想为指导,深入贯彻党的十九大和十九届二中、三中、四中全会以及中央经济工作会议精神,全面贯彻落实省市县委全会部署,增强“四个意识”、坚定“四个自信”、做到“两个维护”,把坚持和发展中国特色社会主义作为巩固共同思想政治基础的主轴,把服务决胜高水平全面建成小康社会、开启基本实现现代化建设新征程奋斗目标作为工作主线,把加强思想政治引领、广泛凝聚共识作为中心环节,坚持团结和民主两大主题,树立“提高政治站位、坚持履职高位、推动创新进位、恪守职责定位”履职理念,咬定“强富美高”总目标,突出高质量发展总导向,紧扣“三地一新”工作路径,着力提高政治协商、民主监督、参政议政水平,为高水平全面建成小康社会和“十三五规划”圆满收官、不断开创高质量发展新局面贡献智慧和力量。

一、提高政治站位,抓实党的建设这个“根本点”

始终坚持和加强党对政协工作的全面领导,确保党的政治领导、思想领导、组织领导在政协不折不扣落到实处。一是深化理论学习,推动理论武装高质量。坚持以习近平新时代中国特色社会主义思想统揽政协工作,持续开展中国特色社会主义理论和政协理论学习,着力深化对十九届四中全会精神的理解和把握,切实增强“四个意识”,坚定“四个自信”,做到“两个维护”。二是坚持党的领导,推动党建引领高质量。不断加强政协系统党的建设,充分发挥党组织把方向、管大局、保落实的领导作用,全面落实“三个责任制”,健全“三个体系”,实现党组织对党员委员的全覆盖、党的工作对政协委员的全覆盖,使人民政协更好地成为坚持和加强党对各项工作领导的重要阵地。三是贯彻决策部署,推动基础工作高质量。深入贯彻落实中央和省、市、县委政协工作会议部署要求,切实把政协制度坚持好,把政协事业发展好。细化落实县委《关于新时代加强和改进人民政协工作的实施意见》,配齐建强机关干部队伍,解决县政协基础工作薄弱问题,完善镇(街道、场)政协工作召集人、联络员制度。

二、坚持履职高位,抓实凝聚共识这个“发力点”

坚持把凝聚共识作为政协重要职能,积极协助党委政府做好思想引领、协调关系、理顺情绪、化解矛盾、凝聚共识的工作。一是精准协商增共识。健全完善以全体会议为龙头,以专题议政性常委会议和主席专题会议为重点,以专题协商、对口协商、网络协商等为常态的协商议政新格局,探索建立县政协月度协商和镇村协商议事为常态的双向协商机制。聚焦高水平全面建成小康社会、打造滨湖公园城市、三城同创、社会治理能力现代化等重点工作,精心选择课题开展调研视察，为高质量发展献计出力。二是民主监督促共识。坚持和发挥协商式监督特色优势，增加监督性议题比重，融协商、监督、参与、合作于一体，不断提升监督实效。进一步创新建立政协民主监督平台，在界别内和联络小组设置政协民主监督小组，不断加大民主监督的力度和连续性，确保各项民主监督真正做到监到点子上、督到关键处。三是社情民意聚共识。加强社情民意"微调研"，建立与县网格化社会治理网格相衔接的社情民意信息联系点，不断提高社情民意信息含金量；完善社情民意信息通报制度，及时通报信息的采用情况、处理意见、有关批示及落实情况。四是调查研究汇共识。紧扣县委县政府重点工作推进、社会治理、决胜高水平全面建成小康社会等进展情况，采取集中调研、微调研等灵活多样的形式，以高质量的调研成果书写履职答卷，为经济社会发展、基层社会治理贡献政协智慧和力量。五是存史资政蓄共识。启动县政协文史馆建设，为沛县地方文史资料的存储、宣传、征集、研究、交流打造新平台，发挥政协文史资料存史、资政、团结、育人等方面的独特价值与重要作用。六是智库平台助共识。充分发挥政协丰厚智力资源和宝贵人才优势，成立县政协专家咨询委员会，打造政协组织的"思想库""智囊团"，为推动建言资政更加言之有理、资之有效提供强大的智力支持。

三、推动创新进位，抓实守正创新这个"突破点"

主动对接国家治理体系和治理能力现代化，积极创新思路举措，努力推动政协工作与时俱进、创新发展。一是高质量打造基层协商民主建设"五化"品牌。强化对政协委员、协商议事会议成员的培训，打造协商议事专业化队伍；发挥人民政协专门协商机构作用，推动基层协商民主建设"制度化、规范化、科学化、信息化、长效化"，确保2020年实现全县各镇（街道、场）、村（社区）协商议事高质量开展。二是搭建"3+6"模式一流信息化服务平台。建立完善包含政协门户网站平台、远程协商议政平台、基层协商民主建设平台、提案工作系统、社情民意信息系统、委员管理评价系统、会议保障系统、智慧党建系统、掌上履职系统等"3+6信息化服务平台"，提升全县政协系统信息化水平。三是全力打造高效智慧政协。推进"互联网+政协"实践，开展网络议政、远程协商，畅通履职渠道。推动"智慧政协"与基层协商民主建设有效衔接，搭建"数字政协云""网上议事厅""委员随手拍"等随时协商平台，实现政协协商与基层协商的"全时衔接"。四是深入推进提案双向评议工作。巩固完善提案双向评议工作机制，通过提办双方互动评议新模式，引领提案委员更加注重科学选题，更加注重深入调研，更加注重建言质量；引领承办单位更加注重民主协商，更加注重汇聚智慧，更加注重办理实效；选取我县改革发展中的难点、痛点、堵点问题，进一步办好《提案追踪》栏目。

四、恪守职责定位，抓实效能提升这个“关键点”

我们要始终以驰而不息的作风和踏石留印的干劲，切实担负起把县委部署和党对人民政协的工作要求落实下去、把各界人士的智慧与力量凝聚起来的政治责任。一是全力提升政协机关服务效能。继续深化“五型”机关创建，加强干部能力培训、实践锻炼，不断增强机关干部政治把握能力、调查研究能力、联系群众能力、合作共事能力，着力提升政协机关服务大局、服务委员、服务群众的履职效能。二是全力提升政协委员履职效能。继续开展“做‘六讲’委员”活动和“委员履职‘五个一’”活动，着力提升委员聚焦中心、聚焦民生建言资政、推进基层协商民主建设、参与社会治理的履职效能。三是全力提升委员“助创”效能。在全体委员中持续开展“助力三城同创，共建美好家园”主题活动，进一步细化委员包挂细则、固化委员包挂网格，在不断巩固国家卫生县城和国家生态文明建设示范县创建成果的基础上，持续发力，确保全国文明城市提名城市创建及后续各项创建活动顺利过关。

各位委员、同志们，团结成就伟业，民主凝聚力量。让我们更加紧密地团结在以习近平同志为核心的党中央周围，高举习近平新时代中国特色社会主义思想伟大旗帜，在中共沛县县委的坚强领导下，守初心、强使命，同心同德、开拓奋进，不断开创我县政协工作新局面，为高水平全面建成小康社会、加快建设“强富美高”新沛县而努力奋斗！

中国人民政治协商会议
江苏省沛县第十届委员会常务委员会工作报告

——2021 年 1 月 12 日在政协沛县十届委员会第五次会议上

郝敬彬

各位委员、同志们:

我受政协沛县第十届委员会常务委员会的委托,向大会报告工作,请予审议,并请列席会议的同志提出意见。

2020 年工作回顾

一年来,在中共沛县县委的坚强领导下,在县人大、县政府和社会各界的大力支持下,县政协高举中国特色社会主义伟大旗帜,深入学习十九届四中、五中全会精神和习近平总书记关于加强和改进人民政协工作的重要思想,以"提高政治站位、坚持履职高位、推动创新进位、恪守责任定位"为抓手,秉承"言出必行、干则必成"的理念,认真履行政治协商、民主监督、参政议政三大职能,主动担当、积极作为,为助力夺取疫情防控和经济社会发展"双胜利"做出了积极贡献。

一、强化党建引领,思想基础更加坚实

始终把党的建设摆在首位,党建引领推动政协事业创新发展。一是理论学习扎实深入。坚持把学习习近平新时代中国特色社会主义思想作为重大政治任务,健全完善以党组理论学习为引领,主席会议集体学习、常委会议专题学习等相配套的学习制度体系。全年共开展党组理论学习研讨 13 次,主席会议集体学习 10 次,常委会议集体学习 4 次,有力推动新思想入脑入心入行。二是党委重视保障有力。县委把政协工作纳入总体工作部署和重要议事日程,在县委常委会上多次听取政协工作、政协常委会工作情况汇报,专题研究出台了《促进基层协商同社会治理相结合的指导意见》,为全面推进基层协商民主建设提供了依据和保障。三是党的建设富有成效。自觉坚持和维护党对政协工作的全面领导,切实做到"党委有号召、政协有行动,党委有部署、政协有落实"。健全责任体系,抓好党建工作、意识形态工作和党风廉政建设三个责任制。设置6个功能型党支部,建立了党员委员联系党外委员制度,推动党的组织对党员委员的全覆盖、党的工作对政协委员的全覆盖。

二、创新机制体制,协商品牌更加鲜靓

强化主责主业,持续擦亮"有事好商量"品牌,《"插花地"里画出最大同心圆》获得2020年全省政协工作最佳创新案例,是全省唯一一个获此荣誉的县。一是丰富协商形式,完善协商格局。持续完善以政协全体会议为龙头,以专题议政性常委会议、主席专题协商会议等为重点,专题协商、对口协商、界别协商、提案办理协商为灵活补充的协商议政格局。二是健全协商机制,提升协商质效。完善基层协商民主建设制度化、规范化、科学化、信息化、长效化"五化"机制,持续推动全县基层协商议事高质量开展。全年,各镇(街道)、村(社区)、界别、园区、企事业单位共开展协商议事3531次,达成共识5103项,解决问题4439个。三是突出地域特色,打造协商品牌。结合实际探索创新了接边联合协商、界别行业协商、地矿联合协商、园区协商、小微协商五大特色协商品牌。特别是围绕解决苏鲁边界历史矛盾复杂问题,与鱼台、微山政协充分协商,联合印发了《开展接边联合协商的指导意见》,搭建了三级联商平台,推动接边联合协商深入开展,在省际"插花地"里画出了最大同心圆。创新园区协商模式,构建独具园区特色的"1+3"政企协商推进体系。四是多方充分认可,经验广泛传播。8月20日全市"有事好商量"协商议事工作观摩推进会在沛县召开,会议认为,沛县的基层协商民主建设工作特色鲜明、亮点突出、成效显著。9月18日,省政协黄莉新主席专程到安国镇参加民生专题协商议事活动,对我县基层协商民主建设工作给予了高度评价,特别指出沛县协商议事大创新,做成了全省"有事好商量"协商议事的"升级版",充分体现了"党委高度重视、政府大力支持、政协奋发作为、委员勇于担当、群众积极参与"。黄莉新主席署名文章《"有事好商量"激发基层治理新效能》特别指出:沛县创新五大特色协商品牌,有效助推了基层社会治理效能不断提升。信息专报《沛县探索协商议事新机制开创基层协商新局面》被周铁根书记签批。省内外各级政协来沛专题考察学习我县经验做法20余批次。

三、聚焦三城同创,助创成效更加显著

连续三年在全体政协委员中开展"助力三城同创,共建美好家园"主题活动,助力我县获批了国家卫生县城和国家生态文明建设示范县,全国文明城市提名城市近期也即将公示。一是充分发挥先锋模范作用。带头践行社会主义核心价值观和公民基本道德规范，带头遵守社会公德、恪守职业道德、弘扬家庭美德。带头落实网格责任，到包挂的104个网格和镇（街道）开展义务劳动，到交通路口开展义务值勤等。二是充分发挥联系广泛优势。利用各种场合，向联系的界别、所在的行业、身边的亲友，大力宣传创建的重要意义，提高市民对文明创建的知晓度、参与度、支持度，着力营造全民参与、合力创建的浓厚氛围。三是充分发挥建言资政效能。主动围绕创建中的重点难点，通过"随手拍""微建言"等形式反映问题，提出务实管用的提案、社情民意，为完善创建机制、破解创建难题、提升创建成效建言献策。四是充分发挥民主监督作用。围绕"人行道板修复、全流程垃圾分类处置、黑臭水体治理、背街小巷环境整治"等创建薄弱环节，开展专题视察、专项督查，促进了问题的解决落实和整改提高。

四、服务中心大局，建言资政更加有力

围绕全县发展大局，以落实年度协商工作计划为重点，精准建言资政，全面助力决战决胜脱贫攻坚、全面建成小康社会和"十三五"规划圆满收官。一是紧扣经济发展"高质量"出实招。以"推动乡村振兴，决胜全面小康"为议题召开专题议政性常委会议，形成了《聚焦产业发展助力乡村振兴》调研报告；围绕"优化营商环境，加快民营经济发展"开展了提案办理协商，从持续深化"放管服"改革、加大金融机构服务民营企业力度等方面提出了对策建议。二是围绕城乡建设"高品质"献良策。聚焦"一廊三河""六路九园"绿化工程、东风路片区改造、老旧小区综合治理等突出问题进行专题视察并形成建议案，为我县城乡建设发展贡献力量。三是致力民生幸福"高指数"建真言。组织政协委员和有关专家，聚焦汉文化建设、基层医疗卫生、教育文体事业发展等事关民生福祉的问题进行深入调研，形成了《锁定产业化创设新平台高点打造具有地域特色和时代印记的文化园区》等6篇调研报告，为县委县政府科学决策提供参考依据。四是立足社会治理"高水平"聚合力。以"深化基层协商民主建设，提升基层社会治理能力"为议题召开专题议政性常委会议，以基层协商民主建设激发社会治理活力；开展省市县三级政协联动"化工行业安全生产专项整治落实情况"专题民主监督，助力织密织牢安全生产防线。五是聚焦提案办理"高质效"育新机。十届四次会议以来，共审查立案提案164件，办结率100%；健全完善了县党政主要领导领衔督办重点提案新机制，县委吴书记领衔督办了56号《关于消除义务教育阶段"大班额"的建议》重点提案，破解基础教育难题，新（改扩）建中小学（幼儿园）60所，组建15个学前教育联合体、12个中小学教育集团，超大班额全面化解；大班额问题也将于今年暑假全面解决。结合提案办理，精心打造《提案追踪》节目10期。收集社情民意信息321篇，上报市政协116篇；编发社情民意专报18期,均得到批示落实。

五、助力疫情防控,奉献担当更加彰显

面对突如其来的新冠疫情,展现了县政协和广大政协委员的担当意识、奉献精神。一是积极响应见“速度”。1月29日,在全市政协系统率先发出倡议,倡导广大县政协委员积极发挥各自专业优势、界别优势,主动担当作为,吹响了强有力的战疫“集结号”。二是危难关头显“温度”。据不完全统计,全县各界政协委员及联系的爱心人士共捐款1021.2万元,捐赠酒精1400斤、消毒液980斤、医用手套900副、口罩56600个、防护眼罩236套及各类水饮料食品等2000余箱。三是复工复产有“力度”。发挥提案、社情民意等作用,引导委员就疫情防控、做好“六稳”“六保”、复工复产等积极建言,人民政协网以《江苏沛县政协委员积极行动决胜防疫阻击战》为题,进行了专题报道。各位主席、各委室主任分别带队赴包挂镇街督导检查疫情防控和复工复产情况,落实县委县政府的惠企政策,协调解决企业面临的困难和问题。各委员企业纷纷响应,主动克服用工难、物流难、原料难等问题,当好有序复工复产的“领头雁”。

六、加强团结联谊,民心共识更加凝聚

最大限度团结一切力量,调动各方积极因素,为高质量发展汇聚人心和力量。一是寻求干事创业最大“公约数”。充分发挥界别优势,广泛开展走进学校、参访企业、扶贫帮困等特色活动,使委员与界别群众联系更加密切;充分发挥政协“委员之家”“有事好商量”平台优势,积极宣传党政决策部署,做好协调关系、理顺情绪、化解矛盾的工作,助力夯实全县干事创业社会基础和群众基础。二是画好团结联谊最大“同心圆”。一年来,共接待了四川、新疆等10多个省市以及省内各级政协组织来沛考察团30余批360余人次,进一步增进了友谊,宣介了沛县。组织举办“老领导老同志看变化话发展”主题活动,老领导老同志深切感受到了全县经济社会发展的强劲脉搏,一致表示,将一如既往发挥余热、贡献力量。三是汇聚高水平全面发展最强“正能量”。充分发挥政协智力优势,精选我县经济建设、政治建设、生态文化建设等方面的35位专家,成立了县政协专家委员会,在助推脱贫攻坚、全面建成小康社会、“十四五”规划建议等工作中发挥了积极作用,为推动我县高水平全面发展提供了智力支持。

七、推进自身建设,履职基础更加牢固

牢固树立争先进位意识,以弘扬“研究问题之风、攻坚克难之风、协作配合之风”等务实举措不断推进自身建设。一是求真务实,大兴调研之风。坚持“不调研不协商、不调研不监督、不调研不议政”原则,使重调研、建真言、求实效的务实作风贯穿于履职全过程。全年共开展各类调研视察活动40余次,形成调研视察报告和论文21份。二是服管并重，拓展委员履职渠道。推进专委会和界别建设，把全体委员按界别编入6个专委会，实现“全员入委”，使委员学习有阵地、联系有途径、履职有平台。大兴攻坚克难之风，将基层协商民主建设、委员“助创”等工作纳入委员履职考核体系，切实加强政协委员履职管理；大兴协作配合之风，广泛开展“做‘六讲’委员”和“五个一”活动，建设过硬委员队伍，提升履职成效。三是内拓外延，抓好政协机关建设。深入开展“五型”机关创建，提升机关服务大局、服务委员、服务群众的履职效能；配合县委第二巡察组对政协机关的巡察，积极进行问题整改，促进机关建设；建立镇(街道)政协工作召集人制度，促进政协工作向基层延伸。四是强化宣传，传播政协好声音。营造良好宣传氛围，讲好我县政协故事，在《人民政协报》、人民政协网、《新华日报》、学习强国平台等国家、省级媒体刊发《曾国藩没有解决的问题如今有望了》《厚植协商土壤提升基层治理质效》等稿件60余篇，展现了委员风采，扩大了我县政协工作的影响。

各位委员、同志们，过去一年县政协各项工作成绩的取得，是县委正确领导，县人大、县政府大力支持的结果，是政协各参加单位、各专门委员会和全体委员团结奋斗的结果，也是县各有关部门和单位、各镇(街道)、社会各界和老领导、老同志支持配合的结果。在此，我代表县政协十届常务委员会，向大家表示崇高的敬意和衷心的感谢！

本次全会，因为岗位调整等原因，揭月华副主席，胡建峰、施文东、李扬等10名常委、委员不再留任。这些同志在任职期间，以强烈的事业心和高度的责任感，尽职尽责，辛勤工作，为我县的改革发展和人民政协事业倾注了心血、智慧和力量，做出了积极贡献。在此，我提议，让我们以热烈的掌声向这些同志表示诚挚的感谢！

在看到成绩的同时，我们也清醒地认识到，工作中还存在一些薄弱环节和不足之处，主要是：发挥专门协商机构作用的制度机制还需完善，推进建言资政和凝聚共识双向发力的质量水平还要进一步提高，民主监督职能作用还有待更好发挥，委员履职能力建设需要不断加强，委员助推全国文明城市创建工作还需进一步深入，政协工作信息化水平还有待进一步提升。对于这些问题，我们将认真分析研究，切实加以解决。

2021年工作安排

2021年是建党100周年，也是“十四五”规划和全面建设社会主义现代化国家的开局之年。县政协工作的总体要求是:坚持以习近平新时代中国特色社会主义思想为指导,全面贯彻党的十九届五中全会精神,以习近平总书记视察江苏和徐州重要指示精神为主线,以推动高质量发展为主旋律,聚焦县委十四届十次全会“五大战略”部署,牢牢把握“乘势而上,再攀新高”的工作基调,紧紧围绕“五重”,团结动员社会各界认真履职尽责、广泛凝心聚力,为我县争做徐州高质量发展排头兵、争做微山湖地区县域协同发展示范区、社会主义现代化建设新征程开好局起好步和“两高两强”取得重大进展贡献政协力量。

一、重学习,引领政协工作正确政治方向

一是学习新思想,扛起政协责任新担当。学习十九届五中全会精神和习近平总书记视察江苏重要讲话指示精神,深入贯彻落实习近平总书记关于加强和改进人民政协工作的重要思想,努力使思想、能力、行动跟上中央决策部署和省市县委要求,在全县“争当表率、争做示范、走在前列”中扛起政协责任。二是践行新要求,开创政协党建新局面。认真贯彻新时代党的建设总要求和全面从严治党战略部署,切实把党的领导贯彻落实到政协工作各方面全过程。探索在镇(街道)建立委员履职党支部或党员委员活动小组,通过制度运行、民主程序和有效工作,使政协更好地成为坚持和加强党对各项工作领导的重要阵地。认真做好县委第二巡察组对县政协机关巡察反馈问题整改,持之以恒推进党风廉政建设。三是落实新举措,打造政协工作新品牌。依托“书香沛县”建设,建设“书香政协”,在全县政协系统开展“书香政协 · 阅享歌风”读书活动,按照“政治性、思想性、理论性与知识性、前沿性、针对性有机统一”的原则,切实让委员形成着眼界别、跨越界别,深耕专业、跨越专业的读书学习格局,推动委员切实把读书的收获转化为做好政协工作的过硬本领和实际成效。

二、重协商,打造助力社会治理新亮点

深化改革创新实践,把2021年作为“有事好商量”协商议事工作巩固提升年,在持续深化接边联合协商等5类协商模式的基础上,创新协商平台,丰富协商形式,提高协商能力,培育协商文化,切实把政协制度优势转化为社会治理效能。一是在推动政协协商与社会治理多级多层相衔接上再发力。健全完善政协协商和镇(街道)、村(社区)协商议事上下贯通、分层衔接的常态化协商议事体系,使基层协商议事与政协协商议政、视察调研、提案办理、界别(联络小组)活动等有效融合。创新通过微信、学习强国等平台开展“网络建群协商”;拓展政协协商同人民团体协商、社会组织协商相衔接的制度机制;以淮海经济区协同发展和环微山湖县域协同发展为切入点,创新开展区域联合协商;以“强链、补链、延链”为方向,持续深化园区链上协商。二是在发挥基层协商民主凝聚社会治理共识作用上再发力。创新“党建 + ”理念，将政治引领贯穿协商全过程，积极宣传党政决策部署，正确引导社会舆论，实现沟通交流、解疑释惑、达成共识、促进决策的目的，凝聚发展正能量。创新“议政”理念，把事关群众切身利益的镇务、村务、社会事务等大事要事同广大群众协商，将为民服务中心建设、新时代文明实践站(所)建设、农村人居环境整治等基层社会治理事项纳入协商计划。创新“为民”理念，坚持以人民为中心，问计于民、问需于民，树立群众利益无小事理念，凡事要同群众协商，切实维护群众利益。创新“无讼”理念，充分发挥政协委员、法律顾问、人民调解员等化解矛盾纠纷的作用，把群众利益纠纷诉求在进入诉讼渠道之前引导到协商平台上来，吸纳各方力量参与非诉讼纠纷协商，化解矛盾，促进和谐。三是在推动基层协商民主建设制度完善上再发力。完善召集人制度，探索建立村(社区)委员工作室制度，建立双向延伸协商制度等。

三、重调研，提升建言资政含金量

坚持党委要求什么政协就议什么，政府干什么政协就帮什么，群众期盼什么政协就反映什么，把调查研究贯穿于政治协商、民主监督、参政议政全过程。一是聚焦落实县“十四五”规划和开启沛县现代化建设新征程，开展前瞻性调研。充分发挥人才和智力优势，聚焦县“综合经济实力走到徐州最前列、宜居宜业水平走到徐州最前列、基本公共服务走到徐州最前列、生态环境改善幅度走到徐州最前列”“四个最前列”目标，精心选取“产业强县战略、创新驱动战略、协调发展战略、生态优先战略、共建共享战略”等“五大战略”中事关全县战略性、根本性、长远性的重大问题进行深入调查研究，为县委画高质量发展蓝图贡献政协智慧。二是聚焦全县中心大局，开展重点课题调研。聚焦“推动转型升级，构建现代产业体系”“城乡融合，建设生态宜居美丽沛县”“改革创新，增强区域发展竞争力”等事关我县经济发展、生态改善、改革创新的大事，选取“产业体系构建、四区协同发展、城市能级提升、最美乡村打造、碧水蓝天保卫战、优化营商环境”等重大课题协商议政、精准建言，以“言值”体现价值。三是聚焦民生福祉，开展专题调研。以“百姓真正享受得到”为标准，突出推动民生政策的落实、民生工程的实施、民生问题的解决，围绕“就业增收、养老保险等民生保障问题，教育、卫生、文化等公共服务问题，常态化疫情防控、四位一体等社会治理问题”开展专题调研，以精准调研提升建言“含金量”，落实民主监督职责，推动问题解决。

四、重团结，凝聚高质量发展向心力

注重大团结大联合，努力画出最大同心圆，为沛县改革发展汇集最广泛共识和力量。一是在增进“四个认同”中凝聚力量。充分发挥人民政协重要阵地、重要平台、重要渠道作用,不断巩固共同思想政治基础,用习近平新时代中国特色社会主义思想凝心聚魂,切实增强干部群众的政治认同、思想认同、理论认同、情感认同,在四个认同中拧成一股绳。二是在团结联谊中凝聚力量。建立健全“习近平新时代中国特色社会主义思想”学习座谈会制度,开展以自我教育自我提高为主旨的党外委员学习座谈和专题视察;健全完善谈心谈话制度、走访看望党外委员制度,探索建立党外委员宣讲团工作机制;充分发挥民族宗教界代表人士的积极作用;完善政协组织、政协委员同党外知识分子、新的社会阶层人士、非公经济人士等的沟通联络制度,畅通意见和诉求表达途径;在团结联谊中攥起一个拳头。三是在联系群众中凝聚力量。健全委员联系群众机制,深入开展“三走进一联系”活动,通过政协委员向所联系的界别群众和社会大众宣传县委十四届十次会议精神、解读《中共沛县县委关于制定沛县国民经济和社会发展第十四个五年规划的建议》,在奋斗“十四五”中迈出一致步调。

五、重质效,推动政协自身建设上台阶

一是突出弘扬三风,建强政协两支队伍。以提高总书记强调的“七种能力”为方向,深入转三风兴三风,以政协“五型”机关创建、“六讲”委员队伍建设和委员履职“五个一”等活动为重点,全力打造一支懂政协、知委员、会服务的过硬机关干部队伍和一支“懂政协、会协商、善议政、守纪律、讲规矩、重品行”的委员队伍。二是深化智慧政协建设,提升政协工作信息化水平。对县政协网站、委员履职 APP、微信公众号和政协智慧协商服务平台数据进行整合,纳入智慧政协远程协商和视频会议系统数据库,实现多平台数据统一对接管理,不断提升委员履职信息化水平。三是强力推进三项主题活动,提升委员履职成效。组织开展“牢记嘱托 · 担当作为”主题活动,引导广大政协委员和机关党员干部,自觉投身“凝心聚力、决策咨询、协商民主、国家治理”“四个第一线”生动实践。持续开展“助力文明创建,共建美好家园”主题活动,进一步细化助创细则,定任务、定标准、定责任,以“言出必行、干则必成”的责任担当助力我县全国文明城市创建。持续开展委员包挂基层协商民主建设主题活动,不断夯实协商的基层基础工作,实现常态长效、提质增效,助力县域社会治理现代化建设。

各位委员、同志们,思想照亮航程,实干彰显担当!让我们更加紧密地团结在以习近平同志为核心的中共中央周围,在中共沛县县委的坚强领导下,学习新思想,弘扬新理念,践行新要求,聚焦高质量,争做排头兵,乘势而上,再攀新高,以实际行动和优异成绩,向建党100周年献礼。

○提案工作报告

中国人民政治协商会议
江苏省沛县第九届委员会常务委员会提案工作报告

——2017 年 1 月 6 日在政协沛县第十届委员会第一次会议上

闫淑芹

各位委员：

我受政协沛县第九届委员会常务委员会的委托，向大会报告五年来提案工作情况，对十届政协提案工作提出建议，请予审议。

过去五年提案工作回顾

五年来，沛县政协认真贯彻落实国家、省、市提案工作会议精神，不断加强和改进对提案工作的领导，全体政协委员和政协各参加单位，履行职责意识不断增强，提案数量逐年增加，提案质量稳步提高。各承办单位的认识不断深化，提案办理机制不断完善，提案落实率逐年提升，提案影响力逐年扩大，对推动经济社会发展发挥了积极作用。全县提案工作形成了县委重视、政府支持、政协主动、部门配合、社会关注、人民满意的良好局面。

县政协委员、政协各专门委员会和人民团体，紧紧围绕县委、县政府的中心工作和人民群众普遍关心的热点、难点问题，共提出提案 1577 件，比上届增加了 652 件，增长 41.3%，审查立案 1163 件，其中委员个人提案 1036 件，联名提案 86 件，集体提案 41 件。对不予立案的提案分别转为社情民意或来信来访处理。从办理情况看，所提意见和建议被有关部门采纳、问题已经解决或基本解决的有 727 件，占 62.5%；有关部门正在办理或准备解决的有 354 件，占 30.4%；因条件限制一时难以解决的有 82 件，占 7.1%。通过反馈意见，委员对提案办理结果的满意率逐年上升，使政协提案在推动经济社会科学发展、促进社会和谐中发挥了重要作用。沛县政协连续五年被市政府、市政协评为提案工作先进单位。

一、创新两项机制,提升提案整体水平

(一)创新提案形成机制,拓宽提案来源。一是加强培训,建立委员培训机制。县政协加强了对镇区场街道政协工作委员会、各界别小组和新委员提案知识的集中培训,开展了对界别、工委小组的专门辅导。每次全会召开前,县政协按照县委、县政府下一年度工作重点展开调研、协商、座谈,下发《征集提案通知》《提案撰写参考题目》,让广大委员知情明政。二是建立征集提案的信息转化机制。每年政协全会的发言、委员视察、调研报告、情况反映中的意见建议,征集转化为提案,形成一些高质量的提案;全会期间的提案综合归类,及时提供给各专委会作为参考,转化为专委会视察专题或调研课题,将视察和调研成果转化为"精品"提案,提案的多元转化机制拓宽了提案的来源。三是实行二次审查立案制度。建立了在全委会上初步审查立案、会后提案委员会二次审查立案制度,确保了提案质量。

(二)创新提案工作机制,发挥提案作用。一是领导阅示制度。每次政协全会后,提案委对立案的提案进行分类整理,提交县政府分管领导逐一审阅,批示给各职能部门承办。这样既主动争取了领导对提案工作的关心和重视,有效地加大督办力度,又为党政领导的科学决策提供了参考。二是催办督办制度。提案交办后,提案委员会经常保持与提案承办单位的联系、沟通,随时掌握提案办理的进展情况,主动征求委员对办理工作的意见,确保提案办理的顺利进行。对提案人不满意或要求重新办理的提案,提案委与县政府督查室联合下发通知,要求重新办理答复,并提出整改意见。

二、强化三项措施,推进提案办理协商

(一)强化提案办理协商。建立提案者、承办单位、县委县政府督查室、政协提案委四方联动与沟通的协商机制。承办单位把沟通协商作为政协提案办理工作的必要环节,面对面交流,点对点沟通,认真听取提案者的意见和建议,实现良性互动,共同探讨解决问题的办法,增强提案办理的有效性和针对性。承办单位认真采纳合理意见和建议,制定改进工作的具体措施,主动解决提案反映的问题,因条件所限一时难以解决的,制订计划,积极创造条件逐步解决,并及时将进展情况向提案者反馈。对综合性、全局性、前瞻性较强的问题报送有关领导,或由相关机构进行深入研究,充分发挥提案的决策参考作用。

(二)形成提案办理合力。县委、县政府把政协提案办理工作纳入整体工作布局,与开展和推进工作结合起来,定期听取政协提案办理工作情况汇报,定期通报研究解决办理工作中的重大问题,建立了党委、政府、政协共同交办和督办提案机制，并适时开展督查落实。注重发挥媒体作用，把政协的民主监督与新闻媒体的舆论监督有机结合起来，共同推进提案的办理落实。

（三）强化提案办理考评。建立了提案办理工作考评制度，不断提高提案落实率和委员满意度。把是否重视政协提案办理工作，是否与提案者进行充分沟通协商，是否切实解决有关问题作为评价办理成效的基本内容，纳入绩效考核体系。对于提案办理成绩突出的单位和个人，予以表彰和奖励。对提案办理工作开展民主评议和民主监督，努力提高提案办理工作的实效性，发挥提案在促进科学民主决策中的积极作用。

三、围绕四个方面，为加快发展建言献策

（一）围绕“两个率先”和经济发展献良策。五年来，全体政协委员和政协参加单位，紧紧围绕经济建设这个中心，提出了很多有关发展经济和事关国计民生的提案，得到了县委、县政府的高度重视，很多提案被承办单位吸收采纳，并付诸实施。如《关于培育示范家庭农场推进现代农业发展的建议》《关于加强新型农业经营主体培育的建议》等提案，县委、县政府结合黄河故道二次开发研究出台了《关于加快黄河故道沿线现代农业发展的意见》《关于创建县级示范家庭农场的意见》等文件，在资金、土地、登记管理等各个方面，为新型农业经营主体提供了优惠政策和发展支撑。县财政出资2000万元作为风险担保资金，与金融单位开发了“金农贷”“兴农贷”等金融产品。县国资公司出资1.5亿元，成立了沛县汉润公司，缓解了新型农业经营主体发展资金问题。目前全县金融支持新型经营主体发展1611家、支农资金达2.18亿元。《关于加快推进优势传统产业转型发展的建议》提案，提出了成立纺织设备技术服务中心，大力发展市场前景看好、附加值高的新兴塑编包装，加快产业转型升级，提升产品档次等建议，发改委、开发区积极采纳意见，研究制定了《关于推进工业企业转型发展扶持办法》，引导企业转型发展，提升了产业发展层次。

（二）围绕科教发展和社会事业谋方略。委员提出的《关于大力发展教育的建议》，县委、县政府非常重视，采取了一系列措施，逐年加大教育投入。五年来，先后建成了规模较大的汉源中学、实验小学新城校区、树人小学，教学环境明显改善，缓解了上学难的问题。委员提出的《关于优化中小学教育资源配置的建议》，县委成立了以县教育局牵头的调整工作组，组织力量认真调研，积极吸收提案内容，研究制订了调整规划。对全县中小学布局、师资力量分配、工资发放渠道做了优化重组和调整。《关于增开沛县经济开发区环城公交线路的建议》，县交通运输局开通了途经经济开发区主要路段的19路车，为经济开发区企业人员和周围居民出行提供了方便。

(三)围绕群众关注的热点难点建真言。关于《发展社会福利和救助事业,关心弱势群体的建议》,县委、县政府十分重视,成立了沛县慈善总会,积极筹集善款。目前,已资助 628 位贫困大学生顺利入学,救助特困职工 1120 人、中小学困难儿童和孤儿 3007 人、城镇低保对象 3396 户。一系列的救助措施,使弱势群体的升学、生存、生活有了可靠保障,促进了社会的和谐。《关于构建社会养老服务体系的建议》《关于建立医疗型养老机构的建议》,县委、县政府充分采纳委员建议,把养老列入民生实事工程,制定政策措施,加快养老设施建设,创新管理机制,优化服务环境,城乡养老服务水平得到显著提升。一大批事关民生、贴近民情的提案办理,促进了社会和谐稳定。

(四)围绕城乡发展和生态文明出实招。五年来,委员们围绕城乡发展提出了很多提案。这些提案既有前瞻性的建议,也有大量急需解决的具体问题。如委员提出的《创建文明城市,提高城市品位的建议》《扎实推进新型农村社区建设的建议》等提案,县文明办、规划局、住建局等单位坚持从实际出发,积极办理。完善城乡规划方案,加大老城区的改造力度的同时,按照 3000—5000 人口,服务半径 2—2.5 公里的规模对全县 100 个新型社区进行统一规划,逐步实施。如委员们提出的《关于秸秆禁烧的建议》《关于进一步推进农村环境综合整治的建议》等提案,引起县委、县政府领导的重视,打出了生态治理、环境严管、污水处理、垃圾收运、乡村整治等一系列生态治理的组合拳,2015 年 7 月我县通过国家级生态县考核验收。

做好提案工作的几点体会

回顾五年来的提案工作,我们的体会是:

一、领导重视是做好提案工作的保障

县委、县政府对提案工作重视和支持,为提案工作创造了良好的工作环境。县委常委会每年听取一次政协工作汇报,研究部署政协工作;县委、县政府班子成员参加政协全会,听取大会发言、参与专题协商。县委、县政府建立了每半年向政协常委会报告沛县经济社会发展情况制度和重大事项定期通报制度。先后就“三重一大”项目建设、“十三五”规划编制等 40 多项重要内容向政协通报情况,征求意见。在人财物上给予大力支持,全力帮助解决机构设置、人员编制、活动经费、网络建设等实际问题,政协机关增设了委员工作委员会。各承办单位加强对提案办理工作的领导,多数单位实行了提案工作“一把手”负责制,主要领导亲自过问,分管领导具体负责,对提案办理中的重大事项,领导班子集体研究。提案委员会注重加强与各承办单位的联系、沟通、服务,协助承办单位与提案人联系,帮助委员向承办单位反映意见和要求,对不符合办理要求的提案,商请承办单位复办、补办,保障了提案的办理与落实。

二、完善制度是做好提案工作的基础

县九届政协提案工作,以制度建设为主线,以提高质量为中心,积极探索提高提案工作质量的方法和途径,取得明显的效果。一是根据形势发展需要,提案委员会对《提案工作条例》和《关于评选表彰优秀提案的实施办法》进行修订,规范了提案、立案标准,完善了提案办理程序,明确了提案委员会的工作职责。二是加强提案的办理工作,制定了《关于重点提案办理方法》,规范了重点提案标准,确定了程序、督办形式及办理要求。三是转发了中央《关于进一步加强政协提案办理工作的通知》。这些办法的制定,为提案规范化管理、程序化办理提供了制度保证。此外,在提案工作各阶段、各环节,如立案、分析、交办、督办反馈等工作中,积累了一些好的经验,并把这些经验转化为制度。

三、创新机制是做好提案工作的关键

在继承往届政协多年丰富经验的基础上,九届政协提案工作,积极拓展工作思路,创新工作方式,不断提升工作层次和水平。建立了政协各专委会联动人大人代工委和社会团体全面参与机制,增强了提案工作合力。提高提案办理运作层次,推动提案落实。县政协选出重点提案呈送县委、县政府领导批示,并邀请县领导参与重点提案的督办活动,这是促进提案落实的新举措。由于县领导的参与督办,不仅带动了提案办理质量的整体提高,同时也营造了重视提案工作的浓厚氛围。建立了提案工作"办前指导,办中协调,办后跟踪"的提案工作新机制,对提案复办、反馈和落实起到了积极推动作用。

四、表彰激励是提高提案质量的有效方式

县九届政协对50件选题准、立意深、分析透、操作性强、社会效益显著的优秀提案,进行了表彰和奖励,同时对50个先进承办单位进行了表彰奖励。通过优秀提案的评比表彰工作,进一步调动了政协委员参政议政的积极性,对提高提案群体质量、多出精品提案起到了指导和推动作用。

九届一次会议以来,县政协提案工作有了明显的进步,取得了可喜的成绩,但我们的工作还有差距,如个别委员参政议政的积极性不高,提案质量不高,个别单位对提案办理重视程度不够等,这些问题还需在今后的工作中加以认真研究、深入探讨、努力改进。

今后五年提案工作建议

九届政协提案工作的使命已经完成，十届政协提案工作翻开了新的一页。新一届政协提案工作，面对新形势、新任务、新要求，我们要以习近平总书记系列重要讲话精神为指导，坚持“围绕中心，服务大局，提高质量，讲求实效”的提案工作方针，认真学习贯彻习近平总书记在庆祝人民政协成立65周年大会上的重要讲话，深入贯彻落实徐委发〔2016〕61号《关于加强和改进人民政协工作的意见》文件精神，为进一步提高提案工作的科学化水平，着力做好以下工作：

一、强化组织领导，形成提案工作新机制

要继续主动争取党委重视，政府支持，承办单位积极配合，调动政协委员撰写提案的主动性，健全和完善政协提案全局性工作机制。贯彻落实《中共中央办公厅　国务院办公厅〈关于进一步加强人民政协提案办理工作意见〉》精神，加强对提案工作的领导和统筹协调。坚持“政协组织对提案办理工作开展民主评议和民主监督”机制；坚持“承办单位、提案者、政协组织三方沟通协商”机制；完善提案奖励办法，将提案撰写情况作为委员履职情况的重要考核内容；不断总结工作中好的经验做法，上升到制度层面，进一步推动提案工作制度化、规范化、程序化和信息化建设。

二、强化调查研究，加大统筹协调力度

要把握时代主题，紧紧围绕县委、县政府的中心工作，关注民生民意，进一步解放思想、更新观念，深入实际调查研究，力争多出精品提案。进一步加大统筹协调力度，切实履职尽责，促使县政协各专门委员会，各镇区场街道政协工作联络小组、各界别、广大政协委员和承办单位、党政部门、督查部门和新闻单位参与到提案工作中来，形成全面提升提案工作的“合力”。

三、强化提案办理，进一步增强落实成效

继续落实和完善领导督办提案机制，做好“四结合”协商会议督办提案，及时发现和解决办理过程中出现的新情况、新问题。各承办单位在办理工作的各个环节上，进一步加强与提案人的沟通协商，找准问题，在协商中达成共识，增强解决问题的针对性，把加强督促办理作为重要着力点，深入研究新形势下提案办理工作的特点和规律，拓展督促办理的渠道和途径，对重点提案特别是一些综合性、全局性和前瞻性的提案，加大统筹协调和督办力度，推动办理工作不断取得新成效。

四、强化舆论宣传，扩大提案工作的影响力

利用各类宣传媒体对重点提案内容及其办理结果进行跟踪报道。大力宣传政协运用提案履行职能的有效做法，宣传撰写提案积极分子，宣传先进承办单位，努力营造全社会广泛关注、大力支持政协提案工作的良好氛围。

各位委员、同志们，回顾过去，提案工作稳步前进，不断创新，我们有收获、有喜悦；展望未来，提案工作责任重大，任务艰巨，我们有信心、有激情。2017 年是召开党的十九大的喜庆之年，也是十届政协的开局之年。新一届政协委员要在中共沛县县委的坚强领导下，与时俱进，开拓创新，珍惜委员荣誉，不负人民重托，以更加高昂的斗志，更加务实的作风，谱写更加绚丽的提案工作新篇章，为建设“强富美高”的新沛县做出新的更大的贡献。

中国人民政治协商会议
沛县第十届委员会常务委员会关于一次会议以来
提案工作情况的报告

——2018 年 1 月 12 日在政协沛县第十届委员会第二次会议上

贺 伟

各位委员:

我受政协沛县第十届委员会常务委员会的委托,向大会报告县政协十届一次会议以来的提案工作情况,请予审议,并请列席会议的同志提出意见。

一、提案及办理情况

县政协十届一次会议以来,广大政协委员在县政协常委会领导下,围绕全县工作大局,积极运用政协提案履行职能,共提交提案 244 件,经审查,立案 102 件,其中并案 14 件。立案的提案分送县 32 个部门和单位办理,现已全部办复。其中解决和基本解决的 70 件,占 69%;正在解决或列入计划解决的 29 件,占 28%;因条件限制暂缓落实的 3 件,占 3%。从办复的反馈意见看,绝大多数委员对提案办理表示满意或基本满意。这些提案的办理落实,有力助推了我县经济社会发展。

(一)围绕打造最具竞争力新型工业化基地出谋献计,提出提案 18 件。《关于推动扶持、引导中小型企业创新的提案》,县政府在《关于加快工业经济创新发展的若干政策意见》中采纳部分建议,县发改委积极采取措施,引导企业开展科技创新,加快建设一批公共技术服务平台、重点实验室,让企业共建共享共用。《关于加快发展沛县高新技术企业的提案》,得到县政府和相关单位的高度重视,县科技局吸纳了提案的建议,加大科技政策宣传力度,加快科技创新平台建设,强化科技金融融合,积极培育高新技术企业。“关于拉长蔬菜加工产业链的提案”,县委、县政府高度重视,成立了农副产品加工产业指挥部,县政府组织人员编制 2017—2020 年沛县农副产品加工产业发展规划。县农委积极吸收提案部分建议,正着手研究制定《关于进一步扶持农产品加工业发展的意见》。

（二）围绕打造最具带动力宜居宜业福地献智出力，提出提案45件。“关于如何做好我县城区内居民小区物业管理的提案”，县政府下发了《沛县小区物业管理提升工作实施方案》等文件，县房产服务中心认真吸纳有关建议，针对物业面临的工程质量“老大难”问题，建立了工程质量保证金制度、物业服务履约保证金制度、创优育优和“黑名单”制度，进一步提升了全县物业管理服务水平。《关于加强食品安全监管问题的提案》，县市场监管局积极采取措施，对学校食堂、餐饮具集中消毒单位、早餐夜市及农村宴席开展5次专项行动，并积极开展食品快检工作，取得了显著成效。《关于加强一次性餐饮具集中洗消和监管的提案》，县卫计委认真研究整改措施，制订了专项整治工作方案，安排专人定点定岗，对我县餐饮具集中消毒企业整改情况进行监督和技术指导，确保产品质量符合国家标准。截至去年底，4家有资质的企业均已整改到位，抽检结果合格率100%。同时，县市场监管局加大对一次性餐饮具在饭店等流通领域的监管，确保餐具使用安全。

（三）围绕打造最具幸福感平安地建言献策，提出提案39件。《关于加强民办幼儿园管理的提案》，县委、县政府成立了无证幼儿园清理整顿工作领导小组，开展专项整治工作，截至去年年底，已全部清理完毕，同时加大公办幼儿园的建设力度。县教育局积极采纳建议，着重从加强监管、严格审批、优质创建等方面，做了针对性办理答复。《关于规范就医的提案》，县卫计委认真吸收委员的意见，大力推行“基层首诊、双向转诊、急慢分治、上下联动”的分级诊疗制度，切实提升基层医疗卫生机构服务水平。《关于中小学附近设置孩子接送停车场的提案》，县公安局和城管局认真办理，鉴于目前我县主城区各中小学周边基本没有闲置土地，无法规划建设接送停车区域的现状，在学生上学放学时间段，采取安排交警和城管人员维持秩序、机动车辆禁行、非机动车辆路边有序停放等措施，确保中小学生出行安全。同时对新建学校提出规划意见。

二、提案工作主要做法

（一）加强领导，凝聚提案工作合力。县委、县政府高度重视提案工作，明确规定将提案办理纳入县直机关绩效考核。2月份，县政府分管领导对每件提案都做了批示，提出具体办理意见。3月份，县委、县政府召开提案交办会，对提案办理提出明确要求。11月份，县委、县政府召集承办单位，专题召开政协委员提案办理调度会，推进重点、难点提案的办理。县政协把提案工作纳入重要议事日程，主席会议、常委会议、全委会议专题研究提案工作。各承办单位普遍成立了“一把手”任组长的提案办理领导小组，投入人力、物力、财力推动提案办理工作。

(二)拓宽渠道,提高提案整体质量。一是注重学习,提升委员素质。去年全会上,我们邀请市政协专家讲解提案知识;5月底,举办政协委员能力提升培训班,把提案知识列入培训重要内容;11月份,邀请外地专家为全体委员专题讲授如何写好提案。本次全会前为每位委员印发了《提案工作手册》。二是强化引导,提早部署提案征集。10月份,通过电视、互联网等媒介,面向社会公开征集提案线索,精心编写2018年提案选题参考目录123条,同时在政协网站上刊登,增强了委员选题的针对性。三是搭建平台,注重培育集体提案。把集体提案作为提高提案质量的突破口和着力点,在去年政协开展的界别活动月中,各界别、联络小组发挥自身优势,集中团体智慧,深入调研,提交集体提案18件,提案的深度广度高度有了新提升。四是开展评选,发挥激励导向作用。主席会议审议通过了《优秀提案评选表彰办法》,激励引导委员撰写高质量提案。本次全会预备会上对10件优秀提案予以表彰。

(三)突出协商,有力促进提案办理。坚持把协商贯穿到提案办理全过程,开展办前提前协商,办中跟踪协商,办后运用协商,有力推动了提案办理协商新实践。县市场监管局邀请提案委员参加"市场监管、守护安全"体验活动,变"书面答复"为"现场体验",增强了提案办理的针对性、实效性,委员满意率明显提高。县政协多次召开提案办理面商会,为提案委员、承办单位搭建了民主协商平台。会上听取承办单位提案办理情况通报,提案委员结合提案背景、办理情况,现场提出意见建议,提案委引导提办双方互动协商、平等交流,改"闭门"办理为"开门"纳谏,在协商沟通中形成了广泛共识,打造了提案办理新亮点,得到了市政协的充分肯定,在2017年10月全市提案工作座谈会上做了经验交流。

(四)强化督办,增强提案办理实效。去年主席会议确定了6件重点督办提案,由主席、副主席牵头,各专门委员会负责,分组对6件提案的办理情况进行全程督办。通过督办,形成了办理共识,增强了办理效果。同时,将重点提案办理情况纳入视察内容。9月份,县政协组成视察组,由主席、副主席带队,各专委会主任、部分政协委员参加,对推进我县高新技术企业发展、创建优质幼儿园、智慧沛县建设以及提升城市文化品质等重点提案的办理情况进行了集中视察,切实发挥了重点提案的示范带动作用,扩大了政协提案的影响力。

(五)不断探索,健全完善提案工作机制。通过赴外地学习考察提案工作,对外地和我县实践中行之有效的做法上升为制度规范,形成了《关于加强和改进政协提案工作的实施意见》,围绕提案撰写、选题引导、集体提案、审查立案、提案办理、评优评议、成果转化等方面,提出提案工作21条。创新提案工作宣传机制,打造《提案追踪》电视节目,跟踪报道提案办理落实情况。去年,围绕一次性餐具生产企业监管、小区物业管理、拉长蔬菜产业链条、创建优质幼儿园等提案,精心制作了6期《提案追踪》专题片,增强了提案办理的透明度和政府公信力,扩大了提案工作的社会影响。

各位委员,一年来政协提案工作在务实创新中活力释放,制度机制日益规范,办理协商频繁活跃,提案作用发挥明显,宣传影响不断扩大。这些成绩的取得,是县委、县政府高度重视,政协委员踊跃参与,各承办单位和社会各界通力配合的结果。在此,我谨代表县十届政协常委会,向长期关心、重视、支持提案工作的县委、县人大、县政府领导,全体委员,承办单位和社会各界表示衷心的感谢!

同时,我们也应该看到,提案工作与新时代新要求、与人民群众的新期待相比,还存在一些需要改进的方面,主要是:少数委员对提案工作的重要性认识不够深,没有在平时思考调研提案素材;个别单位对提案办理协商不够重视,办理答复不够及时;提案协商的方式方法有待创新完善等。这些问题,应在新的一年着力强化改进。

三、今年提案工作的意见

各位委员,新时代、新形势、新任务,对提案工作提出了新的更高的要求,我们要更好地运用提案广集民智、广纳群言、广谋良策,为全面完成县委十四届四次全会确定的目标任务献智出力。

(一)更加注重培育精品,持续提升提案质量。一是强化提案立案审查和重点提案遴选确定工作。严把提案质量关,严格提案审查标准,制定出台《沛县政协提案立案审查细则》,引导提案由数量攀升向质量提高转化。健全重点提案遴选机制,把调研报告、大会发言、重要社情民意及时转化为重点提案,使重点提案务实性、可操作性更强。二是加强提案选题引导和集体提案培育工作。努力拓宽提案征集工作的渠道,积极主动向县委、县政府职能部门征集提案选题,组织召开提案选题评审会,引导委员紧紧围绕县委、县政府重大决策部署和重点民生问题确定提案选题。优化集体提案,完善从组织选题、开展调研、撰写提交等环节培育精品提案的机制。三是拓宽委员知情明政渠道和开展常态化征集提案工作。通过举办情况通报会、学习培训会、组织委员视察调研等形式,为委员提出高质量提案创造有利条件。推行集中提交和平时提交相结合的提案征集方式,开展常态化征集提案工作,面向社会全年公开征集提案线索,引导委员抓住民生关注难点热点问题,深入调查研究积累提案素材,实现提案随时提、随时审、随时立、随时交办。同时,在政协网站上建立提案工作管理系统,推行"互联网+提案",为委员平时提交提案提供便捷服务。

(二)更加注重督办落实,持续提升办理质量。一是建立“书记县长批办领办、主席督办、协商快办、合力齐办”的重点提案工作机制。今年,我们将精心遴选一批重点提案,报送县委、县政府主要领导批办,由县政府分管领导领办、主席督办,采取领导带队督办座谈、现场检查办案等方式督促办理落实。《提案追踪》栏目全程追踪实录和播放,不断提升重点提案督办的层次和影响力。二是进一步增强提案办理协商实效。改进承办单位、提案者、政协提案委三方办理协商机制,制定出台《沛县政协提案办理协商办法》。采取会议座谈、视察调研、面商沟通等多种形式,引导承办单位开展办前走访、办中随访、办后回访活动,广泛组织委员参与提案办理协商,不断提高提案办理落实率和委员满意率。三是构建提案督办“大督查”格局。加强与县委督查室、县政府督查室的紧密协作,在“大督查”中强化承办单位办理协商的考核,对办理不到位、委员不满意的提案,要求“二次办理”,对上年未落实的提案开展“回头看”,发挥提案更大效益。

(三)更加注重创新实践,持续提升服务质量。一是创新提案办理评审机制。建立提案办理评审委员会,制定出台《沛县政协提案办理评审办法》,不仅把办理答复,而且把办理实效作为评审指标,着力改变提案办理结果委员“被满意”现象。二是创新重点提案办理民主评议机制。在政协常委会上对重点提案办理进行集中评议和测评打分。三是创新提案办理公开机制。推行提案办理结果面向社会公开,不断增强办理工作透明度,让人民群众真切感受到提案办理就是办发展、办民生。

各位委员,新时代承载新使命,新征程呼唤新作为。让我们在中共沛县县委的坚强领导下,不忘初心,牢记使命,砥砺奋进,勇于担当,聚焦高质量发展、高水平小康,为推进“三地一新”新实践和“强富美高”新沛县建设多建有据之言,多献务实之策,努力谱写提案工作的新篇章。

中国人民政治协商会议
沛县第十届委员会常务委员会关于二次会议以来提案工作情况的报告

——2019 年 1 月 3 日在政协沛县第十届委员会第三次会议上

贺 伟

各位委员、同志们:

我受政协沛县第十届委员会常务委员会的委托,向大会报告县政协十届二次会议以来的提案工作情况,请予审议,并请列席会议的同志提出意见。

一、提案及办理情况

2018 年,是县政协提案工作开拓创新、扎实推进的一年。一年来,广大政协委员紧紧围绕县委十四届四次、五次全会部署,聚焦我县高质量发展,积极运用政协提案履行职责,共提交提案 295 件,经审查,立案 203 件。立案的提案交由县 45 个部门办理,现已全部办复。其中所提问题已解决和基本解决的 154 件,占 75.9%;正在解决或列入计划解决的 43 件,占 21.2%;因条件限制暂不能解决的 6 件,占 2.9%。提案见面率、办结率均达到 100%,从反馈情况看,委员们对提案办理结果满意和基本满意率达 99%。这些提案的办理落实,对高质量建设“强富美高”新沛县,提升人民群众获得感、幸福感发挥了积极作用。

(一)聚焦经济发展与改革开放高质量,提出提案 42 件。提案的许多建议,为县委、县政府和有关部门制定完善政策、强化落实措施提供了参考。如《关于以科技创新助推高质量发展的建议》,县委、县政府在制订《深化科技体制改革创新驱动城市发展实施方案》中予以吸收采纳。县科技局认真研究提案建议,强化创新型企业培育,提升企业科技创新能力,28 家企业获批省级以上高新技术企业,24 家企业获批国家科技型中小企业。恒辉编织产业化项目荣获国家科技进步二等奖,特种编织技术和装备项目得到省专项资金支持,实现了我县重大科技成果转化项目零的突破。《关于将建筑产业打造成为我县支柱产业的提案》,得到县委、县政府和相关部门的高度重视,县建筑服务中心认真办理,相关建议被吸纳到县政府《关于加快推进建筑产业高质量发展的实施意见》中,大汉总部经济园、千禧杭萧钢构等重大项目有序推进。《关于推进传统产业智能化发展的提案》,县政府高度重视,研究出台《关于加快工业经济创新发展的若干政策意见》,加大传统主导产业新增设备和技改投入,牢固树立创优发展环境、减轻企业负担、强化服务保障、促进转型升级的鲜明导向。县发改委积极吸收提案部分建议,在骨干企业培育、产业转型升级、园区建设提升等方面上足力量和举措,进一步推动传统产业做大做强。《关于推进我县品牌农业建设的提案》,县农委积极予以落实,大力推进品牌农业建设,以“规模、结构、转化、合作”为抓手,积极开展国家省市级名优农产品评选认定活动,着力扩大“沛字头”优质农业品牌的影响力,中意食品获批农业产业化国家重点龙头企业,“徐垦大米”荣获江苏好大米特等奖,“沛县牛蒡”获批国家地理标志商标。

(二)聚焦城乡建设与生态环境高质量,提出提案 85 件。这些提案既有科学规划、合理分区方面的综合建议,也有完善功能设施、便民利民的具体措施。如《关于加快实施乡村振兴战略的提案》,县委、县政府高度重视,加快采煤沉陷区综合治理,着力改善农村人居环境,研究出台了《沛县改善人居环境推动乡村振兴工作方案》等一系列政策性文件和操作性实施意见 10 余条,积极探索乡村振兴的新路径。县农工办、住建局、农委等部门认真办理提案,在政策落地上聚合力,在要素保障上下功夫,乡村空间治理取得了明显成效。“加强电动车交通安全管理”“加强乱停车辆管理和规范占道停车点设置”“规范治理小区停车问题”是去年委员关注的热点,县政府在制订《整治规范城区“三小车辆”工作方案》中,研究吸纳了委员的有关建议,县公安交警、城管等部门以开展“三城同创”为契机,组织实施了“三小车辆”专项整治、规范停车点位设置等一系列举措,加强交通秩序管理,在城区主要道路新施划机动车停车位 5000 余个,城区交通秩序明显好转,停车难、停车乱等问题得到极大改善。《关于加快镇村公交运行全覆盖,打造城乡半小时交通圈的提案》,县交运局认真办理,通过组织人员实地勘测、村民测评、征求意见等方式,编制开通了镇村公交线路 14 条,实现了全县镇村公交全覆盖,构建了城连镇、镇连村的城乡公共交通网络,满足了我县城乡居民出行需求。《关于切实推进农村生态文明建设的提案》,县环保局认真研究提案建议,以农村人居环境整治为抓手,突出农村污水、生活垃圾和农业面源污染治理,大力开展村洁、户净、路通、水清行动,有效促进了我县农村环境面貌的改善,农村生态环境建设成效显著。

(三)聚焦文化建设和人民生活高质量,提出提案 76 件。委员们就我县文化旅游、教育卫生、食品安全、就业创业等社会事业的发展,多角度建言献策,许多意见建议得到了有效落实。如《关于加大公共文化服务体系建设的提案》,县文广新体局积极采纳提案合理化建议，深入实施“文化惠民”工程，积极推进镇村综合文化服务中心建设，全县文化基础设施建设有了跨越式发展，县镇村三级公共文化服务体系不断完善。《关于整合资源大力发展我县旅游业的提案》，县旅游发展促进中心认真吸纳提案建议，修订完善《沛县旅游发展规划》和《沛县文化旅游产业规划》，着力推进汉源三景区、生态三湿地、帝相四古村、乡村旅游八景点等“3348”工程，加快了我县创建全域旅游示范县的步伐。《关于推进义务教育优质均衡发展的提案》，2018 年 7 月县政府吸纳提案部分建议，研究出台了《沛县教育（2018—2020）高质量发展行动计划》。县教育局针对提案内容组织人员实地调研，与委员共商共议。合理调整学校布局、优化提升师资队伍、提升教育教学质量，教育事业呈现稳步发展的良好态势，我县被认定为徐州市唯一的公办初中高位较均衡发展的县。《关于加强食品安全监管的建议》《关于加强中小学周边小饭桌监管的建议》等提案，是委员们参政的热点。县市场监管局、城管局等部门积极予以落实，以校园及周边小饭桌、小餐饮、小杂食店、小摊贩等为重点对象，开展专项整治，有力保障了全县食品安全，特别是儿童食品安全。《关于开展农民工返乡创业工作的提案》，县人社局积极采取措施办理落实，大力推进支持农民工等人员返乡创业国家级试点工作，去年全县新增农村劳动力转移就业 8420 人，支持成功自主创业 1308 人。

二、提案工作主要做法

一年来，在县委的正确领导和县政府的大力支持下，县政协坚持“围绕中心、服务大局、提高质量、讲求实效”的提案工作方针，坚持以服务为主线，以质量为根本，以落实为重点，深入提案办理协商，不断创新工作机制，优化服务水平，提案工作迈出了新步伐，取得了新进展。

（一）加强组织领导，提案办理工作扎实推进。县委、县政府高度重视提案工作，将提案办理纳入县直机关绩效考核体系。2018 年 2 月份，县政府分管领导对每件提案都做了批示，提出具体办理意见。3 月份，县委、县政府主要领导对 12 件重点提案分别做出明确批示，要求县分管领导认真研究，加以推进。县委常委和副县长按照分工领办重点提案，推动了一批事关经济社会发展全局提案的落实。县政府、县政协召开提案交办会，对提案办理做出全面部署。4 月份，县政府、县政协首次就提案办理协商工作召开专题会议，推动提案办理全过程协商、多层次协商、制度化协商。10 月份，县政府向县政协通报提案办理情况。县政协把提案工作纳入重要议事日程，主席会议定期研究部署提案工作，专题协商督办重点提案。12 月份，县政协 10 次常委会首次开展民主评议重点提案办理工作，以评促办，进一步压实提案办理责任。各承办单位更加重视提案办理工作,将办理工作与本部门工作同部署、同落实、同检查,积极开展提案办理协商,办理实效不断提高。提案工作政策给力、上下合力、助推有力的良好氛围已基本形成。

(二)树立质量导向,提案工作基础进一步夯实。一是注重学习,提升委员素质。2018 年二次全会上,我们邀请市政协专家讲解提案知识;6 月底,邀请外地专家为全体委员专题讲授如何撰写高质量提案。全会前为每位委员印发了《提案工作手册》,指导委员撰写提案。十届二次会议以来的提案数量、质量明显提高。二是强化引导,提早部署提案征集。9 月份,通过面向部委办局和社会各界公开征集提案线索,结合县委、县政府中心工作,精心编写提案选题参考目录 100 条以及撰写要求,提前印发提案征集通知,方便委员早选题、早调研、早撰写。三是围绕大局,加强重点提案策划。主动征求相关部门对重点提案选题的意见和建议,收集、整理重点提案参考选题 25 条。10 月份,组织召开全县政协重点提案策划工作会议,全力推动重点提案策划工作,让策划意识贯穿重点提案的选题、调研、论证、撰写、督办等全过程。四是开展评选,发挥激励导向作用。认真落实《优秀提案评选表彰办法》,激励引导委员撰写高质量提案。本次全会上对 2018 年 15 件优秀提案和 10 家提案办理工作先进单位予以表彰。五是突出精品,严格立案审查。强化提案审查和立案过程中的协商,严把立案标准,不搞凡提必立。严格执行提案初审、复审、终审“三审”立案机制,确保提案质量。

(三)健全协商机制,提案办理实效明显增强。根据国家和省政协有关文件精神,在深入调查研究、广泛征求意见的基础上,制定出台了《沛县政协提案办理协商办法》,进一步明确协商内容,规范协商程序,为提案办理协商工作提供了制度保障,推动了人民政协协商民主建设。大力推行提案办理办前走访、办中随访、办后回访制度,推动提案承办单位把协商贯穿于提案办理全过程,加强与提案者沟通,形成共识,求得实效。各提案承办单位采取“走出去、请进来”的方式,主动与委员联系沟通,协商解决问题的办法和措施。县市场监管局积极开展与提案者集中见面答复活动,邀请提案者到现场视察,实地了解提案办理情况;县教育局坚持“开门”办案,加大提案办理力度;县文广新体局坚持“先协商、后办理”,达成办理共识,推动办理落实;县农委把提案办理与年度绩效考核挂钩,坚持“三个到位、三个注重”,县城管局聚焦民意,坚持“说到做到”,提案办理工作取得明显成效。县政协 2018 年共组织重点提案督办、提案办理面商会、走访提案办理大户等各类活动 20 余次,参与委员 100 多人次,提高了办理协商质量,整体提升了提案办理实效。我县政协构建提案办理协商大格局的做法得到了市政协的充分肯定,并在全市推广。

(四)积极探索创新,不断提升提案工作质效。一是创新重点提案督办机制。2018 年,县政协着力开展重点提案督办改革,首次建立"书记县长批办,县委常委和副县长领办,政协主席、副主席督办,协商快办"的重点提案办理新机制,为增强提案办理实效注入了强劲的领导力和强大的动力。重点提案督办方式更加立体多样,督办层次明显提升,督办成效不断提高。采取见面协商、集中督办、重点督办相结合的方式推进提案办理。由主席、副主席牵头,各专门委员会负责,邀请县政府分管领导对重点提案的办理情况进行全程督办。2018 年,有主席、副县长、副主席参加的督办协商会议达 11 次,通过办前协商、办中督办,形成办理共识,增强办理效果。同时,精心打造《提案追踪》专题片,2018 年 12 月份县电视台新闻频道连续播放《提案追踪》专题片 11 期,对科技创新助推高质量发展、传统产业智能化升级、品牌农业创建、做大做强建筑产业、城市交通秩序整治等重点提案办理落实情况面向社会追踪报道,增强了提案办理的透明度和政府公信力,扩大了提案工作的社会影响。二是创新重点提案办理评议机制。2018 年县政协主席会议审议通过了《县政协重点提案办理民主评议暂行办法》,年底在县政协 10 次常委会上对重点提案办理进行了民主评议,评议结果分满意、基本满意和不满意三个档次,纳入提案办理绩效考核,既推动了部门工作,又促进了重点提案办理的精准、有效和持续。从评议结果看,政协常委对重点提案办理满意的占 96%,基本满意的占 4%。三是创新提案工作服务机制。2018 年县政协在全市率先建设运行网上提案工作管理系统,委员通过网络提交提案,了解提案的立案和办理情况,实现了"互联网+提案"的工作模式,提高了提案工作效率,使提案工作变得更加便捷、更富成效。四是加大提案工作宣传力度。2018 年 5 月,县政协召开《〈提案追踪〉开播一周年暨提案宣传工作座谈会》,明确了提案宣传工作的目标任务。一年来,通过各种媒体,广泛宣传政协运用提案履行职能的有效做法,对提案办理协商、提案办理成效宣传报道 48 次,《徐州日报》《徐州政协》等市级以上媒体先后推介了我县重点提案督办、提案办理协商等亮点工作及创新做法。

各位委员、同志们,2018 年政协提案工作在务实创新中活力释放,在活力释放中闪亮出彩,办理协商频繁活跃,制度机制日益规范,提案作用发挥明显,宣传影响不断扩大。这些成绩的取得,是县委、县政府高度重视,政协委员踊跃参与,各承办单位和社会各界通力配合的结果。在此,我谨代表县十届政协常委会,向长期关心、重视、支持提案工作的县委、县人大、县政府领导,全体委员,承办单位和社会各界表示衷心的感谢!

同时,我们也应该看到,提案工作与新时代新要求、与人民群众的新期待相比,还存在一些需要改进的方面,主要是:少数提案因知情、调研不够,所提建议滞后或针对性、操作性不强;个别单位对提案办理不够重视,存在“重答复轻落实”或者以工作情况代替答复等问题;县政协对承诺正在解决或列入计划解决的提案,跟踪问效不够等。这些问题,应在新的一年认真研究,加以改进。

三、今年提案工作的意见

2019 年,县政协提案工作将以习近平总书记关于加强和改进人民政协工作的重要思想为指导,认真贯彻落实新修订的《提案工作条例》,紧扣县委十四届六次全会战略部署,建睿智之言,献务实之策,抓住关键,突出重点,深化协商,切实发挥提案在政协履职中的重要作用,真正做到“提到点子上、立要高标准、办到实在处、督在关键时”。

(一)贯彻新思想,优化质量添动力。认真贯彻落实习近平总书记关于“提案不在多而在精”的重要指示精神,树立精品意识,围绕县委、县政府中心工作,充分发挥提案在听民言、察民情、表民意方面的作用,引导委员认真撰写针对性强、参考价值高、操作性强的高质量提案。要整合资源,及时将大会发言、调研报告等成果转化为提案,不断拓宽优秀提案的来源渠道。把加强集体提案工作摆在更加突出的位置,将提案工作与界别活动紧密结合,努力形成一批高质量集体提案。学习省市政协提案审查工作经验,制定《提案审查实施细则》,规范立案程序,细化立案标准,不断提高提案质量。

(二)落实新部署,深化办理提效力。将协商贯穿于提案办理全过程,采取提案专题调研、视察、提案办理协商会等形式,广泛多层开展办理协商。继续强化重点提案批办、领办、督办工作,制定《沛县县委常委和副县长领办政协重点提案实施办法》。进一步规范重点提案的遴选,切实保证重点提案的高质量和办理工作的高水平。坚持问题导向,寓监督与协商之中,推动拟采纳落实提案的跟踪办理,特别是对事关民生的热点提案加强跟踪,增强办理实效,提高提案建议的采纳率和落实率。加强与县委督查室、县政府督查室的紧密协作,在“大督查”中强化承办单位提案办理的考核,对办理不到位、委员不满意的提案,要求“二次办理”,对上年未落实的提案开展“回头看”,发挥提案更大效益。

(三)提升新水平,强化创新强活力。研究制定《沛县政协提案办理双向评议暂行办法》,在开展政协常委评议提案办理的同时,承办单位对提案质量进行评议,形成“双向评议”,推动提案质量和办理质量的双提升。探索建立提案办理工作第三方绩效评议机制,出台《沛县政协提案办理第三方评议实施办法》,今年 11 月份将对年度重点提案办理情况开展第三方绩效评议。加强与新闻媒体的联系与合作，广泛宣传政协提案工作。继续办好《提案追踪》专题栏目，突出追踪事关发展难点、民生热点、社会焦点三个方面重点提案的办理落实情况，努力把《提案追踪》打造成为一个树县委、县政府公信力，密切联系群众的平台、一个展示政协形象的窗口和一个深受群众喜欢的品牌栏目。采取多种形式，为委员在知情明政、撰写提案、审查立案、办理反馈等方面做好服务。完善提升提案工作信息化建设，努力实现提案提交、审查、交办、反馈、评议等全程电子化。加强提案工作横向、纵向交流，在相互学习借鉴中提升提案工作水平。

各位委员，使命考验责任，责任激发智慧。党的十九大对政协工作提出了新的更高要求，新时代提案工作前景广阔、大有可为。让我们在中共沛县县委的坚强领导下，在县政府的大力支持下，勇于把使命扛在肩上，敢于把实干刻在心里，甘于把初心融入灵魂，用智慧和汗水书写提案履职新答卷，以提案办理实效展现政协工作新作为，不断催放新时代芳华，奋力谱写提案工作新篇章，为加快建设“强富美高”新沛县，推动高质量发展走在全市前列做出更大贡献！

中国人民政治协商会议
沛县第十届委员会常务委员会关于三次会议以来提案工作情况的报告

——2020 年 1 月 2 日在政协沛县第十届委员会第四次会议上

李法伟

各位委员、同志们:

我受政协沛县第十届委员会常务委员会的委托,向大会报告县政协十届三次会议以来的提案工作情况,请予审议,并请列席会议的同志提出意见。

一、提案及办理情况

2019 年,县政协提案工作坚持在继承中发展,在发展中创新,在创新中提升。一年来,广大政协委员准确把握新时代沛县发展的新方位新坐标,紧紧围绕全县改革发展大局,以强烈的责任意识和担当精神,积极通过提案履行职能,共提交提案 285 件,经审查,立案 168 件。这些提案凝聚着广大政协委员的智慧和心血,承载着社会各界的愿望和期待。所有立案的提案交由县 40 个部门办理,现已全部办复。从提案建议采纳落实情况看,所提问题已解决和基本解决的 127 件,占 75.6%;正在解决或列入计划解决的 37 件,占 22%;因条件限制暂不能解决的 4 件,占 2.4%。从反馈意见看,委员们对提案办理结果满意和基本满意率达 99%。总体来看,这些提案能够立足县情,着眼大局,体现了委员们对沛县高质量发展的关心关注,对民生福祉的用心用情,为加快建设"强富美高"新沛县做出了积极贡献。

(一)关注经济建设,助推创新发展。助推创新发展是人民政协的一项重要任务。委员们围绕经济发展中带有全局性、根本性、前瞻性课题,经济领域中的重点、难点问题,共提交提案 45 件。《关于突出创新驱动,进一步推进企业创新发展的提案》,契合我县创新驱动战略重点,得到县委、县政府高度重视,不断加大企业科技创新扶持力度。县科技局在工作中充分吸收委员建议,积极推进落实,科技创新持续发力,成功培育国家特色火炬产业基地 1 家、国家级星创天地

2 家、省科技企业孵化器 6 家、省级企业院士工作站 2 家、省双创团队 1 家。《关于加大力度扶持我县民营企业的建议》《关于在新形势下做好民营企业发展的建议》等提案,为县委、县政府研究制定《关于支持民营经济健康发展的若干意见》提供了积极参考。一年来,县委、县政府增强政策支撑,在产业集聚、要素配置、金融服务等方面予以大力扶持,帮助企业减负,持续提升企业发展热情。《关于推进放管服改革、打造优良营商环境的建议》的提案,县营商办及相关部门认真研究采纳,精简行政审批事项,推进"互联网 +"政务服务向基层延伸,在全市率先完成镇、村公共服务事项维护两个全覆盖,实现"2330"常态化,进一步优化了民营经济发展环境。提案还就旅游业发展、工业集聚区建设、农业供给侧改革、金融支持实体经济发展等问题建言献策,支着儿出力,有效发挥了政协"智囊团""人才库"的独特优势。

(二)关注民生热点,建言百姓福祉。坚持以人民为中心,不断保障和改善民生,是我们的职责和使命。委员们心系群众关切的实际问题,着重就医疗卫生、文化教育、社会保障、公共服务等民生热点积极建诤言、献良策,共提交提案 49 件。《关于进一步提升农村人居环境质量的提案》《关于农村坑塘治理的提案》《关于推进厕所革命的提案》,表达了农村居民的迫切需求。县农业农村局、城管局等承办单位把办理提案纳入目标任务,着力改善农民居住条件、拓展城乡发展空间、转变农村生产方式、优化农村人居环境,共整治河道 212 公里、道路 231 公里、农田 90 万亩,收运生活垃圾 17 万吨,新建公厕 86 座,改造户厕 1.4 万户,创建省市特色田园乡村 7 个、美丽宜居村庄 75 个,整治达标村庄 500 余个。《关于事先谋划,应对生源高峰、改善教育生态的提案》,紧扣我县教育事业发展。县委县政府高度重视,突出内涵建设和质量提升,不断加大教育投入力度,资源供给持续增加。县财政投资约 8 亿元,建设中小学(幼儿园)16 所,增加校舍面积约 16.7 万平方米,增加学位约 1.5 万个。同时,加强人才引进,缓解师资紧缺问题。县教育局合理调整学校布局、优化师资队伍、提升教学质量,教育事业呈现稳步发展的良好生态。《关于加强镇村文化建设的建议》《关于进一步完善农村文体基础设施的建议》等提案,县文体广电和旅游局积极采纳提案合理化建议,深入实施"文化惠民"工程,积极推进 153 个村(社区)综合文化服务中心"提档升级"工程,全县文化基础设施建设有了跨越式发展,县镇村三级公共文化服务体系不断完善。《关于加强我县基层医疗卫生服务质量的建议》《关于农村养老问题的建议》等提案反映了群众呼声、道出了百姓心声,有的建议已被相关单位吸纳到有关政策文件中,有的纳入工作计划加以推进,力争尽快落实到位。

(三)关注社会治理,促进和谐稳定。构建一个良好的社会治理体系,是全社会共同关注的焦点。委员们把脉交通环境整治、小区物业管理、食药监管、城市管理等方面,多角度建言献策,共提交提案 38 件。如《关于规范整治六小行业的提案》建议务实可行,县"三城同创"指挥部办公室积极采纳建议,集中开展"六小行业"综合整治行动,县卫健委、市场监管局、文体广电和旅游局等部门综合运用行政指导、查处取缔等多种手段,分类监管,引导合法经营,"六小行业"整治取得了显著成效,提升了城市品质和形象。《关于综合整治城区交通拥堵的建议》《关于缓解我县县城停车难的建议》等提案,是委员关注的热点,体现了人民群众对安全便捷出行的期盼。县交警大队、城管局积极开展交通秩序整治行动,加强机动车和电瓶车违章执法,深入交通要道排查安全隐患,补划机动车、非机动车停车线 2400 余平方米,有效改善了道路交通环境。"关于整治提升农贸市场的建议",县商务局认真调研提案建议,加强规划管理,对汉城商都、七彩街、大屯矿区等 9 个农贸市场进行全面综合整治,显著提升了我县农贸市场建设运营水平。关于学校周边食品安全监管、提升小区物业管理水平、加强城市养犬管理、修复主干道路等方面的提案得到相关部门的重视,很多建议意见被采纳落实。

(四)关注生态文明,助力绿色发展。打好污染防治攻坚战,加强生态文明建设,是我县经济社会发展的战略重点。委员们聚焦保护生态环境,建设美丽沛县,积极建言献策,共提交提案 36 件。《关于加强大气污染防治方面的建议》,就打好蓝天保卫战,积极探索大气污染防治良方。县生态环境局认真落实建议,以改善环境质量为核心,坚持防治并举,扎实推进大气污染防治工作,我县环境空气质量持续改善,成功创建国家生态文明建设示范县。《关于有序推进我县生活垃圾分类的建议》《关于垃圾分类和垃圾从量制的建议》等提案,县城管局积极采纳委员建议,选定了 82 个小区开展垃圾四分类投放,向社区投放分类垃圾桶 4000 余个,在各主次干道设置智能垃圾分类容器 24 组 106 个,制作宣传亭、栏 60 余个,并组织各类宣传活动,引导市民积极参与垃圾分类。农村生活垃圾"户分类投放、村分拣收集、镇回收清运、有机垃圾生态处理"的治理模式受到国务院农村人居环境整治大检查第七检查组的充分肯定和推广。《关于在城区禁止燃放烟花爆竹的提案》,县公安局认真研究提案建议,调研划定禁燃烟花爆竹范围,制订方案报县委县政府批准,定于去年 10 月 1 日起在城区禁止燃放烟花爆竹,该项工作得到了广大市民支持和拥护。关于废旧电池回收、农村污水治理、河道长效管护等提案,为有关部门拓展工作思路、完善推进措施提供了有益借鉴。

二、提案工作主要做法

一年来，在县委的正确领导和县政府的大力支持下，县政协坚持“围绕中心、服务大局、提高质量、讲求实效”的提案工作方针，把提质增效贯穿提案工作的全过程，求真务实、守正出新，提案工作焕发了新气象、彰显了新作为。

（一）强化组织领导，广泛凝聚多方合力。县委李书记、县政府苏县长对8件重点提案做出重要批示，明确办理要求，并分别领衔督办《进一步规范整治城区“六小行业”》和《加快推进农贸市场提档升级的建议》2件重点提案。县委、县政府分管领导对涉及分工范围内的提案逐件研阅签批。县政府把提案办理纳入重要议事日程，7位副县长领办政协重点提案。年初召开提案交办工作会议，年中向县政协常委会通报提案办理情况，年底召开专题会议研究部署提案“双向评议”工作，压实办理责任，力促办理工作高位运行。县政协始终将提案工作摆在重要和突出位置，纳入年度计划、明确目标任务，主席会议协商确定重点提案、多次听取情况汇报、研究讨论思路举措，多角度、多层面加强对提案工作全过程的科学管理，确保指导有方、督促有力、推动有效。各承办单位真正将提案办理作为推动工作、服务发展的有力抓手，进一步健全完善上下联动、分工明确、责任清晰的体系机制，综合运用上门走访、开门座谈、邀请视察等多种办理形式，以精准、有效和持续推动提案办理工作再上新台阶。

（二）突出关键环节，切实强化质量导向。一是畅通渠道助知情。县政协通过组织调研视察、开展界别活动、举办专题培训班等方式，积极为广大政协委员提升能力、咨政建言创造良好条件。同时，深入开展“三走进一联系”活动，切实增强广大政协委员参政议政的针对性和实效性。二是科学引导广征集。一方面下发征集通知、明确选题方向、开展专题辅导、印发《提案工作手册》，用典型和样板做示范，引领委员提高撰写水平，为提案质量实现整体提升奠定坚实基础；另一方面充分调动各界别、联络小组的主动性和积极性，以集体的智慧和力量推动形成了一批重点提案、精品提案。三是严格标准重审查。认真做好提案的收集、整理和审查工作，针对不符合要求的提案，及时与委员联络沟通并指导修改完善，充分尊重提案委员的民主权利和建言成果。通过规范程序、认真筛选，切实把好提案“入口关”，有效提高提案质量。

（三）建优工作机制，积极践行协商民主。一是督办机制进一步健全。对年初遴选的8件重点提案，突出“三明确”，开展重点协商督办。明确督办力量，由县政协会同县政府领导共同督办；明确督办措施，坚持与提案委员见面交流、开展深度调查研究、召开协商办理座谈会等督办流程，有序推进提案办理；明确督办标准，推动提案办理在落实上求实效，让委员满意、让群众满意、让社会满意。

二是协商机制进一步完善。更为注重将协商民主的理念和思路贯穿于提案办理工作的全过程,切实引导承办单位主动对接,广大政协委员积极参与,有力推动提办双方进一步增进理解、达成共识,从而使提案的建议更为专业,部门吸纳意见建议更为直接,提案办理的广度和深度也得到持续拓展。三是评议机制进一步深化。去年,我们在总结经验的基础上,对政协常委民主评议重点提案办理工作进行拓展,制定了《县政协提案工作"双向评议"暂行办法》,探索开展提案委员评议提案办理质量和承办单位评议提案质量的"双向评议"工作。评议组通过"看、听、议、评"相结合的办法,对县市场监管局、城管局、文体广电和旅游局等单位承办的提案开展"双向评议"活动,评议坚持问题导向和质量导向,把提得怎么样、办得怎么样作为评价核心,工作务实做,成效对方评,形成了鲜明导向,取得了良好的成效和反响。从评议结果看,委员对提案办理质量的满意率占97%,基本满意率占3%;承办单位对提案质量满意率占90%,基本满意率占10%。

(四)营造浓厚氛围,持续激发活力动力。一是在对接协作上求实效。始终注重加强与县委办、政府办以及各承办单位的协作联动,特别是针对部分涉及面广、综合性强的提案,通过协同分析、研究、化解办理过程中的矛盾和问题,切实推动提案加快落地见效。二是在联络服务上强举措。采取多种形式和渠道,及时向委员通报提案立案、答复、落实等情况,对受客观因素和条件限制暂时无法解决的问题,向提案委员做详细解释和说明,最大限度争取认可和支持,切实引导和保护好广大政协委员参政建言的积极性。三是在宣传造势上做文章。会同县广电传媒中心,精心制作《2019年提案追踪》专题节目10期,对助力"三城同创"、加快民营经济发展、农村人居环境改善、优化教育生态等一批党政关注、群众关心的提案办理情况进行跟踪报道,增强了提案办理的透明度和政府公信力。充分依托各类媒介,及时报道提案工作动态和办理成效36次,其中提案工作"五动"工作机制、"三抓三提升"典型做法在《江苏政协》会刊予以重点报道和推广,进一步扩大了县政协提案工作影响力,增强了社会各界的知晓度和参与度。

各位委员、同志们,一年来县政协提案工作取得的成绩,是县委、县政府高度重视,政协委员踊跃参与,各承办单位和社会各界通力配合的结果。在此,我谨代表县十届政协常委会,向长期关心、重视、支持提案工作的县委、县人大、县政府领导,全体委员,承办单位和社会各界表示衷心的感谢!

同时,我们也应该看到,提案工作与新时代新要求、与人民群众的新期待相比,还存在一些不足,主要是在提案质量方面,有的提案过于笼统宽泛,建议不够明确;在提案办理方面,有的以回复代替办理,有的提案办理信息给委员反馈不够及时;在提案督办方面,跟踪落实机制还需进一步健全。这些都需要我们在今后工作中改进和加强。

三、今年提案工作的意见

2020 年,县政协提案工作将以习近平总书记关于加强和改进人民政协工作的重要思想为指导,认真贯彻落实中央和省委、市委、县委政协工作会议精神,紧扣县委十四届八次全会战略部署,坚持以大力推进基层协商民主建设为主线,以提高提案质量为导向,以深化办理协商为重点,以增强办理实效为目标,努力推进提案工作高质量发展。

一要注重质量,在"议政"和"建言"上再出精品。要从源头上把好提案质量关,严格控制提案数量,多出精品提案。全县广大政协委员要牢固树立提案质量意识,做到"不调研不写提案",不断增强"四力",即增强脚力,扑下身子沉到一线;增强眼力,睁大锐眼洞察民情;增强脑力,善思多谋去伪存真;增强笔力,练就妙笔书写提案,力求提案反映情况准确,提出建议可行,切实为加快推动全县高质量发展建净言、献良策。同时,要优化集体提案,着力从组织选题、充分调研、深入思考、科学论证等环节培育精品提案,使集体提案务实性、可操作性更强。

二要明确导向,在"协商"和"办理"上再谋实招。要探索推进提案办理协商与基层民主协商的有效衔接,建立基层民主协商议事成果转化平时提案工作机制,以提案办理协商助推基层协商议事成果的转化落实,努力构建参与广泛、层次分明、重点突出、讲求实效的提案办理大协商格局。要会同县委办、政府办充分发挥组织协调作用,做到交办时有明确要求,办理中有督促检查,办复后有跟踪落实。要建立健全重点提案、难点提案的跟踪督办机制,尤其要突出对委员持续关注、事关民生重大问题的提案,深入开展跨年度提案"回头看"活动,持续督办、持续发力,实现提案办理成果落地见效。

三要改革创新,在"影响"和"成果"上再求扩大。坚持创新理念推动提案工作。要巩固"县委书记县长批办、县委常委和副县长领办、县政协主席副主席督办、协商快办"的重点提案办理工作做法,进一步完善县委书记、县长领衔督办重点提案制度。要深入开展提案工作"双向评议"活动,进一步拓展形式、丰富内涵、放大效应,真正将"双向评议"打造成提案工作提质增效的"风向标"和"催化剂"。

四要创优环境,在"服务"和"保障"上再提水平。要积极创造条件,坚持公开征集提案线索等好的做法,主动搭建委员知情明政、参政议政平台,扎实做好提案征集、立案审查、交办督办等基础性服务工作。要结合智慧政协建设,进一步拓展信息化平台,将提案工作的主要内容融入政协“掌上履职”APP,不断完善网上政协提案工作系统,优化模块、改进功能,以提案委员、政协组织、党政部门三方网络互联互通为基础,实现提案工作“提、立、办、督、评”各环节全过程网上运行。要深度宣传提案工作,突出重点提案的办理和成效。继续办好《提案追踪》专题栏目,推进栏目提档升级,进一步发出政协好声音、彰显提案正能量,形成更加良好的提案工作社会氛围。

各位委员,我们正处在高水平全面建成小康社会的决胜阶段,行进在中华民族伟大复兴的新征程中,新使命新担当新任务对提案工作提出了更高要求,也为提案工作高质量发展提供了良好机遇。让我们在中共沛县县委的坚强领导下,在县政府的大力支持下,不忘初心,牢记使命,弘扬团结民主的好传统,提振创新有为的精气神,进一步解放思想、担当实干,不断推动提案工作提质增效,为加快建设“强富美高”新沛县贡献智慧和力量!

中国人民政治协商会议
沛县第十届委员会常务委员会关于四次会议以来提案工作情况的报告

——2021 年 1 月 12 日在政协沛县第十届委员会第五次会议上

李法伟

各位委员、同志们:

我受政协沛县第十届委员会常务委员会的委托,向大会报告县政协十届四次会议以来的提案工作情况,请予审议,并请列席会议的同志提出意见。

一、提案及办理情况

2020 年,广大政协委员准确把握新时代沛县发展的新方位新坐标,围绕统筹抓好疫情防控和经济社会发展目标,以强烈的责任意识和担当精神,积极通过提案履行职能,共提交提案 235 件,经审查,立案 164 件,其中并案处理 31 件。这些提案凝聚着广大政协委员的智慧和心血,承载着社会各界的愿望和期待。所有立案的提案交由县 35 个部门办理,现已全部办复。从提案建议采纳落实情况看,所提问题已解决和基本解决的 127 件,占 75.6%;正在解决或列入计划解决的 37 件,占 22%;因条件限制暂不能解决的 4 件,占 2.4%。从反馈意见看,委员们对提案办理结果满意和基本满意率达 99%。总体来看,这些提案能够立足县情,着眼大局,为全县改革发展广集民智,广谋良策,为"双统筹""双胜利"广纳群言,广聚共识。

(一)为助推经济创新转型建睿智之言。一年来,委员们围绕助推新冠疫情防控和经济社会发展、推进精准招商引智等全县重大决策部署,提出了很多具有建设性的提案。"关于进一步优化营商环境,加快民营经济发展的提案",县委、县政府一直积极支持民营经济发展,高度重视改善营商环境工作,把营商环境建设作为推动高质量发展的重要抓手。紧紧围绕"营商环境建设深化年"总体要求,聚焦影响营商环境的痛点、堵点,扎实开展突出问题专项整治,不断完善服务企业、服务发展的长效机制。出台了《关于支持民营经济健康发展的若干意见》,文件涉及了降低生产经营成本、健全企业服务体系、维护企业合法权益等八大项30条内容。全面推行企业开办一站式服务平台“全链通”,加快推进投资项目在线审批监管平台运用,实现投资项目审批“一次登录、全网通办、全流程监管”。《关于疫情防控下推动中小企业复工复产的提案》,得到县委、县政府高度重视,开展企业走访活动,进一步畅通政企沟通渠道,累计解决问题47个,节约资金200万元,清理拖欠民营企业账款3000余万元。贯彻落实国家、省市县各项降本减负优惠政策,开展“十百千”帮扶包挂活动,落实“防疫政策惠企包”71条,解决涉及减免税收、企业融资、用工需求等方面的问题149条,有力推动了民营企业复工复产。“关于打造优良金融环境,拓宽融资渠道的提案”,县金融监管局持续强化银企对接,为全县部分企业授信24.4亿元,现场走访调研企业200多家次,帮助企业解决融资需求3亿元。开展融资担保业务384笔、担保金额2.49亿元,发放小微企业应急转贷基金28笔,共计1.15亿元,有效破解了中小企业融资难题。“关于打造产业科技创新体系的建议”,县科技局在工作中充分吸收委员建议,积极推进落实,聚焦重点产业,引进高端创新资源共建研发机构,深化与高校院所战略合作,打造一批省级以上创新平台,加快构建以企业为主体、市场为导向、产学研深度融合为支撑的产业创新体系,培植高质量发展的先发优势。提案还就我县两个省级开发区建设、镇(街道)工业集聚区建设、农业供给侧改革等问题建言献策,支着儿出力,有效发挥了政协“智囊团”“人才库”的独特优势。

(二)为助力城市品质提升献务实之策。一年来,围绕助推“三城同创”、加快重大基础设施建设、提升城市管理水平等,委员们积极献计献策,提出了许多切实可行的建议方案。《关于加快滨湖公园城市建设的提案》不仅契合了县政府中心工作,也反映出了广大市民的呼声。县园林服务中心认真研究提案建议,以建设公园城市为目标,全面聚合城乡基础设施、产业发展、公共服务、生态园林等要素配置,全力打造高颜值公园城市。按照《园林绿化工程实施方案》大力推进“一廊一河六路九园”等19项重点项目建设,将绿色空间与城市空间、生活空间、生态空间相融合,把城市建在公园里,塑造独具特色的城市园林意境。《关于老旧小区改造的提案》《关于小区飞线治理的提案》,县城管局把办理提案与推动部门工作相结合,组织精干力量深入小区,集中整治影响小区整体环境整洁、侵占人行过道现象;追究违法堆放建筑垃圾;劝阻居民饲养家禽、铲绿种菜等不文明行为。自去年3月份以来,县城管局已开展60余个老旧小区重难点整治工作,共清理楼前乱堆乱放杂物2000余处、毁绿种菜1500余处、清除小区内墙面乱贴乱画3000余处、清理飞线充电5000余处、清理楼道及占用消防通道杂物1500余处。同时加大巡查力度和频次,防止反弹,确保整治工作取得扎实成果,受到市民的广泛赞誉。《关于切实抓好城区人行道板修复助力“三城同创"工作的建议》,为切实办理好提案,县住建局专门抽调 20 名技术人员,对区域内 30 多条道路进行摸底排查,科学制订施工方案,组织 100 多名施工人员和 30 多台机械车辆成立了 5 支施工队伍,全力推进修复进度。截至去年底,已完成汉城中路等多条道路修复整治工作,共计约 2.4 万平方米,更换路牙石约 840 米。

(三)为助劲美丽沛县建设尽服务之责。一年来,委员们围绕改善农村人居环境、强化生态文明建设、推进城乡生活垃圾分类处理等,以服务美丽沛县建设为己任,提出了许多合理化建议。《关于做好全流程垃圾分类处置工作的建议》务实可行,县城管局积极采纳建议,做好全流程垃圾分类工作,共制作宣传亭、栏 260 个,安装路灯宣传牌 1200 个,在社区各单元楼道张贴《居民生活垃圾分类投放指南》宣传牌 1600 块。组建垃圾分类宣讲队伍,进家庭、进学校、进小区、进机关、进公共场所,开展垃圾分类宣传活动。举办垃圾分类专场文艺演出 8 场次,着力培养广大居民的环保意识和垃圾分类的养成习惯。城乡生活垃圾收运处理体系进一步完善,全县"组保洁、村收集、镇运转、县处理"运转有效,各镇、场、街道建设压缩式中转站 14 座,垃圾运转车辆 121 辆,垃圾移动式箱体 2260 个,配备专职保洁员 2801 名。垃圾分类处置"六化"模式获中央农办、农业农村部领导批示肯定。《关于加强农村人居环境整治工作的建议》,县农业农村局高度重视,以改善农村人居环境为抓手大力推动乡村振兴,全县 12 个特色田园乡村、137 个美丽宜居村庄和 1311 个整治达标村庄建设向纵深推进,成功召开全省农村人居环境整治现场推进会。

(四)为助益群众福祉增进谋惠民之举。一年来,委员们围绕推进健康沛县建设、加强食品安全监管、提高素质教育水平、完善社会保障体系等事关人民群众切身利益的问题,提出了许多操作性很强的对策措施,促进了一批民生热点、难点问题的解决。《关于消除义务教育阶段"大班额"问题的建议》,县委、县政府将该提案摆上重要议事日程,下大气力化解长期积累的"大班额"难题,新(改扩)建中小学、幼儿园 60 所,提供学位 3.2 万个,全县大班额比例压降至 5% 以下,超大班额已全面消除。县自然资源和规划局会同县教育局共同编制《沛县中小学布局专项规划》和《沛县幼儿园布点专项规划》,为全县教育发展预留了足够空间。《关于加强食品安全监管的建议》,县市场监管局以创建"江苏省食品安全示范城市"为契机,扎实推进提案办理,强化疫情下食品质量安全监管,开展食品安全放心工程攻坚行动,创新"567 工作法",加强重点餐饮集聚场所的监管,创建 1000 家小餐饮达标店,新增电子远程监控 100 户,打造透明厨房 100 户,新建农贸市场食品快检室 10 家,食品抽检达到 6 批次/千人,全力保障广大市民舌尖上的安全。《关于持续推进农村厕所革命的建议》,县政府高度重视,投资 6000 余万元累计建成 1581 座公厕,实现全县自然村全覆盖,达到了

"四净三无两通一亮"的管理标准。

二、提案工作主要做法

一年来,在县委的坚强领导和县政府的高度重视下,县政协提案工作,坚持发扬民主和增进团结相互贯通,在提高提案质量上下功夫,在提高提案办理质量上求实效,提案工作建言资政和凝聚共识双向发力效应有力展现。

(一)注重服务引导,提高提案质量。一是注重选题引导。广泛征集提案线索,整理印发提案选题参考目录101条,引导委员提案选题切口小、靶向准、建议实。二是促进知情议政。通过组织委员参加专题视察调研、提案办理协商座谈会等多种渠道,拓宽委员履职参政渠道,丰富信息来源,增强知情议政的能力和水平。三是做好提升转化。把开展界别小组活动与提案工作紧密结合起来,积极把议政建言、专题调研视察、社情民意信息等履职成果转化为提案,使更多集体智慧转化为高质量的集体提案。

(二)注重示范引领,提升工作层次。一是党政强势推动。县委、县政府领导高度重视、亲力亲为,带动了提案工作水平的整体提升。县委、县政府主要领导在《重点提案专报》上做出批示9次,并领衔督办重点提案,为提案工作注入了强劲领导力和推进问题解决的动力。10件重点提案全部由县委、县政府、县政协领导领办督办,构建了县委、县政府、县政协齐抓提案工作的新格局。县政府在去年4月份解除疫情重点管控恢复正常办公秩序后,第一时间交办提案,把提案办理作为政府督查事项。二是政协倾力投入。县政协将提案工作作为全局性工作列入重要议事日程,县政协常委会听取县政府关于提案办理情况通报,主席会议多次研究提案工作,协调解决有关问题,认真落实主席会议和分管副主席分工督办重点提案制度。三是单位主动作为。各承办单位把办好提案与重点工作同部署、同督促、同检查,做到任务落实、措施落实、责任落实,确保提案办理工作按时有序推进。

(三)注重协商交流,增进办理实效。坚持把协商贯穿提案工作全过程,积极搭建提办双方协商平台,召开化解义务教育阶段大班额、滨湖公园城市建设、全流程垃圾分类处置、黑臭水体治理等办理协商会12次,参与委员100余名,部门与委员平等协商、务实协商,沟通交流手拉手,观点交锋真对真,凝聚共识心贴心,形成有事好商量、有事多商量的民主氛围,丰富众人的事情由众人商量的生动实践,助推一批提案办理落实。

为让提案办理公开透明,县政协会同县融媒体中心精心打造10期《提案追踪》专题片,在县电视台新闻频道追踪报道重点提案办理落实情况,提高了提案办理的透明度和社会参与度,增强了政府公信力,受到委员和群众的欢迎。

各位委员、同志们,2020 年县政协提案工作凝心聚力有为,建言资政有力,社会各界反响良好,取得的成效主要得益于县委的坚强领导、县政府的高度重视,得益于承办单位和社会各界的大力支持,得益于政协委员、政协各参加单位、各专委会的共同努力,在此,我谨代表县政协常委会,向长期关心、重视、支持提案工作的县委、县人大、县政府领导,全体委员,承办单位和社会各界表示衷心的感谢!

同时,我们清醒地看到,提案工作还存在一些薄弱环节,如提案信息化建设还不完善;少数提案未经调研和酝酿,建议比较笼统;少数承办单位工作总结式的答复时有发生;协商沟通不够开诚布公等。这些问题,将在今后的工作中认真研究,加以改进。

三、今年提案工作的意见

2021 年县政协提案工作要以习近平新时代中国特色社会主义思想为指导,认真贯彻县委十四届十次全会精神,紧扣统筹推进常态化疫情防控和经济社会高质量发展履职尽责,紧扣服务全县工作大局凝心聚力,紧扣提案提质增效强化责任担当,努力推动提案由数量型向质量型转变,办理由答复型向落实型转变,不断发挥提案协商民主和参与基层治理的重要作用。

(一)坚持质量为上,优化建言效果。要持之以恒提高提案质量,按照“小而准、专而深、办而实”的提案工作要求,以“小切口”做“大文章”。围绕县委、县政府重大决策部署的落实,着眼党政工作的重点、群众生产生活的难点、基层治理的焦点,聚焦“五大战略”“四个最前列”以及“衣食住行教保医”等民生领域突出问题,认真开展调研,培育一批影响面广、认可度高的重点提案。

(二)厚植协商理念,细化办理服务。要延伸提案履职触角,拓展提案工作“有事好商量”路径,引导承办单位增强协商意识,把握协商要义,提高协商能力。在提案办理协商过程中凝聚共识,求同存异,聚同化异,理顺情绪,化解矛盾,增进理解,助推工作,聚力落实提案建议。

(三)完善督办机制,强化落实生效。要健全完善县领导领衔督办机制,加大一批事关全局、影响重大的重点提案落实力度。紧抓重点提案办理求实效,紧盯难点问题突破求实效。强化主协办单位的协同配合,推进办理由重回复走向重落实,由答复满意走向结果满意。不断深化提案“双向评议”工作,加大提案工作宣传力度,放大提案办理社会效应。

各位委员、同志们,提案是政协发挥协商民主作用的重要形式,提案工作助推基层治理大有可为,我们要在县委的坚强领导和县政府的大力支持下,久久为功推进提案工作向质量型、落实型升级,为全县“乘势而上,再攀新高”贡献政协智慧和力量!

○会议决议

中国人民政治协商会议
江苏省沛县第十届委员会第一次会议决议

中国人民政治协商会议江苏省沛县第十届委员会第一次会议,于2017年1月5日至8日召开。会议在中共沛县县委的正确领导下,全体委员以饱满的政治热情和高度的责任感,认真履行政治协商、民主监督、参政议政职能,圆满完成了会议的各项议程。会议开得隆重热烈、富有成效,是一次团结民主、凝心聚力、共谋发展、务实奋进的大会。

会议拥护李淑侠书记代表中共沛县县委所做的讲话,认为讲话总结过去五年的工作令人振奋,提出的今后一个时期沛县"打造淮海经济区最具竞争力的新型工业化基地、徐济之间最具带动力的宜居宜业福地、微山湖畔最具幸福感的平安地、风清气正干事创业充满活力的政治新生态"奋斗目标鼓舞人心。讲话强调全县要坚定不移把"领军、龙头、先行"体现在发展的各个领域、各个层面、各个阶段,不断提升沛县在淮海经济区、徐济发展轴、微山湖畔城市群中的地位和作用。统筹推进"五位一体"总体布局和协调推进"四个全面"战略布局,坚持稳中求进工作总基调,以供给侧结构性改革为主线,牢固树立和贯彻落实新发展理念,积极融入徐州"一中心一基地一高地"建设,聚力创新,聚焦富民,突出转型升级、创新创优、增强实力、补齐短板、优化生态、惠及民生等重点工作,这对于调动全县一切积极因素,凝心聚力促发展具有重要意义。讲话充分肯定了政协沛县九届委员会工作取得的成绩,并对今后如何更好地发挥自身优势,创造性地履行职能,不断开创政协工作的新局面提出了新要求。委员们深受鼓舞,表示要认真学习贯彻李淑侠书记讲话精神,充分发挥优势,全面履行职能,为夺取全面小康社会建设新胜利而努力奋斗。

会议赞同县长吴卫东同志所做的《政府工作报告》和其他报告。认为《政府工作报告》对过去五年的工作总结实事求是,对未来五年的奋斗目标和2017年的主要任务部署催人奋进。全会对"以'三地一新'为总抓手,聚力创新促转型、聚合要素增动能、聚焦富民补短板，全面推进产业振兴、改革创新、城乡统筹、生态保护、民生改善”的目标表示赞同，相信经过全县人民的共同努力，一定能够顺利实现。会议期间，委员们以高度的政治责任感和历史使命感，围绕全县经济社会发展中的一些重大问题提出了许多富有建设性的意见和建议。

会议同意政协沛县九届委员会常务委员会工作报告和提案工作情况的报告。认为在过去五年里，县政协常委会在中共沛县县委的正确领导和县人大、县政府的大力支持下，坚持以党的十八届三中、四中、五中、六中全会精神为指导，深刻领会县委十三届历次全会精神，紧紧围绕县委确立的“打造转型升级示范区、建设龙城水乡新沛县”宏伟目标，牢牢把握团结和民主两大主题，组织、引导广大政协委员，积极投身加快“推动转型发展、建设美好沛县”的生动实践，助推发展，关注民生，促进和谐，切实履行政治协商、民主监督、参政议政职能，为推动全县经济社会又好又快发展做出了积极贡献。会议同意报告提出的十届政协工作建议，希望新一届政协常委会认真组织实施。

会议号召，政协沛县十届委员会全体委员，要高举中国特色社会主义伟大旗帜，深入学习贯彻习近平总书记系列重要讲话特别是视察江苏重要讲话精神，在中共沛县县委的坚强领导下，全面贯彻县十四次党代会精神，紧紧围绕“四个全面”战略布局，以“五大发展理念”为引领，对照“两聚一高”和发挥“三个作用”走在全市前列奋斗指向，以“三地一新”为总抓手，牢牢把握团结民主主题，同心协力搞好政治协商，积极稳妥推进民主监督，扎实有效开展参政议政，努力开创人民政协事业新局面，为建设“强富美高”新沛县的宏伟目标做出新的更大贡献！

中国人民政治协商会议
江苏省沛县第十届委员会第二次会议决议

中国人民政治协商会议江苏省沛县第十届委员会第二次会议,于2018年1月11日至14日召开。会议在中共沛县县委的正确领导下,全体委员以饱满的政治热情和高度的责任感,认真履行政治协商、民主监督、参政议政职能,圆满完成了会议的各项议程。会议开得隆重热烈、富有成效,是一次团结民主、凝心聚力、共谋发展、务实奋进的大会。

会议拥护李淑侠书记代表中共沛县县委所做的讲话,认为讲话总结过去一年的工作令人振奋,提出的"推进'三地一新'新实践、建设'强富美高'新沛县"的奋斗目标鼓舞人心。讲话强调全县要统筹推进"五位一体"总体布局和协调推进"四个全面"战略布局,坚持稳中求进工作总基调,以供给侧结构性改革为主线,牢固树立和贯彻落实新发展理念,统筹做好稳增长、促改革、调结构、惠民生、防风险各项工作,突出干在实处、走在前列,推动质量变革、效率变革、动力变革,这对于调动全县一切积极因素,凝心聚力促发展具有重要意义。讲话充分肯定了政协沛县十届委员会工作取得的成绩,并对今后如何更好地发挥自身优势,创造性地履行职能,不断开创政协工作的新局面提出了新要求。委员们深受鼓舞,表示要认真学习贯彻李淑侠书记讲话精神,充分发挥优势,全面履行职能,为加快建设高水平全面小康社会而努力奋斗。

会议赞同吴卫东县长所做的《政府工作报告》和其他报告。认为《政府工作报告》对过去一年的工作总结实事求是,对2018年的主要任务部署催人奋进。全会对"以'三地一新'为总抓手,着力做强产业经济,着力增强发展活力,着力促进城乡发展,着力优化生态环境,着力增进民生福祉,促进经济社会持续健康发展,加快建设'强富美高'新沛县,在新征程上谱写沛县发展新篇章"的目标表示赞同,相信经过全县人民的共同努力,一定能够顺利实现。会议期间,委员们以高度的政治责任感和历史使命感,围绕全县经济社会发展中的一些重大问题提出了许多富有建设性的意见和建议。

会议同意政协沛县十届委员会常务委员会工作报告和提案工作情况的报告。认为在过去的一年里，县政协常委会在中共沛县县委的正确领导和县人大、县政府的大力支持下，坚持以党的十八大、十八届历次全会以及十九大精神为指导，紧紧围绕县委确立的“三地一新”宏伟目标，牢牢把握团结和民主两大主题，组织、引导广大政协委员助推发展，关注民生，促进和谐，切实履行政治协商、民主监督、参政议政职能，为推动全县经济社会又好又快发展做出了积极贡献。会议同意报告提出的 2018 年政协工作建议，希望政协常委会认真组织实施。

会议号召，政协沛县十届委员会全体委员，要全面贯彻党的十九大精神和习近平总书记视察徐州重要指示，以习近平新时代中国特色社会主义思想为指导，在中共沛县县委的坚强领导下，全面贯彻县委十四届四次全会精神，紧紧围绕“五位一体”总体布局和“四个全面”战略布局，以“三地一新”为总抓手，牢牢把握团结民主主题，同心协力搞好政治协商，积极稳妥推进民主监督，扎实有效开展参政议政，努力开创人民政协事业新局面，为建设“强富美高”新沛县的宏伟目标做出新的更大贡献！

中国人民政治协商会议
江苏省沛县第十届委员会第三次会议决议

中国人民政治协商会议江苏省沛县第十届委员会第三次会议,于2019年1月2日至5日召开。会议在中共沛县县委的正确领导下,全体委员以饱满的政治热情和高度的责任感,认真履行政治协商、民主监督、参政议政职能,圆满完成了会议的各项议程。会议开得隆重热烈、富有成效,是一次团结民主、凝心聚力、共谋发展、务实奋进的大会。

会议拥护李淑侠书记代表中共沛县县委所做的讲话,认为讲话总结过去一年的工作令人振奋,提出的“为高水平全面建成小康社会收官打下决定性基础,合力谱写新时代沛县高质量发展新篇章”的奋斗目标鼓舞人心。讲话强调全县要统筹推进“五位一体”总体布局和协调推进“四个全面”战略布局,坚持稳中求进工作总基调,深入践行新发展理念,扎实贯彻高质量发展要求,以供给侧结构性改革为主线,继续打好三大攻坚战,加快构建现代化经济体系,纵深推进“三地一新”新实践,保持经济持续健康发展和社会大局稳定,这对于调动全县一切积极因素,凝心聚力促发展具有重要意义。讲话充分肯定了政协沛县十届委员会工作取得的成绩,并对今后如何更好地发挥自身优势,创造性地履行职能,不断开创政协工作的新局面提出了新要求。委员们深受鼓舞,表示要认真学习贯彻李淑侠书记讲话精神,充分发挥优势,全面履行职能,为开创“强富美高”沛县建设新局面而努力奋斗。

会议赞同苏伟同志所做的《政府工作报告》和其他报告。认为《政府工作报告》对过去一年的工作总结实事求是,对2019年的主要任务部署催人奋进。全会对“以供给侧结构性改革为主线,加快建设现代化经济体系,纵深推进‘三地一新’新实践,继续打好三大攻坚战,统筹推进稳增长、促改革、调结构、惠民生、防风险工作,奋力开创‘强富美高’沛县建设新局面”的目标表示赞同,相信经过全县人民的共同努力,一定能够顺利实现。会议期间,委员们以高度的政治责任感和历史使命感,围绕全县经济社会发展中的一些重大问题提出了许多富有建设性的意见和建议。

会议同意政协沛县十届委员会常务委员会工作报告和提案工作情况的报告。认为在过去一年里，县政协常委会在中共沛县县委的正确领导和县人大、县政府的大力支持下，坚持以党的十九大精神为指导，紧紧围绕县委确立的“三地一新”宏伟目标，牢牢把握团结和民主两大主题，组织、引导广大政协委员助推发展，关注民生，促进和谐，切实履行政治协商、民主监督、参政议政职能，为推动全县经济社会又好又快发展做出了积极贡献。会议同意报告提出的2019年政协工作建议，希望政协常委会认真组织实施。

会议号召，政协沛县十届委员会全体委员，要全面贯彻党的十九大精神和习近平总书记视察徐州重要指示精神，以习近平新时代中国特色社会主义思想为指导，在中共沛县县委的坚强领导下，认真落实县委十四届六次全会精神，紧紧围绕“五位一体”总体布局和“四个全面”战略布局，以助推高质量发展为主旋律，以“资政履职高质量年”活动为抓手，汇聚力量、服务大局、创新履职，更有针对性地抓关键求突破，纵深助推“三地一新”新实践，为建设“强富美高”新沛县创造更多高质量发展成果和经验，汇聚政协智慧，不断开创沛县政协工作新局面！

中国人民政治协商会议
江苏省沛县第十届委员会第四次会议决议

中国人民政治协商会议江苏省沛县第十届委员会第四次会议,于2020年1月2日至4日在沛城召开。

会议认真学习和讨论了李淑侠书记代表中共沛县县委在会议开幕时所做的题为《同心书写高水平全面建成小康社会时代答卷》讲话。会议认为,李书记的讲话深入贯彻落实习近平新时代中国特色社会主义思想,聚力高水平全面建成小康社会,动员号召全县上下坚持稳中求进工作总基调,深化供给侧结构性改革,坚决打好三大攻坚战,全面做好"六稳"工作,以坚如磐石的定力打造新旧动能转换强引擎、以一抓到底的韧劲聚焦城乡融合见实效、以舍我其谁的担当聚焦补齐短板弱项下功夫,确保高水平全面建成小康社会和"十三五"规划圆满收官,不断开创高质量发展新局面。讲话主题鲜明、内涵深刻,鼓舞人心、催人奋进,对于团结带领全县上下决胜高水平全面建成小康社会、高质量建设"强富美高"新沛县,具有重要指导意义。讲话充分肯定了县政协过去一年的工作,要求县政协和广大政协委员要以高度的责任感和使命感,紧紧围绕团结和民主两大主题,进一步提高政治站位、提升工作质量、增强履职成效,为"强富美高"新沛县建设贡献更多智慧、更大力量,体现了中共沛县县委对政协工作的高度重视。委员们深受鼓舞,深感责任重大、使命光荣,表示一定要认真学习领会,认真贯彻落实。

会议赞同苏伟县长所做的《政府工作报告》和其他报告。认为《政府工作报告》对过去一年的工作总结实事求是,对2020年的主要任务部署催人奋进。全会对"深入推进'三地一新'新实践,坚持以改革开放为动力,不断深化供给侧结构性改革,坚决打赢三大攻坚战,全面做好'六稳'工作,统筹推进稳增长、促改革、调结构、惠民生、防风险、保稳定,扎实开展安全生产专项整治,保持经济平稳健康发展和社会安全稳定,确保高水平全面建成小康社会和'十三五'规划圆满收官,奋力打造苏北贯彻新发展理念、推动高质量发展县域样板"目标表示赞同，相信经过全县人民的共同努力，一定能够顺利实现。会议期间，委员们以高度的政治责任感和历史使命感，围绕全县经济社会发展中的重大问题提出了许多富有建设性的意见和建议。

会议同意郝敬彬主席所做的政协沛县十届委员会常务委员会工作报告和李法伟副主席所做的提案工作情况的报告。会议认为，在过去一年里，县政协常委会在中共沛县县委的坚强领导和县人大、县政府的大力支持下，始终坚持党的领导，坚定理想信念，确保人民政协事业发展的正确方向；坚持聚焦中心，服务发展大局，努力为全县高质量发展建言献策；坚持团结民主，凝聚发展共识，广泛汇聚建设美好沛县的智慧和力量；坚持从严标准，健全机制平台，努力打造履职为民政协工作队伍；推动了政协工作向高质量聚焦、向高质量迈进，为推动全县经济社会又好又快发展做出了积极贡献。报告关于今年工作的总体部署思路清晰、切实可行，常委会要认真组织实施。

会议号召，政协沛县十届委员会全体委员，要以习近平新时代中国特色社会主义思想为指导，深入贯彻落实党的十九大和十九届二中、三中、四中全会精神，在中共沛县县委的坚强领导下，认真落实县委十四届八次全会精神，坚持团结和民主两大主题，树立“提高政治站位、坚持履职高位、推动创新进位、恪守职责定位”履职理念，咬定“强富美高”总目标，突出高质量发展总导向，紧扣“三地一新”工作路径，着力提高政治协商、民主监督、参政议政水平，为高水平全面建成小康社会和“十三五”规划圆满收官、不断开创高质量发展新局面贡献智慧和力量。

中国人民政治协商会议

江苏省沛县第十届委员会第五次会议决议

中国人民政治协商会议江苏省沛县第十届委员会第五次会议,于 2021 年 1 月 12 日至 14 日在沛城召开。

会议认真学习和讨论了吴昊书记代表中共沛县县委在会议开幕时所做的重要讲话。一致认为,吴书记的讲话用一组组数据、一串串荣誉、一张张名片生动总结了过去一年全县上下比学赶超、攻坚克难所取得的显著成绩;明确了“十四五”时期的发展战略定位和“四个最前列”奋斗目标,动员全县上下乘势而上、再攀新高,努力在做大做强产业、建设美丽沛县、增进百姓福祉、凝聚发展合力上实现更大突破,合力开启全县现代化建设新征程。讲话充分肯定了县政协为夺取疫情防控和经济社会发展“双胜利”做出的重要贡献,对坚持党的全面领导,充分发挥政协专门协商机构作用、打造沛县特色协商品牌,提出了明确要求;对县政协和广大委员强化自身建设,大兴研究问题之风、攻坚克难之风、协作配合之风,在服务大局中彰显政协作为寄予了殷切厚望。委员们深受鼓舞,深感责任重大,表示一定要认真学习领会、坚决贯彻落实。

会议赞同《政府工作报告》和其他报告。会议认为,2020 年,在习近平新时代中国特色社会主义思想的指引下,中共沛县县委、沛县人民政府团结带领全县人民,应对疫情冲击,做好“六稳”工作、落实“六保”任务,如期完成各项目标任务,高水平全面建成小康社会取得决定性成就,谱写了“强富美高”新沛县建设新篇章,“十三五”发展目标任务胜利完成。政府工作报告对我县“十三五”及去年工作的总结实事求是,提出的“十四五”发展目标及今年的工作安排切实可行。委员们对未来五年的发展充满期待,对实现今年的各项目标任务充满信心,并就“十四五”规划的制订实施及做好今年的工作,提出了积极的意见和建议。

会议听取并审议了郝敬彬主席所做的政协沛县十届委员会常务委员会工作报告和李法伟副主席所做的提案工作情况的报告。会议认为,过去一年,在中共沛县县委坚强领导下，县政协以“提高政治站位、坚持履职高位、推动创新进位、恪守责任定位”为抓手，秉承“言出必行、干则必成”的理念，强化党建引领，充分发挥专门协商机构作用，坚持建言资政和凝聚共识双向发力，在服务中心大局、助力三城同创中汇集力量，在打造协商品牌、助力基层社会治理中凝聚共识，在助力疫情防控、推动复工复产中展现责任担当，为助力夺取“双胜利”做出了积极贡献。报告关于今年工作的总体部署思路清晰、切实可行，常委会要认真组织实施。

会议指出，今年是建党 100 周年，也是“十四五”规划和全面建设社会主义现代化国家的开局之年。县政协要全面贯彻党的十九届五中全会精神，以习近平总书记视察江苏和徐州重要指示精神为主线，以推动高质量发展为主旋律，按照县委十四届十次全会部署，牢牢把握“乘势而上，再攀新高”的工作基调，紧紧围绕“重学习、重协商、重调研、重团结、重质效”，把牢正确政治方向，推动“社会治理、建言资政、凝聚共识、自身建设”上台阶，开创政协工作新局面。

会议号召，政协沛县十届委员会全体委员，要更加紧密地团结在以习近平同志为核心的中共中央周围，在中共沛县县委的坚强领导下，学习新思想，弘扬新理念，践行新要求，聚焦高质量，争做排头兵，乘势而上，再攀新高。以实际行动和优异成绩，向建党 100 周年献礼，为我县争做徐州高质量发展排头兵、争做微山湖地区县域协同发展示范区、社会主义现代化建设新征程开好局起好步和“两高两强”取得重大进展贡献政协力量！

○经验交流

加快汉文化新城建设步伐
全力打造世界级汉文化旅游终极目的地

郝敬彬

两汉文化，是中华民族的主体文化，在中华文化发展史，乃至世界文化发展史上都具有十分重要的历史地位。省委书记娄勤俭同志对我市做出“挖掘汉文化资源，打响汉文化品牌，全面超汉中”的重要指示。市委提出要“抓好《汉文化传承发展专项规划》”“打造世界级大汉文化名片”。汉文化新城无疑是最佳首选。汉文化在龙兴之地、大汉源头，必须有效传承和大力弘扬，赋予新的时代内涵和现代表达，徐州义不容辞，沛县责无旁贷。

汉文化新城建设既是历史际遇，更是时代担当。打响扮靓徐州“大汉之源，帝王之州”城市名片，需要汇集全民之智、举全市之力，高标定位，科学施策，精心布局、全面建设。把徐州打造成以主体文化汉文化为“太阳”，以生态资源文化为“月亮”，以其他辅助资源为“星星”的精神家园和人文高地。为此，建议如下：

加强组织领导，切实解决“有人干事”的问题

一是强化汉文化新城建设指挥部。将汉文化新城建设列入2020年度重要工作，进入“两重一实”项目盘子。切实发挥指挥部的统筹协调、优化组合的职能作用，宣传、文旅、住建、规划等有关部门步调一致，全力参与。尽快让这项工作落地见效，进入工作程序。二是组建汉文化新城建设项目部。在全市遴选精兵强将，真正将通业务、会管理、善经营、想干事、能成事的专业人才放到重要位置，切实消除大家的后顾之忧，保证心无旁骛跑项目，聚精会神抓建设。三是创新工作推进机制。实现一线工作法，建立实时调度机制、联席会商机制、跟踪督办机制、考核奖惩机制。明确责、权、利，实施奖、惩、罚。按照“工程项目化、项目节点化、节点具体化”的基本要求，责任到人、到事、到节点。

加快策划规划,尽快解决“有图作战”的问题

按照“打造中华民族的精神高地、世界级汉文化旅游终极目的地”的目标定位,尽快落实选址,尽早落实策划,加快完成汉文化新城建设规划。严格按照规划制定“路线图”,排出“日程表”,倒排工期,挂图作战。围绕“形成汉文化国家公园—汉文化核心地标景观—汉文化特色小镇的空间体系”和“把辖区打造成景区,把景点打造成经典”的建设思路,把建筑产品做成城市精品,把地理坐标建成文化地标。真正体现大手笔、大气魄、大格局、大气象,打造徐州样板、中国特色,形成在全国最具影响力的汉文化地标工程和形象体系。

沛县为大汉之源、刘邦故里,具有无与伦比的文化资源优势、滨湖沿河的生态资源优势、地矿协同发展的经济基础优势,以及风清气正的政治生态优势。汉文化新城建设已经成为沛县百万干群的共同心理期待。沛县在第一时间落实初步选址和策划规划工作。目前,汉汤沐邑策划第二稿已进入论证阶段。可以说,沛县天时、地利、人和万事俱备,党政班子不达目的不罢休的拼搏担当精神空前高涨,可谓众志成城,万众一心。“上下同欲者胜。”沛县必能担起重任,不负众望!

(本文系在徐州市政协十五届四次会议上的发言)

厚植协商土壤　创新协商机制
推动基层协商民主议事提质增效

郝敬彬

去年以来,在省政协指导和市委领导下,市政协充分发挥专门协商机构作用,深入推动政协协商与基层协商有效衔接,为推动市域社会治理现代化做出了积极贡献。

一、厚植协商土壤,拓宽基层协商议事渠道

沛县以“制度化、规范化、科学化、信息化、长效化”五化机制为引领,坚持点线面结合,探索培育了接边联合协商、界别行业协商、地矿联合协商、园区协商和小微协商等特色协商模式。特别是围绕解决苏鲁边界历史矛盾复杂问题,与鱼台、微山充分协商,搭建三级联商平台,构建“信息联通、议题联审、成员联选、结果联办、过程联调”“五联”机制,按照“谁主张谁召集”的原则,推动接边联合协商深入开展,在省际“插花地”里画出最大同心圆,获评全省政协工作最佳创新案例。创新园区协商模式,构建独具园区特色的“1+3”推进体系,以产业链链上协商为重点开展“协商汇智、求同发展”协商议事,架起政府与企业协商沟通的桥梁。

二、找准短板弱项,明确基层协商议事工作方向

一是协商平台覆盖面还需进一步扩展。国家社会治理现代化要求,要不断完善群团组织、社会组织参与社会治理的体制机制,当前,政协协商同群团组织、社会组织的衔接还是空白。二是基层协商民主凝聚社会治理共识的作用还没有充分发挥。目前,基层协商民主基本停留在协商问题、解决问题方面,在传播党的声音、防范风险化解方面还存在薄弱环节。三是基层协商民主建设的信息化程度还需进一步提升。当前,大数据、人工智能等正与社会治理深度融合,社会治理智能化平台趋于完善,基层协商民主参与社会治理的智能化渠道有待进一步畅通。四是基层协商民主建设的保障制度还需进一步完善。政协委员、相关部门及专家等人员参加基层协商议事活动,车辆、经费等尚没有制度保障;协商议事会成员、干部群众等参与协商议事的能力还需进一步提升。

三、创新体制机制，提升基层协商议事质效

黄莉新主席提出，2021 年是“有事好商量”基层协商议事巩固提升年，为进一步推动我市协商议事工作质效，建议如下：

一是打通政协协商与社会治理相衔接的“关节点”。持续构建上下贯通、程序合理的平台建设机制，搭建完善市、县、镇街、村居和网格五级联动的协商议事构架；重点探索政协协商同人民团体协商、社会组织协商相衔接的制度机制；创新开展区域联合协商，聚焦“构建新发展格局”、淮海经济区协同发展和环微山湖县域协同发展，推动政协协商与区域协同发展有效衔接。二是抓牢基层协商民主凝聚社会治理共识的“关键点”。深化“党建＋”理念，将政治引领贯穿协商全过程和各方面，将社会主义核心价值观融入协商之中，积极宣传党政决策部署，正确引导社会舆论，传播“好声音”，凝聚“正能量”。深化“无讼”理念，充分发挥法律顾问、人民调解员、政协委员等化解矛盾纠纷的作用，把群众利益诉求表达引导到协商平台之中，吸纳各方力量参与非诉讼纠纷协商，促进和谐稳定。三是探索基层协商民主畅通社会治理渠道的“突破点”。实施智慧政协系统与网格化社会治理视联网指挥平台数据对接工程，实现委员履职 APP、远程协商会议系统与网格化大数据等平台数据共享、平台共用、事件传送与办理反馈一个平台运行的功能。运用大数据平台，发挥网格员社情民意信息收集员的作用，通过大数据分析筛选基层协商议题，打造“智慧政协＋网格化社会治理＋基层协商民主”协商议事新模式。四是赋能基层协商民主建设参与社会治理的“加速点”。不断完善基层协商民主建设的运行机制，在阵地等软硬件建设、参与人员活动经费等方面给予充分保障；定期开展协商议事会成员协商能力培训、轮训，提升协商专业化水平，推动协商议事工作提质增效、加速发展。

（本文系在徐州市政协十五届五次会议上的发言）

锚定使命任务　突出双向发力
在创新创优中推动政协工作提质增效

郝敬彬

中央和省市县委先后召开政协工作会议,对新时代加强和改进人民政协工作做出重要部署。沛县政协积极践行习近平总书记关于加强和改进人民政协工作的重要思想,准确把握新时代基层政协职能定位,不断在加强党对政协工作全面领导,发挥专门协商机构作用,加强思想政治引领、广泛凝聚共识,强化队伍建设上下功夫、做文章,推动了会议精神在基层政协走深走实,落地见效。

一、沛县加强和改进人民政协工作的探索实践

(一)强化理论武装,坚定政治方向,以新思想领航政协事业发展

一是党委高度重视,落实任务有力度。沛县县委全面加强对政协工作的领导,召开县委政协工作会议,印发《中共沛县县委关于新时代加强和改进人民政协工作的实施意见》,把政协工作纳入全局工作,一体研究、一体部署、一体推进。随后又下发了《关于落实中央政协工作会议和省、市、县委政协工作会议主要任务分工方案》,列出了65项重点任务清单,明确部门和完成时限,确保落到实处。二是坚持党建引领,组织覆盖有广度。深入贯彻新时代党的建设总要求,通过实施功能型党支部建设和"全员入委"建设,把党的组织搭建在履职链条上,做到党的组织覆盖政协履职全过程,党的活动贯穿政协工作各环节。三是强化理论学习,履职尽责有深度。健全完善了以党组理论学习为引领,主席会议集体学习、常委会议专题学习等相配套的机关学习制度体系,以读书学习提升机关干部的理论素养。先后采取"请进来"和"走出去"相结合的方式,加强委员学习培训力度。今年4月,邀请市政协三名专家领导对委员进行集中培训,并动员界别委员参加县每周三晚、每双周六上午举办的"亲清学堂"学习。4月15—22日,结合党史学习教育,又组织了政协机关党员干部和部分党员委员赴瑞金、古田等地进行专题培训。

（二）坚守职能定位，把握协商要义，以新格局推进基层协商民主建设

一是丰富协商形式，完善协商格局。持续完善以政协全体会议为龙头，以专题议政性常委会议、主席专题协商会议等为重点，专题协商、对口协商、界别协商、提案办理协商为灵活补充的协商议政格局。二是健全协商机制，提升协商质效。沛县健全完善了“有事好商量”协商议事制度化、规范化、科学化、信息化、长效化机制，以“五化”机制为引领，推动协商议事工作高质量开展。全县18个镇（街道、场），388个村（社区）、2个园区，10个界别率先实现了“有事好商量”协商议事室全覆盖，每年开展协商议事2500余次，达成共识3000余项，解决问题2000余个。今年，截至5月上旬，共开展协商议事1021次，达成共识1302项，解决问题930多个，有效惠及了民生、促进了发展。三是突出地域特色，打造协商品牌。沛县政协结合县域实际，探索创新了“接边联合协商、界别行业协商、地矿联合协商、园区协商、小微协商”五大特色协商品牌。其中，接边联合协商案例《“插花地”里画出最大同心圆》获得2020年全省政协工作最佳创新案例，是全省唯一一个获得此项荣誉的县。去年9月，省政协黄莉新主席专程到沛县安国镇参加民生专题协商议事活动，对我县“有事好商量”协商议事工作给予充分肯定。在《人民政协报》刊发的黄莉新主席《“有事好商量”激发基层治理新效能》一文中，也提到了沛县创新的五大特色协商品牌。

（三）紧跟时代步伐，坚持双向发力，以新举措推动履职提质增效

一是让委员“走进去”。充分发挥政协委员联系群众、团结各界的重要作用，在全体委员中持续开展“三走进一联系”、委员履职“五个一”等活动，引导政协委员深入基层、深入群众，聚民情、解民忧、暖民心。二是把群众“请进来”。充分发挥“有事好商量”协商平台作用，将群众利益纠纷和诉求表达引导到协商平台之中，通过以群众为主体的有效协商，解决诉求、化解矛盾，促进和谐稳定。同时，将社会主义核心价值观融入协商之中，积极宣传党政决策部署，正确引导社会舆论。三是用机制“连起来”。沛县政协制定印发了《关于加强和促进凝聚共识工作的实施意见》，健全了凝聚共识体制机制，将凝聚共识融入基层政协履职全过程各方面，切实发挥党员委员的示范带动作用，推动形成从党内到党外、从委员到群众良性互动的工作格局，为沛县高质量发展汇集最广泛共识和力量。

（四）牢记初心使命，强化责任担当，以新要求抓实队伍建设

一是注重抓住机构改革契机，优化机构设置。根据县机构改革和政协工作实际，2019年县编办给县政协机关增加了9个编制，对各专门委员会进行优化设置，调整后，县政协工作机构为“两室六委”，均为正科级建制，每个委室两名

人员,解决了“一人委”问题。二是秉持“不建机构建机制”理念,开创政协工作局面。相继制定印发了《政协委员责任担当》《政协沛县委员会关于开展资政履职高质量年活动的意见》等一系列文件,形成了覆盖党建、履职、自身建设等方面的制度体系;进一步完善了政协工作联络机制,建立健全了镇(街道)政协工作委员会,委员会主任由党(工)委副书记兼任,符合二级主任科员任职条件的原则上予以明确,副主任由宣传统战委员兼任,并鼓励相应职级的镇(街道)干部参与政协工作。三是开展委员主题实践活动,提升委员履职能力。为激发委员履职活力,沛县政协已经连续多年组织开展委员主题实践活动。今年,在全县政协委员中开展助力产业强县、助力文明城市创建、助力乡村振兴、助力基层社会治理“四助”主题活动,进一步强化委员的责任担当,为推进县委县政府中心工作走深走实献计出力,写好“委员作业”,交好“委员答卷”,树好“委员形象”。

二、基层政协面临的困难和问题

虽然沛县政协履职工作取得了长足进步,但面对政协自身发展的要求、时代前进的需求、基层群众的诉求,仍有许多值得进一步加强和完善的地方:一是在发挥人民政协专门协商机构作用方面还不充分。协商机制有待完善,协商能力有待提升,成果转化有待加强,在建言资政和凝聚共识双向发力方面作用发挥不充分。二是在政协委员履职能力方面还有待提升。部分基层政协委员的主体意识不强,缺乏认真履职的政治责任感和使命感;基层政协委员的产生、管理和退出,缺乏科学有效的机制和办法;受党员委员比例限制,非党委员比例高,整体素质比党员委员明显偏低。三是在机构设置上有待进一步优化。我县政协虽然增加了 9 名编制,但未核定领导职级。四是在干部交流机制上有待进一步完善。政协机关干部在交流、选拔和任用上存在“上下不通,左右不畅”等问题,没有与上级机关交流的渠道,与县直机关的交流也偏少。上述这些问题的存在,直接影响了基层政协的履职成效。加强和改进人民政协工作,不是政协一家的事,需要上下联动、左右协力共同加以改进。

三、加强基层政协工作的思考与建议

(一)用好“有事好商量”协商议事平台,把基层政协的主责主业担当起来

发挥专门协商机构作用,必须聚焦协商主业主责,建好用好协商平台。一是完善内容,让协商“实”起来。今年,我们将深入开展“有事好商量”协商议事工作巩固提升年活动,重点抓好上半年的“完善村规民约　树立文明新风”专题协商议事活动和下半年的“民生专题协商议事月”活动,并将“有事好商量”协商议事活动与党史学习教育“我为群众办实事”实践活动相融合,与“书香政

协”建设相统一,推动协商议事质效新提升。建设“书香政协”,依托县“歌风书房”,打造协商议事室、委员工作室、社情民意信息联系点、协商议题征集点、委员读书吧“五位一体”协商议事体系,通过委员读书系列活动,培育协商文化、浓厚协商氛围、丰富协商载体、提高协商成效。二是拓展形式,让协商“活”起来。持续深化接边联合协商、地矿协商、界别协商、小微协商、园区协商等特色模式,持续探索工会、工商联、妇联等人民团体,以及商会、协会等社会组织参与协商议事的方法和途径,推动更多的社会组织、人民团体更好地组织和代表所联系群众参与到协商议事中来。三是健全制度,让协商“强”起来。以县委名义印发了《关于深入推进2021年全县“有事好商量”协商议事工作的实施意见》,在健全完善协商议事规则制度、创建协商议事质效评价机制、完善政协工作联络机制等方面提出了明确要求。下一步,沛县政协将根据省市县文件精神,持续加强制度建设,促进协商议事工作常态长效开展。

(二)把好委员“进出”关口,把基层政协委员的主体责任发挥出来

一是严格“入口关”。建议进一步完善委员产生机制,建立由组织、统战、政协部门等共同组成的委员推荐、协商、审核工作班子,对新进委员全面综合考察,确保委员队伍的整体素质;结合县域实际,建议提高没有民主党派的县(市、区)党员委员的比例,充分吸纳优秀党员加入政协“大家庭”,发挥党员委员的先锋模范作用。二是畅通“出口关”。制定并完善委员日常履职考核机制,对不能参加政协组织会议和活动、不履行义务的委员,通过必要程序给予通报、告诫甚至取消委员资格,坚决把“不合格”委员拒之门外。

(三)创设“有人干事,能干成事”的良好环境,把基层政协的人才队伍夯实起来

一是要着力解决“无人干事”的问题。建议上级部门出台政策举措,加大政协干部上下、左右交流力度,并加强专委会工作力量配备,探索新的路径,进一步充实基层工作力量,为县级政协有效履职、发挥作用提供有力支撑。二是要着力提高“能干成事”的能力。建议强化省市县三级政协之间的沟通联动,健全上下联系指导机制,把省市县三级资源力量串联整合起来,注重省市县政协组织的协同配合,让县政协委员多参与重大监督性视察、监督性调研和协商议政活动,开拓基层政协机关人员和政协委员的眼界,提高履职水平。同时,建议加强对县级政协委员的教育培训,在省市政协每年的学习培训计划中,适当增加县参训人员比例,在人员构成上既有县政协委员、又有各级政协干部,在培训内容上既注重业务知识学习、又注重履职实践指导,不断提升基层政协两支队伍能力素质,以更好地适应新时代人民政协工作的新形势、新任务、新要求。

2021年,是中国共产党成立100周年,也是实施“十四五”规划、全面建设社会主义现代化国家新征程的开局之年。沛县政协将坚持以习近平新时代中国特色社会主义思想为指导,认真学习贯彻习近平总书记视察江苏和徐州重要讲话精神,持续推动中央和省市县委政协工作会议部署落实落地,更好地发挥专门协商机构作用,更好地履行凝聚共识职能,以只争朝夕、不负韶华的干劲,努力开创新时代人民政协事业发展新局面,为沛县高质量发展做出新的更大贡献。

(本文系2021年5月25日在省政协来徐专题调研座谈会上的发言)

“党建+好商量”激发基层社会治理新动能

郝敬彬

坚持和加强党的全面领导，是人民政协事业发展的根本保证。近年来，沛县政协在深入推进“有事好商量”协商议事工作中，始终坚持抓党建强引领、抓创新强活力、抓履职强担当，不断放大“有事好商量”协商效应，最大限度回应群众诉求，激发了基层社会治理新动能。2020年9月，省政协黄莉新主席来沛指导并参加了“有事好商量”专题协商议事活动，对沛县基层协商民主建设工作给予了强力指导和充分肯定。《人民政协报》《新华日报》等媒体对我县党建引领下的“有事好商量”工作进行了专题宣传报道。

第一，强化政治引领，做实基层协商激发基层社会治理新动能的“主心骨”。沛县始终坚持将党的领导贯穿于协商议事工作的全过程、各环节，切实保证基层协商民主正确方向。一是加强组织领导。县委高度重视基层协商民主建设，县委常委会、深改委会议10多次听取县政协党组专题汇报，相继出台《关于健全完善基层协商民主建设“五化”机制、促进基层协商同社会治理相结合的指导意见》《关于深入推进全县“有事好商量”协商议事工作的实施意见》等文件，推动党建引领“好商量”制度化实践。二是加强服务指导。县政协党组成立“有事好商量”包挂指导小组，建立挂钩联系指导服务制度，领导班子成员包挂界别、镇（街道），专委会对口联系村（社区），有序参与、指导基层协商议事工作。三是加强激励引导。健全政协工作联络机制，成立镇（街道）、园区政协工作委员会，并举办了4次专题培训会，有效增强了基层协商议事能力。完善考核激励机制，县委将“有事好商量”协商议事工作纳入对镇（街道）、园区党的建设考核，促进“有事好商量”在基层常态长效、提质增效。

第二，强化组织引领，转好基层协商激发基层社会治理新动能的“联动轴”。沛县政协以功能型党支部建设为纽带，创新“县政协党组+功能型党支部+村（社区）党支部”联动机制，把政协党组织触角延伸至“寻常百姓家”。一是下好联动“一盘棋”。依托专委会成立了6个功能型党支部，建立“双联双促”模式，政协功能型党支部与村(社区)党支部联合共建、联合服务,促进党员委员履职、促进基层社会治理。今年,已联合开展主题党日、志愿服务、红色宣讲等活动35场次。二是筑牢协商“主阵地”。本着“一室多用”原则,依托党群服务中心等现有资源,以系统思维打造了协商议事室、委员工作室、社情民意信息联系点、委员读书吧、志愿服务站“五位一体”协商议事平台,并在全市率先实现政协10个界别、2个省级园区、17个镇(街道)、388个村(社区)协商议事平台全覆盖。三是唱好协商“主角戏”。由村(社区)支部书记担任各村(社区)协商议事召集人,发挥党支部的指导服务工作,引导党员积极参与“有事好商量”协商议事工作,在基层形成“有事好商量”有人推、有人管、有人办的良好局面,相继打造了苏鲁两省接边协商、地矿协商、界别行业协商、无讼协商等特色协商品牌,为苏鲁边界地区稳定和地矿、界别行业、社会基层矛盾的解决发挥了重要作用。

第三,强化使命引领,促启基层协商激发基层社会治理新动能的“奋斗志”。沛县政协将协商议事工作与加强委员读书学习、强化委员责任担当结合起来,引导委员特别是党员委员发挥特长优势,当好履职表率。一是创新开展“书香政协”建设,构建委员学习引领协商的新平台。在全县各镇(街道)协商议事室及城区歌风书房建立“委员读书吧”,在读书交流中,宣扬协商文化、培育协商理念、增强委员的协商意识和能力,实现协商议事与读书活动双结合双促进。二是集中开展主题宣讲活动,开启委员宣讲引领协商的新模式。以政协委员为主体,成立了28个委员宣讲团,通过在中共沛县党史直播间开启网上“直播”、微党课、微视频等方式,引导基层党员群众参与学习领悟“七一”讲话精神和民生专题协商议事活动。三是常态开展主题实践活动,打造委员实践引领协商的新载体。在全县重点开展政协委员助力产业强县、助力文明城市创建、助力乡村振兴、助力基层社会治理“四助”主题实践活动,以“有事好商量”基层协商议事会为平台,通过参与协商,征集助力产业发展金点子52条,查找文明城市创建问题186个,撰写“推动‘有事好商量’嵌入基层社会治理”等调研报告8篇,有力助推了全县经济社会高质量发展。

下一步,我们将深入贯彻落实好此次会议精神,持续探索“党建+好商量”新路径,努力将“好商量”打造成“党委政府好帮手、人民群众连心桥、委员履职新平台”,切实解决基层社会治理中的难点、堵点问题,将协商议事效能更好地转化为基层社会治理动能。

(本文系全省政协系统党的建设工作经验座谈交流发言)

党史激励斗志　书香赋能履职

郝敬彬

近年来，沛县政协按照全国政协和省市政协部署要求，坚持党建引领委员读书活动，特别是今年党史学习教育开展以来，不断创新方式方法，将党史学习教育与建设“书香政协”融合推进，精心谋划部署，层层组织发动，构建起线上线下相结合、读书履职相促进的全方位、立体化的读书学史格局。通过开展读书活动，进一步坚定了广大政协委员的理想信念、强化了使命担当、提高了履职水平，为更好地发挥人民政协作为专门协商机构在国家治理体系中的重要作用奠定了坚实基础。

一、发挥政协党组领导核心作用，高点定位，高效推进，确保委员读书活动正确方向

沛县政协党组高度重视委员读书活动，把开展委员读书作为加强政协党的建设的重要组成部分，把旗帜鲜明讲政治贯穿读书活动始终。一是加强领导，让读书学史有组织。县政协党组研究制订了《沛县“书香政协”建设实施方案》，建立了由党组书记任组长的读书活动指导组，负责读书活动的组织领导。定期推荐阅读书目，把习近平总书记《论中国共产党历史》《习近平新时代中国特色社会主义思想学习问答》《中国共产党简史》等书目列入读书重点内容，与党组理论学习中心组学习、主席会议、常委会议、支部主题党日、机关干部每周四集中学习紧密结合，一体谋划、一体推进、一体落实。二是搭建平台，让读书学史有阵地。依托沛县26处歌风书房设立“委员读书吧”，先后投入15万元，购置4000余册图书充实“委员读书吧”，可与歌风书房图书“通存通兑”。县政协为每位政协委员和机关干部办理县“歌风书房”读书证，免费发放给政协委员和机关干部使用；依托政协智慧平台建设了“委员网上图书馆”，依托委员履职APP开设了“委员读书”栏目，并以委室、界别和镇（街道）政协工委为单位，成立了8个委室、10个界别、17个镇（街道）政协工委党史读书微信群，由委室主任、界别召集人和镇（街道）政协工委主任担任群主，开展读书、荐书、讲书、评书等系列活动。读书活动中,各读书群推选1—2名领读人,并积极鼓励委员发挥主观能动性,或在读书群里分享阅读金句,或撰写读书心得,随时随地参与到党史学习和读书活动中,让身处各地的委员们在“线上”共聚共读,真学真获。三是创新机制,让读书学史有深度。每月开展一次“学党史读书分享活动”,谈心得、谈体会、谈感悟。党组成员积极发挥“关键少数”作用,带头分享主题文章,交流读书心得。编撰《书香政协》专刊3期,推荐专题文章23篇,刊发委员读书心得57篇。举办庆祝中国共产党成立100周年读书征文活动、“品读红色经典汲取奋进力量”书香政协朗诵赛和学习习近平总书记“七一”重要讲话精神委员宣讲活动,坚定了委员永远跟党走的信心决心,激发了委员读书学史热情。通过开展读书活动,加强了政协党的建设,实现了党的组织对党员委员全覆盖、党的工作对政协委员全覆盖。

二、发挥专委会基础性作用,同读共研、示范引领,激发委员读书活力

为确保委员读书活动取得实效,结合党史学习教育,要求各专委会选定“党史必读书”和“履职必读书”。各专委会通过“三个结合”组织委员读书,着力把读书群打造成党史学习的阵地、建言献策的渠道。一是线上与线下相结合。依托8个读书群,积极开展线上读书,并适时组织线下面对面交流,引导委员读好党史书、读好专业书。比如,县政协提案委读书群,把《中国共产党简史》《做好新时代人民政协提案工作》作为必读书目,帮助委员系统了解中国共产党的历史发展和新时代提案工作要求,召开线下交流会,邀请委员交流学党史心得,分享撰写提案体会,推动党史学习和提案工作双提升。二是“请进来”和“走出去”相结合。围绕读书专题,邀请业内专家或本界别委员开展座谈交流,组织委员“走出去”学习考察。县政协农业农村委读书群,围绕美丽村居建设、发展高效特色农业、培育文明乡风等专题,先后组织73名委员深入沛县11个镇(街道)调研,形成意见建议58条,47条被有关部门吸收采纳。三是自主读与抓成果相结合。注重收集整理读书活动中形成的重要意见建议,转化为委员提案、社情民意信息和“有事好商量”协商议题,不断提升读书效果,巩固读书成效。截至目前,8个读书群,分12个专题开展了讨论,委员交流读书感想200多人次,广大委员在“读思辩行”中,增进了对党中央重大决策部署的理解认同,提高了解决问题的能力水平。

三、发挥界别的桥梁纽带作用,建言资政、凝聚共识,确保委员读书活动见实效

沛县政协各界别把委员读书与开展党史学习教育结合起来,与开展政协履职活动结合起来,深入所联系的界别群众,开展互动读书,在同读、互议、共研中夯实思想基础、凝聚各方共识，使读书活动走“心”、走“深”、走“实”。一是抓骨干委员，注重抓好界别中“自带流量”的重点委员，发挥他们的引领带动作用，吸引更多委员主动加入读书行列。二是以委员读书带动界别群众读书，引领群众多读书、读好书、善读书，全面推动“书香沛县”建设。三是注重融合融促，把读书与履职相结合，将读书成果转化为履职实效。县政协现代服务业界围绕企业融资难问题，开展读书研讨，邀请金融机构负责人解读业务政策，开展“破解小微企业融资难”协商议事会，达成融资共识 5 条，形成了银企良性互动、合作共赢的局面。教育文体界组织委员开展“政协啄木鸟　助创在行动”主题活动，对沛县创建全国文明城市工作进行民主监督。委员将阅读“履职必读书”《关于全国文明城市创建——精神文明建设总结》的收获和启发运用到民主监督工作中，改变以往只从大方面监督的惯例，在真找问题、找真问题上下功夫，设计了针对性和操作性强的行动方案，提出整改意见建议 46 条，得到了相关部门的认可和采纳，有力提升了民主监督的效果。

实践证明，开展委员读书活动，充分发挥了政协党组领导核心作用，加强了党的建设，提高了政协委员的政治站位，增强了履职本领。下一步，我们将以此次会议为契机，乘势而上，再攀新高，进一步创新委员读书载体，抓深抓实常态化读书活动，打造“书香政协”，不断推进全县政协事业取得新成绩、再上新台阶。

文化卷:培根塑魂

挖掘历史文化资源　提升沛县文化形象

季忠义

根据沛县城市总体规划,我县城市性质定位为:江苏省重要的新型工业基地,徐州都市圈北翼中心城市,以汉文化和微山湖为特色的文化旅游名城。围绕这一城市发展目标,为进一步挖掘历史文化资源,提升我县文化形象,打造淮海经济区最富汉文化特色的文化旅游名城,我们组成调研组开展专题考察调研,重点考察了一批特色城市、特色小镇、特色街区,学习先进经验,借鉴成功的运营和管理模式。通过两次、为期半个多月的考察学习,深感我县城市建设虽曾领先一时,但相比先进地区,在理念和实践方面存在一些短板。为此,特将有关情况报告如下。

一、成功范例

(一)一幅名画复活一座古城

河南省开封市的清明上河园是大型宋代文化实景主题公园,是国家首批5A级旅游景区和中国非物质文化遗产展演基地。它是以画家张择端的写实画作《清明上河图》为蓝本,按照《营造法式》建设标准,以宋朝市井文化、民俗风情、皇家园林和古代娱乐为题材,以游客参与体验为特点的文化主题公园,集中再现原图风物景观。2009年成为中国第一座以绘画作品为原型的仿古主题公园,突出体现了观赏性、知识性、娱乐性、参与性和情趣性等特点。

(二)一部名著兴建一座园林

陕西省西安市的全景式民俗文化旅游“白鹿仓”景区,是以著名作家陈忠实的小说《白鹿原》为蓝本,以关中民俗文化为依托,以民俗文化体验为核心,在小说的发生地白鹿原上打造的一座民俗文化园。由古街、民国街、陕南水街、非物质文化展示区、生态农业、文化艺术展览表演区等近二十余个主题板块组成。促进了设计创意产业与主题旅游产业相融合的产业链的形成。

(三)一种文化做活一座名镇

平落古镇。位于邛崃市,以“秦汉文化、川西水乡”风情著称。突出茶马古道的驿站文化。沿江而建的吊脚楼、青石铺成的街道、一望无涯的竹海，共同培育了古镇人田园诗般的山水情怀，涵养着平落古镇天然清新的乡土文化。

灵山小镇。无锡市拈花湾以禅茶文化为主题。有禅乐馆、百花堂、妙音台、拈花堂、拈花塔等建筑，还有胥山大禅堂、鹿鸣谷、禅心谷、银杏谷、竹溪谷、云门谷、香月花街、优游渔港八景。

丹寨万达小镇。以非物质文化遗产、苗族、侗族文化为内核，融商业、文化、休闲、旅游为一体，涵盖吉尼斯世界最大水车、3000 米环湖慢跑道、千亩花田、四大苗侗文化主题广场、鸟笼邮局、精品客栈、街坊、酒坊、米店、会馆和酒吧、影院等众多文化旅游功能。

阆中古城。主打春节文化、风水文化。有 2300 多年的建城历史。有张飞庙、永安寺、川北道贡院等 8 处全国重点文物保护单位；有红四方面军总政治部旧址、华光楼等 22 处省级文物保护单位。2010 年 2 月，获得“中国春节文化之乡”称号；2013 年 9 月，被批准为国家 5A 级旅游景区。

石浦渔港古城。位于浙江省象山县，有 600 余年的历史。蕴含着众多神奇的渔文化和渔风情。集江南古镇的古朴灵秀和山城渔港的蜿蜒多变于一体。深邃的渔文化底蕴、可歌可泣的海防文化遗存、红极一时的渔商文化根茎，三种文化被赋予崭新的文化价值。

(四)一段历史扮靓一座城市

汉中市位于陕西省西南部。两汉三国文化源远流长。既是刘邦的龙兴之地，也是三国故地。该地提出“一江两岸、两汉三国”的创建口号，全力打造国家旅游城市品牌。抓好古汉台、拜将台及石门风景区升级改造的同时，加大对汉江中心城区段“一江两岸”综合治理力度，建成游客的乐土、市民的家园、城市的窗口、文化的胜地。

湖北省襄阳市主打“三国文化”，全面建设三国文化之乡，科学编制《全市文化城市建设中长期行动规划》，定位山水园林城市创建目标，全力打造城市文化精品。在“三化”建设、中心城区开发建设、历史文化名城保护、城市个性识别系统、城市水系建设、城市品牌打造中彰显文化。

(五)一项产业提升一座城市

如皋花木盆景栽培历史悠久，2011 年被国家工商总局确认为“中国地理标志证明商标”，同年被中国花卉协会命名为“中国花木之乡”。江苏如皋花木大世界是该市产业结构调整的亮点工程、重点工程、景点工程。集花木盆景生意交易，信息交流、技术培训、科技开发、园林施工、旅游观光、商务配套服务多功能于一体，极大地促进了城市建设。

(六)一方名人带动一座城市

宿迁项王故里。楚国贵族、秦末农民起义军领袖、西楚霸王项羽的出生地,国家4A级旅游景区。坐落于宿迁市宿城区南郊、古黄河与大运河之间,徐淮路东侧。康熙四十年立碑以为纪念,1935年建英风阁和槐安亭。项王故里既有汉代民居特点,又有宫殿式建筑风格。

如皋水绘园。明末清初江南才子冒辟疆与秦淮佳丽董小宛栖隐过的园林,有中国第一情侣文化园之誉。占地面积约30万平方米。由国家级重点文物保护单位水绘园、水明楼古建筑群、中国如派盆景园(古澹园)、匿峰庐、逸园、中国如皋长寿博物馆、灵威观、动物园、游乐园等景区景点组成。2001年6月,被国务院批准列入第五批全国重点文物保护单位名单。2010年9月,被评为国家4A级旅游景区。

荡口古镇。位于无锡市东南鹅湖镇境内,相传是东汉孝子丁兰故里。为5A级旅游景区。有4个(13处)省级文保单位,1个市级文保单位,1个控保单位,50处历史建筑。2004年被公布为江苏省历史文化名镇,2008年被确定为无锡市5个重点保护的历史文化街区(名镇)之一,2010年被评为中国历史文化名镇。

(七)一条老街激活一片街区

平江历史街区。位于苏州古城东北隅,是苏州迄今保存最完整、规模最大的历史街区。基本保持着"水陆并行、河街相邻"双棋盘格局以及"小桥流水、粉墙黛瓦"独特风貌,并积淀了极为丰富的历史遗存和人文景观。河道、桥梁、街巷、民居、园林、会馆、寺观、古井、古树、牌坊等100多处古代城市景观风貌基本保持原样。2011年8月23日,批准为国家4A级旅游景区。中国十大历史文化名街之一。

(八)一处胜迹放大一座小镇

诸葛古镇。陕西省汉中市武侯镇以"诸葛生平文化、武侯祠文化、中国民居文化"三大文化主线为设计核心,依托"天下第一武侯祠"这一核心区域,建成九大文化展览项目和商业建筑,及系列建筑景观,全新演绎了三国文化。于2014年11月开工,总建筑面积16232.4平方米,成为第二批国家级特色小镇。今年上半年,全镇共计接待游客278万人次,实现旅游综合收入1.25亿元。

青岩古镇。贵州四大古镇之一,位于贵阳市南郊,建于明洪武十一年(1378年),原为军事要塞。明清古建筑交错密布,寺庙、楼阁画栋雕梁、飞角重檐相间。有历史名人周渔璜、清末状元赵以炯(贵州历史上第一个文状元)。镇内有近代史上震惊中外的青岩教案遗址、赵状元府第、红军长征作战指挥部等历史文物。2013 年在顶峰国际非物质文化遗产保护与传承旅游规划项目中被誉为中国最具魅力小镇之一。2017 年被评为国家 5A 级景区。

（九）一处遗址复活一条商街

杭州南宋御街。自五代、南宋以来就一直是各朝各代杭州城的主干道，沿街两侧保留下了很多近代商业建筑及仿西方古典式建筑。2008 年 1 月起，杭州市政府展开对中山路街区全面历史保护与有机更新的整治。2009 年 9 月 30 日重新开街，向世人展现了其 800 多年的历史变迁。通过综合保护与有机更新，形成宜居、宜商、宜游的特色城市空间。

镇远古城。位于贵州省黔东南苗族侗族自治州舞阳河畔。城池为明代所建，现尚存部分城墙和城门。城内外古建筑、传统民居、历史码头数量颇多。设县至今已有 2281 年的历史。1988 年 8 月国务院批准把镇远舞阳河风景区列为国家级风景名胜区。2009 年 3 月 6 日荣获“中国最美的十大古城”称号。

（十）一个传说作美一处风景

洛带古镇。相传汉代即成街，后因蜀汉后主刘阿斗的玉带落入镇旁八角井而更名为“落带”（后演变为“洛带”）。是名副其实的“客家名镇、会馆之乡”。是成都“十二五”规划重点打造的国际高端人文旅游小镇，集博物馆聚落、文化商业街、艺术工作室、企业会馆群、五星级酒店为一体，融汇川、闽、海、晋、徽五派建筑风格，独创的商院是中国精致生活的缩影，以文化传承街、巷、院里的中国商道。

黄龙溪镇。位于成都市双流区。先民们根据“龙现武阳赤水”和民间流传的关于主宰光明与黑暗的“烛龙”与主管风雨的“应龙”神话及“龙生九子”的故事，创造了独具特色的“火龙灯舞”，成为全国著名的“火龙之乡”。先后被评为“中国环境优美乡镇”“中国民间文化遗产旅游示范区”“中国历史文化名镇”“国家 4A 级旅游景区”。

二、基本经验

（一）无山水不秀。仁者乐山，智者乐水。其他地区多有明山秀水，显得厚重和灵秀。无山不雄，无水不秀。外地多处依山带河的自然之地，即使有所欠缺，也在建设和改造中引水入城，筑土为山，规避了平原地区建筑一览无余的审美弊端。

（二）无名气不显。名人、名胜是一个地方独具特色的资源优势。历史文化名人，名胜古迹，特色建筑，得天独厚，无可替代。“江山也得名人捧”，实践证明，正是当地出过名人，或者通过名人建设或传播。尤其是当今行业领军人物，如古建专家陈从周、建筑设计大师王澍等大师级的作品更是经典纷呈。加之专业团队、专业平台的合力打造,一些偏远地区的景点得以重见天日,焕发异彩。

(三)无文化不雅。汉中主打“两汉三国文化”,西安主打“秦文化”,开封主打“北宋古都”宋文化,宿迁主打“项王故里”的西楚文化,淅川主打中药、宗教、养生文化,灵山小镇拈花湾主打禅茶文化,丹寨万达小镇将丹寨7个国家级非物质文化遗产项目以及16个省级非物质文化遗产项目全部引入小镇。文化特色业态鲜明、地域文化标识无可替代。

(四)无历史不厚。厚重的历史体现一个地方的文化底蕴,彰显一方土地的厚重和神奇。各地除极个别的新建商业街区外,都是挖掘利用当地历史文化资源,从无到有,由小做大,逐步发展起来的文化街区或特色小镇。襄阳古城区、汉中诸葛古镇、无锡荡口古镇等无不如此。

(五)无商业不兴。成都洛带博客小镇、丹寨万达小镇项目等上述地区和景点,无不商兴业旺,人流如织。既有传统的韵味,更有商居空间的舒适度。项目精美的建筑形态,为丰富的小镇业态提供了舞台。他们多与国内知名演艺团体合作,倾力打造形式各异、独具特色的常态化民族演艺,丰富的观赏体验,让游客真正玩得开心,愿意来,留得住。

(六)无古建不美。大气的街区划分,精心的小品设置,囊括古今的建筑造型和融汇中外的园林景致,体现了浓郁的中国风韵和中国气派。闽南建筑群落,恢宏、雅致;川西建筑,宁静祥和,别具禅意;徽派建筑兼备南北风韵,古色而大气;晋中大院气宇恢宏,内涵深厚;海派建筑,融贯中西,精致细节,令人叫绝。不同地域、不同时期的建筑风格,使城市建筑既有历史文化底蕴,又有时代和地域的变化灵动。

三、我县文化资源优势

一是两汉文化无与伦比。沛县是汉高祖皇帝刘邦的故乡,汉朝名相周勃、王陵、灌婴都出生在沛县,刘邦灭秦剪楚而成帝业。册封的18位王中,有沛籍10人。侯爵143人中,有沛籍23人。泗水亭、歌风台、高祖原庙、射戟台、吕公墓、樊井等历史景点驰名中外。

二是生态文化得天独厚。沛县是国家级生态县,江苏省文明城市,全国文化先进县、科技进步先进县。境内微山湖千岛湿地、安国湖湿地、洪福湿地等生态环境优越。东拥微山湖约400平方公里湖面。京杭运河穿境而过,南北近60公里黄金水道;西有33公里大沙河,境内沛沿河、鹿口河、顺堤河、苏北堤河、挖工庄河等网状纵横交错,蓝天碧水,岸清水绿,景色如画。

三是武术文化源远流长。沛县拥有大洪拳、少林拳、木兰拳、三晃膀、开门八极拳、文圣拳等12大武术门派。1993年被命名为全国首批“武术之乡”,一直保誉至今。涌现出崔文华、韩晓鹏等30名世界冠军。沛县武术已走出国门，将武馆、武校开到了日本、韩国、法国、瑞士、美国等国家和地区。

四是红色文化蜚声中外。中国革命历史上著名的“通向延安的秘密交通线”湖西地下武装秘密交通站就在这里。他们安全护送过刘少奇、陈毅、罗荣桓、肖华、朱瑞、彭雄等首长和数以百计的革命同志。此外，以铁道游击队闻名中外的抗日武装铁道大队、运河支队、微湖大队等都曾战斗在这片土地上。光辉的历史，为子孙后代留下宝贵的红色遗产。此外，好人文化、移民文化也是沛县文化资源的重要构成。

四、我县文化形象建设短板

一个时期以来，我县城市建设取得巨大成就。对标比差，尤其是从文化视角看，还存在一些短板，需要加以改进和规避。一是文化自信战略尚未确立；二是全面参与尚未形成；三是名人效应尚未放大；四是规划引领未能彰显；五是品牌培育尚未起步；六是项目推进少而且慢；七是文旅融合未能并进；八是立体宣传整合不够；九是产业发展任重道远；十是区域协作没有形成。上述问题，严重制约了沛县的文化形象的确立和塑造。

五、下步工作建议

文化是一个国家、一个民族的灵魂。文化兴国运兴，文化强民族强。党的十九大报告指出，文化自信是一个国家、一个民族发展中更基本、更深沉、更持久的力量。没有文化的繁荣兴盛，就没有中华民族的伟大复兴。新时代，人民的需要已从物质文化需求发展到对美好生活的需要。沛县，作为大汉王朝的发源地、两汉文化的发祥地，在世界文明史上占有无与伦比的绝对地位，承担着不可推卸的历史重任。中华民族的主体民族是汉民族，主干文化是汉文化，实现民族复兴的中国梦，沛县首当其冲、责无旁贷。我们应站在为城市“铸魂”“塑形”的高度，全面发力，打响“大汉之源、刘邦故里”这一独具特色的地域文化品牌。

（一）实施文化自信战略

全面打响沛县历史文化品牌，开启沛县历史文化名城创建模式。坚定我们的文化自信，打响“汉文化的发祥地”这一中国独有、世界无二、最具历史特色、文化意义的地域品牌。我们要深入挖掘汉文化历史资源，高标定位，科学施策，精心布局、全面建设，展现真实、立体、生动、全面的沛县。全力把沛县打造成以主体文化汉文化为“太阳”，以生态资源文化为“月亮”，以其他辅助资源为“星星”的精神家园和人文高地，实现“王者荣耀”和“星月传奇”交相辉映、日月同辉的壮丽格局，推动沛县“两聚一高”“三地一新”目标的尽快实现。

（二）实施全民参与战略

"人是文化的创造者,也是文化的宗旨。"因此,一个地方文化形象的建立,必须发动全民参与,全力进行打造,实施全民战略,打响"人民战争"。真正发挥"文化旅游"龙头主力军的作用。一是人人能讲汉故事。认真编写有关汉文化的人物故事、神话传说等乡土教材,要求进社区、进工厂、进校园,做到家喻户晓、妇孺皆知。掀起汉文化学习热潮,指导人们穿汉服、演汉戏、唱《大风歌》。二是学生都有拿手戏。开展乡土文化讲堂,举办多种兴趣班,要求每一名在校生都能掌握一门传统文化技艺,主要是武术、古筝、沛筑、唢呐、快板、戏曲、封侯虎的制作、民间剪纸等,做到能唱、能演、能做。三是构建文化主阵地。近年来,县委、县政府高度重视文化工作,"三馆一院"的建成和使用,成为我县历史文化宣传的一张崭新名片。博物馆要以沛县历史延续为提要、以馆藏文物为基础、以两汉文化为重点、以高祖圣迹为亮点、以沛籍名人群体为华彩乐章的基本陈列,展示沛县历史文化的独特魅力;图书馆要着力构建"文化信息资源共享工程、数字图书馆推广工程、公共电子阅览室建设工程"等三大公共数字文化工程,成为我县公共文化服务的龙头阵地;文化馆要充分发挥职能作用,坚持面向基层、面向群众,大力开展免费开放、免费文化艺术培训和惠民文化活动,最大限度地有利于群众文化活动的开展、有利于艺术创作和人才培养、满足群众的时代文化需求。

（三）实施名人效应战略

名人是最为耀眼的地理坐标,最值得珍视的文化记忆。名人是文化的鲜活载体,以名人为抓手传承、传习、传播历史文化,也是符合传播规律的做法。一是擦亮沛县历史文化名人符号。历史名人折射"一方水土一方人"最杰出的精神品格、最独特的气质风范。豁达大度、乐善好施、敢为人先、知人善用,这是刘邦精神最具当代价值的内核,也是具有世界影响力的部分。我们要借鉴宿迁打造项王故里、汉中建设诸葛古镇等"一方名人带动一座古镇"的成功经验,深入挖掘刘邦、刘备、吕后、李三娘等名人资源,提升我们的文化形象,让历史文化春风细雨般沁润生活。二是扮靓沛县当代名人形象。努力接近以朱敦法、张涵信、胡玫、张立辰、徐培晨、吴德沛为代表的沛县当代名人的心灵之峰。深入挖掘他们的思想文化资源及其时代价值,不断赋予其新的时代内涵和当代表现形式。三是聘请国际国内专家名人全程参与。借鉴"无名气不显"的成功经验,邀请名人名家大力弘扬以汉文化为主题的地方文化名人胜迹,建立学术研究基地,打造文化传习基地,不断涵养沛县人民的精神家园。同时,更加注重本土专家队伍建设。

（四）实施规划引领战略

突出文化优先，实施规划引领，全面重塑城市建设格局。按照市场需要什么我们做什么、群众期待什么我们做什么的工作思路，努力在文化资源的活化转化上做文章，既要有名气，更要聚财气，让文化不仅涵养精神，而且助推发展。我们要用国际视野、全球眼光、世界水平考量打造文化精品，全力招引在国际、国内较为知名的专家专业队伍全程参与项目的设计、建设、管理和运营。围绕“把辖区打造成景区，把景点打造成经典”的建设思路，把建筑产品做成城市精品，把地理坐标建成文化地标。汲取“无山水不秀”的成功经验，借鉴襄阳市的做法，叠山理水，重点突出做好“碧水绕城”项目的规划实施，打通城区现有水系，做精做美河道景观。当务之急就是邀请国际知名专家团队，立足文化引领，把文化旅游和山水旅游高度结合起来，根据市场需求，高规格编制《沛县文化旅游城市建设专项规划》，科学规划我县文化城市建设，形成大项目顶天立地、小项目铺天盖地的建设格局，真正体现大手笔、大气魄、大格局、大气象。

（五）实施品牌培育战略

一是以刘邦为代表的两汉文化品牌。刘邦在沛县生活工作 47 年，在这里成家立业、在这里生活交游，工作圈、生活圈、朋友圈、事业圈都源于此。但我们对其挖掘得很不够，可看可感可参与的东西极少，必须深度挖掘，精心打造。把“大汉之源、刘邦故里”历史文化品牌做大叫响。二是以刘备为代表的三国文化品牌。刘备曾在沛县屯兵六年。著名的“辕门射戟”故事就发生在这里。《三国志》：“先主甘皇后，沛人也。先主临豫州，住小沛，纳以为妾。先主数丧嫡室，常摄内事。随先主于荆州，产后主。”可见，刘备在这里和甘皇后结婚，并孕育太子刘禅，期间应该有很多的故事和传说，亟待整理和挖掘。三是以后汉高祖刘知远的皇后李三娘为代表的传说文化品牌。后汉高祖刘知远自称是前汉高祖刘邦的后裔，在沛县生活并娶沛县人李三娘为妻。刘知远称帝后，她曾多次“为民请命”，刘知远采纳了她的建议，受到人民的拥护和爱戴，她也成为巾帼贤良。后来，刘知远死后，三娘回到沛县定居，过着自食其力的艰苦生活，留下八宝琉璃井美丽传说。四是以朱元璋祖籍地为代表的“明先世家”文化品牌。《明史太祖本纪》有证：“太祖先世家沛，徙泗州，父迁盱眙县太平乡二郎庙。”《明实录》《天潢玉牒》等史籍中也有类似记载。当年朱元璋起事时也曾以刘邦老乡为荣。沛县因此有“千古龙飞地，两代帝王乡”之美称。沛县在民间中一直以“明先世家”享誉神州。朱元璋祖籍江苏沛县，后迁句容。到他祖父、父亲时又几经迁徙，最后才定居安徽凤阳。这是无可辩驳的事实，也是一笔文化宝藏。五是以阎尔梅为代表的遗民文化品牌。阎尔梅，明末清初诗文家。清军入关后，他到南方参加弘光政权,曾做过史可法的幕僚。曾极力劝说史可法进军山东、河北等地,以图恢复。明亡后,他坚持抗清活动,立志复明。他曾两次被清军抓获,寻机逃脱后流亡各地,晚年回到故乡。阎尔梅在明季时曾参加复社,是其中的重要人物,在当时颇有盛名。六是以张贞观为代表的清官廉吏文化品牌。张贞观,明万历元年(1573)举人,十一年进士。官至礼部都给事中,因直言忤旨除名。天启中追赠太常寺卿。《明史》有传。张贞观为政清廉、敢斗贪官、抑制富豪、平反冤狱,被百姓称颂为"神明"之人,与海瑞齐名。是我县历史上著名的清官直臣和文化名人。七是以大汉群英为代表的武术文化品牌。刘邦起义,一个重要原因就是其自身武艺高强,又善用豪勇之士。从汉朝至明清历代都有沛人尚武的记载,造就了许多战将,仅沛县在明万历、崇祯年间,在各地任都督指挥、卫指挥、都司、卫千户等职的就有 261 人。新中国成立以来,沛县走出去崔文华、韩晓鹏等世界冠军就达 20 余人。八是以湖西地下交通线为代表的红色文化品牌。湖西秘密交通线,作为中国革命联系东西南北的秘密交通线枢纽,功不可没;湖西人民抗日义勇军第二总队、苏鲁豫支队第三工作团、八路军黄河支队沛县警卫营、"小五队"等抗日武装让敌人闻风丧胆。我们应充分利用这一资源,深入挖掘和开发,建设一批红色文化精品工程。

(六)实施项目推进战略

一是唱响一首歌,组织万人合唱团唱响中国帝王第一歌。汉高祖刘邦在击破英布军以后,途经故乡沛县时,邀集父老乡亲饮酒,击筑高歌,唱了《大风歌》,表达了他维护天下统一的豪情壮志。建议融合古筝、沛筑、武术等沛县地域文化元素,邀请专家编导,组织万人演唱会,唱响中国帝王第一歌。二是演好一台戏,再现中国第一平民皇帝赤子情。借鉴汉中打造《出师表》实景演出的成功经验,编演《高祖还乡》大型实景演出节目,邀请国际大牌知名主创团队,实景再现高祖还乡的历史场景,突出观赏性、趣味性,作为固定节目在对外接待、联谊中发挥作用。三是建好一座城,打造中国第一汉文化历史街区。确立以汉城景区为核心,以汉城路为中轴的城市建设中轴线,北自沿河,南至新沛路,进行规划建设运营的严格管控。借鉴杭州南宋御街、苏州平江路街区的成功范例,在汉城公园主题景区南侧地块建设御街,与汉街南北呼应,形成南御街—北汉街—中景区的大汉城景区空间布局。四是恢复"汉汤沐邑"文化景区,打造中国历史第一保税区。《史记·高祖本纪》记载,(高祖)谓沛父兄曰:"游子悲故乡。吾虽都关中,万岁后吾魂魄犹乐思沛。且朕自沛公以诛暴逆,遂有天下,其以沛为朕汤沐邑,复其民,世世无有所与。""汤沐邑"这个词语源于周代的制度,是指诸侯朝见天子,天子赐以王畿以内的、供住宿和斋戒沐浴的封邑。后指国君、皇后、公主等受封者收取赋税的私邑。“无古建不美”。建议以仿古建筑集群的形式还原这段特殊的历史。五是迁建泗水亭，打造中国大汉王朝第一亭。秦代时，泗水是南北水陆通道，设有泗亭驿站。秦始皇二十九年（公元前218年），在沛地设立泗水郡，38岁的刘邦任泗水亭亭长，长达8年之久。亭是秦朝在与“乡”同级的交通要道上设立的一种行政机构，负责接待过往行旅的食宿、公文传递和维护社会治安之事。是乡以下以维持治安为主体的行政构架，用于实现国家的行政管理和治安职能。直至民国元年（公元1912年）裁撤。“无历史不厚。”泗水亭在沛县大地上存在了2230多年，有着不同寻常的历史意义和文化价值。建议迁建为汉文化建筑特色行政区，作为中国亭驿制度文化的展示区。六是建设“明先世家”文化景区，打造中国姓氏文化第一区。朱元璋的祖籍江苏沛县，不容置疑，明史有传，家谱有载，可以借鉴刘氏宗亲会馆的建设思路，规划建设“明先世家”景区，全面再现朱元璋驱除蒙元，恢复汉室江山，开辟大明王朝的辉煌历史，激励后人干事创业。将中国的姓氏文化和谱牒文化集中展示。七是迁建吕布射戟台，彰显中华“和”文化。吕布辕门射戟是发生在古沛大地上的一件大事，善事，使兵荒马乱之中的沛县父老免受战争戕害，也是中华“和”文化的经典之笔。射戟台原有建筑曾列入“古沛八景”。但规模较小，几经迁建，现移入汉之源景区内。建议迁出，单独规划建设，展示中华“和”文化。八是恢复清代古城墙，再现帝乡雄风。沛县城自建县至今，2000多年来数易其址，距此时间最近的清代城墙也已经荡然无存，还有其中的湖陵城墙、留城城墙也早已淹没在历史的长河中，为体现沛县历史文化名城的价值和魅力，建议借鉴襄阳古城和宿迁古城的成功范例，在新老城接合部沿河北侧选择合适位置，以外墙内室的形式开发建设，修建具有汉代风格的古城门，东建钟楼，西建鼓楼，展现千年王气、两汉源头。九是建议兴建文昌塔，延续帝乡文脉。塔承载了历史、宗教、美学、哲学等诸多文化元素。具有补全风水、保全文运的功能。沛县汉代至今，武运亨通，文脉断层。沛地古为大泽，今为平原，无山，欠缺的部位建立一座塔，其作用可抵一山。建议在滨湖近城地区建塔，打造兼具古典之美和现代功能为一体的文化地标。十是建设老子悟道处，展现中华“道”“儒”两大文化交相辉映第一景观。一代圣哲老子是道家学说的创始人，万世师表孔子是儒家学说的创始人，两种文化交融互鉴，逐步发展成为中华传统文化的主干。沛县见证了他们哲学思想的交流与共鸣。“无文化不雅”，建议建成文化景区再现老子悟道、孔子问道的历史场景，展示中华阴阳、易理、术数等传统历史文化。十一是建设“五里三诸侯”主题景区，弘扬中华合作创业文化。安国镇是汉高祖刘邦少年、青年时期生活过的地方，同时也是汉初名相绛侯周勃、安国侯王陵、颍阴侯灌婴三位诸侯的故乡。建议借鉴诸葛古镇和青岩古镇的"一处胜迹放大一座小镇"成功经验,依托刘邦古村和安国湿地公园,建设仿汉建筑集群,建成"一帝三丞相、五里三诸侯"主题景区,展现他们合作共事、同谋大业的丰功伟绩。十二是建设邵世矩状元府邸,彰显中华科举文化。阜昌六年(1135)春天,36岁的邵世矩参加考试,他先得兖州乡试第一名,后得省试第二,殿试时为第一甲第一人,成为"伪齐"第二个状元。官至中靖大夫。守道恬淡,以诗书为乐,有古君子遗风。建议建设状元府邸,全面展示其生平、著述,展示科举文化。十三是重修张贞观墓园,传播中华"廉"文化。明清以来,张贞观墓园是文人雅士必去凭吊之地,但于近年因城市建设而拆除。建议恢复并建设张贞观纪念馆,陈列生平事迹、历史功绩、著作文献等。十四是建设武术特色小镇,彰显中华武术之乡文化。深入挖掘我县武术文化资源,与国内国际等知名公司合作,引进著名文化企业,发展武术产业。利用千岛湿地,或在大沙河沿线创办武术院校,建设武术文化传承、展演基地,把沛县武术做优、打响。十五是建设道教特色文化产业园,再现道教祖源、天师故里风采。道教作为国教,在中国有将近2000年的历史。创始人张道陵为东汉时期沛人。在沛县流传甚广的张神仙,留下了神仙林遗迹,位于朱寨镇黄庄村。在当地还留下了其不少显灵救民的传说。建议引进社会力量,在沿湖或在神仙林附近建成集文化传播、道家养生等于一体的文化康养基地。十六建设洪福寺,打造禅、养文化基地。杨屯镇是湖陵城旧址,汉高祖刘邦曾率三千子弟于此大战秦军。洪福寺为皇家寺院,始建于1168年,嘉靖末年黄河决堤,该寺被大水淤没,但鸡鸣台、洪福寺的传说广为流传。建议打造洪福湿地旅游度假区,传达莲海佛国的悠远意境,再现当年寺院的恢宏气势。十七是提升沛公园的汉文化元素,全面再现汉高祖的壮美人生。以刘邦的一生主要事迹为依托,以5A级景区标准,规划建设相应景观设施,全面演绎刘邦辉煌人生。进一步充实、提升歌风台、原庙、鸿鹄园、大风歌广场等景区文化元素。同时,本着历史文化与现实经济发展相结合的原则,筹建湖西地下秘密交通线主要红色景点、建设阎尔梅纪念馆。

(七)实施文旅融合战略

"无商业不兴。"积极推进文化产业与旅游产业的深度融合,进一步提升文化软实力,打造沛县特色文化传播载体。一是紧紧围绕汉文化、微山湖、黄河故道(大沙河)资源禀赋,以汉城景区提升,微山湖千岛湿地省级旅游度假区、汉之源旅游风情小镇、湖西滨湖田园小镇为重点,打造区域性龙头产品,彰显沛县丰厚的历史文化蕴藏。二是针对我县历史文化遗产丰富、遗迹少,文化旅游龙头产品少的现状,制定我县文化旅游产业发展激励政策,激发社会资本投资文化旅游产业活力，搭建招商引资平台，瞄准大项目，尽快将文化资源向旅游产品转化，提升“两汉源头、一城好水”文化软实力。三是围绕大产业，盯住大市场，以壮大产业经济为目标，加快推进文旅产品市场化转变，着眼旅游“六大要素”，做大做强旅游产业，培育沛县“一日游”“二日游”旅游线路，发挥旅游业的带动作用，促进县域经济发展。

努力培育五大节庆文化品牌，增强我县文化旅游吸引力。一是以汉文化资源为依托，办好中国沛县刘邦文化节，认真总结10届办节经验，吸取外地先进经验，打造精品节目，扩大对外影响力，突显汉文化发祥地独具特质的品牌文化优势。二是以全国文化先进县品牌为依托，办好沛县文化艺术节，精心组织沛籍名人名家沛县行等系列活动，提升沛县文化的影响力。三是以全国武术之乡品牌为依托，办好全国武术博览会，精心组织世界冠军沛县行、武术精英大赛、武术文化交流、武术产品交易等系列活动，推动武术文化和武术产业加快发展。四是以体育中学的国家技巧二队为依托，打造全国性的技巧品牌赛事，积极承办全国技巧锦标赛、全国技巧冠军赛等高水平比赛。五是尝试开展“明先世家”文化节。借鉴刘邦文化节的成功经验，发动朱氏宗亲进行深度挖掘，认真开展海内外联谊，开展故里寻根游，争取把这一节会也办成在海内外有影响的著名节会。

（八）实施立体宣传战略

一是充分利用县内资源，讲好沛县故事。借鉴汉中经验，积极发挥沛县汉文化研究会作用，深入挖掘有关沛县历史的人物故事，认真编排曲艺文艺节目，利用体育中学、武校、保安学校等县内资源进行常态化的演出。通过古筝、沛筑、书法、武术、美食等我县地域文化优势展示沛县文化；二是积极利用上级媒体，讲好沛县故事。邀请国际知名编剧、导演，创作电影、电视剧，打造大型实景演出节目，重点打造《大汉刘邦》电视剧。精心打造城市形象宣传片、主题文化歌曲、节会等。利用中央电视台国际频道、凤凰卫视、刘氏宗亲会等各种媒体和社交平台，全方位开展外宣推介，把沛县文化品牌推向世界舞台。三是打造奥体中心平台。发挥武术之乡、冠军之乡的人才优势，组织以实景演出为宗旨，全民健身为目的的实景展演平台。借鉴整合体育小镇、康养小镇的创建模式，全力打造更多活动平台。四是建好做优街区平台。充分利用城市标志性建筑、街景、雕塑、壁画等个性识别系统，展示传播汉文化。在城市的主干道、河流沿线及重点街区、休闲广场的命名和场景的建设中注重再现文化元素。五是做好“互联网+”文化旅游平台。完全按照文化旅游模式对现有景区进行谋划布局，对待建景区严格按照规划高标准建设，借鉴清明上河园、平落古镇的成功做法，充实实景演出,增加参与性和趣味性。利用新媒体、大数据、拓展新领域、创造高速度,努力提升沛县在国际领域的知名度和美誉度。

(九)实施产业发展战略

我县现有世界级非遗项目1个,国家级2个,省级8个。其中“封侯虎”民间工艺系列产品被誉为“中国民间文化珍贵艺术品”。泥模获文化部银奖。抓好文化遗产的挖掘保护开发和利用,当务之急着力培育具有沛县特色的文化产业。一是加快“沛筑”的产业化进程。沛筑作为国礼被国家主席习近平的夫人彭丽媛赠送给比利时王后,一跃成为我国著名的文化品牌。我们要以此为契机,一方面在文化馆设立演奏培训班,加快推广应用,提供产业化基础。另一方面组织在各种媒体广泛宣传,积极争取国家和省引导扶持资金。二是增强梆子剧团的造血功能。梆子戏是我县重要的非物质文化遗产。梆子剧团是我县唯一的国有戏剧专业团队,也是通过舞台形式传播两汉文化的一支重要力量。鼓励他们积极投入市场,参与竞争,以增强造血功能和市场竞争能力。三是开发文化创意产品。开发与汉文化有关的汉代名人雕像、汉画像石拓片、赤霄剑、封侯虎、砖雕、泥模、剪纸等文化旅游纪念品。完善沛县文化创意产品的创作、生产、展示、交易产业链。

(十)实施区域协作战略

一是融入徐州城市都市圈。作为次中心城市,集纳徐州作为淮海经济区中心城市的辐射带动功能,积极与文化、建设、规划、旅游等相关部门对接协作,争取市委市政府支持,出台相关扶持政策,推进城市建设、文化旅游等县域经济整体发展。二是对接汉文化节点城市。积极与河南永城、山东定陶、洛阳、西安、汉中等刘邦一生中的主要节点城市开展联谊互动,实行互补发展、共享共赢发展。三是与丰县错位发展。互相补台,好戏连台。丰县是凤城,刘邦的诞育地。沛县是龙城,是刘邦的成长、发迹地。两县应开展积极的互动联谊,整合各自资源优势,集聚专业人才,实现错位发展。联手出击,打好组合拳,实现区域协作战略的“龙凤呈祥”。

(本报告荣获徐州市政协2016—2019年度优秀调研报告三等奖)

全面打造中华民族的精神高地 世界级汉文化旅游终极目的地

季忠义

根据省委书记娄勤俭同志对徐州市提出的“挖掘汉文化资源，打响汉文化品牌，全面超汉中”的指示精神，沛县作为大汉之源、刘邦故里肩负着不可推卸的重任。经主席会议研究，报请县委、县政府批准，我们将该课题列为年度重要工作，并首次和市政协联合开展专题调研，邀请江苏师范大学的专家全程参与调研考察。调研组先后分两次赴湖南长沙、陕西汉中等五省八市实地考察调研，尽最大努力地汲取社会各界，尤其是精英团队、领军人物的智力支持。现将有关情况汇报如下。

一、成功范例

（一）天心文化产业园：“中国文化创意产业十大最受关注园区”榜首

湖南长沙天心文化产业园成立于2008年4月，位于长沙市主城区，是全国仅有10家“国家级文化产业示范园区”之一。2012年获评“中国文化创意产业最具发展潜力的十大园区”。2014年位列“中国文化创意产业十大最受关注园区”榜首。园区以打造“长沙历史文化名城与现代文化创意融合区、湖南文化产业集聚区、全国文化产业先行区”为目标，打破了封闭式园区的固有模式，集聚了800多家文化企业，生产出一批影响全国的演艺、电视剧、电视节目等文化产品，聚合了文化产权交易所、版权交易中心、知识产权保护中心、版权登记服务工作站等产业发展要素功能。成为湖南省文化氛围最浓厚、文化企业最集中、产业发展最活跃的地区，园区文化产业年产值超过80亿元，在整个中部地区乃至全国都具有一定的影响力和示范性。

（二）万家丽国际MALL：全球最大的单体（高层）建筑

万家丽国际MALL，总建筑面积58万平方米，主楼42万平方米。涵盖了集休闲、购物、娱乐、文化、餐饮美食等为一体的多元化时尚消费模式。最吸引眼球的是，其主楼顶楼设计为可容纳100架、裙楼150架直升机起降的空中停机坪。其中,主楼第11层2万平方米的世界文化大观园专设观音广场、主席广场、孔子广场、财神广场、弥勒广场。一公里主题文化展馆包括:湖湘文化馆、世界名人蜡像馆、百帝汇及现代科技馆,其中,北面的湖湘文化馆中又包含了长沙记忆馆、湖湘名人馆、抗战胜利纪念馆、杰出湘商馆及万家丽企业文化馆等展馆。南面的世界名人蜡像馆中有九大主题蜡像馆:经济名人馆、政治伟人馆、美人馆、青少年儿童馆、世界明星馆、体育明星馆、巾帼英雄馆、欧洲馆及小鲜肉馆。东面百帝汇中有百帝姓氏始祖馆、历史文化馆、中华名人馆。西面现代科技馆有好莱坞动感影城,包括裸眼3D、7D、9D幻影体验及AR等。

(三)兴汉胜境:全国唯一以汉文化为核心的全方位景区

按照国家5A级景区标准建设全国独一无二以汉文化为核心的全方位景区——“兴汉胜境”,承袭千年汉文化精华浓缩于此。以文化历史、汉文化底蕴进行深究细研、匠心打造。景区内现拥有汉文化博物馆、汉乐府、兴汉城市展览馆、汉人老家街、丝路风情街五大主题聚落,更以汉文化博览园为核心弘扬汉文化、展现汉中“汉家发祥地,中华聚宝盆”之美誉。

(四)大唐芙蓉园:中国第一个全方位展示盛唐风貌的大型皇家园林式文化主题公园

大唐芙蓉园位于陕西省西安市城南的曲江开发区,大雁塔东南侧,它是在原唐代芙蓉园遗址以北,仿照唐代皇家园林式样重新建造的,占地面积1000亩,其中水域面积300亩。大唐芙蓉园于2002年开始建设,2004年落成,2005年4月11日(农历三月初三)正式对外开放。2011年1月17日被国家旅游局评为国家AAAAA级旅游景区。2018中国西北旅游营销大会暨旅游装备展上,入围“神奇西北100景”榜单。

(五)袁家村:关中民俗第一村

袁家村集“中国十大美丽乡村”“全国乡村旅游示范村”“中国十佳小康村”等荣誉于一身。该村通过打造以关中民俗文化为核心的关中印象体验景区,从品牌、主题、创意、风格到业态、招商、运营、管理、制度等不断探索,形成一个相容共生、互补兼顾、层次递进、环环相扣的村集体经济可持续发展闭环和成熟商业模式。近年来,随着“关中印象体验地”“美丽乡村”“农民自己捍卫食品安全”等理念深入人心,“袁家村”这个金字招牌日益受到青睐。

(六)横店影视城:全球规模最大、中国唯一的“国家级影视产业实验区”

横店影视城位于中国浙江省金华东阳市横店镇,自1996年以来,累计投入30多亿资金兴建广州街、香港街、明清宫苑、秦王宫、清明上河图、华夏文化园、圆明新园、春秋唐园、明清民居博览城、梦幻谷、屏岩洞府、大智禅寺等13个跨越几千年历史时空，汇聚南北地域特色的影视拍摄基地和两座超大型的现代化摄影棚。成为集影视、旅游、度假、休闲、观光为一体的大型综合性旅游区。至今，横店影视城已成为了国内拍摄场景最多，配套设施最全，历史跨度最长，全球规模最大的影视拍摄基地，被誉为“东方好莱坞”。同时也是国内影视外景拍摄基地中唯一一家5A级景区。

（七）灵山景区：中国最为完整唯一集中展示释迦牟尼成就的佛教文化主题园区

灵山景区位于江苏省无锡市太湖之滨，占地面积约30公顷，由小灵山、祥符禅寺、灵山大佛、天下第一掌、百子戏弥勒、佛教文化博览馆、万佛殿等景点组成。集湖光山色、园林广场、佛教文化、历史知识于一体。国家AAAAA级旅游景区，中国最佳佛光普照景区，最美中国·文化魅力旅游目的地景区，20个最受欢迎的长三角世博主题体验之旅示范点，世界佛教论坛永久会址。

（八）尼山圣境：中华文化乃至世界文明景观的制高点

“尼山圣境”文化旅游度假区，位于儒家发源地、孔子故里曲阜。总体定位为“文化休闲度假胜地”，是集文化体验、休闲旅游、生态旅游、休闲度假于一体的复合性文化度假产业综合体。整个工程包括“一心、一湖、一带、三群”。“一心”即儒宫与孔子像，“一湖”为尼山水库，“一带”为环湖主题文化游憩带，“三群”为山水书院群落、国际游学群落和国际社区群落。2015年一期项目正式投入运行后，实现年旅游总收入3亿元，并带动整个园区总收入近20亿元。项目全部建成后，将彻底改变济宁曲阜文化旅游产业发展格局，成为山东文化旅游产业发展的新标杆。

二、基本经验

（一）文化铸魂

文化是民族的血脉，也是人民的精神家园；是建筑的灵魂，也是旅游的内核。兴汉胜境攫取汉水灌溉的汉文化历史，从西周时期中国第一部诗歌总集《诗经》，至后来两汉三国汉文化底蕴的积累，跨越千年的时间轮转，承载往时汉中故事，成就而今兴汉胜境。灵山胜境主打佛教文化，尼山圣境主打儒家文化、袁家村主打关中民俗文化、大唐芙蓉园主打唐文化……各大景点都实现了文商旅的新融合，新融合是产业融合、全面融合，最终是生活融合、幸福融合、贯穿始终的发展融合。

（二）独特创意

万家丽集团董事长黄志明亲自设计、投资、打造、经营全球最大的创新型建筑、文化建筑、千年作品建筑——万家丽国际MALL，已成为了湖南最具特色的生活体验商圈,成功开创了中国第四代新型商业模式。将国学、儒家、佛道等中国有记录的上下五千年文化嫁接并传承下来。第一点是颠覆了空间和时间的局限,将东西方、古现代文化做到巧妙结合;第二点是将文明背后繁复的知识做了几个大的总结,例如:历史大动线、中国疆域变化图、丝绸之路曲线图等,采取更实用的方法,让体验者在发现中,品味点滴;第三点是坚持弘扬正能量,并融入城市文化建筑中。尼山圣境总体规划为“一环五区”,即一环湖主题文化游憩带和儒学圣殿瞻礼区、国际游学营地区、山水书院修贤区、生态农业耕读体验区和国际文化旅居社区五大片区。项目规划中,遵循了尊重山水遗产格局,创新度假社区模式,塑造文化产业标杆,融汇修贤休闲体验,带动特色城镇建设等五大原则,倾力打造具有东方意境的山水修贤度假胜地和复合型文化度假产业综合体。

(三)高端策划

大唐芙蓉园作为中国最大的仿唐皇家建筑群,景区由中国著名建筑大师、中国工程院院士张锦秋担纲总体规划和建筑设计。她是梁思成先生的关门弟子,建筑精品不胜枚举,陕西历史博物馆、曲江池、钟鼓楼广场、长安塔……其中,黄帝陵祭祀大殿、长安塔和大唐芙蓉园为其三大代表作。特别是大唐芙蓉园,是以大唐文化为内涵、以皇家园林格局为载体,服务于当代的大型主题公园。全园建筑取自唐风,建筑形象丰富、种类繁多,兼有宫廷建筑的礼制文化和园林建筑的艺术追求。她秉承梁思成先生所倡导的“中而新”的建筑设计理念,始终坚持中国建筑传统与现代相结合,作品具有鲜明的地域特色,注重将规划、建筑、园林融为一体,代表了唐风现代建筑的最高水平。1991 年,张锦秋获得首批“中国工程建设设计大师”称号,1994 年被遴选为中国工程院首批院士,2001 年获首届“梁思成建筑奖”,2010 年获何梁何利基金科学与技术成就奖。2015 年,国际编号为 210232 小行星被命名为“张锦秋星”。灵山大佛是在原中国佛教协会会长赵朴初先生亲自主持下建造起来的,他首次提出了神州“五方五佛”的理念。大佛的建成,圆满了东方灵山大佛、南方天坛大佛、西方乐山大佛、北方云冈大佛、中原龙门大佛之“五方五佛”的格局。曲阜市尼山圣境文化旅游规划项目,聘请国内著名创意策划大师刘建华先生以儒家文化为根,以山东曲阜为轴,对尼山度假区进行了整体创意策划,并在此基础上聘请了美国 AECOM 和北京大地风景规划设计院进行了规划编制工作。

(四)名人效应

兴汉胜境主打刘邦、刘备。灵山胜境主打对象是如来佛祖释迦牟尼。作为目前世界上最高大的露天青铜释迦牟尼立像,灵山大佛通高 88 米,佛体 79 米,莲花瓣9米。相当于一幢30余层楼房的高度,比"山是一尊佛,佛是一座山"的四川乐山大佛还要高出17米,是迄今为止我国最高的巨型佛像。如果加上三层座基,总高度达101.5米。灵山大佛是集文化、艺术和宗教于一体的大型艺术珍品。尼山圣境主打孔子。孔子,名丘,字仲尼,春秋末期鲁国陬邑(今山东曲阜)人,中国古代思想家、教育家,儒家学派创始人。被后世统治者尊为孔圣人、至圣、至圣先师、大成至圣文宣王先师、万世师表。其思想对中国和世界都有深远的影响,其人被列为"世界十大文化名人"之首。随着孔子影响力的扩大,祭祀孔子的"祭孔大典"一度成为和中国祖先神祭祀同等级别的"大祀"。

(五)精品意识

立足"不是第一,就是唯一"的建设理念,同质争第一,异质创唯一,打造经得起历史和时间检验的艺术精品。万家丽国际MALL以"世界最大的鼎、世界最大的印章、世界最大的聚宝盆"为设计底蕴,它似一尊鼎,寓意一言九鼎、开启鼎盛时代;又如印章,是信用的证物和权力的象征;还像一个聚宝盆,孵化财富和人才。灵山胜境核心景观目前世界上最高大的露天青铜释迦牟尼立像,是集文化、艺术和宗教于一体的大型艺术珍品。尼山圣境,孔子青铜雕像为世界最大最高的孔子像。整个雕像高72米,雕像下还有一个18米的基座,基座里是一个三层的展示大厅,依据孔子思想、儒家文化修建的"大学堂"依山而建,是尼山圣境的主体建筑,是景点,更是艺术宫殿,是儒文化的旅游奇观,包含七十二贤廊、礼厅、义厅、仁厅、智厅、信厅、礼乐堂等仪式化文化空间,与中华文明同具磅礴之势,金碧辉煌,奢华之作,叹为观止。被称作"当代精品,未来遗产"。

(六)重金打造

天心文化产业园,仅创谷广告产业核心区就投资35亿元。横店影视城1996年以来,横店集团累计投入30多亿元资金打造景区。其中最有影响力的,按照故宫1:1复刻的明清宫苑,就耗费了当年总投资额的1/4,耗资8亿元移平13座山。灵山集团总投资在兴汉胜境总投资高达200亿元。尼山圣境项目由曲阜和无锡灵山实业公司投资100个亿,重金打造,其中一期核心景区项目投资40亿元。

(七)商业运营

上述各点都是商业运营的成功范例。长沙天心文化产业园区实施总部经济、项目带动、品牌发展、产业集聚、资本运营等战略,着力扶持演艺娱乐、影视传媒、文化旅游、文化会展、出版发行、创意设计六大产业,全面提升园区文化产业总体实力。特别是无锡灵山文化旅游集团是一家以旅游、文化为主体,涉及文化、旅游、地产、投资等多种产业的多元化企业集团,以传承文化使命、创造经典为使命,在经营文化旅游方面卓有建树。灵山胜境、兴汉胜境、尼山圣境都是该集团成功之作,已经成为全国文化旅游的一面旗帜。

三、现实意义

习近平总书记指出:“一个国家、一个民族的强盛,总是以文化兴盛为支撑的,中华民族伟大复兴需要以中华文化发展繁荣为条件。文化的繁荣发展是一个国家最深沉的软实力,是一个国家综合国力的重要组成部分。”习近平总书记高度概括了“文化兴盛、文化繁荣”在历史转型中的作用与意义。民族复兴,需要文化兴盛、文化繁荣。由汉高祖刘邦奠基而发展起来的两汉文化,无疑是中华文化的主体文化,在中华民族的文化发展史上,乃至世界文化发展史上都具有十分重要的地位,尤其在中华民族实现伟大复兴的今天,无论对中国、对世界都曾产生过并将继续产生着广泛而深远的影响。两汉文化的发展,从某种意义上说即代表着中华民族文化的发展,简单概括就是八个字“家国情怀,使命担当”。它所形成的影响则渗透到中华民族发展的方方面面。

总之,博大精深、浩瀚无垠的两汉文化是一个集萃八方百族文化的整体。它体现了中华民族文化的心理,是融合和汲取了各种类型文化精髓的“大一统”文化,因而也就显示出其广泛性和适用性。它既具有各民族文化的基本共性,又具有自已独特的文化个性和鲜明性,是使民族统一、国家统一、多元文化走向一元文化的光辉典范,其功绩之大、影响之深是任何一种文化都无法比拟的。因此,作为华夏民族“核心文化”的两汉文化是中华民族的文化象征,它凝聚着中华民族奋发向上、自强不息的斗争精神,今后仍将会对中国、对世界产生积极而深远的影响。

(一)政治命题

一句话概括就是:省委出题、市委破题、沛县答题、市场阅题。也可以说,江苏省委是出卷人,徐州市委是开卷人,沛县县委是答卷人,人民群众是阅卷人。

(二)时代课题

汉文化所代表的世界观与价值观对当今迷失方向的世界是一剂清醒剂;是中国彰显历史地位和大国形象的史诗级呈现;对天下华人来说,汉文化所代表的生活方式对今天更是有所启示:打造世界级汉文化旅游目的地对徐州而言既是塑造城市个性与特色,又是凸显城市品牌和聚焦,更是传承与创新,责任与担当!

徐州是两汉文化的发祥地,汉文化底蕴深厚,必须有效传承和弘扬,要赋予新的时代内涵和现代表达,增强影响力和感召力。徐州的两汉文化遗存不仅真实、完整地保留了人类文化遗产,更是中华文明多元一体、兼容并蓄、绵延不断等特质的有力见证,是世界共同的遗产、全人类的共同精神财富。挖掘好、利用好这一丰富的文化资源,是我们今天义不容辞的责任。徐州市委在年初制订的全年中心工作中提出要"抓好《汉文化传承发展专项规划》""打造世界级大汉文化名片"。其中汉文化新城建设是省市委的一项重点工作。

(三)文化选题

刘邦是沛县的骄傲,汉源文化是沛县的根脉。具有唯一性和排他性,作为汉文化的发源地,在全世界独一无二、无与伦比。沛县,大汉王朝之基,大汉民族之根、大汉文化之源的历史地位、文化地位,无可撼动、无可比拟。沛县先秦置县,历史悠久,文化璀璨,以汉文化发源地著称四海。汉文化新城建设对传承历史文化资源、发展旅游产业、促进地方经济效益和社会效益有重大意义。要把理念转化为行动,强化融合发展,以文化要素的注入推动旅游的特色化、品质化、效益化,为旅游高质量发展插上腾飞的翅膀。

一是实现中华民族伟大复兴的文化需要。民族复兴中的文化兴盛、文化繁荣,对中国而言尚不是一个单纯的"文化艺术"繁荣的要求,而是现代社会转型中至今仍需直面的"中国精神"培育和塑造话题,是"根"与"魂"的根本问题。涉及文化自觉基础上的中国视角、中国价值、中国话语、中国方案等自我主体认同的深层问题。新时代要有家国情怀,也要有人文关怀,使命担当。当前,尤须发扬汉文化崇尚的四海一家、天下为公精神,为实现中华民族伟大复兴而奋斗。二是发挥汉文化资源集聚效应的客观需要。作为汉文化发源地,目前我市具有代表性的汉文化资源主要有汉代三绝:汉墓、汉画像石、汉兵马俑。这些汉代遗址遗迹都散落在徐州市周边地带,呈碎片式分布,而缺少一个像模像样的、场馆规模大、投入大、有震撼力影响力、集大成的项目,所以我市确需建设一处汉文化新城,以充分发挥汉文化资源集聚效应,使游客看完之后基本不用再到其他地方就可以尽情感受汉文化的深厚底蕴。三是深度挖掘汉文化的历史需要。徐州是汉高祖刘邦故里、"千古龙飞地,一代帝王乡",所以我市提出要"深入发掘汉文化遗产,打造徐州城市文化符号",要大手笔宣传徐州、宣传沛县、宣传刘邦。因此,沛县汉文化新城建设正契合了深入挖掘汉文化历史文化资源的客观需要。

(四)民生议题

建设汉文化新城也落实是文化建设高质量发展的需要。沛县作为汉高祖刘邦故里、两汉文化的起源地和集萃地,其地位和作用无可替代,汉文化新城建设更是责无旁贷、义不容辞。新时期,发展文化旅游、建设文化园区是传承创新汉源文化、实现沛县生态美、文化兴与经济富的最佳契机,也是加快世界级汉文化旅游目的地建设、打造沛县旅游升级版、发展沛县全域旅游的重要抓手。

四、工作基础

众所周知,文化由文脉和文象构成。所谓文无脉不传,文无象不生,无脉则无魂,无象则无形,缺一不可。现在只剩文脉而文象难寻,城市历史的厚重感荡然无存,文化价值大打折扣。尽管围绕汉文化资源的挖掘和开发,我们相继做了一系列文化景区和景观。现实来看,盲目开发、高开低走、运行艰难、管理混乱的情况仍然存在,没有让文化真正“活起来”“立起来”,更谈不上“火起来”“走出去”。

仅以沛县为例:沛县已相继建成汉城景区、汉之源景区、大风歌景区、沛公园景区、三诸侯文化园、泗水亭公园等文化历史景观,建成4A级景区1家、3A级景区4家、2A级景区2家,“千古龙飞地、一代帝王乡”“刘邦故里、大汉之源、龙城水乡、生态沛县”旅游品牌、旅游形象也逐步形成。沛县汉文化开发起步较早,但发展不快,运行艰难。

具体而言,有四个方面的问题亟待解决:一是规划布局缺乏统筹。没有全域旅游意识,更没有可持续性的长远规划。只是想起来干啥就干啥,而不是该干啥干啥,汉文化的挖掘和开发存在极大的随意性和盲目性,不是一任接着一任干,而是时抓时断,有点无线,更谈不上面。星星多、月亮少,甚至说无。影响力大、知名度高、美誉度好的5A景区尚属空白。二是景区建设缺乏创意。开发思路不够开阔。纪念性场馆多,展示性景点多,体验、度假、休闲景区少,游客留不住、留不长。参与性、创意型景区少。没有从汉源文化拓展到汉代文化,进而到汉文化,导致内涵丰富、外延拓展不足,制约做大做强。三是商业运营尚未实现。现有景区没有实现市场化运作,还由政府大包大揽,缺乏专业化人才,管理运行效果很不理想。不能实现现有景区的自我运行、自我发展,提档升级无从谈起。景区活力不足、运营不活,资源存量盘活不够。四是区域合作联动不够。在建设和运营方面都是自说自话、自拉自唱,各自为战,存在低水平、重复性建设。与丰县、徐州、永城、南阳、汉中等不同空间尺度的汉文化区域存在竞争关系,但缺乏合作和共赢。

五、工作建议

守护文化遗产,就是守护民族的根与魂。对建筑,我们要做出千年精品,推动改变中国建筑的“短命”问题。对文化,要让全体中国人全面认识中国文化的主体文化——汉文化,也要让外国人领略真正的中国文化汉文化。唯有保持敬畏历史的诚心、感恩文化的决心、久久为功的恒心,才能让历史文化更好地融入生活,让中华文化昂首走向世界。从此种意义上来说,汉文化新城的建设,可谓正逢其时，也是我市汉文化挖掘和利用工作一个新的起点。

主题性新城或景区，成功的经验多是依托并放大当地的历史、人文等资源。汉文化新城建设应紧紧围绕刘邦在徐州，突出在沛县的历史记载，可适当涉及萧何、曹参、周勃等沛籍功臣的内容，在史实的基础上又不完全拘泥于细枝末节，以汉文化新城为主体建筑，形成多组建筑群。同时利用靠近微山湖多水的优势自然环境，象征性地恢复泗水，增加新城或景区的可看性和生态效益。

（一）高端定位：打造世界级汉文化旅游终极目的地

徐州（沛县）汉文化新城建设的战略定位是：中华民族的精神高地、世界级的汉文化旅游终极目的地。学术是基础，历史是底色，创意是生命，心态是关键。以建筑为载体、以旅游为纽带、以产业为抓手，全力打造新时代最具汉文化特色的建筑精品、文化景观、产业航母、研学基地、体验中心。真正建成“富人的天堂、中产的盛筵、穷人的机遇”。具体工作中需要把握“两个文化”。即异质文化跟同质文化的有机结合，“同质创第一，异质创唯一”。最后形成：视觉震撼力、历史穿透力、文化吸引力。具体操作上还需要强化五个重点：差异度、文化度、舒适度、方便度、幸福度。

（二）高度融合：推进文商旅与历史文化的深度融合

确立新型的旅游文化：以突出的特色为文化形式，以丰厚的品位为文化内涵，以人本主义精神为文化本质，让人文素养和文化积淀相得益彰。文化不仅体现在大面上，更体现在细节上，细节产生吸引力，细节创造竞争力，所以需要我们一步一步地调整，在研究开发过程中把握这种特色。统筹考量历史、文化、科研价值、体验市场审美价值。其实，旅游就是一个综合性的产业，旅游跟其他企业很多产业可以融合，文旅融合是一个起点，从文旅融合开始，达到农旅融合、交旅融合、商旅融合。以融合发展促进转型发展、提质增效，要坚持宜融则融、能融尽融，找准最大公约数、最佳连接点，推动汉文化和旅游真正融合、深度融合。

（三）高层决策：全球视野荟萃精英智慧完成顶层设计

“做什么、怎么做、谁来做”的问题必须高层决策。具体来说就是，省级层面作决断、市级层面带头干、县级层面大会战。沛县县委、徐州市委，必须按照省委要求，分级落实责任，而不是层层传递，责任下压。如果都推到一个县级层面去兜底解决，这是根本不可能做好的。因为，县级层面无论是财力、能力还是智力，都不可能承担起这一重大的文化工程。

（四）高手策划：世界一流人才打造世界一流城市名片

城市名片对城市旅游资源的开发、商业环境的孕育至关重要。不干则已，干则必成。要按行业规律来办事。要重视学术研究和创意策划。首先是找到魂和体。即是根据历史文化、自然资源和现实需求,找到属于自己唯一性、独特性和不可替代性的文化符号,这就是魂!魂的寻找必须以学术为基础,要经得起历史的检验和游客的挑剔。而承载魂的形式、产业与产品就是体。其次是重策划而不是规划。先有策划后有规划。策划的第一步就是定位,包括战略定位、市场定位、功能定位、产业定位、形象定位等。定位是一个系统工程,不是一拍脑门想出个漂亮口号那么简单。而规划仅仅是对策划进行物理空间布局。其三是听市场的而不是听首长的。旅游是纯市场行为,是全国乃至全球范围的平等竞争,只有最好才能脱颖而出,千万不能因为长官意志形成天花板效应。其四是模式创新、跨界整合。五资共舞的基金模式是首选,影视联动模式是补充。其五是先算大账再算小账。要算历史传承与土地增值的大账,不能只算投入产出的小账,政府是最大的受益者,理当成为劣后,从而调动参与者的积极性。这就要求小题大做、偏题正做、虚题实做、远题近做、洋题中做、中题洋做。无中生有,有而做优,能不能做到位,才是关键。

(五)高标规划:精品意识打造中华民族的精神高地

按照"中华民族的精神高地""世界级汉文化旅游终极目的地"的战略定位,深挖历史文化资源,演绎"汉文化"故事,打造"汉文化"品牌。科学统筹、充分考量定位的精准性、文化的独特性、体验的差异性和风景的不可替代性。实现人文与自然的完美结合,满足物质与精神的双重享受,完成时间与空间的精彩转换。这是文、科、金、商、产的多核驱动。根据城市总体情况和规划发展现状,抓好保护与开发利用的切入点,引入专业团队,进一步细化完善方案,加快汉文化新城规划设计;深入挖掘汉文化精髓,充分发挥汉文化的人文价值、经济价值以及艺术价值,高起点、高水平开发建设,把汉文化新城建设成一座以"大汉之源"为主题,集文化、教育、产业于一体的综合性文化旅游生态新城。

历史是发展的,文化是传承的。创建21世纪的精品工程,给社会、给后人留下时代精品和传世之作。这可能会使人联想到巨大的建筑体量、庞大的资金、进口的建材,其实精品工程主要是设计匠心独运,施工中的细节和耐心、足够工期等都是出精品的保证和前提。精品工程在环境规划布局、核心建筑样式乃至色彩、器具、服饰、花纹、兵器、壁画等都应力求真实,在此基础上可融入现代因素,使观者有穿越时空、身临其境之感。

(六)高点打造:国际一流团队铸造国际一流品质

坚持"六有"特色。一是有全球视野。坚持把汉文化放在世界格局中去考量、去谋划。二是有国家高度。坚持与国家战略结合起来,与淮海经济区战略结合起来,更好地利用国家政策“红利”,把汉文化新城建设争取上升到国家战略,最起码也要落实在省级层面。三是有区域特色。对接区域战略,主动融入淮海经济区城市群,着力打造淮海经济区城市客厅,放大沛县汉文化影响力。四是有沛县模式。立足资源禀赋,强化顶层设计,做出沛县模式、徐州样板、中国特色。五是有家国情怀。实现让党满意、让企业满意、让投资者满意、让游客满意、让老百姓满意“五个满意”目标。六是有尖端科技。随着文旅融合的步伐加快,文化享受、智能体验成为新型业态。同时,以全息投影为代表的数字技术,以虚拟现实为代表的场景科技蓬勃发展,为文旅项目汇聚起强大的技术势能。随着5G时代到来,5G网络将成为景区的必备基础设施,为消费者提供个性化服务。在内容上,厚植人文精神,实现社会效益和经济效益的统一。为游客带来“科技+文化”的沉浸式体验。我们应将汉文化打造成文化IP,更加系统、高效地开发文创产品。从商品热销,到游戏、动漫产业联动,甚至将古城、文学、民俗等文化元素熔于一炉,形成沉浸式互动新场景。在形式上,突出技术赋能,注重新科技与文旅体验的多重互动。利用科技重新编码,为沉睡在库房里的文物、简牍中的文字、山林中的古迹插上灵动的双翼,以更加亲切的姿态与每个普通人相遇相知。利用新技术、催生新创意,激活现有资源,将游戏、文学、影视、实体景区、技术等不同模块整合到统一平台上,打破行业壁垒、彼此开放协作,构建新型文创生态、推动文旅产业链向高端迈进。总之,要在快节奏的时代变化之中,挖掘打磨汉文化真正的价值、铸造城市文化品牌、带动商品经济繁荣、激活文化产业发展。要将汉文化符号融入城市建设和发展之中,推出高显示度的汉文化标识,多层次、立体化、高标准地建立文化旅游融合发展平台,让彰显徐州特色的汉文化名片真正鲜活起来、闪耀起来,为建设淮海经济区中心城市、奋力走在高质量发展前列提供更加有力的文化支撑。

(七)高速推进:建成国际知名的现代化文化旅游城市

挖掘历史资源,发挥生态优势,借助产业转型,强化产城融合。把汉代历史融入现代生活,把汉代文物活化为生活用品,让文化为高质量发展集聚新动能。一是科学选址。按照市委市政府、县委县政府的战略布局和实际情况,有针对性地规划选址。二是申请立项。积极与国家发改委、文化部等部门去申请立项,争取政策及资金支持来进行运作。三是高维智慧。把研究淮海经济区的活跃人才争取过来,充分发挥他们的才智,研究淮海城市群文化板块。同时,积极对接规划团队,只要方向正确,方法对头,很快就会落地见效。四要错位建设。和汉中兴汉新区项目区分开来,不能复制、照抄、雷同。五是处理好形式和内容关系问题。灵山景区、尼山景区都有些形式大于内容,汉文化新城建设应突出汉文化的丰富内涵,形式创第一、内容更要放第一,汉文化历史资源的内容、源头、特点要深入挖掘考证,徐州汉代三绝应在新城建设中充分体现。让人看了之后真正感受到汉文化源头在徐州,根基在徐州,根源在沛县。看汉文化就要到徐州来,到汉文化新城来。要下大功夫深度挖掘汉文化灵魂的东西,解决形式大于内容的问题。六是要重视研究团队建设。放眼全球,立足全国,用足当地汉文化专家学者,加强汉文化资源挖掘利用,要深入考证汉代影响中国文化究竟在哪些地方,汉语、汉服、汉墓、汉画像石、汉兵马俑等要素要在新城建设中作为重要的内涵支撑点,重点打造、展示。

(八)高效监管:政府主导行业监管守正出奇创一流

尊重历史,契合当代,跨界融合,守正出奇。历史要靠学术来梳理,靠创意来转化,靠文化来表现,靠科技来体验,靠商业来变现。守正是初心与基础,出奇是目的与效果。守正是必须的,但不能守旧,要围绕正确的逻辑与时俱进;出奇是必然的,但不能出格,是基于创新的原则追求独特。守正是一种态度,出奇是一种能力。守正是土壤,出奇是果实。守正无极限,出奇应有度,有关政治、道德、文化、民族的底线是不能触碰的,出奇要出在妙上,要点石成金、化朽为奇、聚沙成塔。

坚守历史的正统,敬畏文明的果实,挖掘文化的潜力,凸显旅游的价值,让汉文化服务于当下,服务于经济,来增强人民群众的获得感和幸福感。通过文化内容与形式的创意创新给旅游注入文化的基因,带来根本性转变。品位与时尚兼顾,进而达到出奇制胜,既叫好又叫绝还叫座之目的。要玩就玩真的,要玩就玩好的,要玩就玩大的,要玩就玩高级的。越真越能打动人,越好越能吸引人,越大越能留住人,越高级越有生命力和影响力!

(九)高质运作:专业团队发挥专业精神打造专业品质

根据当前形势,很多工作政府囿于规定难以直接操作,应成立企业集团按照现代企业制度建设和运作,既可以规避不必要的风险,又能体现专业化的品质。体现“专业的人干专业的事”。借鉴无锡灵山集团、横店影视基地的成功经营模式,严格按照政企分开、政事分开的原则,组建或引进现代企业,进行市场化、专业化运营,真正实现投资、建设、运营一体化运作。鉴于徐州汉文化地标形象工程建设不足,没有形成在全国最具影响力的汉文化地标形象工程,以及“两汉文化看徐州”的景观地标形象体系,建议适当增加“形成汉文化国家公园—汉文化核心地标景观—汉文化特色小镇”的空间体系。邀请国内上市企业,知名文旅产业集团主导标志性景区的打造与运作。

在政府和企业的分工方面可以各有侧重,联动协作。具体来说,就是“企业做景区，政府做社区”，或者说是“企业做汉源，政府舞汉风”，做到“处处有历史，步步有文化”。长远来说，就是从经营城市的角度再把景区变社区，旅游变旅居，生态变康养，并且合理布局、化点为线为面，全域展开，通过打造精品旅游线路抱团取暖，通过产业支撑与跨界融合创新发展，在共同造势、相互借力、功能互补的前提下，有效降低成本与风险。

（十）高频宣传：全媒体全天候全方位全世界推介沛县

一是垄断话语权。通过创意策划和独特定位，在境内外高端媒体高调宣传，争取垄断汉文化发源地宣传推介的话语权。外在表现为高度凝练而具有引领性的广告语，让你无法拒绝。从客观上说是用好理性而现实的大数据，以迎合游客普遍出行需求和消费习惯为目标，按照底线思维和求真务实的行为特征，想方设法让人家心甘情愿地来、心情愉悦地游、心悦诚服地走。二是建设汉学堂。整合全球汉学专业资源，引进高精尖专业人才，振兴汉乐府，开设汉学堂。借鉴孔子学院的办学思路，有可能的话，可以建成全日制大学，条件暂时不具备的话，可以创办研讨班、普及班，定向、适时培养一系列专门人才，用于汉文化的宣介和推广。加大应用活化的力度，使汉文化在源头上首先活起来、火起来。三是打造国际学术平台。运营可以国际汉文化学术研讨会、祭祖活动及表演、商贸活动为两翼，并驾齐驱。建议与秦汉考古学会、中国考古学会秦汉专业委员会签订战略合作协议，联合连续举办秦汉史、秦汉代考古学术研讨会，形成汉文化研究学术高地。学术研讨会可与刘氏宗亲祭祖活动隔年举办一次。四是创办大型实景演出项目。大型主题表演或互动项目，制造氛围凝聚人气。这方面沛县具有天然的优势：刘邦曾发沛中儿得百二十人，教之歌。可以此为主题委托专业机构创作以“大风歌”为主题的大型实景歌舞节目，打造成常演不衰的艺术精品、文化盛宴。

（刊于徐州市委《徐州调研》第21期，入编《徐州智库》一书）

锁定产业化 创设新平台

高点打造具有地域特色和时代印记的文化园区

季忠义

文化是民族的灵魂和标志,是一个民族的精神家园,是民族认同、国家认同和民族凝聚力、创新力、发展力的核心基础,更是一个地区最为鲜明的历史名片和人文坐标。习近平总书记指出:“一个国家、一个民族的强盛,总是以文化兴盛为支撑的,中华民族伟大复兴需要以中华文化发展繁荣为条件。文化的繁荣发展是一个国家最深沉的软实力,是一个国家综合国力的重要组成部分。”文化是软实力,也是硬实力,更应该是硬产业。

文化资源的产业化,文化经营的专业化,文旅融合的市场化,已经成为我国文化经济融合发展的主流。唯有民族的才是世界的,唯有地方的才是唯一的。地域文化是文化产业家族中极其特殊的一员,其传承和发展的产业化是时代发展的必由之路。这不仅是面向市场、服务大众的需要,也是大力弘扬、有效传承文化的需要。我们要充分发掘地域文化优势,使其与时代特征相适应,与现代文明相协调,与人民的生活和国家的行为相联系,自觉实现地域文化现代化、产业化的转换。

一、园区建设的可行性分析

汉文化是省委、省政府乃至国家一直力推的世界级文化品牌。作为汉文化的发源地,沛县有着深厚的文化底蕴,堪称大汉文化内涵中“汉之源”文化品牌的首席代表,也被誉为大汉之源。为整合盘活地方文化资源,落实做优沛县文化形象,必须挖掘地缘历史、改善旅游生态、打造文化园区、传承历史文脉、提升城市形象,汲取“高开低走,后续乏力”的历史教训,以文旅产业为驱动力,带动相关产业聚集和发展,锁定产业化,创设新平台,高点打造具有地域特色和时代印记的文化园区。吁请县委县政府统筹考虑、科学规划、分步实施、全面建设,启动以下四大园区,形成蝴蝶效应,全面提升沛县文化形象,引燃推进沛县文旅产业。

（一）民俗文化博览园

中国文物学会民俗文物专业委员会副会长、中国传媒大学荣誉教授韩光友，他以个人的力量去保留一个民族的记忆，延续一个民族的荣光，默默无闻地充当一个民间英雄。近年在山东省济南市平阴县创办了山东乡忆民俗文化博物馆并任馆长，有着强烈的回报家乡的愿望，决议回迁沛县。该馆具有以下特色：1. 数量众多，门类齐全。目前持有各种民俗器物及其他藏品近 30 万件（套）。馆内藏品一次性可设立 30 个以上各类展馆和博物馆。2. 跨度较长，孤品较多。藏品按年代可分为唐、宋、元、明、清及民国和新中国成立后，跨越 2000 年的中华文明历程。该馆多数藏品为国内珍品乃至孤品，可挖掘的汉文化资源相当可观，比如藏有明清两代带年号、带工艺的各种斗鸡笼 100 余套，在全国居首，此类藏品延续了刘邦之父刘太公酷爱斗鸡、机智灵活百折不挠的大汉遗风。3. 特色鲜明，价值可观。该博物馆内藏品具有较高的文物研究价值、中华汉民俗文化教育和传承价值。其藏品中的九佬十八匠为国内唯一全套。据悉，其藏品中可申报非物质文化遗产的高达 100 种以上，尤其藏有水陆法事绘画 1 套 146 张，极为罕见，于 2014 年 11 月 11 日被国务院评定为国家级非物质文化遗产。4. 回乡心切，愿意投资。韩光友决意回报家乡，其藏品不仅可以弥补数量上的不足，且在质量上可以一步到位，形成文化产业的规模效应，提高我县在世界级汉文化领域的领导力和影响力。在投资方面，他本人愿意投资，并可以联系投资方共同投资建设，不给政府增加财政负担。

（二）现代红色文化园

沛县红色文化资源丰富。1. 胡团抗日英烈事迹英勇悲壮。胡子良是沛县抗日武装胡团的主要负责人，留下了很多遗迹和故事。2. 中共地下武装抗日历史资源丰富。湖西大队、铁道游击队都在这里战斗过，留下了很多脍炙人口的故事和传说，特别是中国共产党地下武装创建的湖西秘密交通线更是打通敌占区和延安的联系通道。3. 中共要员过沛留下精彩篇章。1943 年 9 月，中共大屯地下党组织和民众护送中共中央领导人刘少奇过微山湖，并夜宿董庄村；1945 年 7 月，又护送新四军代军长陈毅去鲁南，并夜宿丰乐村，是一笔宝贵的文化资源和历史财富，值得挖掘和弘扬。4. 中共沛县党史资源丰富。尤其是郝中士和张光中两位沛县籍大屯镇的老革命，一个是关庄人，一个是宋庄人。都曾经担任过中共沛县县委书记，为中国人民的解放和新中国的建立，为社会主义建设和改革开放事业，做出了重大贡献。更是在这里留下了光辉的历史和动人的故事，亟待挖掘整理。园区建成后，可作为地方党史教育基地，也可以成为中共沛县党史园。

（三）音乐影视艺术园

沛县是艺术沃土,人才辈出,影响甚广。据统计,我县现有国家级音乐家4人,省级11人。近年来,影视产业发展迅猛,短短几年间,县内就相继成立了多家影视公司,投入小成本、微收益的影视剧创作。反映抗战时期我县地下斗争的电影《红色交通线》,表现改革开放题材的电视连续剧《农家乐》赢得了广泛认可和社会好评。特别是作为该领域的领军人物沛县籍著名导演胡玫和其父胡德风更是业界翘楚,艺术大家。以他们为起点引进建设该园区,可以为广大音乐影视工作者提供创作、生产、传播、演艺的平台和基地,打响这一文化品牌。

胡子良是抗日英烈,血洒疆场。胡德风是我国著名音乐指挥家、胡玫是著名导演。胡德风艺术报国,功勋卓著;胡玫影视强国,成就斐然。祖孙三代,接力报国,血脉传承。具体包括:胡子良纪念馆、胡德风音乐厅、胡玫影视馆、何新收藏馆。

胡德风(1926—2007),著名指挥家。1939年参加革命,曾任八路军115师战士剧社演员,解放军华东军区文工团创作员、演出队队长。后任随军文艺记者和文工团长等职,排演过《白毛女》《王秀鸾》等歌剧,先后指挥过《黄河大合唱》《长征组歌》等多部名曲。1949年后任解放军福建省文工团副团长。1951年入中央音乐学院进修,并派赴朝鲜和苏联学习指挥。后历任总政治部文工团歌舞团音乐队队长、指挥、副团长、团长,总政治部歌舞团艺术指导、顾问。1964年,他在大型音乐舞蹈史诗《东方红》及大型歌舞《中国革命之歌》《祖国颂》中担任指挥,影响较大。

胡玫是中国第五代女导演中的标志人物,现任第11届全国人大代表、北京市政协委员、中国电视艺术家协会副主席,全国文联委员、中国电影集团国家一级导演,是中国屈指可数的优秀女性导演之一。导演过《雍正王朝》《汉武大帝》《乔家大院》《孔子》《进京城》等作品,囊括了飞天奖、金鹰奖、五个一工程奖等多个最高奖项。

何新,胡玫的丈夫。自从20世纪80年代以来,何新先生的文化、经济和国际问题研究,以及倡导的一些基本观念,已汇为思潮,影响了当代中国的文化和社会发展。他是连续多届的全国政协委员、专职常委,是著名文化学者、政治预言家,参与国家重要决策的智囊人物。他著作等身,收藏丰富。

（四）书画艺术产业园

沛县人文荟萃、翰墨丹青,孕育了一大批文化名人。近年来,我县聚焦文化建设高质量,高起点建设了文化中心,全力推进文化公共服务的均等化,先后荣获全国书画之乡、古筝之乡,全国文化工作先进县的称号。沛县文学艺术界,成就最辉煌最令世人瞩目的当是书画艺术。从这块土地上走出了一批书画名家，如著名画家张立辰、程大利、魏敬先、踪岩夫、赵绪成、徐培晨，书法家冯亦吾、朱焰、姜敦文等，他们的成就在中国书画界享有盛誉。而固守在沛县这方土地上默默耕耘不断追求的也有一大批书画家。如张孝恺、王智、周节文、刘运君、孟昭俊、周临溪等，他们不仅成就卓著，而且德艺双馨，为沛县培养了一大批书画人才。现在沛县中国书法家协会会员17人，中国美术家协会会员2人，参加过中国书协、中国美协展览1次以上的13人。还有一大批后起之秀，已组成一个颇为壮观的书画方阵。一年之内中国书协创作培训基地和中国美协写生基地同时挂牌，全国罕见。

目前徐培晨在家乡筹办艺术馆的愿望较为迫切。他擅长中国画、山水、人物、花鸟俱佳，有“东方猴王”之美誉。作品多次在全国性展获金奖和第一名。现为南京师范大学美术学院教授、博士生导师，博士后流动站合作导师（美术学），第十届江苏省政协委员，中国美术家协会会员，中国人民对外友好协会中友国际艺术交流院院长，江苏省委、省政府决策咨询基地——江苏省艺术强省建设研究基地首席专家，江苏省文史研究馆馆员，江苏省花鸟画研究会会长。2008年以来，向社会无偿捐赠个人近千幅作品和名家大师书画艺术品、马家窑文化彩陶、汉画像石、汉画像砖、汉印、汉简、青铜器等珍贵收藏千余件（套、块、枚），地方政府先后在安徽马鞍山市和江苏连云港市花果山、常州溧阳市、徐州市博物馆、淮安市吴承恩故居、盐城市大丰水浒园、天津市滨海新区美术馆为其新建7个徐培晨艺术馆。其本人已经专门来沛考察、洽谈相关事项，准备在家乡建设艺术馆，愿捐赠个人书画作品100余幅，文徵明、李方膺、于右任等名家书画作品50余幅，汉画像石、汉画像砖、汉甬、马家窑文化彩陶、犀角杯、青铜器等100余件，拟辟专馆展览捐赠物品，艺术馆拟分为汉画像石馆和绘画、书法作品艺术馆。今年5月18日。他将创作、收藏的400余件书画精品捐赠给家乡。既有自己多年创作的书画精品，还有千淘万选的书画文物珍品，全面展示了徐培晨先生在中国书画领域所取得的卓著成就，也彰显了他的高贵品质和深深的故土情怀。园区建成后，可以让广大群众更为直接和便利地接受艺术的熏陶和洗礼，也必将为我县的文化事业的繁荣发展留下浓墨重彩。

当今，大量地域文化被作为产业化开发的资源，在文化产业领域绽放异彩，并且已经探索出旅游开发、影视制作、工艺商品、民俗食品等多种途径。物象、语言与仪式既是地域文化的呈现方式，也是文化产业化的重要路径。物象层面的地域文化以具象化的形态产生可看可触的文化产品，而语言层面的地域文化则以非物化的形态产生可听可赏的精神产品，仪式层面依靠物象和语言的充实,成为文化展示与经贸洽谈的平台,也是民众娱乐学习的重要途径。三条路径上的产品又可以分为原生、次生与再生三种形态,产业化的开发必须深入挖掘,全面拓展和升华。各个层面与形态之间相互依赖相互支撑,共同构成文化的产业化体系。只有联动合作协调发展,才能产生巨大的经济效益、文化效益和社会效益。

二、园区建设的必要性分析

(一)历史际遇。沛县先秦置县,历史悠久,文化璀璨,以汉文化发源地著称四海。作为汉高祖刘邦故里、两汉文化的起源地和集萃地,其地位和作用无与伦比、无可替代。加快园区建设步伐,沛县义不容辞,我们责无旁贷。

(二)时代担当。省委书记娄勤俭同志对我市挖掘文化资源,打响文化品牌寄予厚望。园区建设无疑是最佳首选。汉文化在龙兴之地、大汉源头,必须有效传承和弘扬,赋予新的时代内涵和现代表达,沛县必须展示我们的硬核力量。

(三)使命所在。沛县,大汉王朝之基,大汉民族之根、大汉文化之源的历史地位、文化地位,无可撼动、无可比拟。加快园区建设对传承历史文化资源、发展文化旅游产业,促进地方经济发展、社会进步、民生幸福具有重大意义,更是新时代的沛县人的时代担当和使命所在。

(四)民心所向。建设文化园区也是落实文化建设高质量发展的需要。沛县百万干群翘首以待。新时期发展文化旅游、建设文化园区是传承创新汉源文化、实现沛县生态美、文化兴与经济富的最佳契机,也是打造沛县旅游升级版、发展全域旅游的重要抓手。

(五)意向明确。四园建设,均有明显的建设意向,有的已经磋商多次。关于音乐影视文化园的筹建,县主要领导曾经到北京和胡玫进行当面磋商,胡玫也回乡进行了专题考察。民俗文化博览园的负责人韩光友也有明确的建设意向和具体设计理念,并多次来沛实地考察。极有必要趁热打铁,促其尽快落地。

(六)路径具体。以民俗文化博览园为例:建议由汉城景区管理处牵头,派专人负责,抓紧开展项目洽谈,制订策划规划方案。盘活千岛湿地景区现有资产,以参股或其他方式,建成汉民俗文化博物馆 20 座,其藏品中的九佬十八匠可用于建设全国首家工匠博物馆;建成一处长约 500—600 米、街内宽约 7 米、带有情景模拟特色、穿越感强的汉民俗文化街,形成"中华汉民俗 360 老行当古街区",可再现传统民间民俗生活,如古法榨油、酿酒、纺织刺绣等,借此打造出 30—40 条文化带,建成后可申请非遗,助推汉文化产业集群建设。设立"中华汉民俗文化传承基地",打造全国汉民俗文化研习地永久性建筑,借此举办全国级乃至国际级的民俗学术研讨会,可与国际、国内各大院校馆企强强合作,促进已有明确合作意向的中国传媒大学、中央民族学院、华东师范大学、山东艺术学院、中南大学、西南大学等30多所名校的报名挂牌；设立“中华优秀传统文化研习基地”，作为全国文化、艺术、大众传媒博士生和硕士生的研究、研发、教育基地，聘请国内现存的民间艺人和匠人现场教授技艺，使中国民间民俗的手工技艺后继有人，打造国内领先的产学研平台；设立“中华汉民俗非遗文化传承基地”，依据众多馆藏文物有效申报汉民俗非遗文化遗产；借助汉民俗博览园，与歌风台、汉高祖原庙、汉城景区、汉城公园等大型汉文化建筑群形成强力组合，久久为功，最终形成世界一流的汉文化研究辐射地和CBD。

以此为起点，其他园区可接续推进。可以遴选一批在全国有影响、在业界有建树、在社会上有广泛影响的专业人才，积极投资家乡建设纪念馆、艺术馆、创作基地、研发中心等。园区建成后，展示性场地由政府统一管理，为公益性文化设施，为大众提供免费文化服务。全面建成后，可以作为影视拍摄基地，开展经营性服务，为园区的健康发展提供资金保障。

三、园区建设的操作性分析

对于文化资源的挖掘和文化形象的打造，周边县区也都虎视眈眈、跃跃欲试。我县要在第一时间迅速落实领导架构和初步选址，招引国内顶尖团队进行策划。汇全民之智，举全县之力，高标定位，科学施策，精心布局，全面建设。

（一）加强组织领导，切实解决“有人干事”的问题

一是成立县园区建设领导小组。县党政领导亲自挂帅，分管领导坐镇指挥，宣传、文旅、住建、规划等部门全力参与。将园区建设列入2020年度重要工作，进入“两重一实”项目盘子。尽快让这项工作落地见效，进入工作程序。二是组建园区建设管委会（项目部）。遴选精兵强将，真正将有情怀、懂业务、会管理、善经营、想干事、能成事的专业人才放到重要位置，挑大梁、打先锋。明确责、权、利，实施奖、惩、罚，保证心无旁骛跑项目，聚精会神抓建设。按照“工作项目化、项目节点化、节点具体化”的基本要求，责任到人、到事、到节点。

（二）加快策划规划，尽快解决“挂图作战”的问题

按照不同园区的目标定位，高质量编制完成建设规划。画定“路线图”，排出“日程表”，倒排工期、挂图作战。建议规划选址在文化底蕴深厚、生态环境优良、交通区位突出的区域，便于形成集群化、网络化的发展格局。围绕“形成文化国家公园—文化核心地标景观—文化特色小镇的空间体系”和“把辖区打造成景区，把景点打造成经典”的思路，把建筑产品做成城市精品，把地理坐标建成文化地标。真正体现大手笔、大气魄、大格局、大气象。打造沛县模式、徐州样板、中国特色，形成在全国最具影响力的文化地标工程和景观体系。

(三)实现市场运作,有效解决"有钱干事"的问题

摒弃政府大包大揽、非市场化运作的弊端,招引像无锡灵山集团这样的文旅龙头企业投资建设,开展重大文旅项目开发、文旅产品的整体推介等。进行市场化、专业化运营,真正实现投资、建设、运营一体化运作。同时,积极实施"文旅+"战略,促进旅游与农业、工业、文化、康养、体育等产业深度融合,探索名胜名城名镇名村"四名一体"全域旅游发展模式。深入挖掘汉文化内涵,提炼其精神标识和文化精髓,促进创造性转化、创新性发展,让文化资源活起来、文旅品牌靓起来、文化旅游旺起来,使园区建设成为全县文旅产业的龙头项目、地标工程,成为助推高质量发展、绿色发展崛起的新引擎。

(四)制定一园一策,无缝解决"协同作战"的问题

牢固树立"不干则已,干则必成"的创业理念和"舍我其谁,责无旁贷"的担当精神。在县园区建设领导小组的统一领导下,创造性地有效开展工作。既统一领导,协同作战;又相对独立,自主作战。形成四大园区同步推进、争先恐后、异彩纷呈、高潮不断的联动竞争格局,保证整体工作的连贯性和高效性。针对四园建设,制定相关策略。"一园一方案,一园一班子,一园一特色。"一是投资主体多元。县政府提供土地,统一规划,多渠道投资。既可以独资,也可合资。二是建设方式多样。投资者可根据需要、投资能力,自行规划、设计、建设单体场馆。既可自建,也可由政府代建。三是建筑风格多彩。采用园林建设理念,既有整体风格,又突出个性特点,中西合璧,兼容并蓄。四是表现方式多选。静态的展览性场馆减少,增加演示性、体验性、参与性、互动性的项目。五是园区布局多种。既可整体规划,多点分布,一园一点,也可以园中有园,集中连片,你中有我,我中有你,融会贯通。

产业汇聚力量,专业铸就品牌。总之,资源资产化,资产经营化,经营专业化,文化旅游化,旅游产业化,产业市场化,是大势所趋,势不可挡。美丽资源必须蝶变美丽经济,才能相伴相生、相映成景、相辅相成、相得益彰。园区建设务必形成"党政主导、多方参与、企业经营、市场运作、产业发展、人民满意"的工作格局,形成"点上争奇斗艳、面上异彩纷呈"的健康业态。

做强红色文化 唱响英雄赞歌

为沛县高质量发展汇聚强大精神正能量

李忠义

如果说传统文化是一个民族的根和魂、是一个民族的精神标志,那么,诞生于血雨腥风中、硝烟战火里的红色文化,更是一个民族的骄傲和自豪、一个光辉时代最鲜明的历史印记。沛县是革命老区、英雄高地。红色文化、英雄精神代代赓续,历久弥新。作为后来者,我们有责任在高质量发展的新征程上,让其焕发出新的时代光辉。为此,建议如下:

一、传承红色血脉,创设一套联谊互动工作机制。“刘老庄连”是沛县人民永远的骄傲和自豪。1943 年 3 月 18 日,在江苏省淮阴县(今淮安市淮阴区)刘老庄,以沛县籍指导员李云鹏为首、沛县籍指战员为主的 82 名勇士,与 20 倍于己的敌人殊死搏斗,壮烈殉国。2009 年,该连被评为全国“双百”人物。2015 年 9 月 3 日,参加了纪念中国人民抗日战争暨世界反法西斯战争胜利 70 周年阅兵庆典。习近平总书记称赞该连“是中国人民不畏强暴、以身殉国的杰出代表”。作为李云鹏等烈士的家乡人,我们有责任将其发扬光大。建议我县和淮阴区缔结为友好城市,将其作为建党 100 周年的献礼工程。探索建立军地三级联谊互动机制。呼吁该连在每年征兵时为沛县分配适当名额,让沛县子弟的红色基因在此扎下根去。县(区)镇(街道)村三级结成互助对子,创设“南北共建,军地携手,一体多翼,共同发展”的新格局。

二、打造红色平台,建设一批爱国主义教育基地。青墩寺小学、沛县革命烈士陵园等都是鲜活的红色载体。还有更多红色文化亟待做大做强。中共地下武装抗日资源富集。湖西秘密交通线更是打通敌占区和延安的红色通道。郝中士、张光中、察贯一、孟昭珮等无数英烈生命不息、战斗不止。“雨花英烈”吕励之、刘胡兰式的英雄察翠萍、黄继光式的英雄贾云明等前赴后继、浩气长存。他们集中彰显了沛县儿女视死如归、血战到底的牺牲精神,众志成城、无坚不摧的革命情怀,不畏强暴、维护正义的铁血担当。这些就是教育基地建设的基础和蓝本。

三、讲好红色故事,整理出版一批红色记忆丛书。据统计,战争年代我县共有1610名烈士,用生命谱写了惊天地、泣鬼神的壮丽史诗。还有更多无名英雄为了今天的和平幸福做出了奉献和牺牲。我们要组织精干力量,选取荣载史册的革命故事或英雄事迹,挖掘整理发生在普通民众身上、对革命事业产生过重要影响、在民众中广为流传的民间故事,采取不同的讲述方法,让历史告诉未来。

四、再铸红色经典,打造一组文艺舞台影视精品。刘老庄连寸土必争的惨烈阻击,张堤口战斗中血战到底的牺牲精神,小屯抗战中的威武不屈,周堂地道战中的英勇悲壮,铁道游击队的机智顽强,湖西秘密交通线上的斗智斗勇……他们有情怀、有灵魂,有风骨、有血肉,有信仰、有肝胆。建议以影视剧、情景剧、微视频、戏剧等不同艺术形式推出《铁血刘老庄》《血战张堤口》《周堂地道战》《湖西抗日英雄传》《刘少奇过沛县》《陈毅巧渡微山湖》等系列作品。让爱国主义的主旋律在英雄故土接续唱响。

五、培塑红色信仰,组织一批专家开设红色讲堂。深入研究红色文化资源的价值定位、分布特色、资源载体,对其进行分类归纳;将红色文化资源的文渊挖掘透、文脉梳理清、文气承接好;把红色人物、红色事件等整合到教学当中,突出"家国情怀""敢为人先""血战到底"等精神的传承;深入挖掘红色文化的时代价值,开发打造具有时代特色的红色文化品牌。让红色文化立起来、活起来、火起来。

六、拓展红色产业,催生一批文商旅融合新业态。制订规划,找准红色文化合理挖掘利用与城乡融合发展的契合点;引入各方资源要素,参与红色文化产业的开发运营,整合盘活现有资源;拓展提升红色文化产业融合发展路径,以"红色+民俗""红色+生态""红色+美丽乡村"等发展模式,打造宜居宜业的红色文化生态村。红色资源必须蝶变红色产业,才能相伴相生、相映成景、相辅相成、相得益彰。

"不相信有完不成的任务,不相信有克服不了的困难,不相信有战胜不了的敌人!"70年前,抗美援朝特级战斗英雄杨根思的英雄誓言,依然是新时代的最强音。我们坚信,在县委县政府的坚强领导下,言出必行,干则必成,乘势而上,再攀新高。沛县大地一定会红旗更红,战歌更响,英雄辈出,接续荣光!

关于加快文化旅游提档升级的建议

季忠义

文化旅游是实现沛县生态美、文化兴与经济富的最佳结合;也是加快沛县区域性一流特色旅游目的地建设、打造沛县旅游升级版、发展沛县全域旅游的重要抓手。县汉文化开发起步较早、发展不快,存在以下问题:一、星星多,月亮少,甚至说无。影响力大、知名度高、美誉度好的5A景区尚属空白。二、旅游景点多,体验、度假、休闲景区少,游客留不住、留不长。三、开发思路不够开阔。展示性景点多,体验性、创意型景区少。外延拓展不足,制约做大做强。四、现有文化资源、旅游景区活力不足、运营不活,资源存量盘活不够。针对于此,提出以下建议:

一、制订规划。进一步明确文化旅游的目的、意义、平台及路径,引进专业团队,高标准制订专项规划,分步实施。立足沛县的文化特质、经济水平、发展现状、布局特质、典型企业等县情,融合已有的规划内容,借鉴相关区域的规划思路,高水平编制沛县文化旅游发展规划,以科学规划引领科学发展。

二、加大投入。按照规划节点和布局,有计划地进行新的景区建设。同时,根据实际运行情况,针对突出问题,破除瓶颈,完善现有景区服务功能,提升服务质效。

三、提升素质。加强专业干部配备,引进经营管理人才,提升现有从业人员素质,多管齐下,真正实现"专业人员干专业的事"。

四、发展产业。根据市场需求,制定产业发展政策,引进竞争机制,引进产业经营团队,放手、放胆、放权,让市场检验和推进文化旅游产业的健康、持续发展。通过引进实力型运营商,利用运营商的思路和经验,借助运营商的专业团队,完成规划设计、招商运营,最终通过借力借智,实现合作共赢、跨越发展。

关于实施品牌培育战略　打造文化精品工程的建议

李忠义

一个时期以来,我县城市建设取得巨大成就。但是从文化视角看,还存在不少短板,需要加以改进和规避。尤其是品牌培育不够,城乡建设文化精品项目推进少而且慢,严重制约了沛县文化形象的确立和塑造。

建议:

一是唱响一首歌,组织万人合唱团唱响中国帝王第一歌。建议融合古筝、沛筑、武术等沛县地域文化元素,邀请专家编导,组织万人演唱会。二是演好一台戏,再现中国第一平民皇帝赤子情。编演《高祖还乡》大型实景演出节目。三是建好一座城,打造中国第一汉文化历史街区。确立以汉城景区为核心,以汉城路为中轴的城市建设中轴线,北自沿河,南至新沛路,进行规划建设运营的严格管控。在汉城公园主题景区南侧地块建设御街,与汉街南北呼应,形成南御街—北汉街—中景区的大汉城景区空间布局。四是恢复"汉汤沐邑"文化景区,打造中国历史第一保税区。五是迁建泗水亭,打造中国大汉王朝第一亭。六是建设"明先世家"文化景区,打造中国姓氏文化第一区。全面再现朱元璋驱除蒙元,恢复汉室江山,开辟大明王朝的辉煌历史。七是迁建吕布射戟台,彰显中华"和"文化。八是恢复清代古城墙,再现帝乡雄风。在新老城接合部沿河北侧选择合适位置,以外墙内室的形式开发建设,修建古城门、东建钟楼、西建鼓楼,展现千年王气、两汉源头。九是建议兴建文昌塔,延续帝乡文脉。建议在滨湖近城地区建塔,打造兼具古典之美和现代功能为一体的文化地标。十是建设老子悟道处,展现中华"道""儒"两大文化交相辉映第一景观。十一是建设"五里三诸侯"主题景区,弘扬中华合作创业文化。十二是建设邵世矩状元府邸,彰显中华科举文化。十三是重修张贞观墓园,传播中华"廉"文化。十四是提升沛公园的汉文化元素,全面再现汉高祖的壮美人生。

高标定位　项目引领
强力推进沛县旅游跨越发展

教育文体界

近年来,我县高度重视文旅产业的发展,紧紧依托汉刘邦、微山湖、大沙河"一帝一湖一河"人文生态资源优势,大力实施汉文化景区、沿微山湖生态旅游带、沿大沙河观光农业带"一区两带"开发计划,初步形成了"食、住、行、游、购、娱"旅游发展六基本要素齐全的文旅产业格局,旅游景区建设初具规模。但是,对比文旅发展新"商、养、学、闲、情、奇"六要素,由于缺少具有影响力的高 A 级旅游品牌景区,加上周边地区文旅产业的快速发展,造成了沛县旅游优势弱化、发展滞后的局面,短时间内很难形成沛县旅游市场集聚效应。主要表现在以下几个方面:

一是景区规模小。就目前来看,我县文化旅游产品的种类较多,精品却不突出,尚未形成拉动全县文化旅游的龙头产品,如汉之源、泗水亭、三诸侯文化园等景区规模较小、档次低,且形式、内容单一,很难打造综合性旅游景区,后劲发展不足。

二是景观质量差。旅游资源开发深度不够,旅游资源产品化程度低,缺乏现代文化旅游的发展高端体验项目。景区提供的产品不能满足游客需求,景区形象同质化,内涵单调;景区活动、娱乐类产品少;特别是汉城景区"江山依旧",20 多年原地踏步,表现形式单调,布展陈旧,远远不能适应新形势下"全域旅游"发展需要;千岛湿地项目建设严重不到位,旅游项目少,与 4A 级景区、省级旅游度假区标准要求差距甚远;沛公园景区文化内涵少,仅有一座大风歌群雕。

三是高端品牌少。缺乏具有带动作用和辐射能力强的区域性旅游龙头景区,目前,仅有国家 4A 级景区 1 家(省级旅游度假区),国家 3A 级景区 4 家,省四星级乡村旅游区 3 家,品牌与实际标准相差甚远。

四是服务功能弱。游客中心、咨询中心、集散中心等公共服务功能较弱。没有县级旅游集散中心,不能为来沛游客提供全方位服务,智慧旅游景区、智慧旅游服务体系建设不健全,部分景点通行条件差,旅游产业链短。

五是旅游产业规模小。乡村旅游精品点少。陈油坊葡萄园、昭阳庄园、安庄渔村等已建成一定规模,但由于配套设施简陋,产品单一,互动内容不足,旅游服务意识不强,尚未形成乡村旅游带动百姓致富的明显成效。

针对我县缺少高大上、新奇特旅游项目的实际,下步要以龙头景区建设为突破口,带动全县旅游跨越式发展。

一是突出规划引领。围绕汉文化旅游区、沿微山湖生态旅游带、故黄河休闲观光带“一区两带”开发战略,坚持规划先行,聘请国内外知名旅游专家、智库高标准编制《沛县旅游发展规划》和《沛县文化旅游产业发展规划》。

二是突出项目引领。围绕汉文化、微山湖、黄河故道(大沙河)资源禀赋,突出项目引领,以汉城景区4A级景区创建,沛公园景区提升,微山湖千岛湿地省级旅游度假区建设,田美韩楼乡村旅游综合体等项目为重点,打造区域性龙头产品,彰显沛县丰厚的历史文化蕴藏,提升沛县“刘邦故里,大汉之源”的影响力、吸引力,形成沛县旅游“拳头”品牌。

三是突出文化引领。抢抓黄河故道二次开发、江淮生态大走廊、京杭大运河文化带建设机遇,深度挖掘汉文化、微山湖、大运河、故黄河资源优势,突出旅游+文化、旅游+生态、旅游+农业,建设1—3个文化引领、生态优先、产业融合、特色鲜明的旅游集聚区,增强沛县旅游的辐射带动力。

四是突出招商引资。围绕文旅重大项目、重大产业、高端品牌,着眼招大引强,瞄准国内知名旅游投资公司,如中青旅、港中旅、华侨城、伟光汇通等,全力开展文化旅游招商活动,争取大项目落地,大企业进入,做大做强沛县文旅产业。

五是突出政策引领。强化政策、用地、资金和人才等措施保障,适度扩大文旅产业用地供给;做好人才引进、策划引领、政策引导、项目引入;对重大项目、重点工作、重要事项,定方向、定标准、定目标、定责任、定节点,定期抓调度、抓推进、抓落实,形成发展旅游的强大合力。

深入实施文化惠民工程　构筑共同文化精神家园

周　群

在群众问卷调查过程中，经过问卷分析，大多数村民对文化建设方面的知识都比较了解。群众思想上有了很大触动，提出的问题很适应当前需要，希望多举办一些文艺、文体类惠民活动，如广场舞、电影、戏曲等这些群众喜闻乐见、健康向上、集聚人气的文化活动，进一步提升群众文化生活质量水平。

建议：

一、加强文化人才建设。成立文化人才建设工作领导小组，健全文化组织机构，尽快建立村居文化站，配足专业人员，形成有人"管、问、抓、创"的工作格局。

二、加强文化队伍建设。充分发挥农村文化能人、文化中心户的引带、辐射作用，聘请资深老师开展文化方面辅导教学，解决文化站专业人才短缺和缺乏训练场所、教练辅导力量不足等问题，不断稳定和发展专、兼职结合的农村文化队伍，逐步提高农村文化队伍的整体素质。

三、加强文化设施建设。尽快完成村居文化站的恢复重建工作，广泛吸引社会资金投入农村文化事业，逐步构建出街道设有专门文化建设负责人、村居有文化站、文化活动室、自然村有文化活动户的四级文化活动网络。

四、加强文化创新载体。丰富农民文化生活，创作编排群众喜闻乐见的文化活动，深入社区群众巡回演出，以激发广大农民自娱自乐的积极性。推进农村文化普及工作，提高农民群众文化活动质量。

深化文旅融合　促进高质量发展

河口镇联络小组

党的十九届五中全会明确提出,“推动文化和旅游融合发展,建设一批富有文化底蕴的世界级旅游景区和度假区,打造一批文化特色鲜明的国家级旅游休闲城市和街区,发展红色旅游和乡村旅游”,为“十四五”时期文化旅游事业提供了参考、指明了方向。沛县作为汉文化的发源地,有着深厚的文化底蕴,深化文旅融合、推动文旅产业高质量发展是时代赋予我们的新定位、新使命。

近年来,我县充分挖掘文化资源和旅游资源优势,搭建融合共建新平台,积极探索文旅融合新途径,广泛开展文旅惠民系列活动,取得了一系列成绩。一是武术之乡资源优势凸显。沛县是全国首批命名的武术之乡,走出了34名世界冠军,我县立足这一优势,创作了十多个舞台文艺节目。二是汉文化景点开发卓有成效。建成了汉城公园、沛公园、歌风台、高祖原庙、文景园、鸿鹄阁、“五里诸侯”文化园、汉台社区、刘邦古村等文化旅游景点。三是地域特色文化逐步开发。我县深度发掘了富有沛县特色的牛蒡文化、大运河文化,打造了黄河故道田园风光文化综合体。

在看到成绩的同时我们也看到,我县的文化旅游融合发展还存在一些问题。

一是专业人才的缺乏。文化资源只是潜在的优势条件,还需要专业的团队来推进,实现其创造性转化,才能兑现为旅游优势。目前我县文化和旅游人才队伍总量不足,聚集能力不强,专业性不强,特别是管理型人才、创意型人才、市场营销型人才奇缺。

二是资源缺乏有效整合。没有一个涵盖基础设施、景观开发、文化旅游创意开发的全区域、综合性的规划,各种文化资源的开发各自为政,产业发展仍处在自发性状态,缺乏统一策划、对外营销,创新力、影响力不强,资源优势还不能真正转化为产业优势和市场优势。

三是品牌效应不明显。我县虽有深厚的汉文化底蕴,却没有几个能打响的文旅品牌,缺乏文化和旅游精品,宣传力度不够,市场化和集约化程度不高,不能形成产业集群。

为更好地推动我县文旅事业繁荣兴盛,建议从以下几方面努力:

一是加大专业人才的培养力度。文旅融合,首先要培养一批专业的人才,一方面要加大人才引进力度,通过引进一批文艺编导、艺术表演、文化创意、市场营销、景区运营等方面的人才,从专业的角度推进我县文旅产业融合发展。另一方面要大力培养本地人才,留住一批懂策划、善管理的人才,培养一批在省内乃至全国具有较强影响力和知名度的领军人物,更好地适应文旅融合的新形势。

二是强化文旅融合的制度设计。深化文化与旅游产业的融合,不仅需要在专业领域加大扶持力度,还需要政府站在经济社会发展全局的高度,进行顶层设计和总体谋划。1. 规划融合,构建文旅大格局。突出文化资源的旅游化开发和旅游项目的文化价值提升,形成文旅融合发展、一体化发展的鲜明导向。2. 政策融合,扶持文旅大产业。在市场准入条件、文化资源开发、公共服务配置、发展资金导向、扶持政策配套等方面进行优化,形成合力,优先支持文旅融合度高的项目,引导市场主体的行为。3. 监管整合,规范文旅市场。整合监管队伍,统一监管标准,规范执法行为,保障文旅市场的规范、有序、健康发展。

三是提升文旅产业的品牌效应。文旅融合发展涉及的内容非常广泛,文创产品的开发,旅游演艺节目的创作等等都是文旅融合很好的方式,沛县文化遗存丰富、民间工艺品类繁多,文创产品开发条件得天独厚,若能加以科学组织,开发市场需求度高的文创产品,既能促进传统优秀文化的传承,也能进一步提高购物消费在旅游综合收入中的比重。另一方面,沛县文化厚重,汉风浩荡,内涵丰富,特色鲜明,应充分调动景区、企业、民间艺人等多方面的积极性,打造一批主题鲜明、构思新颖、制作大气的主题文化旅游晚会,创作一批雅俗共赏、寓教于乐、喜闻乐见的优秀节目,扩大文化的传播范围,延长游客的逗留时间。

加大基层公共文化服务体系建设　服务乡村振兴战略

耿兴盛

近年来我县公共文化服务体系建设取得了丰硕的成果，县级公共文化服务体系日益完善，各类型广场、公园的建设使用，县文化活动中心建成并投入使用，城市书房合理规划布局，社会资金对公共文化服务的投入也日益增加，极大丰富了城区居民的文化生活，深深为我县公共文化服务体系取得的成绩以及规划的蓝图感到振奋。但在公共文化得到极大发展的同时也存在一些不足。

目前存在的问题：

一、部分公共文化服务设施建设盲目追求高、大、上，满足考核需要，但脱离群众实际需要，群众参与度不高。

二、城区公共文化服务设施日益丰富完善，部分经济基础较差的乡镇、特别是边远村级公共文体设施投入有待加强。

三、部分乡镇公共文体设施建设同质化，追求考核导向，缺乏特色，主题不突出。

四、没有充分发挥社会力量，社会参与度不高，基层文化带头人缺乏，公共文化体系建设、运转、维护的良性循环体制亟待形成。

为此提出几点建议：

一、更加贴近群众实际、建设全民共享的公共文化服务设施。公共文化服务设施的建设一定要切合实际，要充分调研、征求群众的意见，要真正满足群众的切实需求。随着生活水平的不断提高，群众对公共文化服务的需求日益增加，特别是健身、娱乐、阅读等基础公共文化的需要十分迫切，是公共文化服务的短板。公共文化服务设施要合理布局，方便群众参与；要开放式建设，要配备合理的健身、娱乐、阅读等设施、设备。公共文化服务实施不要盲目建得高大上，建成的设施就要正常对群众开放，鼓励群众参与，不能关门落锁，更不能建成只为考核的面子工程。五段镇奥体广场就是贴近群众，较好满足群众实际需求的广场。

二、均衡布局，打造亮丽公共文化服务平台。镇级文化设施也得到了较大提升，村级文化阵地进一步夯实。但因镇域经济发展不平衡，北部大屯、杨屯、龙固、安国等镇（街道）经济实力较强，公共文化设施投入大，建设得相对完备。南部乡镇经济实力较差，在公共文化服务体系建设上还存在着一定的短板和不均衡情况，希望文体部门在公共文化服务体系建设上注意均衡化布局，给予南部乡镇、边远乡村较大扶持。要以城区为重点，将中心镇和条件较好、基础较扎实、公共文化底蕴深厚的镇（街道）打造成亮丽的公共文化服务亮点，带动全县公共文化服务体系建设。

三、突出特色主题，大张旗鼓地弘扬社会正能量，引领新时代民风。各镇、特色村在公共文化基础设施建设上要突出特色主题，加大对党的政策方针、文明乡风、红色主题、历史文化、沿湖文化、武术、书法等特色文化宣传和发扬。乡村大舞台要编排表演一些群众喜闻乐见、通俗易懂的小品、梆子戏等弘扬主题、传播社会正能量、移风易俗的节目。设立善行义举榜、沛县好人榜、经济发展带头人排行榜等，引导、鼓励群众友爱互助、富民强村、发展经济。

四、汇聚社会力量，培育群众文化带头人，共建基层文化平台。在政府加大投入的同时要积极汇聚社会力量投入公共文化基础设施建设，充分引导、发挥沛县在外成功人士、热爱基层公共文化的能人，发挥他们的能力和爱心，鼓励他们捐资共建家乡，回报乡梓！给他们以荣誉，让他们成为公共文化体系建设的中坚力量。县、镇文化部门要加大力度培育群众文化带头人，提升文化素质和能力，提升表演水平，提升对基层公共文化服务设施的管理能力，要建立长效机制，形成良性循环。

希望我们大家共同努力，共建，共享，共同参与，让文化沛县给我们带来更美好的幸福生活。

关于整合旅游资源大力发展我县旅游业的建议

王海峰

沛县作为历史文化名城,资源富集,文物古迹众多。近年来,随着我县旅游业迅速发展,取得一定成效,旅游业发展势头良好。目前来看仍存在以下问题:一是全县旅游资源缺乏整合。旅游景点太散,不成规模,大大小小良莠不齐,未形成一个完整的旅游线路。二是旅游品牌没有很好地打造出来,汉文化资源没有完全挖掘。三是没有形成完整的旅游业大格局,管理上存在问题,软环境需要加强。四是旅游景点的投入不够,配套设施不健全、不完善,旅游基础设施与发展休闲度假的要求相去较远。旅游资源有待进一步开发,旅游休闲基地有待进一步建设,景点开发与配套设施有待提档升级。

建议:

一、统筹开发,科学规划。政府及主管部门真正发挥主导作用。更新理念,转变方式,加大市场化运作,由政府型旅游向市场化转变。以"高端、高效、高附加值、高辐射力"为发展方向,统筹实施大区域规划,大旅游、大项目支持,强化对旅游开发保护、规划建设、市场监管等工作的统筹、协调和旅游转型升级。

二、整合旅游资源,开发完整观光带。加大旅游景点的投入,软件硬件一起抓。立足"苏北旅游度假胜地",深挖汉文化资源,将文化融入景区建设,提升旅游文化品位,打造旅游文化品牌。整合沿微山湖生态旅游带、沿黄河故道休闲农业观光带、汉城公园、沛公园、千岛湿地、安国湖湿地与刘邦古村、沛筑古镇,千岛湿地与武术小镇旅游资源统筹融合开发,形成大景区、小景点,景点有故事、故事有文化渊源的完整旅游线路。

三、大力发展特色旅游商品,拉动旅游相关产业发展。文化是旅游的灵魂,运用现代化技术手段形成既有汉文化古迹的民族文化又有生态休闲、餐饮住宿、健身运动、青少年精神文明教育基地等多种形式的以"游、购、娱、食、住、行"为一体的旅游产业。

关于推进乡村全民阅读促进书香城市建设的建议

张 娟

随着沛县经济建设的快速发展，人民精神文化需求也不断增长。“倒在路上的人不敢扶”现象会成为问题，不少孩子的基本行为习惯缺乏，部分成人“孝”和“感恩”思想脱离常态。这种现象，乡村表现更为突出。由于受经济限制和思想局限，村民和农家孩子读书的时间和数量和城市相比太低，显然跟不上我县经济建设和十九大知识经济的步伐。为了促进我县全民阅读和书香城市建设的步伐，提高沛县文化建设的软实力，提出如下建议：

一、加强宣传和立法工作，达到思想重视。在乡村，进行多种形式阅读宣传；另外，如能建议市人大将全民阅读相关条例列入立法计划，也会大大促进乡村的全民阅读力度和重视程度，从而促进全县全民阅读、书香城市的建设。

二、建立健全沛县乡村全民阅读服务体系。与县城相比较，乡村全民阅读服务设施远远落后。建议多多增加和建设免费阅读场所。建设乡村图书馆、免费读书室等。并提供相应的阅读服务，公共服务场所为残疾人、老年人、学生等不同群体提供相关的服务设施，以推动乡村全民阅读的进程。

三、在乡村多开展相关阅读活动，增加乡村参与活动的机会。多进行开展阅读相关的活动，如让阅读展演活动进乡村，进行相关阅读比赛活动，也可以以家庭或个人为单位，进行“书香家庭”“读书能手”等活动。

四、加强乡村学校等单位阅读活动的管理，充分发挥他们对于村民的带动作用、宣传作用、引导作用。

五、鼓励支持社会力量参与。通过社会力量参与设立公益性乡村全民阅读基金，用于资助乡村全民阅读活动的开展。

关于保护地方传统戏曲
加强沛县梆子剧团建设的建议

王宝红

沛县梆子剧团是江苏梆子戏三大传承院团之一,是我县唯一的专业艺术表演团体。近年来,随着社会的发展,沛县梆子剧团面临很多困难。由于收入微薄,剧团职工都面临着养老难、育子难,买不起房、交不起孩子的学费,有的住车库、有的长期租房,生活举步维艰。演职员甚至要信访、上访,极易滋生不稳定的隐患。

目前,沛县梆子剧团主要存在两方面的问题:

一是缺人才。现在剧团职工年龄小的也近 50 岁,所有女演员 5 年内全部到退休年龄,后继无人,无法维持正常演出活动。

二是缺资金。剧团每年收入约 110 余万元,支出接近 300 万元,每年短缺资金近 200 万元,医疗保险及其他“四险一金”也没有办理,随着年龄的增大,演职员压力很大,思想情绪不稳定。

建议:

一、引进培育艺术人才。按照岗位需求,招录一批戏曲表演、编剧导演和舞美设计人员到剧团工作,加快剧团传承培训力度,用师带徒和集中讲座培训相结合。

二、保障从业人员社会权益。剧团演职人员养老保险和医疗保险应纳入县财政年度预算。退休后抚恤金、遗属补助由县人保局社保处解决。

三、增添舞台演出设备。为了剧团更好地演出,尽快添置一批音响、灯光、电子大屏等演出设备,提高演出质量,增加广告收入。

四、设立传承与发展专项基金。根据国务院国办发〔2015〕52 号《国务院办公厅印发关于支持戏曲传承发展若干政策的通知》和《江苏省关于支持戏曲发展传承的实施意见》精神:“加强地方戏曲保护与传承,振兴戏曲艺术,并将其纳入国民经济和社会发展‘十三五’规划。鼓励地方设立戏曲发展专项资金或基金,扶持本地戏曲艺术发展。”建议设立沛县传统戏曲传承与发展专项基金。

关于“开发沛县红色景点一日游”活动的建议

王成启

我县辖区内红色资源丰富，“张寨镇青墩寺小学”是沛县第一个特别党支部成立之地，被誉为沛县红色摇篮；其他的还有鹿楼等地的“烈士陵园”“微山湖上红色秘密交通线”“沛县王成启红色博物馆”（此馆收藏了从中国共产党成立到改革开放，近百年历史的8万多件红色藏品）。多处红色景点，已成为我县一道亮丽的风景线，长期以来几处景点单独存在，没有充分开发利用实在可惜。

建议：

一、政府出面整合资源，把多处红色景点串联起来。调整配备专人管理，增加资金投入，大力支持红色文化资源建设。

二、县旅游局领导对各景点实地考察后，大力宣传我县红色旅游，利用国庆节、建党节等重大节日，开展红色文化宣传月活动。筹划“沛县红色景点一日游”，吸引本县与周边地区的游客前来观光旅游，带动沛县经济发展。

三、县旅游局牵头，张寨镇党委政府配合，邀请省市旅游局主要负责人，及县领导和相关单位，在张寨镇陈油坊村中心广场（红色博物馆所在地）举办“红色旅游启动仪式”，形成红色旅游的浓厚氛围。

四、利用电视台、报纸、网络等媒体大力宣传我县红色资源，让我县红色资源火起来，发挥红色资源的社会效能，更好地服务社会。如能落实到位，不但能提升沛县知名度，还可以让众多社会各界人士接受爱国主义教育，让社会主义核心价值观，在龙城水乡扎根发芽，让爱国主义思想占领我县城乡阵地。

关于对湖陵古城遗址进行保护开发的建议

尤志文

湖陵古城遗址位于沛县龙固镇三里庙村、前程子村与山东微山县张楼乡程子庙村交界一带,建城于春秋时期,为宋国城邑,南朝刘宋时期,撤销湖陵县,将其并入方与县(今鱼台)。至此湖陵城作为独立行政区划不复存在,但城邑仍存。明朝中期以后,水患频繁,嘉靖四十四年黄河泛滥造成古城坍塌,清咸丰元年,黄河决堤,湖陵城淹没地下。2013 年,徐州市博物馆考古队历时两个月对湖陵城遗址进行初步勘探调查,发现湖陵城以古泗水为界分为南北两城,北城周长 3345 米,面积 73 万平方米,城墙宽约 20 米,其中东墙长 805 米,西墙长 900 米,南墙长 920 米,北墙长 720 米。南城周长 4140 米,面积 104 平方米,城墙宽约 20 米,其中西城墙长 1120 米,南城墙长 1020 米,东城墙长 1100 米,北城墙长 900 米。2015 年黄河故道二次开发工程龙固段水利工程施工,穿过南城南墙和东墙,工程中出现的城墙夯土、夯层、夯窝非常清晰,同时出土大量的护城墙建筑构件,如板瓦、筒瓦、网格纹方砖等残片,城墙出土位置与 2013 年勘探调查结果吻合。2017 年 10 月,湖陵古城遗址被批准为县级文物保护单位。2018 年 9 月,省博物馆领导相关专家来龙固实地考察湖陵古城遗址。

建议:

一、湖陵城遗址具有重要的历史、科学、艺术价值,县相关部门应高度重视,积极推进湖陵城遗址省级文物保护单位申报,给湖陵城遗址法律意义上的保护。

二、文史专家从更广阔的历史空间论证湖陵城的历史价值。文物考古部门进一步对湖陵城遗址的位置、走向、区域范围进行勘探,从科学的角度断定它的价值,待保护范围及建设控制地带确定后,加快实施对湖陵城遗址的发掘、保护和利用。

三、县相关部门应积极申请省级层面,把湖陵遗址保护开发利用工作纳入大运河文化带建设中,明确重点开发保护方向,确定重点建设项目,切实把湖陵文化保护、传承、利用工作落到实处。

关于加快推进昭阳湖文化旅游产业发展的建议

杨屯镇联络小组

2017年11月23日,徐州洪福湿地名胜景区项目已开建奠基。该项目位于沛县杨屯镇下庄村东北,风景秀丽的昭阳湖畔。为挖掘历史文化,开发文化旅游产业,杨屯镇政府与上海福盈集团签订合作协议,共同打造洪福湿地旅游度假区。该度假区由湖陵古城、鸡鸣台、洪福核心区、洪福湾渔场等景区组成。其中,一期核心景区由上海福盈集团投资兴建,该景区总投资约6亿元人民币,占地面积约180亩。除一期洪福核心景区外,还将大力开发景区内的旅游地产、商业地产以及养老项目等多元素化,最终将其打造成一个产业生态链,让其成为徐州闻名遐迩的景区,吸引世界各地的游客前来此景区休养生息,感悟禅修文化。

建议:

一、风光旖旎的昭阳湖一直处于原生态保护状态,为加快杨屯文化旅游产业的发展,建议对昭阳湖杨屯段进行适度的保护性开发,形成与洪福湿地景区比翼双飞的旅游发展格局。

二、修建古运河旅游观光码头。

三、开通与滕州红河湿地、济宁南阳古镇水上旅游线路,互通游客资源,促进杨屯旅游产业快速发展。

关于提升文景园工程项目文化内涵的建议

季忠义

文景园景观工程位于东环路东、汉润府东侧,新沛东路北侧,歌风东路南侧,占地面积约220亩,其中人工湖水域面积约48亩。该工程由沛城街道办筹资约5200余万元兴建。2019年2月开始建设,年底基本完成,目前正在进行扫尾工作,今年春季可全面完工。

据悉,工程按ABCDE五个区域划分:A区邻接在建的新沛路,由声乐广场、南大门景观及两侧建筑物组成;B区位于文景园西侧,由西大门景观、廊亭、足球场、羽毛球场、篮球场、看台、机动车停车场、非机动车停车场、假山水池组成;C区位于文景园的西北角,由老年活动中心、儿童活动中心、公共厕所、机动停车场、非机动停车场组成;D区位于文景园北侧,由北大门景观、管理用房、曲面木栈道、东大门景观、亲水平台、扇面木栈道组成;E区位于文景园的东南角,由仿古木结构岛上建筑、人工湖、阶梯木栈道、机动停车场组成。全园遵循春有花、夏有荫、秋有果、冬有景的建造原则,打造全时、全季、全民无障碍,随时、随心、随想的公共休闲运动市民公园,全面建成后,将成为市民休闲、健身、旅游的理想场所。

但经过实地调研,结合群众反映,园区建设存在四个方面的问题和短板亟待解决:一是缺乏彰显大汉文景之治的史诗性作品《文景之治赋》等相关文艺作品,不足以弘扬沛县大汉之源、盛世之基的历史影响和文化地位。二是文化文史工作缺位。现有展出人物跟文景之治关系不大,甚至毫无关系,相关史实不够准确,甚至错讹,容易误读。三是建设功能定位不明,建设、管理和使用脱节。现有建筑中看的多,中用的少,部分建筑物的实用功能受限。四是人防技防尚未跟上,安全隐患较大。

为此,建议如下:

一、邀请县内文化文史专家,对景区内现有建筑物和构筑物命名、创作。文化是园林的灵魂、精神和品位。县内专家熟悉地方文史和相关历史,有得天独厚的地域文史资源和自身专业优势,这是外地专家的短板。建议结合文景时期的相关史实或传说,选定积极健康富有文化内涵,又极具诗情画意的名字。重点打造体现文景之治深远影响的辞赋《文景之治赋》、诗词及楹联等文艺作品,镌石刊刻在醒目位置,彰显文化品位、政治站位和历史地位。

二、尽快完成扫尾工程,实施内涵提升项目。内涵的提升主要是文化的提升,文化文史学者不能缺位。对建成景区内人物史实存在错讹的内容进行调整。既然取义文景之治,文化设施,特别是展出历史人物和史实就要对应文景时期,做到名实相符。尤其对相关建筑物,进行实用化的考量,做到观赏性和实用性的完美统一。

三、建议尽快将园林交付专业部门进行管理,实现专业的人干专业的事。县园林服务中心是我县园林建设和管护的职能部门,拥有造园及管护的专业人才和丰富经验,及时交付,有利于园林的充实完善、管理维护和内涵提升。为以后创建 A 级景区做准备,一些摊点、售卖点在交付专业管理之前不要进入,根据创 A 标准,合理规划公共服务设施,不要让商业摊点拉低文化景区的档次,成为商业化的公共游园。

四、加大安保设施投入,完善管控体系。实现景区管理的智能化,做到人防、技防相结合,监督管理无死角、全天候。建立园林养护、卫生保洁、安全巡查三支队伍,建立监督考核力度,保障各项工作落实、落细。

关于启用鸿鹄园天禄阁建成县文史馆的建议

季忠义

政协文史馆是宣传和展示人民政协的窗口,是对外开放合作交流的平台,是宣传和介绍多党合作和政治协商制度的教育基地。目前全国不少地方县级文史馆已经发挥了较大作用,社会反响较好。为此,省政协会议也专门做了部署。为此,建议县委县政府盘活闲置场地鸿鹄园天禄阁,建成文史馆,打响我县独有的汉文化历史品牌,打造基本政治制度宣传教育基地,建成全省乃至全国一流的县级文史馆。

一、三点原因

(一)资源闲置。鸿鹄园位于张良路以南,行政中心以北,总投资 2500 万元,总占地面积约 79200 平方米,其中水体面积 10060 平方米,道路铺装面积 12890 平方米,绿地面积 55310 平方米,建筑用地面积 938 平方米。该园由江苏省建筑园林设计院设计,沛县园林局负责建设,扬州市江都区园林工程有限公司具体施工。2013 年 2 月开工建设,2013 年 12 月 30 日竣工。在规划建设上体现汉代园林建筑风格,景点主要由天禄阁、励志雕塑、孔子问礼像等组成。该园建成以来其主要建筑天禄阁一直闲置,只是作为工具房使用,与建设的初衷和现实的需求均有较大距离。

(二)历史渊源。天禄阁是中国最早的国家图书馆。西汉初年,丞相萧何就在未央宫中主持修建了天禄阁与石渠阁。天禄阁主要存放国家文史档案和重要图书典籍。天禄阁与石渠阁同为汉宫御用藏书典籍和开展学术活动的地方,是中国也是世界上最早的国家图书馆和档案馆。汉惠帝废除"挟书之律",汉武帝更积极地收集整理书籍。经过几代帝王的努力,秦末散佚的图书又被发掘和整理出来,藏于天禄阁与石渠阁。司马迁就是凭此写成了五十多万字的不朽巨著《史记》。

(三)功能一致。文史馆是集征集、收藏、研究、展示、利用、交流等功能于一体的综合性文史馆,也是一个展现地方文化历史的窗口和平台。其主要作用是宣传和展示中国共产党领导的多党合作和政治协商制度及其实践成果；宣传和展示人民政协的光辉历程和历史贡献；宣传和展示政协委员履行职能、参政议政的成果；开展理论研究和学术交流活动。

鉴于天禄阁的历史渊源和文史馆的相近功能，为充分盘活整合利用闲置资源，打造城市新的文化地标，增强文史服务社会的文化功能，体现一个城市的历史厚度和文化温度，特此建议县委县政府将这一闲置资源利用好，建成全国一流的县级文史馆。

二、五条建议

（一）利用现有资源，高标准建设文史馆。实行资源整合，将鸿鹄园天禄阁交由县政协组建专门班子，邀请一流团队进行规划设计和施工，以最快的速度、最高的标准施工建设，打造一流的文史馆。

（二）加大扶持力度，保证可持续发展。像对待图书馆、文化馆、博物馆等场馆那样纳入我县公共文化服务体系，保障其日常的运营经费及继续提升改造的经费投入。按照全国一流的标准，大胆引进专业人才，在讲解服务、馆藏陈列及日常维护管理方面建设一流的专业团队。努力实现宣传效果的最大化，让社会各界群众更加坚定中国特色社会主义制度自信，更加热爱共产党，热爱我们的家乡、我们的国家。

（三）扩大受众范围，提高知名度。“立足政协，面向社会”，让群众了解协商文化和人民政协历史，了解中国新型政党制度。积极吸引县内外乃至全国各地的群众前来参观学习，在提高文史馆知名度的同时，也有助于提高沛县在全国的知名度。

（四）明确功能定位，增强生命力。建议邀请业界专家学者针对文史馆的发展定位进行研讨座谈，力争在全国政协文史馆系列中突出特色。不仅要建设成为弘扬优秀传统文化和红色革命文化的爱国主义教育基地，还要根据中国共产党领导的多党合作和政治协商制度的最新精神和实践成果及时进行完善和提升，致力于打造基本政治制度宣传教育基地，从而增强文史馆的竞争力和生命力。

（五）积极申请教育基地授牌，扩大影响力。建成后，作为公益性的文化场馆，应积极申请全国爱国主义教育基地授牌，积极向省政协、全国政协申请教育基地授牌，积极向省委统战部、中央统战部申请统一战线教育基地授牌，从而扩大政协文史馆在全国范围内的影响力。

经济卷:固本强基

沿湖地区经济社会发展情况调研报告

季忠义

为贯彻落实县第十四次党代会精神,推进沿湖经济社会更好更快发展,立足打造“徐州后花园”的目标定位,围绕“环境美、产业兴、经济强、百姓富”的发展思路,县政协联合调研组通过微山湖沿线经济社会发展调研以及太湖、洪泽湖、京杭运河流域实地考察学习,对沿湖地区经济社会发展进行了积极探讨和深入思考。现将有关情况汇报如下:

一、本地发展现状

(一)整体情况

沛县微山湖沿线共有5镇(龙固镇、杨屯镇、胡寨镇、魏庙镇、五段镇)、2街道(大屯街道、沛城街道)、1场(湖西农场),行政区总面积388.7平方公里;总人口(常住人口)约52.6万人;耕地面积22876公顷;2015年地区生产总值(当年价)343.4亿元。截至2016年9月底,共有规上工业企业277家,规上服务业企业65家。

南部以农、湖产品开发,乡村土特产电商园、优质稻米种植等项目为主,具有典型的现代化农业特色。北部以工业及制造业为主,有煤矿、造船、纺织、铁合金等项目,同时发展休闲观光渔业,优化现代服务业,建设大型湿地公园、旅游度假区,将微湖资源逐渐转化为产业资源。总体上看,沿湖乡镇经济发展很不平衡,龙固镇、杨屯镇有一定的产业基础,生态建设有较强的后发优势,沛城及大屯街道依靠县城区也可稳步发展,其余镇、场经济现状不容乐观。

(二)工业经济发展现状

我县建立了以能源化工、农副产品加工、铝加工、轻工纺织、冶金铸造5个优势传统产业为主体,光伏光电、装备制造2个战略新兴产业为先导的“5+2”现代工业体系。沿湖地区在现有工业体系中占据重要地位。2015年全县工业销售开票收入超过3000万元的企业共101家。其中,沿湖地区62家。初步形成了县经济开发区—县高新技术产业区、杨屯产业集聚区—龙固产业集聚区、张庄产业集聚区、敬安产业集聚区、魏庙产业集聚区、安国产业集聚区、鹿楼产业集聚区、五段产业集聚区、张寨产业集聚区的“1 +2 +8”工业园区发展构架。其中,县高新技术产业区、杨屯产业集聚区、魏庙产业集聚区、龙固产业集聚区、五段产业集聚区位于沿湖地区。

(三)沿湖农业发展现状

围绕优质稻米、设施菌菜、生态养殖、特色水产等产业,已基本形成沿微山湖30万亩优质绿色稻麦基地、5万亩特色水产基地。大屯、沛城、湖西、胡寨、魏庙、五段6个镇(场、街道)主要以稻麦轮作为主。龙固、杨屯2个镇以水产养殖为主。现有省级龙头企业广勤米业1家,家庭农场400余家,千亩粮食高产创建示范方6个,400亩杂交制种基地1个,200亩有机稻米基地1个,水稻机插秧率60%,水产面积4.18万亩,农田水利现代化水平80%。

(四)文化旅游产业现状

依托自然景观资源,汉文化和红色文化的人文历史资源,形成了以商贸物流、旅游业为主的服务业发展格局,成为苏鲁交界地区重要的粮棉物流中心、具有滨湖特色的生态旅游基地。古留城遗址、“铁道游击队”蜚声中外。微山湖生态旅游带作为徐州市“十二五”期间优先发展的旅游区,已纳入徐州市旅游发展总体规划。千岛湿地景区、安庄渔村、湖西文化园、东原会所、杨屯镇昭阳庄园、沛城镇国际生态旅游城、古沛渔村、五段镇神龙水街等沿湖开发项目快速推进,沛县沿湖开发成为徐州市沿微山湖旅游开发的先导区和示范区。沿湖文化生态旅游带是苏北旅游的新亮点,“两河两路”的规划建设为沿湖开发带来了千载难逢的良机。

(五)沿湖水利设施现状

随着湖西大堤治理、沛县大沙河综合治理、湖西泵站更新改造等水利工程的相继完成,防洪、排灌工程体系得到完善,水利设施功能、标准、防汛抗旱减灾能力得到显著提高。

二、外地先进经验

微山湖沿线的山东省微山县、滕州市、鱼台县,京杭大运河沿线的江都区、淮安区,洪泽湖沿线的泗洪县,太湖沿线的吴江区、宜兴市在这方面做出了积极探索,积累了大量的成功经验,值得借鉴和推广。

经验之一:高点规划建设,高层管控布局

各地高度重视沿湖地区规划建设工作,站在跨越发展的高度,突破地域限制,打破常规思维,全局谋划、重点部署、全力推进。

1. 将沿湖地区开发列为本地战略重点。滕州市、微山县、鱼台县、吴江区、宜兴市、泗洪县均已将滨湖开发、生态旅游列为“十三五”时期城市发展的重要战略。重点突出沿湖地区在生态保护、水源涵养、旅游休闲等方面的战略地位,以“水”为主题,以旅游发展为主导,突出地域文化、水文化特色,重点打造滨湖绿带、休闲长廊。

2. 统筹沿线规划布局。滕州市统筹编制沿湖各镇城镇总体规划、城镇文化产业等专项规划,确立了沿微山湖城镇带相对统一又各具特色、古色古香又体现现代特性的建筑风格,成为一道亮丽的城市名片。吴江区在太湖东岸的开发过程中,以生态保护为底线,以历史性、时代性相结合为要求,将整个沿湖区域划定为生态旅游、休闲观光区,对参观游览、娱乐休闲、饮食住宿等产业开发进行了整体布局,“一湖一带”的打造也极大地带动了产业发展。

3. 探索建立高层级管理机构。目前,滕州市红荷湿地景区、泗洪县洪泽湖湿地景区是国家 AAAA 级风景区,管理委员会是政府的派出机构,对湿地景区实行统一管理,是集湖区资源开发、生态旅游、管理为一体的县级单位,同时担负着湖区生态旅游规划、建设、接待等工作。江苏省吴江肖甸湖森林公园由国家级经济技术开发区吴江经济技术开发区管理,确保了资金、土地的配套,管理水平、规划层次也得到了保障。目前,滕州市通过学习武汉市东湖生态旅游风景区创建经验,正在探索建立更大范围的沿微山湖景区管委会,通过将更大范围区域划入管委会管辖范围,实现更加合理、高效地开发湖区自然资源、社会资源。

经验之二:挖掘文化资源,打响旅游品牌

文化产业是城市发展的重要动力,旅游品牌是文化产业的名片,通过深度挖掘自然生态和人文历史资源,打造精品工程,各地争相打造出了一批具有吸引力、影响力、竞争力的文化旅游品牌。

1. 泗洪县打造洪泽湖湿地品牌。国家级洪泽湖湿地自然保护区,总面积约18 平方公里。度假区内有国家 4A 级景区洪泽湖湿地公园、国家 3A 级景区洪泽湖森林公园。园内植被茂盛,水草丰沃,每年产生的氧气可供 600 万人呼吸,旅游口号为“游大湿地,做深呼吸”。建成淡水鱼展示馆、湿地博物馆、湖中栈道、温泉度假村、汽车营地、拓展基地、水上运动中心等各类设施。打造出了“春有千里绿波,夏游万亩红荷,秋看芦苇黄,冬闻候鸟归”的品牌,以湿地环境的生态性、生物物种多样性、游览内容的丰富性和服务水平的优质性成为长三角地区知名旅游目的地。

2. 滕州市做精微山湖湿地红荷旅游风景区。总面积 90 平方公里,湖域面积 60 平方公里,有 55 公里的湖岸线、12 万亩的野生红荷、30 平方公里的芦苇荡、国内罕见的水上森林和丰富的物种资源。拥有“微湖夕照”“微湖夜月”“码头晨曲”“雨夜听荷”等自然景观。景区内有盘龙岛、小李庄、水生植物园、湿地漂流园、荷花精品园、湿地博物馆等50余处景点。先后被授予国家AAAA级风景区、国家水利风景区、国家生态文明教育基地等称号。微山湖湿地红荷旅游风景区是华东地区最大、保存状态最原始、湿地景观最佳和中国最大的荷花观赏地,目前湿地品牌效应不断提升,在苏鲁地区已经有了一定知名度。

3. 江都区扮靓邵伯明清大运河故道。扬州市江都区邵伯镇,全国1887家重点镇之一,已有1600多年历史,有斗野亭、镇水铁牛、谢公祠、条石街、甘棠古树、城隍庙等名胜古迹十多处,留下了孙觉、苏轼、苏辙、黄庭坚等文人墨客的足迹。2014年,中国大运河申遗成功,其中邵伯明清大运河故道和邵伯古堤、邵伯码头等遗产点均坐落于此。目前,该镇依托历史文化资源正在打造运河古镇历史文化景区。

4. 淮安区全力开发河下古镇。河下古镇是淮安历史文化名城核心保护区,国家AAAAA级风景区。河下历史悠久,处于南北交往的中心地位,是漕运的中心位置,形成了独特的文化特点,有六大特色。文化重镇:河下已建成吴承恩故居和猴王世家陈列馆,状元楼即将建成。军事重镇:已建成韩信钓鱼台和漂母祠,计划建设梁红玉祠和公园。盐商重镇:明清时,河下是淮北盐集散地。已建成“两淮批验盐引所”,计划建设集养生、休闲、购物、娱乐为一体的“盐金堡”。中医重镇:山阳医学的发源地,已建成吴鞠通中医馆。美食重镇:河下是淮扬名菜第一镇,有文楼、福星斋清真饭店旧址、德源酱园等文保单位。佛学文化:闻思寺原名通源寺,大悲庵,始建于唐代末期,历经毁建,到了清初才逐渐恢复如初,康熙钦赐寺名为“闻思寺”。河下古镇“一河二街五景”已初具规模,目前正在打造集教育、旅游、休闲、娱乐、餐饮为一体的旅游名片。

经验之三:推动农业现代化,促进农业规模化

园区化、规模化、机械化、信息化、设施化、标准化、生态化、产业化的农业发展主要方向,是创新农业体制机制、构建新型农业经营体系的必由之路,是深化农村改革、推进农业现代化的必然要求。随着经济发展,经营模式高标准化、科技化,经营主体规模化、专业化将成为农业产业的主要模式。

泗洪县农业农村改革试验路径

泗洪县是农业大县,全县耕地面积198.05万亩,乡村人口76.8万人,人均耕地2.5亩。2011年,开始在全县探索推进农村土地规模流转。2012年,省

委、省政府明确泗洪为江苏省农村改革试验区之一,试验主题为“完善农村基本经营制度,培育农村经营主体”。该县抓大力推进农村土地规模经营,推进土地集中、人口集中、工业项目集中的“三集中”工作。通过土地规模流转,在发展现代农业、促进农民增收和新农村建设方面取得明显成效。

1. 整体规划,连片推进。2011 年出台了《关于加快农村土地集中推进适度规模经营的实施意见(试行)》(洪政发〔2011〕39 号),提出到 2015 年全县农村土地连片 300 亩以上适度规模经营面积达到 100 万亩。坚持“先规划、再招商、后流转”,在主干道沿线选择部分村(居)实行集中连片,整村推进。采取“整村整组流转、个别调整”的方式,因地制宜集中安排田块作为“自种区”,调整给不愿意流转的农户耕种。其他地块作为“招商区”,统一招租,并优先承租给本地大户,形成“大园区、多业主”格局。

2. 财政奖补,鼓励流转。出台《泗洪县 S245 等主干线两侧绿化景观带建设实施意见》,对西南岗地区连片规模流转 200 亩以上种植林果的,县财政补贴种植户每亩 400 元;对沿高速公路、县乡主干道流转土地 1000 亩以上栽植绿化苗木的,县乡财政第一年给予每亩 300 元补助,第二、第三年每亩补助 200 元。将土地规模经营列入乡镇和相关部门的年度目标考核,对连片流转土地 300 亩以上、形成高效特色农业基地的,一次性给予乡镇每亩 50 元奖补(主要用于补贴农户及工作经费);对超额完成任务的,超出部分一次性给予每亩 100 元奖补。

3. 流转方式,自主选择。(1)村集体委托代理制。农户在自愿的基础上,签订委托书,授权委托村集体代理土地流转,原则上不少于 5 年,最长不超过两轮承包年限。(2)村民小组集中流转制。在村民小组内,结合确权发证,在村民小组内重新核实土地,通过互换等方式,将小块土地整合、调整为大块,集中租赁给本地种植大户耕种。(3)土地股份合作制。引导农户以土地承包经营权入股,统一经营或对外发包、租赁、股份合作经营,土地收益实行按股保底分红。

吴江国家现代农业示范区建设经验

吴江国家现代农业示范区 2007 年启动建设,2011 年被评为省级现代农业产业园区,2015 年 1 月获批国家现代农业示范区。园区内实行土地股份合作社为基础的多种专业经济组织共同经营模式。

1. 集群发展,一镇一园。吴江区建成北部的同里科技农业示范园,东部的汾湖农业科创园,南部的盛泽休闲农业示范园和桃源特色苗木产业园,西部的震泽现代农业产业园和七都浦江源太湖蟹生态养殖示范园,西北部的太湖新城太湖绿洲现代农业科技园,中部的平望高效农业示范园,形成东南西北中"一核七片"八大现代农业园区,其中省级 3 个、市级 5 个,各级各类农业园区总面积 14.3 万亩。

2. 推进土地集中流转,培育新型经营主体。发展适度规模经营,共组建土地股份合作社 167 家,入社农户 10.1 万户,入股土地总面积 35.61 万亩,占全区农户承包土地面积的 76%。现有从事水稻种植、水产养殖、果蔬种植和畜禽养殖的农民专业合作社、家庭农场和专业大户 4200 户,适度经营规模比重达 90.1%,已建成万亩粮油生产、万亩苗木基地、万亩蔬菜生产、万亩特色水产、万亩果品生产、万头生猪饲养、亿枚蛋品加工、亿羽苗禽孵化等 39 个规模化、标准化的生产基地。吴江种源农业集群发展形成七大体系,年产值超 10 亿元。

3. 以"互联网 +"引领现代农业转型升级。生产环节上,建成全区测土配方施肥和耕地地力管理系统,在同里园区示范应用水稻种子智能化催芽和工厂育秧管理系统、南京农业大学稻麦指挥管理技术,在三港配送、神元生物、五月田等企业示范应用设施大棚群策群控系统,在申航生态示范应用池塘智能化生态养殖管理系统;在经营环节上,依托供销合作社全国电商平台"供销 e 家",打造地产优质农产品产销对接平台"经纬线";管理环节上,全区建成粮食智能化管理系统、农产品质量监管信息平台,示范应用农田灌溉智能控制系统,在三港配送、江澜配送和骏瑞配送应用视频配送与追溯系统和冷链车定位跟踪系统;服务环节上,"四电一站"信息服务全覆盖,将"12316"纳入"12345"便民综合服务热线,打造"农情万家"信息服务平台,实现为农信息服务的在线化和数据化。农业信息化覆盖率达 68%。

4. 推进标准农田建设,发展高效设施农业。全区建成高标准农田 36.19 万亩,占现有耕地面积的 64.6%;新建和改造高标准鱼塘 14.21 万亩,占现有池塘养殖面积的 90.1%。现有亩均效益超 3000 元的高效农(渔)业面积 15.7 万亩,其中设施农业面积 6.83 万亩、设施渔业面积 8.87 万亩,高效设施农(渔)业面积占比达 21.06%。

5. 建设标准化体系,保障农产品安全。制定国家省市级标准 52 项,建成国家省市标准化示范区 11 个;拥有无公害、绿色、有机农产品 215 个,国家地理标志农产品 2 个,农(渔)业产品"三品"生产基地面积占比超过 94%,抽检合格率稳定在 99% 以上;现有农产品品牌中国驰名商标 4 个,省市著(知)名商标 21 个,省市级名牌农产品 44 个。已建成区、镇、村(基地)三级农产品质量检测体系,吴江农产品监督检验测试中心为省级分中心,也是农业部授权的首家县级"无公害农产品定点检测机构"。

6. 发展生态农业,建设绿色吴江。成功创建通利国家级湿地公园、震泽长漾省级湿地公园、桃源升级森林公园。制定实施生态补偿政策。有效控制农业面源污染,全区渔业水域"三网"全面拆除,沿太湖规模畜禽养殖得到全面整治,化肥农药使用强度年均下降 5 个百分点,生物农药使用比例达 49.1%,测土配方施肥覆盖率 90.2%,农业废弃物综合利用率达 98.8%。

三、主要存在问题

比较本地实际和外地先进经验,我县沿湖地区经济社会发展仍面临一些问题,主要包括以下几点。

(一)规划层级不高,规划先进性不足

一是沿湖地区城镇建设缺少统一规划。目前,全县沿湖各镇的乡镇总体规划虽然是在全县总体规划的框架下进行编制,但是各镇的规划之间缺少协调性,城镇建设"千镇一面"、自身特色没有得到充分展示。

二是在沿湖开发上缺少统一管理机构。沛县沿湖开发以属地开发为主,缺少对沛县沿湖地区统一的规划。各镇对本镇辖区内自然、历史、文化、旅游资源自行规划、自行开发,存在一定局限性。

(二)结构不尽合理,产业布局亟待优化

一是沿湖旅游产业开发不足。规划定位不够明晰,宣传力度不大。应该立足本县,放眼全国,对旅游资源重新规划定位,加强营销宣传。自然资源开发程度不高,人文历史资源有待挖掘。基础设施功能还需要完善,管理维护还需要加强。在文化品牌的打造上,滕州的红荷湿地、泗洪的洪泽湖湿地与沛县的湿地资源优势很接近,但是我县对湿地的开发保护力度仍较弱。在沿湖、沿运河地区景点开发上,江都区邵伯古镇和淮安市河下古镇与沛县的历史文化资源也很相近,两地均是在对历史人文资源充分挖掘的基础上,重金打造综合性旅游精品,可资借鉴。

二是工业企业位于产业中低端。1. 高耗能、高污染企业多,缺少科技型、创新型企业。目前,沿湖各镇主导产业仍是以煤化工为代表的化工业、轻工纺织业、金属冶炼铸造业,多属于高耗能、高污染行业为主,光伏光电、新材料、新医药等产业还没有形成规模,缺少清洁型、高新技术企业。2. 企业小、散、乱,缺少龙头型企业,没有形成集聚效应。纺织、塑编、机械制造企业分布全县,多以小作坊式生产为主,没有形成规模,科技含量低,竞争优势不强。3. 产业链短、细、低端,没有形成产业规模。同类竞争大,科技附加值低。尤其是北部沿湖三镇经济社会可持续发展同时面临着煤炭资源濒临枯竭和煤化工行业科技水平不高的问题。

三是工业园区建设水平相对落后。1. 园区建设缺少全局意识,规划科学性不足。各镇单独规划、自行开发,缺少与县级产业规划、土地规划、城乡总体规划的衔接。存在着布局小而散、入园产业同位竞争、园区多为综合型缺少专业型的问题。而且缺少龙头企业,无法形成产业链。2. 园区建设标准有待提高,配套设施建设不足。部分园区缺少高标准的园区总体规划和控制性详细规划,存在着园区内企业布局不合理,路网、水、电、污水管网规划不科学,园区建设缺乏明确长远目标等问题。

(三)交通通达性不足,处于路网末梢

对外联系受行政区划影响较大。从铁路交通看,处于全国铁路网的神经末梢。从公路交通看,高速公路方面,徐济高速目前山东方向建设仍在进行,处于南通北不通的状态;省道方面,沛县境内有 S253(徐州至济宁)、S321(丰县至滕州)、S322(丰县至徐州)三条一级路,基本能满足沟通南北的交通需求,高等级公路有进一步提升空间,东西向联系较弱。从航运看,沛县境内共有定级航道 7 条,定级航道历程 180 公里,通航里程约 108 公里,港口 6 处,包括东原港(1200 万吨)、龙固港群(50 万吨)、杨屯码头(30 万吨)、苏北港群(60 万吨)、西集港(45 万吨)、沛县港(60 万吨),发展潜力不足。

(四)农业现代化水平不足

一是产业发展有待提高。稻麦品种选择上还存在部分差异,未能统一,导致不能大面积平衡增产;湖西农场杂交制种、香粳、富硒大米等名、特、优、新粮食基地还需扩张以满足市场需要;规模化不足,土地流转度低,新型经营主体培育仍待加强。二是支撑能力有待完善。部分农业园区基础设施年久失修,功能老化,特别是龙固镇、胡寨镇、五段镇欠发达地区的农业基础设施,严重地制约了沿湖农业产业的持续稳定发展。同时现代化农业机具数量偏少,区域间差异较大,如湖西农场各类机械呈现饱和状态,而其他各镇机械保有量不足。园区化、设施化、标准化有待提高。三是经营机制有待创新。专业大户、家庭农场、专业合作社、农产品加工龙头企业等新型经营主体偏少,未流转土地面积较大,一二三产融合不紧密。产业化、科技化不足,农业经营科技含量低,缺少集科研、育种、种植、管护、收割、加工为一体的龙头企业。四是生态环境有待改善。沿湖地区仍存在部分地区化肥使用不当、农田林网树种单一,部分区域网破林断、网格面积较大等情况。

(五)园林绿化整体水平不高

一是绿地规划滞后。偏重短期的显性环境建设,得天独厚的沿湖资源没有好好利用。缺少地方性的绿线管理办法和蓝线管理办法。二是绿量总体水平低。分布不均匀,品种缺乏科学配比。没有好好利用沿湖优势,有质量地建设湿地旅游风景区,现有的千岛湿地也是荒凉得没有人气。三是绿化管养粗放。没有将绿化养护费用纳入财政预算。大量使用农药、化肥,使原本不多的沿湖绿地没有发挥出应有的生态效应。

四、下步工作建议

(一)加强规划引领,做好全局部署

一是加强顶层设计,明确战略定位。建议县委县政府高度重视沿湖地区统筹开发工作,将沿微山湖绿带建设确立为我县"十三五"时期城市建设和经济社会发展的战略重点,明确沿湖地区开发的目标、定位,完善运行机制,举全县之力开发沿湖绿带。二是统一编制规划,分步开发实施。统筹城镇建设、旅游发展、微山湖开发、采煤沉陷区治理,对沿湖地区进行功能性划分,明确水源涵养、林木保育、湿地开发、休闲观光、生态旅游等一系列功能区。三是提高管理层级,理顺管理体制。整合各类资源,集聚优秀人才,启动大规模绿化、生态保护和重点景点项目建设。四是引进市场机制,盘活社会资源。完成总体建设框架,初步形成沿微山湖生态保护带、沿微山湖休闲养生带和现代化农业示范带,将沛县沿湖地区打造成现代旅游中心、产业发展中心和生态湿地保护中心。

(二)强化产业布局,提升载体层次

一是加强产业布局,推进产业整合升级。东部旅游休闲产业发展带以湖区风光为依托,因地制宜培育具有本地特色的休闲旅游产品,积极培育发展观光休闲产业。利用微山湖滩涂地,适度发展光伏发电产业。二是强化园区布局,加强载体功能建设。以"规模化、高端化、园区化、集群化、循环化"为方向,推进沛县高新技术产业区和杨屯工业集中区创建省级高新技术区和省级开发区。三是提高思想认识,加强招商引资。着力引进产业链关键环节、上下游配套和各类平台载体资源。围绕我县主导优势产业,深入研究产业发展导向,将龙头型、基地型、终端型、补链延链强链型项目作为主攻方向。

(三)强化路网建设,提升交通优势

加快湖区交通建设是构建我县现代综合运输体系的重要组成部分,我县要围绕"东跃西进、南依北连"的发展思路,努力加快滨湖城市建设。一是建设丰沛快速路工程。打通丰沛地区东联山东受制于微山湖天然屏障的陆路通道,带动湖区发展。二是规划徐沛快速通道二期工程。按现有路线继续向北与G518相连,全长约13公里,按一期工程建设标准实施,项目建成后将促进大屯、杨屯等湖区重镇经济社会发展。三是规划建设G518大屯至微山湖段。按照一级公路标准建设实施,该项目是沛县联系枣庄地区的唯一通道,建成后将成为横向跨越京杭运河的重要干线公路，是徐州北部通往山东的重要通道。四是借京杭运河湖西航道整治工程，大力发展我县“公、铁、水”联运交通运输模式。实施“一港、两路、三桥”及临港物流园等项目，也就是围绕沛县港迁建工程，规划建设疏港公路及疏港铁路，打造临港物流园雏形。同时为解决京杭运河疏浚工程完成后湖区附近村民跨越航道通行安全问题，撤除运河沿线11处渡口，建造李集、土楼、农场三座跨航道大桥。五是继续加强农村公路建设。开通旅游交通专线，打通路网末梢。规划到2020年在沿湖一带完成提档升级道路建设100公里。改造县、乡、村道上的危桥30座。

（四）加强资源开发，建设现代农业

一是着力在产业发展上下功夫，打造优质稻麦示范区。加快高标准农田建设，带动大面积平衡增产。重点建设沿快速通道两侧10万亩绿色稻米产业带；大力推进5个万亩优质粮食高产创建示范方；同步建设湖西农场5000亩杂交制种基地和汉源街道、魏庙镇、湖西农村0.2万亩有机稻米示范基地。逐步形成规模发展、设施齐全、管理先进、布局合理的标准化、规模化沿湖优质稻麦示范基地。二是着力在能力提升上下功夫，打造支撑保障示范区。大力完善各镇农业园区水、电、沟、渠、路设施配套，大力提高农业机械化水平，确保未来三年内沿湖产业带农业机械化水平达到90%以上。三是着力在经营机制上下功夫，打造创新发展示范区。进一步探索和创新各类主体合作经营关系，重点扶持魏庙镇广勤米业建基地、扩规模，走“龙头企业+基地+家庭农场”的经营模式，逐步建设形成以广勤稻米加工为中心的“一企业多基地”的特色订单示范区。四是着力在环境改善上下功夫，打造生态绿色示范区。确保沿湖地区秸秆还田率达到100%。大力实施绿色标准化生产，加快产地产品的认定、认证步伐，完善标准化栽培，加快基地绿色稻米生产技术的普及应用。大力推广使用高效低毒低残留农药，以优质有机肥为主，有机肥所占比例不低于1:1。建立以生产、加工、包装、运输到销售全过程的质量标准和技术体系，确保产品质量符合标准。

五、统筹各项规划，提高园林水平

一是严格执行规划。坚持增加绿量与提升品质同步抓，科学划定沿湖乡镇绿线。二是丰富绿化形式。改变以草坪和低矮灌木丛唱绿化主角的状况，而代之以优质高大乔木为主、应时草花为辅的自然生态特色，营造出湖区森林景观。三是科学搭配品种。尤其要多种既具观赏价值又具经济价值的用材树种，特别是优质乡土树种。四是增加园林绿量。规划建设生态旅游区，本着人与自然和谐共生的核心理念在镇区建设一批人性化园林、观赏性园林。五是提升管养水平。养护经费纳入财政预算，完善植物养护管理技术档案，提升从业人员的整体素质,进行分级养护。

六、实行多措并举,破解用地瓶颈

一是优化土地利用结构和布局。在土地利用总体规划调整完善中,优先保障国家级开发区和杨屯镇省级开发区、高新产业区等用地,确保集约集聚布局我县建设用地空间。二是深入挖潜盘活存量土地。借鉴滕州市微山湖古镇拆旧村庄建设特色小镇的先进经验,深入推进城乡增减挂钩和工矿废弃地复垦利用,促进存量、低效用地盘活利用,提高土地集约,节约用地水平。三是进行生态环境修复治理,着力打造湿地公园。借鉴滕州微山湖湿地红荷风景区经验,从湿地景观、环境保护、大汉文化、生态修复、旅游等层面综合开发。

七、建设生态走廊,实现人水和谐

结合生态走廊建设,规划实施微山湖湖西大堤生态景观改造、沛县千岛湖湿地、安国湿地提档升级工程;保证南水北调清水工程沿线良好水质,提升沿线美丽生态水环境。一是加快建设步伐,进行综合治理。恢复和提高水利工程标准,发挥水利工程防汛防旱救灾效益。二是改变"重建轻管",完善管理机制。落实管理运行经费保障,实现水利工程管理可持续良性发展,充分发挥工程效益。三是推进水系贯通,实现和谐发展。打造"互联互通、引排顺畅、水清岸洁、生态良好"的生态水环境,实现人与自然和谐发展相处。

八、挖掘地域文化,打响旅游品牌

按照休闲旅游产业带的发展定位,全力推进湿地观光体验游、乡村农事体验、历史文化追寻、滨湖小镇观光、特色餐饮、湖产品研发。点线结合,错位发展。优化微山湖旅游生态资源,线路串联,相互沟通,错位发展,做好旅游休闲联合发展机制,打造沿微山湖生态旅游带旅游+农业、旅游+文化、旅游+商贸多种组合旅游产品。启动、巩固、提高一批重点项目建设:龙固镇的黄河故道开发和昭阳湖生态文化;杨屯镇的洪福湿地、昭阳庄园旅游度假区、水产科技园;大屯街道的微山湖千岛湿地省级旅游度假区;沛城街道的休闲湿地规划选址;胡寨及湖西农场的农耕文化;魏庙镇的留侯文化。依托历史遗存,新建留侯遗址、张良祠等项目;五段镇的渔家文化。依托五段码头、水街等项目,利用五段码头大堤西侧现有建设用地,改造新建滨湖小镇。

发挥创新驱动引领作用
打造淮海经济区最具竞争力新型工业化基地

高宪忠

突出创新转型，加快打造淮海经济区最具竞争力的新型工业化基地，是县委、县政府立足沛县实际、加快科学发展做出的重大决策。为推进创新驱动发展战略的贯彻落实，今年5月，县政协邀请发改委、开发区等单位组成联合调研组，赴县外典型地区进行了专题调研和考察。在了解情况、分析问题、借鉴经验的基础上，形成调研报告如下：

一、外地新型工业化总体情况和创新驱动发展主要做法

（一）总体情况

1. 经济体量大，发展速度快。东台市2016年全市实现地区生产总值727亿元、工业开票销售688亿元、社会消费品零售总额254亿元、固定资产投资581亿元，分别比2010年年均增长11.3%、18.4%、13.5%、12.9%，在全国县域经济与基本竞争力百强排名中，位列第32位，比2010年上升34个位次。大丰区2016年实现地区生产总值580亿元、工业开票销售740亿元、服务业增加值270亿元、固定资产投资440亿元，同比分别增长9.8%、16.5%、11.2%、14.5%。邳州市2016年全市实现地区生产总值785.4亿元、一般公共预算收入62.4亿元，分别比2011年年均增长11.6%、12.2%，在全国县域经济与基本竞争力百强排名中，位列第40位，比2011年上升27个位次。邹平县2016年实现地区生产总值870亿元，同比增长6.5%；固定资产投资287亿元，同比增长13.8%；规模以上工业总产值3657亿元，增加值增长7.3%，在全国县域经济与基本竞争力百强排名中，位列第31位，比2010年上升31个位次。高密市2016年实现地区生产总值630亿元、全社会固定资产投资545亿元、社会消费品零售总额208亿元，分别是2011年的1.6倍、2.1倍和1.8倍，在全国县域经济与基本竞争力百强排名中，位列第62位，比2011年提升12个位次。

2. 产业层次高，集群化明显。各县（市、区）均注重实施大企业培育，形成一批生产规模大、科技含量高、支撑能力强的主导产业，不少在全国占据领先地

位。东台市形成了新材料、新能源、海洋生物、机械装备、电子信息五大新特产业和智慧产业互动并进的发展格局。电子信息产业异军突起,新能源产业蓬勃发展,建成全球最大的滩涂光伏电站,“风光渔”立体开发模式为全国首创。大丰区把新能源及制造、海洋生物、智慧产业等战略性新兴产业作为主攻方向,充分发挥金风、明月海藻、博敏电子等龙头企业的带动作用,吸引项目集聚,推动产业集群。新能源装备制造、海洋生物、石化新材料等新特产业百亿集群建设已形成规模化发展。邹平县在纺织业占据行业优势地位的基础上,铝产业异军突起,形成了铝业、纺织服装、食品医药、装备制造、钢铁冶炼五大产业集群,成为全球最大的铝业生产基地,世界最大的棉纺织产业基地,亚洲最大的食用葡萄糖、玉米油、无水葡萄糖、麦芽糊精生产基地。高密市形成了700亿级纺织服装、400亿级机械装备、200亿级劳保制鞋、百亿级化工建材、百亿级食品加工五大优势产业集群,培育起生物医药、节能环保等新兴产业集群。邳州市形成了煤基新材料、非晶科技两个1000亿级,半导体材料和设备、节能环保、木制品木结构三个500亿级的“11555”主导产业集群。禹城市打造形成了生物、装备制造、新能源、新材料、绿色食品、高档纺织六大产业集群,其中生物和装备制造业两大支柱产业占规模以上工业比重达到50%,税金占60%,占地方财政收入的24%。

3. 企业个数多,龙头规模大。各县(市、区)均有一批知名度高、市场占有量大、竞争力强的“经济航母”。东台市规模以上企业533家,2016年工业开票销售收入688亿元,开票销售超亿元企业90家,其中超10亿元企业10家,纳税超千万元企业20家,其中5000万元企业3家。大丰区规模以上企业435家,2016年全区开票销售超亿元企业达到80家,其中超10亿元的有14家。纳税超千万元工业企业已有27家,其中超5000万元8家。7家单位跻身盐城市工业企业纳税50强,金风科技、正大丰海、中车电机进入10强。邹平县200家规模以上工业企业中,主营业务超100亿元企业6家,利税超亿元企业11家。魏桥创业集团居世界500强163位,销售收入达到3750亿元;希望集团居中国企业500强第404位。高密市坚持龙头带动战略,大力实施“千亿产业、百亿企业”工程,培育起一大批成长速度快、创新能力强、带动作用突出的龙头企业。孚日集团连续10年保持全球最大家纺公司地位,豪迈集团发展成世界最大轮胎模具制造基地、最大气门芯生产基地和有影响力的高端机械零部件制造商。同时,该市还培育了永和精铸、星宇手套、登升劳保、海宇鞋业、康地恩生物等新标杆企业和一批“专精特新”中小型龙头。在龙头企业带动下,产业链条逐步延伸,“雁群效应”逐步形成。禹城市358家规模以上工业企业2016年实现销售收入983亿元、利税100亿元、利润53亿元，全年税收超过千万元的企业21家。通裕重工作为一家民营上市企业，综合实力雄厚，是全国最大的兆瓦级风力发电主轴生产基地、亚洲最大的球墨铸铁管模生产基地，年产锻件17万吨。

4. 园区档次高，承载能力强。各县(市、区)的经济开发区均起步于1999—2001年间，经过十几年的持续发展，承载吸纳能力显著增强。东台市形成以“三区六园”为主体、镇村特色园区相配套的园区布局。经济开发区建成百亿元园区，获批全国绿色发展优秀开发区和省两化融合示范区，正积极创建国家级开发区。邹平县经济开发区2010年11月升级为国家级经济技术开发区，成为全省首家设在县级的国家经济技术开发区，已逐步发展以纺织服装、食品医药、新型材料、装备制造为主导产业，集仓储、物流、研发、商贸于一体的综合性开发区。禹城市高新区是山东省第一家设在县级的省级高新技术开发区，2015年9月被升级为国家高新技术产业开发区。现有国家级高新技术企业13家、国家级创新型企业1家、省级创新型试点企业4家。80%的规模以上企业建有研发机构，建成省级以上研发机构55家，其中国家级21家、博士后工作站4家、院士工作站2家。

5. 信息化引领推进，两化融合加快。各县(市、区)高度重视信息化建设，大力推进信息化与工业化深度融合。东台市经济开发区获批省级两化融合示范区，城东新区创成省两化融合试验区，省两化融合试点企业达22家。邹平县坚持把工业化与信息化深度融合作为推动工业转方式调结构的重要手段，以信息化带动工业化，以工业化促进信息化，企业信息化水平发生了质的飞跃，全县有6家企业被认定为市两化深度融合示范平台，30家企业认定为市信息化示范企业和信息技术推广应用中心，7家企业通过山东省两化融合“四个一百”工程认定。大丰区丰东公司被认定为盐城首家国家两化融合管理体系评定单位，森威精锻公司被认定为国家两化融合管理体系贯标试点企业。建成省两化融合管理体系贯标企业4家，省互联网与工业融合创新试点企业2家。

(二)主要做法

1. 加大扶持力度，夯实创新基础。东台市先后出台了支持工业发展“18条”“新8条”和“新20条”，鼓励企业技改扩能、合作重组、上市融资、创新创牌。市财政安排5亿元专项资金用于支持企业转型升级。近年来，每年兑现企业转型升级奖励资金1亿余元。大丰区先后出台《关于进一步加大技术改造支持力度的意见》《全区工业企业技术改造工作三年行动方案》等政策，进一步完善扶持政策体系。区财政设立2亿元的工业经济发展专项资金，2016年兑现区级技改奖补资金1.01亿元。邹平县制定出台了《关于进一步优化发展环境促进工业转型升级的意见》《科技进步奖奖励办法》等一系列支持转调创的政策文件,全面落实进出口设备免税、研发费加计扣除等优惠政策。2016 年全县有 36 家企业申报研发费用加计扣除,额度达 6.55 亿元。禹城市出台融合创新“1+5”“科技 13 条”“5331”人才计划等扶持政策,分别在科研机构引进、科技创新绩效、高层人才引进上进行重点奖励,对引进的分支机构给予 100 万—1000 万元的配套,对科技企业获得国家级平台补助 50 万,对国家、省科研项目给予 20%—50% 资金配套。每年专题召开科技人才表彰大会,2015 年奖励 1100 万元,2016 年奖励 1700 万元。

2. 科技优势引领,增强创新活力。禹城市建设 10 万平方米的禹创中心、8 万平方米的综合孵化器、3 万平方米的生物孵化器;建成省级以上研发平台 57 个,其中国家级平台 15 个,博士后科研工作站 5 个;省级平台 42 个,院士工作站 2 个,吸引集聚各类高层次人才 431 名,其中院士 8 人、“千人计划”7 人。拥有国家高新技术企业 17 家,高新技术产业产值占规模以上工业总产值 43.12%,高出山东省平均水平 10 个百分点,科技进步贡献率达到 62%。邹平县建成国家级企业技术中心 2 个、省级企业技术中心 19 个、省级工业设计中心 2 个、院士工作站 2 个。拥有高新技术企业 29 家,2016 年高新技术产业产值达到 859 亿元。东台市建成国家级众创空间 1 家、国家级科技企业孵化器 2 家和省级以上企业技术(工程)中心 30 个;先后承担国家和省级各类科技计划项目 300 项以上;引进院士、国家千人计划专家 30 多名;拥有国家高新技术企业 70 家,高新技术产业产值年增长率保持 20% 以上。

3. 园区升级带动,完善创新载体。禹城市高新区 2015 年 9 月升级为国家高新技术产业开发区。该市通过持续推进高新区“二次创业”和“创建提升”工程,形成了创新创业的聚集区和主平台。目前,已组建生物、装备制造、大豆深加工三大产业创新联盟。其中,生物产业创新联盟拥有成员单位 10 家,整合相关创新平台 30 余个,通过合力攻关,多项核心技术取得重大突破。在装备制造产业创新联盟的整合下,山东大学材料科学与工程学院和通裕、迈特力、恒特等 8 家企业合力打造了风电主轴设备核心技术、特种机床核心技术、智能工程装备核心技术 3 条产业链,形成整体优势。2016 年高新区内规模以上企业实现销售收入 983 亿元、利税 100 亿元、利润 53 亿元,全年税收超过千万元的企业 21 家。邹平县经济开发区 2010 年 11 月升级为国家级经济技术开发区,已发展成为以纺织服装、食品医药、新型材料、装备制造为主导产业,集仓储、物流、研发、商贸于一体的综合性开发区。2016 年开发区实现工业总产值 2500 亿元,占全县总量的 70%。镇(街道)特色产业园区明确发展重点和主导产业,形成主业突出、特色鲜明的产业聚集区,成为推进镇域经济发展的重要增长极。韩店现代生物工程科技园区、魏桥新材料产业园区等 8 个镇(街道)园区入选滨州市 40 个重点特色产业园区。东台市倾力打造三大创新特色园区,错位协同发展,提高了全市工业规模竞争力。经济开发区同东南大学等高校合作,围绕新材料、电子信息等与上海、昆山等地共建园中园,打造电子信息全产业链高端基地;沿海经济区与上海东华大学等高校合作,重点发展智能装备和成套产品,争创国家海洋经济发展示范区;城东新区同上海交通大学等高校合作,主攻新能源装备制造,加快先进制造业与现代服务业融合。全市 70 家国家高新技术企业主要集中在以上"三区",经济份额占全市六成以上。

4. 金融要素支撑,优化创新环境。邹平县积极推进上市融资,全县上市企业达到 8 家、后备上市企业 20 余家,累计从资本市场直接融资 344 亿元,上市公司个数、融资额均居山东省县域第一,成功打造了资本市场的"邹平板块"。大力推动企业债、公司债、中期票据、短期票据等多渠道融资,2016 年发行债券、票据 27 期,融资 309 亿元。禹城市引进金融保险机构 67 家,培育形成涵盖银行、保险、证券等大金融业态体系,连续九年获得山东省金融生态环境建设 A 级示范市。加快企业上市步伐,3 家企业在深交所上市,1 家"新三板"上市,9 家场外挂牌,累计上市融资 54.3 亿元,为创新创业营造了良好的金融环境。高密市强化融资担保支持,市鑫融融资担保公司注册资本由 3 亿元增加到 6 亿元,进一步放大融资担保能力。加大企业上市挂牌扶持力度,对在境内主板、中小板、创业板上市成功的企业,市财政给予 280 万元资金补助;对在"新三板"成功挂牌的企业由市财政给予 60 万元资金补助,进入创新层的企业再补助 20 万元。

外地新型工业化的发展有力地证明,适应和引领经济新常态、加快转型升级,必须坚定不移地走创新驱动发展之路,深化科技创新体制机制改革,不断激发创新精神,凝聚创新力量,推动创新发展。

二、我县创新驱动发展的举措和成效

近年来,县委、县政府高度重视创新驱动发展,采取了一系列有效措施,推动科技创新和经济社会发展,取得了较好成效。主要表现在以下几个方面:

1. 创新氛围日益浓厚,政策扶持力度不断加大。近年来,县委、县政府先后出台了《关于加快推进产业科技创新工作的意见》《沛县产业发展和科技创新专项资金管理办法》《关于加快工业经济创新发展的若干政策意见》等政策文件,设立了 1 亿元的产业发展专项资金,增强了科技创新的动力和活力。加强与税务部门的协作,为企业落实企业研发费用加计扣除税收优惠 3899 万元,充分调动了企业加大研发投入的积极性,为创新驱动发展战略实施营造了良好氛围。

2. 加快创新载体建设,科技创新体系不断健全。全县拥有国家级技术中心1个、国家级星创天地1家、省级企业研究生工作站17个、省级工程技术研究中心9个、省级企业技术中心10个、省级博士后工作站6个、省级科技孵化器3家、省级众创空间1家、市级重点众创空间1家,全县规模以上工业企业全部建有市级以上企业研发机构。开发区获批省"两化融合"试验区,科创园、电商园、物流园等功能日益完善,高新技术产业开发区建设加快推进,中瑞合作园开工建设,中德绿色建筑产业园杭萧钢构装配式建筑生产基地项目开工。杨屯、安国、魏庙等产业集聚区建设扎实推进。

3. 创新资源日益集聚,产学研合作不断深化。围绕"5+2"产业发展,大力开展招才引智工作,先后引进高层次人才221人,其中省"双创人才"12人、省"双创博士""科技副总"21人、市"双创人才"21人、市"研究生企业集聚工程"167人。组织我县相关企业与江南大学、中国矿业大学、哈尔滨工业大学、北京交通大学、江苏大学、哈尔滨工程大学、上海航天技术研究院、中科院南京分院、中科院兰化所等高校院所开展全面深入的产学研科技交流与对接,签订校地框架合作协议11个,合作共建产学研创新载体5个,成立校企联盟126个。通过举办"沛籍高层次人才家乡行"活动、"中科院专家沛县行"活动,进一步拉近了高校、人才、企业三者之间的距离,深化了产学研合作。

三、我县创新驱动发展面临的主要问题

尽管我县实施创新驱动发展战略取得了积极成效,但与先进地区相比还存在一定差距,在推动创新驱动发展过程中还面临着诸多困难和问题。

(一)企业创新主体意识和创新能力亟待加强。我县有499家规模以上企业,多数企业科研投入较少,存在着技术研发能力不强、自主创新能力较差等问题,普遍表现为生产技术上的"拿来主义",没有很好地把技术引进、消化、吸收与创新相结合。同时,不少企业的产学研合作意识不强,与大专院校、科研机构缺乏科技合作,停留在自身低水平的科技活动层面,难以形成核心竞争力。

(二)支撑产业转型升级的人才不足。近年来我县大力引进了高层次创新创业人才(高层次人才达到7800人),但总体上看,普遍缺乏从事核心技术开发和转化相关技术成果的高层次人才。人才培养开发、管理使用上还存在一些不够科学合理之处,人才"引不进""留不住"的现象同时存在。

(三)高新技术企业少,产品附加值低。我县高新技术企业39家,仅占规上企业(499家)的7.8%。2016年,全县高新技术产值535.74亿元,仅占工业总产值的30%,低于全省11.5个百分点。今年上半年高新技术产业产值占规上工业产值比重为29%,低于全市平均水平。我县工业产品大多数以原材料、中间产品为主,高耗能和资源消耗类产品比重大,高技术含量高附加值产品所占比重较低,终端消费产品和市场畅销的品牌产品少。

(四)创新发展平台建设和服务功能有待提升。我县高新园区建设起步较晚,高新技术产业开发区、科技创业园和高新技术创业服务中心还在建设中,支撑人才、科技、产业融合发展的大平台建设还是一块短板,缺乏像山东禹城市禹创中心那样的公共创新服务大平台,科技引领作用不强。公共服务平台的运作仍以政府行政推动为主,运行机制不够灵活,资源整合度不高,在为企业开展供需对接、创新服务、解决共性难题等方面的作用还不够突出。

四、创新驱动引领推动新型工业化的建议

当前,我县仍处在工业化初期阶段,面对区域竞争日趋激烈的严峻形势,我们必须增强实施创新驱动发展的紧迫性、自觉性和坚定性,以科技进步推动我县经济转型升级和社会发展,着力打造淮海经济区最具竞争力的新型工业化基地,在徐州发挥“三个作用”中干在先、走在前、当好先行军。为此,提出如下建议:

(一)强化企业创新主体地位。一是实施创新型企业培育计划。建立科技型企业培育服务体系,通过培训、座谈、考察、典型引导、政策激励等方式,大力发展科技型中小企业,增加高新技术企业数量,培育若干创新型领军企业和一批“科技小巨人”企业。二是鼓励企业加大创新投入。切实落实好支持企业创新的优惠政策,加强面向企业的政策宣传解读工作,引导企业规范财务管理、重视技术改造、平台建设、品牌创建,让更多企业享受到“政策红利”。三是深化产学研合作力度。聚焦产业科技创新,动员和鼓励我县骨干企业加强与大院大所对接合作。每年组织专家教授来我县走进园区,深入企业,解决技术难题,实行合作攻关,建立紧密合作体。建议县政府制定出台《促进校企联盟的意见》,在技术研发、资源共享、市场开拓、人才培育等方面加强对联盟的支持力度,促进产学研深度融合、协同创新。

(二)加快高新技术产业化建设。一是大力发展高新技术产业。引导主导产业推动自主创新,转化科技成果,抢占技术制高点,通过局部技术跨越带动整体水平提升,实现主导产业高端化。引导传统产业实施高新技术改造,推动产业优化升级,打造一批特色品牌,实现传统产业品牌化。引导新兴产业加大科技应用力度,不断提高劳动生产率,减少产品单位成本,扩大市场占有量,实现新兴产业规模化。二是大力培育高新技术企业。继续推进领导干部挂钩联系规模企业制度,帮助企业明确发展方向,推进技术改造,每年实施一个科技转化项目或形成一个拥有自主知识产权的主导产品,形成“研制一代、储备一代、生产一代”的产品结构,提升市场竞争实力。三是大力实施高新技术项目。由县四套班子分管领导牵头,以现有产业为基础,以政府部门为引导,以重点企业为主体,组织企业和大院大所针对关键技术问题开展合作攻关,每年申报一批重大科技成果转化项目和重大科技攻关项目。

(三)集聚创新创业人才队伍。一是加大高层次人才的引进力度。进一步完善人才引进政策,制定更加实用、更加管用的人才奖励办法和评价机制,加快集聚一批与我县产业发展相适应的高层次创新创业人才队伍。建议建立引进人才“户口关系在外地、平时工作在沛县”的柔性引才制度,重点围绕培大育强我县主导产业、新兴产业和重点项目,放大产学研活动成果,重点引进一批掌握核心技术、拥有科技成果并与我县产业发展相适应的高层次创新人才。加快县高新技术产业开发区、科技创业园建设,重点引进一批带技术、带项目、带资金的高层次创业人才。二是加大高技能人才培育力度。加快建立以应用为重点、市场为导向、企业为主体的技能人才培育体系。依托县中等专业学校、安保中等专业学校等县内教育资源,有针对性地为我县企业培养技能型人才。建议实施以能力、业绩为导向的高技能人才评选、表彰制度,不断激发高技能人才创新创优的热情与活力。三是激励科技人才创新。每年召开科技创新大会,对在科技创新工作中取得突出成绩的科技人才给予重奖,大张旗鼓表彰,让科技创新人才在经济上获得回报、政治上获得荣誉、社会上获得尊重,营造良好的创新环境。

(四)加快创新平台建设。一是建设公共服务平台。大力推进电子科技大学与县光伏产业、中南大学与县铝加工产业、中科院兰州化学物理研究所与县农产品加工产业等一批校地合作平台建设。加大县经济开发区科技企业孵化器、高校技术转移中心、博士后创新实践基地、企业研究生工作站等公共服务平台培育力度,创建一批国家重点实验室、技术中心、工程中心等高端研发平台,力争在新产业、新技术、新模式发展上实现新突破。二是建立创新创业平台。高标准建设科技创业园和高新技术创业服务中心,形成集总部办公、科技孵化、科技金融服务、专业技术平台服务、软件开发、云计算、大数据、人才公寓等多维一体的创新创业平台,构建“产业+企业+平台+高校+人才+政策”的区域创新体系。加快发展众创空间。充分利用现有的创业孵化载体、存量商业商务楼宇、旧厂房等资源改造,积极推广创客空间、创业咖啡、创新工场等新型孵化模式,集聚创业创新服务机构,加快沛县龙飞众创空间、沛县大学生创业园等众创空间建设,招引以大学生创业者、企业高管、科技人员创业者为主体的创业创新队伍。三是建设特色园区平台。推进县经济开发区资源整合,升级改造新型铝材产业园、绿色食品产业园、新能源（光伏）产业园，推进中德绿色建材产业园，规范引领我县水泵产业，建设机电产业园，形成“一区多园”的格局。加快高新技术产业开发区建设，高起点规划、确定重点发展产业，力争建设成为省级高新技术开发区。建议高新技术产业开发区借鉴禹城高新区经验，规划建设沛创中心，搭建公共技术研发、科技服务支撑、成果转化孵化三个平台，推进产业集成创新。推进杨屯、鹿楼等各级各类园区建设，完善基础设施配套，引进高新技术项目，培育高新技术企业，搭建一批优质公共科技服务平台和行业创新平台，为产业发展提供强有力的支撑。

（五）完善财政金融扶持政策。一是加大资金扶持力度。建议县委、县政府设立不低于 1 亿元的工业经济创新发展基金，并按照财政经常性收入增幅逐年予以增加，重点扶持技术含量高、产业链条长、产品附加值高、节能减排的创新型企业，主要用于技术创新、上市挂牌、设备更新、平台建设、人才引进等方面的补助和奖励。同时，每年根据各类企业工业开票销售收入增长情况、纳税情况，经过考核认定，给予一定的税收返还，突出提高高新技术企业和新兴战略产业的返还税率奖励并宣传表彰。大力推进金融创新，重视对重点企业的上市引导和培育，加大对企业上市的资金支持，加快推进重点企业首发上市、新三板挂牌及市场融资，力争我县上市企业实现突破。二是加大政策引导力度。整合科技局（科技奖励）、人才办（人才奖励）、发改委（技改奖励）等部门创新激励政策，增强科技、人才、经济等各类管理部门的工作协同，使企业了解政策，掌握政策，帮助企业用好用足政策。积极支持企业通过申报科技、人才、技改项目，争取国家和省市资金的支持。认真落实技术开发费加计抵扣所得税、高新技术企业所得税等鼓励科技创新的政策。三是大力优化创新生态。深入落实省科技创新 40 条政策，加快建立和完善创新创业融资体系，大力引进、发展创业投资、风险投资、天使投资、产业基金等股权投资基金，吸引社会资本、金融资本投向高新技术产业，构建开放式、网络化、集聚型、高效率的创新生态系统。

关于加快推进地矿融合发展助推乡村振兴的调查与建议

董 申

习近平总书记考察徐州采煤塌陷地整治工作时,强调塌陷区要坚持走符合国情的转型发展之路,打造绿水青山,并把绿水青山变成金山银山。6月26日,省委娄勤俭书记在徐州调研时提出把沛县作为全省“采煤沉陷区搬迁扶贫带脱贫”试点,通过深入调查研究,县委、县政府提出了“改善人居环境推动乡村振兴”战略。为推进采煤塌陷区综合治理,助推乡村振兴,县政协组成联合调研组,对加快采煤塌陷区综合治理,推进地矿融合发展相关问题进行了专题调研。联合调研组实地考察了我县采煤塌陷区综合治理情况,召开了县有关部门负责同志和涉矿各镇区主要负责同志座谈会,并到唐山、永城、麟游、铜陵、辉县等地进行了学习调研,通过调研,联合调研组一致认为,采煤塌陷区综合治理不仅是生态环境的修复与改善,还应包括促进经济社会的共同繁荣,只有地矿充分融合发展,才能更有力地助推我县乡村振兴。为此,提交如下调研报告。

一、外地的先进经验和做法

唐山:变劣势为优势,以采煤塌陷区治理推动城市建设

(一)基本情况

唐山南湖城市中央生态公园改造前是开滦煤矿130多年开采形成的采煤沉降区,垃圾成山,污水横流,杂草丛生,如城市疮疤一样,严重影响了城市的环境和整体形象,制约了城市的发展,影响了市民的工作和生活,浪费了大量的土地资源。

(二)主要做法

1996年底唐山市委、市政府本着“变劣势为优势、化腐朽为神奇”的方针,开始了大面积生态绿化,重点实施了整治脏乱差环境、大面积绿化、水体还清、美化、市政道路建设等5项工程。2008年,又把南湖城市中央生态公园的建设作为唐山城市建设的一项重点工程,以生态建设促城市建设,开始了大规模的植树工程、垃圾山的封场绿化工程、景观道路的建设工程、公园的景观亮化工程

以及为保证生态系统稳定性和连续性的扩湖、引水工程。

(三)取得成效

2009年5月1日,南湖城市中央生态公园正式对游人开放,经过14个月的建设,建成了一座水域面积11.5平方公里、绿地面积16平方公里的南湖城市中央生态公园,建成桃花潭、龙泉湾等九湖,云凤岛、香茗岛等五岛以及樱花大道、凤凰台、音乐喷泉等120多个景点。同时,带动了周边开发建设,解决土地和资金瓶颈,有力地推动了城市建设。

永城:创新治理与保护机制,以采煤塌陷区治理推动城市生态旅游发展

(一)基本情况

永城矿区目前共有8座在产煤矿,原煤年产量近2000万吨。因采煤共形成沉陷面积9万余亩,其中积水面积1万亩。

(二)主要做法

永城市积极构建"政府主导、政策扶持、社会参与、开发式治理、市场化运作"的矿山生态环境恢复和综合治理新模式,初步建立了政府、企业、社会共同参与的保护与治理新机制,累计完成采煤塌陷区治理面积63280亩,新增建设用地5600亩,境内采煤塌陷稳沉治理率达95%以上。

(三)取得成效

日月湖项目区原为永煤集团城郊煤矿塌陷区,2012年申报了国家级采煤塌陷区矿山生态环境治理示范工程,规划面积24平方公里,相继建成了生态游园、艺术运动公园、水上娱乐、婚纱摄影基地等,累计完成投资9.5亿元,其中中央示范项目资金3.86亿元。该项目相继被评为国家水利风景区、省级湿地公园、省级矿山公园等称号。

麟游:提高科技含量,以绿色矿山建设推动采煤区生态环境保护

(一)基本情况

郭家河煤矿由徐矿集团、陕西省煤田地质局、宝鸡市人民政府三方共同出资,2008年正式破土动工。在矿井建设初期和建设过程中,徐矿集团按照大型化、现代化、生态化和装备技术一流、综合利用一流、环境保护一流的要求,将郭家河煤矿建设成为"产煤不见煤、是矿不像矿"的中国煤炭工业的品牌矿井。

(二)主要做法

郭家河煤矿强化"在治理中开采,在开采中治理"的生态环保建设理念,矿井和职工生活用水全部由水源热泵供热系统提供,煤仓、车间厂房等地表工业建筑应用太阳能光伏与建筑一体化技术进行设计和施工,使建筑既美观环保,又实现了节能减排。同时,选煤厂分选出来的低热值煤和煤矸石用于资源综合

利用电厂,排出的粉煤灰和煤矸石再作为原料生产新型建材,减少废弃物的排放,降低环境污染。

(三)取得成效

煤矿在设计和建设过程中,突出"绿色矿井、科技矿井、人文矿井"主题,以园林式和工业旅游矿井为环境目标,将矿井开发建设与生态人文景观设计理念融为一体,开辟矿井井上井下旅游线路,使人们既可领略到现代化采煤的先进技术,又能体验到工业生产同自然环境的有机和谐。

铜陵:积极申报地质环境治理项目,以项目实施带动生态治理全面落实

(一)基本情况

铜陵矿产资源丰富,被誉为"中国古铜都",随着长期大规模、粗放型的开采利用,铜陵矿区资源逐渐趋于枯竭,矿山地质环境问题日趋严重。

(二)主要做法

2009 年,铜陵市被国务院确定为第二批资源型可持续发展试点城市。2010 年,铜陵申报了资源枯竭城市矿山地质环境治理工程项目——大铜官山森林地质环境治理。利用三年时间对铜官山矿区地质环境进行治理,总治理面积 588 公顷,目前已经治理 470 公顷。三年共争取国家财政治理资金 2.7 亿元。

(三)取得成效

大铜官山森林公园地质环境治理项目,通过治理消除了地质灾害隐患,同时推动了大铜官山公园的建设,培育了新的经济增长点,促进现代服务业发展。通过恢复治理增加建设用地 1205 亩,使环境与经济发展走上良性循环。

辉县:构建政府主导、政策扶持、社会参与、市场运作的治理模式,以政府资金引导社会力量参与废弃矿山环境治理

(一)基本情况

辉县市常村镇属浅山丘陵区,原为辉县市建材资源重镇。2009 年以前,采石业是常村镇的支柱产业,长期的无序开采使当地生态环境满目疮痍,生态环境不断恶化。

(二)主要做法

2010 年,辉县市积极响应国家号召,确定了"金山银山服从于绿水青山"的发展理念,抓住南水北调移民安置需配建蓄水池项目机遇,积极引导、强力推进企业转型,将位于项目区内的全部小采石场企业关停并转,实行政策优惠扶持和坚持堵疏相结合,以财政资金为撬动杠杆,运用市场化机制,引进河南春之谷现代农业有限公司参股融资,通过对丹江口库区移民安置区灌溉调蓄工程的综合利用,投资 1 亿元改造响水河,启动了 3700 余亩的百间寺尾废弃矿区地质环

境综合治理。2012 年建成 6 座小型灌溉水库。受到国土资源部门高度重视，全国地质环境管理工作会议在辉县召开。

(三)取得成效

开发建设后的常村镇五龙山响水河乡村旅游区，占地 3700 亩，总投资 10 亿元，集水上乐园、欢乐世界、野生动物园、滑雪场、植物园、实景演艺、民俗表演、科普拓展于一体，是中原地区规模最大、项目最全、最具价值的综合性旅游目的地。

二、我县采煤塌陷基本情况及引发的社会问题

我县涉矿地区主要集中在沛县北部，包括龙固、杨屯、安国、鹿楼、朱寨等 5 个镇和沛城、大屯、汉源、汉兴等 4 个街道，总面积 806.9 平方公里。从 20 世纪 70 年代初期先后建设了 8 对矿井，分别是大屯能源股份有限公司的姚桥煤矿、徐庄煤矿、孔庄煤矿、龙东煤矿，徐州矿务集团有限公司的三河尖煤矿、张双楼煤矿，徐州华润天能煤电有限公司的龙固煤矿、沛城煤矿。经过各煤矿近 50 年的开采，采煤塌陷区范围不断扩大，东起微山湖湖西大堤，西到丰沛边界，南到丰沛路，北至龙固镇与山东鱼台县交界，已塌陷面积约 262.5 平方公里，其中重点塌陷区面积 54.5 平方公里，待 8 对矿井闭坑时，将形成约 24 万多亩也就是 160 平方公里采煤塌陷区。

目前，8 对矿井中，沛城煤矿已于 2015 年年底关停，龙固煤矿处于停产改造。涉矿区域在为全省经济发展做出突出贡献的同时，也付出了沉重的代价，随着采煤塌陷面积的不断扩大，矿区经济在失去煤炭产业的支撑和依托的同时，也给涉塌陷区域居民生产生活带来巨大影响。

(一)塌陷区居民居住环境的恶化。地面塌陷、地表的移动变形导致地面构筑物发生变形、破坏，威胁着人们的人身和财产安全。采煤塌陷使地下管线破坏，使城市积水无法排出，甚至出现逆行、倒灌现象，使饮用水、污水与塌陷造成的地表积水混在一起，严重污染和破坏水体环境，生态环境遭到破坏。

(二)塌陷区居民失去生活保障。随着塌陷地的不断增加，涉矿地区居民土地也逐年减少，失地农民不断增加，没有了农业生产收入，又无其他劳动力转移渠道，失地农民生产生活难以保障。

(三)非塌陷区居民因塌陷区连锁反应被迫搬迁。随着采煤塌陷区域的不断扩大，涉及人口不断增多，个别区域虽然不是塌陷区，但随着周边区域的不断塌陷，周边居民的不断减少，这些区域逐渐失去了基本的社会服务保障设施，不具备基本生活条件也将被迫搬迁。

(四)矿区职工生产生活受到影响。随着矿井的逐渐停产关闭，矿方职工的工资待遇受到不同程度的影响。煤矿企业转型发展不快,其他产业可提供的再就业岗位不多。矿区职工受年龄、技术的限制,通过再就业增加收入也很困难。

(五)地方政府社会负担不断增加。随着矿方学校、“三供一业”等社会事业的移交,各种社会问题逐渐转移到地方政府,地方政府社会负担愈来愈重。

(六)地矿矛盾日益突出。个别煤矿企业仍存在牺牲环境利益换取经济增长的情况,生态保护意识有待增强。又由于塌陷区土地征收和房屋搬迁补偿标准低,搬迁安置难以实施,地方政府涉矿维稳压力加大。

三、我县采煤塌陷区综合治理进展情况及存在问题

2014 年市委、市政府出台了《关于支持沛北一体化发展的意见》,支持沛北(该区域基本和采煤塌陷区域相吻合)建成全市城乡一体化发展示范区,鼓励沛北在城乡统筹上先行先试,并初步编制完成了《沛北一体化规划》和《矿地融合示范区发展战略规划》。在此基础上,县国土部门和各镇(街道)进一步加大了采煤塌陷区综合治理工作力度,近年来沛北地区已复垦各类整治项目 2. 57 万亩,新增耕地 2. 21 万亩。安国湖生态修复被省国土资源厅列为 2013 年特大型地质灾害防治中央补助资金项目;龙固镇龙湖湿地生态修复工程被国家发改委列为采煤沉降区生态修复示范区;杨屯镇已完成了《江苏省杨屯镇洪福湿地景区修建性详细规划》;绿色矿业发展示范区创建工作已成功纳入全国矿产资源总体规划和江苏省矿产资源总体规划,全县已有 5 家煤矿企业获批国家级绿色矿山。

虽然我县采煤塌陷区综合治理工作取得一定的成效,但我县作为全省最大涉矿区域和苏北省际边界地区,随着煤炭资源逐渐枯竭和采煤塌陷地大量增加,在治理资金来源、耕地保护、发展空间等方面存在的问题也不断凸显。

一是治理资金缺口巨大。采煤塌陷区综合治理工作面广量大,塌陷地的修复、城乡建设、产业布局的调整、社会保障的落实、公共基础设施的建设等各项工作的开展都需要投入大量的资金,仅靠目前耕地开垦费和土地出让收入的部分资金,难以开展大面积的综合治理,资金缺口巨大。

二是征收搬迁补偿标准低。现执行的《关于调整采煤塌陷地征迁补偿标准的意见》(苏国土资规〔2009〕2 号)压煤村庄搬迁补偿标准,与周边山东、安徽等地塌陷地征迁标准相比明显偏低。同时,省定采煤塌陷地征收补偿标准和复垦补偿标准也均低于我县目前实际支付标准。

三是耕地保护压力持续加大。早期形成的采煤塌陷地未办理农转用审批手续,仍被认定为农用地,甚至是耕地,相当一部分土地由于塌陷积水较深无法恢复为耕地。同时,每年又有新增塌陷土地,给耕地保护带来巨大压力。

四是发展规划空间严重不足。地矿融合发展涉及五镇四街道，为我县经济发达地区，涉及区内有沛县经济开发区、沛北经济开发区、四个工业集中区、主城区、杨屯新镇区、龙固新镇区，下步实施地矿融合发展规划，需要大量的用地空间。

四、我县采煤塌陷区综合治理工作建议

(一)以高标准规划，引领地矿融合发展。组织专门力量研究制订地矿融合发展总体规划和专项规划，完成区域总体规划和各镇区规划修编工作。把城镇规划、村庄规划一体化纳入总体规划，对塌陷地治理、产业发展、基础设施、土地利用、环境保护、社会事业实行“一张图”多规融合。突出交通基础设施规划，加强铁路、公路、水路的衔接沟通，完善联运体系，提高交通转换畅达能力；构建省际路网体系，加强区域内道路的联网贯通，打造功能配套、安全高效、联通内外、覆盖城乡的综合交通运输网络。强化市政基础设施区域共建共享项目的规划管理，对区域内供水、供电、供气进行一体规划。突出对住宅小区、公共交通、商业、宾馆、医疗、学校、文化体育、休闲娱乐和社区公共服务设施的规划布局，提高城镇化的承载能力和区域性公共服务水平。坚持集聚集约原则，对采煤塌陷区工业园区按照一二三产实施分类规划，充分整合技术、资金、信息、基础设施等要素，建立健全产业协调发展新机制，促进产业合理布局、三次产业有机融合、城乡经济要素有序流动和城乡产业有效对接，实现优势互补、协调发展。

(二)树立“生态修复+”发展理念，因地制宜推动修复治理与综合利用融合发展。采煤塌陷区生态环境恢复治理需要不断创新理念，应按照宜绿则绿、宜耕则耕、宜景则景、宜建则建的原则，走生态恢复、景观再造、综合开发、循环利用的生态恢复治理与综合利用之路，实现采煤塌陷区生态修复的“生产、生活、生态”三生融合发展。一是发展“生态修复+观光农业”。通过对塌陷区现状及其区位条件的分析，综合考虑生态、经济效益，按照“生态农业与观光休闲相结合的复垦模式”，进行综合治理。要利用塌陷区特有的自然优势和特色农业优势，结合农业的产业化发展与旅游景点、旅游方式的开发，建设具有生产、观光、休闲、度假、娱乐等综合功能的农业观光园，农游互补，让农业发展成为旅游的一部分，打造既有经济价值又有观赏价值的观光农业。二是发展“生态修复+光伏产业”。在这方面我县安国镇光伏产业园就有非常成功的经验，值得推广。针对塌陷区特点，探索灵活的土地利用方式，发展“农光互补”“渔光互补”产业发展模式，将项目开发与农业、渔业发展相结合，因地制宜，变荒为宝，实现项目经济效益、社会效益和生态效益的协调统一，打造湿地生态旅游、工业光伏参观、农业采摘垂钓于一体的休闲娱乐观光区。三是发展“生态修复+旅游业”。在外出学习调研的几个点中,基本均是将塌陷区或废弃矿山打造成了“生态修复+旅游”的典范,借鉴永城、辉县等地生态修复治理的先进经验,结合我县现有旅游资源,进一步整合千岛湿地省级旅游度假区和塌陷区资源打造国家5A级滨湖湿地公园;突出生态湿地开发,建设国家级湿地景区,加快安国湿地开发建设,加快杨屯、龙固湿地开发项目建设。同时,深度挖掘沛县汉文化、微山湖文化、大运河文化资源,推动文化与旅游、宜居与宜业深度融合,打造湖西蓝城康养小镇、杨屯洪福湿地旅游度假区、安国汉之源文旅小镇、刘邦古村等一批标志性项目,打响“刘邦故里、大汉之源”品牌。

(三)突出煤炭企业主体责任,构建煤炭资源开发的动态生态补偿机制。按照“谁开采、谁受益、谁补偿”的原则,进一步明确煤炭企业的主体责任,由开采企业负担煤炭资源开发的生态补偿费,将生态补偿费用标准和额度明确化,建议县政府向省政府积极争取建立健全资源型城市可持续发展准备金制度,参照山西省的做法(2011年调整为:分煤种16—23元/吨煤),征收煤炭可持续发展基金,专项用于煤炭城市环境修复和生态补偿,发展接续替代产业和解决采煤引起的社会问题。在开采前、开采中、开采后各阶段分别落实生态保护措施,着力构建煤炭资源开发的动态生态补偿机制。一是在开采前,将煤炭开采外部性不经济性成本内部化,算好生态环境账。煤炭企业应该把采煤引起的生态修复和污染恢复费用核算进吨煤开采成本,通过计算开采的外部不经济性成本,倒逼企业采用先进的开采技术和工艺减少生态修复和污染防治的外部成本。二是在开采中,煤炭企业要做到“边开采、边治理”,及时对煤炭资源开发过程中造成的生态环境破坏进行恢复治理。对于企业具有修复能力的,采用企业自行组织恢复治理模式;对于企业不具有修复能力的,采用企业出资、县政府组织复垦模式和国家政策激励引导下县政府、企业、居民合作治理模式。三是在开采后,煤炭企业要针对闭坑后的矿山进行生态重建、产业转型或异地补偿。完成后,县政府生态环境部门和国土资源部门要进行评估、验收和后续管理。

(四)争取上级政策扶持,以项目落实带动采煤塌陷区周边生态环境改善。借鉴铜陵市“积极申报地质环境治理项目,以项目实施带动生态治理全面落实”的经验,结合我县煤炭资源开采逐渐趋向枯竭的实际,认真研究国家资源枯竭城市申报条件,积极主动衔接国家有关部门,争取尽早列入国家资源枯竭城市;争取省建立采煤塌陷地及村庄搬迁补偿增长调整机制,提高采煤塌陷地相关补偿标准。在积极争取各级政策扶持的同时,借助我县安国湖特大型地质灾害防治中央补助资金项目、龙固镇龙湖湿地国家采煤沉降区生态修复示范区等项目的实施,以生态修复治理推动周边生态环境的改善,培育新的经济增长点,促进现代服务业发展。

（五）引导社会资金参与采煤塌陷区治理，推动塌陷区生态良性循环。借鉴永城、辉县等地的经验，构建“政府、企业、社会共同参与的保护与治理新机制”，县级财政每年安排专项资金，充分发挥财政资金的导向和带动作用，吸引社会资金参与治理，破解资金瓶颈。健全完善沛县兴田公司、沛县城市投资开发有限公司、沛县开发区投资发展有限公司、沛县国资公司、沛县汉之源文化旅游发展有限公司等融资载体，搭建采煤塌陷区综合治理融资平台，综合运用土地、信贷、资金、费用减免等优惠政策，充分调动开发企业和其他社会资金的积极性，通过“生态修复 + 农业”“生态修复 + 光伏产业”“生态修复 + 旅游”等形式，利用社会资金的可持续性来保障生态环境改善的可持续性。

（六）借鉴“开采”即“治理”经验，推动采煤区生态持续改善。借鉴麟游郭家河煤矿“产煤不见煤、是矿不像矿”绿色煤矿发展理念和“在治理中开采，在开采中治理”的采煤塌陷区治理新模式，结合我县绿色矿业发展示范区创建工作，强化对企业开采计划的沟通与监督，将矿井煤炭开采与生态人文景观改造融为一体，探索煤矿废弃资源综合利用，通过开采过程中的景观改造，生态修复，打造独特旅游产品，推动生态持续改善。同时，进一步加快采煤沉陷区维持农田质量与功能的动态预复垦技术研究，提出一套保持农地功能的采煤沉陷动态预复垦技术流程，揭示采煤沉陷动态预复垦过程中农地功能变化规律，降低土地稳沉后复垦成本，最大限度地保护耕作层，保持土地的生产功能，在全县待采煤区推广，减少因采煤塌陷带来的危害及各类社会问题。

（七）以人为本，推动矿区居民生活环境与塌陷区居民搬迁安置同步改善。从 8 对矿井建设之初，在大屯煤电公司和各矿井所在地便逐渐形成了供职工居住的工人村，由于企业缺乏对社区的统筹管理和系统规划，同地方城镇体系的发展没有衔接，缺乏统一规划与同步建设，最终导致矿业社区的发展游离于地方规划建设的范围之外。这些工人村设施老化、居住拥挤、设施不全，有的甚至没有独立卫生间，严重影响了居民的生活质量，影响了城市的形象。为改善矿区居民生活环境，推进地矿融合发展，可借鉴徐州涉矿小区棚户区改造的经验，按照“政府 + 企业 + 社会”运作原则，采取微调模式、调整模式、重建模式等多种模式，对矿区工人村棚户区进行改造，统一规划配套社区幼儿园、卫生服务站等服务设施，推动矿区居民生活环境和塌陷区居民生活环境同步改善。

（八）地矿一体，合力打造融合发展接续产业亮点。2018 年大屯煤电公司提出了“4411”转型发展战略，以煤炭、电力、铝业、能源综合服务四大产业为基础，计划在我县注册运营煤矿运维、矿井设计与施工、电力运维、水处理运维、检验检测、铁路运维、智能制造和节能环保、新能源开发服务、煤炭物流供应链服务、产业园区服务、培训教育等11个品牌项目,目前,电力运维、水处理运维、铁路运维已在我县完成工商注册,开展业务。结合我县改善人居环境推动乡村振兴接续产业平台建设,将煤电公司11个品牌项目建设纳入接续产业平台建设范畴,携手合力推进沛县经济开发区、龙固工业园、沛北经济开发区、安国工业集聚区、八堡工业园等5个产业集聚区基础设施及研发中心配套建设,充分利用双方资源优势,推动煤矿企业转型的同时,带动地方经济繁荣,实现地矿互利共荣发展。

关于创新金融服务机制助推实体经济发展的调研报告

高宪忠

为进一步提升金融支持实体经济发展水平，推动我县经济发展高质量，县政协把创新金融服务机制助推实体经济发展确定为今年专题调研课题。6—8月份，县政协调研课题组先后到我县重点企业、金融机构开展实地调研座谈，赴省内、省外先进地区考察学习，广泛征求意见建议，专题听取县金融办、县人民银行等有关部门的情况通报。在了解情况、分析问题、借鉴经验的基础上，形成如下调研报告。

一、外地金融支持实体经济发展的主要做法

（一）完善政策扶持，加强考核引导。近年来，温岭、海门、盱眙、宝应、建邺等县（市）区制定出台了加快金融业发展、鼓励和支持企业上市、银行业金融机构贷款考核奖励办法、引进银行业金融机构扶持和奖励办法、金融支持实体经济发展考评办法等一系列文件，政策含金量高、导向性强，扶持引导力度大。今年上半年，温岭市抓住台州小微企业金融服务改革创新试验区有关政策机遇，积极争取人民银行台州分行出台了《金融支持温岭高质量发展再创民营经济新辉煌指导意见》《金融支持温岭乡村振兴的指导意见》，得到更多政策倾斜，形成了金融支持温岭高质量发展的“负面清单”。宝应、泰兴等县（市）发挥政府性存量资金、社保资金定点存放的激励作用，激发了金融机构信贷投放的积极性。花都区、建邺区加强政策扶持和资金补助，加大各类金融机构的引进力度，打造金融集聚区延伸金融辐射效应。如今花都绿色金融街、南京河西金融城实现了各类金融要素虹吸效应，形成金融服务经济发展的强大合力。

（二）搭建对接平台，促进银企合作。盱眙县每月15日定期开展银企对接会，14家金融机构与161户企业达成授信金额42.7亿元；海门市通过定期组织开展“金融机构下基层”“金融超市”等银企对接活动，实现金融资本与企业资源有效融合，帮助中小微企业解决融资需求近20亿元。宝应县建立银企对接活动督查台账，加强考核通报，引导提升金融机构加大对实体经济的信贷有效投放。今年上半年共对接企业80多家,银企双方达成授信协议1.6亿元,已落实1.35亿元,落实率达84%。温岭市创办小微金融服务互联网平台,至今年5月,该平台在全国范围内注册57.25万户,网贷余额15.98亿元,并与27家互联网企业展开资金存管工作。建邺、莲都、泰兴、龙华等县(市)区通过逐月调度通报资金到位情况和分类分批次召开银企合作会议等措施,确保了银企对接活动效果。

(三)创新金融产品,拓宽融资渠道。为有效解决企业贷款难题,各县(市)区金融机构不断推出新的金融产品和金融服务方式。泰兴市农商银行推出"以存抵贷""小微转贷""0续贷"等金融产品,累计帮助小微企业节约融资成本4000余万元;海门市推出了"苏科贷""流转贷""助保贷""荣誉贷"以及农村土地承包经营权抵押贷款等一批特色金融产品,至今年6月,全市金融机构各类金融创新产品贷款余额超14亿元。各县(市)区大力推动企业上市和场外市场挂牌,引导企业拓宽股权、债券等直接融资渠道,实现了企业上市挂牌数量和质量上的提升,并形成优势。我省建邺区、海门市、泰兴市、宝应县上市企业数分别为23家、17家、8家、5家。

(四)加快改革发展,完善金融体系。温岭市在台州首推小微企业专营支行,专门为小微企业提供金融服务支持。目前,全市设有25家小微企业专营支行。宝应县成立中小企业互助协会,开展业务49笔,发放周转资金1.4亿元,为企业提供贷款过桥服务。海门市加快银行机构引进步伐,积极争取外地银行设立分支机构,目前进驻海门的银行金融机构已有20家,其中包括14家外来股份制商业银行。同时,全市建立了中小企业应急互助基金和中小企业贷款担保公司,以及6家农村小贷公司、1家科技小贷公司,建立了以各类银行、证券公司和保险公司为主体,农村小额贷款公司、创业投资公司等为补充,功能齐全的金融体系。泰兴市注重积极稳妥地发展小额贷款公司和融资性担保公司,鼓励发展农村资金互助社等新型农村金融机构,为中小企业、"三农"融资开辟了新渠道。

(五)提升服务水平,优化金融生态。各县(市)区金融机构加强自身业务与县域经济的结合,服务能力进一步提高。盱眙县农发行、农行加大了对新农村建设、水利和农业科技领域的支持力度,服务县域经济能力明显增强;海门市中行发挥国际结算传统优势,大力支持进出口企业发展;泰兴市建行增强了在建续建项目、民生、节能减排等领域的信贷扶持;宝应县邮储、工商等银行结合自身特点,积极拓展业务范围;莲都区丽商银行突出小企业服务特色,助推区域经济发展;温岭市各村镇银行、小额贷款公司、融资性担保公司等金融机构发挥决策链条短、经营自主性强的特点,在服务小微企业发展中的作用愈加凸显。各县(市)区金融部门认真履行监管职能,加强金融风险排查,妥善处置不良贷款,维护了良好金融秩序。

二、我县金融支持实体经济发展的基本情况

近年来,县委、县政府大力推进金融改革创新,金融系统努力扩大信贷投放,不断提升金融服务水平,在支持我县实体经济方面做了大量富有成效的工作,有力促进了我县经济社会持续健康发展。

(一)金融政策体系不断健全。制定了《关于扶持沛县金融集聚区发展的意见》《沛县惠普金融发展实施方案》,指导全县金融业发展。制定了《沛县财政性资金存放银行业金融机构考核管理办法》,引导金融机构加大信贷投放力度,优化信贷投放结构。出台了《关于推进企业上市挂牌工作的实施意见》,大力推进企业上市融资。出台了《沛县防范和处置非法集资应急预案》《沛县金融风险排查化解工作方案》,在防范我县金融风险方面发挥了积极作用。出台《沛县创业担保贷款实施办法》,有效缓解了我县的就业压力。

(二)金融组织体系不断完善。目前,我县已初步形成以政策性银行、股份制银行和地方商业银行为主体,小额贷款公司、融资担保机构、保险、证券、产业基金等为补充的多元化、多层次金融组织体系。其中:银行业支行机构 11 家、保险业支公司 22 家、产业基金 6 家、证券业机构 2 家、小额贷款公司 2 家、担保公司 1 家。各银行业机构有服务网点 39 个,保险业机构有营销服务部 13 个。此外,广发银行、南京银行等分设机构正在筹办中。

(三)金融总量不断增长。2015 年以来,全县银行业存款余额年均增长 15%,贷款余额年均增长 19%。截至今年 6 月末,我县各项存款余额为 547. 28 亿元,较年初增加 34. 74 亿元,增长 6. 78%,位居徐州五县(市)第二位。各项贷款余额为 294. 99 亿元,较年初增加 25. 98 亿元,增长 9. 66%,存贷比为 53. 85%,同比增长了 3. 48 个百分点,净增量与增幅位居徐州五县(市)第一。

表 1:沛县 2015—2017 年各项存贷款统计表(单位:亿元)

各项存贷款		2015 年	2016 年	2017 年
各项存款	余额	378. 88	454. 1	512. 54
	净增	42. 35	75. 22	58. 44
	增幅	12. 58%	19. 85%	12. 87%
各项贷款	余额	187. 39	222. 6	269. 01
	净增	30. 06	35. 21	46. 41
	增幅	19. 11%	18. 79%	20. 85%

(四)金融支持实体经济能力不断增强。近年来,我县金融机构通过开拓创新,融入汇集大量资金为我县经济持续增长做出重要贡献。2017 年,我县建行、

中行、邮储银行、吴江农商行的新增存贷比均在100%以上，工行、农行贷款增量分别较同期增长28.2%、12.33%，有力支持了我县经济发展。据统计，2015年至2018年6月末，我县金融机构投放实体经济贷款占比一直稳居第一。2017年，丰县、邳州、新沂和睢宁的制造业贷款占比分别为13.17%、11.54%、11.43%和6.47%，我县占比为16.54%。

（五）金融改革创新不断深化。创新企业帮扶机制，设立了政府“小微创业贷”“苏微贷”“苏科贷”风险补偿资金，引导金融机构打破重抵押、重担保的审贷模式，我县中小微企业融资难、融资贵问题得到有效缓解。设立应急转贷资金3000万元，引导资金链条紧张的中小企业积极运用政府过桥资金办理转贷业务，有效帮助企业解决了银行贷款到期偿还的困难。截至今年6月末，累计转贷金额3.97亿元。深入推进农村金融改革创新，开展国家级农村“两权”抵押贷款试点工作，用市场化手段破解农村承包土地经营权的抵押贷款处置难题。2017年末，我县农地经营权累计抵押贷款1.29亿元，较年初增加0.21亿元。金融产品不断创新，推出面向新型农业经营主体的“润农金”，面向中小微企业的“云税贷”和“加成贷”，面向农业的“农保贷”等信贷产品。

三、存在的主要问题

尽管我县金融业近年来有了较快发展，但金融业与我县经济发展高质量的需求相比，与省内、省外先进地区金融业竞相争先的发展态势相比，还存在较大差距。在助推实体经济发展过程中还面临着诸多困难和薄弱环节，主要表现在：

（一）金融滞后于经济社会发展。我县存贷比长期偏低，今年6月末，我县存贷比为53.85%，低于全国70.78%、江苏省75%、徐州市64.2%的总体水平，分别比泰兴市、盱眙县、温岭市、宝应县低18.15、21.15、23.15、51.15个百分点。我县金融支持实体经济后劲不足。2015—2017年全县金融机构对制造业贷款余额分别占当年各项贷款的比重为21.55%、18.80%和16.54%，今年5月末为15.10%，比重呈递减趋势。可以看出，我县金融对县域经济发展应有的杠杆和支撑作用还没有得到充分发挥。

表2：沛县2015—2017年制造业贷款统计表（单位：亿元）

	2015年	2016年	2017年	2018.05
各项贷款	187.39	222.6	269.01	288.2
制造业贷款	40.38	41.85	44.5	43.51
制造业贷款占比	21.55%	18.80%	16.54%	15.10%

我县金融支持"三农"力度不够大,农村金融市场功能薄弱。改善农村金融服务仍是我县当前的一大难题,主要表现为金融机构对农村的覆盖率低,农民和农村小微企业由于抵押资产少,抗风险能力差,很难享受到金融服务。今年6月末,我县涉农贷款余额214.55亿元,与全部贷款增幅之比为65%,低于我省农业现代化相关考核指标大于1的要求,金融服务"三农"方面还任重道远。

(二)信贷结构不尽合理。从贷款期限结构看,我县中长期贷款占比偏高,短期贷款占比偏低。企业生产经营资金需求没有得到完全满足。今年6月末,我县中长期贷款余额为163.74亿元,比年初增加18.46亿元,占贷款新增量的96.1%。而短期贷款仅增加7.05亿元,占比36.7%。中长期贷款大多投向政府融资平台、房地产行业和大型企业,"贷房贷大贷政府"现象十分突出。从信贷投入的行业结构来看,制造业贷款连续三年呈现负增长,能源化工、农产品加工、轻工纺织等传统行业大多被商业银行列入谨慎或限制支持名录。从行际间信贷投放看,新增贷款较多的是县工商银行和县农商银行,分别净增4.01亿元、7.20亿元,部分商业银行贷款增量持续减少,县江苏银行贷款增量为负,比年初下降1.25亿元。行际间的不平衡投放,一定程度上影响了金融业对我县经济的平稳支持。

表3:我县近年来贷款投向统计表(单位:万元)

项目		2015年	2016年	2017年	2018.06
政府平台贷款及类平台贷款	贷款余额	206500	271345	275535	363160
大型企业贷款	贷款余额	95555	82192	115122	102861
	企业户数	13	12	17	14
中型企业贷款	贷款余额	491523	535606	540828	589953
	企业户数	184	151	127	121
小型及微型企业贷款	贷款余额	414641	433496	537745	528688
	企业户数	498	476	557	578

今年6月末,我县金融机构平台类贷款余额36.32亿元,较年初增加8.76亿元,比小微企业贷款增量多9.67亿元;大中型企业贷款余额69.28亿元,较年初增加3.69亿元,比小微企业贷款增量多4.59亿元;小微企业贷款余额52.87亿元,较年初下降0.91亿元。融资难、融资贵仍是制约中小企业发展的主要因素。

表 4:我县近年来房地产贷款统计表(单位:万元)

项　目		2015 年	2016 年	2017 年	2018.06
住房开发贷款	余额	45474	41454	127690	174633
	净增	-6046	-4020	86236	46943
	增幅	-11.74%	-8.84%	208.03%	36.76%
个人购房贷款	余额	395265	553966	735601	816584
	净增	57918	158701	181635	80983
	增幅	17.17%	40.15%	32.79%	11.01%

今年 6 月末,我县住房开发贷款余额 17.46 亿元,较年初增加 4.69 亿元,增幅 36.76%,高出全部贷款平均增幅 29.62 个百分点;个人住房贷款余额 81.66 亿元,较年初增加 8.10 亿元,增幅 11.01%,高出全部贷款平均增幅 3.87 个百分点。

(三)金融机构数量相对偏少,集聚效应尚未形成。我县金融组织体系仍以银行等传统机构为主,除人行外,我县银行业金融机构 11 家,还没有全国性的股份制银行在我县落户。县级融资担保公司数量偏少、规模偏小,目前我县仅有 1 家诚和信用担保有限公司,注册资本为 1.28 亿元,净资产 1.36 亿元,融资性担保责任余额为 1.999 亿元,放大倍数仅为 1.46。我县每万人担保机构数为 0.009 家,列全省县域最低。金融机构布局较为分散,未能形成现代化的金融集聚区,导致信息沟通不畅,不利于发挥金融集群效应、引进金融机构和高级金融人才。

(四)中小企业融资难、融资贵,资本市场利用滞后。由于我县中小企业生产规模小、资本金不足、抗风险能力差,特别是企业财务制度不健全,缺乏财务真实信息资料,出于对资金安全、中小企业信用度及银行经营成本等因素的考虑,一些银行对中小企业贷款的积极性不高,即使获批贷款也会增加很多增信附加条件,如追加多方担保、重复抵押等。部分中小企业抵押资产不足,新上项目土地、环评等审批手续未能完善,申请贷款受到很大影响。现行银行信贷管理制度,批复权集中在一级行,县级行基本无批复权限,并且审批时间长、环节复杂,一笔贷款从提报到批复一般要一至三个月,甚至更长,影响了企业及时获得资金。另外,银行“先还后贷”迫使企业从社会融资机构借入短期、高成本过桥资金,或者向民间借高利贷融资,加重了企业融资负担。过度依赖间接融资。我县企业直接融资的意识较差,主动寻求上市的积极性不高,银行贷款间接融资仍然是目前乃至今后相当长时间内我县企业融资的主要形式。虽然,去年我县有77家企业在江苏省股权交易中心上市,但与外地上市(挂牌)企业相比,我县企业在资本市场股权融资等直接融资几乎为空白,且后备企业数量不足,反映出我县在上市挂牌企业的数量质量、直接融资规模、资本市场发展的速度和深度等方面还存在较大差距。

(五)金融生态环境较差。目前,我县银行机构不良贷款余额达33.26亿元,不良率11.28%,全省排在第1位。银行业把我县作为金融高风险地区,发放贷款比较谨慎,一定程度上削弱了继续扩大信贷投放的后劲和支持我县经济发展的能力和信心。企业资金链风险、担保圈风险,致使银企之间互信度下降,民间借贷缺乏有效监管,非法集资、逃避银行债务等区域风险及担保圈引发的信贷风险时有发生。金融执法力度不够,银行在处置不良贷款时存在法院诉讼时间长、执行难、结案率低等问题,不良贷款处置与化解压力较大。部分银行少数从业人员素质不高,违规发放贷款,造成银行等金融机构呆账、死账、坏账积累,一定程度上增加了金融运行的风险。

此外,我县金融服务创新力度不大、金融监管职能配置分散、金融专业人才匮乏等问题也应引起重视,认真解决。

四、几点建议

当前,我县正处在转型升级、跨越发展的关键时期。与省内外先进地区相比,我县实体经济数量还不够多,体量还不够大,迫切需要更多更优的金融支持。立足新时代、把握新趋势,我们必须增强机遇意识、忧患意识、责任意识和创新意识,深刻认识金融在服务支持实体经济发展中的重要性,不断提升服务功能,创新服务手段,充分发挥金融在实体经济发展中的重要支撑作用,为建设“强富美高”新沛县,推动高质量发展走在全市前列集聚新动能。为此,提出如下建议:

(一)加大实体经济信贷投放,确保经济持续发展。随着我县新型工业化战略的深入实施,今后一个时期我县实体经济贷款需求仍将持续增长。我县各金融部门要突出重点,确保大项目、好项目的资金需求,加大再建续建重点项目的信贷投入,推进我县支柱产业、主导产业、战略性新兴产业和骨干企业发展壮大,为经济又好又快发展提供持续动能。当前,要紧紧抓住我县作为全省移民搬迁扶贫脱贫的试点这一重大机遇,力争在明年的信贷投放中体现出对我县差别性、区域性的信贷规模安排。县人行要积极争取上级行出台金融支持我县乡村振兴的意见,加大金融扶持力度。县各银行机构要做好信贷项目策划与报批,深入挖掘信贷增长点和融资主体,主动帮助企业策划储备符合省市县产业政策、信贷政策的项目,积极向上争取贷款管理权限和信贷规模。县发改委要抓好项目落地,积极协调解决项目相关手续问题,做好银企签约资金投放情况调度,努力提高银行资金到位率,推动项目资源优势转化为资金优势,促进经济高质量增长。

(二)优化信贷投向,促进经济转型发展、跨越发展。一是加快产业项目库建设,建立银企对接信息平台。建议由县发改委牵头建立我县动态管理的项目库,将企业及重大项目融资需求通过银企信息平台对接,打通企业项目与各金融机构信息孤岛,实现信息共享,联动协作,引导资金投向我县重点行业和关键领域,营造“以产促融、以融助产、互利共赢”的良好环境。二是完善产业基金的运作机制。正确处理好政府与市场的关系,按照“政府引导、市场运作、多元投资、防范风险”的原则,建立以项目为导向的基金发起和管理方式,形成与产业发展紧密互动并市场化、专业化的基金管理运营模式。立足我县“5 +2”产业体系,在现有6 支产业基金基础上,加快成立新材料、新能源、绿色建筑、文化旅游等产业基金,以政府引导基金和各大金融机构为支撑的母基金战略合作,实现金融资本、社会资本和产业融合,大力支持我县基础产业、新兴产业和高新技术产业。积极对接省市已设立的区域资金、产业基金等投资基金,围绕创新驱动、生态环保、乡村振兴等县委、县政府重大发展战略,建立实体经济、重点产业等区域特色优势产业项目库,积极向省市基金管理公司推介,调动省市资源,借力省市基金优势,支持我县实体经济高质量发展。可借鉴南通海门市经验做法,建议将县政府产业发展引导基金委托专业基金管理人管理。建立基金项目投资委员会和专家评审会,明晰项目投资决策程序,确保项目科学决策效率。三是促进创新驱动。通过政府搭台,定期举办银企对接会,注重引导金融机构精准对接科技型企业的融资需求,帮助发展前景好的科技型企业突破资金瓶颈制约。考虑到科技型企业技术密集、缺乏担保抵押品的实际情况,引导金融机构从注重企业财务指标、担保抵押等硬性指标转变为充分参考新型技术、项目前景等软性信息进行信贷审批。

(三)积极培育新型金融机构,引导金融业集聚发展。一是加快培育各类金融机构。以新城区金融中心为基础,加大招金引银力度,积极吸引各类金融机构到我县设立法人总部和分支机构。重点引进全国性商业银行、证券公司、融资担保公司、风险投资基金等入驻我县,增强金融业的集聚和辐射带动能力,提升金融规模和实力。二是推动金融功能区建设。要充分认识到金融中心建设对经济、社会发展的巨大推动作用。在深入研究金融业发展规律和借鉴发达地区经验、统筹考虑全县产业整体布局、金融业资源分布的前提下,加大工作力度，尽快确立全县金融业空间布局规划，建议明确沛县“一主一副一区一园”金融功能区布局。“一主”即县金融中心；“一副”即县金融综合服务共享中心；“一区”即在新城区规划建设一个布局合理、配套完善的金融商务区；“一园”即建设科技与金融结合的开发区科技创业园。加快基础设施和软硬件配套设施建设，集中全力打造县金融中心，不断提升金融集聚辐射能力。加快推进县金融综合服务共享中心建设，为企业提供一站式金融服务。推动金融商务区的规划建设，大力引进国内有实力的会计、资产评估、资信评级、证券咨询、保险经纪等与金融核心业务密切相关的各类中介服务机构，鼓励发展商业保理机构，培育金融软件企业和金融服务外包产业，为金融业的发展壮大提供好配套服务。高标准建设科技金融创业园，通过市场化机制、专业化服务、资本化途径、网络化支撑、集成化应用，促进该平台与入驻企业实现产业链、创新链、资金链、服务链的深度整合，帮助科技型企业孵化成长。

（四）努力破解中小企业融资难题。一要加强政策引导。综合运用各种货币政策工具，指导金融机构加大对中小企业的支持力度。发挥财政资金“四两拨千斤”作用，健全中小企业信贷财政补偿机制，逐步增加财政风险补偿资金，提高金融机构支持中小企业的积极性。修订完善《沛县科技型中小企业贷款风险补偿资金池管理办法》（沛政办发〔2015〕35号），由县发改委、科技局从县域内企业中梳理出具备正常运营、正常纳税、不欠贷款利息的科技型企业，建立政府扶持科技型中小企业目录库，合作银行对纳入政府扶持目录中的企业按照贷款审批流程发放贷款，确保县政府设立的科技型中小企业贷款风险补偿资金池发挥应有效益，提高金融对科技型中小企业的支持力度，发挥财政资金的杠杆作用，为全县科技型中小企业提供综合金融服务平台及产品，逐步解决科技型中小企业融资难问题。探索与多家银行合作以扩大风险补偿资金贷款平台，在金融机构间形成公平公开的良性竞争，拓宽“风险补偿资金”合作的深度和广度，为中小企业融资提供多样化的选择。借鉴扬州宝应县的做法，将我县企业应急转贷资金增加到5000万元，由县财政负责筹措，企业实时使用和归还的资金流由政府和银行全程监控，满足中小企业“短快急频”的贷款周转需求，帮助企业破解还贷周转难题。支持县担保公司积极融入市级担保平台，充分发挥担保公司的杠杆作用，放大担保倍数，扩大担保规模，满足企业合理的资金需求。探索发展中小企业互助担保组织，进一步完善担保体系。二要创新金融产品。金融机构要主动顺应企业需求多样化的趋势，加强中小企业经营特点分析，积极向上争取信贷倾斜政策和资金支持，积极开发适合中小企业需求的新产品、新服务，不断推出供应链融资、应收账款质押等融资工具，为中小企业开辟更加多元、更为便捷的融资渠道。鼓励金融机构突破以不动产为抵押物的限制,开展动产质押和无形资产质押的贷款业务,化解“两证”(土地证、房产证)不全企业融资难题。支持金融机构在风险可控的前提下,进一步简化银行信贷业务流程,对优质、诚信企业积极推广循环续贷模式。三要引导中小企业实现规范管理。建议县金融办、发改委、财政局等相关部门加强对中小企业的指导,定期举办企业经营管理人员培训班,帮助企业建立规范的财务制度、管理机制,对达到标准的企业重点扶持。

(五)加强“三农”金融服务支持。围绕“改善人居环境推动乡村振兴”,金融机构要制订“乡村振兴”信贷计划,加大支农贷款奖励比重,金融机构要向镇村延伸网点和机构,积极向上争取业务权限,力争涉农贷款逐年增加;县农商行、汉源村镇银行要有效发挥“支农支小”的主力军作用,切实提高农业信贷普及性;县农发行要加大对农田水利、农村公共设施、农村人居环境等中长期信贷投放的力度;优化升级村级金融服务站,实施金融服务“村村通”工程,深入推进农村“两权”抵押贷款业务发展,加大农村创业贷款投放力度;鼓励、支持发展农村小额信贷保险、小额人身保险、农机保险、农业基础设施保险等业务;探索开展大型农机具、蔬菜大棚、养殖园区等抵质押贷款业务。协调上级有关部门支持我县发展各类新型农村金融组织,不断增强农村金融市场功能。

(六)积极利用资本市场,拓宽企业融资通道。一要推进企业上市融资。建议金融办、发改委等部门,强化对骨干企业挂牌上市的培育和辅导力度,提供“一对一”服务,帮助企业树立正确的上市观念。加大对拟上市企业的前期扶持,积极主动帮助企业补办有关手续,激发企业上市内生动力。当前,要充分抓住“IPO”扩容的机遇,力争早日实现我县企业在“IPO”等场外市场挂牌。二要支持企业发债融资。引导企业积极开展债务融资工具发行,通过企业集合票据、中期票据、短期融资债券等方式,发行企业债券,降低融资成本。三要探索民间融资新渠道。截至今年6月,我县居民存款达345.94亿元,居于全市前三位,反映出我县民间的资金缺乏有效的投向。建议引导民间存款资金向投资资本转变。鼓励民间资本积极参与各类产业发展基金,在风险可控的前提下,支持资金困难企业渡过难关。同时鼓励民间资本探索组建股权投资基金,积极参与拟上市企业的股改,助推企业上市步伐。

(七)优化金融环境生态,促进经济金融良性循环。一要建立银政企信息沟通长效机制。建立全县金融信息联络机制,整合发改、人行、税务、公安、法院、市场监管等职能部门信息资源,实现资金需求、生产经营、市场信息与信贷政策、金融产品、信用信息的有效对接,提高信贷配置效率。二要建立金融风险处置协调工作机制。加强对金融工作的领导,建立由县主要领导牵头,县司法部门、经济部门、金融机构等联合组成的金融风险处置协调工作机构,明确风险处置责任,实行信息共享,推进监管协调工作规范化、常态化,严防系统性、区域性金融风险。三要加大金融执法力度。严厉打击“骗贷”、非法集资和各种逃废银行债务行为,加快银行不良资产抵(质)物拍卖、第三方接盘等变现、清收处置效率,提高金融诉讼案件执结率,维护金融机构的合法权益。通过沛县政府网、沛县电视台、沛县发布、《沛县日报》等媒体对“逃废银行债务黑名单”予以公布。四要加强社会诚信建设。结合国家文明城市创建活动,加大金融政策、防范金融风险、社会诚信宣传力度,营造诚信光荣、失信可耻的社会氛围。开展信用农户、信用村、信用镇创建活动,为金融服务支持实体经济发展,促进经济金融良性循环、共赢发展创造良好条件。

(八)加强领导,凝聚促进金融发展的强大合力。一要强化金融工作领导。要建立健全领导组织体系,成立专门领导机构,形成一把手抓金融工作机制。要加大领导干部金融知识的普及、培训,倡导各级领导干部学金融、懂金融,用金融,提高运用金融服务经济发展的能力。进一步强化县金融办工作职能,增加人员编制,赋予其行业监管职权。要把金融工作纳入各镇(场)、街道和县直部门重点工作目标管理考核体系,加大督查考核力度,推动各项工作落实。二要加大财政资金的扶持。充分发挥财政引导资金的杠杆作用,县财政应设立现代金融业发展专项资金,大幅增加投入,并建立逐年增长的机制,促进金融业发展。三要破解人才制约瓶颈。采取切实有效的政策扶持和引导,大力引进人才,特别是产品开发、资本运作等方面熟悉国际规划、具有创新能力的海外高层次领军人才和高级专业人才,为我县发展金融业提供强大的人才支撑。四要强化政策的支持和引导。出台全面促进金融产业发展的综合政策,明确加快发展银行业、证券业、保险业和投融资平台发展的各项措施,在金融机构引进和创设、金融创新、信贷投向考核奖励、风险补偿、金融地产、金融人才引进培养、企业上市融资、股权投资、融资性担保等方面提供全方位、有特色、更优惠、好操作的政策支持,形成发展合力。

关于进一步优化营商环境促进全县民营经济高质量发展的调研报告

高宪忠

为贯彻落实全县营商环境提升年会议精神,推进全县打造“审批事项最少、办事效率最高、运营成本最低、政府服务最优、创新创业活力最强”的“五最”营商环境,加快我县民营经济提质增效高质量发展,经报县委同意,县政协把进一步优化营商环境促进全县民营经济高质量发展确定为今年专项调研课题。6—8月份,县政协调研课题组先后到我县重点企业、县直有关部门开展实地调研座谈,赴省内、省外先进地区考察学习,广泛征求意见建议。在了解情况、分析问题、借鉴经验的基础上,形成如下调研报告。

一、外地优化营商环境加快民营经济发展的主要做法

(一)强化政策支撑,持续提升企业发展信心。近年来,昆山、慈溪、宜兴、福清、义乌等地坚持问题导向,围绕减轻企业负担、降低企业成本、化解融资难融资贵等问题,研究务实管用的政策举措,给企业家更多获得感。昆山市聚焦办理施工许可、开办登记、纳税、获得电力等环节,制定出台23条政策和10项配套措施,实现“昆山服务”再提速,不折不扣落实减税降费各项政策,持续优化30项降成本措施,2018年为实体经济降低成本约100亿元,为民营企业发展提供了坚强保障。义乌坚持政策引领,从企业减负、小微企业成长、化解风险等方面,多维度、多角度推动,全力扶持民营经济更好更快发展,打造民营企业优质发展“生态圈”。在连续出台减轻企业负担支持工业发展、支持企业股改重组挂牌上市、支持中小微企业发展等三个“十条”后,去年义乌又推出“史上最强”实体经济扶持政策,上架“17条干货”,每年拿出3.2亿元资金,整合工业经济、科技创新、质量品牌等方方面面,形成政策叠加效应,为民营企业注入“强心剂”。石狮市着力发挥政策支撑作用,加大政策传导和跟踪落实力度。研究出台《进一步支持民营企业健康发展十一条措施》《关于降低实体经济企业成本的实施意见》等政策措施,从金融服务、技术技改、财税支持、公共服务等方面综合施策，切实减轻企业负担，努力营造区域投资环境比较优势。2017 年和 2018 年分别兑现各项惠企政策资金 4.8 亿元、5.9 亿元。宜兴市在落实上级减税降费政策基础上，实施“高质量发展”“陶都英才”“现代产业发展基金”等政策，开展项目观摩、暖企行动，引导金融机构加大对实体经济的信贷投放力度，持续帮助企业减负，提升企业发展热情。

（二）推进职能转变，提供务实高效政务服务。各地持续推进政府职能转变、行政审批制度改革，相继推出了符合自身实际的“放管服”改革措施，形成了良好的政务环境。昆山市加快实现行政审批服务“全过程网上运行、全流程信息共享、全审批开放透明、全环节限时办结、全市域同步办理、全天候主动服务”，办理时间比全省标准再压缩 30%—50%，全程网上办理率 98% 以上，全力打造“1330”不见面审批昆山服务模式（开办企业 1 个工作日完成、不动产登记 3 个工作日完成、办理施工许可 30 个工作日内完成）。义乌市秉承“只进一个门、只对一个窗、最多跑一次、最好不用跑”的工作理念，围绕精减事项 100 项以上、市域范围内证明全部取消、办理材料削减 20% 以上、网上办结率 80% 以上、民生事项 100% 网办的工作目标，设立“最多跑一次”没办成投诉与代办窗口，构建多角度、全方位监督机制。目前，已精减事项 411 项，取消证明 270 项，窗口削减率达到 50%，材料削减率达到 63.5%，网上办结率达到 83%。行政服务中心大厅办事群众不断减少，改革前日均 9000 余人次，目前一般在 3700 人次左右。福清市建立了“一窗受理、集成服务”机制，按照“资产项目类、企业登记类、经营管理类、社会事务类、税务类”五大类对事项进行整合、重组，推进相对集中行政审批，实行“前台综合受理、后台分类审批、统一窗口出件”，并自主研发了“不见面审批自助受理机”，进一步提高办事效率。宜兴市实施市级相对集中行政许可权改革，推行“阳光政务”，引导“微笑服务”，完善模拟审批，全程代办、不见面审批等机制，加快政企信息互通、合作互动，持续提升企业获得感和满意度。

（三）营造发展氛围，突出企业家社会地位。各地普遍建立民营经济表彰机制，定期表彰一批优秀民营企业、优秀民营企业家，加强对优秀企业家先进事迹和突出贡献的宣传报道，在全社会形成重视民营经济、尊重民营企业家的良好氛围。昆山市加大优秀企业家宣传表彰力度，每年召开民营经济发展大会，讲好新时代民营企业创新创业的“动人故事”，让民营企业和企业家有更多的荣誉感、自豪感、成就感。为优秀民营企业家开辟子女就学、配偶就业、医疗保健等绿色通道，提供免费健康体检、公共交通、市内旅游等服务。积极营造鼓励创新、允许试错、宽容失败的浓厚氛围，真心实意地为民营企业家排忧解难，真抓实干地为民营企业减负降本。慈溪市以高看厚爱企业家为根本,让企业家享有更高社会荣誉。在全社会营造尊重企业家、理解企业家、支持企业家、爱护企业家的浓厚氛围。今年年初,慈溪市发布慈商风云榜,组织评选科技创新、纳税、"亩产论英雄"等方面先进标杆企业,予以高规格表彰奖励。宜兴市近年来相继召开2000万元以上税收企业家春节联欢会、高质量发展大会、企业发展大会等会议,落实突出贡献企业家优先享受公共服务等举措,在全社会树立"创业者受尊重、贡献多最光荣"的鲜明导向。海安市注重立典型树形象,用宣传造氛围。重点宣传报道优秀企业家的先进典型事迹,大力弘扬他们敢为人先、勇争第一的首创精神。同时,从关心爱护企业的角度出发,严肃纪律、制定规范,明确所有涉企检查不得干扰企业的正常生产经营活动,不得增加企业负担。

(四)创新社会治理,营造惠商安商社会环境。各地不断强化政府社会管理职能,积极营造鼓励和支持民营经济发展的社会氛围,公平竞争的市场秩序,公平正义的法治环境。昆山市强化信用信息归集共享,全力推进"一网三库一平台"建设,为全市32万余市场主体、268万余自然人建立了信用信息档案。通过"信用昆山""中国昆山"网公示"红名单"1027个,"黑名单"288个,"失信被执行人"1.76万个。与嘉定区、太仓市签署《共同推进嘉昆太协同发展创新圈社会信用体系建设合作框架协议》,首批信用信息实现了共享,并在两地信用门户网站进行公示,实现"一地失信,三地受限"。衢江区坚持把服务保障经济发展作为深化社会治理创新、优化发展环境的重要抓手,主动融入发展大局,大力开展"信用示范之城"创建,建立信用建设网站——"信用中国"(浙江衢江)网站,实现公共信用信息在审批服务、行政监管、公共资源交易等方面的一体应用。宜兴市启动新时代文明实践中心建设,开展"打击恶意逃废债务行为""扫黑除恶"等专项行动,推行知识产权"三审合一"集中化审判,开展"守信示范企业"评选,建立"红黑榜"制度,这些举措为进一步优化全市营商环境,加快民营企业发展,奠定了坚实基础。义乌市将知识产权保护作为塑造良好营商环境的重要抓手,建立知识产权维权服务中心,加大本土企业商业秘密保护的服务力度,严厉打击各类侵权行为。同时,大力推广阳光审判、阳光检务、阳光警务,依法高效办理各类涉企案件,努力做到以公开促公正、以公正促公信。

二、我县营商环境建设现状

近年来,县委、县政府坚持把优化营商环境作为推动民营经济高质量发展的突破口和切入点,突出抓好"八大专项行动"和"五查五整治"工作,扎实推进营商环境"建设年"和"提升年"活动,营商环境建设工作取得了明显成效,有力促进了我县民营经济持续健康发展。

（一）支持营商环境的政策制度不断完善。县委、县政府高度重视优化营商环境工作，推出了一系列工作部署和要求。出台了《关于推动工业经济转型发展的意见》《关于加快工业经济创新发展的若干政策意见》《重点工业企业培大育强三年行动计划》《关于加快“四上”企业培育和升规入统工作的意见》等系列文件，在产业集聚、要素配置、金融服务等方面予以大力扶持。今年初，一次性兑付政策支持资金2400余万元。连续两年评出经济年度人物8名、十佳优秀企业家20名、优秀民营企业家20名。今年县委、县政府对标全市标准，结合我县实际，出台了《2019年营商环境提升年工作方案》，制订了优化营商环境八大专项行动方案；印发了《关于建立“有求必应、无事不扰”服务企业工作机制的意见（试行）》，推出“服务企业发展惠企包”44条，明确了服务目标，夯实了各方责任，提出了具体措施，亲商护企的政策环境进一步完善。

（二）推进营商环境的行政效能逐步提升。近年来，县委、县政府持续推进政府职能转变、行政审批制度改革和行政效能提升，形成了良好的政务环境。一是推进了相对集中行政审批。完成县镇村三级政府权力清单和责任清单的编制公开，以简化办事流程目标为牵引，梳理完成六大类1024项行政权力事项，实现网上办理“不见面审批”全覆盖，并实行动态管理。二是搭建了相对快捷的审批服务平台。启动了“互联网+政务服务”建设，建立了固定资产投资联审联批机制，推行“不见面审批”标准化常态化，全面梳理高频事项清单，设立“多评合一”窗口，采用数字化联合审图，切实解决项目推进中的难题；推进“互联网+”政务服务向基层延伸，在全市率先完成镇、村公共服务事项维护两个全覆盖。三是巩固“3550”改革成果，实现“2330”常态化。全面推行企业全程网上办，办理时限压缩在2个工作日以内；全面推行不动产登记“一窗受理、集成服务”，3个工作日完成办理；施工许可办理时限压缩在30个工作日以内。成立全市首家不动产移动登记服务站。今年上半年新增各类企业2736户，增长71.43%。

（三）支撑营商环境的要素保障有效改善。改善营商环境的关键在于土地供给、金融服务、人才保障上。我县人才保障方面：出台了《关于引进培养高层次创新创业人才的实施意见》《关于加快建设区域性人才高地的意见》等政策及配套措施，对企业引进符合要求的学士、硕士、博士有相应的补贴政策，逐步形成了重视人才的良好氛围。土地方面：落实了2020年前新增建设用地空间布局等三条红线，实现了中心城区基本农田全部调出。积极探索县经济开发区、沛北经济开发区土地管理新模式，预留了相应的规划指标，为工业项目向开发区集中创造了条件。金融服务方面：县金融中心、金融综合服务中心建设加快推进,初步建立银企"一对一"对接机制,今年上半年,全县存贷比首次达到61%,金融支持实体经济能力明显增强。

(四)服务营商环境的作风建设进一步加强。一是畅通诉求渠道。全面建立联系服务企业制度,畅通企业诉求,发挥"12345"服务热线的投诉作用,开通政务服务"一号答",服务企业不打烊。二是提升机关作风。持续开展"机关作风大家评"活动,对27家重点涉企单位120个科(股)室开展评议,评议最差的10个科(股)室列为重点管理对象,倒逼机关工作人员更好地服务企业、服务群众。三是强化督查问责。建立督查考核机制,将营商环境纳入日常监督,开展明察暗访,对破坏营商环境的违纪违法行为实行"零容忍",坚持"一案双查",坚决铲除破坏营商环境的各类隐形障碍和"潜规则"。今年上半年,对破坏营商环境问题的2人给予党纪处分,3人给予政纪处分,2名领导干部被问责。

(五)保障营商环境的法治化建设持续加强。一是社会信用体系更加完善。公共信用服务平台建成使用,守信激励和失信惩戒机制不断完善。二是规范市场监管。专项清查整治事中事后监管不力,假冒伪劣、侵犯知识产权查处不力等问题,改变重罚款轻监管的倾向,整合组建综合执法队伍,解决多头多层重复执法问题。三是社会环境更加安全。大力推进"法治沛县"建设,为企业发展保驾护航。深入开展"扫黑除恶"专项斗争,严厉打击涉企违法犯罪现象,全面净化社会环境,保障企业家专心创业、放心投资、安心经营,为民营经济发展创造了良好的社会环境。

三、我县营商环境面临的主要困难及问题

纵向看,近年来我县营商环境不断优化,整体向好;横向比,在政府职能转变、干部作风建设、民营经济发展氛围、企业融资等方面与发达地区还存在不少差距。特别是进入新时代,面对民营经济高质量发展的新任务、新要求,我县营商环境还面临着诸多困难和问题,主要表现在:

(一)政务服务效率有待提升。一是信息共享程度不够。部分垂直单位业务系统基本上都是省、市级开发,与江苏政务服务网在省级层面不对接,形成数据不能共享。县内部分职能部门信息化程度不高,存在部门间的信息不能够互相推送形成共享,直接影响工作效率,办事企业重复多次提交材料的现象依然存在。二是相对权集中度不高。目前,我县政务服务大厅进驻部门只有21个,仍然有9家单位未实现入驻;322项行政许可事项入驻政务服务中心大厅高频事项仅136项,与省、市"三集中、三到位"要求存在较大的差距,给企业办理业务带来很大的不便。三是服务队伍业务能力还需提高。对照政务服务事项"网上批、快递送、不见面"的要求,部分单位的业务人员年龄偏大,不能熟练准确维护网上办事指南，业务素质有待进一步提高。下放到镇、村两级的权力缺乏专业人才，业务不熟练，不能很好地承接，开展业务效率不高。

（二）优化营商环境意识有待深化。一是部分单位和干部担当精神不强。中央八项规定出台后，一些部门风险意识增强，一些干部在思想认识上与县委、县政府的要求存在一定差距，缺乏担当精神，不求有功但求无过，没有真正从企业角度出发，主动为企业排忧解难。面对企业的诉求，过于讲究办事程序、法律依据、政策规定等“条条框框”，在企业项目申报、项目建设、奖补申报等方面过于烦琐冗长，企业怨言较多。二是政企沟通机制还不健全。企业反映部分涉企政策知晓度不高，信息不对称，政策碎片化，相关部门答复口径不一致，有问题不知道该向谁问、找谁解决。三是全社会发展氛围还不浓厚。受地域文化的影响，企业家的社会地位还不够突出，“小富即安”等思想依然存在，崇尚创业创新的良好社会环境还未真正形成。

（三）金融服务体系作用有待增强。当前，我县金融服务体系建设还不能很好地适应“大众创业、万众创新”形势发展要求，尤其是面对中小微企业“短、小、频、急”的融资需求，现有金融体系还不能有效地提供充足的金融产品和金融服务，企业“融资难、融资贵”的问题仍较严峻。一是信贷渠道单一、信贷产品少、融资成本高。特别是科技型企业普遍反映的银行只认硬担保（固定资产），不认软担保（产品技术专利、品牌影响力、市场占有率），贷款的数额小，期限短，续借难，不能满足企业发展要求。二是信用体系建设滞后。一些企业信用意识差、还款意愿不强，一些企业存在长期拖欠银行贷款本息的情况，致使金融机构不愿、不敢与中小企业打交道。三是融资中间成本高。银企信息不对称，企业基础数据不全，信誉度不高，使企业贷款都需承担中介服务费，拉长了企业融资链条，增加了企业融资中间成本。特别是民间金融机构对民营企业几倍于银行利率的加价还款，造成企业经营风险加大，经营困难。

（四）人才支撑作用有待加强。调研中企业普遍反映高技术人才、高水平管理人才难求，技术工人难招、企业用工成本持续上升，是当前企业经营发展中遇到的紧迫难题。一是在技术工人方面，我县企业员工工资普遍较低、工时较长，季节性和随意性较大，员工流失率高。二是高素质以及科技人才引进方面，企业反映，我县人才引进侧重于党政机关、科教文卫等体制内专业技术人才，企业紧缺的科技人才、管理人才引进比较薄弱，加之对人才引进后的职称评定、子女就学、家属就业、社会保障等方面配套措施不完善，人才引进难、留住难的问题比较突出。

（五）营商法治环境有待优化。法治环境仍不宽松，事中事后监管还需加强。一是行政执法行为不规范。执法部门多头执法、重复检查现象存在,侵犯企业正当权益的现象时有发生;执法过程中不作为、慢作为的现象依然存在。二是重审批轻监管、重执法轻服务的现象比较突出。企业反映,不少职能部门仍不同程度地存在“以批代管”“只批不管”的行为,“重执法轻服务”的现象依然存在。三是企业周边环境有待改善。有施工企业反映,有一些群众法律意识淡薄,非法侵占企业利益,影响企业的正常生产经营。

此外,我县营商环境“堵点痛点”整治进展不平衡、园区基础设施建设不到位、企业创新创业活力不足、宣传力度不够等问题也应引起重视,研究对策,认真解决。

四、优化营商环境促进民营经济高质量发展的对策建议

当前,包括政策、政务、法治、市场、社会、人文等在内的营商服务“软环境”,已成为区域竞争的“硬实力”。在新一轮改革开放大潮中,我县要始终抱着“给企业减负就是为经济蓄势,帮企业克难就是为发展清障,抓营商环境就是为创新创业注入动能”的理念,动员全社会方方面面的力量,进一步优化我县营商环境,全力打造营商环境新高地,才能为我县民营经济高质量发展提供更有力的支撑,才能在新一轮发展中占得先机、赢得主动。为此,提出如下建议:

(一)高度重视,全县统筹,护航民营经济高质量发展。一是加强领导,形成合力。成立县委、县政府主要领导亲自挂帅,分管县领导具体负责,相关职能部门和属地板块共同参与的领导小组,统筹细化我县在落实上级优化营商环境政策规定的具体措施,明确我县破解制约项目落地、支持企业发展的具体举措,努力开创全县上下一盘棋、政府企业同携手、干群合力创环境的工作局面。二是综合考评,激发动力。将优化营商环境内容纳入全县高质量发展目标考核,将市场主体和社会公众满意度作为考核的重要内容,同步建立营商环境评价体系,通过引入第三方机构科学评价,全面排查我县在简政放权、优化服务中存在的部门不协调、政务信息不联通、窗口服务不便捷、行政执法不规范、市场监管不完善等问题,针对性地列出政务改革事项清单,下大力气补短板,疏通“堵点”,治疗“痛点”,解决好政务服务“最后一公里”问题,促进我县营商环境持续向好。三是严督重查,传导压力。加大营商环境督查力度,紧紧盯住营商环境建设各项目标任务完成情况,“八大专项行动”“五查五整治”工作进展情况、企业反映集中问题处理情况等重点难点问题,制订督查方案,排定工作计划,狠抓关键落实,确保工作到位。开展营商环境专项巡察,对部门、板块、有关企事业单位优化营商环境工作情况加强监督,对损害营商环境的违规违法问题坚持“零容忍”,严厉惩治效率低下、作风涣散、吃拿卡要等“不作为、慢作为、乱作为”问题,共同推动全县营商环境更加优化。

(二)高点定位,区域一体,积蓄民营经济高质量发展新动能。一是产业定位方面。要站在面向全国战略、长三角一体化发展战略的高度,定位沛县的产业发展方向,制定相关政策;要以机构改革为契机,进一步理顺多规合一体制机制,做到科学规划、依法管理。二是招商引资方面。要注重资源优势和市场成熟度的有机衔接,明确我县招商引资的科学定位,要制定明确的、可行的招商政策,引来“真凤凰”。依托县经济开发区、沛北经济开发区等“1 +1 +8”开放园区功能定位,着力引进新能源、新材料、轻量化新型铝材、高端装备制造、绿色建筑等新兴主导产业,积极发展数字经济、共享经济等新产业新业态;大力引进地区总部以及国内大企业集团决策中心、研发中心,着力集聚一批高能级、有活力的经济主体。三是推进园区协调发展方面。针对调研中“园区”职能部门反映的在行政审批、规划制订、城市管理等方面县直部门职权下放不到位等问题,建议县委、县政府开展园区管理一体化工作,着力解决好园区发展中招商引资、资源配置、基础设施建设、公共安全、环境治理、城市规划及建设发展规划等突出问题,形成资源要素优化配置、共建共享、流转通畅,县直和园区部门分工明确、协作管理的高效管理机制。对镇(街道)在优化营商环境工作中也需要加强县级统筹协调,帮助解决好影响营商环境的制约瓶颈。

(三)高强投入,要素支撑,拓展民营经济高质量发展新空间。一是土地要素方面。要高度重视新一轮用地规划调整工作,将“十四五”规划确定项目的用地以及近期确定的重点工程项目用地,在这次调整中予以保证;要坚持节约用地,用好增量,盘活存量,把占地闲置、碎片化用地降到最低程度;要加大“两违”整治力度,清理违法违规用地,盘活闲置占地,有效解决批而未供、未批先建等问题;要完善工业用地出让制度,在招拍挂基础上,支持弹性出让、先租后让、长期租赁等多种供地方式。加快做好工业用地确权工作,坚持在符合用地规划和产业政策的前提下,积极研究解决民营企业租用集体建设用地手续问题,增强企业融资抵押能力;要加快不动产数据整合工作,为营造土地营商环境奠定基础。二是金融要素服务方面。要充分发挥金融监管局的作用,加强政府与银行的协调力度,畅通银企沟通渠道,搭建银企有效对接平台,解决银行不敢放贷、不愿和民营企业打交道和民营企业信用意识不强等问题;要保障财政政策性融资担保基金到位,规范多方合作增信和风险分担机制,特别是有效解决担保公司要求企业反担保问题,助力中小企业化解融资难题;积极推动“银税互动”“政银保合作”信贷产品开发,营造“诚信是金”氛围,简化审批程序,化解中小企业融资难、融资贵难题。三是基础设施方面。对全县“1 +1 +8”产业园区进行全面摸底排查,切实解决园区配套设施建设不到位问题,加大财政支持力度,鼓励社会资本投入,加强对园区道路、水、电、气、暖、通讯、环保等基础设施的规划和建设,切实满足园区企业生产运营需求;要鼓励支持物流业发展,加强物流基础设施建设,降低企业物流成本。要坚持工业集中区建设与城市功能完善同步推进,打造产城融合综合体,突出交通先行,优化公交线路的站点设置,在园区周边配套建设住宿、餐饮、商务、休闲等生活设施,为入驻企业员工创造便利的生活条件。四是人才要素支撑方面。深入实施"沛县英才"计划,建立健全人才引育、使用、激励机制,做大做强人才载体,并切实解决好企业引进人才的住房安置、子女教育、医疗卫生等后顾之忧。同时探索职业学校、民营企业共同定向培养的"二元制"教育合作,全力满足"鑫宇光伏"等在沛骨干企业对专业技术工人和高端复合型人才的需求。

(四)高效改革,简政放权,激发民营经济高质量发展活力。一是增强政策制定执行的科学性和透明度。坚持问题导向,围绕减轻企业负担、降低企业成本、提升企业创新能力等问题,认真调研、科学论证、充分征求、合理采纳民营企业的意见和建议,研究制定务实管用的政策,增强政策稳定性。同时要及时发布政策信息,为民营企业提供便捷、免费的解读和咨询服务,给企业家更多获得感。二是深入推进"放管服"改革。以"最多跑一次"为目标,继续深化"3550"改革。要提高部门进驻率,努力实现我县绝大部分审批事项在政务服务中心办理,变"多门跑"为"一门跑"。要打造共享平台,深入推进"互联网+政务服务",加快推行政务服务大厅线下、线上融合改革,打通部门之间信息壁垒,实现各部门系统数据信息互联互通、充分共享,最大程度做到"数据多跑路,群众少跑腿"。实施政务服务办理电子化归档工作,做到凡是能够通过信息共享获取的信息和前序流程已收取的材料,不要求企业重复提交;凡是能通过网络检验的信息,不要求企业重复提交;凡是由部门调查核实的信息,由部门自行核实,实现相同信息"一次采集、一档管理"。强化窗口"一站式"服务,进一步规范窗口服务行为,明确所办事项全流程告知,展示项目审批资料标准化"样本",真正让办事企业能够一次性知道办结的全部程序,不跑冤枉路;让申报企业能够格式化报送审批的标准材料,不做无效功。实现政务服务事项"一号申请、一窗受理、一网通办",达到"就近办""网上办""马上办""一次办",真正便企利企。同时要加强对行政审批人员的培训、考核、管理和监督,切实提升能力和素质。三是全力推进服务型政府建设。要引导党员干部牢固树立公仆情怀,增强服务意识,以企业需求为导向,主动将思想和行动融入企业需要,为企业发展做好"娘家人"、当好"店小二",做到无事不扰、有求必应。要全面推行网上办税,规范涉企收费,简化政府补贴申办流程,提高补贴获得率。同时,水电气、热力、通信等公共行业,要进一步简化程序、压缩时间、降低成本、公开服务标准,加快推动市场化交易,不断提高企业家的获得感和满意度。要依托县政务服务中心,加强涉企服务部门力量整合和政策集成,建议设立综合性企业服务中心,扎口负责涉企政策宣传,统一受理企业咨询求助、投诉和维权,为企业靠前服务、优质服务。

(五)高位推进,依法行政,提振民营经济高质量发展信心。一是规范和创新监管执法。全面落实行政执法责任制,推行规范执法、文明执法,对行政执法人员违法违规和不作为乱作为以及强制民营企业接受中介服务等行为,要依法追责。创新监管方式和监管模式,大力实施"双随机、一公开"(在监管过程中随机抽取检查对象,随机选派执法检查人员,抽查情况及查处结果及时向社会公开)监管,实现违法线索互联、监管标准互通、处理结果互认,消除监管盲点,降低执法成本。司法机关一方面要提高金融案件的审判效率,加大对已判案件的执行力度;另一方面要审慎冻结企业基本账户、查封扣押生产设备等,尽量避免对涉诉企业正常生产经营活动产生负面影响。二是深化公平竞争审查。认真排查清理有违公平、开放、透明市场规则的政策文件,全面推行规范性文件公平竞争审核机制,重点在行政许可、招标投标、政府采购、科技立项、标准制定、建筑市场等领域破除垄断,保障各类企业依法公平参与竞争。强化知识产权保护,加强信用体系建设,实行包容审慎监管,让民营企业放心安心谋发展。三是维护企业正常经营秩序。保障企业知情权,让企业知晓并按规则和标准去做;保护企业的经营权,为民营企业发展提供稳定的长期预期;保护企业家的财产权,依法保护企业家的物权、债权、股权等各种财产权以及创新收益;深入推进"平安沛县"建设,切实巩固扫黑除恶成果,严厉打击欺行霸市、恶意竞标、强揽工程等黑恶势力犯罪,为企业发展保驾护航。

(六)高频宣传,重商亲商,造浓民营经济高质量发展氛围。一是强化宣传导向。以庆祝新中国成立 70 周年为依托,利用广播电视、报刊网络、微信公众号等媒体大力宣传我县民营企业家创业创新、守法诚信、奉献社会的先进事迹,宣传敢为人先、追求卓越、敢于担当的优秀企业家精神,在全社会进一步营造尊重企业家、弘扬优秀企业家精神的浓厚氛围,不断加大政策扶持、给予政治荣誉等措施暖企暖人,对专注实体、积极创业的企业家给予更多的关心和支持。二是建立民营企业诚信激励机制。教育和引导民营企业诚实守信合法经营,对守信企业在申请政府性资金、银行贷款、享受扶持政策等方面,按照有关规定优先考虑;加大对恶意逃废债行为的打击力度,依法严惩侵犯知识产权、非法集资、金融诈骗、假冒伪劣等失信违法行为;定期表彰一批优秀民营企业、优秀民营企业家,适时表彰一批优秀小微企业、个体工商户、新型农业经营主体等,增强企业家创新活力、创业动力。三是构建亲清新型政商关系。建立政商常态化沟通机制,既要及时了解情况,积极回应企业诉求,帮助企业解决问题,在一视同仁、靠前服务中体现"亲";又要列出政商交往"负面清单",为广大干部服务企业、与企业家正常交往划出"安全区",在守住底线、把好分寸中体现"清",做到亲不逾规、清不远疏,树立新时代沛县干部新形象。四是引入容错机制。要正视企业经营现实风险,在法律允许范围内,对情节轻微的特别是涉及新技术、新产业、新业态、新模式的企业,加强帮扶教育,引导社会各界给予包容和理解,帮助企业卸下包袱、轻装前行,真正形成"鼓励创业、宽容失败"良好机制,让营商的环境更加健康、更加清朗。

聚焦产业发展　助力乡村振兴

——赴定远、桐庐等地学习考察乡村振兴工作调研报告

周兴华

产业兴旺是推动传统农业转型升级、实现农业现代化的关键所在。"十三五"以来,我县深入贯彻落实中央和省市部署,深刻把握农业农村现代化基本规律,聚焦产业质态提升,乡村振兴战略迈出坚实步伐。为更好推动我县农业高质量发展,近日,沛县政协根据2020年工作计划安排,先后考察了安徽定远县、宁国市、池州市贵池区、六安市金寨县,浙江桐庐县、衢江区、开化县,江西省浮梁县等地产业发展情况。通过现场参观、与当地干部群众交流座谈等方式,学习考察安徽、浙江、江西等地先进思路、运行模式和创新方法。现将有关情况报告如下:

一、各地做法及主要经验

从多地考察来看,各地根据资源禀赋和发展方向选择适宜的建设模式,强化一二三产业融合发展,树立建设和经营并重理念,大力发展生态高效农业、农产品深加工、规模种养、农家乐和休闲乡村旅游,推动美丽乡村建设和农业产业结构调整,村美与民富充分结合,实现了农业强、农民富、农村美。

(一)加强产业培育。一是促进农产品提质增效。从农产品加工前、中、后一体化的动态进程来看,科技含量是决定农产品增值程度的主要因素。定远县通过引进技术、与高校院所合作提升农产品附加值、探索新型农业服务模式,推动农产品提质增效。安徽众兴菌业科技有限公司引进先进技术设备,把农业生产废弃物转化为可供人食用的优质高蛋白健康食品。江淮分水岭综合实验站依托安徽农业大学的涉农学科齐全、人才技术集中的优势,探索建立政产学研用紧密结合、教科推多位一体的新型农业推广服务模式,推动农业主导产业提质增效、转型升级。目前试验站成立九大产业联盟,共引进农业新品种376个、应用农业新技术92项、示范推广面积10万余亩、服务农业企业101家。二是推动种植基地规模化。规模开发是金寨县油茶产业发展的重要途径。早在20世

纪70年代,金寨县就开展油茶种植,但因规模小、市场需求量不大,阻碍了农民发展油茶的积极性。近些年,金寨县万亩油茶示范服务基地以农业综合开发和财政扶贫资金投入为主,其中白塔畈镇累计投入1.2亿元,保证了基地高标准建设,通过引进社会资本,形成“公司+合作社+基地+农户”等多种经营模式,油茶种植成为山区农民致富的新兴支柱产业,实现生态效益和经济效益双丰收。三是促进农业旅游业融合。农旅融合发展,是延长种养产业链、助推种养升级、拓宽农民增收渠道、引领农村一二三产业融合发展的重要举措,是坚持人与自然和谐共生、转变农业农村发展方式、实现乡村振兴的必然要求。定远县、衢江区在农业发展的基础上大力发展特色农业、旅游观光休闲农业等高附加值的新产业和新业态,延长农业的全过程产业链,整合优势产业资源、优化空间布局,推动农业转型升级。定远县高梗村统筹整合涉农资金,以九梓天香—田园综合体文旅区、生产区建设为抓手,打造休闲农业和乡村旅游的示范样板。衢江区田铺田园康养综合体项目对土地进行垦造提升,增加有效耕地面积,与中科院等“中字头”农业领军机构合作,导入高附加值农产品规模化种植、农业科技孵化和成果转化、全龄段田园康养等产业,聚焦“康养”这一核心要素,促进“农业+康养+旅游+文化”产业的深度融合发展。

(二)引导多元参与。产业发展是一项耗时耗资的大工程,单纯依靠地方政府财政支出无法完成。从开化县、池州市、衢州市考察来看,良好的运作模式会吸引大量社会资本的投资不断增加,在政府花小钱的基础上,实现了农民增收、环境变美、生态修复、社会和谐的多种效益。一是吸引社会资本投入。池州市搭建便捷高效的服务平台,解决产业项目缺投资、政策资金缺统筹、金融资本缺载体的问题。罗城文旅田园综合体由贵池区委办及墩上街道招商引资落户于墩上街道罗城村,依托渚湖姜自然村落的自然资源,总投资约15亿元,着力打造“民歌之乡·九华驿站”罗城文旅田园综合体。二是发挥乡贤作用。宁国市鼓励培育回乡能人成为新型职业农民,引导他们开展规模化种植养殖,做给农民看、带着农民学、领着农民干,使他们成为乡村振兴的引领者、农民致富的带头人。盘樟村当地能人蒋德历流转撂荒田地300余亩发展生态种植的项目,将小山村的农产品卖到大都市,不断提高农产品价值的同时,有效带动了当地20余名村民年增收2万元。三是注重招才引智。为发挥好人才杠杆在乡村振兴中的撬动作用,开化县、衢州市整合资源,畅通渠道,推动人才“红利”向乡村延伸。衢州市乡村未来社区工作启动后,专门建立乡村未来社区专家团队库,将各行业、各类型专家学者教授大师等纳入其中,为各地乡村未来社区试点建设提供“智力”支撑。下淤村为让老房子有重新利用的价值,专门请来老屋改造和房屋设计方面的专家听诊把脉,引进一批艺术家,把老房子打造成符合现代人审美的高端民宿,产生了源源不断的经济效益。仅一家名叫“汉唐香府”的高档民宿,6 间客房加上香、茶叶收入,年盈利达为 150 万元。

(三)注重文化产业发展。农业文化遗产和非物质文化遗产是乡村文明的记录者和传承者,是乡村宝贵的文化资源。乡村文化遗产保护、优秀传统文化传承发展和以特色文化产业发展,为增强竞争力实现产业融合发展指明方向。一是注重挖掘乡村历史文化资源。乡村文化遗产展示了村庄发展和时代变迁的历史,也成为当地开展美丽乡村建设的宝贵财富。池州市罗城村还保存着宝山洞、千年银杏树、明代建造的四座石拱桥,修建了古戏台,修缮了演武堂,而这些又成为罗城文旅田园综合体项目的亮点。浮梁县瑶里古镇很少有大拆大建的情况,镇政府在做好古街、古巷、古桥、古居以及祠堂、石坊等文物古迹保护的同时,还尽可能保留了百年前农民居住的土砖房、石头房。二是发展现代文化产业。以非物质文化遗产的传承和发展,不断丰富特色旅游文化内涵,进一步拓展乡村旅游产业发展空间。罗城村是安徽省非物质文化遗产罗城民歌的发源地之一,因 60 年代农民歌手姜玉珍将罗城民歌唱到中南海而誉满天下,如今传承人姜梦玉将罗城民歌唱响在第 29 届世界音乐大会上,罗城民歌成为渚湖姜罗城文旅田园综合体的精致名片。盘樟村作为宁国第一个党组织诞生地,完善旧址保护和管理,激发“红色活力源泉”,同时引进浙商成立宁国市红居旅游发展有限公司,以村集体名义收回村民闲置农房,并入股该公司,共同建设“红居”特色民宿群,盘活了红色旅游资源。

二、我县产业发展情况

“十三五”以来,我县以推进“2811 工程”为抓手,聚焦产业兴旺,持续优化产业布局,产业质态实现新提升。徐沛快速通道农业产业示范带打造成为绿色发展、三产融合示范区。绿色稻米等八大产业集群方兴未艾,高效设施农业面积达 38. 8 万亩,省级以上龙头企业达 12 家;摘获国家区域性良种繁育基地、国家级渔业健康养殖示范县、全国主要农作物生产全程机械化示范县等 7 个国字号牌子;改革动能持续释放,农村承包土地经营权抵押贷款等 6 项国家级、省级改革压茬推进。但与乡村振兴战略“产业兴旺”要求相比,产业化水平还不高,围绕主要农产品的产业链纵向延伸和横向拓宽做得不够,尤其是加工、流通的产业链较短,附加值不高;农产品多而不优,“叫得响”的产品品牌还不多,本地龙头企业偏少,没有形成标准化、工业化的品牌农业发展业态;科技支撑仍需加强,基层农技人员队伍建设较为薄弱;职业农民培育还需加大力度,整体素质与生产要求不相适应;休闲创意农业、都市城郊农业等新型业态发展仍处在初级阶段,沿微山湖和大沙河虽然建设了一些农旅结合项目,但配套设施不完善、运营水平不高,对周边市场缺乏吸引力。

三、加快我县产业发展的对策建议

他山之石可以攻玉,尽管我们在扶持政策、拥有资源、地理区位等方面与定远桐庐县等地具有不可相比的因素,但参考各考察调研点产业发展的思路做法,带给我们诸多宝贵启示,对推动我县农业高质量发展有以下借鉴意义:

(一)放大"两条"产业带示范作用,全面提升产业发展新质态。依托徐沛快速通道和大沙河沿线两大产业带,通过多业态打造、多机制联结、多要素发力,构建种养加、产供销、农旅文等多元融合的现代农业产业体系。一是推动产业绿色化发展。产业绿色化发展就是要追求生态效益的最佳化、经济效益的最大化和社会效益的最优化。强化农业科技支撑,大力发展生态农业和智慧农业,提升现代农村水利工程体系建设水平,推进农业机械化、绿色化全程全面应用和高质量转型升级。完善"科技+种子""科技+技术""科技+模式"发展思路,依托安国镇优质果品院士工作站、敬安镇辣椒制种院士工作站、安国镇中国农科院果蔬"三新"示范基地,积极与各级科研部门及高等院校对接,提升农产品附加值。培育新型农民骨干,把敬安镇辣椒制种院士工作站、大沙河现代农业产业园等一批"省字号"平台,建设成为推广农业实用技术、培养新型职业农民的有效载体,实现人才培养从个人到群体,再到现代农民骨干力量的拓展。二是推动产业高端化发展。产业高端化是现代农业产业发展趋势和结构调整方向,能够大幅度提升农业发展的层次和水平,带动产业结构优化升级。进一步挖掘和提升广大农村优质农产品资源的价值,优化农产品供给内容和供给方式,促进小农户有效对接大市场,增强农民开拓市场、获取利润的能力,更多分享品牌溢价收益。大力推进高标准农田建设,深入推进农业标准化生产和"两品一标"认证,大力做强现代农产品加工业,积极发展农村新产业新业态,不断巩固提升农业综合生产能力。三是推动产业集群化发展。农业产业化集群发展有效克服了因横向扩张无法获得规模经济效益缺陷,使得农业生产获得规模经济、交易成本、品牌、创新等方面的竞争优势。以实施"2811"工程为抓手,持续优化产业发展布局,加快培育现代农业产业体系,重点打造产业集群,实现农业规模化、标准化、集约化。精心打造徐沛快速通道和大沙河沿线两大产业带,加快建设绿色稻麦、优质果品等八大产业集群,积极构建农产品营销物流体系,持续完善农业科技服务推广体系,依据我县"公司+家庭农场+合作社"等一体化农业经营体为示范,培育专业大户、农业合作社、家庭农场及农业龙头企业等多元化融合主体,实现融合主体由收益独占到利润共享的转变、多种收益分配形式并存。强化产业链,统筹发展农产品初加工、精深加工和综合利用加工,推进农产品多元化开发、多层次利用、多环节增值,需要整合和延长拉伸农业产业链、农业价值链和农业供应链,从农产品种植、农产品深加工、农产品仓储物流到农业休闲、乡村旅游、产业集聚等打造全产业链融合模式。

(二)深入推进"三乡"工程,全面激发产业发展新动能。坚持把"三乡工程"作为积蓄产业发展动能的重要抓手,把"企村联建"工作作为"三农"工作的主题主线,精准发力、科学推进,促进人才、技术、资金等各类要素加速向农村集聚,让发展要素与农村有效衔接,切实推动创业、拉动就业、兴旺产业。一是以人才的下乡激发发展活力。发展现代农业,关键在树立"人才是第一资源"理念。选派专业志愿者开展文化下乡、科技下乡等活动,切实提高农村教育、卫生、文化发展水平。把产业发展作为吸引人才下乡的重要载体,立足既有资源禀赋,吸引大中专毕业生和外出务工经商人员下乡返乡创业就业,参与湖西"稻渔小镇"、敬安"辣椒小镇"等 8 个"特色农业小镇"建设。注重就地育才,发挥乡土专家"评选一人、带动一批、致富一片"的积极作用,健全评选推荐、技术推广和服务保障等工作机制,推行"乡土人才 + 合作社 + 基地 + 农户"等"带富"新模式。二是以能人的返乡增强发展动力。乡村要想拴心留人,靠的是乡村自身强大的吸引力,也离不开有力的政策引导。支持和引导外出务工人员返乡投资兴业,鼓励退役军人返乡自主创业,鼓励能人返乡参与投资休闲农业、乡村旅游、养老产业等新业态,推进农村各项综合改革创新,提高资源配置效率,为"能人返乡"铺路搭桥,通过盘活土地资源、拓展融资渠道、创立新型平台为能人回乡干事创业做好服务保障。三是以资本的兴乡汇聚发展合力。充分挖掘农业产业价值,让企业联之有"物"。摸清村情,筑牢联建基础,紧扣全县乡村"有什么""缺什么""最需要什么",形成村情清单、资产清单、需求清单,提供给有对接意愿的企业,帮助企业及时、准确了解农村需求和项目情况。融合发展,释放综合效应,坚持把"企村联建"与农业农村重大项目、重点工作紧密结合起来,找准企村联建与稳产保供、三产融合发展、村集体经济增收等重点工作的契合点,更好地引导企业发挥自身优势,推动各类资本、技术等资源要素向重大项目集中,有效盘活公共空间治理整理出来的闲置资产,用好高标准农田建设整理溢出的土地资源,参与农房改善后配套产业建设,整合优质资源,共促融合发展。

(三)坚持"四方"联动,全面厚植产业发展新优势。以资源要素整合、产业融合为着力点,推动农业与生态、文化、旅游业等各领域、多方位、全链条贯通联动,实现资源共享、优势互补、协同并进。一是推动现代农业与文化振兴的联动。以文化为乡村注魂,做好大运河文化带沿岸镇村的文化传承、旅游开发利用,努力建设高品位的璀璨文化带、高水平的全域旅游带。重塑乡村文化生态,以形神兼备为导向,保护乡村原有建筑风貌和村落格局,深挖汉文化历史古韵,弘扬现代化人文之美,重塑诗意闲适的人文环境和田绿草青的居住环境。发挥汉文化的经济价值,精心办好刘邦文化节、文化旅游产业博览会等系列活动,加快建设汉之源文旅小镇、刘邦古村、汉兴花海温泉特色小镇、胡寨镇十里花海汉风田园综合体等重大文化产业项目,谋划招引一批体现汉文化内涵、彰显汉文化特色的重点项目。发挥汉文化的艺术价值,重点推出展现具有汉文化特色的评书、仿汉乐舞等多种艺术类型,努力把我县打造成近悦远来、充满生机与魅力的汉文化特色城市。深入挖掘红色文化内涵,进一步厘清概念、整合沛县革命烈士陵园、中国沛县第一党支部成立旧址即青墩寺小学等红色文化资源,让红色文化产业在区域发展中彰显出更大活力。二是推动农业与生态保护的联动。保护与修复生态环境,围绕“水(湖)、林、田、采煤沉陷区”等生态要素,以安国湖修复湿地、杨屯镇生态湿地和龙固镇生态湿地等建设为牵引,推动生态系统的保护与修复。持续推进农村人居环境整治,大力推进农村生活垃圾治理,着力在建立激励机制上下功夫,实行保洁员工资绩效制度和居民积分兑换机制,走深走实农村垃圾分类和资源化利用的“沛县实践”。持续完善村庄生活污水治理,探索市场化运作模式,加快补齐配套管网“欠账”,确保实现全县农村污水治理全覆盖。深入实施“厕所革命”,建立农村公厕长效管护机制,持续开展户厕改造工作,坚持因户制宜、科学合理,确保全县无害化卫生户厕应改尽改。三是推动农业与休闲旅游的联动。加快特色田园乡村建设,注重以点带面,连线成片,围绕大沙河、微山湖沿线,依托陈油坊等 12 个省市级特色田园乡村全面建成的基础上,加快推进按省级标准自创的 14 个特色田园乡村,形成一批富有平原风光、生态底色、休闲旅游特色的田园乡村,打造农业旅游业融合发展的新业态,使乡村成为城市居民休闲、观光、度假的“后花园”。四是推动现代农业与深化改革的联动。农业要实现大的提升,关键在深化改革。依托全国农村集体产权制度改革试点等 6 项国家级省级改革试点基础上,加强农村土地承包经营权确权颁证成果应用,推动承包地信息联通共享,继续开展承包经营权抵押贷款,扩大承包经营权权能。落实第二轮土地承包到期后再延长 30 年相关配套政策。引导农村承包土地经营权规范有序流转,推广集体农场、土地股份合作社、联耕联种、生产托管等多种形式适度规模经营。

建设一区一园一基地 实现建筑产业现代化

倪士建

根据县委主要领导安排和县政协年度重点工作计划,县政协组成由县建工服务中心、经济开发区、部分施工企业负责人参与的调研组就促进我县建筑业现代化发展进行了专题考察调研。调研采取外出考察和县内调研相结合的方式进行。在外出考察方面,11 月 14 日至 17 日调研组先后赴南京市建邺区,常州市武进区,绍兴市柯桥区、上虞区学习、调研,实地观摩了大地、旭建、绿和、研砼、宝业、亚厦等建筑知名企业,并参观了常州绿色建筑博览园、上虞建筑总部经济园等,与当地政协、政府有关部门领导进行座谈交流,听取经验介绍,咨询相关问题;12 月 20 日至 22 日调研组又赴湖南长沙市到三一重工集团长沙产业园对预制混凝土装配式建筑装备(PC 装备)进行了专题考察。在县内调研方面,与建筑企业进行了多次座谈交流。通过调研,既看到了差距,又坚定了信心,外地建筑业的快速发展和成功做法,令人印象深刻、启示良多,我县建筑业的迅速壮大和蓬勃发展,使人精神振奋、信心倍增。现将有关情况报告如下:

一、赴外地考察的基本情况和几点启示

通过学习、交流、观摩,调研组对绿色建筑和建筑业现代化发展有了全新的理解和认识。

启示一:政府扶持力度大,推动了建筑产业的快速发展。

绍兴市上虞区区委区政府出台了一系列有关加快发展及扶持建筑企业总部楼宇建设的政策,把最好的土地段和位置,无偿划拨了建筑业总部大楼建设用地。由 24 家建筑业企业采取股东自愿认购、公司独立运作的模式进行建设,投资 5. 8 亿元,建筑面积达 13 万平方米,建筑总高 207 米,地上 50 层,地下 2 层,成为上虞区标志性建筑,目前企业已全面入驻。政府的支持,极大地促进了企业的发展,上虞区目前有特级企业 7 家和一级企业 38 家、二级企业 40 家、三级企业 65 家、劳务 31 家,总数达到 186 家,其中上市企业 1 家,2016 年产值达 1465 亿元,与徐州市产值相当。创历史新高,建筑业地税占本区地税总收入的比重多年保持在16%以上。

启示二:产业集聚发展,推动了绿色建筑产业的快速发展。

常州市武进区建设的绿色建筑产业博览园,是住建部授予的全国唯一的“绿色建筑产业集聚示范区”。总面积15.6平方公里。首期工程包括10万平方米的绿色建筑体验馆和绿色建材交易区,8万平方米的研发中心等。成功引进中建材应用技术研究院、北京太空板业、美国诺森建筑等近200家绿色建筑领域的研发机构、设计机构、施工企业和制造业企业,注册资本超58亿元,总投资超过100亿元,还落户了招商地产、万科地产等国内知名的地产企业,基本完成了涵盖绿色建筑建材研发、生产、应用、推广、金融等“全产业链”整合。

启示三:装配式建筑企业发展迅猛,推动了建筑产业现代化。

通过这次南京、常州、绍兴地区的参观考察,感受到先进地区装配式建筑生产企业的发展迅猛,产品研发投入巨大,产品性能优良,装配率不断提高,基本实现了建筑产业的工业化,从而推动了建筑产业的现代化。目前装配式建筑生产企业主要为四大类:第一类为轻钢结构装配式建筑体系的生产企业,例如我们参观的绍兴柯桥区的宝业集团。宝业集团是内地第一家在香港主板上市的综合类民营建筑企业,是国家住宅产业化基地,宝业研发生产的轻钢装配式结构体系拥有密柱支撑钢结构(低层)和钢结构(多层)两套产品,具有低碳环保、施工快捷、安全耐久等特点优势。第二类为预制混凝土装配式(PC结构)建筑体系的生产企业,例如我们参观的南京市大地集团、常州研砼科技公司。常州研砼项目总投资3亿元,规划总占地面积82亩,总建筑面积2.6万平方米,露天PC成品存放区约1万平方米,年产能20万立方米混凝土,主要生产预制楼梯、叠合楼板、三明治墙板等,形成装配式建筑200万平方米的生产能力,年产值超过6亿元。第三类为现代木结构建筑体系的生产企业,例如苏州汉威木结构工程有限公司,我们参观了该公司在绿色建筑产业博览园内建设的好家香邸展馆,是国内目前最大的胶合轻型木结构展示馆。这栋木结构内部采用的木料是来自美国和加拿大的红雪松,不仅具有天然的香气还有很好的防腐功能。还配备了节能门窗、节能电梯、节能空调、秸秆地板等新型绿色建筑配套产品。建筑应用工业化装配技术,木结构框架梁柱均采用工厂生产、现场装配的方式,提高施工效率,减少施工污染。第四类为装饰类部品构件的生产企业,例如我们参观的南京旭建集团、绍兴的亚厦股份。南京旭建新型建材公司注册资本16000万元,占地11万平方米,是优质蒸压轻质加气混凝土板(NALC板)的专业生产厂家,年生产能力70万立方米。绍兴亚厦股份占地200亩,年产12万套木门及门套、2万套防火门及门套、4万米高柜、6万平方米装饰板、30万米木线条等,

2015公司创建为国家住宅产业化基地。随着国家出台的一系列建筑产业现代化的政策,建筑工程的装配率不断提高,这些企业的产品供不应求,不仅满足了周边建筑市场的需求,也创造了巨大的经济效益。

启示四:装备是建筑产业现代化的基础,要用智能装备为建筑产业赋能。

三一重工是全球第五、中国最大的工程机械制造商,也是中国最大的预制混凝土装配式建筑装备(PC装备)成套装备提供商。三一重工拥有全球领先的PC装备研发、制造、生产能力,各项关键技术指标赶超欧美同行。三一PC生产线核心技术优势为:信息化管理平台、信息化程度高;智能化监控系统、智能化程度高;自动化水平高;完备的研发试验体系、一贯精良的制造水平。目前在国内已建成150条PC生产线,国外在建2个PC工厂项目。在江苏省内,三一重工通过与当地政府或施工企业合作已建成数条生产线。在江苏昆山市的生产线目前已投产,产品主要面向上海建筑市场;在江苏盐城市阜宁县的生产线预计2018年2月投产;在徐州市新沂市的生产线预计2018年5月竣工投产。

二、我县建筑产业的现状

(一)沛县建筑业发展的现状

近年来,沛县建筑业突出结构调整和转型升级,全面提升行业整体素质和核心竞争力,着力实施"走出去"发展战略,鼓励和扶持建筑企业大力拓展县外市场,不断提高建筑市场占有率,形成了以东三省,河北、山东、西北地区为重点,施工队伍遍及全国各地市场布局。2017年实现建筑业总产值350亿元,转移农村劳动力10万人,上缴建筑业税收7.8亿元。江苏大汉集团公司晋升施工总承包特级资质,为全市县区唯一一家特级企业,2017年大汉集团公司总产值为100.01亿元,上缴税收为1.01亿元,实现了产值超百亿、税收超亿元的"双超"目标。"十二五"期间累计上缴建筑业税收37.55亿元,约为上个五年税收上缴总额9.33亿元的4倍。建筑业在全县国民经济发展中的作用日益增大。

年　份	2015年	2016年	2017年
施工面积(万平方米)	2130	2230	2012
建筑业产值(亿元)	280	305	350
建筑业税收	9.5亿	10.17亿	7.8亿
从业人员	10万	10万	10万
新晋升一级企业	18家	4家	4家

目前全县共有资质内建筑企业 130 余家,总承包企业 63 家,其中特级资质 1 家,一级企业 15 家,二级房屋建筑工程总承包 25 家,三级房屋建筑工程总承包 22 家,二级矿山工程总承包 2 家,三级矿山工程总承包 2 家,二级市政工程总承包 1 家,三级市政工程总承包 6 家;各类专业承包二级资质企业 10 家、三级资质企业 24 家、特种专业工程 2 家;各类一级劳务分包企业 18 家,架线作业分包企业 2 家。这些资质的取得为我们进入外省施工奠定了坚实的基础。

2015—2017 年全县建筑企业资质等级变化情况表

企业等级	2015 年数量	2016 年数量	2017 年数量
特级总承包	0	1	1
一级总承包	9	13	15
二级总承包	38	45	50
三级总承包	46	50	54
合　计	93	109	120

(二)沛县建筑节能与绿色建筑示范区现状

沛县建筑节能与绿色建筑示范区于 2012 年底获批,批准示范范围为沛县城区,其中重点示范区为沛县新城区,位于萧何路以南,沿河以北,汉源大道以东,东环路以西,总用地面积约 11 平方公里。

2012 至 2014 年,示范区中新开工示范项目共 13 个,总建筑面积 107.18 万平方米。二星级 7 个,总建筑面积 65.77 万平方米,二星建筑比例为 61.4%。示范区内 13 个示范项目均已获得绿色建筑标识。

2015 年开始,新、老城区全面提高标准,城区内新建建筑按二星级设计标准执行。截至 2017 年 12 月,三年内全县新建绿色建筑为 793.65 万平方米,二星级绿色建筑为 742.74 万平方米,二星建筑占新建建筑比例为 93.59%。

(三)建筑企业总部经济园发展的现状

建筑企业总部经济园已开始启动的是江苏大汉建设集团总部,该项目位于新城区张良路南侧、红光路东侧,用地面积 19879.52 平方米,总建筑面积 53222.57 平方米,项目总投资约 2 亿元。目前项目土地使用证、规划许可证等前期手续基本办理完毕,施工图纸正在设计中。规划局红线定点已定好,等待拆迁及附着物清理完毕后,即可进场勘探、试桩。

另外,在总部经济园内有意向单独选址建设的还有汉源集团总部。汉源建筑集团公司目前为总承包一级企业，随着公司的不断发展壮大，准备申报总承包特级企业。汉源集团总部拟投资 1.5 亿元，建筑面积约为 3 万平方米。

其他建筑企业准备合作建设股份制总部大楼，经过县建工服务中心组织建筑业协会广泛征求意见，部分建筑企业愿意借鉴浙江绍兴市上虞区建筑企业总部大楼建设的模式实施，目前据初步统计 30 多家企业报名建筑面积约 5 万平方米，投资大约近 2 亿元。

(四) 绿色建筑产业基地的现状

沛县·中德绿色建筑产业基地规划位于沛县经济开发区，总规划区域面积约 9000 亩。基地规划区为：北至萧何路，东至西环路，西至汉泽路，南至东风路，面积约 5400 亩，绿色建筑产业小镇规划区位于铁西老工业区，面积约 3600 亩。

通过大力的招商引资，目前已落地的项目有：杭萧钢构股份有限公司钢管束组合结构住宅体系制造基地；江苏丰源力智方铝蜂窝复合材料项目；嘉寓股份建筑节能门窗项目；华昌铝合金建筑型材、工业型材和铝合金幕墙型材项目；光伏光电产业项目（鑫宇光伏、中宇光伏、中辉光伏、润丽光能等）；汉铝铝材公司铝模板项目。目前在谈的项目有：江苏大汉集团公司与三一重工合作的 PC 构件项目；江苏汉地建筑公司与远大住工合作的 PC 构件项目，该项目目前已签订框架协议。

三、我县建筑产业现代化发展存在的问题

通过多年的努力，沛县建筑产业虽然取得了很大的进步，但是我县建筑业产业结构不够合理、新型建造方式有待普及、工程建设组织方式相对落后等问题仍然不同程度地存在。我县相关职能部门服务不到位、政策扶持不到位，在外地优惠政策的影响下个别企业甚至有了想到外地注册的苗头，发展面临的困难和问题主要表现在以下几个方面：

(一) 建筑产业现代化水平低，转型升级任重道远

根据《省政府关于加快推进建筑产业现代化促进建筑产业转型升级的意见》（苏政发〔2014〕111 号）文件的要求，“到 2017 年年底，建筑强市以及建筑产业现代化示范市至少建成 1 个国家级建筑产业现代化基地，其他省辖市至少建成 1 个省级建筑产业现代化基地。全省建筑产业现代化方式施工的建筑面积占同期新开工建筑面积的比例每年提高 2—3 个百分点，建筑强市以及建筑产业现代化示范市每年提高 3—5 个百分点。到 2020 年全省建筑产业现代化方式施工的建筑面积占同期新开工建筑面积的比例每年提高 5 个百分点。”根据《江苏省“十三五”住宅产业现代化发展规划》中的要求，“提升新建成品住房比

例。到2020年,全省新建成品住房比例达到40%以上,其中设区市新建成品住房比例达到50%以上,其他城市达到30%以上。装配式建筑和政府投资的新建公共租赁住房全部实现成品住房交付。推动装配式住宅的发展。全省装配式住宅占新建住宅比例达到30%以上。鼓励保障性安居工程建设装配式成品住房”。

目前建筑产业化在我县尚未实质性推进。我县成品住房和装配式建筑的比例均较少,甚至没有。装配式建筑构件的生产企业目前还没有,现在即使有些建筑工程设计为装配式建筑,也在沛县当地采购不到构配件,到外地采购则大幅度提高了建筑成本。建筑产业现代化的任务还非常繁重,需要积极推进落实。

(二)建筑施工企业在本地市场占有份额不高,开拓外地市场过程中业绩少、竞争力差

本地建筑企业在本地执业对于规范工程管理、保证农民工工资发放有一定的优势。我县建设行政主管部门能较好地执行上级开放建筑市场的精神,根据住建部的规定,建立全国统一开放的建筑市场,禁止任何妨碍、排斥、限制外地企业自主经营、公平竞争、进入本地建筑市场的行为和条件,包括设置任何审批、备案事项,或者告知条件,要求注册分公司等,建筑市场的开放竞争程度达到前所未有的高度。而外地则存在不同程度的地方保护政策,设置了一些不利于我们沛县施工企业进入的门槛。与此同时,在争夺本地市场方面,由于本地企业自身的实力等问题,近年来我县建设工程量虽快速上升,但本地企业占有的市场份额却不高,从招投标情况看占到一半左右,而且建筑面积大规模大的项目被外地企业中标较多。对比外地和我县招标政策和环境,我县企业外地中标率不高,外地打进难度大。这种境况一方面造成了我县产值、税收流失,另一方面外地企业工程使用建材多来自外地,影响了本地的建材饰材生产和销售行业,制约了产业链的发展。据县住建局招投标办公室统计,本地企业中标情况如下:

2017年1—9月招投标本地企业中标情况

项目数量	85个	本地企业中标	39个	占比	45.9%
总建筑面积	2041930.44平方米	本地企业中标	346941.64平方米	占比	16.99%
总投资额	241447.17万元	本地企业中标	138869.44万元	占比	57.5%

目前,我县特级和一级总承包企业获得资质时间不长,而创建一项国家级和省级优质工程奖项,周期约为 5—6 年,创建成本大。在拓展外地市场时,建设单位非常重视投标人的业绩情况,设置的分值权重也较大,有的建设单位还要求必须要有在当地施工的业绩。这种情况造成我县施工企业在外地招投标时,有时因业绩少报不了名,入不了门槛。

(三)施工企业银行信贷、融资困难,税赋较重,施工企业经济负担沉重

首先,沛县施工企业获取资金的主要渠道依旧是银行,国有商业银行面对广大中小企业的贷款请求往往不予支持,基层的银行贷款权限受到严格的限制,同时贷款审批程序烦琐。其次,我县建筑企业一般缺少足够的抵押资产,负债能力低,大多不符合商业银行的贷款条件。

国家实行“营改增”政策的本意是为降低施工企业的税赋,为施工企业的发展提供条件。但通过调研,施工企业普遍认为营业税改增值税后,企业的税赋没有降低。另外,当前各类保证金、押金也是施工企业的沉重负担,不少建设单位随意设置投标保证金、履约保证金和保修金的金额。当前,建设单位要求工程垫资施工现象还比较突出。一些建设单位不按照施工合同约定和施工进度拨付工程款,要求施工企业部分或全额垫资修建,极易引发转包、挂靠、拖欠材料款和拖欠农民工工资等问题,引发一系列社会问题。部分国有企业改制的建筑企业存在着退休人员多,军转干部和退伍军人安置等问题,负担较新成立的企业更重。

(四)施工企业分布较散,办公条件差,急需推进集聚发展

通过调研发现目前我县建筑施工企业分布在城区各个地方,有的在乡镇办公,分布比较散乱,且没有做出具体的产业发展规划,而且普遍存在办公场所较小、办公环境较差的问题,影响了我县建筑施工企业的形象,在建设单位来企业实地考察时失分较多,对承揽工程项目非常不利。过于分散经营、单打独斗的局面直接的结果就是“独虎斗不过群狼”,无法形成南通“铁军”的航母聚集效应,很大程度上制约了我县建筑业的整体发展。

(五)企业法制管理手段不健全,经济纠纷困扰企业发展

随着沛县施工企业在外地市场承接工程规模的不断增加,部分企业存在着外部履约纠纷、内部合伙纠纷等。企业由于对合同、证据等相关资料不够重视,资料管理工作不到位,在纠纷产生后往往陷于被动的应诉地位。有的企业虽然聘请有法律顾问等专职人员,但主要去应付各种诉讼,而未能重视前期的合同管理和证据收集;有的企业让项目经理具体负责项目合同履行的管理,但往往只重视项目的工期和质量,没有结合建设工程合同的有关条款,建立严格的文

档记录和各类资料收集,以及健全保管制度。

(六)行业人才较为缺乏,持证人员数量满足不了项目需求

一是人才队伍建设重视力度不够。我县建筑企业,相当一部分仍然采取传统的管理模式,以家族式经营为主,对管理人才队伍建设重视不够,没有形成有利于引进人才的良好氛围,造成自身人才机制缺乏有效保障。目前建筑企业的工资待遇低,留不住人才,建筑业人才流动性非常大。二是缺乏科学的人才培育和激励机制。一级和二级建造师的执业资格考试为国家统一考试,通过率低。虽然企业资质升级对建造师数量不做要求,但是在承接工程时,必须要求建造师在岗在位。装配式建筑逐步推广,但是懂装配式建筑的技术人员缺乏,现场一线的装配操作技术工人没有,严重制约了装配式建筑的发展。三是关键岗位执证人员数量满足不了项目需求。现在我县施工企业项目数量均较多,但每个项目均需要配备足够数量的执证人员,主要有:技术员、安全员、质检员、特殊工种人员等。现在全国各地建设行政主管部门监管力度较大,对执证人员出勤情况实行指纹考勤、人脸识别等技术手段,执证人员的缺乏限制了施工企业承揽业务的数量。主要原因是执证人员报名考评对人员职称有要求,但施工企业往往没有职称。

四、加快我县建筑业现代化发展的对策建议

(一)创新理念,坚定不移走建筑业现代化之路

建筑业是关联性、带动性较强和辐射影响力较大的产业,是拉动相关产业发展的重要推动力。要坚持集群化培育,高端化提升,绿色化发展,着力放大建筑业作为我县主导产业的优势效应,推动我县建筑业重振雄风,再创辉煌。

1. 产业现代化理念

积极探索"互联网+"形势下建筑行业格局和资源整合的新模式,鼓励引导企业积极实施管理和技术创新,创新发展经营理念,提升管理水平、装备配备水平、科技研发水平,提高新技术、新工艺在工程中的应用率和技术进步在建筑业发展中的贡献率。

2. 绿色发展理念

推进绿色建筑发展是建设资源节约型、环境友好型社会的基本内容。建筑业低廉劳动力的红利时期已经结束,迫切需要加快推进以"标准化设计、工厂化生产、装配化施工、成品化装修、信息化管理"为特征的建筑产业现代化步伐。以提高工程质量安全水平为核心,充分运用先进的建造技术、建筑材料和信息技术提升建造能力,推广绿色建筑、绿色建材、装配式建筑,推进我县建筑业向集约化、产业化、生态化发展。

3. 合作共赢理念

进一步发挥建筑业协会服务作用，充分调动建筑市场各主体单位的积极性和主观能动性，探讨建立建筑业及建筑市场发展联动交流机制，实现资源共享、平台共享、信息共享，探索共赢发展新模式。建企要增强危机意识、竞争意识和共赢意识。在加强战略合作方面，大企业要走强强联合，优势互补之路；中小企业要在做实建筑业的基础上，向精专方向发展，注意差异化发展，特色发展。可采取对内联营、对外合作等方式，纵向拉伸产业链条，横向拓宽专业领域，不断培育新的增长点，构筑市场发展新格局。

4. 创树品牌理念

要抓住品牌这个核心，全力打造沛县建筑铁军形象。品牌既是影响力，更是竞争力。南通建筑业之所以名振业界、享誉全国，靠的就是一个个企业长期积累的口碑。我县建筑企业应强化团队意识，共举“沛县旗”，共打“沛县牌”，以“一损俱损，一荣俱荣”的理念珍惜品牌、维护品牌，努力从创企业品牌向创行业品牌、地域品牌转变。把沛县建筑业发展成为立足淮海经济区、面向全国、瞄准“一带一路”的特色品牌。

（二）搭建平台，大力推动一区一园一基地建设

当前和今后一个时期，我县建筑业改革发展，要坚持以习近平新时代中国特色社会主义思想为指引，贯彻落实党的十九大精神，牢固树立和自觉践行新发展理念，深化建筑业“放管服”改革，通过建设“一区一园一基地”来推动建筑业工业化、园区化、基地化发展，加快建筑业现代化步伐，为建设“强富美高”新沛县提供有力支撑。

1. 一区，即为创建绿色建筑和生态城区

努力将沛县城区创建为绿色建筑和生态城区区域集成示范（以下称“区域集成示范”），具体目标如下：

（1）星级及以上绿色建筑占比超60%，获得绿色建筑运营标识的项目占比超30%。可再生能源建筑应用比例不小于65%，建筑可再生能源消费量占建筑能耗总量的比例达到12%以上；新建装配式建筑比例超过40%，新建住宅成品房率100%，全面按照海绵型社区规划建设。

（2）实施75%建筑节能标准、超低能耗被动式绿色建筑、既有建筑绿色改造和合同能源管理等项目示范各不少于1个。大力推进BIM技术在设计、施工和运管中的应用，应用项目比例超20%或应用项目2个以上。

（3）同步建设地域特色鲜明、文化创意丰富、美丽宜居的绿色生态城区；推动形成具有地域特色的绿色建筑产业链或生态循环产业链，同步推进智慧型社

区及智慧城市建设产业链。

创建绿色建筑和生态城区将重点推进如下工作:

(1)高星级绿色建筑推广工作。沛县开发区科技创业园二期按照德国DGNB白金标准和中国三星标准设计,具有示范引领意义的绿色可持续建筑;是中国第一个中德双认证城区社区项目;此项目将会同时向住建部相关部门和德国DGNB机构申请德国DGNB和中国三星双设计预认证资格。建设工程施工许可证办理完成将进行绿色建筑设计评价标识的申报工作,竣工备案并投入使用一年后进行绿色建筑运营标识的申报工作。积极将此项目打造成省内乃至国内一流的示范项目。

(2)节能运行监管推广工作。绿色建筑应重视后期管理,节能体系要保持高度与引航性。项目完成后开展建筑能效测评,物业管理要对节能设备进行监管,要配合采用低成本或无成本的运行维护措施,确保建筑的节能运行。县区范围内文化中心、保安学校、新城区人民医院项目的分项计量数据已传至省厅。国鸿香樟苑项目取得一星级运行标识并移交物业进行运行监管。

(3)可再生能源推广工作。鼓励使用太阳能光热、太阳能光电、地源热泵等可再生能源利用形式。县区内太阳能光热、土壤源热泵、浅水源热泵、空气源热泵等均有应用。若提升可再生能源利用率65%以上,需要配套政府政策,提高建筑可再生能源配比。

(4)雨水综合利用系统推广工作。实施雨水回用工程,提高非传统水源利用率。倡导节约理念,开展节水技术的研发与推广。综合雨水回收利用面积最低为项目占地的三分之一。

(5)新风系统应用及其他绿色建筑新技术推广工作。县区范围内侨城大酒店、朗诗·熙悦府等项目均采用新风系统。依靠高风压机械送风,由排风风机向室外排出的方式强迫在系统内形成新风流动场,对进入室内的空气进行过滤、灭毒、杀菌、增氧、预热(冬天)。发展建筑智能化,推广公共建筑与民用建筑通信技术和环境智能控制技术。推广新型节能墙体材料、保温隔热材料、节能型建筑幕墙、门窗和外遮阳产品等。

(6)既有节能改造工作。对老旧建筑中能耗系统进行的节能综合改造,通过应用高新节能技术及产品,使用可再生能源等途径提高建筑的能源使用率,降低能源消耗。县区内正阳路中段、汉城路中段沿街商业已于2016年底全部改造完成。

(7)被动式超低能耗建筑试点推广工作。积极开展75%节能设计标准建筑工程应用试点,为2021年起在全省民用建筑中全面执行75%节能设计标准做好技术储备。2018—2019年内，推广至少2个示范项目。

(8)装配式建筑推广工作。按照苏建科〔2017〕43号文件要求，自2018年7月1日，在新建项目中推广应用“三板”，单体建筑中强制应用的“三板”总比例不得低于60%。2018年全面执行后，应用比例将高于申报区域集成示范的要求。

(9)新建住宅成品房推广工作。县区范围内新建成品房项目凤凰公馆100%成品房、朗诗·熙悦府10%左右绿色科技系统成品房。按照申报区域集成示范指标要求，所有新建住宅项目成品房率100%，应配套政府政策，从规划开始执行。

2. 一园，即为建设建筑企业总部经济园

为提升沛县施工企业整体外部形象，实现产业集聚发展，打造千亿元的建筑产业集聚区。建议在沛县新城区以大汉建设集团总部为依托，选址建设建筑企业总部经济园，园区建筑面积在20万平方米左右，其中建筑企业单独选址建设约为10万平方米，建筑企业股份制合作建设的约为5万平方米，相关服务机构建设建筑面积约为5万平方米。

建筑企业进驻总部经济园的形式要灵活，不搞行政强制命令他们入园。对于实力强、需要建筑面积大的施工企业，可以由建筑施工企业单独选址自建自用。需要建筑面积小的施工企业，可以多家企业组成股份制公司，合作建设总部办公大楼。也可以由县城投公司或县住建局代建中心建设完成后出售或出租。

总部经济园内要做好配套服务，县建设工程交易中心要进驻总部经济园，方便施工企业就近进行招投标。也有利于产业集聚氛围的形成。建设时要预留出一部分空间，除本地施工企业进入外，可以通过招商引资的优惠政策吸引国内知名的施工企业入驻，入驻企业在沛县注册，增加我县财政收入。除建筑施工企业入园外，还要吸纳与建筑相关的服务组织向总部经济园聚集，主要包括律师事务所、保险机构、建筑设计事务所、招投标代理机构、监理企业、咨询机构、造价事务所、审计事务所、建筑职业技术培训机构、建筑检测机构等服务机构进入，为施工企业提供便捷服务，使区域资源得到优化配置，实现高强度的聚集。

3. 一基地，即为建设绿色建筑产业基地

为积极贯彻落实省政府《关于加快推进建筑产业现代化、促进建筑产业转型升级的意见》和徐州市政府《加快推进建筑产业现代化、促进建筑产业转型升级的实施意见》精神，建议在沛县经济开发区内规划建设中德绿色建筑产业基地,主要包括:绿色建筑产业(全产业链)工业化基地、绿色建筑设计研发基地、绿色建筑企业孵化基地、绿色建筑展示体验基地、绿色建筑技术集成基地、绿色建筑人才创新创业基地。为政府提供产业研究、设计、投资、招商、建设、运营一体化服务,将整合绿色建筑全产业链和沛县绿色建筑特色小镇,为建筑行业提供全面的服务和科技与城市配套支撑。通过几年努力,把基地建设成为:国家级绿色建筑产业示范园区;国家级产业和教育融合示范基地;国家级未来绿色可持续特色小镇。项目全部建成后,吸引高新技术与新材料、设计、建筑、建材、新能源、环保节能、科研机构及城市配套服务等企业不少于100家,总投资不低于200亿元;可实现年产值500亿元。

绿色建筑产业(全产业链)工业化基地,主要是依托我县铝产业、光伏光电产业优势,重点发展光伏与建筑一体化产品,实现建筑利用新能源的技术突破;重点发展铝模板产品,替代传统钢模板、胶木模板等,实现施工器具的绿色化;重点发展铝蜂窝墙板产品,替代传统的砌块填充墙和石膏板等,实现墙体材料的绿色化。既使我县的铝、光伏产品有了新的产品,开拓了新的空间,也使基地产业链条更加完整,覆盖到绿色建材制造、建筑建造(建筑工业化)、设备制造、绿色施工等各个方面。在基地内规划布局装配式钢结构生产区、钢管束生产区、预制混凝土装配式(PC结构)部品生产区、配套装饰部品生产区(整体卫浴、厨房、吊顶、铝蜂窝墙板等)、智能化装备生产区(含房屋风光一体化系统、建筑能源监控系统、室内外环节检测显示系统、智能网络集成系统等)等,形成规模化的装配式建筑产业链,满足沛县建筑工程及周边150公里范围内建筑工程的需求,为我县创建绿色建筑和生态城提供强有力的产业支撑。

绿色建筑设计研发基地,主要包括绿色建筑科技与服务、绿色建筑工程与技术研究、绿色建筑工程技术与规划设计、绿色建筑技术交流与推广服务、建筑节能服务、绿色建筑教育和培训。为基地内企业提供以计算机图形处理为核心的超算云服务,含工业设计、建筑设计、室内设计、家具设计等应用软件服务云平台。

绿色建筑企业孵化基地,重点为绿色建筑产业的创业者搭建的制度性、智能化的服务平台,为入驻的初创企业和个体创业者提供基本的生产经营场地以及有效的创业指导服务和一定期限的政策扶持及相关的公益性服务,突出绿色建筑企业孵化功能,选拔基地内研发机构及高校优秀创业项目,进入基地进行企业孵化,实现科研成果的快速转化。力争把孵化基地打造成全要素、开放式、服务功能齐全的众创空间。

绿色建筑展示体验基地,主要是在基地内建设绿色建筑展示馆,进行绿色建筑技术和基地内企业产品的宣传，在基地内达到信息、资源和商机共享。

绿色建筑技术集成基地，主要是在基地内的沛县开发区科技创业园项目，该项目集成了国内外最先进的绿色建筑技术，按照德国 DGNB 白金标准和中国三星标准设计，具有示范引领意义的绿色可持续建筑。

绿色建筑人才创新创业基地，重点发展绿色建筑运行管理、环境管理、智能建筑、建筑信息化以及与绿色建筑相关的商贸服务业和会展金融业等配套服务业。在科技创业园内建设专家楼、人才公寓等项目。引入江苏建筑职业技术学院等职业院校落地，加大对绿色建筑技术工人的培养，带动沛县更多的人口就业，从而解决精准扶贫问题。

（三）加大支持，切实为建筑业现代化发展创造良好环境

1. 强化组织领导。建议县委、县政府要高度重视建筑业的发展，建议研究成立扶持建筑产业现代化发展工作领导小组；建议县委常委会、县政府常务会每年要研究一次建筑业发展中的重大问题，为建筑业发展鼓劲撑腰。建议县委、县政府主要领导要亲自过问建筑业，每年都要调研一次建筑业发展情况。建议每年年初召开一次全县加快建筑业发展大会。

2. 强化部门责任。建议县政法委牵头县公安局、县检察院、县法院、县司法局等单位，整合法律服务资源，为建筑企业提供一体化、专业化、协同化的法律服务，开展“法律管家助力中小微企业发展”活动，在建筑总部经济园内设立“法律管家工作室”，指导建筑企业配备法律顾问，主动帮助施工企业解决涉法涉诉问题，为建筑企业发展提供良好的外部环境；建议县住建局牵头县国土局、县规划局、县建工服务中心、县房产服务中心等为建筑企业提供行业服务，规范建筑行业管理。

3. 完善工作机制。建议建立建筑业发展环境工作联席会议制度，每季度或半年召开一次专题会议，研究分析建筑业发展环境，针对性解决建筑业执法过程中出现的新问题。明确部门的责任，制定并完善考核办法，形成领导深入项目一线，部门协调解决重大问题，各方面主动提供服务的齐抓共建格局。

4. 强化规划引领。建议县政府组织相关职能部门研究编制沛县建筑产业现代化“十三五”发展规划，建筑业现代化发展总体规划、近期实施规划（五年规划）和中长期实施规划。建议修订土地利用总体规划，确保“一区一园一基地”用地符合规划。建议修订城市建设总体规划，增加绿色建筑和生态城区专项规划。县发改委要做好装配式建筑产业规划，合理设置产业布局。装配式建筑生产企业数量要适应我县建筑规模。对超出产业规划的企业不予审批，防止产能过剩，导致恶性竞争。县规划局要指导开发区做好绿色建筑产业基地内的总体

规划、控制性详细规划的编制。

5. 强化政策支持。建议县政府组织相关职能部门尽快出台《关于加快推进沛县建筑业现代化发展的实施意见》的文件,建议文件中主要出台十个方面的支持政策。

(1)在财政资金扶持上支持。建议县财政局专门设立建筑业扶持资金,对我县税收做出巨大贡献的施工企业进行奖励,设立财税贡献奖,具体奖励办法建议县财政局会同县建工服务中心研究制定相关标准。

对符合绿色建筑节能条件的项目积极帮助争取上级专项资金。积极拓展省级建筑节能专项引导资金支持范围,重点支持采用装配式建筑技术、获得绿色建筑标识的建设项目和成品住房。优化省级保障性住房建设引导资金使用结构,加大对采用装配式建筑技术的保障性住房项目支持力度。

(2)在拓宽融资渠道上支持。一是建议县金融办、县建工服务中心加强对接,通过组织银企对接会、企业走访等多种形式进行银企对接。二是成立产业基金。建议县政府成立建筑业现代化产业引导基金,扶持建筑业做大做强。三是支持直接融资。鼓励扶持有实力的企业进行挂牌、上市(IPO)、发债进行直接融资,县金融办要重点做好企业培训,协调解决企业直接融资过程中遇到的困难。四是积极引导金融机构扩大信贷投放。建议县政府出台金融机构考核办法,鼓励金融机构加大对建筑业企业投放力度。鼓励金融机构积极创新产品和服务,更好地服务于建筑企业。

(3)在落实税费优惠上支持。建议县国税局和县地税局组织对施工企业财务人员开展经常性培训,规范建筑企业财务管理,科学合理缴税。

对采用建筑产业现代化方式的企业,符合条件的认定为高新技术企业,按规定享受相应税收优惠政策。鼓励建筑企业开拓境外市场,享受相关免抵税收政策。积极研究落实建筑产业营改增税收优惠政策。房地产开发企业开发成品住房发生的实际装修成本可按规定在税前扣除,对于购买成品住房且属于首套住房的家庭,由县政府给予相应的优惠政策支持。装配式复合节能墙体符合现行要求的,对征收的墙改基金、散装水泥基金即征即退。

(4)在减轻企业负担上支持。建议清理规范涉企保证金和押金、全面推行银行保函和诚信担保,工程投标保证金、履约保证金、质量保证金全面推行银行保函或工程建设诚信担保。要强化业主行为监管,制止拖欠工程款行为,业主应严格按照相关法律法规规定办理建设审批手续,并按施工进度拨付工程款,项目竣工验收后应及时办理工程款结算结付手续。依法规范用工行为,全面实施实名制管理和分账制管理制度,确保农民工工资按时支付,积极推动"同舟计划”落实,切实减轻企业负担。

“一园一基地”内的建设项目在建设过程中发生的各项规费建议给予减收或免收。

(5)在提供用地保障上支持。充分考虑到建筑业是我县的支柱产业,建筑施工企业为我县财政税收和脱贫攻坚做出的重要贡献,建议县政府要优先安排“一园一基地”内的项目建设用地指标,土地可按照征收的成本价格进行供应,具体的土地供应办法由县国土局和县开发区研究制定。

以招拍挂方式供地的建设项目,应根据建筑产业现代化发展规划,在规划条件中明确项目的预制装配率、成品住房比例,并作为土地出让合同的内容。对以划拨方式供地的保障性住房、政府投资的公共建筑项目,应提高项目的预制装配率和成品住房比例。

(6)在优化产业结构上支持。要重点培育一批市政公用、公路桥梁、水利水电工程、钢结构工程、电力工程等特级资质企业,县建工服务中心要主动对接水利、交通、电力等行业主管部门,为这些行业的施工企业提供优质服务,帮助他们做大做强,改变我县建筑业企业以房屋建筑、防腐保温为主的市场结构。鼓励中小型企业走专业化、精细化发展道路,培育一批经营特色明显、科技含量较高、市场前景广阔的专业企业。促进企业多元化经营,引导建筑业企业延长产业链、提升价值链、提高竞争力,推进大中型企业向上下游延伸和产业多元化拓展,在投融资、设计咨询、工程建设、建筑部品部件生产、运营维护等领域开展全方位、一体化服务,逐步实现由建造建筑产品向开发、经营建筑产品延伸。

(7)在提升本地市场份额上支持。建议对于邀请招标、直接发包等依法可不采用公开招标方式的项目,适当给予县内建筑企业一定的优先条件,提高沛县建筑企业承揽工程的比例,进而提高建筑业产值。

建议县住建局招标办研究制定相关规定,切实维护本土建筑企业承揽本地工程业务的权利。规范建设单位在招标时条件的设置,任何单位不得人为设置障碍、抬高门槛,限制本地建筑业企业参加工程投标。县住建局招标办借鉴外地做法,研究制定有利于本县企业的招标办法,支持本县企业承揽本地工程建设。

建议制定相应政策,让县外来沛的开发企业给予县内建筑企业参与竞争的机会,除本地施工企业积极推介、联系外,建议县国土局和县规划局在土地挂牌、规划设计时出台相应规定,鼓励外来房地产开发商使用本地施工企业。

(8)在提升企业业绩上支持。优先支持升一级和冲刺特级资质的建筑企业。建筑企业晋升为特级和一级的,县财政给予一定金额的补贴。

针对本地施工企业到外地投标时业绩少没有竞争优势的问题,要充分考虑企业在创建优质工程、文明示范工地时的投入,县财政要对获得业绩的工程项目予以奖励。对于工程质量获得国家“鲁班奖”、江苏省“扬子杯”优质工程奖、徐州市“古彭杯”优质工程奖的项目,以及安全文明施工获得省级文明示范工地、市级文明示范工地的项目,要分别给予一定金额的奖励。建议由县住建局会同县财政局研究制定具体标准,并出台相关文件。

(9)在人才培育引进上支持。要大力实施建筑行业人才振兴计划,实行县政府、建设主管部门、建筑业协会、职业技术学院、企业内部五方联动的机制。一是建议县政府牵头搭建人才引进平台,县人社局积极为建筑企业与高校、科研单位合作牵线搭桥,帮助企业引进人才提供渠道,对于企业引进高层次人才的建议县政府出台相应的奖励办法,为企业转型升级提供根本保障;二是建议建筑业协会不定期举办多种形式的讲座,使建筑企业更新观念,提高自身素质;三是建议县建工服务中心继续每年定期举办建筑岗位人员、职业技能人员的培训,切实提高他们的业务水平与管理能力;四是建议县人社局应针对我县建筑企业发展需要,加大职称评定支持力度;五是建筑企业应建立符合现代企业制度规范的企业法人治理结构,引进高学历、懂建筑、会管理、善经营的职业经理人担任企业经理。同时每年拿出一定比例的资金用于员工培养、继续教育和人才引进。通过多方联合配合,使我县建筑行业队伍管理层、职业资格人员以及一线工人素质得以提升,梯次人才队伍结构更趋合理。

(10)在装配式建筑市场培育上支持。建议县政府出台相关规定,规定政府投资项目、保障性住房项目应率先实现装配式建造。县住建局对装配式建筑预制部品部件生产企业,纳入工程建设监管范围,符合政策规定的可申请享受新型墙体材料增值税税收优惠;取得新型墙体材料认定证书的,可申请节能减排专项引导资金资助。县住建局审图中心在进行图纸审查时应对装配式建筑进行把关,对装配式建筑的比例不符合规定的不予审查。县住建局招标办对不符合装配式建筑要求的工程不予招投标。

展望未来,沛县建筑业已走进新时代。站在新起点,要有新作为。建筑业现代化发展离不开县委、县政府有力支持和全社会共同努力,县政协调研组建议高度重视,坚持问题导向,转变发展观念,走“互联网+科技+人才”建筑业腾飞之路,实现建筑业弯道超越,为推进“三地一新”,建设“强富美高”新沛县提供强大动力!

优化营商环境　打造集聚集约开放园区

——赴南昌、海安等地学习的考察报告

周兴华

民营经济是经济发展的主力军,园区是民营经济发展的第一平台。为贯彻落实县委对县经济开发区提出的"产业发展的主阵地、招大引强的主载体、改革创新的主力军、经济人才的主产区"目标定位。日前,县政协联合调研组分赴常熟、海安、海门、锡山、建湖等省内五地和南昌、于都、漳州、永泰、瑞安等省外五地,围绕"优化营商环境,打造集聚集约开放园区"这一主题开展专题调研,就所得样本进行分析,试图梳理开发区营商环境和审批服务改革的重点难点,分析我县开发区在营商环境升级方面的发展路径。

一、南昌、海安等地做法和启示

近年来,各地经济开发区积极响应国家号召,不断优化营商环境,创新升级政务服务模式,积极探索园区新型管理体制,取得积极成效。南昌、海安等十地开发区在营商环境建设和审批服务模式创新上既各有特色,又有共性。其中,线上政务服务、线下帮代服务、并联审批服务和"一站式"服务等探索实践,在提高审批效率进一步优化营商环境方面是卓有成效和值得推广的。

南昌:创新搭建全面覆盖中小微企业的服务平台——企情收处中心。对园区内企业的各类诉求,企情收处中心窗口负责统一收集、统一转办、统一反馈,实现"企业办事、干部跑腿"。2020 年,南昌经开区企情收处中心累计处理 296 家企业现场、来函报告的 335 个问题,通过及时受理企业来件,及时交办相关部门处理企业问题,并全程进行督办,办结率 100%,有效建立了企业和政务服务部门的联系桥梁。同时依托中国(南昌)人力资源产业园平台,构建以企业为主体、市场为导向、产学研结合的创新机制,实现"产业链、创新链、资金链、人才链"的四链合一。在江西省开发区争先创优综合考核中,南昌经开区开放水平和营商环境两项指标均位列第一,其中,营商环境指标连续六年荣获全省第一,开放水平指标五次荣获全省第一。

漳州:在政务环境建设方面,实现 266 项市级审批项目“最多跑一趟”。通过创设“网上办证、快递送达”的服务新模式,实现部分审批服务“零往返”。在项目审批上实行“一口受理、一网通办”“多评一表、多图一审”“模拟审批”等审批模式,使得漳州的政务服务机制日益完善。在市场环境建设方面,实行“五证合一”,将工商营业执照、组织机构代码证、税务登记证、社会保险登记证、统计登记证合一办理,降低企业门槛的同时对企业核发电子营业执照,扩展多部门应用,便利企业生产经营过程中的事项办理。

永泰:推进建设“新窗口”。启动“一窗受理、集成服务”改革,整合 32 个行政审批职能部门的 1413 个事项,设置 14 个综合窗口,分为“投资建设、企业设立、社会事务、经营管理”四大类,推进信息共享和材料复用,提高审批效率。目前入驻中心的 1709 项事项中,85% 以上实现“一窗”综合受理。顺畅运行“新平台”。工程建设项目联办审批系统在永泰县行政服务中心上线运行。通过系统数据共享交换,避免企业多头递交资料,实现统一受理、并联审批、实时流转、跟踪督办,进一步提升工程建设项目的审批效率。通过推进省网上办事大厅应用,引导群众网上提交办事申请,并及时处理外网预审件。梳理推出“新标准”。通过推进行政审批标准化改革,实现“同一事项、同一标准、同一编码”。联合开展“新互动”。利用市政务数据分析平台系统,及时跟踪业务办理平均时限、办件量、承诺时限办结率、群众评价率、窗口拥挤程度、前台服务效率、满意率等政务服务数据,分析存在的问题并及时加以整改。

海安:围绕项目建设,制定《项目审核工作办法》《拿地即开工实施办法》,助推项目早开工、早投产、早达效。全面推进公共资源交易全领域、全流程电子化“不见面”交易,实现从“以场所服务为核心”向“以智慧平台为核心”的转变。深入推进两区赋权,进一步明确赋权范围及审批事项,将立项、环保类 9 个行政审批事项赋予开发区、高新区,实现“园区事项园区办”。通过优化再造审批流程,强化事中事后监管,有序实施多项改革举措,助推更多项目实现“拿地即开工”。夯实政治根基,持续发挥党建引领“核心力”。海安市行政审批局主动开展“三亮三比三评”活动,共 283 名政务服务人员在该局一楼电子大屏、展板播放公示,亮身份、亮服务、亮承诺,发挥党员先锋模范作用。全面开展评标兵、评示范、评先锋活动,评选出服务标兵 26 名、示范窗口 10 个、“最美政务服务先锋”32 名。

海门:出台高质量服务企业十个“一”工作机制,成立一个专职服务机构,建立一个信息化服务平台,建立一月一会办机制,出台一份“亲商护商”指导意见,建立一套挂钩走访制度,每月举办一次企业发展专场培训,每季度举办一场诉求对接“超市”,每季度进行一次满意度测评公示,半年度召开一次涉法涉诉联席会议,年度召开一次企业家座谈会,实现服务企业工作常态化、制度化、便利化,做到“无事不扰、有求必应”,营造一流营商环境,鼓励企业做大做强。

常熟:坚持以市场主体和社会公众满意度为导向,以制度创新为核心,切实把营商环境作为发展的“生命线”来抓,着力构筑“效率、信用、服务、标准、作风”五位一体营商环境体系。坚持把“放手”当作最大的“抓手”,推行“一件事一次办”,再造办事流程,加快推进试点,让企业感到办事越来越便捷。坚持在“放手”的同时决不“甩手”,深化“双随机、一公开”工作机制,完善信用体系,让企业感到环境越来越宽容。坚持主动“出手”抢占发展“先手”,让企业感到服务越来越温暖。开展“服务民企 360”主题活动。“3”是指三项制度,即民营企业家圆桌会议制度、微信群联系制度、信息直报制度。“6”是指六座桥梁,即“政企互动之桥”“项目嫁接之桥”“招才引智之桥”“金融对接之桥”“守法诚信之桥”“光彩事业之桥”。“0”是指“零距离”服务。

南昌、海安等地在营商环境提升和“放管服”改革精神的指引下,都不断强化自我革新,凝心聚力推进审批管理和服务体系创新,在转变政府职能、丰富服务举措、优化政商环境、营造国际一流营商环境等方面提供了有益启示。

一是以转变政府职能为目标,着力提升审批服务质量。政府的核心职能是为社会提供有效的公共服务。改革开放以来,政府不断加大简政放权力度和速度,使得市场机制不断完善,社会生产效率的提升史无前例。由此形成的局面是,政府由“提供经济性公共服务”向“提供社会性公共服务”做了历史性转型。南昌、海安等五地开发区行政审批改革正是审批服务能力现代化的直接体现。借助“互联网 +”模式,园区主动推进政务服务“一张网”建设,持续提升不见面审批服务效率和效能。依托本地统一的政务服务网站和综合监管平台,加速推进全面实现园区政务服务事项“一网通办”。

二是以优化营商环境为核心,全面提升公共服务水平。公共服务满意度一般会受到个人偏好、企业性质和环境预期等因素的影响,但关键还是取决于公共服务能力。开发区成立行政审批部门,有利于提升审批服务对企业的反应速度,逐步吸引优质项目前来投资,最终有利于园区经济发展,提升资源配置效率,提升公共服务供给水平,从而形成良性循环。同时,注重审批服务过程中各利益相关方的意见反馈,丰富政企、政社互动机制。借助政务服务网,全面实现企业申报材料网络共享,提升企业和群众的体验感和获得感。

三是以丰富服务举措为要领,营造国际一流营商环境。《世界银行 2020 年全球营商环境报告》评估我国营商环境位居全球第 31 位,较之 2018 年度(排名第46位)、2017年度(排名第78位),有了大幅跃升,连续两年跻身全球营商环境改善幅度最大经济体排名前十。为营造国际一流的营商环境,南昌等地开发区在助力建设施工许可审批提速而推行的各项创新举措值得借鉴。如"告知承诺制",对不涉及公共安全、生产安全和公共利益等事项,在申请人提交申请主审材料要件齐全,内容明确,且承诺材料真实、合法时,对非主审要件实行"容缺后补"机制。如"不再审批制",在相关领域探索创新以政策性条件引导、企业信用承诺、监管有效约束为核心的监督模式,对使用自有土地扩大建设规模的"零用地"技术改造等国家鼓励类企业投资项目试行"不再审批"。此类制度的推行,有效提升了审批效率。

二、沛县经济开发区营商环境现状

去年以来,在县委县政府正确领导下,沛县经济开发区咬定"工业立县、产业强县"发展战略,坚持把优化营商环境作为推动高质量发展的关键一招,以深化行政审批制度改革为牵引,以强化载体建设和要素供给为抓手,以优化法治环境为保障,着力推行帮扶项目审批代办制、项目推进包挂制、重大事项协商制"三制"工作机制,不断增强主动服务、超前服务、上门服务意识,多维度、立体化、全方位推动营商环境优化,持续吸引一流人才、高端项目、优秀企业,为经济逆势上扬创造良好条件。做好资源整合"大文章",构筑高端载体平台,放大人才集聚效应,激活金融一池活水,在土地、环境等政策精准供给上下更大功夫,形成一整套务实管用的政策体系,集聚资源、辐射周边、服务大局的能级和能力全面提升。培育产业发展"暖气候",加强诚信法治建设,打造优美人居环境,积极构建亲清政商关系。

但调研中,企业也普遍反映,虽然我县营商环境发生了巨大转变,审批效率提高了,惠企服务到位了,但对标全国一流标准和上海、深圳等国内标杆城市,仍有不少差距,营商环境建设仍然任重道远、亟待提升。

一是要素配置保障不足。征地用地效率与项目落地需求不匹配,清理低效能用地任务依然很重,一定程度上影响了招商引资和新落户项目建设进程。物流规划相对滞后,一定程度上加大了运输物流成本,加重了企业负担。企业招工用工形势严峻,主要表现在就业质量不高,岗位流动性较大,员工对企业的忠诚度不高,求职人员好高骛远现象普遍,高端人才紧缺。融资难问题依然突出。金融机构风险管理系数提高,放缓了资金向企业的投放,加之中小企业可抵押物少、缺少担保等原因,部分企业资金周转困难和资金压力加大。股权融资、企业上市、发行债券等途径手续烦琐,时间长,直接影响了企业和项目的投资计划。

二是产业政策扶持力度不够。缺乏对不同行业、不同领域的专项政策支持，导致不同产业差别化扶持力度不够。如技术创新、循环经济、新能源经济等方面的专项政策较少，无法形成以激励促发展的市场效应。奖补政策申报门槛较高，我县开发区企业平均规模较小，中小型企业居多，许多新兴产业刚刚起步，正处在需要政府给予鼓励扶持的阶段，奖补政策申报门槛过高，导致许多发展前景好、迫切需要支持的企业不能参与申报，更无法享受相关补贴待遇，不利于产业的多元化发展。同时，政策宣传较为被动，向上争取资金政策运用不够灵活，导致部分企业对相关政策一知半解，申报时一头雾水；或后知后觉，待知晓政策，申报时限已过。

三是审批权限下放落实不到位。"放管服"工作开展以来，对有些审批权限，虽然下发文件明确了，但是赋权衔接不彻底，并且随着机构改革的进展，部分审批权力的主体方又出现变更，对开发区赋权，也就对接不明确了，审批权限下放未得到有效落实，少数领域老的"2 号章"仍在使用。同时，在机构设置方面还有不完善的地方。由于开发区没有独立的行政审批机构，政务大厅仅仅是几家部门联合办公的地方，基层政务服务办公"线上线下"平台建设不完善，在推行"互联网 + 政务服务"、部门间数据共享、业务协同上不到位，多图联审、多评合一、联合勘察和一次验收等工作实际操作难，影响了集中高效审批工作的推进，企业和群众的获得感不强、满意度不高。

四是生产性服务业发展滞后。我县开发区商贸、运输、餐饮等传统服务业的产业规模小，对社会生产贡献不足。生产性服务业中的规模以上企业数目少而且门类不全，难以形成在经济上的集聚效应和闭环服务、全过程服务。在一个相对成熟的行业里，当新招引企业落地或生产制造业有相应的产品升级或相关优化调整的需求时，就会有相对应的各个环节的服务型公司帮助其完成相应的改造。我县开发区生产性服务业主要集中在交通运输、一般物流、房地产业、批发零售等传统行业，缺乏专业的市场数据公司、研发设计公司、检测检验公司、贸易服务公司和税会律评等生产性服务企业，造成制造业企业发展主要依赖于资源能源等成本优势和价格竞争，不利于生产制造业的产品转型升级，并造成新落地企业成本增加和效率延时。同时，生活性服务业不健全、不规范、档次低也成了招商引资和人才招引难、难留住的一个重要因素。

五是干部作风建设有待加强。近年来，随着我县经济转型升级力度的逐步加大，越来越多的企业在招工用工、融资渠道、扶持政策、产业拓展等方面面临困惑和瓶颈，而目前，开发区的部分干部对一些新兴行业领域的学习研究还不够深入，一些同志还存在业务知识不精、自身理解模棱两可、政策解释含糊不清等情况,服务能力还不能较好地满足企业和群众的服务需求。服务理念站位不高,有些干部对亲清政商关系理解不透彻,“清”有余而“亲”不足,部分企业反映开发区个别干部担当意识不强,存在怕犯错误而不敢为、不愿为,表面上客客气气,但不拍板、存在打“太极拳”现象,思想认识不足直接导致了服务理念的站位不高,在对企业和群众的服务中就存在缺位现象。

三、进一步提升营商环境的对策建议

营商环境是滋养企业发展、创新创业的丰厚土壤,直接影响开发区经济发展的质量和速度。良好的营商环境有利于吸引资金、人才、技术等各种发展要素的聚集,有利于激发各类市场主体的活力。对照调研各地营商环境建设的经验,我县经济开发区要保持自身原有的发展优势,巩固既有成果,树立“产业强链补链就是最优营商环境、企业提产扩能就是最优营商环境、干部担当作为就是最优营商环境、党风政风清明就是最优营商环境”意识,倾力打造“都来想法办、不说不能办”营商品牌。

(一)强化上层设计,促进产业集群化发展。一是科学合理规划布局。开发区要严格管控招商引资环节,在落地选址、产业结构、资源利用等方面建立专业评估队伍,集中性开展区域性评估,注重企业发展前景与国家大方针政策、市场需求等方面的契合度,不断提升招商引资项目的质量和效益。二是推动政府部门职能转变。发挥政府的政策引导、产业服务等作用,尽量减少对市场化行为的行政干预,将工作重心放在服务企业、搭建平台、环境营造等方面。鼓励开发区建立符合自身发展的管理运营模式,采用“小管委会+大集团公司”的运作模式,由管委会负责入园企业的行政审批及公共服务平台建设,园区招商引资、招才引智等服务由集团公司企业化运作,依托专业化机构通过市场手段调节园区资源配置。三是完善产业集群政策体系。以《省政府关于加快培育先进制造业集群的指导意见》为指导方针,依托园区自身载体,加快培育先进制造业集群,明确重点发展方向,针对产业集聚制定积极有效的政策,在鼓励创新、金融扶持、吸引人才、成果转化、区域布局等方面,建立一揽子政策工具体系,从单一的制定政策转变为建立政策支持、资本运作和专业化服务相结合的推进机制。四是创新投融资管理机制。发挥政府引导基金的作用,吸纳民间资本参与开发区建设,建立政府、银行、社会等多元化融资渠道,逐步实现由依靠政府投入转向增强开发区自身造血功能的良性循环。支持符合条件的开发区投资运营企业通过股权、债权方式募集资金,通过资本融通,加强园区之间的资源重组整合。加强税务部门、银行机构与开发区的密切协作,推动“银税互动”,助推符合条件的中小微企业将纳税信用转化为融资资本。

（二）积极担当作为，落实安商惠商政策。一是提升政策针对性。在科学技术创新、重点项目落地、循环经济发展等特殊领域建立专项扶持政策，对贡献突出、影响重大的项目设立专项奖补资金予以支持。二是适当降低奖励性政策申报门槛。结合我县企业发展现状，对产业规模、纳税等级等申报条件予以适当放宽，让发展后劲足、前景好的企业参与申报，提升企业服务地方经济发展的积极性。三是进一步完善领导干部联系企业制度机制。实行定期上门服务，鼓励倡导干部定期深入企业开展座谈交流，了解企业需求，掌握企业生存发展中面临的困境，结合“一企一策”开展针对性服务。四是建立细化有效的干部容错机制。坚持依法依规、实事求是和宽严相济原则，区别对待在改善营商环境、服务企业发展的过程中出现的探索失误和违纪行为，对导向作用好，在具体工作中出现的不可避免的违纪不违法行为，予以包容处理，为干部建立担当作为“护身符”，提升干部的干事创业热情，在广大干部队伍中营造敢为、会为的良好氛围。

（三）集聚高端人才，构建产学研创新体系。一是加强与高校院所的合作。深化产教融合、校企合作，鼓励开发区根据自身产业定位选择相关的高校和科研机构合作，加强与省内、省外相关学科重点大学的交流对接，开展多种形式的校企合作，在产业发展、技术前沿、标准制定、人才交流等方面加强互动联系，实现互利共赢。鼓励企业、科研院所与高校共同建立制造业创新中心，采用项目联合攻关、共建工程技术研究中心、开放实验室、检测中心等多种形式，促进科技成果转化并产业化。二是畅通产学研创新机制。建立以企业为中心，政府、大学、科研机构、企业、中介机构等多种主体共同参与的立体网状协同研发系统，开展联合协同创新，选择一批重大项目纳入项目储备库进行跟踪支持。完善产学研合作机制和利益分配制度，对纳入项目库的重点项目进行“对症施政、一项一策”，拟定风险共担的激励机制，打通技术转移的渠道，使开发区企业成为成果孵化的“主战场”。三是注重人才培养和引进。拓展用人视野，建立引人、用人和育人机制，想方设法引入高层次人才和紧缺型人才，设立人才服务中心站，加快留学生创业园、博士后科研工作站和创新实践基地建设，广泛吸纳优秀人才和创新团队到开发区创业。鼓励开发区引入一批国际人才培训和认证机构，拓宽国际化培训和认证渠道，打造一支优秀高级管理人才队伍。加快就业和职业技能教育培训体系建设，鼓励各类高校、职业技工院校与企业共建实训基地，培育一批高素质技能人才。

（四）深化对外交流，构建专业化产业高地。一是主动对接上级产业分工。根据区域产业分工体系，深化与其他开发区产业合作机制，在更大范围内实现资源优化配置。有序推动劳动密集型产业和低端加工组装环节向现代先进制造业、高新技术产业、战略性新兴产业和现代服务业转型;也可以通过援建、共建特色产业园方式,将产业梯度转移和输出品牌投资环境建设、先进管理模式和市场化运行机制相结合,推进各地开发区的软硬件均衡发展,形成优势互补、互利共赢的联动发展新格局。二是打造特色产业园区。对一些产业低端、竞争力不强、产业趋同严重的企业,建立健全退出机制,探索跨区域优化整合,逐步摆脱"小而全"的开发区模式,集中优势建设特色产业园区,科学运用"链长制"这一实用的制度模式,发挥龙头企业的带动作用,做好建链、强链、补链的战略规划并一以贯之执行,合力推动产业链发展及特色产业园区的壮大。三是创新合作利益分配机制。完善合作共建、产业共育和利益共享的合作机制,探索跨区域开发区"整体托管",尝试探索以开发区投资公司为主,按市场化运作模式全面行使开发区组团运行和管理权能。完善园区利益分享机制,建立跨区域利益评估共享机制,研究解决企业产业转移、异地经营、一企多址等情况在不同开发区之间的税收收入分享问题,优化财税分配制度,引进项目投产后形成的有关财政收入可由合作双方商定按比例分成。

(五)更新发展理念,培育服务业发展新动能。充分认识到我县开发区服务业发展不足的短板,构建优化现代物流、金融服务、科技服务、商务服务和服务贸易等六大生产性服务业产业,培育壮大文化旅游、医疗健康、体育休闲等生活性服务产业,积极培育服务业新兴业态。利用传统服务业现有的人才、技术、资金、装备、土地、厂房进行改造重组,在现有的生产要素配置上、新项目的开发上向新业态、新商业模式发展,积极发展平台经济、众包经济、创客经济、跨界经济、分享经济等新型服务模式。鼓励发展大宗工业品、生活消费品、生活和跨境服务等各类专业电子商务平台,引导电商企业拓展服务领域和功能,带动共享、协同、融合、集约等新兴模式发展。支持电子商务平台创新发展,引进国内知名平台在我县开发区设立运营中心、结算中心和大数据中心,培育壮大开发区电子商务企业实力。积极支持企业采取新技术、新理念发展高端电子商务,发展VR、AR和视频购物等个性化服务,提高电子商务发展水平,提升发展层次。完善配置闭环服务和全过程服务要素,为生产性服务企业提供高端便利化运营服务。

(六)健全制度机制,倡导宽容的营商文化。构建亲清政商关系。政商关系公私分明、清清爽爽,公务人员和企业家各安其位、各尽其分,是一个地方应有的政治生态。积极引导党员干部敢于为发展担责任,大胆与企业家交朋友,主动与企业家"建群""结对""私聊",通过多种方式经常听取企业的意见和诉求,摸清企业的"痛点""堵点"和"难点",设身处地帮助企业解决实际问题。深化运用政企交往正负面行为清单，进一步明晰边界、划清底线，既在主动服务、靠前服务中体现“亲”，又在依规办事、依法办事中守住“清”，始终做到有交集无交换、有交往无交易。同时，要完善涉企政策制定和执行机制，制定实施涉企政策要充分听取相关企业意见建议，完善涉企政策调整程序，政策执行要坚持实事求是，不搞“一刀切”。建立营商环境“通报制”，定期向社会公开通报服务不到位、政策不落实、企业不满意的负面典型案例，对造成较大负面影响的要坚决问责查处，形成问责一个、警醒一片的震慑效果。提升诚信法治环境。营造公开透明、公平公正的法治环境，加快推进市场监管领域“双随机、一公开”，建设“互联网+监管”系统，推进部门联合监管全覆盖、常态化。把保障企业家人身安全和财产安全放在突出位置，坚持依法办事、实事求是，不搞简单执法、任意执法、选择性执法，坚决防止和纠正滥用权力、执法违法、不实事求是的现象。对新兴产业要实行包容审慎监管，对发展中的新兴事物不简单封杀，站在促进其健康发展的角度实施有效监管。

创新机制　做优平台　再掀招商引资新高潮

孟庆雷

2016年,全县上下牢固树立“项目为零、一切为零”的招商理念,创新招商方式,拓宽招商领域,优化招商环境,产业层次显著提升,招商保障更加有力。全年新签约项目196个,总投资205.6亿元,其中亿元以上项目58个,总投资146.71亿元;实际到账注册外资预计完成1.4亿美元。

一、存在的主要问题

一是重大支撑项目较少。全县在谈项目多,签约和开工项目少;在谈项目单体规模大,签约和开工项目单体规模小;产业低端项目多,中高端项目少;常规性项目多,带动性项目少;科技创新型、生产服务型项目偏少;市对县考核的5亿—10亿元的重大内资项目和3000万美元以下的外资项目匮乏。

二是招商定位不够明确。专业招商人员对国家产业发展政策、经济调控手段缺乏研究,对重点招商区域的重点转移产业、转移项目、转移趋势缺乏研究,对企业投资需求、客商心理追求缺乏研究,对我县重点发展产业、重点招引项目、重点招引方向缺乏研究,存在盲目招商、随意招商、应付招商现象,招商对接效率低,成功率低。

三是外资项目进展缓慢。由于受国际经济形势影响,境外投资者的投资信心仍然不足,导致我县在谈外资项目数量少,单体规模小,推进缓慢,发展后劲不足;已批项目开工率低,资金到位率低,资金到位慢,增资扩股的少,在全市争先进位压力巨大。

二、下步工作建议

一是重点抓好产业招商。围绕“5+2”重点产业,盯紧全国行业100强、跨国公司、上市公司、经济总部等重点企业,各驻外招商分局、各招商小分队要抢抓各大企业年初制订投资计划的黄金期,迅速盯上去,拜访决策层,摸清他们的投资计划和投资需求,研判与我县对接的可能性和可行性,对符合我县产业发展需要的“大好高新”项目,加强研究,精准分析,找准切入点和对接点,制订对接计划,实施精准招商,提高项目成功率。

二是深入推进驻点招商。通过招商云管理平台,全面加强驻外招商分局管理,在人员配备、经费保障、政策待遇、发票报销等各方面给予充分保障和便捷服务,确保驻外招商分局领导高配、人员精锐、团队稳定、作风过硬、人人思进、干出成效,实现驻点招商常年化、规范化、高效化。三个驻外招商分局要抢抓京津冀、长三角、珠三角等重点区域产业转移机遇,开拓投资客商、项目信息收集的广度和深度,加大产业转移项目对接力度和推进速度,以实实在在的努力结出招商硕果。

三是切实抓好平台招商。重点抓好沛县经济开发区创建国家级开发区跟踪推进和服务工作,确保成为商务部第一批支持晋级的国家级开发区。加快形成招商引资、项目建设的主阵地、主引擎。科学规划建设沛县电子商务物流园;积极推进临港产业物流园创建省级重点物流基地,跟踪做好与徐州海关和南京海关的协调工作,争取获批徐州海关第一家县区联络处,努力提升全县物流通关能力。协调推进沛县电子商务产业园创建省级电商示范园区(基地)工作,规划建设跨境电商产业园和电子商务服务外包产业园,提升各类产业园承载能力和集聚功能,为招商引资和产业发展提供强力支撑。

四是健全机制促进招商。继续实行单月签约、双月开工推进机制,每月做好集中签约项目、集中开工项目、县领导推进项目的督查推进工作,每季度通报招商引资考核结果,全力促进重点招商项目在谈转签约、签约转开工。完善奖励激励机制,健全督查考核体系,科学下达招商任务,合理分配奖励资金,真正让招商项目信息提供人、项目落地推进团队等招商功臣分享招商成果的红利,激发干事创业激情,有效有力地促进招商引资新突破。

全力构筑产业发展新优势 推动工业经济迈上新台阶

工业界

近年来，我县始终坚持“工业强县，产业兴县”战略不动摇，突出抓好园区建设，加快实施重大项目，改造提升传统产业，培育发展新兴产业，夯实壮大支柱产业，全县工业经济总量不断壮大，结构不断优化，质量不断提高，在三次产业结构中的龙头作用逐步凸显，为促进经济转型发展、建设“强富美高”新沛县奠定了坚实基础。

一、工业经济发展情况

2016 年全县传统工业企业达 463 家，全年完成规模以上工业总产值 1780 亿元，增长 17%；完成工业开票销售收入 348 亿元，增长 26.7%。工业用电业扩报装 6.7 万千伏安，工业用电量 26.3 亿度，增长 9%。能源化工、农副产品加工、铝加工、轻工纺织、冶金铸造 5 个优势传统产业规模不断壮大，产业链拓展延伸，设备持续更新，产品档次稳步提升；光伏光电、装备制造 2 个战略性新兴产业快速崛起壮大，智能化程度大幅提升，自主创新能力不断提高。形成了 5 个优势传统产业为主体、2 个战略性新兴产业为先导的“5+2”现代工业体系。

二、存在的主要问题

一是产业转型升级任务艰巨。产业层次偏低，传统产业占比较大，整体上仍处于产业链、价值链的中低端。二是自主创新能力不强。创新载体和科技平台数量少，产学研融合程度不高，科研成果转化率较低，产业发展急需的高层次人才缺乏。三是要素瓶颈制约依然突出。部分企业资金不足，融资难、融资贵等问题较突出。土地供应与项目需求之间的矛盾仍较尖锐，结构性用工短缺与用工成本持续上升的双重压力并存。

三、下步工作建议

（一）坚持内生型发展，夯实发展基础。一是主攻供给侧结构性改革。“三去”重在去产能，坚决淘汰落后产能，坚决禁止新增钢铁产能，年内完成化工企业、铸造企业清理整治工作，力争全面淘汰 10 蒸吨/小时及以下的燃煤锅炉。

实施推动《沛县僵尸企业清理工作方案》,优化企业资源配置,盘活低效闲置土地,促进企业提质增效。切实降低各类交易成本,推动企业降本增效。二是做大做强骨干企业。采取“一企一策”,重点扶持龙头骨干企业,以龙头企业带动产业链集聚延伸,促进产业向高端化和产业的高端环节发展。重点培育大屯煤电集团、永泰、天裕等龙头、骨干企业,力争有更多的企业超百亿元,超50亿元,超20亿元。三是培育壮大中小企业。着重培育一批潜力大、速度快、效益好的中小企业,作为后备企业给予重点关注,通过培育规模宏大、数量众多的中小企业,巩固、壮大工业经济的中间层。

(二)坚持外延型发展,增添发展力量。一是加强招商引资。围绕“5+2”产业补链、扩链和强链招商,重点推进中核集团500兆瓦太阳能组件、苏美达高效率晶硅电池、天津大顺花卉生产等项目。二是加快企业上市。支持、引导一批优质的工业企业在IPO、新三板、股权交易中心成功上市,力争鹏翔纺织、新格灌排新三板成功挂牌。三是加强人才引进。善于借助外脑、外智,积极引进各类骨干技术人才,加快产学研联合步伐,打造一批国家级的企业技术中心、重点实验室等。

(三)坚持提质型发展,提升发展质量。一是加快转型升级。实施《中国制造2025沛县行动纲要》,推动工业转型升级,支持重点企业向质量高档、品种多样、上下游融合发展。加快推进光伏发电前沿技术“领跑者”示范基地、鑫宇太阳能电池片、加快宝通特种编织机械等重大项目。二是加快推进“互联网+”。积极搭建促进企业“互联网+”应用的服务平台,推进“互联网+”与企业生产管理、工艺设计、营销等领域的对接,培育一批“互联网+中小企业”示范典型,通过互联网加快改造提升传统产业。三是大力促进两化融合。大力促进“两化”融合,深化“数字城市”“数字企业”“数字园区”创建,全面提升企业信息化水平;大力促进产城融合,推动工业化与城镇化融合发展。

(四)坚持集聚型发展,强化发展动力。一是要建好园区平台。夯实载体建设,按照“1+10”的产业园区布局,推进县开发区创建国家级开发区,加快完善龙固、敬安、安国等10个产业集聚区配套设施建设,努力提高园区承载能力。二是要做大产业配套。引导广大创业者和中小企业为围绕主导产业、龙头企业开展大规模的配套生产,产生“小产品、大产业”集聚效应,形成区域品牌和产业集群,创建一批国、省级产业制造中心、交易中心。三是要打造先进制造业基地。强化创新在发展全局中的核心地位,面向淮海经济区,全力推进创新转型,加快发展动力转换,打造新能源产业研发、创新、生产、制造基地,建设徐州重要的产业增长极、科技新中心、开放新高地,加快形成以创新为主要引领和支撑的经济体系和发展模式。

以乡村振兴战略为抓手
加快城乡统筹发展步伐

全玉彪

乡村振兴战略是决胜全面小康社会、开启全面建设社会主义现代化新征程的七大战略支撑之一,也是建设现代化经济体系的六大任务之一。对于加快农业农村发展、促进农村社会进步具有重大而深远的意义。近年来,我县按照以城带乡、以工促农、统筹城乡的发展思路,全力推进区域中心城市、中心镇(小城市)、特色田园乡村建设,城市框架进一步拉伸,城乡公共基础设施配套不断完善,城市品位持续提升,人居环境持续优化。一是基础设施日益健全。高标准实施了正阳路北延、东风路综合改造等一批重大基础设施项目,快速路、主次干路和支路搭配合理的路网加速形成,城市发展空间不断拓展。二是城市功能显著提升。高标准建设了新城实验学校、树人学校、文化中心、新城人民医院一期、老年公寓等一批功能性项目,逐步形成了健全的城市功能体系,城市吸纳和承载能力不断增强。三是棚户区改造加快实施。完成李园地块、三里河、龙王庄、杨彭庄小学地块等地块约163万平方米的房屋征收工作。完成省保障性住房建设任务新开工4175套,基本建成3506套,完成率分别达到104%、117%,超额完成省下达目标任务。四是小城市试点实现新突破。重点打造敬安镇小城市创建试点,完成了敬安小城市建设PPP项目总体规划,有序推进城镇基础设施建设。五是特色田园乡村取得阶段性成果。完成张寨陈油坊特色田园乡村规划设计方案。同时对五段前许口、大屯挖工庄等特色田园乡村开展试点调研,为列入省试点做好准备。

但是,城乡一体化发展不平衡、不充分的问题逐渐凸显,主要表现在以下几方面:一是城乡融合发展的思想观念有待进一步转变;二是城乡公共服务水平不均衡,农村社会事业发展滞后,与城市存在较大差距;三是以工促农、以城带乡的长效机制尚未建立,相关政策和体制有待进一步完善。实施乡村振兴战略,要按照“产业兴旺、生态宜居、乡风文明、治理有效、生活富裕”的总要求,科学制订乡村振兴战略规划，健全城乡融合发展体制机制，清除阻碍要素下乡各种障碍。为此建议：

一、坚持规划先行，绘制好统筹城乡发展的美好蓝图。要按照乡村振兴战略20字方针，以精准规划引领城乡发展，推动实现城乡基础设施互联互通，公共服务资源均衡配置，城乡生态资源互补互享、有机衔接的全域规划体系。积极探索“多规合一”的新机制，有效统筹城乡空间资源，重点要按照“四位一体”总体空间格局，加快完善城乡发展总体规划和各类专项规划，不断完善城乡规划体系，充分发挥规划的引领作用，为未来推动沛县乡村振兴提供科学指南。

二、坚持项目带动，引领好统筹城乡发展的战略转型。在新的发展时期，重点项目建设对于实现城乡建设的功能转型、空间转型和新旧动能转换，都具有极为重大的意义。在城乡建设中要以大项目争取大投资，以大投资推动大发展，以大发展实现大跨越，紧紧围绕城乡建设等领域，超前谋划、精心实施一批大项目、好项目，有序推进基础设施、公共服务设施等向农村延伸，补齐城乡发展短板、完善城乡功能、培育新的经济增长点，带动城乡转型发展。

三、坚持产城融合，打造好统筹城乡发展的强大引擎。将产城融合作为推动城乡发展的主引擎，紧紧依托经济开发区、大屯高新区、沛城中心商贸区、沿微山湖生态景观区的发展优势，大力推进特色工业、现代服务业、生态绿色农业和文化旅游产业，全面形成产业发展与城乡建设有机互动，推动县域经济社会实现转型跨越发展。

四、坚持四位一体，谱写好统筹城乡发展的崭新篇章。坚持统筹城乡发展，以中心城市为核心、新型中心镇（小城市）为支撑、特色镇为支点、新型农村社区为依托的“四位一体”发展路径，把敬安镇小城市建设作为统筹城乡发展的关键环节，发挥模范引领作用，通过以点带面，带动我县小城市、特色镇、新型农村社区协同发展，全力构建城乡统筹融合、协调发展的新型城镇化体系。

顺应新形势 推动新发展

全面推进我县品牌农业跨上新台阶

徐 伟

近年来,我县农业现代化进程一直处于“苏北第一,全省领先”位置,有力地促进了农业增效、农民增收、农村发展。但在取得成绩的同时,也存在一些问题和短板:一是优质农产品较少,附加值不高;二是名优品牌不多,市场竞争力不强;三是农业科技创新和成果应用不快,智慧农业发展较慢。近年来,中央及省市农业农村工作会议要求现代农业发展要由“量”向“质”转变,把发展绿色、优质农产品放在更加突出位置。2018 年是全面贯彻落实党的十九大精神的开局之年,我们要找准实施乡村振兴战略的职能定位,着力在“产业兴旺,生态宜居”方面下功夫,以实施“2811”工程为抓手,重点打造“一横五纵”农业产业布局,加快我县农业供给侧结构性改革,提升品牌,促进农业可持续发展,进一步提高县域农业产业综合竞争力。

一、高标规划定位,着力在有机农业发展上下功夫

一是科学制订规划。重点围绕绿色稻米、高效瓜菜、优质果品、生态肉鸭、特色水产五大主导产业,以“大沙河、徐沛快速通道两大产业带”建设为重点,因地制宜,科学制订实施符合各镇(场、街道)有机农业发展规划,以湖西农场国家级稻渔综合种养示范区为核心,全县有机农业面积扩大到 2 万亩。二是突出主体培育。重点扶持徐垦公司、协心家庭农场等一批发展有机农业的新型经营主体,重点在产业发展、生产过程、经营机制等方面进行指导服务,促进产业不断发展壮大,全力推动我县有机农产品生产基地尽快形成规模。三是强化农民培训。主动适应新形势,把示范家庭农场、专业大户、农民专业合作社成员和涉农企业管理技术人员等作为重点培训对象,分门别类进行系统的有机农业科技知识和实用技术培训,发挥示范引领作用。

二、推广“三新”技术,着力在优质高效生产上下功夫

加强与南农大、扬大、省农科院等科研和技术推广单位合作。一是大力推广新品种。大力引进优质、高产、高抗等品种,主要以阳光 800、济麦 35 等小麦,烟富8、黄金冠优质苹果等一批适合我县的名特优新品种，提高我县优质、高效品种的覆盖率。二是大力推广新技术。大力推广生物、集成栽培、无土栽培、物联网、肥水一体化等技术，提升有机农业的可控性和智能化水平。三是大力推广新模式。大力推广休耕轮作、稻田综合种养、粮经合理接茬等模式，提高单位产出效益。

三、强化检测监管，着力在质量品牌创建上下功夫

一是坚持按标生产。进一步规范生产标准体系，使主要农产品有标可依、按标生产，做到产前、产中、产后有技术要求和操作规范。二是强化产品检测。继续完善县、镇、村三级农产品质量监管站建设，建设市场农产品智能监管平台，加大农产品产地检测力度和检测范围，确保蔬菜质量安全合格率99%以上，畜禽产品安全合格率达到100%。三是打造名优品牌。采用会展促销、物流配送等现代营销手段，大幅提升“沛县”大米、沛县沙河“印象”果品、“陈油坊”葡萄、科秀“龙飞鸭”、“云雪”面粉等一批产品的市场知名度，努力打造全国知名的品牌农产品生产基地。

四、强化工作督查，着力在整体推进落实上下功夫

一是强化宣传引导。深入田间地头，通过新闻媒体、网络、现场、专栏、咨询讲解专题讲座、发放技术资料等多形式、多层次进行系统宣传，普及有机农业相关技术知识。二是严格目标考核。将品牌农业示范基地建设纳入农业现代化考核，2018年每个镇（场、街道）建设面积不得低于200亩。三是加强工作督查。将考核任务落实到具体责任人，明确完成时限和工作要求，定期调度，跟踪督查。切实加快绿色优质农业发展，促进农业增效、农民增收。

关于推进制造业与信息化融合发展的建议

工业界

信息化与工业化深度融合(以下简称“两化融合”),就是把信息技术作为工业发展的内生动力和关键要素,以信息化增强创新能力、优化资源配置、提高资源利用效率,使工业经济走上高质量、高效益的发展道路。

近年来,我县高度重视“两化”的融合发展,把推动“两化融合”作为促进制造业转型升级的有力抓手,实现了工业提质增效。其主要特点:一是“两化融合”推进机制初步形成。贯彻落实市政府及有关部门出台的《关于加快推进信息化与工业化深度融合的意见》等政策文件,初步建立了各层级“两化融合”工作服务体系,形成了整体推进的良好态势。一大批企业在发展中运用先进信息技术,提升了企业核心竞争力和综合效益。二是“两化融合”试点示范范围进一步扩大。沛县经济技术开发区获批江苏省两化融合示范区;沛县铸本混凝土已获批国家级“两化融合”管理体系贯标试点企业;恒辉编织、东方电子、大屯工贸、东方运销等17家企业已成功获批省级“两化融合”试点企业;沛县鑫宇光伏成功申报了省级企业技术中心;沛县临港物流园成功获批江苏省第十三批省重点物流基地,全县“两化融合”试点示范范围正进一步扩大。

但同时,我们也感到,当前我县“两化融合”与先进地区相比,与经济发展的要求相比还有不小的差距。主要表现在以下几个方面:(一)企业信息化综合集成水平不高。企业两化融合总体上仍处于局部单项运用阶段,在企业研发设计、生产制造、资源管理、市场营销、客户服务、产品全生命周期管理等方面的支撑程度还比较差;大部分企业集成协同应用水平偏低,产业链上下游之间衔接不够顺畅,处于产业链、技术链、价值链的中低端。(二)企业推进“两化融合”的动力不足。我县在“两化融合”推进过程中,虽然部分企业负责人对实施信息化有一定的愿望,有意向通过信息化实现转型升级,但是我县绝大部分企业普遍存在规模小,难以承担两化融合技术应用成本的问题。同时我县信息网络基础设施和生产线服务业和其他先进地县相比还有较大差距,缺乏高端“两化融合”技术的承载能力。(三)信息化专业人才较缺乏。当前我县企业严重缺乏既精通企业业务又掌握信息化知识的复合型“白领”高端人才,也缺乏掌握信息化知识和技术的“蓝领”技能人才,企业短时间内难以培养出胜任组织推进“两化融合”工作的人才;有些人才虽然一时引得进,却不能长期留得住,人才流失现象较为突出。这已经成为制约企业推进两化融合的一大瓶颈。

在全球新一轮科技革命和产业变革的大背景下,推进我县“两化”深度融合,是促进产业结构优化升级,推进制造业向中高端迈进,打造沛县工业经济升级版的需要。为此建议:(一)运用“互联网+”打破思维瓶颈。利用互联网思维改造传统产业,调整企业组织形式和经营模式,以用户体验、用户需求反向驱动产品建设,企业为了生存和发展而做出的必然选择。(二)加快实现制造业核心竞争力的提升。邀请相关专家来沛,开展两化融合重点诊断,分行业、分企业特色提出信息系统改进建议。一是要提高企业经营者对“两化”融合发展重要性的认识,增强企业主体的积极性。以协调整合行业和产业链融合为重点,以大型龙头企业为纽带,带动同行业中小企业、供应链上下游企业,加快信息化的集成应用与业务协同,提升企业和产业的核心竞争力。二是要加强试点示范,增强企业“两化”工作的引领带动作用。经验表明,典型示范对推动面上企业的“两化”融合工作,具有重要的积极意义。三是要引导企业从实际出发,将企业内部信息化建设运用于企业设计、研发、制造、管理、服务等方面,与加快推进企业改革、改组、改造步伐和提升管理水平有机结合,提升智能化水平,创新经济发展新模式。(三)加快实现人才队伍建设的深度融合。围绕“两化”深度融合对专业技术人才的需求,建设一支数量充足、梯次合理、适应沛县信息化发展需要的高素质人才队伍。要从上至下,建立一支既懂业务,又懂 IT 的信息化队伍。在企业内部鼓励推行 CIO(企业首席信息官制度),从管理层次上真正重视企业信息化建设。建立联盟提供相关平台给各企业 CIO 进行“两化”深度融合工作培训,依托高校、科研院所和企业培训资源,建立一批培训和实训基地。加强信息技术职业教育,鼓励高等院校与工业企业联合培养急需的信息化实用型人才。(四)加快实现载体平台对两化融合发展的支撑力。推动信息化和工业化的深度融合发展,摆在首位的则是信息化的基础设施建设。一是加快推进我县信息基础设施建设,加快软件开发与测试公共服务平台、信息系统技术安全平台、应用数据中心等应用平台建设。二是建立一个符合企业需求的云平台,为企业提供相关技术、管理或培训等信息化服务,通过云平台能够切实降低中小企业的信息化的前期投入门槛和运维成本,进一步补足相关中小企业信息基础设施能力不完善的短板。三是打造不同行业两化融合领军企业,并鼓励他们建设面向产业链、产业集群的共性服务平台,带动供应链上下游企业加快信息化的集成与协同,从而提升产业链的整体竞争力。(五)加大扶持力度发展信息化应用。重点扶持一批产业基础好、创新能力强、转型效果好的企业实施两化深度融合,强化投融资激励和约束机制,形成以政府投入为引导、企业投入为主体、其他投入为补充的长效投融资机制。借鉴先进地区的做法,积极探索更有效的财政支持方式,设立信息化和工业化融合专项资金。并充分发挥其示范和引领作用,带动其他企业两化融合建设的发展。

以创新为引领
推进沛县农业供给侧结构性改革的建议

河口镇联络小组

推进农业供给侧结构性改革不仅是对未来农业现代化的一次战略性筹划，也是努力解决“三农”问题的一次重大探索，也将对全县经济社会发展大局起到非常关键的作用。

一、目前沛县农业供给侧结构性改革的短板

（一）农业创新能力不足。科技创新方面，农业科研平台建设比较滞后；高附加值、高科技含量的种业发展严重滞后，试验创新力度不够大；“互联网+”与现代农业融合度不够高，现代化技术、装备、管理应用水平较低，科技贡献率和技术推广转化率都亟待提高；促进生态循环农业发展的技术支撑体系还相对较弱，环境工程技术、废弃物资源化利用较突出。

（二）农业基础设施建设仍较薄弱。农业受环保、国土等政策制约，功能融合、特色明显的标杆示范性园区比较缺乏；科技化、精准化的农业设施装备应用不广泛，果蔬等经济作物机械化水平不高；在水利设施上，小型农田水利设施建设滞缓，一些农田路沟渠不配套，导致易旱易涝现象。

（三）农业人才队伍乏力。务农群体整体素质不高，随着农村劳动力的加速转移，新生代农民基本不愿务农种地，新型职业农民培育急需加大力度。

二、沛县农业供给侧结构性改革的相关建议

（一）调精调优农业产业结构

坚持市场需求导向，适应消费升级趋势，优化产品结构、产业结构和区域布局。一是调减一批低质低效农业。根据市场需求、亩均效益、环境承载调整农业产业结构，调减滞销农产品、低档农产品生产规模，严控对环境造成较大污染的农业产业。对无序发展、产大于需的农业产业压减控制。压减整合“小、散、弱”农业产业。二是建强一批规模农业基地。重点围绕我县主导农业产业，打造一批特色鲜明、集中连片的优势特色农产品生产基地。以创“国内一流现代

农业园区”为目标,打造沛县样板农业基地,成为带动现代农业改革创新、转型提升的主引擎。

(二)提升农产品质量与品牌

一是加快推进农业标准化。加大农业标准化工作力度,加快建设涵盖生产、加工、储存、包装、运输、流通等环节的农业地方标准体系。推进农业标准化示范创建和标准化模式图进村入场到户活动,促进农产品按标生产、上市、流通,努力实现主要农产品生产、供给全过程标准化覆盖。

二是严格农产品质量安全监管。健全可追溯、互联共享的农田到餐桌的农产品质量安全体系,实现规模以上生产主体信息基本纳入平台,确保生产有记录、信息可查询、流向可追踪、责任可追究、产品可召回、质量有保障。推进农产品质量安全诚信体系建设,落实生产主体质量安全第一责任人职责。严格农产品投入品监管,全面实施禁限用农药退市制度。

三是培育和打响农产品品牌。着力培育一批绿色无公害农产品基地、带动力强的农业龙头企业和优质放心农产品品牌。进一步创新品牌农产品营销方式,支持农产品电商模式创新,鼓励各类经营主体网上开店、线下配送、社区直销。进一步加强宣传推介,鼓励经营主体进行无公害、绿色、有机农产品和农产品地理标志等“三品一标”认证,开展各级名牌农产品、著名商标申报,加强政策引导。

(三)提升新型农业经营主体

一是强化龙头企业“带头人”作用。以特色优势农业产业为重点,培育壮大一批农业龙头企业,支持海通等引进农业企业做大做强。通过加强激励引导,在农产品存储、物流、营销、贸易等领域加快培育龙头企业。引导龙头企业重点发展农产品精深加工、出口内销和农业社会化服务,提高辐射带动能力,完善龙头企业和农民合作社、农户间的利益联结机制。

二是强化家庭农场主力军作用。制定有沛县特色的家庭农场发展规范,培育家庭农场升级版,重点向高端农产品加工经营的市场主体方向发展,向机械化和社会化服务程度高的方向发展。

(四)加强农业科技创新。

注重发挥科技第一生产力作用,充分应用农业新科技成果和信息化、互联网成果,加强农业科研、农技推广等公共服务供给,推动形成以科技创新引领和支撑的现代农业发展新模式。统筹县内农业科研资源,对接县外高校科研院所,加强联合攻关、协同创新。加强循环农业、智慧农业等领域关键技术攻关,抓好基层农技队伍梯队建设、知识更新。

构建亲清政商关系 优化提升营商环境

汉源街道联络小组

一、对“亲”“清”的理解和认识

民无商不活,国无商不兴。一个地方的发展,离不开商。自然,官商交往也就必不可少。发展社会主义市场经济,政商关系始终是绕不开的话题。构建健康、清廉、公开、透明的新型政商关系,归根结底是政府公职人员与市场从业人员之间的关系。官商之间如何交往,交往的行为准则是什么?对此,在2016年3月全国政协十二届四次会议上,习近平主席提出了建立以“亲”“清”为核心内容的新型政商关系。我认为这就是新时代、新形势下政商交往的行为准则,也是对政商关系的明确定位。

二、企业如何“亲”、怎么“清”

构建“亲”“清”新型政商关系,也需要企业家对于政府的关怀和社会的支持给予充分理解和积极回应,企业家要积极主动同各级党委和政府部门多沟通多交流,讲真话,说实情,满腔热情支持地方发展;要洁身自好、走正道,做到遵纪守法办企业、光明正大搞经营。对企业来说,“亲”的要求就是要积极主动向政府反映情况、沟通意见、交流看法,取得政府的理解和工作上的支持。要以求真务实的态度积极为地方经济社会发展建言献策,积极支持地方经济发展,充分发挥好企业自身的作用。“清”的要求,就是要洁身自好,遵纪守法,清清白白地做事,堂堂正正地经营,提升企业形象,提高企业效益,履行社会责任。企业要生存发展,离不开良好的政商环境,企业和政府部门保持良好沟通,既需要官商保持正常的联系和交往,又要使官商各安其道,真正做到有交集而无交易。

三、对构建“亲”“清”型政商关系的一点建议

如何构建“亲”“清”型政商关系,优化提升营商环境,除了加快改革步伐,完善法治等国家层面要求的改革以外,我认为还要在以下几个方面多做些工作:

(一)简政放权,优化服务,营造更加高效便民的政务环境。一是大力精简

行政许可事项,全面推行政府信息公开,建立部门权力清单、责任清单、公共服务事项清单公开制度,创新公开载体和形式,提高政府工作透明度和公众参与度;二是建立帮办立行制度,以“互联网+政务服务”为重点,明确专人负责协助办理审批手续,公开协助办理开放电话,树立当好“店小二”的思想观念,着力打造有为政府和服务型政府;三是建立招商引资项目代办服务机制,免费帮助企业办理项目引进落地手续,设立专门投诉举报平台,建立健全“统一受理、分级承办、全程跟踪、限时反馈”投诉处置机制,畅通企业诉求渠道。

(二)完善规则,依法办事,营造更加开放包容的招商环境。一是完善招商项目服务体系。实施“首问负责、服务到底”的招商责任制,坚持“谁招商,谁营商”的原则,对招商项目实施全程跟踪服务,对意向项目加强跟踪洽谈服务,对签约项目实行绿色通道服务,对落地项目给予定期巡访服务。二是落实领导干部联包重点项目工作。对重点建设项目实行领导分包责任制,建立工作联席会议制度,定期通报项目实施情况,协调解决项目报批、建设和生产经营中遇到的问题。三是完善政府守信践诺机制。不做违规承诺,不搞虚假招商,严格履行各项政策承诺和兑现已签订的各类合同,形成企业进得来、留得住、能发展,投资者有信心、受尊重、有贡献的良性循环。

(三)减税降费,降低成本,营造更加利企建设的经营环境。一是加大产业用地保障力度。优化城市空间布局和土地供应结构,盘活土地存量,加强低效用地开发,完善土地二次利用和循环利用政策,盘活现有标准化厂房,鼓励建设标准化厂房,促进土地资源高效集约利用。二是灵活采用先租后让、租让结合、弹性年限出让等方式使用土地。加快能源供应体制改革,完善市场化价格形成机制,控制企业电气水暖等用能成本。三是推进重点电力用户和发电企业直接交易,完善天然气动态定价机制,鼓励燃气企业对大用户实施气价优惠,扩大天然气直供交易规模。

(四)主动作为,互联互通,营造更加和谐的亲商重商环境。牢固树立亲商安商重商富商理念,推动构建“亲”“清”新型政商关系。加强对优秀企业家先进事迹和突出贡献的宣传报道,激发和保护企业家精神。加强对民营企业家的帮助和关爱,鼓励民营企业更多承担社会责任,引导非公有制经济健康发展、非公有制经济人才健康成长。大力弘扬工匠精神、劳模精神,营造专注实体、追求卓越的浓厚氛围和鼓励创新、宽容失败的社会环境。

(五)改进作风,文明守信,营造更加奖惩分明的信用环境。改进工作作风,加强市场主体信用信息征集、共享、公示和承诺制度,建立市场主体信用评价体系,在重点领域和行业试点推行信用报告制度,为守信市场主体在建设和经营活动中提供便利构建以信用为核心的新型市场监管机制。健全信用红黑名单制度,加大联合奖惩力度,对守信企业在政策扶持、融资、公共资源交易等领域予以支持;对失信企业予以限制。营造“守信受益、失信受限”的联合奖惩大格局。

(六)严格监管,综合执法,营造更加温馨和谐的社会环境。深化“平安沛县”建设,完善立体化社会治安防控体系,严格落实安全生产责任制,为市场主体提供安全、安定、安心的社会环境。加强社区网格化管理,建立健全横向到边、纵向到底的社区治理机制,鼓励社区居民、社会组织、社会工作人才“三社”联动,和谐共建。积极倡导尊重企业家、关心企业家的社会风气,认真解决外商在生产经营、就医就学等方面遇到的困难和问题,让沛县成为企业家投资创业的热土、安居乐业的宝地。

聚焦纺织产业转型升级　带动传统产业优化提升打造世界级高端绿色纺织新材料产业基地

杨　琦

开发区在县委、县政府的坚强领导下,在县政协的大力支持下,紧扣产业发展主阵地、招大引强主载体、改革创新主力军、经济人才主产区的“四主园区”目标,坚持创新驱动、特色发展,总体实现了从传统纺织到纺织新材料、从传统能源到新能源、从简单的机械加工到高端装备制造、从电解铝初期产品到新型铝材的华丽转身,高质量发展取得了新突破。特别是截至 2020 年 12 月,工业业扩报装 20.4 万千伏安,同比增长 577%;完成土地农转用、挂牌出让、低效能用地清理共计 6848.26 亩,同比增长 197%,开发区项目呈现虹吸效应和井喷式发展;成功摘取了“国家级科技创新孵化器”“国家火炬计划沛县光伏特色产业基地”等 5 块国家级牌子,荣获“中国特色产业集聚发展典范园区”“中国持续优化营商环境典范园区”,取得了“骨干企业基本都有扩张计划,主导产业个个都有补链项目”2 个可喜成绩,不断刷新开发区轻资产项目 60 天、重资产项目 5 个月的开工投产新纪录;金荣泰成功下线“华丝”新材料,标志着沛县纺织产业由传统粘胶纤维向绿色纤维的华丽转身,迈进绿色发展新时代。

协以求同汇众智,商以成事共发展。根据县政协委员关于“纺织产业转型升级”的提案,开发区充分利用政协“有事好商量”协商平台,先后召开三次协商议事会,就纺织新材料发展开展广泛协商。吴书记高度重视,亲自关心、亲自部署、亲自调度,多次就纺织产业发展做出指示批示。郝敬彬主席多次现场指导,全力支持用好政协协商平台。5 月 12 日,召开第一次协商议事会,梳理出了沛县纺织产业发展现状和存在问题。调研发现,纺织产业已发展 30 年,成为沛县传统特色产业之一,有纺织企业 173 家,形成了环锭纺 230 万锭、气流纺 325 台(套)的规模,是我国三大“中国粘胶纱生产基地县”之一;纺织企业数量虽然多,但纺织产业存在“小、散、弱、低”等问题,传统纺织产业经受外部冲击、抗风险能力弱的现状持续显现。7 月 23 日,召开第二次协商议事会,大家一致认为,传统纺织产业走到了十字路口,迫切需要转型升级、抱团发展、规模发展,这就要求我们必须解放思想、破除壁垒,走“和合共融”四化转变新道路,即破除“小农意识、小富即安”意识,走集团规模化发展之路;破除“生意好做、伙计难搁”传统观念,走抱团集聚化发展之路;破除“技术落后、产品附加值低”现状,走智能高端化发展之路;破除“家族式”管理模式,走管理现代化发展之路。8月6日,吴书记亲自召开第三次协商议事会,听取协商成果转化汇报,形成一致意见。根据县委安排,我在全县产业讲堂上做了纺织新材料协商成果宣讲,进一步统一思想、明确方向,按照“两量融合,四轮驱动”发展战略,做好“增量发展、存量提升”两篇文章,启动“建设一个核心,打造一个载体,办好一个论坛,引进一个链条”的“四轮驱动”新模式。

一是建设绿纤核心,发展“绿色制造”世界级莱赛尔产业。莱赛尔(Lyocell)是一种纤维素纤维,具有舒适透气、触感柔滑、绿色环保等优点,被誉为“21世纪的绿色纤维”。市委市政府、县委县政府主要领导已几次赴京拜访中国通用集团,9月23日,与中国通用关于《建设100万吨Lyocell纤维产业基地合作备忘录》在上海成功签订;12月18日,庄市长亲自带队在北京形成《关于在沛县建设100万吨绿纤产业基地合作备忘录》,《备忘录》所达成共识将转为正式合同文本,中国通用集团已经启动沛县项目的立项申请和可研报告。在项目洽谈的每一个关键时刻,吴书记亲自调度、亲自协调,关注每一个重要节点,解决每一个困难问题。围绕通用新材总投资260亿元、建设100万吨莱赛尔纤维产业基地,依托中纺院纤维素纤维技术高端人才团队,集合国内外最先进的装备、拥有自主知识产权的生产技术,打造成为国际高端纺织新材料标杆企业。

二是打造园区载体,实现“华丝转化”千亿级新平台目标。依托莱赛尔纤维产业,建设21.3平方公里的中国(淮海)绿色纺织产业园,立足“绿色智造、绿色发展”的新时代定位,打造纺纱、织布、印染、成衣、家纺、无纺布和无纺布下游、纺织设备、市场交易等两条全产业链,实现“华丝”就地转化、就地交易,10年内打造投资超600亿元、产值超2000亿元、税收超100亿元、实现10万人就业的绿色纺织产业园,逐步做成国内最大、世界一流的“华丝”新材料、高品质纱、高档面料的现货交易园区。目前,一期4.1平方公里起步区6条道路、50万平方米标准厂房正在建设。

三是办好纺织论坛,擦亮“合作交流”国家级平台新名片。由中国纺织工业联合会主办的中国(淮海)绿色纺织高峰论坛会址永久落户江苏沛县,连续十年,每年一届,协同中纺院、通用新材料打响沛县纺织新材料产业品牌,共同打造国家级“纺织论坛”新名片。

四是引进产业链条,形成“葡萄串”新材料产业集聚新效应。充分发挥中国通用的央企号召力、中纺院的技术引导力、吉宝集团的资本运作力、本土企业的整合凝聚力,进一步拉长、做强“华丝”新材料千亿级产业链,组建纺纱、织布、无纺布三个百亿级产业集团,着力引进纺织、织造、家纺、成衣、无纺布等莱赛尔纤维下游企业,力争使沛县成为绿色化、多元化、智能化的世界级纺织新材料产业基地。

县政府已印发扶持本地纺织产业转型发展“十条政策”,建议县委县政府主要领导出面,出台全市促进纺织产业转型升级、莱赛尔纤维本地转化支持政策,上升为市级层面扶持政策,促进莱赛尔纤维迅速扩大市场、产业链迅速崛起;建议县政协组织纺织产业链成员、顾问、纺织专家、本地企业家就纺织新材料发展开展专题调研,助推纺织产业转型发展、绿色发展。

下一步,我们将紧紧围绕打造“四主园区”新要求,按照“强链补链、以商引商”新思路,深入锻造“三懂五最”干部队伍,在全区上下点燃“争第一创唯一”的奋斗激情,形成“以实绩论英雄、凭贡献论奖惩”干事创业的浓厚氛围,放大格局、登高望远,引领全区干部乘势而上、再攀新高,树立“起步就是冲刺、开局就是决战”的意识,把纺织新材料这块金字招牌举得更高、擦得更亮、打得更响,用5—10年的时间,全力打造世界一流的千亿级纺织新材料中国新地标。

关于加快沛北经济开发区高质量发展的建议

许西锋

情况:2020 年 8 月,省商务厅通报了全省经济开发区科学发展综合考核评价情况,我县沛北经济开发区在全省省级经济开发区中综合排名不理想,7 项考核指标除科技创新指标外,经济发展指标、开放水平指标、绿色生态指标、集约协调指标、贡献共享指标、改革创新指标均处于低位。主要原因在于:一是机构编制尚未配备到位,“政区合一”停留在文件上。二是园区发展空间受限,要素保障仍需强化。三是重要功能平台不配套。如外资外贸在国家经贸部平台没有上报端口,影响外资外贸得分;产业基金尚在设立阶段,投融资平台建设滞后,基础设施进展缓慢。四是产业基础薄弱。目前沛北开发区无论是经济发展总量、重点企业规模,还是园区外向度、科技创新能力,都与其他园区存在不小的差距,没有真正形成经济增长点。

建议:沛北开发区作为全省“最年轻”的省级园区,一定要拿出“初生牛犊不怕虎”的闯劲,认真梳理薄弱环节和主要问题,按照“规划共绘、基础共联、产业共兴、环境共建、发展共享”的思路,对标补差、补足短板,力争在全省实现后发赶超、弯道超车。

一是加快推进“镇区合一”管理体制。在经济发达镇管理体制改革的基础上,尽快推进管理职能优化整合、内设大部门机构、相对集中行政许可制度改革等管理模式。借鉴沛县经济开发区绩效考核体系,充分调动工作人员积极性,实现“岗位能上能下、人员能进能出、待遇能高能低”机制。

二是坚定不移推进“615 工程”。牢固形成区域一体化发展的共识,打破行政区划壁垒,与县经开区形成错位竞争态势;做到“一区三镇”统筹考虑、系统规划,推动龙固产业园南联、安国产业集聚区北扩、沛北经开区东进,对准中心相向而行,逐步形成开发区面积 15 平方公里;要继续按照“一核心、三组团、大片区”的思路,做好沛北一体化总体规划、控制性规划、产业发展规划编制。

三是攻城拔寨推进项目招引。要以实施产业链长制为契机,全面梳理产业链上下游关键环节,强化项目支撑,加大“强链补链、以商招商”力度,重点引进同一产业环节上的同类型项目和产业链上下游配套项目。围绕主导产业、优势产业,做大做强军工新材料、石墨电极、光伏光电、医疗器械等重点产业,加快建设高端医疗设备生产基地、军工新材料的产业基地,努力形成要素定向集聚、产业错位发展格局。紧紧围绕赛福纳米、江龙炭素、拓正茂源、盛玛特等龙头企业,鼓励本地优质企业围绕产业链关键环节和核心技术,实施高端并购、强强联合,加快形成一批本土领军型企业。

四是快马加鞭推进园区建设。要按照“规划引领、交通先行、向心聚合”的思路,构建“一区三镇”三横三纵路网体系,完成杨欢路、华晟路、江龙路等骨干路网的互联互通。重点抓好标准厂房建设,在2020年建设25万平方米标准厂房的基础上,2021年再建50万平方米标准厂房,2022年入驻率要力争达到70%以上。统筹安排园区的供电、供水、供气、污水处理等功能性项目,加快消防站、污水处理厂建设,提高基础设施承载能力和运行效率,为产业集聚发展提供支撑。

五是持之以恒推进改革创新。开发区的发展需要资金投入做保障,尽快设立产业基金,加快投融资平台建设,拓宽园区建设筹资渠道。深化放权赋能,纵深推进“放管服”改革,充分利用经济发达镇审批权限下放的机遇,对开发区设立绿色审批通道,充分享受开发区经济发达镇配套政策,将开发区涉企服务事项接入互联网,推进政务服务“一网通办”,不断优化开发区营商环境。

关于解决中小企业融资难问题的建议

贾东玲

中小企业在促进我县经济繁荣、增加就业、推动创新、催生产业等方面，发挥着越来越重要的作用，然而，融资难的问题一直困扰和制约着中小企业的发展。主要是受以下几方面的影响：一是中小企业自身财务制度不健全，信息不对称，难以控制信贷风险。银行对这些企业的财务状况、经营业绩及发展前景等情况难以深入了解，不敢轻易提供信贷支持。二是中小企业普遍经营规模小，缺少足够的抵押资产，担保困难。银行为了降低贷款风险，对中小企业申请贷款的条件更为严格。三是政府对中小企业融资渠道的政策支持力度不够。四是银行金融机构经营理念导致中小企业融资难。银行金融机构自觉不自觉地在“抓大放小”的影响下走向了“扶大冷小”，很多的信贷资金在政府的媒介、催化作用下，流向了大企业，忽视了能够为中小企业供给服务实现自身利益的巨大市场。

建议：

一、提高中小企业自身素质，加强信用制度建设。加强中小企业自身发展，特别是要强化企业资金管理机制和信用机制建设。

二、加快金融产品创新，开发适合中小企业的金融产品。针对中小企业的自身特点，开展信用评级、资金定价机制等各方面的创新，并制定优惠的贷款政策。

三、加大对中小企业的财税扶持力度。逐步扩大财政预算扶持中小企业发展的专项资金规模；落实和完善税收优惠政策，减轻中小企业社会负担；采取财政拨款的方式建立中小企业发展基金、创业投资基金，用于为中小企业新产品开发、技术培训和管理咨询等供给贷款、贴息和担保，发挥财政资金的杠杆放大效应。

关于以改革创新助推沛县经济高质量发展的建议

耿兴盛

今年以来面临突如其来的新冠肺炎疫情和严峻复杂的国内外形势,沛县经济发展面临的不平衡、不协调、不可持续等诸多深层次矛盾和问题亟须破解。改革推动创新,创新带动发展。深化体制机制改革,增强创新活力,发挥创新的引领作用,加快形成以创新为主要引领和支撑的经济发展模式,是破解问题短板助推沛县经济高质量发展的有效路径。

建议:

一、立足实际,打造品牌。持续推进沛县现有的光伏光电、轻量化铝型材、绿色建筑、绿色食品等主导产业的创新发展,完善产业链,推出高品质产品,打造行业品牌,积极进入资本市场(上市),建成特色突出、结构合理、优势互补的产业发展格局。对有一定基础,发展潜力巨大的高端装备制造、新材料、生物医药等战略性新兴产业加大培育力度,全方位扶持,做大做强。

二、继续深化"放管服"改革。全面优化营商环境,为各类创新型企业落户提供优良的营商环境、优惠的政策和优质的服务。

三、探索协同创新模式,提升创新平台层次。着力构建以"企业为主体、市场为导向、政府搭平台、高校院所为技术依托、产学研用相结合"的协同创新体系,提升自主创新能力。紧扣产业需求多途径引进人才、多元化培育人才、多方式使用人才,使人才资源充分融入地方创新发展。大力开展招才引智活动,以骨干企业为平台加大行业领军人物和团队的招引力度。积极引进专业化创新载体运营机构,加强交流合作,提升创新平台层次,推动沛县创新发展。

四、加大对高新技术企业培育力度提供金融支持。支持中小型技术企业发展,全力支持企业加大研发经费投入,开展基础性研究,提升关键领域自主创新能力,加快科技成果技术在沛县的转移转化,积极为科技型企业提供政策奖补、金融支持等各种支持政策。

关于合理确定开发用地供应规模 加强市场引导调控促进房地产市场健康发展的建议

傅 鹏

建议:

一、加强土地市场管理

(一)根据市场需求合理安排住宅用地供应,按照当地实际经济发展的情况全面把控供应数量。

(二)灵活确定出让土地竞价方式。根据我县实际和出让土地的具体情况,灵活确定竞价方式,包括"限房价、限地价""限地价、竞房价""限房价、限地价、竞产权移交房"以及超过溢价率一定比例后缩短缴款期限等,坚决防止高地价、高房价,严防高价地扰乱市场预期。

(三)存在严重扰乱房地产市场秩序行为、社会影响恶劣的企业,在一定时间内禁止其参加我县土地招拍挂。

二、限制现房转让

购房人在本县购买第三套及以上住房的(含新建商品住房和二手住房),须取得不动产权证书满两年后方可转让。

三、进一步完善差别化住房信贷政策

(一)居民家庭已拥有1套住房的,再次购买普通商品住房首付款比例不低于40%。

(二)居民家庭已拥有2套及以上住房或有2套及以上未结清住房贷款记录(含住房公积金贷款记录),其购买第3套及以上住房发放商业性个人住房贷款不低于20%。

(三)各金融机构要严格执行差别化住房信贷政策,加强对首付资金来源和收入证明真实性等的审核,切实防范信贷风险。

四、规范商品房合同注销备案管理

已完成合同备案的新建商品住房买卖合同,经买卖双方协商一致需注销合同备案的,应向住房局递交双方同意解除合同的协议和注销合同备案申请表,注销所涉及房源统一在住房局政务网公示,公示期为 7 天,公示期内不得重新销售。公示期满后对外销售的,重新销售的价格不得高于上次合同备案价格。

五、加强精装修商品住房建设和销售管理

(一)明确商品住房精装修指导标准。商品住房精装修价格不得超过 3000 元/平方米。

(二)房地产开发企业建设精装修商品住房的,应在施工图设计文件中明确精装修标准和价格,一并交施工图审查机构审查。施工图审查机构应将上述内容纳入审查范围,不符合本县关于商品住房精装修分级指南和指导价格的,不予审查合格。

(三)房地产开发企业销售精装修商品住房时,应结合精装修分级指南合理确定精装修价格,并与购房人签订房屋装修协议。装修协议应包括房屋交付标准、装修价格、装修主要材料及设备品牌型号、维修责任和纠纷处理方式等内容。

关于开展农民工返乡创业工作的提案

王伟清

开展农民工返乡创业工作,有利于推动大众创业万众创新,有利于带动农村劳动力转移就业,有利于更好地服务地方经济新常态下调结构转方式促升级。

建议:促进农民工等人员返乡创业当务之急是增强创业活力,配足创业要素,优化创业服务。建议县级部门从以下方面扶持农民工等人员返乡创业。

一是搭建创业平台扶持返乡创业。坚持创造增量与盘活存量互补,为农民工等人员返乡创业搭建各具特色的创业平台。发展众创空间。对部分高素质农民工等人员开展“高大上”创新创业的,依托高新技术园区,采取资金支持、股权激励等措施发展一批创客空间。建设农民工创业园。对返乡农民工等人员创办规模企业的,采取新建创业园区、盘活现有园区闲置资源、建设廉租工场和商业街区等方式建设一批农民工创业园。提供孵化场所。对基础条件薄弱的返乡农民工等人员开展“小而美”初期创业的,三年无偿或低租金提供孵化场所,形成实力后再移出基地。培育创业集群。依托“一乡一业、一村一品”产业基础,加强集镇园区基础设施建设,培育有特色、有竞争力的产业集群。建议安排农民工创业园区项目建设扶持资金,制定建设标准和扶持细则。

二是开发农业农村资源扶持返乡创业。推进农业现代化,大力发展农民合作社、家庭农场等新型农业经营主体,积极鼓励创办涉农龙头企业、农业社会化服务组织。将农民创业与发展县域经济结合起来,加快发展农产品加工、休闲农业、乡村旅游、农村服务业等具有成本优势的资源加工型产业、质量效益好的劳动密集型产业,促进农村一二三产业融合。

三是完善基础设施扶持返乡创业。加大对农村地区的信息、交通、物流等基础设施的投入,依据地方经济发展规划和城乡建设总体规划,鼓励社会资本参与共建物流仓储基地,不断提升冷链物流等基础配送能力,提高乡村公路等级,改善交通条件,鼓励各类物流企业完善物流下乡体系。按照统一建设、业务协同、资源共享的原则,建设公共就业创业服务系统。

关于建设农业综合体促进农村一二三产业融合发展的建议

李金华

近年来,我县现代农业发展较快,以设施蔬菜、优质果品、绿色食用菌为重点,大力发展农业园区建设,取得了一定成效。但精品少,没有真正形成集设施种植、家庭采摘、体验农业、都市休闲等为一体的现代农业集聚区。为此规划建设2—3个大型农业园区项目,不断创新园区发展模式,打造具有沛县特色的农业综合体,既能推进现代农业发展,也能为全县项目建设增添一道亮丽的风景线,做到农村一二三产业融合发展。

建议:

一是把农业综合体建设和乡村旅游相结合。要规划建设好游客接待中心、停车场、厕所、标牌等配套设施,提高园区旅游品位、服务质量和接待能力。在建好传统的农业观光休闲景点的同时,引入具有体验性、参与性、互动性、知识性的旅游元素,提供婚庆策划、特色小镇、树屋休闲等有创意、能吸引游客的服务项目。在此基础上要开发独具风味的旅游商品和特色农产品,让园区周边的农民共同参与种植、加工、销售,既促进旅游消费,又能让群众增收致富。

二是把农业综合体建设和农耕文化相结合。独特的沛县农耕文明给我们留下了宝贵的乡土文化遗产,要在农业综合体中辟出专门区域,利用多种形式展示农耕信仰、农事歌谣、农谚、农副产品加工技艺、传统农耕技术经验和生产习俗等,进一步丰富农业综合体的体验内容和文化内涵。

三是把农业综合体建设和健康养老相结合。随着人口老龄化不断加剧和养老产业的不断发展,养老已不再局限于单一的"养老院"托养形式,与养老理念相关的"健康""生态""绿色"等关键词使养老产业发展与休闲农业综合体建设日益紧密契合。把养生养老项目建在农业综合体中,一方面可通过绿色清新的自然环境和适当的园艺操作活动从社会、教育、心理、生理等方面对老年人进行全方位的身心调整,另一方面也为农业综合体开辟出了一条创新发展的新路子。

关于打造徐沛快速通道沿线 10万亩绿色优质稻麦产业带的建议

沈 振

一、徐沛快速通道起于三环北路与中山北路平面交会处，止于253省道与沛公路平面交叉处。路线总长约55千米，其中沛县路段长达29千米。共有三座互通点，分别为五段、魏庙和胡寨互通。按照100千米/小时的设计速度，开车从徐州市区至沛城区仅需30分钟，此路线的建成通车能有效解决沿线地区旅游观光、休闲娱乐、交通不畅的问题，可全面带动沿线乡镇经济大发展。

二、此快速通道被市委市政府列为“三重一大”工程、“两路两河”重点城建工程，也是为支持沛县经贸发展的重大民生工程，因此打造好快速通道两侧的可持续的特色经济的发展尤为重要。

三、县委县政府根据市委市政府的规划，也适时提出了快速通道沿线建设10万亩优质稻麦经济带的战略构想，此项战略构想是百年大计，可长期为沿线乡镇老百姓的快速脱贫致富带来福祉。

四、此快速通道已进入了完全通车的最后冲刺阶段，因此建设沿线两侧的优质稻麦产业带已迫在眉睫，时不我待了。

建议：

一、由县委县政府牵头，成立一个委员会或议事协调机构，下设办公室，旨在协调推进此项工程的快速实施。

二、此委员会由沿线各乡镇的主要领导和县各部办局的相关领导组成。

三、与科研单位加强合作，特别是与省市两级农科院加强深度合作。

四、积极引导民间资本的参与建设，制定好民间资本参与的具体细则。

五、最大争取中央、省、市、县的精准扶贫基金（或资金），为民间资本的积极参与保驾护航。

六、政府积极搭建徐州地区，特别是沛县范围内的金融机构与企业间的融资平台。

关于现代高效农业示范园区特色+发展的建议

刘铁军

当前我县高效农业示范园区,在县委、县政府的高度重视以及大力的政策扶持下,得到了快速稳定的发展。但随着我县“三城同创”的启动,农业示范园区建设管理明显落后,功能单一,园区内家庭农场各自独立经营,设施落后,没有区域农业优势。想要跟上国家的生态文明建设,农业示范园区必须与时俱进。

建议:

一、强化引导示范园区文化主题+生态农业+休闲娱乐发展。为让“三城同创”整体完美,例如,在沛城镇农业示范园区建设“汉文化”“汉风俗”“汉风采”主题大街(系现在的园区主干大陆)并赋予沿街特色。

二、结合各农场优势,制定政策指导和整体布局。大力改造主路两侧的家庭农场,逐步形成“一园一文化”“一园一风景”的主题格局,从而形成休闲观光、品民情、玩农家广场式品牌农业示范园区。既能休闲采摘又能文化体验,从而丰富我县的业余生活,更好地助力我县的“三城同创”大局!

关于拓宽融资渠道大力支持中小企业发展的建议

周 青

在我县的企业结构中,中小企业占据着重要位置,其发展不仅对经济增长具有重大作用,而且对缓解日益增长的就业压力,保持社会稳定更具有重要的战略意义。在中小企业的发展过程中,普遍存在着融资困难的问题,使得企业发展缓慢,缺乏竞争力。对此,建议采取以下几个方面的措施加大对中小企业的融资扶持力度。

建议:

一是要加快对中小企业的信贷支持力度。金融机构要落实好国家已出台的金融支持政策,单列中小企业信贷指标,促进中小企业信贷投放增速高于全部贷款增速;简化中小企业贷款程序,降低贷款门槛,缩短审批时限,重点满足有市场、有效益、有发展前景的企业的流动资金需要。

二是要进一步完善中小企业担保体系建设。发展中小企业担保和自治自律性互保组织,切实加大对中小企业信用担保机构的支持力度。

三是整合财政资源,加大支持力度。一方面加大向上争取资金援助的力度,积极争取中央、省市中小企业专项扶持资金。另一方面要建立专项政府扶持基金,用于企业技改及鼓励中小企业发展的财政贴息资金。

科教卷:兴业树人

健全疾病预防控制体系　提升公共卫生服务能力

杨国栋　倪士建　董　申

习近平总书记指出:“只有构建起强大的公共卫生体系,健全预警响应机制,全面提升防控和救治能力,织密防护网,筑牢筑实隔离墙,才能切实为维护人民健康提供有力保障。”针对这次新冠疫情防控中暴露出来的短板和不足,为进一步推进完善公共卫生服务体系建设,今年 9 月县政协成立调研组,对浙江省淳安县、东阳市、海宁市和上海市闵行区的公共卫生服务体系建设情况进行专题调研,通过实地调研、专题研究,对如何健全我县疾病预防控制体系,提升公共卫生服务能力提出了一些意见建议。现将主要情况报告如下:

一、先进地区疾病预防控制体系建设的经验

所调研地区的公共卫生服务项目和疾病预防控制机构职能设置方面与我省情况基本相同,疾控中心都是依据国家有关规定,履行疾病预防与控制、突发公共卫生事件应急处置、疫情及健康相关因素信息管理、健康危害因素监测与干预、实验室检测分析与评价、健康教育与健康促进、技术管理与应用研究指导等七大职能。

(一)基础建设方面

1. 办公用房标准高。浙江省三个县市疾病预防控制中心都符合国家《疾病预防控制中心建设标准》要求面积;上海市闵行区疾控中心办公楼目前面积 10700 平方米,距离国家标准有些差距,区政府已划拨土地 20 亩,规划异地重建 26000 平方米的疾控中心大楼,其中实验室 12000 平方米。

2. 实验室检测能力强。所调研地区检验仪器设备和防护设施均按照国家《疾病预防控制中心建设标准》要求配备,设备配置较为完善。特别是针对新冠疫情,在 PCR 实验室建设方面加大了投入,检验能力得到了显著提升。浙江东阳市和上海闵行区较为突出。海宁市按照“县级一流,对标地市”目标,由市财政安排资金 673 万元,建设加强版 P2 实验室,分两年对市疾控中心实验室“防范意外风险、传染病应急检测能力、应急检测速度和准确性、职业中毒事件应急

处置能力和效率”等方面进行改造和提升，重点增加传染病和职业中毒事件应急检测能力建设。

3. 公共卫生事业经费保障足。浙江省淳安县、东阳市、海宁市和上海市闵行区，公共卫生工作经费、业务经费、人员工资福利（包括编外人员）均由政府财政保障，特别是新冠疫情以来，更是加大了基础建设、仪器设备采购、人员绩效等方面的经费保障力度。

（二）人才队伍建设方面

1. 人员编制配置充足。浙江淳安县户籍人口 46 万人，核定编制 35 人，现有在编在岗职工 33 人，合同工 2 人；东阳市户籍人口 82 万人，核定编制 61 人（2020 年 5 月增加了 5 个编制），现有编内人员 52 人（编外人员 6 人）；海宁市人口 66 万人，疾控中心编制 79 个，实有人数 80 人，其中在编 72 人。上海市闵行区常住人口 239 万人，疾控中心编制 230 人，在编人员 187 人。人员编制数基本达到了规定配置标准的下限。

2. 人才使用灵活多样。海宁市打通事业编制的流动壁垒，从市疾控中心选拔若干业务骨干到基层医疗机构任副院长分管公共卫生工作，组织关系、编制一起转移。2020 年，探索了基层人才引育模式，建立公共卫生专业人才“县属乡用”引育模式，增核使用疾控中心事业编制，统招统配高层次预防医学专业人才。

3. 疾控人员待遇较高。针对医疗卫生系统内横向比较，疾控中心职工收入普遍明显低于同级别医疗机构临床人员，导致疾控人才流失较多、招人困难这一实际情况，调研地区均适当提升了疾控人员的工资待遇。

（三）信息化建设方面

1. 全面应用智慧医疗。上海闵行区在工作的很多关键环节均实现了信息化和自动化。淳安县全面应用智慧医疗。一是完成县域卫生平台建设。完成了以电子健康档案为核心的基层医疗卫生区域信息系统建设，实现了全县公立医疗机构之间诊疗信息的互联互通和数据共享，并实现与医保管理平台互联互通。二是拓展智慧医疗服务应用。在县级医院全面实现诊间结算、全自助就医智慧服务的基础上，在乡镇卫生院和村卫生室全面实现了全自助就医智慧服务。三是推进移动医疗服务建设。县级医院建立了远程会诊、心电会诊、病理会诊、影像会诊中心。利用县域医疗卫生信息系统和数据资源，开发了“淳医点点通”手机 APP，实现患者通过手机网上预约、网上支付、网上查询等服务，并在四家县级医院开通了就医满意度实时短信评价系统。

2. 建设区域公共卫生平台。各地均建设了区域公共卫生平台，将网络报告模块嵌入 his 系统,实现了公立医疗卫生机构和综合性民营医疗机构传染病、慢性病等网络直报全覆盖,实现了公共卫生机构和医疗机构协同监测。对诊断病例强行要求上报,提高了基层疾病监测效率,减少了漏报率。

(四)突发公共卫生事件应对预案体系建设方面

1. 淳安县建立了全县应急指挥系统,优化应急处置机制。主要做法:(1)制定和完善了突发公共卫生事件应急处理办法。县、乡(镇)两级政府制定了突发公共卫生事件应急预案,加强领导、督查和协调。在发生重大突发公共卫生事件时,成立应急处理指挥部,领导指挥突发事件的处理。(2)健全了"平战结合"机制。组建卫生应急处置、突发传染病救治、病原微生物实验室检测、心理与精神卫生等应急队伍。完善突发公共卫生事件应急状态下医疗救治资源动员响应机制,健全人员队伍应急调集,资源应急、征用机制,提升传染病综合救治能力和救治效率。(3)做实了群防群控机制。建立健全应对重大疫情与突发公共卫生事件的群防群控领导机制,推动专业防控与群众参与有机结合。

2. 海宁市多措并举,完善了公共卫生应急体系建设。主要做法:(1)建立了疫情发现报告机制。发挥市级医院发热门诊、基层卫生院发热哨点诊室等"监测哨"作用,完善纵向到底、横向到边的传染病疫情和突发公共卫生事件上报系统,实现了医疗卫生机构、疾控机构疫情相关核心信息快速报送。(2)提升了应急队伍能力。依托该市三大医共体医疗集团,进一步健全基层卫生应急队伍管理制度,扩充卫生应急人员队伍。(3)建立起现代化的应急医疗救治体系。加快规范化发热门诊改造,按照"平战结合,分级诊疗"原则,规范基层医疗卫生机构发热哨点诊室设置。(4)建立常态化企业、学校公共卫生健康服务机制。组建由医疗卫生单位、政府机关、第三方机构等 200 多人组成的 12 支指导员队伍,明确服务内容,建立服务清单,定期开展健康宣教、传染病防控、职业卫生等公共卫生健康服务。

(五)疾控机构和城乡社区联动工作机制方面

1. 依托医共体,建立"两员一中心一团队"工作机制。浙江省疾控机构和城乡社区联动,通过建立"两员一中心一团队"工作机制运行,实行公共卫生县市乡村一体化管理。各县市都成立了 1—3 个医共体,每个医共体都内设一个公共卫生管理中心,负责医共体内公共卫生培训、指导、考核,落实医共体公共卫生任务。

2. 依托专业人员和业务工作,多措并举,开展联动。各地疾控中心还通过基本公共卫生服务项目指导、免疫规划重点帮扶、条线指导、全面覆盖的方式开展城乡联动。海宁市疾控中心还采取派员到基层医疗卫生机构挂职锻炼、蹲点指导的方式开展城乡联动。

二、我县疾病预防控制体系建设及工作开展情况

在县卫健委领导下，全县疾病预防控制体系以县疾病预防控制中心为核心，县人民医院、中医院为指导，27 家乡镇卫生院为依托，435 所村（社区）卫生室为基础，县镇村三级防控网络健全，疾病预防控制体系建设不断提升。

（一）加快疫情防控体系建设，筑起疫情阻击防控墙

1. 成立领导小组。新冠疫情发生后，县卫健委迅速成立防控工作领导小组，确定 3 家定点收治医院，连夜腾出隔离房间 69 间。抽调二级以上医院 30 名专业技术人员组成县级新冠肺炎救治专家组，全县 500 余名医护业务骨干主动请缨，加入一线抗击疫情。

2. 落实科学精准防控。加强对密切接触者、境外来沛人员、中高风险地区返沛人员等重点人群排查、流调与管控。全县共设置集中隔离点 20 个，集中隔离 1088 人，累计居家隔离 12724 人。通过“苏康码”自报系统查询网上申报 73981 人次，处置高风险预警信息 464 条。

3. 促进复工复产复学。组成 5 个复工复产复学疫情防控卫生学技术督查指导组，对全县复工企业 636 家、197 所学校、98 所托幼机构开展复工复产、开学前后的疫情防控卫生学工作进行现场指导检查。

4. 抓好常态化疫情防控。重点对医疗机构发热门诊设置及布局流程、分时段预约诊疗、预检分诊制度、住院治疗探视、核酸检测落实等情况进行督导。

（二）健全疾病综合监测网络，强化应急队伍建设

1. 疾病监测信息报告管理体系逐步完善。相继建立了突发公共卫生事件、传染病和慢性非传染性疾病网络直报等信息系统。

2. 建立健全预案体系。制定了 SARS、H7N9、登革热等各种传染病暴发疫情应急处置预案。

3. 强化应急能力建设。每年常规性开展疾病预防控制应急演练，突发事件和传染病疫情应急处置能力、协同作战能力进一步提高。

（三）强化免疫精细化管理，提高门诊服务质量

1. 高标准配置预防接种门诊。全县 28 家预防接种门诊在全部达到数字化预防接种门诊标准的基础上，全部建成了标准化预防接种门诊。自 2020 年 2 月 20 日起，全县儿童预防接种门诊有序恢复接种服务，目前共接种 68945 针次，没有出现不良现象。

2. 积极推进狂犬病暴露处置门诊、新生儿预防接种门诊的建设工作。同时，进一步规范了疫苗采购、储存、分发、管理等工作，多方组织狂犬疫苗货源，

尽最大努力提供狂犬疫苗接种服务。

(四)创新工作机制,重点传染病得到有效防控

1. 加强重点传染病的防控。提高了手足口病、禽流感、出血热等传染病防治、监测、预警和处理工作能力,实现了全县不发生重大传染病暴发的目标。

2. 加强疫情监测、传染病预警,强化疫情报告质量,提升传染病发现和报告率。目前,全县无甲类传染病报告,报告乙丙类传染病12种617例。

3. 艾滋病和结核病防治工作进一步规范。艾滋病病例免费抗病毒治疗,肺结核病例发现率、系统管理率和治愈率等均达到和超过项目要求标准。

(五)普及健康防病知识,助推健康沛县建设

利用多种形式宣传防病知识和健康素养。倡导有益于健康的行为和生活方式,促进全民健康素质的提高;做好重大疾病和突发公共卫生事件的宣传教育,提升公众对突发公共卫生事件的防范意识和应对能力;指导考核评估社区卫生服务中心、乡镇卫生院健康教育工作,为全县各镇(街道、场)、机关和企事业单位提供健康教育素材,为健康沛县建设夯实基础。

(六)协调推进各项工作,提升疾病预防控制能力

加快县人民医院、中医院、疾控中心、嘉华医院核酸检测实验室改造建设,县人民医院和疾控中心已投入使用;完善职业卫生管理队伍建设,提升职业病防治、健康监护能力;继续做好"除四害"、病媒生物防制等爱国卫生运动工作。

三、我县疾控体系建设存在的问题

我县的疾病预防控制体系建设水平以及公共卫生服务能力相比调研地区有很大差距。特别是新冠疫情发生以来,暴露出的不足与短板尤为显著,具体表现在以下几个方面。

(一)疾控人才队伍建设滞后,业务素质亟待提高

1. 编制配置不足。依据省编办、省财政厅、省卫计委下发的《江苏省各级疾病预防控制中心机构编制标准实施意见》(苏编办发〔2017〕26号)编制配备要求,县级疾控中心应按常住人口1.19/10000的比例配置,沛县疾控中心编制至少应为134人,原有编制42人,今年新增编制37人,尚有55人的编制缺口。

2. 专业人才缺乏。县疾控中心自1997年以来未进一名专业人员,现有专业人员最小年龄已46岁。单位真正需要的专业卫技人才进不来,卫生人才断层问题严重,专业人才青黄不接,一名专业人员往往承担着多项任务,致使部分工作只能处于应付状态,难以向深度和广度扩展;镇级防保人员不能专职专岗,村级防保人员缺员较多且年龄老化。再加上社区卫生服务中心、卫生院防保人员大多数是兼职或临时聘请,业务素质不高,不能全身心投入防保工作。我县

疾病预防控制队伍人才严重匮乏、结构差、业务素质和综合能力低等问题,影响了公共卫生服务工作的正常开展,致使县、镇、村三级防控网不牢,成为目前公共卫生事业发展的瓶颈。

(二)办公用房面积不足

按照国家住建部、发改委《疾病预防控制中心建设标准(建标 127-2009)》要求,县级疾控中心按 60 平方米/人确定办公面积,我县疾控中心办公用房面积至少应为 8040 平方米,目前疾控中心办公面积 4560 平方米,尚未达到国家标准底线。其中实验室建设面积要达到 35%— 40%,目前我县疾控实验室建筑面积 1760 平方米,远低于标准要求。

(三)工作经费不足

自 2017 年 4 月 1 日后,疾控中心按照国家和江苏省的有关规定,停止收费项目,编外人员工资财政未予保障。工作经费的严重不足也是制约能力提升的重要因素之一。

(四)信息化建设亟待强化,管理体系仍需提升

居民电子健康档案还不够完善,健康检查结果不能全部及时地传入电子健康档案,二级以上医院与乡镇卫生院、社区医疗机构之间门诊检查与随访服务不能实现联网互通互查,公共卫生检测信息数据库和预警信息指标分析能力水平不高,流动人口个人健康管理还存在盲区。

(五)疾病防控机制不健全,处置能力不强

疾病预防控制协调配合机制、突发公共卫生事件应急响应机制、信息互通共享机制等还存在脱节、滞后和断档的现象,工作的整体效能不能充分发挥;现场处置能力不高,部分工作人员缺乏现场处置流行病学等领域专业知识,现场流调处置能力还需提高。

四、我县疾控体系建设的对策与建议

(一)进一步提高对公共卫生服务体系重要性认识,强化公共卫生政府主导地位

这次抗击新冠肺炎疫情,是对国家治理体系和治理能力的一次大考。要针对这次疫情暴露出来的短板和不足,完善重大疫情防控体制机制,健全我县公共卫生应急管理体系。要坚定不移贯彻预防为主方针,坚持防治结合、联防联控、群防群控,建立稳定的公共卫生事业投入机制,加快理顺体制机制、完善基础设施、提升专业能力,加大疾病预防控制体系改革力度,增强早期监测预警能力、快速检测能力、应急处置能力、综合救治能力。同时,需进一步强化政府在公共卫生服务体系的主导地位,维护公共卫生服务的公益性,切实把公共卫生

服务体系建设列入政府议事日程,采取强有力的措施,完善公共卫生服务体系建设规划,形成城乡联动、高效运转、盖边沉底的公共卫生服务体系。

(二)建立常态化新冠肺炎疫情防控机制

当前,我国疫情防控工作已经转入常态化,但境外疫情扩散蔓延势头仍然没有得到有效遏制,要按照党中央关于抓紧抓实抓细常态化疫情防控工作的决策部署,全面落实"外防输入、内防反弹"的总体防控策略,坚持及时发现、快速处置、精准管控、有效救治,有力保障人民群众生命安全和身体健康,有力保障经济社会秩序全面恢复。

1. 坚持预防为主。在人员密集的封闭场所,与他人小于1米距离接触时佩戴口罩;在密闭公共场所工作的营业员等人员以及就医人员要佩戴口罩。减少非必要的聚集性活动,减少参加聚集性活动的人员;注意保持1米以上的社交距离。养成勤洗手、公筷制等卫生习惯和生活方式,咳嗽、打喷嚏时注意遮挡。工作、生活场所加强通风消毒。

2. 落实"四早"措施。对病例和无症状感染者早发现、早报告。迅速开展流行病学调查,落实早隔离、早治疗措施。依法依规、科学划定防控区域范围至楼栋、病区、居民小区、自然村组等最小单元,果断采取措施切断传播途径,尽最大可能降低感染风险。

3. 突出重点环节。加强社区防控,继续做好医疗机构、学校、养老机构、福利院等重点机构疫情防控,指导老年人、儿童等重点人群做好个人防护。加强冷冻食品、水产品加工销售等低温、高潮湿环境的核酸监测,把疫情消灭在萌芽状态。

4. 强化支撑保障。加强核酸检测实验室建设,提高核酸检测能力,扩大检测范围,对重点人群"应检尽检",其他人群"愿检尽检"。做好流行病学调查队伍建设、环境消杀队伍建设、社区防控能力建设、医疗救治能力准备、集中隔离场所准备、应急物资准备和信息化能力准备。

5. 落实属地、主管、主体责任。党委和政府要落实属地责任,加强组织领导,坚持依法防控、科学防控、联防联控,严格落实常态化防控各项措施要求;各有关部门要落实主管责任,强化对我县常态化防控工作的指导和支持;各企事业单位要落实主体责任,严格执行疫情防控规定。

6. 采取积极防御策略。要按照分区分级标准动态调整风险等级和应急响应级别,不断完善疫情防控应急预案和各项配套工作方案,严防死守,阻止输入和继发传播,一旦发生疫情,及时采取应急处置措施,实施"打地鼠游戏"策略,冒头就打,精准防控,将疫情全力打压下去。

7. 充分发挥中医药在疫情防治中的作用。中西医结合、中西药并用，是这次疫情防控的一大特点，也是中医药传承精华、守正创新的生动实践。要以这次抗击新冠肺炎疫情为契机，充分发挥中医药的重要作用，深化医药卫生体制改革，真正建立中西医并举、并重、并跑的医疗卫生新运行机制。

（三）科学有序招聘专业人员，合理调整疾控人员工资待遇

建议县编制部门依据省编办、省财政厅、省卫计委下发的《江苏省各级疾病预防控制中心机构编制标准实施意见》（苏编办发〔2017〕26号）编制配备要求和我县实际需要，科学核定我县疾控中心人员编制，尽快招聘预防医学、公共卫生和检验方面的专业人才。针对我县疾控人员现有的工资待遇问题，建议借鉴浙江金华市和上海闵行区的做法，提高人员工资待遇，另外给予高级职称人才奖励措施。

（四）增加我县公共卫生事业的投入，加快公共卫生基础设施建设

建议财政部门保障疾控中心的各项经费，包括编外人员工资、工作经费、业务经费、建设经费和采购仪器设备的经费。积极改善县级公共卫生基础设施条件，集中财力保障疾控中心办公用房面积达到国家标准，将疾控中心实验室打造成为县级一流的公共卫生实验室。实施妇幼保健院基础设施建设项目，尽快改善县妇幼保健所业务用房和设施设备条件，提升其服务能力；同时加强基层医疗卫生机构妇幼保健能力建设，保证居民能就近得到有效的妇幼保健服务。

（五）加快信息化建设

信息化建设，是社会信息化发展的必然要求，对提升疾病预防工作的水平和保障人民群众身体健康具有重要意义，充分发挥信息化在疾病预防中的积极作用，是疾控中心业务发展的重要方向之一。应不断加大投入，提升信息化建设水平，有力促进疾病预防工作的有效开展。

（六）深入开展爱国卫生运动

完善爱国卫生运动工作常态化机制，创新更加有效的社会动员方式，加强卫生城市、健康镇村建设，推动从环境卫生治理向全面社会管理转变，夯实联防联控、群防群控的基层基础；完善健康教育体系，提升健康教育水平，移风易俗，把抗击疫情期间形成的一些健康文明生活习惯固化下来，引导群众多参与文体活动，开展健康出行，让群众享有更多的健康生活选择，从根本上转变重医轻防的思想。

关于探索建立专业技术干部选用长效机制的建议

季忠义

新冠疫情是一场大考,也是一面照妖镜,一些不合格、不称职的干部现了原形。1 月 29 日,中央赴湖北指导组督查组赴湖北省黄冈市检查新型冠状病毒感染的肺炎疑似病例送检情况,该市卫健委主任唐志红上演了一幕"一问三不知"的惊天闹剧,次日即被提名免职。继黄冈之后,新疆哈密市伊州区三道岭镇党委书记又重蹈覆辙。2 月 8 日至 9 日,该镇党委书记和镇党委副书记、政法书记先后被免去现职。疫情防控是当前举国上下的头等大事,大战临头,这些干部却"一问三不知",除去个人原因之外,也暴露出干部选任工作中专业人员匮乏的短板。举一反三,希望组织人事部门从这些"一问三不知"事件中汲取教训,杜绝"错配干部""错用干部"现象,根除既没有基本的工作能力,也缺乏起码的政治敏锐性,堪称典型的昏官、混官的"官油子"。为此,建议如下:

一、坚持"事业为上、人岗相适、人事相宜"的用人原则。把推进县域经济社会发展作为选人用人的主要出发点,安排能力强、实绩突出的干部。重点培养、适时考虑、科学配备专业技术干部,让他们用当其时,用当其位。切实解决少数干部德不配位、才不配位、能不配位的问题,坚决不能让"一问三不知"的干部肩负承担不了的重担,以致贻误事业,玷污地方干部的整体形象。

二、专业部门突出专业技能。专业技术部门的领导班子配备,尤其是一把手必须要充分考虑相关专业学科背景、相关专业工作经历、相关业务技能特长。无论是遴选还是下派都要重点考虑这几个方面。既考虑科班出身的精英人才,又兼顾实绩突出的乡土人才。尤其是专业性较强的卫健、教育、科技、文旅、住建、经发等部门,社会关注,挑战多多,应该德才兼备、能力突出才合乎要求。

三、突出竞争机制,让专业人才脱颖而出。坚持"德才兼备,以德为先"的用人标准,突出专业技能,注重工作实绩,不能因人设岗,而是因岗选人,人岗相适。积极搭建平台,营造比学赶超的浓厚氛围。

四、探索长效机制,形成梯次人才储备库。拓宽进人、选人、用人视野,实现

“多数人从多数人中选人”，彻底改变“少数人从少数人中选人”的现象。班子配备充分考虑专业干部占比，特别是专业性较强的业务部门。坚持“好中选优，优中选强”的原则，及时进入人才储备库，适时选入合适岗位，真正把德、才、能兼备的专业干部纳入班子，推上领导岗位。

关于提升教育质效办好人民满意的教育的建议

季忠义

“教育是立国之本、强国之基,是民族振兴、社会进步的重要基石。加快推进教育现代化,加快补齐教育短板,加快提升教育质效,办好人民满意的教育,是全社会共同努力的方向。”一是精研细判,科学编制教育规划。做优教育资源,集纳全民智慧,高标准编制完成全市教育“十四五”规划,推动我市教育向更高质量、更有效率、更加公平、更可持续发展。二是优化整合,科学调配教师资源。盘清摸实,选优配齐。挖潜创新,加强中小学教职工编制保障。重点突破,加大幼儿园教师补充力度。加强幼儿园教师公开招聘和编制配置,每年核定一定数量的幼儿园教职工编制。齐装满员,全面配齐各类教职工员额。加大教师公开招聘力度,做到足额配齐。实施“名师、名校、名牌”战略。制订专项培育选树方案,分期分批、不间断地培育选树一批“名教师、名校长、名牌学校”。形成“优秀教师出校干,优秀校干出校长,优秀校长出领导”的人才梯次培养格局。三是强基固本,全力推进学校建设。合理规划布局。坚持全市教育一盘棋思想,做好教育整体布局,实现全市教育优质均衡。强力推进建设。以“时不我待,舍我其谁”的紧迫感和责任感,大手笔投入学校建设,大踏步加快建设进度,大幅度提高建设质量。重点打造高中。重点打造高中和打造重点高中相结合,坚持把立德树人融入思想道德教育、文化知识教育、社会实践教育各环节,努力打造理念新、师资强、课程优、管理精、质量高、特色明、声誉好的高品质高中。

落实国家乡村教师支持计划
开创我县教师队伍建设新局面

教育文体界

2015年国务院下发了《乡村教师支持计划2015—2020年》(国办发〔2015〕43号),明确“地方各级人民政府是实施乡村教师支持计划的责任主体”,我县县委县政府高度重视,认真落实,取得了显明成效。但当前仍存在一些亟待解决的突出问题。一是小学生源剧增导致教师紧缺。二是教师结构老龄化趋势严重。三是学科结构性矛盾突出。四是乡村教师岗位吸引力低下,新聘师资稳定性差。五是农村教师专业发展缓滞,不能满足人民群众对优质教育资源的需求。

为全面推进“乡村教师支持计划”的落实,提以下几点建议:

一、拓展农村教师补充渠道

一是加大新招教师的力度。依据“退补相当”,我县每年新招教师应不低于300人。二是加大高中毕业生乡村教师定向培养计划工作力度。鼓励符合报考条件的高中生填报乡村教师定向培养计划志愿,为我县乡村学校培养高素质、专业化、留得住的乡村教师候补队伍。三是落实县域内义务教育学校校长、教师定期交流轮岗的刚性约束机制,积极推进义务教育教师“县管校聘”改革。不断挖掘师资潜力,鼓励城区学校、镇区学校与农村小学教师交流,解决农村偏远乡镇师资问题。四是制订幼儿教师发展专项规划,有计划地招聘专业化年轻幼教,补充到教师队伍中去。五是用合同制方式,由学校录用一批临代教师。另外鼓励城镇退休的特级教师、高级教师到学校支教讲学,经允许符合条件的教师可以跨校兼课,县财政可给予适当支持。

二、增强农村教师职业动力

一是实施乡村学校教师周转宿舍建设。按规定将符合条件的乡村教师住房纳入当地住房保障范围。二是乡村中小学教职工编制按照城市标准统一核定,其中村小学、教学点编制按照生师比和班师比相结合的方式核定。三是乡村教师评聘职称(职务)时坚持以德为先、以绩为本,注重师德,注重业绩,注重创新,注重教育教学一线实践经历。城市中小学教师晋升高级教师职称(职务),应有在乡村学校或薄弱学校任教一年以上的经历。四是分别对在乡村学校任教20年以上、10年以上的教师给予鼓励和奖励。鼓励和引导社会力量建立专项基金,对长期在乡村学校任教的优秀教师给予物质奖励。在评选表彰教育系统先进集体和先进个人等方面要向乡村教师倾斜。

三、推进农村教师专业发展

一是加强教师职业道德建设。增加职业敬畏感,不断充实、发展自己,消除职业倦怠感,把职业当事业经营。二是重视校本研究,着力解决教学常规、教学水平、教学管理等方面的问题,培植校园文化,为教师的信息交流、经验分享、自我展示提供较好的平台。三是营造良好的读书学习氛围。借重现代化教育手段,提高教师的学习能力,提倡教师撰写教育论文,记写教学日记、教学随笔,加强教学反思。四是为教师走出去多提供机会。让教师能有更多机会参观学习,参与观摩、合作、交流、研训活动。五是建立"教师专业发展性评价体系",完善法治管理机制。根据教师不同学历、资历和驾驭教学的能力,分层要求,分类培训,建立网络化教师成长档案袋,努力改变过去大部分教师终身"磨道式"发展的现象,形成"螺旋式"上升的有效发展通道,促进农村教师的专业成长。

四、职评选聘倾斜乡村教师

县域内城乡学校教师岗位结构比例要保持总体平衡,专业技术中、高级岗位设置向乡村学校倾斜,执行省定最高岗位结构比例。另外乡村教师专业技术职务(职称)评聘时可不作职称外语、计算机模块、发表论文的刚性要求。在特级教师、名师名校长、学科带头人等推荐、评审工作中,乡村教师要单列比例,制定符合乡村教育实际的评选条件。城镇校长教师申报中、高级教师职务(职称)必须具有交流经历和农村学校任教(任职)1年及以上的工作经历。

五、依循法治机制督导评价

政府教育督导机构可会同主管部门及其他有关部门,对乡村教师支持计划实施情况建立法治机制,每年进行专项督导、周期考核、定性评价,及时通报督导情况并适时公布,结果与镇综合考核挂钩。对实施不到位、成效不明显的,追究相关责任人的领导责任。

总而言之,生源总量阶段暴涨,农村优质教育资源空前告急。为今之计,我县更需加大力度创造性落实乡村教师支持计划,力争乡村学校优质教师来源得到多渠道扩充,乡村教师资源配置得到进一步改善,注入教师职业吸引力,造就一支师德高尚、数量充足、结构合理、素质优良、甘于奉献、扎根乡村的教师队伍,为实现我县教育持续优化提供师资保障。

加大招才引智力度
为经济社会发展提供智力支持

中共界

近年来,县委、县政府牢固树立"抓人才就是抓发展"的理念,坚持"引进与培养并举、提质与增量并重",大力实施人才强县战略,用人才红利破局,建设了一支规模大、专业精的创新人才队伍,为开创经济社会发展新局面注入了强劲动力与活力。截至目前,全县人才资源总量达到14.68万人,引进高层次创新创业人才600余人,入选省市"双创人才"24人、省"双创博士"12人、省"苏北研究生企业集聚工程"147人,争取省市人才资助资金1810万元。与江南大学等10所高校建立校地战略合作关系。获批国家级研发机构1家、省级以上研发机构25家,规模以上企业市级研发机构实现全覆盖。

在建设人才强县的过程中,人才队伍大而不强,领军人才和能突破关键技术的高技能人才稀缺,特别是在大型科研项目、重大工程等领域高层次人才不足的现象较为突出,人才结构性不足问题已经成为制约创新驱动发展的"瓶颈"。"十三五"时期是县域产业转型发展、区域竞争愈发激烈的关键时期,在发展中占得先机,就要围绕产业发展,持续优化人才发展环境,以更高的要求奋力实现人才工作新跨越。

一、坚持招才与招商联动,注重招贤引智给政策。坚持招商引资与招才引智并重,积极构建招才引智与招商引资联动机制。借鉴先进发达地区的经验,制定优惠政策,围绕高层次人才引进培养、高科技创新成果转化、高新技术产业发展,推动高新技术招商引资项目落户,实现人才和项目互动、人才和经济共赢。

二、坚持示范与扶持联动,注重施展才华给舞台。实施人才创业创新"百点示范"计划,积极引导鼓励各类人才集聚的产业园区和创新创业示范点建设。围绕"4+2"产业发展需要,加强科技园区和孵化中心建设,加强与中科院、天津大学、电子科技大学、中南大学、江南大学、哈尔滨工业大学、江苏大学深化交流合作,着力在共建研发平台、人才引进、科技创新等环节寻求突破,未来五年,着力在新建校企联盟、省级以上博士后创新实践基地、省级以上科技企业孵化器等方面下功夫,在引进各类专家人才上求突破。

三、坚持县外与县内联动,注重成长提高给阶梯。既注重县外高层次人才的引进,又注重本土人才的培养。建立高层次人才数据库,对被评为领军人才和创新团队的对象,纳为重点培养对象加强资助,造就一批具有国内、省内前沿水平的高级专家。创新本土人才培养方式,探索校企合作培养人才,充分利用县职业中专、富民技校等基地开展培训,提升本土人才素质能力。支持企业申报国家和省市人才计划,持续开展沛县"双创计划"评选,每年从全县各类人才中选拔命名和表彰一批专业技术拔尖人才。

四、坚持服务与管理联动,注重保障激励给关怀。从打造拴心留人的发展环境入手,建设"人才创新创业服务之家",为高层次人才提供保姆式帮办服务,帮助办理户口迁移、社会保险、医疗保障、子女入学、配偶工作等相关事宜。实行专业技术拔尖人才任期目标管理和考核奖励制度,激励拔尖人才在科技创新、科研成果转化和应用等方面发挥领军作用。健全完善县四套班子领导干部联系专家人才制度,健全结对帮扶机制,落实重大事项专家决策咨询制度,激发广大专家人才参政议政、干事创业的积极性。加强与沛籍高层次人才的对接沟通,定期举办沛籍高层次人才家乡行活动,为沛县产业发展、经济转型建言献策。

破解幼教难题　推进“幼有所育”

高雪梅

党的十九大报告提出必须取得“新进展”的七项民生要求,“幼有所育”排在首位。然而,由于我县普惠性教育资源不足、投入机制尚不成熟、师资队伍不健全、“小学化”“保姆式”现象严重等问题,制约着我县幼儿教育的健康快速发展,实现“幼有所育”必须啃下这些“硬骨头”。

据了解,我县适龄儿童6万人,目前全县在编幼儿教师144人。86所幼儿园,其中公办46所,民办40所,320个看护点。据上级相关部门要求,这320所看护点要在2020年之前全部过渡完毕,如果按照每班平均30个孩子计算,我县需要2000个班级,建166所幼儿园,4000余名幼儿教师。新一批二孩预计2019年就要入园,我县预期人口的增加将为学前教育带来一个比较大的赤字,3—6岁的幼儿教育将面临的供需矛盾会相对更为突出,“幼有所育”已经成为群众高度关注的重要民生事项。如何办好幼儿教育,确保每一个孩子不输在起跑线上,特提出以下几点建议:

一、加大公办园建设力度,提升公办教师占比。科学核定公办幼儿园园长及教师编制,逐年扩大招考范围和数量,增加编制,将农村幼儿教师纳入定向师范生培养计划。2013年和2017年分别公开考试招聘幼儿园教师30名和20名,今年我省实施开展免费男幼儿师范生,我县有11人。这些招聘数量无异于杯水车薪,远远不能有效补充公办幼儿园教师队伍。面对井喷式的幼儿增长态势,希望我县科学调剂,有序增加幼儿教师编制,及时补足公办幼儿教师。

二、多渠道加大投入,优化幼儿发展环境。环境是重要的教育资源,通过环境的创设与利用有效促进幼儿的健康发展。目前,幼儿发展硬件设施需要加大投入。电子教学设备、体育活动器械等,在农村幼儿园还相当匮乏。“老师讲,孩子听”的教育模式还占有很大的比例,幼儿的自主探索能力发展受到了严重制约。由于活动场地狭小,导致区角活动在农村幼儿园难以得到开展,游戏时间以幼儿自由活动为主,幼儿在园的一日生活得不到科学安排,这也是致使幼儿教育小学化倾向的原因之一。要改变这种现状,需要加大对农村幼儿教育的投入,在财政预算内教育经费中安排必要的农村幼儿教育经费,加强镇中心园的重点建设,保证农村幼儿园发展的实际需要,给农村幼儿园的发展带来新的活力。同时,积极动员和组织各方面的力量,增加对幼儿教育的投入,探索多种形式、多种渠道吸纳社会资金,不断提高办园水平。

三、提高幼儿教师待遇,加强师资队伍建设。发展幼儿教育事业,提高保教质量,首先需要建立一支适应发展需要的教师队伍。长期以来,无论是城市,还是镇村幼儿园,专业的幼儿教师只占极小的比例。多数在编从业人员是既无学历,又无资质的小学淘汰下来的老师。还有就是更多的代课老师承担着这项极为重要的基础教育前沿阵地,而他们的月工资约在1000元左右,仅是在编教师的1/3,其他待遇更是无从谈起。同工不同酬,生活、权益根本无法保障,严重影响了他们的工作积极性。近年从幼儿师范学校毕业的教师虽然具有了较专业的幼教知识,但是,因为编制少,门槛高,招考员额少,操作机制不规范,导致不少专业幼儿教师被迫转行,大量的人才流失。少数的入编教师也随着社会的进步,由于再培训的机会少,教师所掌握的理论实践知识已不能满足教育发展的需要。而观念新、有活力、具有高学历层次的幼教专业毕业生,在政治地位、经济待遇都很差的农村幼儿园更是凤毛麟角。因此提高幼儿教师待遇,加强师资队伍建设迫在眉睫。一是建立完善幼儿园教职工工资福利待遇保障机制,探索研究通过生均财政拨款、专项补助等方式,支持解决公办幼儿园非在编教师、民办幼儿园教师的工资福利待遇等现实问题,实现同工同酬;二是采取多种方式方法,加大师资培训,同时构建科学高效的教研网络,强化对农村幼儿园教育教学的指导。有计划地组织带有普及性的讲座,鼓励和指导城镇各级各类幼儿园之间的“手拉手”的支教和经验交流活动,形成互动、互帮、互学的格局,逐步缩小城乡差别,达到整体提高的目的。

推动产业科技创新
加快建设区域性先进制造业基地

工业界

当前,我县仍处在工业化初期阶段,面对区域竞争日趋激烈的严峻形势,我们必须增强实施创新驱动发展的紧迫性、自觉性和坚定性,以科技进步推动我县经济转型升级和社会发展,着力打造淮海经济区最具竞争力的新型工业化基地。为此,提出如下建议:

一、强化企业创新主体地位。一是实施创新型企业培育计划。建立科技型企业培育服务体系,大力发展科技型中小企业,增加高新技术企业数量,培育若干创新型领军企业和一批"科技小巨人"企业。二是鼓励企业加大创新投入。切实落实好支持企业创新的优惠政策,加强面向企业的政策宣传解读工作。引导企业规范财务管理、重视技术改造、平台建设、品牌创建,让更多企业享受到"政策红利"。三是深化产学研合作力度。动员和鼓励我县骨干企业加强与大院大所对接合作。建议县政府制定出台《促进校企联盟的意见》,在技术研发、资源共享、市场开拓、人才培育等方面加强对联盟的支持力度,促进产学研深度融合、协同创新。

二、集聚创新创业人才队伍。一是加大高层次人才的引进力度。进一步完善人才引进政策,制定更加实用、更加管用的人才奖励办法和评价机制,加快集聚一批与我县产业发展相适应的高层次创新创业人才队伍。重点引进一批掌握核心技术、拥有科技成果并与我县产业发展相适应的高层次创新人才。二是加大高技能人才培育力度。加快建立以应用为重点、市场为导向、企业为主题的技能人才培育体系。依托县中等专业学校、安保中等专业学校等县内教育资源,有针对性地为我县企业培养技能型人才。三是激励科技人才创新。每年召开科技创新大会,对在科技创新工作中取得突出成绩的科技人才给予重奖,大张旗鼓表彰,让科技创新人才在经济上获得回报、政治上获得荣誉、社会上获得尊重,营造良好的创新环境。

三、加快创新平台建设。一是建设公共服务平台。大力推进电子科技大学与县光伏产业、中科院兰州化学物理研究所与县农产品加工产业等一批校地合作平台建设。加大县经济开发区科技企业孵化器、企业研究生工作站等公共服务平台培育力度,创建一批国家重点实验室、技术中心、工程中心等高端研发平台,力争在新产业、新技术、新模式发展上实现新突破。二是建立创新创业平台。高标准建设科技创业园和高新技术创业服务中心,形成集总部办公、科技孵化、科技金融服务、专业技术平台服务、软件开发、云计算、大数据、人才公寓等多维一体的创新创业平台。加快发展众创空间。积极推广创客空间、创业咖啡、创新工场等新型孵化模式,集聚创业创新服务机构,加快沛县龙飞众创空间、沛县大学生创业园等众创空间建设。三是建设特色园区平台。推进县经济开发区资源整合,升级改造新型铝材产业园、绿色食品产业园、新能源(光伏)产业园,推进中德绿色建材产业园,规范引领我县水泵产业,建设机电产业园,形成"一区多园"的格局。加快高新技术产业开发区建设,高起点规划、确定重点发展产业,力争建设成为省级高新技术开发区。

四、完善财政金融扶持政策。一是加大资金扶持力度。建议县委、县政府设立不低于1亿元的工业经济创新发展基金,并按照财政经常性收入增幅逐年予以增加,重点扶持技术含量高、产业链条长、产品附加值高、节能减排的创新型企业。同时,每年根据各类企业工业开票收入增长情况、纳税情况,给予一定的税收返还,突出提高高新技术企业和新兴战略产业的返还税率奖励并宣传表彰。二是加大政策引导力度。整合科技局(科技奖励)、人才办(人才奖励)、发改委(技改奖励)等部门创新激励政策,增强科技、人才、经济等各类部门的工作协同,积极支持企业通过申报科技、人才、技改项目,争取国家和省市资金的支持。三是大力优化创新生态。加快建立和完善创新创业融资体系,大力引进、发展创业投资、风险投资、天使投资、产业基金等股权投资基金,吸引社会资本、金融资本投向高新技术产业,构建开放式、网络化、集聚型、高效率的创新生态系统。

加强教师职业规范建设 促进教育行风向好发展

教育文体界

近年来，我县义务教育各学段生源数量持续暴增，全县教师队伍缺编现象严重。江浙等南方教育发达地区对优质师资的人才竞争红海现象，加上我县每年应届师范类补充师资少，致使教师队伍优化难，教育队伍出现诸多不良思想倾向和乱象。一是教师个人发展的需求促进薄弱学校老师流出，教育资源均衡保障严重失衡，另外城镇化趋势致使大量农民进城，子女迁徙就读，大量乡村学生流向城区。二是义务教育阶段公用经费由财政划拨，政府要求公办学校无条件解决流动人口子女入学，城区一些办学条件好、教学质量高的学校出现了生数超载现象。导致局部地区的部分学校师资缺口大，教师工作量严重超负荷，从而多有不规范教学行为涌现。三是许多学校仍然以学生的成绩作为衡量教师教育教学工作能力的一个重要指标，还将其与教师职称、荣誉的获得以及教师的绩效工资挂钩。教师不得不片面地重视学生成绩，教学过程中充斥着盲目增加学生学业负担，布置作业简单重复，体罚成绩落后学生等教学失常问题。

我县地处苏北经济欠发达地区，教师待遇水平总体偏低，在经济上难以支持自己的专业专注发展，长期以来，大多数教师没有业务进修和专业发展计划，对政治、业务学习缺乏应有的认识和热情。不能专心研究课程、教材、学生和教法，缺乏教育教学的自我反思。职业倦怠、情绪松懈，专业成长的积极性渐渐减退。

为加强我县教师队伍职业规范，促进教育行风建设，提出对策建议如下：

一、教师的创造是需要建立在合理生存状态之下的，是需要快乐、轻松和悠闲的心境的；教师的发展是需要适宜的学校文化生态环境的，需要“绿色心情”。政府应当增加资金投入或出台相应政策支持，关注老师职业生态，对弹性放学给予相应回报。提升农村教师的职业成就感和社会认同感。提升农村教师的职业成就感和社会认同感能够增强教师职业专注发展意识。打开人才放行出口，让年经教师职业规划、顺向流动没有障碍；改革人才引进机制，适度放宽人才聘任条件,拓展补充师资通道,让更多有志教育的青年才俊能试职教育。

二、建立强有力的管理刚性制度并辅以有效的监督机制,切实做好学生减负工作。一是强化学校教育管理规范力度,积极建立科学合理的教师发展评价体系,充分发挥评价的导向功能和激励功能,探索为教师建立教师成长档案,记录教师成长过程,展示其个人成果,激励其不断进取,促进其自我反思,培养其自我成长、自我评价、自我负责的精神。二是充分利用家长委员会的指导和监督反馈机制,规范教师课内及业余教学行为,并自觉拒绝社会培训机构过度无效辅导,让老师的施教行为更阳光、更理性,让家庭的愿望与学校的目标统一起来,发挥家校合力,推动实现老师对自己教育实践的自觉调整,对教育理念的自觉提升。

三、重视校本教研活动的组织开展,通过课题研究、教育叙事、小课题研究、微格研究、网上教研、三课活动等新的教研方式,激活教师参与教研的主动性,增强教师间的互动交往,打造学习型、研究型的教师群体;另外建立相关学习网站、开发学习软件,扩充学习资料。充分调动一切可以利用的社会力量,建设现代教学平台,为学生自主学习提供简易家庭学习工具。引领教师走向专业化的教育自觉,并由此而实现教学过程中学生主体地位的真正体现,实现教师爱教,学生乐学。

四、实行人性管理,减轻教师压力。教育是世界上最能体现生命关怀的一项事业。因此,我们在工作中要时刻关注教师的情感世界,关注他们的职业生活,关注他们的价值追求,关注他们的心灵感受,关注他们的生命状态,而不是只关注他们的教育研究、考试成绩、科研成果等。我们在日常工作中要科学管理,合理安排学校的活动,改进学校的技术设备,提高工作效率,减少或删除无意义的、机械的和简单重复的要求,赋予教师职业的自主权,尊重教师的创造性劳动。同时,管理者也要引导教师合理认知压力,优化问题解决策略,做到张弛有度,化解正常压力下的不良情绪和可能产生的行为冲突。

总之,当前我县教师队伍职业规范问题不是孤立的,它是全社会的共性问题。只有不断优化施教环境,教师不断追求自我职业角色完善,全社会共同努力,自觉践行以师为本,真心关注生命,着力营造和谐的教师管理文化,才能让教师善教,学生乐学,使校园真正成为生命共生、共存和共同成长的乐园。

全学段投身社会实践　全覆盖推进全民阅读

纪认振

近几十年,在世界各学科奥林匹克赛场上,我国少年英才近乎所向披靡,屡屡斩获金牌,但令人深思的是:为什么我们总是培养不出诺贝尔奖那样杰出的大师级人才?这就是著名的“钱学森之问”。与之相呼应,中国科学院外籍院士李约瑟先生提出:尽管中国古代对人类科技发展做出了很多重要贡献,但为什么科学和工业革命没有在近代的中国发生?这被称为著名的“李约瑟难题”。问题出在了哪里?国家在思考,所有教育人也在思考。经过长时间的思维沉淀,对比西方发达国家,我们的教育必须培养独立精神、创新思维,在实践中发现,在阅读中提高。

一方面,全学段投身社会实践。

首先我向大家汇报一组数据,以2020年高考山东卷为范例(教育部明确新八省试点高考语数外三科将参照山东卷命题),语数外三科中涉及生产生活、科技创新、劳动技能、家国情怀、文化自信等方面的题目达85%,分值权重均超过90%,物化生政史地等学科的同类题目占比达80%,分值均超过85%。

这组数据说明:

一、高考试题已从单纯的解题更多地转向解决现实问题。过去学生最为依赖的课本如今只能作为重要的学习工具,在熟练掌握概念理论、公式定理后,更重要的是运用到现实生活中,分析、解决一系列现实问题。

二、高考重点考查学生的综合能力。过去人们常说“学好数理化,走遍天下都不怕”,在如今看来虽不能说错误,但至少已不再全面。重点培养和考查学生的综合能力,不分学段、不分学科、不分内容。

三、新高考背景下,死啃书本,跳入题海,最多只能“考得上”,但一定“出不了高分,上不了好学”。学生必须尽早融入社会、走进自然、实践运用、思维创新,未来更需要既有高智商又有高情商的复合型人才。

目前,我县部分学校已积极行动起来,组织开展了一系列丰富多彩的社会实践活动,让孩子们感受新知识,拓展新方法,锻炼了能力,锤炼了品格。但与教育发达地区相比,我们还只能算刚刚起步,差距甚远。

其原因在于:

一、许多人思想陈旧,缺乏远见,瞻前顾后,不愿担责,坚守老套,鲜有创新。

二、各学段实践活动缺乏全局性、统领性指导,各自为战,难成体系。

三、县内拓展性实践基地资源匮乏,远不能满足全县中小学生的实践需要。

为此,提出以下建议:

一、政府要加强县内资源统筹开发,开辟更多的"产、学、研"素质教育实践基地。

二、教育行政部门要加强统领,设计实践、指导实践、规范实践、考核实践。

三、全县中小学要充分利用已有资源,积极开展劳动体验和能力拓展。比如,去博物馆、文化馆了解沛县历史和文化习俗;去厂矿企业参观生产流程,感悟科技创新;到社区、小区参加公益活动;到昭阳庄园沛县中小学生素质教育基地,感受田间劳动、团队合作、生存技能、国防科技等,在实践中学习,在学习中提升。

四、全社会要给予更多的舆论支持,体现出应有的时代担当。我们不能因为害怕碰撞而封杀体育课,不能因为资金紧张而省略实践课,更不能因为担心安全而把学生天天关在教室里。这不是教育的本质!我们要做的是周密安排、严格防范,而不是逃避矛盾、因噎废食,那同样是对国家民族、时代未来、家乡百姓的不负责任!

另一方面,全覆盖推进全民阅读。

一个没有阅读习惯的人,是一个看不到前程的人;一个没有阅读习惯的民族,是一个看不到希望的民族;一个没有阅读习惯的国度,不可能拥有高度的文明。

据权威机构调查显示,2018 年我国成年公民纸质图书年人均阅读量 4. 67 本,韩国 11 本,法国 20 本,日本 40 本,美国 50 本,俄罗斯 55 本,以色列 64 本,都远远超过我国。早在 1994 年,韩国就出台了《图书馆及读书振兴法》,将全民阅读进行了立法,2001 年日本立法,2002 年美国立法,2012 年俄罗斯出台《民族阅读大纲》等法规性文件……可以说,正当国人沉迷于电脑、手机、抖音、快闪的全民刷屏时代时,发达国家的国民却在静静地读书。这是多么忧心和可怕的对比!

党的十八大以来,我国已将"全民阅读,终身学习"写入每年的政府工作报告,为实现中华民族的伟大复兴梦想奠定坚实的文化和思想基础。2020 年,沛县县委、县政府倡议建设“歌风书房”，号召百姓进“房”读书，这体现了县委、县政府的高瞻远瞩，必将对我县精神文明建设和社会经济发展起到巨大的推动作用。但据了解，我县目前城区公共图书馆和城市书房共有藏书 80 万册，其中纸质图书 55 万册、电子图书 25 万册，人均藏书仅有 0.72 册。市民阅读场所少，面积小，可借阅图书不足。

为此，提出以下建议：

一、政府进一步加大投入，尽快建成更多“书房”，丰富藏书资源，以满足百姓的阅读需求；

二、全社会开展多种形式的阅读推广活动，推荐好书，交流心得，分享快乐，远离低俗；

三、所有家庭坚持“亲子阅读”，小手拉大手，开心一起读，陪孩子读书，伴孩子成长，让所有的家庭充盈着温馨的幸福，浸发出醉人的“书香”！

各位领导、各位委员，美好的生活靠双手创造，强大的国家靠万众托起！让我们积极行动起来，用读书改变命运，以实践丰富自己，奋发努力，众志成城，为“强富美高”新沛县建设和中华民族伟大复兴贡献力量！

解决小学教师缺编问题 加强教师队伍建设

姚　恺

近几年,小学生源处于急剧上升阶段。全县每年小学一年级入学学生近2万人,小学生源急剧增加带来教师紧缺的问题。同时,在2012年之前,近10年间没有招聘新教师,造成现有年轻教师比较少,教师老龄化越来越严重,年龄出现断层,退休教师的人数又不断增加。虽然近几年,我县每年招考新教师,但退补不平衡,所以教师队伍年龄老化严重。

另外,全县小学专职音体美教师缺口较大。随着素质教育的深入,对音体美教师的需求也不断提高,但目前,远远不能满足学生的需要,所以学科结构性矛盾比较突出。加强教师队伍建设是非常必要的。

建议:

一、继续加大招考的力度,增加招考录用的数量,尽可能地达到退补平衡,并且向音体美教师倾斜,逐步解决学科结构性矛盾。

二、招考的范围可以扩大到面向沛县籍的师范专业的大专毕业生。

目前,我县是面向社会进行新教师招聘,招聘教师中,县外教师占相当一部分。由于各种原因,这些县外的新考编教师,一旦有机会考回原籍,情愿承担违约责任,离开我县,使我们学校的教育教学受到影响,造成了教师队伍的不稳定。至于学校教师的本科率问题,走上工作岗位后,这些大专生可以通过继续教育等途径达到本科学历。

让“诵读经典 承续传统”之花在乡村学校灿烂盛开

赵晓文

中华五千年悠久的历史，孕育了底蕴深厚的民族文化；华夏源远流长的美文，是经典艺苑中经久不衰的瑰宝。经典诵读在乡村学校相对滞后，怎样让经典诵读在乡村小学持续发挥其独有魅力，让灿烂的文化丰盈师生的日常，沁人的书香浸润着师生的成长？为此，提出如下建议：

一、领导重视，加强管理。学校对开展经典诵读活动的意义有明确的认识，在教师队伍中形成集体共识，学校、年级、班级层层管理，定期评估、奖励，全面开展，并在实践过程中不断提高、完善。

二、更新认识，率先垂范。组织广大教师，特别是语文教师更新认识，明白在课外阅读中经典诵读是引导学生感悟我国传统文化，热爱祖国灿烂文化的有效途径。

三、辐射全校，开展校本教研活动。研究学生的记忆规律，探讨经典诵读教学的方法，诵读大量的经典，充分汲取经典文化的精华，厚积而薄发，把经典诵读与语文教学结合起来，引导学生学以致用。

四、整合资源，营造氛围。充分利用好校园橱窗、黑板报等，开辟“阅读小达人”“诵读明星”等栏目，营造良好的诵读氛围。

五、确保时间落实。将诵读活动与学校教育教学活动有机结合，在不增加学生负担的前提下，每天早自习，各班按照不同学段的内容开展经典诵读活动，让学生感其声、领其情。教师对诵读内容进行点评。

六、开展检查评比。每周班主任老师拿出一节课作为语文课外阅读指导课，开展经典诗词鉴赏、诵读表演或班级读书会，努力激发浓厚的阅读兴趣，营造书香班级、书香校园的氛围。

七、搭建平台，成果展示。为调动学生参与诵读积极性，通过灵活多样的方法为学生搭建施展的平台，不断提高小学生经典诵读的兴趣，使经典诵读成为学生课外生活的一件乐事。

美文如画,诵读如歌。经典诵读是心灵的振翅,感悟的升华。愿乡村小学在日常的教育教学中,持续利用各种途径,开展经典诵读活动,让琅琅的读书声传遍校园的每个角落,让经典文化的博大精神滋润学生的心田,从而启迪他们的心智,掀起诵读高潮,让民族经典文化代代相传。

关于学前教育应去“小学化”的建议

於海华

幼儿教育“小学化”是一个老生常谈却又一直得不到妥善解决的问题。目前,我县还有为数不少的幼儿园,尤其是大多数非正规幼儿园出现汉语拼音、汉字书写、数学计算等小学教学内容,有的幼儿园还要布置大约半个小时的家庭作业。主要表现在以下两个方面:

一、小学教材和教学内容开始被吸收到学前教育中,并逐渐挤掉了学前教育应有的教学内容。一方面让幼儿过早背负学习任务进入学习状态,儿童的天性被严重剥夺;另一方面对幼儿一些能力的培养被忽视,导致在小学教学时需要再次返工。

二、小学的教育教学方式也被一道卷进学前教育中去了,学前教育中大量的活动和游戏逐渐被教师的“讲授法”和“灌输式”所替代,导致幼儿过早地进入被动学习状态。

为此建议:

一、要正确引导,加强监管。通过媒体宣传正确的教育理念,形成正确的舆论导向。加强对教师、教材、教具等各方面的监管,对一些错误宣传及时制止,使幼儿园之间生存竞争的条件不再是以看谁教的知识多,而是以谁的幼儿园办得好、办得正规、更适合幼儿身心健康、全面发展作为竞争的条件。教育主管部门应出台相关文件,对违规予以处罚。同时,要增加投入,提高幼儿教师培养和培训的质量,确保教师素质不断提升。

二、必须转变教育观念。教育工作者应以《幼儿园工作条例》《幼儿园工作规程》为指南,对幼儿实施体、智、德、美全面发展的教育,促进幼儿在全面发展的前提下提高身心素质。

三、加强对教师的专业引领和培训。定期开展学前教育的理论学习和业务交流探讨,及时更新教学观念、改善教学方法。大力开展园本培训,举办各种基本功比赛,提高幼师的舞蹈、绘画、演讲等专业技能。业务部门有计划地组织教师“走出去”,学习先进的经验和做法,聘请专家对教师进行专题讲座和业务指导,开展形式多样、内容丰富的教研活动,逐步使师资配备走上专业化、规范化发展的轨道。

四、走出幼小衔接的误区。通过培训、讲座、学习等形式,使家长和幼儿教师真正了解幼小衔接的内涵和意义,有目的、有计划地增加一些幼小衔接的教学内容。

关于加强民办幼儿园管理的建议

刘 梅

我县民办幼儿园虽然弥补了农村幼儿教育资源的不足,但其负责人多以营利为目的,导致我县许多民办幼儿园设备简陋,活动面积狭小,场地内乱摆乱放问题严重。保育人员综合素质低下,没有接受过专业培训和教育,欠缺幼儿必备的教育能力。教学、教研不规范,为了迎合家长,重教轻保,严重制约了幼儿身心发展。

建议:

一、适当控制民办幼儿园的办园规模,对部分条件较好的可适当降低门槛,纳入学前教育体系;对于基础设施差,不能保障幼儿安全、健康等基本要求的,坚决依法予以取缔。

二、创办民办幼儿园要有幼儿教师资格证,教师需接受过专业培训和具有幼儿教育能力。

三、民办幼儿园教师要定期培训,以提高其业务水平。

四、加强安全监管,完善房屋设施,消防、交通、食品等安全防护和检查制度,防止各种意外伤害事故发生。

关于整合职业教育资源的提案

孙　彬

目前沛县地区的职业教育存在专业设置欠合理、招生困难、中高职毕业学生本地就业难等问题,严重制约职业教育的正常运行和发展,与党和国家提出的职业教育政策和发展目标存在很大差距。

建议:

一、对沛县县内两所职业学校专业整合,充分发挥沛县中专广播电视大学、建筑、市场营销等专业的优势,建立分别以建筑专业和市场营销为核心的专业群,并以此为基础发展壮大。

二、充分发挥安保中专保安专业、现代农艺、中餐烹饪等专业的优势,建立以保安专业为核心的专业群,与沛县中专校错位发展。

三、整合安保中专和体育中学音乐、体育、美术、武术等专业的优势,按照复读生全部归到歌风中学的方式,把全县音体美高中学生归到安保中专和体育中学。

四、招生工作可向周边县区学习,利用初中学生中考报考前由县政府和教育局组织专门针对县内职业学校的招生,通过宣传在每年4月底对口招生考试时,把部分有职业就业倾向的初中学生分专业招进职业学校,一方面可以破解职业学校招生难题,另一方面可以提升我县中考的质量;中考后凡普通高中死档线以下的学生首先到教育局职社处报到,由职社处组织宣传,尽可能留到县内就读职业学校。

五、县政府和教育局应要求县内各骨干企业特别是与职业学校专业相关企事业单位,尽可能招收县内职业学校毕业生。

关于优化教育资源配置加大农村薄弱学校改造力度的建议

武　略

由于地理条件等原因，农村学校发展严重滞后，办学条件差，校舍简陋，设施陈旧，绝大多数农村学校连必需的教学仪器设备都未配齐。农村教师队伍水平亟待提高，学科结构根本无法满足基本需要，农村学校缺乏音乐、美术、英语等专业教师，许多教师一人兼任多门学科教学任务，教学质量低下，学科发展不平衡，个别乡镇学业成绩合格率非常低。还有受城乡之间经济发展水平、义务教育财政负担机制、区域内公共教育资源配置和学校办学特色等因素的影响，城乡教育发展不平衡现象依然存在，学前教育和高中阶段教育优质资源不足，也制约着基础教育的发展。

建议：

一、通过提高优秀教师的政治和经济待遇来均衡资源，特别是要提高农村学校教师的待遇，优化教育资源配置；加快教育优质发展，加大政府投入，加强整体规划，扩大办学规模，合理配置教育资源。

二、加大对农村学校、薄弱学校的投入，统一同类学校的办学硬件标准，有步骤地实现教育资源均衡配置；统筹配置同类学校的教师队伍，加大教育人才引进力度，实行教师轮岗和支教制度等，优化农村学校和薄弱学校的教师队伍，实现教育人力资源均衡配置；做好外来工子女入学保障工作，创造条件让外来工子女就近入学，拥有平等的教育机会等。

三、继续强势扶持农村教育发展，加大对农村教育的扶持力度，加快对农村学校的改造，成为同样具备现代化教育条件的新学校。

四、合理流动，结对帮扶，促进城乡学校师资均衡配置，实行教师交流制度，加强对普通学校特别是农村学校的智力支持和培养力度，促进城乡师资队伍建设。实行向农村学校倾斜的编制政策，引导优秀毕业生到农村学校工作。

五、政府部门应加强对教师这个主要资源的合理配置。关键是要发展好农村薄弱学校，实际上只要把农村薄弱学校办好，就可以有效解决问题。

关于成立纺织品检验检测科技服务中心的建议

徐　海

由于县域内各纺织企业起点低,技术力量薄弱且分散,在产品质量管理和控制上良莠不齐,面对供给侧结构性改革的不断深化,市场竞争的不断加剧,政府必须引导各纺织企业对产品质量进行有效管控,从整体上有效提升全行业的产品质量管理水平,促进纺织产业由规模效益向质量效益、品牌效益的飞跃。

为此建议:

一、由政府及有关部门主动引导,各纺织企业积极参与,尽快成立纺织品检验检测科技服务中心,品检中心可采用有限责任公司的形式经营与管理;品检中心要依托知名科研机构或检测中心建立,主要为纺织企业的纺织品提供成品检验、原料检测、质量分析、技术培训、技术咨询、受企业委托处理质量纠纷等,其出具的检验检测结果要具有公信性、权威性。

二、政府出面搭建合作平台,协助品检中心与科研机构合作,引进人才、资金和技术。

三、政府提供政策支持,积极主动落实有关科技落地、人才引进等奖励政策。

四、在品检中心成立、运行期间,行业协会要发挥协调、指导、监督作用。

关于加强发展沛县高新技术企业的建议

孙雪影

随着科学技术的高速发展,社会经济产业也逐步由以高新技术企业为基础的高新技术产业所主导,其优势明显高于传统产业,发展潜力大,渗透能力强。由于我县的产业结构主要还是以农业为主体,规模较大工业企业相对较少,“小而散”的组织形式的企业占多数,层次低重复多,组织化程度低,缺乏发展高新技术所需的规模经济。中小企业人才短缺,技术力量落后,缺乏发展高新技术产业所需的条件,使得企业研发高新技术处于较低水平,企业自主创新能力相对薄弱,拥有自主知识产权的产品较少。

为此建议:

一、提高认识。政府各部门要认识到发展高新技术产业对于我县经济社会发展的重要意义,切实增强加快我县高新技术产业发展的紧迫感、责任感,把促进高新技术产业发展放在经济社会发展的优先位置,把高新技术产业作为推动我县经济转型升级的主导产业和事关长远发展的战略产业加以培育和推进。

二、落实政策。政府各部门要把支持企业技术创新的各项税收优惠政策和县政府出台的工业经济相关扶持政策落到实处,重点抓好企业技术开发费加计扣除、高新技术企业所得税优惠等一系列税收优惠政策的贯彻落实。

三、加强培育。通过政策扶持、资金引导、推进孵化、众创空间新模式,为促进企业创新发展,支持创业者创业,为其提供基础服务,孵化创业公司;鼓励中小企业利用第三方平台,拓展国内外市场,推动中小企业在企业管理、供应链管理、营销等各个环节全面进行信息化改造,开展全渠道的运营;推进商务大数据、信息服务平台的建设,完善公共服务的功能,实现“互联网+”协同制造,从而推进企业快速转型,实现大众创业,万众创新,为高新技术企业发展创造更大发展空间。

关于“沛县经济开发区”长期发展并稳固外聘高新科技人才的建议

卫生科技界

拥有着150余家国内外知名企业的“沛县经济开发区”,在煤化工产业、盐化工产业、铝加工产业、农副产品加工业、纺织服装产业、城市发展产业等多个领域都有着非常显著的发展。企业领域多,高新技术企业也随之林立而起。仅我们光伏产业园的高新技术企业就有中宇光伏、中辉光伏、鑫宇光伏、一帆新能源等知名企业。但在人才需求量如此之大的情况下,单单只吸收本地人才是远远不够的,那么势必要在全国各地,特别是徐州地区,外聘高新技术人才进行储备、发展并作为中流砥柱。在人才招聘方面面临以下问题:

一、人才招聘困难。我县开发区在资源、位置、劳动力、基建、服务体系等各方面,相比经济发达地区的各方面条件要落后很多,因而部分本地学成的科技人才不断向外涌动,外来科技人才就业目光方向也多放在发达地区,这样导致我县招聘人才困难。

二、人才招聘以后,如何留住、发展稳固人才更加困难。首先,我们在外招聘的人才,有部分是因为专业不对,或者企业发展受限而流动,另外一部分原因是目前大多数的外聘人员一般是居住在企业内部提供的集体宿舍里,上班在车间,下班在宿舍,生活单一,集体宿舍条件标准不高,缺少各类娱乐活动项目,导致长期以来,外来人才生活得很压抑。

其次,在正常的休息日等假期,本地人员可以及时回家休息,娱乐生活,而外聘人才则受到交通不便利所限,就近而言,单单是徐州到沛县也要多次转车才能辗转回家,完成上下班。因此,在抛开户口迁移、社会保险、医疗保障、子女入学、配偶工作等姑且不论的情况下,仅受到以上由住房及上下班交通等种种问题所影响,我们外聘的人才在招聘以后,不能长久地留在企业工作的问题,是受我们的后勤保障、帮办服务不到位等一部分原因而导致的。

建议:

一、建设人才公寓，由政府出面或牵头各企业统一建设公寓楼房，或者是租赁微利房，让开发区各企业单位的外聘人才集中居住，配套完整的娱乐健身设施场所，让各类人才更好地相互交流，一同发展。如能很好地解决年轻外来人才住房的问题，使其个人活动居住空间更加宽阔，则可以更好地融入当地的环境，增加对当地企业的归属感、亲切感，进而减少人员流动和人才流失。

二、关于人才的出行问题，外聘人才多为徐州市区人，也有许多其他省份人士，每往返一趟需要从开发区出发，转到县城坐车，然后发车徐州。现沛县的道路建设改善明显，又新开通快速通道 272 省道，由沛县直达徐州。如能开通开发区到徐州班车，将沛县和徐州连通起来，每周定点的几个班次，集合整个开发区的企业，联合起来，统一进行安排。这样，各单位的人，知道何时何地到哪里去等待班车，方便开发区人士出差、周末休息及上下班，这样就能很好地解决出行不便的问题。

关于加快培育支持本地传统行业做大做强高新自动化发展的建议

单东峰

近年来,在县委、县政府领导下,我县把改造和提升传统产业作为落实科学发展观,推进新型工业化的重要任务,下大力气抓传统产业的改造提升,通过项目建设,增强了产业发展后劲;通过园区建设,打造了产业聚集平台;通过重点扶持,帮助企业解决了困难;通过推进改革,激发了企业活力;通过优质服务,优化了发展环境。特别是通过开展保增长、调结构、抓项目、强园区,全力打好工业发展攻坚战活动,进一步提高了工业经济发展质量,增强了工业企业核心竞争力,使传统产业的规模、质量和效益明显提高,为促进我县经济社会发展做出了重要贡献。

我县传统产业发展存在的问题:

实现经济发展方式转变,应着力解决传统产业存在的困难和问题。一是龙头企业少,带动作用差,这和我县的经济定位很不相称。二是产品结构层次较低,高附加值产品较少。三是创新能力亟待提高。多数企业研发投入比例不高,自主创新能力较弱,新技术、新工艺推广速度不快,产品更新换代周期长。四是驰名商标、名牌产品较少。与先进县城相比,无论数量还是知名度,我县都有不小差距。五是发展环境尚需优化。我县虽然出台了一些优惠政策,但吸引和激励作用不够,一些部门服务意识不强。

建议:

一是依靠技术改造推进传统产业升级。我县有很多传统企业具有做大做强的条件,要找准制约传统产业升级的关键技术瓶颈,加快新型制造工艺、流程的研发和推广应用。对照技术标准和产业政策,狠抓企业的节能降耗和减排治污,加快推进节约生产、清洁生产,提高资源综合利用水平,努力形成低投入、高产出,低消耗、低排放,可循环、可持续的发展方式。二是运用高新技术促进产品升级换代。以高新技术、高附加值产品研制为重点,开发一批拥有自主知识产权的产品和技术，并积极推广应用，促进产品的升级换代。从行业、企业两个层面，促进信息化与工业化的全方位、多层次、高水平融合。运用信息技术提高生产过程自动化、控制智能化及管理信息化水平，提高传统产业的生产效率和产品质量。选择一批有条件的企业开发推广应用电子信息技术，支持企业建立以设计开发、生产制造为核心的制造集成系统，以财务、成本、人事为核心的经营管理系统，以电子商务为核心的营销系统，提高企业生产技术和管理水平。

从我县园区发展现状看，目前已完成产业集聚的初级阶段，今后应通过市场机制的作用和政府规划与政策的引导，促进产业由集聚向集群发展。一是下大力气培育一批年销售收入超百亿企业。这部分企业侧重于关键技术研发、核心部件制造和整机组装、市场销售等，这既有利于其自身的成长壮大，又能带动本地企业乃至整个产业升级改造和发展。二是培育一批小而精、小而专、小而特企业。根据我县产业特点和骨干企业情况，选择一批中小企业作为培育重点，鼓励企业瞄准龙头企业配套业务，搞好新产品开发，提高配套能力，加快自身发展。三是大力推进企业间的配套协作。运用市场手段和政府调控职能，加强我县龙头企业与配套企业的合作，在全县范围内合理配置各种生产要素，形成以专业化分工和社会化协作为基础、大中小企业共存、不同类型企业共生的产业链，推进我县传统产业的改造提升和发展。

因此，应切实解决这些传统产业升级改造中存在的重点问题。

关于鼓励企业积极申报高新技术企业的建议

梅　亮

沛县高新技术企业39家,仅占规模上企业(499家)的7.8%。2016年,全县高新技术产值535.74亿元,仅占工业总产值的30%,低于全省11.5个百分点。今年上半年高新技术产业产值占规上工业产值比重为29%,低于全市平均水平。沛县工业产品大多数以原材料、中间产品为主,高耗能和资源消耗类产品比重大,高技术含量高附加值产品所占比重较低,终端消费产品和市场畅销的品牌产品少。总结存在以下情况:

一、高新技术企业数量少、规模小,产业关联度不高,对全县经济拉动能力不强。

二、高新技术企业发展仍比较缓慢,产品结构单一,核心竞争力不强,发展易受制于人。

三、人才缺乏,投入不足,技术研发和创新能力相对薄弱。

四、科技服务业发展滞后,创新平台建设有待加快。

建议:

一、产业集群培育工程。重点从壮大骨干企业、引进优势企业、培育中小企业、扶持服务企业、推动产业升级或衍生新兴产业等几个方面展开,围绕产业链,做大做强一批高新技术企业,增强产业集中度。

二、技术创新能力提升工程。大力建设企业研发与技术创新平台,推进专业化、国际化的公共服务体系建设,建设软件、物联网等专业化的公共技术服务平台,为企业发展不同阶段提供有针对性的创新服务。建立完善的技术转移、政策辅导、财务代理、知识更新与培训、项目申报、市场策划、专利申请、成果转化、技术检测、质量认证和融资上市等现代科技创新服务体系。

三、科技金融促进工程。建设科技风险融资平台,针对科技项目的研发、科技成果的转化、高新技术企业的发展壮大中存在的资金不足、贷款困难的问题,为高新技术企业提供全方位的科技金融服务。

四、发展环境优化工程。加强部门联动和资源整合。科委、发改委、财政局、经信委、国税局、地税局等区级有关部门将大力协同、密切配合,示范推广、政府采购和补贴等方面,加大扶持力度,营造加快高新技术企业发展的良好环境。科委要切实发挥牵头组织和统筹协调职能,打破部门、地域和行业局限,把高校、院所等各方面力量和资源组织调动起来,共同服务于我县高新技术企业发展。

五、切实加强领导工程。建立县高新技术企业发展领导小组;加强对高新技术企业发展工作的领导,研究解决高新技术企业发展中的重大问题。做好高新技术企业发展目标任务的分解落实工作,建立高新技术企业发展目标考核体系,将高新技术增加值在工业增加值中的比重、人才引进、孵化器建设、科技成果转化、企业研发机构建设和研发投入等作为考核指标,实行定期考核,加强督查工作。

关于建设临聘教师人才库的建议

蒋　萍

国家二孩政策放开以来,教育界迎来了女教师二次产假高峰态势,这对于“一个萝卜一个坑”的教学工作带来严重影响。我县中小学女教师比例较大,调研发现,“产假式”缺岗造成的临时性教师短缺情况极其严重,有些农村学校甚至不能正常开展教学工作。为了解决这个问题,有的学校到社会上找代课老师,这些老师的素质参差不齐,严重影响教育教学质量。

教育是发展的未来,师资是教育质量的保证,由此提出本提案。

建议:

一、由政府牵头,建设临聘教师人才库,宏观设计和把握,确保其规范性、制度性和可持续性。

二、由人社、教育等相关部门进行全面普查、调研,综合考虑我县人口出生率预测、学龄儿童增长预测、教师“产假式缺岗”人数预估、教师“产假式缺岗”的岗位比例等情况,为人才库的规模提供数据支持,保证规划有章、实施有序。进而规范“储备库”的管理,包括人员输入、教育技术技能培训、师资薪酬待遇、学校申请流程等工作。

三、储备库人员可由当地师范院校的应届毕业生、毕业待岗的有志愿做教师的师范院校毕业生、有经验的退休教师三类人群构成。

关于统筹教育资源配置　推进教育协调发展的建议

刘家国

近年来,随着我县经济社会的快速发展和城镇化建设的快速推进,广大老百姓共享优质教育资源的愿望和现实供给不足的矛盾成为一个突出的社会问题。主要表现在:

一、县城学校均衡布局滞后。随着城市规模的不断扩大,周边乡村和进城务工人员子女大量涌入,中小学的规模和建设却未能与城镇开发建设同步进行,形成了中小学数量不足,布局不均衡,导致"大班额"现象。个别城区学校的班额还在60人甚至70人以上。

二、教师队伍结构性矛盾突出。由于我县前几年没有按需招聘教师,致使部分学校缺编现象严重。教师年龄结构老化。40岁以上的教师占到了60%以上,有的学校甚至没有40岁以下的教师。学科结构不合理。语文、数学、英语、理化等学科教师年龄偏大、偏多,而音、体、美、信等学科教师明显不足。

三、教师队伍区域结构不均衡。目前乡镇学校教师富余,每个班级学生人数较少,这些教师工作量不大,还有每月400元左右的乡补,职称评定又向乡镇倾斜,所以他们工作上较为安逸轻闲,缺少压力动力。在县城工作的教师对成绩要求高、工作压力大,收入比同样的乡镇教师低,职称评定又遥遥无期,他们有很多的无奈。所以现在极少的乡镇教师愿意到城区学校顶岗支教,县城学校教师的工作动力不足。

建议:

一、加大教育投入力度。一是完善教育投入稳步增长机制。把教育作为财政支出重点领域予以优先保障,加快我县教育发展步伐。二是充分调动社会办教育积极性。鼓励和引导社会力量捐资助学,扩大社会资源进入教育途径,完善捐资教育激励机制,为推进教育均衡发展提供资金保障。三是加快学校合理化布局,杜绝大班额现象。

二、全县统计摸底教师年龄结构以及学科比例。根据实际情况合理招聘引进专业教师,实现城乡教育的协调发展,改变城乡教育资源分配失衡的局面。要改善资源配置机制,促进城乡协调发展,制定向真正缺编学校倾斜的政策,在办学条件、教师资源、学生资源等方面给予实质性优惠,促使教育公平发展。

三、加强教师队伍建设。一是实行教师编制全县统一核编,根据我县教育事业的发展编制设置学校的具体岗位数,按岗位配备教师。二是创新激励机制,调动教师工作积极性。要建立合理的、针对性强的教师激励机制,使各个区域学校的教师都能看到职称评定希望,调动他们的工作积极性。三是规范教师流动,保障教师队伍稳定。优化学校师资结构,有效提高教师整体素质。

关于传统文化进校园　经典诵读进课堂的建议

蔡玉红

近几年,全国从上至下掀起了学习传统文化的热潮。2014 年 3 月,教育部印发了《完善中华优秀传统文化教育指导纲要》的通知,目的就是要贯彻落实党的十八届三中全会关于完善中华传统文化教育的精神,落实立德树人根本任务,进一步加强新形势下中华优秀传统文化教育。2014 年,习近平主席在北京师范大学的讲话中说道:“我很不希望把我们一些非常经典的古代的诗词文化、散文都去掉,加入一堆什么西方的东西。我觉得去中国化是很悲哀的。这些诗词都好,从小就嵌在学生的脑子里成为终生的民族文化基因。”沛县作为帝王之乡、老子隐居之所、武术之乡,蕴含着非常丰富的传统文化底蕴。同时我们沛县的父老乡亲把教育子女作为人生的重要任务,为子女能成龙成凤倾尽财力、物力、精力,苦苦寻觅教育之道。

建议:

一、提议政府倡导,教育局实施,让传统文化进小学,进幼儿园,使更多的孩子从小打下坚实的国学根基,体验、感受传统文化博大精深的魅力。在古城沛县掀起以学校为主导,以家庭为单位,全民读国学经典的风气。弘扬国学文化,致力于打造书香家庭、书香沛县、书香中国。

二、可以先试点,再推行。教育局可以先选几个小学或小学中的几个班级,来推行国学(幼儿园也可以同样选择)。取得经验后,再全面推广。经实践证明,传统文化进校园、幼儿园已取得了很好的成绩,而且效果明显,这点可以考察已实施的学校(如河南省信阳市春华二小、商丘永城二小等)。

三、国学经典的宣导。为了更快更好地落实到实处,首先要改变校长、老师和家长的观念。对校长、老师开短期培训班,组织家长听读经典宣导演讲。这一点可以由沛县国韵文化公益协会来负责办培训班和组织宣导演讲。

四、推动学生读经典。学生读经典可以根据校长和老师接受的程度,采用各种形式的读经典方式,如:每天晨读加 10—15 分钟经典诵读,放学前 10—15 分钟经典诵读,每周可以安排 2—3 节课来诵读经典,课余开办兴趣班,课后倡导亲子共读,每天 30 分钟读国学经典。

关于开展青少年心理健康教育提升个人综合素质水平的建议

徐思灿

据平安丰县发布警方通报,11 月 14 日晚一少年刘某某在家中服农药,经抢救无效死亡。近年来,青少年自杀现象一直呈上升趋势。因此,加强青少年心理健康教育,提高个人综合素质水平,既是青少年身心健康发展的需要,又是保证青少年正常学习和交友发展的需要,更是社会经济和谐稳定发展的需要。

建议:

一、加强学校师资的培训,提高教师的心理素质。面对激烈的升学竞争及来自社会各方面的压力,使一些教师产生心理冲突和压抑,导致不适当的教育教学行为,对学生产生不良影响。要用心理卫生的要求严格训练我们的教师,从教育社会学的角度,尽量排除任何诱发、增强及扩大青少年自杀倾向的学校社会环境。

二、减轻过重的学业负担,丰富学习生活,广泛开展适应学生年龄心理特点、需求的各种活动,变封闭式教育为开放式教育,为学生创造能使自己身心潜能得到充分自由发展的空间。

三、将心理健康教育作为各级学校学生的必修课,训练学生应对学习生活中各种压力下的心理承受能力;指导建立可信赖的人际交往关系;教给学生自我情绪调节的方法,如系统放松法、焦虑转移法、情感宣泄法、自我暗示法等;将珍惜青春生命、憎恨自杀行为作为基本价值观念,根植学生头脑。

四、开展形式多样的心理健康教育活动。可通过主题班会、演讲、手抄报、宣传栏、校内广播、心理咨询热线电话、心理讲座等形式,向学生普及心理卫生知识,对青少年进行心理健康教育,促进学生身心健康。

五、加强与学生家长的交流和沟通。学校可通过家长会或是定期与不定期地通过电话、网络或信息与家长建立沟通与联系,及时反馈孩子的变化情况,力争形成齐抓共管、共同协作的局面,共同处理好孩子成长中遇到的心理矛盾。

六、加强心理咨询机构建设。学校应根据规模大小建立专门的心理健康咨询室,由专门的心理教师负责学生的心理健康教育,做到机构到位、人员到位、管理到位、服务到位,使学校的心理健康教育不流于形式。

关于推进我县优质幼儿园占比的建议

王 磊

客观审视学前教育,优质幼儿园的创办工作乃是一个薄弱环节,距离群众让子女享受到优质学前教育的愿望还有一定差距。

一、对优质幼儿园重视不足,学前教育大多由社会力量承办,政府投入的资金和人力较少。

二、多数幼儿园发展的动态监管制度还未健全。

建议:

一、明确政府职责,科学规划布局,把建设优质幼儿园建设工作纳入社会事业发展总体规划考核,并建立督办机制。科学制订幼儿园布局调整规划,将各区域内达到优质民办幼儿园的园所先纳入到规划之中,而后统一管理。

二、加大扶持力度,积极扶持民办幼儿园向优质幼儿园发展。

三、拓宽投入渠道,积极提高优质幼儿园的数量。

1. 鼓励优质公办幼儿园开办分园或合作办园。

2. 制定优惠政策,支持街道或集体开办幼儿园。

3. 利用局部调整后的单位院落资源和其他富余公共资源,优先改建成幼儿园。

4. 可联合办学,委托管理,企业出资,给予一定的优惠政策,委托质量高、社会声誉好的专业力量具体开办。

关于健全城乡公共卫生服务、医疗服务、医疗保健和药品供应保障“四位一体”的基本医疗卫生体系的建议

吴保鑫

根据十九大提出的健康中国目标,健全城乡基本卫生体系十分重要,为实现健康中国目标的基础。但我县公共卫生服务、医疗服务、医疗保健和药品供应保障“四位一体”的基本医疗卫生体系还不完善。各级医疗卫生专业人员缺乏,例如五段、魏庙卫生院还缺少影像诊断医生,王店、崔寨、河口等卫生院基本产科功能不能完全胜任;因此出现上级医院转诊至基层卫生院,基层卫生院无法接得住。必须加强基层卫生院建设,同时加强其药品供应支持,才能实现我县公共卫生服务、医疗服务、医疗保健和药品供应保障“四位一体”的基本医疗卫生体系完善。

建议:

一、在目前县级医疗机构及各个基层卫生院专业人员短缺的现状不能短时间解决的前提下,进行卫生系统信息化建设是解决目前问题的重要方法。

1. 加大卫生系统信息化建设投入,依据完善的健康信息系统平台,建立智慧医疗系统,通过智慧医疗系统的应用推广,规范了医院流程,从医生角度来说,减小了劳动强度,规范了诊断内容,方便学术交流,可以对基层卫生院人员每天培训,极大地提高了工作效率。医院管理者可以从繁重的文字工作中解放出来,可以实时、准确地获取来自全院的各方面信息,从而及时将医院的各项管理调整到最佳运行状态。医院将不再仅仅是一个看病的场所,而是发展成为集医疗、保健及健康咨询为一体的服务型机构。而且最终医院上下实现的无纸化办公及无胶片存储,大大地降低了医院的成本,提高了医院的工作效率。县乡两级医院相互联系,资源共享,提高服务水平。

2. 卫生主管部门利用信息系统对公共卫生服务水平、医疗机构管理、医疗服务指标、药品供应要求进行实时监管,杜绝不规范行为。

二、加强卫生系统法制建设。

1. 进行卫生法规宣传，使广大群众能够知晓卫生法规，知晓人人享有基本医疗卫生服务，使卫生部门工作时时得到监督。

2. 对医疗机构、医务人员、公共卫生服务人员及药品采购人进行依法管理，所有事情均在法律、法规框架内执行。

关于消除义务教育阶段“大班额”的建议

刘传峰

教育部规定:小学每班不超过45人,中学不超过50人。从教学管理和学生的身心发展角度来说,这样的规定非常好,应该支持。但是,近年来,由于计划生育二孩政策的实施,农村孩子出生的数量在逐渐增加,还有,随着社会的进步和人民生活水平的提高,城镇化发展趋势日益增强,越来越多的人口向城镇集中,导致教育资源相对短缺,形成一定数量的大班额现象,有的班级超过60人。

建议:

一、规范招生行为,各学校严格按划分区域招生,根据适龄学生人数、学校分布、学校规模、交通状况等因素,按照免试就近入学原则,小学每班不得超过45人。严格落实学生学籍管理,各学校在新生入学后,坚持“一生一籍,籍随人走”。严把转学入口关,控制学生入学后的转校行为,对已经达到班额上限的中小学校或班级,原则上不得再接收转学学生,防止人为造成大班额。

二、加快学校建设,科学规划义务教育学校布局,积极协调镇内学校建设用地,加快推进学校建设。根据学校实际情况,进一步优化义务教育学校新建、改扩建项目及“全面改薄”项目的建设规划,通过实施新(改、扩)建城镇所在地学校等措施,切实改善办学条件和增加学校容量。

三、推动均衡发展,全面加强教师队伍建设,全力推进教师资源均衡配置。统筹管理和科学使用编制,加强教职工编制管理。按照“严控总量、盘活存量、优化结构、增减平衡”的原则,为镇内各学校配齐配足教职工,确保中小学教职工编制标准配备;按照教职工与学生比例和教职工与班级比例相结合的方式核定教职工编制。在全县范围内统筹中小学教师资源,确保基本开齐开足国家规定课程,努力缩小班级、校际之间师资差距,并由此引发的大班额问题。

四、强化责任监督。县政府建立解决大班额问题长效机制,实行消除大班额工作台账制度,对大班额学校进行销号管理。

关于进一步推进全县幼儿园健康发展的建议

刘 梅

近几年,我县在学前教育方面做了大量的工作,特别是在2016年推行普惠性民办幼儿园政策以来,受到了家长和幼儿园的高度好评。总体上看,目前我县覆盖城乡、布局合理的学前教育公共服务体系已经初步形成,学前三年毛入园率达到90%以上,但仍然存在着一些问题,主要表现在:

一、多数民办幼儿园不是普惠性幼儿园,监管难度大。硬件设施设备较差,师资力量薄弱,为实现营利目的,不同程度存在“小学化”教学倾向,保教质量无法保证。

二、教师专业化水平低,师资队伍建设跟不上,不能达到两教一保,教辅人员不能专职上岗,兼职严重。

三、临聘人员工资福利待遇太低,流动性大。

建议:

一、加强领导,形成合力。建议县政府进一步加强对学前教育的领导,明确各镇(街道)对辖区民办幼儿园的监管责任。全面落实分工合作、协调联动、依法管理的学前教育管理机制。

二、加快建设,改善办学条件。建议县政府落实学前教育投入的主体责任,将学前教育纳入财政保障体系,重点加大对农村公办幼儿园的投入力度,为农村园的办园条件持续改善提供资金保障。

三、坚持多措并举,提高幼儿教师的社会地位和待遇,以此留住优秀人才,解决幼儿教师流失率大的问题。

四、制订规划,逐年加大幼儿教师的招录比例,解决师资不足的问题。加大在园幼儿教师的培训力度,增强保教质量。

关于进一步加强我县中小学心理健康教育的提案

徐思灿

近年来,因青少年心理健康问题而引发的暴力事件、伤害事件让人触目惊心,青少年心理健康教育问题成为一个需要普遍重视的问题。中学生产生心理问题的主要原因:

一、个人原因:青春期的到来,生理发育加速,中学生成人感的意识增强,而心理发育迟滞于生理发育,不能同步发展带来了一系列问题。

二、家庭原因:缺乏父母陪伴,精神生活和心理需求得不到满足,对网络的依赖使部分青少年长期处于虚拟状态而影响其正常的认知、情感和心理定位。

三、社会原因:社会发展快,生活节奏快,成人压力大,精神焦虑,无形中带给中学生很多负面情绪,导致中学生经常出现社会适应不良,有些甚至出现早期的偏执或反社会人格。

建议:

一、在全县初高中学校范围内配齐心理教育教师,将中学生心理健康教育纳入对学校的综合考核,促使各学校重视心理健康教育。将心理健康教育作为各级学校学生的必修课,训练学生应对学习生活中各种压力下的心理承受能力;指导建立可信赖的人际交往关系;教给学生自我情绪调节的方法,如系统放松法、焦虑转移法、情感宣泄法、自我暗示法等;将珍惜青春生命、憎恨自杀行为作为一个基本价值观念,根植学生头脑。

二、开展形式多样的心理健康教育活动。可通过主题班会、演讲、手抄报、宣传栏、校内广播、心理咨询热线电话、心理讲座等形式,向学生普及心理卫生知识,对青少年进行心理健康教育,促进学生身心健康。

三、加强中小学心理健康专题教育。初中学段每学期心理健康课程或专题活动时间不得低于6课时。积极开展个案辅导和小团体辅导。各中小学结合学生心理状况实际积极开发心理健康教育学校课程。心理健康教育课程由专兼职心理教师承担,心理健康教育班会课等专题活动由班主任等承担。提倡全体教师在各学科教学中遵循心理健康教育规律,将适合学生特点的心理健康教育内容有机渗透到日常教育教学活动中。

关于提升县急救医疗中心应急保障能力的建议

燕晓君

2020 年 1 月 22 日,我县新型冠状病毒肺炎疫情防控工作会议召开,一场疫情防控的人民战争全面打响。卫生医疗部门全员发动、全力以赴抓好疫情防控工作。县急救医疗中心首当其冲,始终冲在一线,发挥了至关重要的职能作用。中心科学统筹、抓好预判,超前部署,在第一时间培训全站人员防护技能和车辆消杀维护工作。县政府采购的两辆救护车(一辆为负压监护型)在第一时间投入运行。在人员紧缺的情况下,抽调 3 组人员专门承担疑似或确诊病例的转运工作。疫情不除,人员无休,并做到医护人员零感染。为打赢新型冠状病毒肺炎疫情的总体战做出了应有的贡献。

但是通过这次疫情来看,中心的整体保障能力还存在诸多制约因素,亟待解决。主要表现在:

一是资金保障困难。据调查,疫情防控工作启动至今(1 月 22 日—3 月 23 日)急救中心院前县内接诊人数 2738 人次,空车数 386 次;接送确诊病人去徐州诊疗 16 次;到徐州车站、机场接回国人员 29 人次。用于防护服、隔离衣、口罩、护目镜、手套、鞋套、帽子等防控物资的开支费用就高达 341530 元,油耗近 17.6 万元。日常运转经费依赖于收取病人的费用及两家县级医院补贴维持。

二是医护人员短缺。县急救医疗中心于 2004 年 8 月经县编委批复成立(沛编〔2004〕号),为副科级差额拨款事业单位。核定编制 30 人,实有在编职工 33 人,借用 3 人,临时工 3 人,共 39 人。其中:行政 7 人,医生 6 人,护士 8 人,驾驶员 7 人,调度 8 人,后勤 3 人。

三是办公条件紧张。实有救护车 7 辆,年行驶 50 余万公里,车龄 5 年以上的 3 辆,车况不佳,无法更新车辆。中心现无办公用房,借用县人民医院科研楼一楼办公、二楼值班。

四是承担任务繁重。中心成立以来,在院前急救、转运病人、政府活动等方面长期发挥着重要作用。据统计,除正常接转诊以外,去年以来(2019. 1. 1—

2020.2.21)仅参与县内应急医疗保障多达79次,做到零差错。

为全面打赢疫情防控的阻击战和总决战,全面提升中心的服务水平,建议如下:

一、纳入财政预算。建议县委、县政府将该中心运行费用纳入年度财政预算。彻底解除后顾之忧,保障中心的正常运转,让他们全身心投入工作,为人民群众提供更为优质、便捷的医疗服务。

二、充实医务人员。通过统一招录,充实责任心强、业务水平高、政治素质强的新生力量,打造一支政府放心、社会认可、人民满意、敢打能胜的急救队伍,最大限度地保障广大急诊急救患者的健康,更好地为县委、县政府重大活动提供医疗保障。

生态卷：和谐共生

坚持生态优先　引领绿色发展

打造江淮生态大走廊最具特色的“绿色地标”

季忠义

江淮生态大走廊,是南水北调工程最重要的水源地和清水走廊,对保障沿线水域生态环境、促进南水北调水质稳定达标具有重大意义;建设江淮生态大走廊,是对接长江经济带、淮河生态经济带的国家战略,探索流域可持续发展的重大实践;是沿线地区破解环境资源约束,实现经济转型、社会发展的重要抓手;是保护世界文化遗产、彰显运河文化的重要载体。我县把参与江淮生态大走廊建设作为生态文明建设的龙头工程,成为徐州市唯一的国家生态县。为推进生态建设,引领绿色发展,把我县打造成江淮生态大走廊最具特色的“绿色地标”,我们组成专题调研组,分两次到省内外沿江沿湖地区开展考察学习,汲取先进经验。并结合我县实际,提出建议和意见。现将有关情况汇报如下:

一、外地成功经验

(一)安吉:生态立县,中国美丽乡村建设开先河

浙江省安吉县是习近平总书记“两山”思想的诞生地,首个全国生态县,全国首批生态文明建设试点县。2017 年 9 月 21 日,全国生态文明建设现场推进会在此召开,该县被命名为全国首批“绿水青山就是金山银山”实践创新基地。创造性地走出了一条城乡统筹、一二三产业协调发展、生态文明建设与中国美丽乡村建设互促互建的发展路子。

该县坚持突出乡村、淡化城市,致力于打造一批特色产业明显、生态环境优异、百姓生活和美的风情小镇集群,形成县、镇、村三级互动的新农村建设格局。一是既重视自然资源禀赋,又注重历史文化资源发掘。不仅突出了当地的特色,也体现了科学的生态理念。依托丰富的资源,大力发展特色产业。竹林面积 100 万亩,以不到 2% 的立竹量创造了全国 20% 的竹产业总产值,30 万竹农经营,1500 余家加工企业,竹产业总产值 155 亿元,为全县农民增收 6500 元。白茶种植面积 10 万亩,加工企业 350 家,形成了“公司 + 基地 + 农户”的生产模

式,产业链从业人员 20 余万人,为全县农民人均增收 2000 元以上。同时,该县创造性地初步形成了东北民间民俗文化区域、西北书画艺术区域和西南竹文化区域等三大特色文化区域。全面开展中国生态博物馆试点建设,使安吉成为全国 4 个中国生态博物馆建设试点之一,这也是东部地区唯一的一个。目前,由 1 个中心馆、13 个专题馆、22 个村落馆构成的生态博物馆体系已基本形成。二是既注重总体规划统领下各种规划的彼此衔接,又特别注重高标准、全覆盖的建设理念。制定了《安吉县建设中国美丽乡村行动纲要》,编制了《安吉县中国美丽乡村建设总体规划》,以及县域总体规划、土地利用总体规划、生态文明建设规划、生态博物馆建设规划、新农村示范区建设规划纲要、村庄布局规划、旅游规划和其他各类基础设施、公共服务专项规划。规定各创建村美丽乡村建设规划设计不到位、城乡规划和土地利用规划条件不符合,就不得开展创建。

安吉县坚持生态立县、绿色发展的战略是贯彻落实科学发展观的具体体现。坚持一张蓝图绘到底、一届接着一届干,这在注重 GDP 的政府考核机制下,难能可贵。坚持自然和人文资源并重共用的发展理念是推进经济、政治、社会、文化、生态五大文明建设的可贵实践。

启示之一:一份好规划。坚持规划先行的品质发展道路是党政领导干部正确政绩观和价值观的鲜活范例。坚持不规划、不设计,不设计、不施工,值得总结推广。

(二)宜昌:修治并重,率先实现三级河长制全覆盖

宜昌是全国水库大市,共有水库 455 座,其中大型水库 7 座、中型水库 31 座、小型水库 417 座。全市长度大于 5 公里的河流有 432 条,总长度 6607 公里。一是在全省率先全面推行河长制。大力开展长江生态环境修复和三峡生态治理"宜昌试验",加快实施宜昌城区长江岸坡生态治理工程,按照生态优先、多规融合、综合治理的原则,对点军区葛洲坝坝下至艾家镇与宜都红花套交界处 21.5 公里及西坝南岸 3 公里长江岸线进行生态治理,打造长江经济带保护发展生态示范项目。二是严格监管和执法。对已经办理涉水事项审批的,加强事中事后监管。对未集中入驻工业园区和聚集区的项目一律不得补办审批手续。依法查处在江河、湖泊、运河、渠道、水库最高水位以下的滩地和岸坡堆放、存贮固体化工废弃物和污染物的水事违法行为。三是加强禁采管理。在全省率先明确长江非法采砂可以追究刑事责任,确保长江禁采秩序稳定可控。

启示之二:一条严措施。出台"史上最严"的项目审批措施。严格涉水项目审批,严禁在长江、清江及其主要支流沿江 1 公里范围内进行重化工及造纸行业涉水事项审批。

(三)岳阳:市县共建,把水资源作为最大的民生来保护

湖南省岳阳县按照“保民生、保水质,两保并重”和“市县共建”的原则,把铁山水资源作为最大的民生来保护。通过“六控一治”即控迁、控建、控伐、控采、控工、控养和治污,强化综合整治,强力推进铁山库区水资源保护工作。目前,铁山水库水质为地表水Ⅱ类水质标准,90%以上的水质评价指标能达到Ⅰ类,完全符合集中式饮用水水源地质要求,且水质呈现进一步向好趋势。

启示之三:一条好原则。坚持问题导向,做好生活污水分流和治理工作,加强地表水和饮用水水源地环境治理。

(四)鄱阳:让生态之花在鄱阳湖绽放得更加美丽

江西省鄱阳县牢固树立生态立县、绿色崛起理念,努力构建生态产业体系、生态环境体系、生态人居体系等三大体系,积极打造生态文明建设新高地。一是积极擦亮“全国绿色能源示范县”品牌。立足打造中国南方光伏发电之都,把新能源产业放在优先发展的地位。在鸦鹊湖、饶丰等乡镇引进光伏发电项目8个;积极与电力行业大型国企洽谈,筹划在莲湖、双港、游城等乡镇建设风力发电站。引导传统制造业项目转型升级,通过新技术、新产品,企业效益实现了翻番。二是划定生态空间保护红线区。书写治山理水、显山露水的新篇章。去年完成造林面积5万亩,面积居全市第一;全面启动珠湖、东湖水环境综合治理项目和“河长制”管理工作,实施游船“油改气”工程,确保群众喝上放心水。三是全面推进环境保护大检查。按照“全覆盖、零容忍、严执法、实整改”的要求,查处各类违规违法排污企业。去年全县化学需氧量、氨氮、二氧化硫等主要污染物排放总量减少近千吨。

启示之四:一个好品牌。建立以政府为主导、群众及志愿者广泛参与的环境保护体系。该县保护“一湖清水”志愿服务项目荣获“全国优秀志愿服务项目”,受到中宣部等单位表彰。

(五)洪湖:促进人、鱼、水和谐共生

近年来,湖北省洪湖市坚持“健康养殖、生态洪湖、绿色发展”的主题思路,以创建生态文明建设示范市为抓手,以生态文化建设为支撑,加快渔业转方式调结构,着力推动渔业绿色发展、循环发展、低碳发展,全面推进渔业生态文明建设。1. 制订方案,明确工作目标任务清单。制订了推进渔业生态文明建设的实施方案,明确了工作目标、工作任务和工作措施。实现工作目标和任务的清单化。2. 立足现状,全面推进生态健康养殖。重点推广种青(菜)养鱼、河蟹“3+5”生态养殖、流水养鱼和稻虾、稻鳖、稻蟹、稻鳅等稻田综合种养模式。积极开展渔业清洁生产、节能减排。开展健康养殖示范县、示范场创建工作,成功创

建为全国首家农业部渔业健康养殖示范县，拥有部、省级渔业健康养殖示范场30家，健康养殖覆盖率达98%；建立生态健康养殖标准化体系，指导渔民规范生产。3. 统筹兼顾，强力推进渔业资源养护。强力推进大湖拆围。目前，全市1968户养殖户、11.2万亩围养面积，现已拆除11.08万亩，拆除率达99.3%；取缔珍珠养殖和投肥(粪)养殖。进一步强化洪湖国家级水产种质资源保护区、杨柴湖沙塘鳢刺鳅国家级水产种质资源保护区和红旗湖泥鳅黄颡鱼国家级水产种质资源保护区的建设和管理。4. 依法治渔，全力履职监管。强化对苗种、产地环境、渔业投入品、生产过程、产地准出等环节的全程监管。建立养殖水体检测与监管长效机制，选定4个常年监测点和3个动态监测点，常年开展水质监测，确保养殖水体达标排放。

启示之五：一项好产业。发挥水产资源优势，大力实施生态文明建设工程，深入推进平安渔业建设，巩固“全国平安渔业示范县”创建成果。

(六)武进：“三四五”助推生态文明建设

常州市武进区曾被评为国际花园城市、国家生态区和“十二五”首批生态宜居区。三大联动机制增强惩治合力。建立横向联动、内部联动、上下联动机制，加强与公安、法院和农林等行政执法机关的协同合作，确保生态环境资源类案件查办的顺利推进。四项办案措施提升办案效率。一是成立生态环境资源类案件专业办案组。确保证据收集准确、及时、全面。二是开通办案绿色通道，确立环境资源类案快捕、快诉制度。三是创建“六位一体”办案模式，构建起以侦监、公诉专门办案组人员为主导，以乡镇检察室、民行、预防、控申派员协助参与的“六位一体”办理格局。四是建立类案联席会议制度。由公安机关、法院、区环保局、渔政部门等共同参与，交流案件信息、定期研究解决办案中的难点、热点问题等。“五个一”制度延伸预防触角。一案一走访：深入了解案发原因、社会危害性，找准办案最佳结合点，取得最佳办案效果。一案一研判：健全个案风险研判和预警机制，对每起环境资源类案件的办案时机、办案方法等做出风险评估预判，选择最佳办案方式。一案一总结：对办案中遇到的法律适用、环境恢复、联合执法、公益诉讼等问题进行汇总分析。一案一宣传：做到“办案一件、教育一片、治理一方”。一案一预防：及时将类案办理中发现的犯罪新情况、新特点、新手段反馈给相关部门。

启示之六：一套好机制。针对生态资源环保类案件，积极探索建立了上下联动的办案机制，努力为居民营造“天更蓝、水更清、山更秀”的宜居环境。

(七)京口区：四大工程打造“山水形胜、魅力京口”

围绕“山水形胜、魅力京口”这一主题，加快打造山水特色更加凸显、城乡环境明显改善、示范效应显著增强和生态理念深入人心的宜居宜业新京口。2014年,京口全面启动《生态文明建设三年行动方案》,着力推进“四大工程”。一是青山碧水蓝天提升工程。做美城中山,着力推进辖区内山体综合整治,打造了京岘山、象山、禹山等多个亲近自然、视觉通透的开放式山体公园。打造景观水,积极实施“两横四纵”水系整治,完成清水通道建设、虹桥港(胜利港)生态修复工程等一批重点水环境治理项目,辖区水环境质量显著提升。保护蔚蓝天,积极开展重点企业污染防治,完成谏壁电厂超低排放工程;推进餐饮油烟专项整治、道路扬尘专项治理,全面完成燃煤锅炉淘汰、黄标车专项整治任务以及中央环保督察组交办整改问题。二是城乡环境综合整治工程。重点实施谏壁片区生态环境综合整治,治理关停污染企业,加快推进化工园区周边居民搬迁工作,完成谏壁节制闸建设,加快实施翻水河南岸城中村改造、谏壁地区老旧小区整治等。积极推进城东片区综合整治,进一步规范建筑和生活垃圾处置,重点整治了影响市容环境的无证无照生产经营加工点。大力实施城市环境综合整治,切实改善了市容市貌。三是生态试点示范建设工程。加快建设节能低碳企业,完成谏壁电厂、鸿泰钢铁、鼎胜铝业等重点碳排放企业碳资产管理系统建设,推进企业自愿性清洁生产审核、企业强制性清洁生产审核。全面淘汰Y系列在用电机。积极实施循环化改造工程,京口工业园区和索普化工基地顺利建成市级循环化改造示范园区。推进“金屋顶”光伏电站建设,索普集团、机关大楼完成“金屋顶”工程建设。大力推进绿色建筑建设,累计完成绿色建筑45万平方米以上。四是生态文明理念传播工程。将生态环保知识列入全区党政领导干部教育培训计划,多次利用京口讲坛邀请省级以上专家、学者、全国优秀环保志愿者对全区副科级以上领导干部进行了专题环保讲座。广泛开展“每周少开一天车”低碳出行、“发展低碳精神,建设低碳社会”等主题活动。全区已累计创成省级绿色学校13家、市级绿色学校37家,创建率100%。已创成国家级绿色社区1家、省级绿色社区18家、市级绿色社区14家,建成生态文明主题广场12个、市级以上环保“一条街”6条。

启示之七:一套好载体。精选项目载体,科学分步实施,不断强化群众环保意识,形成爱护环境和保护环境的良好社会氛围。

(八)姜堰区:“六位一体”创建“国家生态文明建设示范区”

姜堰区被国家环保部正式命名为首批“国家生态文明建设示范区”。国家生态文明建设示范县(市、区)是国家生态县(市、区)的“升级版”,是推进区域生态文明建设的有效载体。根据国家生态文明建设新形势、新要求,遵循创新、协调、绿色、开放、共享的发展理念,从生态空间、生态经济、生态环境、生态生活、生态制度、生态文化六个方面，环保部分别设置10大类37项严格的国家生态文明建设示范县(市、区)创建考核指标。

该区集水乡、湿地、生态、古镇为一体，是最具风情民俗文化旅游目的地，拥有众多国家级旅游景区。区内溱潼古镇是中国历史文化名镇，溱湖国家湿地公园是5A级旅游景区、世界闻名的麋鹿之乡，古罗塘景区为国家4A级景区，河横村是联合国生态环境“全球500佳”，中国·姜堰溱潼会船节更有“溱潼会船甲天下”的美誉。2007年，姜堰区启动国家生态区创建工作，2012年12月通过省级考核验收，2013年5月获得省级生态区命名、9月通过国家生态区技术评估，2014年2月在泰州市率先通过国家生态区考核验收，2016年6月获得国家生态区命名。

启示之八：一套好架构。在全国首创村居“两委”设立生态文明委员和环境保护委员，并明确具体职责及运行奖补机制，推行“日巡查、周汇报、月总结、年考核”，填补农村生态环保组织架构空白，推动环保触角向基层延伸。

(九)邗江区：成为“江淮生态大走廊”建设领跑者

“江淮生态大走廊”在邗江境内共有63公里长，它连接着邗江沿湖四镇(街道)经济产业版图，事关北湖地区各镇的产业振兴与生态环境保护战略。为此，各镇(街道)共同推进，不断取得阶段性成果。完成湖区退养还湖2000亩。位于竹西街道境内的江苏华电是传统耗能大户，投资煤改气工程后，1500亩灰池正修复性绿化。总面积120余亩的两个公园建成开放，江苏华电周边新增1.26万平方米的绿化带。公道镇则对与邵伯湖沿线水系连接的九龙湖、白马湖进行驳岸施工，绿化亮化及人造景观建设依次到位，全镇共有20户水产养殖户、40户牧禽养殖户得到补偿，邵伯湖沿线堤脚500米范围内湿地环境得到有效保护。

启示之九：一条好经验。环保部门联动乡镇，抢抓机遇，超前高起点规划，从生态自觉到生态自强，一手治污一手修复，率先铺展开江淮生态大走廊“邗江篇”的蓝图卷轴。

(十)淮安：生态环境，成为淮安的一张绿色名片

坚持在保护中发展、在发展中保护，全面推进生态文明建设，在苏北率先通过国家生态市考核验收，顺利通过国家环保模范城市复核省级评估，获批国家低碳试点城市、新能源示范市、可再生能源建筑应用示范市、生态文明先行示范区和水生态文明试点市。一是矢志不渝推进生态创建。确立了淮安创建国家生态市的任务书和路线图。编制生态建设专项规划4个，将生态优先理念、生态建设举措充分融入城乡建设、产业发展、土地利用等专项规划，市财政每年安

排3000万元生态创建专项资金,生态文明建设投入占GDP比重保持在3.5%以上。二是坚持不懈改善生态环境。“蓝天工程”“碧水工程”“美丽乡村工程”“环境监管工程”等“十大工程”,不断推进,为淮安不断改善生态环境质量打下重要的基础。三是全民动员构建共建共享。在决策上,坚持将生态、环境、资源三种因素作为各级党委、政府重大决策的重要评价依据;在政策上,坚持以差别水电价、绿色信贷、资源补偿三方面政策作为重要的经济调节杠杆;在源头上,坚持严把工程项目准入、环境设施建设、污染达标排放三个关口,严守发展底线;在推进上,坚持把目标导向、多元投入、公众参与作为三个重要工作抓手。

启示之十:一个好网络。组织开展绿色企业、绿色机关、绿色社区、绿色学校、绿色医院等“十二大”绿色建设活动,形成了从机关到企业、从学校到社区、从家庭到社会全覆盖的生态文明教育网络。

二、我县基本情况

“江淮生态大走廊”按省市规划,沛县主要涉及京杭运河与黄河故道沛县段,涉及沛县10个镇(龙固镇同属两大水系),总人口67.3万人。其中,京杭运河沛县段全长60公里,涉及五段镇、魏庙镇、胡寨镇、大屯街道、杨屯镇、龙固镇;黄河故道沛县段33公里,涉及栖山镇、鹿楼镇、朱寨镇、安国镇、龙固镇。

近年来,我县把生态文明建设放在突出地位,形成了绿色发展的理念,按照省市建设工作部署,积极参与江淮生态大走廊建设,全面落实“两减六治三提升”行动,加强生态保护和环境治理,着力打造良好人居环境,实现生产方式和生活方式向绿色化转变,加快打造淮海经济区最具竞争力的新型工业化基地、徐济之间最具带动力的宜居宜业福地,建设“强富美高”新沛县,开启“三地一新”新征程。在生态文明建设、交通路网建设、产业转型升级、城乡统筹发展、文化旅游融合发展等方面取得了一定的成绩。但也存在着发展理念有待提升、机构机制不够健全、规划相对滞后、管控措施急需提高、建设目标需进一步明确的问题。

三、下步工作建议

“生态兴则文明兴,生态衰则文明衰。”以习近平同志为核心的党中央将生态文明建设纳入中国特色社会主义“五位一体”总体布局,确立了“绿色发展”的新理念。我们要牢固树立创新、协调、绿色、开放、共享发展理念,主动融入江淮生态大走廊建设,力争通过3—5年的努力,把江淮生态大走廊沛县段打造成为天蓝水碧、鸟语花香的生态景观走廊,便捷高效、衔接顺畅的综合交通走廊,特色鲜明、产业发达的经济发展走廊,城乡统筹、协调发展的新型城镇走廊,历史文化与现代文化融合发展的文化旅游走廊。

（一）确立一个中心。即以“人民”为中心的生态文明发展理念。十九大报告中指出：“建设生态文明是中华民族永续发展的千年大计。必须树立和践行绿水青山就是金山银山的理念，像对待生命一样对待生态环境。”习近平总书记表示：“坚定走生产发展、生活富裕、生态良好的文明发展道路，建设美丽中国，为人民创造良好生产生活环境，为全球生态安全做出贡献。”随着经济发展和社会进步，人民的环境需求不断提高，优美的生态环境正成为越来越多人的强烈生活需求。拥有天蓝、地绿、水净的美好家园，是每个中国人的梦想。我们要借鉴安吉的成功经验，加大宣传力度，努力营造上下联动、部门协同、全社会广泛参与的工作氛围。

（二）成立一个机构。建议成立由主要领导亲自挂帅的江淮生态大走廊建设工作领导小组。沛县属江苏省与山东省两省交界，省际边界问题由来已久，无论是大运河沛县段还是大沙河沛县段均涉及插花地带，仅在近几年的基础设施建设中，湖西大堤堤顶路涉及山东段11公里没有修铺，大沙河涉及山东段1.5公里没有拓挖，包括地表水厂水源地建设、湖西航道二期、新城区水系贯通等重大工程实施面临诸多困难，协调起来难度极大。因此，为构建和谐省际边界，夯实沿湖地区可持续发展的稳定基础，恳请加快构建高层次沟通协商机制，在更高层面上进行协商沟通，推进江淮生态大走廊战略的深入实施。

（三）建立一套机制。即区域协作机制，实现联动共建共享共赢。江淮生态大走廊建设，对区域发展有很大作用，可以按照生态绿色发展推进。但是，生态大走廊不仅在江苏境内，还延伸到山东等地。我县地处江淮生态大走廊的最北端，两省三县交界之处，尤其是与山东省的微山县交界之处环境复杂，插花地段较多，有些地区还存在边界争议，许多问题并未根本解决，只是淡化搁置而已，一旦开工建设，极易引发新的社会问题。工作的成效直接关系到整个大走廊战略实施的成败。我县与山东微山、鱼台两县地缘相近，文化同源，一衣带水、唇齿相依。许多问题牵一发动全身。因此在交通基础设施建设、环境生态资源保护等方面，必须加大与山东省微山县和鱼台县的联动协作，建立一套切实可行的工作机制，争取更大程度的理解支持和配合，否则，很难实施。

（四）制订一项规划。即《沛县融入“江淮生态大走廊建设”规划》。我县作为江淮生态大走廊江苏省的北大门，应该积极融入全省江淮生态大走廊总体规划中，划定生态保护红线，做好京杭运河沿线生态建设，构建清风廊道、绿色安全屏障。目前，《徐州市融入“江淮生态大走廊建设”规划》已经出台并实施，我县要积极融入、主动对接。借鉴外地成功范例，根据城市功能定位和项目布局，尽快制订《沛县融入“江淮生态大走廊建设”规划》。科学划定优化开发区域、重点开发区域、限制开发区域和禁止开发区域,形成一本规划、一张蓝图。以沿运河、沿故黄河为主轴,着力构建沿河生态保护屏障体系,着力构建沿河集疏运综合交通体系,着力构建沿河绿色生态产业体系,着力构建沿河新型城镇体系,着力构建沿河生态旅游景观体系,努力把江淮生态大走廊沛县段建设成为生态环境更优美、交通网络更顺畅、产业层次更优化、城镇布局更合理、旅游景观更迷人的生态发展走廊。

(五)推行一套措施。1. 提升生态环境质量。以提升水生态环境质量为重点,建立水生态保护网。所有入湖河道水环境质量全面达到地表水三类标准,国考沛沿河李集桥断面、省考丰沛运河张桥断面、大沙河龙固桥断面水质稳定达标,南四湖许庄饮用水源地水质达标,京杭运河清水通道维护区污染达到全面控制。2. 构建生态保护屏障。坚持沿湖生态保护优先原则,优化生态空间布局,实施严格的生态红线保护制度,着力打造“一区、一网、三廊道”生态保护网络,即生态保护先行区、水生态保护网、江淮生态廊道、大沙河生态廊道和徐沛快速通道廊道,坚持生态优先,实施差异化考核,大力发展生态经济和绿色发展,严格生态红线制度,严格环保准入制度,为生态空间留白,确保江淮生态大走廊保护管控制度落实落细,切实提升生态保护水平。3. 加大环境整治力度。一是全面开展河道水环境综合整治,控源截污,生态整治,根本上改善水生态环境。二是开展畜禽养殖污染整治,严格按照禁养区划定方案,对禁养区畜禽养殖场(户),全面实施清理整治,推行生态养殖,减少畜禽污染。三是大力实施村庄环境整治,村庄生活污水集中收集、集中治理,杜绝直排河道行为;实施生活垃圾分类处置,生活垃圾处置率100%。4. 严格环保执法监管。按照环境保护网格化监管体系,严控散乱太小企业死灰复燃,发现一起,清理一起,严控工业污染源,确保污染达标排放,实行生态环境监督考核制度,对环境损害和监管失职行为,实行问责。

(六)打造资源保护、品质兼优的生态景观走廊。集中资源优势,突出绿色生态走廊建设,实施农田林网、道路林网、水系林网“三网合一”绿化工程,加快沿线道路、河流、湖泊两侧绿化带建设,大规模发展大运河、大沙河区域生态林和经济林,把大运河和大沙河沛县段分别建成为东部地区和西部地区纵贯南北的两条绿色生态走廊,成为沛县的生态屏障。1. 大力提升老城区绿化。针对老城区绿化存在的综合功能偏弱、景观质量不高等问题,对城市肌理进一步梳理,进行整体规划和景观润色。围绕棚户区改造,确保每完成一个项目,建成至少1个社区游园。围绕“增花添彩、增绿提质、增文添情”,重要节点留白植绿,对低效绿地进行美化提升。围绕街道绿化美化,对部分缺株较多或严重生长不良的行道树实施补植或更新。2. 构建大生态绿地系统。编制“公园绿地十分钟服务圈”系统规划,合理布局绿楔、绿环、绿道、绿廊等,将自然要素引入城市、社区。新建铁西生态公园、滨河公园三期等13个公园绿地及街头游园;改善人居环境,实施双淀池居住区、雨润城居住区等40个居住区绿化工程;加快城市道路林荫路建设,实施南外环东延等16条道路绿化工程,逐步打造生态园林式的城市生态系统。3. 打造地域性特色景观。按照“生态、精致、时尚”的园林建设定位,以道路、河道、公园、游园、单位庭院、居住区六大类绿化为重点,围绕林荫、彩色、花园、海绵“四类城市”建设,在色彩布局上突出分区规划,打造出“林荫城市绿荫如盖、彩色城市炫彩时尚、花园城市颜值飙升、海绵城市旱吸涝吐”的特色城市。

(七)打造便捷高效、内外衔接的综合交通走廊。沛县地处省际边界末梢,交通逐渐被边缘化。围绕“南北贯通、双向开放,融入徐济、面向全国”的发展目标,进一步提升区域整体发展水平,把握机遇、主动作为。建议:一是向上争取支持,提升交通水平。1. 筹划、研究京九高铁河南省台前站经山东菏泽至丰县、沛县至徐州东站间的高速铁路规划,争取列入国家中长期铁路网规划,解决沛丰两县不通高铁的问题,进一步提升徐州的交通枢纽地位。2. 尽快启动沛丰高速公路研究规划。解决沛县、丰县两个县级城市东西方向缺少高速公路通道的问题,加强与山东方面的沟通协调,争取路段向东与枣庄绕城高速衔接,向西与济祁高速衔接,串联济徐高速、京台高速,构筑徐州北部与鲁皖豫联系的东西向通道。全面提升丰沛两县东西方向通行能力,打通丰沛地区东联山东受制于微山湖天然屏障的陆路通道。二是完善基础设施,打造绿色交通。1. 加快推进湖西航道绿化工程。京杭运河湖西航道全长58.5公里(含铜山段20公里),结合我县“五项行动”和“263专项行动要求”我局将开展湖西航道绿色走廊建设,在航道两侧开展东侧20米、西侧960米的绿化工程建设。2. 加快推进撤渡建桥工程。结合《徐州市撤渡建桥规划实施方案(2014—2020)》内容,本着带动地方经济发展,方便沿线群众出行原则,建设李集桥、农场桥、高楼桥,全部撤销沛县境内现有的10道在册渡口。3. 加快实施生态硬质护岸工程。在满足安全性的同时考虑其生态性,使航道在护岸保护堤防的安全同时考虑正常水位生活场景的设计,尽量利用当地的树种、植物和石料,综合利用,就地取材。4. 提前实施智慧航道工程。通过地理信息平台及后台数据软件的支撑实现相关航道数据数字化,打造成全省“智慧航道”建设的样板。

(八)打造生态导向、产业优化的产业发展走廊。1. 优化生产力布局。构建“一心、三带”生产力布局,着力打造绿色低碳现代产业走廊。沛县中心城区着重加强工业集聚能力,积极培育高新技术产业,加快现代服务业发展,促进产业转型。西部现代农业发展带(黄河故道沿线)大力发展设施农业、特色农业和农副产品加工业。中部综合产业发展带(徐沛公路沿线)依托中心城区和开发区,优化发展光伏光电、铝加工、农产品加工等特色产业,积极培育高新技术产业,逐步实现产业转型。东部旅游休闲产业发展带(京杭运河沿线)以微山湖优美的自然风光为依托,因地制宜培育具有本地特色的休闲旅游产品,积极培育发展观光休闲产业;利用微山湖滩涂地,适度发展光伏发电产业。2. 大力发展现代农业。按照发展4.0版农业的总要求,突出"绿色生产、观光休闲、多业融合、科技示范"发展理念,充分发挥物联网、"互联网+"等智能信息技术在农业发展中的重要作用,实现生产、流通、消费三大领域的相互衔接,加速构建现代农业产业体系、生产体系、经营体系和支持保护体系;进一步提升国家现代农业示范区品位,加快沛县省级农产品出口示范区建设;加快构建"一横五纵"现代农业产业布局,着力打造"一带三区六园"大沙河经济带;完善粮食等重要农产品供给保障机制,构建新型农业经营服务体系;加大农业投入力度,进一步转方式、优布局、调结构,切实提高农业产业综合竞争力,确保现代农业建设迈上新台阶。3. 加速推进新型工业化。加快实施《中国制造2025沛县行动纲要》,围绕"5+2"现代工业体系,大力支持企业科技创新,加强创新型领军企业、高新技术企业培育;加大技改力度,鼓励采用新技术、新装备,加快产品结构调整,延伸补强下游精深加工产业链,培育现代产业集群,打造淮海经济区最具竞争力的新型工业化基地。加快推进光伏发电前沿技术依托应用基地、鑫宇太阳能电池片、中辉太阳能电池片、珀然铝轮毂等项目建设,推动新兴产业高端化发展、传统产业高新化发展。聚焦战略性新兴产业和新兴业态,大力引进新能源、新材料等一批新兴产业项目,不断提升新兴产业贡献率。推进"互联网+制造业",提升铝加工、装备制造等产业层次。加快推进经济开发区创建国家级开发区、杨屯工业集聚区创建省级开发区,加快推进工业集聚区基础设施、标准厂房,做强产业集聚平台,提高产业承载能力。4. 培育壮大现代服务业。进一步完善"333"现代服务业体系,重点培育平台经济、总部经济、楼宇经济、社区服务、健康养老等新兴业态,推进现代物流、科技服务、金融服务等生产性服务业高端化发展,促进社区综合性便民服务、家政服务等生活服务业品质化发展。加快电子商务产业园、临港产业园、中央商贸区、开发区专业市场等服务业集聚区建设,增强集聚区要素吸附能力、产业支撑能力和辐射带动能力;围绕打造区域性商贸物流中心目标,加快沛县港物流园、敬安钢铁物流园等物流园区建设。进一步优化商贸业布局,提升商贸业现代化水平,推进新城区商务区东区、侨城总部经济园、沛县老城区商业综合体等大型商贸项目尽快投入使用。

（九）打造城乡统筹、协调发展的新型城镇走廊。1. 科学规划城镇布局。积极构建空间布局合理、功能分工有序、资源配置优化、公共服务均等、环境优美舒适的城乡统筹发展新格局。加快形成以中心城区为核心、中心镇和特色镇为支撑、新型农村社区为纽带的“1＋5＋209”的城乡发展新格局。2. 促进城镇协调发展。坚持功能完善和产业发展并重、扩容提速和品质特色兼顾，以“加快建设新城区、改造提升老城区、完善配套开发区”为着力点，进一步完善城市交通、文化、生态、环境等综合功能，提升中心城区的区域竞争力和辐射带动力。按照布局合理、规划适度、功能完备、特色鲜明、生态良好的原则，集中打造龙固、敬安、张庄、魏庙、安国等5个中心镇，推进人口、居住、产业集中，配套完善基础设施和公共服务设施，加快发展社会事业，优化人居环境；坚持特色发展、错位发展，支持杨屯、鹿楼、五段、朱寨、张寨、栖山、河口、胡寨等8个镇特色化发展，努力打造经济高效、资源节约、环境友好、设施齐全、独具特色的现代化城镇。3. 加快特色田园乡村建设。加快推进龙固、安国、杨屯、敬安、沛城街道、湖西农场等6个特色田园乡村试点镇（街道、场）试点工作，通过打造特色产业、特色生态、特色文化，塑田园风光、田园建筑、田园生活，建设一批“生态优、村庄美、产业特、农民富、集体强、乡风好”的特色田园乡村。

（十）打造沿河沿湖生态文化旅游走廊。按照文化与旅游、汉风与水韵、项目与资源融合发展的思路，着力打好“刘邦故里、帝王之乡”和“滨湖之城、生态沛县”两张牌，规划建设汉文化景区、沿微山湖生态旅游带、沿大沙河休闲农业观光带“一区两带”三条线，实施汉源三景区、生态三湿地、帝相四古村、休闲八景点“3348”重点项目工程。努力构筑东西两翼比翼齐飞的文化旅游新格局。力争用3—5年时间，将沛县打造成为文化旅游创新区、区域性旅游目的地城市。1. 打造沿河滨湖特色文化廊道。打响汉文化品牌，根据“大汉之源”的文化定位，做好两汉文化资源的发掘、整理、开发、保护等工作。扶持发展沛县体育学校、徐州安保学校、沛县孟坑少林武术学校建设，努力打造国家级武术展演和保安培训基地，打响武术文化品牌。制定文化产业发展规划和优惠政策，做大做强文化旅游、乐器制造两大主导文化产业，提升壮大饮食文化、休闲娱乐、武术展演培训三大关联文化产业。实施文化遗产保护工程，提高大风歌碑、张贞观墓、吕母冢、阎尔梅墓、晓明楼等历史遗迹的文保规格；加大沛县唢呐、古筝、剪纸、武术、泥模玩具等非物质文化遗产宣传力度。2. 打造沿河滨湖黄金旅游线路。强化沛县汉源文化、生态旅游目的地的品牌形象，整合资源打造汉源文化、水韵风光、生态休闲、民俗风情、特色物产等系列旅游产品品牌，打造一批品牌旅游目的地、品牌旅游线路、品牌旅游企业、品牌旅游节庆。加强与“一带一路”沿线省市、国家和地区的旅游合作,提升沛县旅游业的区域、国际影响力。借助市、省、国家级平台,加大沛县旅游境外推广力度。邀请长三角、京沪高铁沿线、陇海高铁沿线等地旅行商到沛县考察体验旅游产品,开发旅游新线路。争取“江苏人游江苏”等活动向沛县覆盖,加大重点旅游节庆的服务、支持力度。

3. 打造沿河滨湖生态景观系统。加快推进沛县沿河滨湖城市新组团向微山湖拓展,推进沛县县城引湖入城东向发展、建设滨湖中等城市,做好“滨湖”“亲水”“湿地”特色文章。沿微山湖生态旅游带重点加强水源保护和生态建设,严守“湿地、生态红线”;沿大沙河乡村旅游带重点打造优质果品、设施瓜菜、特色水产,真正实现“点‘绿水青山’成‘金山银山’”。打造安国湿地具有青山绿水特色的生态旅游基地。推进旅游与文化、农业、工业、康体养生、商务会展、互联网等产业融合创新发展,实现由观光客向度假客转变。

让科技创新成为引领县域发展的第一动力

吕丕江

科技创新是时代发展的永恒主题。新时代建设“强富美高”新沛县,必须把科技创新作为驱动发展的“拉动力”,以“深化科技体制改革,创新驱动城市发展”为牵引,坚持“工业立县、产业强县、人才兴县”不动摇,精准施策,推动人才、金融、平台等要素集聚集约集成,加快构建以企业为主体、市场为导向、产学研深度融合的技术创新体系,推动形成以科技创新为主要引领和支撑的经济体系和发展模式,加速发展动能转换,实现换道超越。

第一,聚焦科技体制改革,加快完善科技创新体系。围绕推动科技与产业无缝对接,完善科技创新考核与奖励机制,加大对企业技术革新与科技创新的扶持引导力度,充分激发和调动各类创新主体积极性。加大扶持引导力度。把科技创新作为主引擎、主动力,摆上核心位置,常态化推进,进一步完善政策支撑体系,充分发挥财政资金的引导撬动作用,对科技载体建设、高层次人才引进等给予更大力度的支持。加大考核督导力度。加大科技创新在年度考核中的比重,建立科技创新主要指标通报制度,按照季度指标、年度指标以及科技项目指标三部分,对县经济开发区、各镇、各街道所涉及指标进展和完成情况进行通报。加大政策激励力度。每年评比表彰“十大突出贡献企业”“十大科技兴企企业家”等创新创业典型,进一步营造创新创业氛围。

第二,聚焦创新资源集聚,加快提升科技创新能力。加强创新平台建设。进一步优化科技创新平台载体布局,加快推进沛县高新技术产业园、开发区科技创业园和沛县高新技术创业服务中心建设,打造沛县科技创新的战略高地,培育发展新兴产业的核心载体,抢占高新技术产业制高点的前沿阵地。加强创新主体培育。强化企业科技创新主体地位,以全面提升企业科技创新能力为核心,引导人才、平台等各类资源要素向企业集聚,建立完善的高新技术企业培育全流程服务体系和高效的企业研发组织体系,促进新引进企业、新办企业和科技中小企业加快成长为高新技术企业,形成以高新技术领军企业、科技“小巨人”企业、民营科技企业为主体的创新型企业集群。加强知识产权保护。实施知识产权强县计划,强化知识产权保护机制,完善知识产权管理和服务体系,创建国家知识产权强县工程试点县。实施专利提质增量计划、专利领航企业、专利小巨人企业培育计划,培育一批高价值专利,在传统优势产业、战略性新兴产业中建设一批知识产权密集型企业,大幅提升沛县自主知识产权拥有量,增强企业核心竞争力。

第三,聚焦科技服务提升,加快促进科技成果转化。贴身服务激发企业创新热情。围绕培育、壮大科技型企业,排出一批成长型科技企业,建立机关部门包挂企业制度,实行机关部门一对一包挂服务,开展“机关部门服务企业科技行”活动,通过宣传解读政策、带着企业跑高校找专家等措施,促进企业由“被动创新”向“主动创新”转变,引导和帮助企业实施技术革新和科技创新。壮大人才队伍引领科技创新。把人才作为支撑发展的第一资源,深化人才体制机制改革,健全人才评价、流动、激励机制,最大限度激发人才创新创造活力。实施“企业家培育计划”“技能人才培育计划”,围绕产业发展培育人才队伍。研究制定高层次人才认定办法和评价标准,出台更具吸引力的“高精尖缺”人才培养引进政策,引导各类高层次人才创新创业。精准施策推动产学研对接。按照“地毯式、人盯人、全覆盖”要求,逐企排查创新需求,帮助企业梳理投向,深入推进“中科院专家沛县行”“创新创业在沛县”等活动,常态化、高频率组织开展产学研对接活动,推动企业与高校院所深度合作,用招引项目的力度催生科技项目,营造浓厚的科技创新氛围。

第四,聚焦新兴产业培育,加快增强创新发展动能。强化产业技术创新机制。提升新能源、新医药、新材料等优势产业的核心竞争力,培育壮大光伏光电、装备制造等高新技术产业和战略性新兴产业,加强新材料、新一代信息技术、生物技术和新医药、节能环保等前瞻性产业研究能力,不断提高产业层次和企业核心竞争力。强化政产学研金融合机制。建立“政府+银行+保险+担保+创投+证券”六位一体的科技金融模式,设立产业发展扶持资金,切实解决科技型中小企业首贷难、融资难、融资贵等问题。强化财政投入保障机制。整合各类财政支持产业发展资金,加大科技创新投入,建立财政科技投入机制,设立产业发展专项资金,重点支持创新型企业发展。落实企业研发费用加计扣除、高新技术企业税收优惠政策,切实做到应免尽免、应减则减。

关于健全污染防治机制提升生态环境质量方面的建议

席 强

党的十九大明确要求持续实施大气污染防治行动、打赢蓝天保卫战,打好污染防治攻坚战。近几年我县对生态环境保护工作做了部署和安排,针对重点领域、薄弱环节、突出问题,县委县政府狠抓落实、深入推进,使我县生态环境稳步改善,多项指标有了明显的提升。但对标新发展理念、对照新发展格局以及新时期的要求,短板依然存在,很多群众或单位的生态环境保护意识还比较淡薄,对生态环境保护工作主动开展的意识不强。比较突出的问题有:环境保护治理体系有待进一步完善、重点行业的综合整治需要进一步明确、能源清洁化利用有待进一步提高、产业结构与布局亟待进一步调整、基层执法力量和机制有待进一步加强、环境监测数据质量需进一步提高。

建议:

一、完善生态环境保护治理体系,制定碧水蓝天保卫战责任清单。一是明确各相关部门的生态环境保护责任,严格落实一岗双责,形成强大合力,避免部门之间出现互相推诿现象。二是完善督查及监督机制,要求各方切实履行好生态环境保护的政治责任和法定职责。

二、明确重点行业综合整治要求,制定防治污染攻坚战具体措施。一是明确综合整治重点行业的具体整治要求,行业是保留还是取缔,需要予以明确具体的时间、方法和措施,避免各部门态度不明、政策不一,导致无法执行;避免今天要求整改明天要求关闭,使企业无所适从。二是严格按照既定的目标任务严格实施管控,不间断巡查,对达不到要求的严格落实既定的关停整治措施。特别是针对我县的铸造、塑编、商砼行业以及各类扬尘、餐饮油烟等行业。

三、大力推进能源清洁化利用,坚定不移实施散煤综合治理。一是加快燃气基础设施建设,进一步拓宽气源覆盖面。二是坚定不移地实施散煤综合治理,加大对燃煤设施的淘汰治理力度。针对沿街商铺、居民小区内仍然在使用落后燃煤设施的严格取缔。三是加大居民取暖用气用电政策扶持力度,保障民生用气用电价格稳定。四是对"煤改电"投资出台支持和补贴政策,适当给予部分补贴。

四、加快产业结构调整,优化产业功能布局,对标新发展理念,对照新发展格局,推动创新发展、绿色发展、高质量发展。根据十九大精神和"十四五"时期发展要求,新时期需要坚持新发展理念,需要以全球化视野调整优化产业布局,我们要聚焦重点产业,深耕细分领域,完善制造业领域产业链条,坚定不移走绿色低碳、绿色环保之路,切实改变不合理产业结构、能源结构和资源利用方式,着力构建战略布局合理、产业链条完整、创新迭代活跃、质量高效益好、区域协调发展的现代产业体系。

五、结合基层综合行政执法改革,严格落实生态环境保护违法现象查处,明确执法责任和责任追究机制。根据中央《关于推进基层整合审批服务执法力量的实施意见》、省委《关于推进基层整合审批服务执法力量的实施方案》和市委《关于推进基层整合审批服务执法力量的任务分工方案》的要求,基层执法力量需要进一步加强。针对执法监管职责划转的部门,原行使机构要加强对综合行政执法机构的业务指导、培训监督和沟通协调,做到"谁移交、谁指导"。建立健全镇(街道)与县级职能部门行政执法案件移送及协调协作机制,进一步明确各自的职责。

六、加强环境空气监测与质控能力建设,确保"微环境"得到有效管控。完善环境空气颗粒物和气态污染物量值溯源技术体系,进一步提高环境空气相关监测规范验证能力。针对空气监测站"微环境"加强管控,对检测站一定范围内的建筑工地、拆迁工地、餐饮单位、企业、交通运输业、汽车尾气排放等,严格落实大气管控措施,要求周边道路、建筑工地不间断喷淋。同时,加强与周边环境监督管控单位的沟通协调,联防联控,努力改善"微环境"。

关于支持国家级绿色矿山建设的建议

驻沛企业界

沛县是江苏省第一个绿色矿山示范区，全县境内 6 家大型矿山中的 5 家是国家级绿色矿山建设试点单位。建设国家级绿色矿山可以提升沛县绿色矿山示范区建设的水准。

国家级绿色矿山建设是一个长期复杂的工作，涉及范围广，专业项目多。对于国家级绿色矿山建设，国家下发的优惠政策只是原则上的条款，江苏省对本省国家级绿色矿山建设的优惠政策实施细则还没有出台。所以，国家级绿色矿山最终享受哪些优惠政策还是一个未知数，目前为止，绿色矿山建设总体上处于一个企业光有投入而见不到回报的状态，挫伤了试点企业的积极性，对于下一步的验收很不利。而一旦试点企业通不过验收，那么沛县的“绿色矿山示范区”建设也就成了空项目。从这个意义上说，国家级绿色矿山建设，不仅是企业单方面的事，也是县政府的事。

建议：

一、县政府对国家级绿色矿山建设进行重点关注，纳入 2018 年政府工作内容。

二、对全县境内国家级绿色矿山建设试点企业进行一次认真调研，了解企业在绿色矿山建设上面临的现实困难，帮助协调解决企业与乡村之间的矛盾纠纷。

三、对国家级绿色矿山建设试点单位给予政策支持，比如在国家和省级优惠政策没有落实之前，以企业在绿色矿山建设方面的实际投入资金为基数，按一定的比例先行抵扣一定的税费，让企业看到经济效益，同时也体现绿色矿山建设政府应承担的责任。

关于融入江淮生态大走廊筑牢全域生态安全屏障的建议

工业界

去年以来,我县按照省市建设江淮生态大走廊的有关工作部署,积极参与江淮生态大走廊建设,强化生态文明建设,生态环境得到持续改善。下一步,我们要牢固树立创新、协调、绿色、开放、共享发展理念,主动融入江淮生态大走廊建设,以沿运河、沿故黄河为主轴,着力构建沿河生态保护屏障体系,筑牢全域生态安全屏障,力争打造一段天蓝水碧、鸟语花香的生态景观走廊。

建议:

一是严格生态空间保护。按照优化开发、重点开发、限制开发、禁止开发的原则,分析和明确不同区域的功能定位和发展方向,将区域经济规划和环境保护目标有机结合起来,规划沛县国土空间主体功能区,构建高效协调可持续的国土空间开发格局。严守土地、生态红线、基本农田、城市发展边界线“四条红线”。依据《沛县生态红线区域保护监督管理暂行办法》(沛政发〔2014〕38 号)加大监管力度,维护生态红线的刚性约束,严肃查处擅自调整生态红线区域边界,在生态红线区域内违规开发建设等行为。结合沛县生态安全体系的现状及问题,构建“一核两点三区、两主三副多廊道”的生态安全格局。加强湿地生态系统保护,重点保护微山湖、安国湖、大沙河、京杭运河(沛县)以及沛沿河湿地资源环境,严守“湿地红线”,努力扩大湿地面积,通过围垦湿地退还、湿地补水、污染防控、外来入侵物种生物防治、生物遗传资源针对性保护、栖息地恢复等措施,开展重点区域湿地恢复与综合治理。

二是提升污染防治水平。深入推进大气污染防治。协同推进二氧化硫、氮氧化物、颗粒物、挥发性有机物等多污染物控制,有效解决 PM2.5 超标等大气污染问题。全面提升水污染防治水平。按照国家和省、市、县“水十条”要求,扎实开展淮河流域和南水北调水污染防治,重点推进沛沿河、大沙河和入湖河道水环境质量提升整治;深入落实“河长制”,开展城区河道生态修复和控源截污工程;引入PPP模式,着力加强园区、城镇污水处理基础设施建设和管理;确保城乡居民饮水安全,开展从水源到水龙头全过程监管;合理布局规模化畜禽养殖场,科学划定畜禽禁养区,实施集约化养殖,逐步淘汰小规模畜禽养殖。积极开展土壤污染防治。开展土壤污染状况详查,将全县耕地土壤环境质量达标率不低于现状值作为土壤环境安全底线严格管控,在徐庄煤矿设置土壤环境质量监测点位,开展土壤环境监测,保障生态环境安全。

三是强化生态修复。大力开展生态修复,着力实施安国、龙固、杨屯等采煤塌陷地湿地生态修复工程,抢救性保护一批生态区位特别重要或受严重破坏的自然湿地,稳步推进退化湿地生态修复。加大生物多样性保护力度,实施生物多样性保护重大工程,加强自然保护区建设与管理,着力推进微山湖风景名胜区、安国湿地和大沙河湿地等生态保护区的规范化建设、管理和保护水平。

关于对住宅小区内“六小”行业规范整治的建议

王海峰

按照《中华人民共和国食品安全法》《公共场所卫生管理条例》等法律法规要求,小餐饮、小食品、小美容美发、小旅店、小超市等行业应经营资格合法,室内外环境整洁,硬件设施符合相应国家标准要求,食品卫生和公共场所卫生许可手续齐全有效,从业人员取得有效健康合格证明。目前我县城区住宅小区101个,经营者700余户,主要经营食杂店、美发、美容、美甲、美体、养生保健、小吃、教育培训等。其中60个小区无照经营严重,无照经营户约占总数的70%,这些行业都涉及行政许可,如食品经营许可、公共场所卫生许可等,无许可证经营户约占80%。100多户使用住改非作为经营场所。这些小区多为老旧小区,物业管理混乱,存在很大安全隐患。虽然“三城同创”各个小组进行了整治,但仍然存在无照经营率高、安全隐患大、卫生状况差问题,与国家卫生县城检查验收标准相差甚远,必须加大力度尽快整治。

建议:

一、明确责任部门。由“三城同创”领导小组明确部门职责和责任人,严格按照《国家卫生县城标准》,全面开展食品安全和公共场所卫生集中整治活动,全面提升我县食品安全和公共场所卫生质量和管理水平,确保通过国家卫生县城考核验收。

二、加强媒体宣传,营造整治氛围。突出正面典型宣传,曝光反面事例,加强舆论监督,畅通群众投诉渠道,解决群众难题。

三、强化督导考核,确保整治实效。对安全隐患突出、严重扰民、投诉举报集中的经营户,组织相关职能部门开展联合执法行动,坚决予以关闭。对工作不力、责任不落实的单位和个人,严肃追责。

关于推进农村“四废”生态化协同处置的建议

魏垂敬

2018 年 2 月中共中央办公厅、国务院办公厅印发的《农村人居环境整治三年行动方案》明确要求：“统筹考虑生活垃圾和农业生产废弃物利用、处理”，“将厕所粪污、畜禽养殖废弃物一并处理并资源化利用”。中央文件短短两句话点明两方面事情：一是点明农村的哪四类废弃物（生活垃圾、农业生产废弃物、厕所粪污、畜禽养殖废弃物）；二是要求对四类废弃物协同处理并资源化利用。

积极响应中央号召，紧密结合我县农村的实际，我们把瓜果蔬菜茎蔓残叶、畜禽粪便、厕所粪污、分类后的农村可堆肥垃圾等可生化农业农村废弃物，简称为农村“四废”。水稻、小麦、玉米的秸秆等大宗农业废弃物能够及时机械化粉碎、全量还田，不列入农村“四废”。因瓜果蔬菜生产区的茎蔓残叶比较难以处置，故列入“四废”。

对于农村“四废”的协同处理，中型厌氧发酵池是特好的硬件设施（以往的传统户用沼气池池容量为 8—10 立方米，而中型沼气池一般在 30 立方米以上，单体容量 30—100 立方米的中型沼气池在农村比较容易管理）。“四废”经混合厌氧发酵后，产生沼气、沼渣、沼液“三沼”新资源，沼气供居民做饭或燃气热水器洗澡使用，沼渣、沼液作为特等有机肥施用于农作物，生产有机农产品，“三沼”全部资源化利用，处置的整个过程为微生物厌氧发酵的自然过程，无臭气、无苍蝇、无污水产生，切实达到生态、低碳、环保。

沛县五段镇的实践证明，以行政村为单位建设中型厌氧发酵池，就地协同处置农村“四废”，再以农田消纳沼渣、沼液，形成绿色循环，是目前各种设施化处置方法当中既经济又环保、既资源化又生态化的举措，是特好的农村生态环境治理模式。

但是，农村垃圾分类及可堆肥垃圾的就地处理，属于城管部门主管的范畴，农村户用卫生厕所“旱改水”及厕所粪污治理，属于卫生部门主管的范畴，农业废弃物和畜禽粪便的就地处理，属于农业部门主管的范畴。而城管、卫生部门没有厌氧发酵池的扶持资金。农业部门主管厌氧发酵池扶持资金,但实施主体主要面向种养型合作社、家庭农场和种养大户,不面向村委会,即村委会不能作为实施主体。这样,几个部门管理的事情条块分割,导致以村委会为主体向上级申请厌氧发酵池处置可堆肥垃圾及厕所粪污的扶持资金出现困难。

建议:

一、中型厌氧发酵池不只是用于处置畜禽粪便和农业废弃物,而是扩大到处置农村可堆肥垃圾和厕所粪污。即,把中型厌氧发酵池作为处置农村“四废”的重要硬件设施。

二、中型厌氧发酵池建设项目资金的申请主体和实施主体,不只是种养型合作社、家庭农场和种养大户,而是扩大到村委会、镇政府乃至企业(通过特许经营、PPP 合作模式),鼓励各类企业积极参与。

三、统筹协调,给予厌氧发酵池等硬件设施建设的资金扶持。厌氧发酵池等硬件基础设施的建设作为一次性投资,费用较大。农村的财力很有限,作为公益性事业,而且作为具有创新性的、环保生态的举措,需要上级部门资金大力支持。建议由发改委牵头,统筹协调城管、农业、卫生、财政、环保等部门,设立农村“四废”协同处置专项资金,制定《农村“四废”协同处置专项资金管理暂行办法》,以鼓励各镇村开展可持续的农村“四废”协同处置工作。如此统筹协调,可以避免“九龙治水、各自为战”的局面。

关于稳步推进村庄环境综合整治的建议

高广杰

经过多年的小城镇建设和生态文明村居建设,多数社区环境面貌得到极大改善,初步实现了“五化”。但部分村庄生活垃圾、生活污水、畜禽养殖废弃物任意排放的问题未引起根本重视,人畜粪便、生活垃圾和生活污水等废弃物大部分没有得到有效处理,随意堆放在道路两旁、田边地头、水塘沟渠或直接排放到河渠等水体中,对环境造成严重污染。另外,农民施肥、施药配套技术和器械不完备,加之缺乏科学使用农药、化肥的知识,特别是在农药施加的种类、频次、浓度等方面缺乏规范化管理,造成农用化学品大量浪费并直接污染环境,成为农村环境面源污染的重要组成部分。

建议:

一、建立农村环境综合整治专项基金;

二、结合农村“五化”建设工程,抓好生活垃圾处理;

三、逐步解决农家宴污染问题;

四、因地制宜解决社区街道污水处理问题;

五、开展农村水库上游环境综合整治。

关于加快实施污水处理厂建设尽早实现美好环境的提案

孔凡剑

自 2017 年实施碧水绕城治理以来,投入大量资金,成效显著,但目前仍存在亟须解决的问题。河道经过治理,水清了,环境美了,但在水质保持上,经常发生小区污水排入河道污染水质、土体的情况发生,如新城嘉苑雨污分流,但无处可排,只能选择直排入河,惠民小区等部分小区阳台洗衣机水随雨水管进入河道造成水质污染,城市排水管道贮存了大量污臭水,无处可排,严重影响城市环境。

新城区污水处理厂建设为 2018 年县城建重点工程,计划新建 5 万吨/日处理量,原计划一期建设 3 万吨/日处理量,2018 年 9 月开工建设,现在仍未真正开工建设。目前新城区每天用水量约 2 万吨,随着碧桂园、侨城中央学府、华宇上城等项目的建成使用,日用水量会大幅增加。

建议:

一、提高污水处理厂的日处理能力;

二、加快推进污水处理厂建设,用专业的队伍做专业的事,成立相关机构协调推进项目尽早建成运营;

三、加快老旧小区雨污分流改造,把小区阳台雨水管接入污水管道,落实避免污水直排入河措施;小区建设时根据阳台专门设置污水管,节约污水处理资源。

关于加强污染防治
保障土壤环境安全的建议

周兴华　杜津桥

近年来,我县坚持工业立县,高水平全面小康社会建设取得重大进展,但是,随着工业化和城市化的飞速发展,我县土壤污染也成为一个较为隐蔽的环境问题。

目前我县土壤污染的来源主要为煤炭开采、化工冶炼、汽车尾气排放、生活废水排放、污水灌溉、农药化肥施用、大气沉降等方面,主要污染物是Cd(镉)、As(砷)、Pb(铅)、Hg(汞)、Zn(锌)等重金属。有毒重金属具有隐蔽性、长期性、不可降解和不可逆转性的特点,不仅导致土壤肥力与作物产量、品质下降,还易引发地下水污染,并通过食物链在植物、动物和人体内累积,给人们生产生活造成很大隐患。虽然党委政府已把土壤污染管控和修复列入重要日程,但是民间对土壤污染的预防意识还显不足,治理技术和手段尚显薄弱和单一,修复效果还有很大提升空间。

为此,建议如下:

一、瞄准污染预防的关键环节。粮食生产基地应选择在清洁与远离工业"三废"污染的地区,防止工业污染物对耕地的污染,农业、环保部门加大对土壤的动态监测与评价力度;严格执行国家水污染排放标准,加强工业企业污水处理设施建设,加大污水处理力度,截断污染随水进入土壤的路径;鼓励农民自愿或通过政府奖惩措施,推动农民减少对化肥和农药的使用和排放,减少化肥和农药对土壤的污染。

二、加强污染治理示范区建设。按照"谁污染、谁治理"的原则,明确企业或个人的治理主体责任,对责任主体灭失或者责任主体不明确的,由所在地乡镇政府负责组织开展调查评估、风险管控或治理修复工作;探索"边生产、边治理"的修复模式,选择危害严重、影响较大的典型区域,如采煤塌陷区、铝产品加工区、光伏产业园附近耕地开展示范修复,建立典型样板,以点带面,推动全县污染土壤的修复治理工作。

三、探索产业化修复治理模式。挖掘县内具有土壤修复经验和业务的企业,如坐落在我县经济开发区的天象生物科技有限公司等企业,目前已通过土壤钝化、叶面阻控、淹水灌溉、微生物制剂、肥料调控形成了一套完整的修复技术手段。同时,引导企业加大与高校团队结合力度,通过产学研联合实施重点区域污染土壤修复治理的示范工程工作,发挥技术主导优势,形成清晰的商业模式,通过产业发展实现土壤重金属污染现状的根本好转。

四、积极筹集修复治理资金。积极争取上级资金,建立污染土壤环境修复专项基金;充分发挥财政资金的杠杆作用,采取贴息、以奖代补、资本金投入、PPP 模式等方式,引导社会资本进入;建立"政府主导,市场运作,社会参与"的多元化筹资模式,加大投入,为加快推进土壤环境修复治理提供保障。

五、加大对土壤污染危害的宣传力度。从居民家中丢弃废旧电池、农民在田头乱丢农药包装物(瓶、袋)、企业不经处理排放工业污染物等各个方面,通过现代媒体手段,积极宣传土壤污染的危害性,引起全社会的重视和关注,切实从源头上做好污染防治的基础工作。

改善农民居住环境　助推乡村振兴发展

全玉彪

近期,县委、县政府深入贯彻落实省委娄书记视察沛县时重要讲话精神和省委、省政府加快改善苏北地区农民群众住房条件工作会议部署要求,以改善农民群众生产生活条件为根本目的,按照“顺应规律、系统谋划、四化(工业化、信息化、城镇化、农业现代化)同步、统筹推进、一举多赢”的工作思路,大力推进龙固、安国、杨屯等农民集中居住区建设,切实提升农村居住环境,不断满足农民群众对美好生活的向往。一是突出典型带动,先行先试。按照全县改善农民群众住房条件工作计划,在去年 9 月份集中启动了沛城街道、大屯街道等 10 个镇(街道),第一批 11 个集中居住先行先试建设试点,加快形成可复制、可推广的建设成果。二是强化空间治理,改善环境。明确了道路、河道、农田、集镇、村庄五大公共空间治理重点,细化了治理范围、目标任务,明确了牵头单位、配合单位及实施主体,制定了沛县乡村公共空间治理标准体系。每月抓好“一路一河一街一田 + N 个村”的重点目标任务。工作开展以来,共拆除私搭乱建 10000 余平方米、粉刷墙体 4.5 万平方米,对 27 段县管河道、25 条镇管河道、村级沟渠,进行了整治等,乡村公共空间环境明显改善。三是打造田园乡村,培育特色。以张寨镇陈油坊省级特色田园乡村试点为带动,完成了安庄村挖工庄省级特色田园乡村创建和安国镇刘寨村、沛城街道任庄村、栖山镇胡楼村等 8 个市县级特色田园乡村创建工作。

改善农民群众住房条件,是改善农村环境、提高农民居住水平、提升农民幸福感的重要之举,也是推动城乡融合发展、提升城镇化水平、推进乡村振兴的重要路径。可以说,推进农民集中居住是推进乡村振兴的切入点和突破口,是拓展城乡发展空间的有效途径,是打赢脱贫攻坚战的关键举措。为真正把给沛县百姓带来深厚福祉的政策落实好、贯彻好、执行好,加快乡村振兴,奋力谱写新时代沛县高质量发展新篇章,建议:

一、坚持农民自愿,有序推进,确保集中居住区建设稳步实施。农村住房改善与农民群众利益息息相关,政策性强、涉及面广、工作量大、关注度高。在推进农民集中居住区建设中要以农民群众意愿为出发点和落脚点,充分尊重群众意愿,充分考虑群众承受能力,鼓励条件较好或农民群众积极性高的村庄先行实施,杜绝“一刀切”等现象。将真正改善农村住房条件这一重大民生工程办实、办好,让人民群众更加满意。

二、坚持高标准设计,注重风貌,确保集中居住区建设各具特色。要充分挖掘我县历史、地理、文化特色,切实保护好历史文化和传统村落,把挖掘原生态村居风貌和引入现代元素结合起来,真正留住乡愁记忆。在集中居住区设计中要聘请国内知名设计团队,按照“设计标准不能低、文化特色不能少、乡土风情不能丢、建设模式不雷同、功能配套不能差、产业发展不落后”的标准,设计一批特色鲜明、功能齐全、经济实用的设计方案,打造一批符合我县特色的集中居住区。

三、坚持产业支撑,辐射带动,确保集中居住区农户能充分就业。要充分挖掘各镇的优势资源和特色产业,突出产业培育、特色打造,依托自身产业基础和资源禀赋,大力推动集中居住区接续产业平台建设,鼓励发展与资源环境相适应的接续产业,拓宽增收渠道,着力解决搬迁农民就业问题。要通过大力发展村集体领办的土地股份合作社、家庭农场,推动复垦土地流转集中,发展多种形式的适度规模经营和特色高效农业,提升土地产出效益,增加村集体和农民收入,真正让搬迁群众“搬得出、稳得住、能就业、能致富”。

四、坚持创新思维,政策激励,确保集中居住区建设健康发展。紧紧抓住国家实施乡村振兴战略和省委、省政府支持我县集中居住区试点的历史机遇、政策机遇,认真把握国家、省市政策方向,深入挖掘政策争取潜力,争取省市政策支持。在用足用活国家的各种优惠政策的同时,要持续完善资金政策、土地政策、农村宅基地有偿退出、产业发展、就业保障等一系列我县相关政策措施,积极稳妥有序地加以推进,确保取得实实在在的效果,为我县乡村振兴发展提供全方位的保障。

关于推动微山湖沿线乡村特色旅游的提案

胡寨联络小组

大力发展乡村旅游，既可丰富我县旅游资源，又能提高乡村资源利用率，推动新型农业生产，增加农民收入，促进农村经济繁荣。徐沛快速通道已投入使用，这使沛县沿湖乡镇充分具备了发展乡村旅游的时代机遇和地理优势。目前，胡寨镇、魏庙镇、五段镇和湖西农场分别做了一些发展乡村特色旅游的工作，但对整体旅游发展仍有很多局限。一是缺少乡村特色旅游的连贯性，目前四个镇（场）的乡村旅游属于分别独自规划，相对零散，没有统一的大格局发展规划；二是旅游品牌欠缺，我县乡村旅游仍停留在"农家乐"的初级阶段，相对低端、粗放；三是乡村旅游文化内涵薄弱，没有丰富的文化底蕴做支撑；四是沿湖乡村特色旅游项目稀缺，多是自主规划的小规模产业，缺少有经济实力的大中型项目。

建议：

一、要发展沿湖旅游一体化战略。徐沛快速通道的畅通将几个沿湖乡镇紧密连接，为沿湖旅游一体化提供了极大便利，建议针对沿湖旅游统一设计规划路线，使点点相连、全线精彩。

二、要打响沿湖旅游特色品牌。依托微山湖的自然风光，打造具有地域特色、文化风俗特色的品牌，对乡村旅游实行规划管理，提高乡村旅游规格，推动乡村特色旅游的发展。

三、要弘扬沿湖乡村旅游文化内涵。微山湖沿湖乡镇具有红色文化、农耕文化、渔猎文化等多种丰富的特色文化，建议深挖各种文化底蕴，烘托沿湖乡村特色旅游的文化氛围，打造文化振兴、文化旅游线路，对沿湖乡村特色旅游进行立体化、多元化开发。

四、要引进吸纳乡村旅游项目。引进有经济实力和市场经营能力的企业，在微山湖沿线打造大型的乡村旅游产业园，完善乡村特色旅游格局，以大项目带动当地本土旅游产业发展。

关于规范整顿小区居民饲养宠物的建议

姚海燕

随着人民群众经济水平和生活质量的不断提升,居民饲养宠物的现象有增无减,饲养宠物已然成为越来越多居民的乐趣之一。饲养宠物本是丰富居民业余生活的一种方式,但宠物饲养得不到合法合理的管制和有效的整顿,给邻里生活和城市环境造成了不小的影响。

主要存在以下问题:一是居民购买宠物饲养一直如买卖物品一样,以价购买,没有任何登记。你可以买他也可以养,这是动物丢失不易找到的根本原因。二是居民饲养宠物解决宠物的大小便问题都是让宠物在小区内绿化带或城市道路旁解决,既破坏了城市绿化又影响了小区文明文化。三是宠物活动与人在同一环境、同一时间出现,动物身上的细菌繁多,人类的免疫系统较弱,尤其儿童与其接触得不到隔离保护,一旦传染后果不堪设想。目前,全民共建和谐家园,文明饲养宠物,合理规范饲养宠物亦是防患于未然的事情。为此建议:

一、规范宠物登记。城市居民饲养宠物可到当地公安机关进行实名制登记,为宠物进行编号,对没有实名登记的动物进行妥善安排,便于丢失找寻和因宠物纠纷发生的事宜。

二、加大宣传教育。街道办事处和小区物业应加大落实文明饲养宠物的宣传,加强对饲养宠物居民的教育管理,对饲养宠物人员的不文明行为进行教育,或者进行相应处罚。居民外出携带宠物应避免人多的公共场合,远离人群避免细菌传播,卫生文明饲养宠物。

关于避免城市地下管线重复施工的建议

康言让

随着我县经济的快速发展和城市化进程的加快，城市规模持续扩大，对公共设施要求也越来越高，由于地下管线建设所属部门不同，城市地下各类管线设施不能同步进行，致使反复施工的问题越来越突出，给市民出行带来不便、交通拥堵，浪费国家财政支出的同时也给市容市貌带来斑点，严重影响我县的三城同创建设。反复施工问题最集中体现在城市的道路施工上，即所谓的“天天挖沟”现象。

建议：

一、县级层面应加强对城市道路及配套基础设施建设的规划管理和综合协调，做到对施工项目统一规划，统一调度。

二、在财政拨款方面严格审批，合理统筹规划，新建道路禁止两年内重复开挖。

三、应成立城市地下管线综合协调办公室，统一管理协调、安排城市地下管线规划建设，制定统一的地下管线网格规划体系。由交运、规划、国土、园林、市政、电信、供电、水利、应急管理等部门负责人组建办公室。

四、要立足长远规划，在新开发区域，建立共同沟，间段式预留维修口，所有管线均进入共同沟，确保城市无乱扯乱拉线。

五、建立健全听证会制度，听取群众对改建项目的意见和建议。

六、加大媒体及政府对各大施工项目的监督。

加快畜禽养殖粪污治理　促进生态环境改善

县政协提案委

畜禽养殖作为我县一项传统农业产业,在保障城乡肉食供应、促进农民增收、活跃农村经济方面发挥了重要作用。然而,在畜禽养殖快速发展的同时,也带来了巨大的环境压力。据农业部门统计,我县目前生猪饲养量70余万头、羊饲养量50余万只、肉禽饲养量4500万只、蛋禽饲养量500万只,规模比重达96%。按照养殖规模计算,每天产生的粪污量可达2987吨,全年可产生107万吨。据调查,我县畜禽养殖的主要污染源是养殖量在200头猪以上、2000只蛋鸡以上和规模肉鸭笼养这三种规模的养殖场,这些养殖场由于规划引领不到位、综合利用水平低、监管力度不够强、农户环保意识差,造成农村畜禽养殖污染日趋严重,已成为制约建设生态沛县、美丽沛县的难点问题。

针对我县当前畜禽养殖粪污治理,提出如下建议:

一是深化认识。相关职能部门和畜禽养殖主体要进一步深化环保认识,把改善生态环境作为最紧要而重大的任务,加强生态系统修复和环境综合治理,推动生态环境保护持续改善。要进一步深化产业认识,畜禽养殖业的健康有序发展事关我县"五位一体"总体布局,是繁荣农业农村经济、保障农民增收和推进精准扶贫的重要抓手,是实现农业现代化的"火车头",是推进农业供给侧改革的纽带,不能因噎废食,停滞不前,要做优、做活、做强畜禽养殖业。要进一步深化治理认识,畜禽养殖污染是经济发展到一定阶段的产物,是生态环境承载总量累积到一定程度的反映,是长期环境欠债积累下来的,治理不可能一蹴而就、立竿见影,要树立长期治污的思想,把治理工作做在平时、做在经常。

二是规划引领。畜禽养殖污染综合治理要正确处理好整治与发展、有序与无序、封堵与疏导、治标与治本的关系,坚持有序发展与依法整治、源头控制与科学规划、优化布局与结构调整相结合。根据县域生态环境承载负荷和畜禽养殖污染防治要求,科学确定畜禽养殖的品种、规模、总量,合理布局畜禽养殖场所空间和结构,严格落实禁养区、限养区、适养区"三区"划定要求,制定"三区"

规划图，明确禁养区红线，准入控制适养区畜禽养殖，适度规模发展畜禽养殖场，优先发展生态型和资源综合利用型畜禽养殖场，从源头减少畜禽养殖污染的产生。

三是联动监管。要有效整合资源力量，在更高层面形成工作合力，建立健全政府主导、部门联动、齐抓共管的长效工作机制。生态环境局、自然资源和规划局、农业农村局、水务局、科技局等职能部门要按照工作职责，依法切实加强畜禽养殖污染防治监督管理、畜禽养殖废弃物综合利用指导服务、畜禽养殖循环经济工作组织协调等工作。依法提高畜禽养殖污染防治联合执法监管能力建设，整合部门力量，大力开展联合执法，采取例行检查与随机抽查相结合等方式，加大执法检查力度，适时曝光一批畜禽养殖污染典型违法案例，形成高压态势和强大威慑力。依法建立畜禽养殖谁审批谁负责、谁监管谁负责的问责机制，明确部门工作职责，对避责不为、有责不担等行为严肃问责追责。

四是政策支持。相关职能部门要拓宽渠道，加大对畜禽污染治理资金支持和政策争取力度，采取人大代表建议、政协委员提案、项目申报等方式积极主动争取省级层面政策和资金项目支持，落实国家关于畜禽养殖有关优惠政策和资金项目。统筹县内各项支农惠农资金，设立畜禽养殖污染专项整治以奖代补资金，对主动配合关停的畜禽养殖主体给予奖励，对畜禽养殖污染集中处理企业重点扶持。县委、县政府应统筹研究出台畜禽养殖污染综合治理的政策措施，配套落实对畜禽养殖企业在土地流转、污染防治设施建设改造、沼气发电等方面的激励优惠政策。

纵深推进水环境治理　打造河清水美新沛县

姚辉尧

水是生命之源、生产之要、生态之基,水环境的优劣直接关系着人民群众的生产生活和身体健康。我县水系发达,河网密布,县级以上骨干河道 27 条,镇级河道 163 条,村级河道 2594 条,村级坑塘 1633 个。近年来,县委县政府认真贯彻习近平总书记新时期治水方针,狠抓水生态文明建设,通过全面深化河长制、黑臭河道治理、老城区雨污分流改造、城镇污水处理厂建设、固废垃圾处置、农村面源污染治理等一系列举措,全县水环境建设取得阶段性成效。

但是,面对复杂脆弱的水环境,我们依然存在不少短板和问题:一是河道水质总体不容乐观。从全县主要河道水质监测情况看,沛沿河、大沙河、杨屯河、顺堤河等 4 条河道部分河段属于Ⅲ类水体,徐沛河、鹿口河等 7 条河道基本属于Ⅳ类水体,王店大沟、五段港河等 12 条河道属于Ⅴ类水体,侣楼河、沛龙公路沟等 7 条河道常年劣Ⅴ类。据不完全统计,我县尚有 270 余个水体存在不同程度污染,仅城区就有老沛龙公路沟、正阳大沟、老沿河、沛龙公路沟 4 条黑臭河道。二是控源截污不彻底。由于居民生活习惯,新城嘉苑、惠民家园、韩坝小区、祥和家园等小区多数居民将洗衣机改在阳台,将车库改成住房和商铺,生活污水通过雨水管网排入河道造成污染;同时,沿街商铺随意排放含有大量油污及酸、碱的餐厨废水进入雨水管网,造成河水污染。再者,新城区张良路、红光路等道路市政管网还存在雨污混流现象。三是现有污水处理厂处理能力不足。经测算我县新老城区污水处理需求量为 8 万吨/天,目前仅有 5.5 万吨/天规模的沛城污水处理厂运转;建制镇污水处理专业化运维还未完成,13 个建制镇污水处理厂仅有 4 个委托第三方公司运维,其余 9 个由镇政府自行运维,带来的运维不专业、资金匮乏、管网覆盖率不高、污水收集率低、运行负荷低等现状亟待改变。四是河湖“两违三乱”问题依然严峻。从目前排查的情况看,一些涉河三乱还没彻底根除。一些建设项目未批先建、侵占河道、超标排污、乱采乱挖乱建等现象还时有发生,有的集镇、社区垃圾污水随意入河倾倒、排放,造成了局部水体污染、生态破坏，特别是农村河道尤为严重。五是企业污水还存在无序排放现象。部分企业未按标准处理生产废污水，甚至未有污水处理设施，直接将生产废污水排入河道。

水环境治理是一个系统性工程，需要各部门在县委县政府的领导下协同开展，因此，我建议，我县水环境治理从以下几个方面共同推进：

一是抓好水资源保护。严格入河排污口审批，建立以水功能区为单元的河道水域纳污能力、限制排污总量与区域污染物排放挂钩制度，对所在河道现状纳污量已超过水功能区限制纳污总量的工业项目不新增审批排污口，对落后产能项目不予审批排污口。

二是抓好水污染防治。对水环境实施分单元、分阶段科学治理，建立健全水污染防治新机制。加快老城区市政雨污分流管网建设，强力推进老旧小区的雨污分流改造。进行新城区排水管网结构性探测，彻底摸清管网内部情况，发现混流问题及时改造。加快新城区污水处理厂的投运及建制镇污水厂移交和专业化运维，提高城镇污水集中收集处理率。按照“减量化、稳定化、无害化、资源化”要求，全面解决固废、污泥、餐厨垃圾、粪便等处置问题。

三是抓好水环境治理。编制黑臭水体清单，制订整治方案，通过控源截污、内源治理、生态修复等措施进行黑臭河道治理，逐一消除建成区黑臭水体。依托乡村振兴及农村人居环境整治，继续重点推进农村生活污水治理、生活垃圾收运及河道坑塘疏浚整治。

四是抓好水生态修复。加速推进碧水绕城工程，采取区域联合调度、引排结合、生态补水等措施，合理安排生态水量和引水时段，维持河湖生态用水需求，实施清淤疏浚，提升水体自净能力，构建健康水循环体系。

五是抓好生态河湖管护。继续深化河湖长制，全力提升河湖长效管护水平。以“河长化协调、标准化养护、市场化保洁、长效化监管、综合化执法、考核化评比”六化管理为抓手，完善工作机制，落实管护经费，全面提升河湖管护效果。充分利用信息化技术，动态监测河湖资源开发利用，提高河湖监管效率。同时加大与山东、流域管理机构等相关部门的沟通、协调力度，继续深化信息联通、矛盾联调、非法联打、污染联治、安全联保的边界“五联机制”。

民生卷:实事惠民

深入推进医养融合
全面提升养老服务体系高质量发展

人民团体界

我县总人口130万,是江苏省人口密度最高的地区之一,也是人口老龄化的大县,老年人口特点是基数大、收入低、农村老年人多、高龄比例高。目前,全县60岁以上的老年人已达到20.79万人,占我县总人口的17.47%,其中80岁以上高龄老人达3.38万。城市、农村空巢老人逐年增多,未来10年内我县老年人口将进入快速增长期,预计到2030年老年人口总数将达到38万人,伴随着家庭结构的小型化和“四二一”家庭结构的增多,传统的养老方式受到前所未有的挑战,社会养老服务问题越来越突出。一是养老政策不够配套和完善,各类养老服务资源有待进一步融合发展。虽然县政府出台了多个养老文件,但是随着经济社会的发展,老年人的需求越来越高、越来越多样化,许多政策文件还停留在几年前的发展水平上,与现有的需求有一定的差距,资金扶持力度已落后经济发展速度。二是市场开放程度不高,公办养老机构改革推行缓慢。由于养老服务业有很强的社会福利性质,属于微利行业,同时起步较晚、发展不够均衡,社会组织、社会力量等社会资本进入较少。三是城乡养老设施发展不均衡,养老设施总量不足、质量不高。大部分养老服务设施基础比较薄弱,功能单一,养老服务供给不能有效满足社会需求,每千名老年人拥有养老床位数、社会力量开办或经营的养老机构床位数占比、护理型床位占比等三个指标有待进一步提高。四是社会力量承接运营日间照料中心的管理能力和服务人员的专业化水平有待进一步提高。

建议:

一、完善养老服务顶层设计,进一步调整更新政策制度。发挥老龄委职能,把养老服务纳入发改委、国土、住建、卫计、人社等部门工作规划、考核体系,在城市和土地规划、新建小区规划、医疗卫生规划等方面为养老服务预留足够的符合规范的土地、房屋、公共设施。把养老服务发展和深化“放管服”改革相结合，精简养老服务的各项审批要求、流程，提高审批管理的透明度、公开性；完善养老服务的部门联席会议制度和联合工作机制，切实发挥部门合力，推动养老服务高质量发展。

二、进一步放开激活养老市场。一要准入门槛放得宽。对于有意向进入养老服务领域的社会资本要降低登记条件、放宽经营范围、精简审批环节，全面清理、取消申办养老机构的不合理前置审批事项。二要公办机构改得快。加快推进具备向社会提供养老服务条件的公办养老机构开展公建民营，新建区域性养老服务中心原则上要公建民营，改革公办养老机构运营方式，鼓励实行服务外包。三要市场环境管得好。政府部门要提升服务质量和服务能力，加快推行养老申办一站式服务，建立“一门受理、一并办理”的网上并联审批平台，主动公开审批程序和审批时限，进一步提高审批效率。

三、进一步完善养老服务体系，大力推进医养融合。在机构养老以及机构床位建设上，重点满足老年人的多样化需求。继续创新实施医养融合的不同模式和路子，同时要重视提升护理院的医疗服务水平。不具备内设医疗部门条件的敬老院，可逐渐转变为外包委托模式，定期聘请医生上门坐诊。日间照料中心要充分利用周边医疗资源，尽量与社区卫生站和社区诊所统筹共享，方便老年人就诊。对于医疗服务需求量比较大的区域，可以开发网络医生看病模式。全面推动医养融合发展，优化现有的“护理院＋护理床位”机构医养结合模式，鼓励部分乡镇卫生院转型为以老年康复护理兼顾区域卫生服务的医疗机构；深化社区居家医养结合试点工作，加大镇区居家养老护理站建设，探索社区卫生服务中心“公建民营”等方式，引入专业力量加强医疗救助、康复护理能力，更好地开展居家和社区医疗护理服务；落实好长期护理保险试点工作，探索科学高效可持续的失能、半失能老人长期护理保险制度。

持续优化执行环境 护航法治沛县建设

夏 巍

近年来,沛县按照中央、省、市法治建设工作部署要求,牢固树立"发展是第一要务,稳定是第一责任,法治是第一环境"的理念,紧紧围绕"争当全市法治建设排头兵,构建全省法治建设先导区"的目标,紧抓关键环节,创新思路举措。全县上下"以创促优、争先进位"的创建氛围日益浓厚,形成了以"组织推动、考核促动、典型带动、创新驱动"为特色的法治沛县创建模式,培育了一批创新经验和先进典型。沛县法院围绕中心工作,充分发挥执行职能,去年以来共受理执行案件 12993 件,结案 10610 件,执行到位金额 4. 4 亿元,执结一批如葛某等十七位农民工工资的民生案件和其他重点案件,为护航法治沛县建设做出突出贡献。

但是,目前我县的法治建设也存在一些难题,如"执行难问题"。原因有以下两个方面:

第一,外部因素。1. 最高院推出的失信被执行人名单制度,构建了"一处失信,处处受限"联合惩戒大格局。沛县法院自去年以来在头条号、沛县发布、法院微信公众号发布失信人员名单 12 批次 260 人,形成打击失信被执行人的舆论高压态势。我县截至目前共纳入失信被执行人名单库 11406 人。但是社会诚信建设不健全,不讲诚信得不到及时有效惩戒,导致逃避规避执行现象仍然比较普遍。2. 法治环境欠佳,有关单位和个人不协助、不配合法院执行,甚至还干扰执行。3. 各部门间协调配合机制不畅,综合治理执行难的常态化工作机制有待进一步完善。4. 社会转型期,公民的道德意识、守法意识、风险意识不强,客观上加剧了执行难。

第二,内部因素。1. 体制机制、工作方式滞后于执行工作的发展;2. 执行人员的队伍建设、能力建设方面还不能适应形势发展的新要求;3. 由于社会不诚信现象加剧,大量案件涌入法院,案多人少的矛盾日益加剧,目前执行局员额法官共计 11 人,两年来平均每人结案 1181 件,执行干警身心疲惫,经常"白 +

黑”“5+2”模式进行工作，执行任务非常繁重；4. 法院内部一定程度上还存在着消极执行、选择性执行、乱执行的现象。执行工作能力不足，不能满足经济社会的快速发展，执行手段、方式亟待完善。

为此建议如下：

一、搭建政务诚信基础数据库和服务平台，加强公民征信体系建设。政务诚信体系平台由公共设施、公共数据库和平台软件等组成。平台全方位覆盖公职人员和机关事业单位依法履职、违法违纪违规、表彰奖励、工作成效、廉政记录等信息，形成信用档案。相关信用信息通过内部算法与评价指标自动匹配关联，自动生成机关事业单位和公职人员信用评价等级，并可出具相关信用主体信用报告，为政务诚信的应用推广提供强有力的数据支撑。全面推进政府机构失信专项治理。建议县委、县政府成立信用办公室。为基本解决执行难，进一步对被执行人的失信程度进行甄别和管理，信用办会同县法院联合出台“黄、灰、黑”名单管理机制，形成执行案件“全覆盖、清存量、防增量、抓惩戒、严整改、督落实”的办理新机制，对于涉行政单位及其工作人员案件，及时推送给相关主管部门，并联合县纪委、组织部对被执行人谈话，督促其履行义务。建议县委、县政府建立个人信用档案，我县居民每年根据分数被划为A诚信、B较诚信、C诚信警示、D不诚信四级信用等级，将评比结果在沛县电视台、微信平台等定期进行推送，并对纳入D级考核的人员在村、居进行曝光。

二、形成依靠党委领导，各部门配合的执行联动机制。县委、县政府联合印发《关于支持人民法院决胜“基本解决执行难”的实施意见》，形成了党委领导、人大监督、政府支持、法院主办、社会各界协作配合的执行工作新格局；在县委的支持下，经过协调调度，与不动产登记局、民政局、市场监督局深入协作，开通不动产、民政、工商登记信息线上查控功能，实现了互联互通。健全完善与银行、车管所、公积金等部门之间的联合查控机制，逐步建成全面覆盖银行存款及其他金融产品等主要财产形式的网上查控体系。加大与公安交警部门沟通协调，争取开通线上查控功能。建议县委、县政府定期召开执行联动工作推进联席会，加强各部门之间的相互协作配合。

三、加强法制教育宣传，把普法教育落到实处。政法机关对各行各业的人定期进行相应的法律知识普及，对各种基本法和与人民群众相关的法律，应通过社区、企业、事业单位和政府各部门全面加强宣传力度，利用宣传车张贴标语，并通过扩音器宣读法律，扩大影响范围，全方位提高人们的法律意识。定期深入基层社区和农村去以案讲法；与中小学联合每周开设一堂法治课，以案例讨论分析、录像等教学方式和践行法治的积极性，从小培养法制思维和意识。

四、强化保障,打造一支政治素质、业务素质都过硬的执行队伍。根据案件数量,科学、合理地确定执行人员的比例,确保执行人员的数量与执行任务基本适应,特建议县委、县政府在编制上有所倾斜。加强执行人员的业务水平,有针对性地加强对有关问题法律性的认识能力和处理能力,及时解决实践中所遇到的实际问题,提高执行队伍的整体素质。进一步加强执行队伍的思想、组织和廉政教育,严肃查处各种违法违纪行为。建议执行部门从内开展执行工作作风整治,破除“执行难”内部藩篱,坚持眼睛向内,聚焦消极执行、拖延执行、选择性执行、乱执行以及“人情案”“关系案”等问题。

在县委领导、人大监督和社会各界的关心支持下,我们将为全力开创法治沛县新局面,力争早日实现社会认可、群众满意的“法治县”目标,为全县法治建设贡献力量,为建设“强富美高”新沛县贡献绵薄之力!

以网格化社会治理为牵引　推进县域社会治理现代化

沈群慧

党的十九届四中全会《决定》指出“社会治理是国家治理的重要方面”，强调要“加强和创新社会治理”，“坚持和完善共建共治共享的社会治理制度”，特别是第一次提出“推进网格化管理和服务”，对推进社会治理现代化提出了新的更高要求。近年来，我县坚持以创新网格化社会治理机制工作为抓手，不断提升社会治理法治化、智能化、专业化水平，有力促进了社会大局持续和谐稳定，群众安全感再创新高。

面对改革发展新形势、社会治理新要求、人民群众新期待，我县网格化社会治理工作还存在一些薄弱环节，主要表现在：一是网格化治理力量仍待加强。从当前网格员配备情况看，兼职多、专职少的问题较为突出，虽然我县在全市率先招聘了168名专职网格员，但专职网格员占比仍然较低。实际工作中，兼职人员多由“两委”人员承担，这部分力量年龄结构偏大、学历不高，手机、电脑操作水平差，同时由于缺乏激励机制，工作积极性也不高。二是网格化实战水平仍然不高。我县县、镇两级网格化服务管理中心全部建成并实体运行，但村（社区）网格化服务管理中心建成率相对较低。因为部门统属、信息安全等原因，部门数据、资源融合还不到位，“一张网”内综合治理、联动处置的机制还未完全建立，从实际使用上看，网格化管理过程中的事件核查、处置、反馈、评估、研判、预警等功能还不够完善。三是网格化制度机制仍需健全。目前，我县网格化社会治理管理运行机制相对薄弱，在网格巡查事项处理、网格事项流转反馈、三级平台分级响应等工作上，制度机制支撑作用不明显。宣传发动长效机制还未有效建立，社会协同、公众参与度还不高。“人、财、物”保障能力有待提升，网格员激励政策尚缺乏顶层设计。

以网格化社会治理为牵引，推进县域社会治理现代化，是推进国家治理现代化的题中之义，是崭新的时代命题。为此，建议如下：

一是突出阵地建设,提升社会治理实战化水平。在硬件建设方面,加快县镇村三级网格化服务管理中心实体化建设,实现硬件建设、人员配备、指挥联动、运转机制“四个到位”。县、镇两级中心要进一步统一建设标准、规范运行机制、落实经费保障;村级中心要加快建设进度,尽早实现“全覆盖”。在软件建设方面,加快县网格化社会治理联动指挥云平台实战化运作,建设综治视联网系统,进一步健全县镇村三级联动指挥体系,构建纵向贯通、横向联动、更加高效的基层社会治理网络体系。

二是突出技防建设,提高社会治理精准化水平。以网格化社会治理为基础、以公共安全视频监控联网应用为重点,加速推进“雪亮工程”建设,结合人脸识别、物联网、区块链和5G技术应用,将“雪亮工程”与“升级版技防城”建设融合推进、统筹实施,进一步拓展“雪亮工程”在安全防护、社会治理、智慧交通、民生服务等领域的作用,真正把“雪亮工程”应用在县域社会治理的各个领域。

三是突出资源整合,提升社会治理智能化水平。加快推进“全要素”网格建设,拓展网格要素,积极将社情民意收集、矛盾纠纷调处、信访稳定、城市管理等涉及基层社会治理的内容事项,逐步整合到社会治理网格,进一步推动基础要素在网格内见底、服务管理力量在网格内聚合,构建政策集成、资源集聚、力量整合、信息互通、工作联动的格局。夯实信息采集基础,及时汇聚整合“人、房、物、事、组织”等各类数据和社会服务管理业务信息,尽快实现数据共享、对接联动。

四是突出队伍建设,提升社会治理专业化水平。围绕建强网格员队伍,推动网格人员由兼职向专职转变,进一步增加专职网格员配备,优化兼职网格员队伍结构,打造稳定网格铁军。加大网格化社会治理工作资金投入,建立健全网格员管理使用、招聘解聘、经费保障、考核奖惩、激励约束等机制,有效解决网格中心和网格员经费问题。紧贴实战需求制订专兼职网格员培训计划,全面提升网格员综合素质与业务水平,更好地推进我县社会治理创新工作。

五是突出共建共治,提升社会治理多元化水平。加大网格化工作宣传力度,及时报道网格化工作成果,讲好“网格故事”,充分调动城乡群众、企事业单位、社会组织参与网格治理的主动性、积极性。发展壮大群防群治力量,鼓励引导网格内“五老”、退休干部、党员、志愿者等社会力量参与网格化工作,积极扶持发展生活服务类、公益事业类、专业调处类等社会组织,促进社会组织、群众自治与网格化服务管理有效衔接,实现共建共治共享,让基层“微治理”释放出“大能量”。积极推进“网格+警格”、法官进网格,促进矛盾纠纷源头化解、就地解决。

提升政务服务水平　打造营商环境新高地

杨屯镇联络小组

近年来，沛县始终坚持把优化营商环境作为推动高质量发展的关键一招，以深化行政审批制度改革为牵引，以强化载体建设和要素供给为抓手，以优化法治环境为保障，多维度、立体化、全方位推动营商环境优化，在贯彻新发展理念中奋力打造区域营商环境新高地。

一、提升政务服务水平，优化营商环境存在的主要问题

在沛县争创一流营商环境的过程中还存在着诸多制约因素。一是信息共享程度不够。部分垂直单位业务系统基本上都是省、市级开发，与江苏政务服务网在省级层面不对接，形成数据不能共享。存在部门间的信息不能够互相推送形成共享，直接影响办事效率，存在让办事群众重复提交材料的现象。二是基层队伍不稳定。镇、村高频便民事项全面推行代办制，村级便民服务这支队伍人员业务素质较差且队伍不稳定，缺乏经费支撑，镇（街）为民中心配置较差。三是平台知晓率不高。企业对平台知晓率还需要进一步提高，平台使用人数还相对较少。少数单位未能认真贯彻县政府要求，重视不够，以致出现对“12345政府热线”工作重视不够、用力不多，有推诿现象发生，办件不够及时，群众不满意工单持续出现，不能将群众满意度视为第一标准，缺乏争先进位意识和应对困难的思路。

二、提升政务服务水平，优化营商环境对策建议

（一）在改革上求突破，最大限度释放市场活力。根据国家、省、市取消下放行政许可事项的要求，做好事项对应取消下放和承接，改变管理方式，清理简并多部门、多层级实施的重复审批，结合工程建设项目审批制度改革试点，继续推行“容缺审批”工作机制，清理工程建设项目中不必要的审批，要件再压缩30%，确保工程建设项目从申请立项、竣工验收至公共基础设施接入服务为止，带方案出让土地的项目必须控制在60个工作日内，中小型社会投资项目必须控制在70个工作日内，一般社会投资和政府投资线性工程类项目必须控制在

80 个工作日内,政府投资房屋建筑及其他类项目必须控制在 90 个工作日内。

(二)在服务上求创新,推进"一件事、一次办"改革。做好对老年人、残疾人群体的引导和服务,优化水电气暖网的集成服务,强力推进区域内高频事项 99 项"一网通办"(指彭城通高频)。对需跨部门、跨层级、多环节办理的事项,统筹各职能部门通过并联审批、信息共享、集成优化等手段,重构业务流程,"整合一类事、办成一件事",到 2021 年底,在原有 60 项"一件事"基础上,把与企业群众生产生活密切相关的重点领域和办件量较大的高频事项 100 项实现与江苏政务服务网对接完成网上建库,流程优化,线上线下实现"一件事一次办"。

(三)深化减证便民行动,提升数据共享水平。加快推进电子印章系统应用推广工作,加快电子营业执照、电子印章推广应用,简并现场登记环节,推广企业开办全程网上办,加快实现开办企业时申领营业执照、刻制印章、申领发票、社保登记等全流程网上申请和办理,现场"一窗"一次领取企业开办全部材料。

(四)全力推进基层"三整合"改革,推进政务服务标准化、便民化。一是按照"办公场所最小化、服务阵地最大化"思路,高标准打造乡镇(社区)阵地,推动镇级为民服务中心、村级便民中心规范化建设,推动第一批下沉 20 项政务服务事项和"90 + 30"项镇村公共服务事项规范运行,实现"就近办"。二是加强基层代办人员业务培训,把基层服务队伍建设摆在突出位置,基层代办人员业务培训每人每年不少于 20 个工作日。三是深入开展基层标准化贯标活动,全面提升便民服务水平,充分运用"互联网 + ",让居民少跑腿、让信息多跑路。四是充分发挥"综合性企服平台"作用,继续组织职能部门深入基层开展政策宣讲、企业培训活动,使平台使用满意度达到 95% 以上。

坚持严格公正执法　构建和谐法治沛县

孟 婷

中央全面依法治国工作会议首次提出并系统阐述了习近平法治思想,强调“坚持全面推进科学立法、严格执法、公正司法、全民守法”,“努力让人民群众在每一个司法案件中感受到公平正义”,为民主法治建设明确了目标,指明了方向。近年来,我县坚持通过大力推进法治思想和履职能力建设,建立健全执法管理体系,较大程度提升了人民群众的获得感、幸福感、安全感。2020 年 1—11 月份我县社会治安满意度 97.37%,公安队伍满意度 97.31%,分别较去年同期上升 3.02%、3.56%,社区民警走访率 92.74%,超出市局达标值 42.74%。同时,2020 年苏北片区执法监督管理暨执法办案管理中心建设现场会、全市执法规范化建设现场会均在沛县召开,集中呈现了政法队伍全效提升执法质量和执法公信力取得的成绩。然而我们也必须清醒地认识到,虽然我县社会大局持续和谐稳定,但面对改革发展新形势、社会治理新要求、人民群众新期待,构建和谐稳定法治社会依旧面临诸多挑战,执法中也暴露许多薄弱环节。

一、执法队伍推进依法行政仍面临的问题

(一)应急执法措施仍需细化完善。年初面对突如其来的新冠肺炎疫情“大战”“大考”,全县执法部门英勇果敢、无畏逆行,警民齐心协力取得了新冠疫情防控战阶段性的胜利,进入防控疫情与复工复产统筹发展阶段,但疫情随时可能再度暴发,关注在非常时期应急执法中暴露出的简单执法、过度执法等问题,防范从“硬核”变为“硬来”的执法方式,增强非常时期规范、文明执法能力,避免与群众产生矛盾。

(二)执法监督体系仍需跨越发展。目前执法监督的方式和渠道仍多数停留在事后监督、书面监督上,这样的监督并不利于保护执法人员和规范执法权的行使;时间、空间仍对执法办案有较大影响,智慧办案水平有待提升,现代科技应用与执法工作亟待融合;执法管理委员会协调联动能力有所欠缺,难以形成合力,监督效果打了折扣。

(三)执法队伍建设仍需常抓不懈。执法队伍任务多、压力大,尤其近期受国内外疫情影响,社会不稳定因素增多,业务量大幅增长,人员力量不能完全适应新形势新任务的需要,队伍业务素质和专业化水平仍要与时俱进,不断提高。

二、提升社会治理法治化、智治化水平的建议

(一)进一步完善法治制度保障,强化执法职能发挥。要强化执法指引,完善制度、执行、监督各环节的完整链条,强化法治保障作用。积极制定《执法部门战时处置突发事件方案》《关于推动战时严格规范公正文明执法的实施意见》等制度措施,为行政执法机关非常时期严格执法提供准确详细的执法依据、标准、程序,增强战时执法队伍作战能力,以最实举措维护治安大局稳定。

(二)大力优化执法监督模式,提升智能化监督效能。搭建闭环式执法监管平台,推行研判—指令—整改—评估动态实时监督机制,通过大数据对比分析,实现随机监督向精准监督转变,提高对执法问题的智能预警检测能力。推进执法管理委员会实体化、常态化、规范化运行,形成执法管理委员会主导、法制部门牵头、警种部门共同参与的齐抓共管、协同协力的良好态势,逐渐使执法监督模式从以往大而全逐步向“小、精、准”模式转变,不断提升执法质效。

(三)强势推进队伍管理提升,坚持公正司法。狠抓执法队伍党建工作,推行“互联网+党建”模式,利用学习强国平台、组织培训等网上、网下多种形式,分级分层、分批分期开展政治轮训,打造敢担当的忠诚警队。开展政法队伍教育整顿,及时查摆、整改问题,确保发现问题早、整改问题实,以铁的纪律推动作风建设各项措施落到实处,打造作风硬的廉洁警队。用好“网上法律学校”平台,开设“全警学法”工作专栏,定期发布学法提醒、学习要点、法律资料等信息,方便民警随时随地开展学习,打造业务强的高素质警队。

(四)全面激发德治能量,推动全民守法。加强家庭美德建设,深入推进家德家风教育,以千千万万家庭的好家风支撑起全社会的好风气。加强个人品德建设,推动每个公民提高道德认识、陶冶道德情操、锻炼道德意志、养成道德习惯。加强普法宣传力度,努力弘扬法治精神,促进法律法规的普及,在全社会形成不愿违法、不能违法、不敢违法和办事依法、遇事找法、解决问题用法、化解矛盾靠法的良好氛围,不断提升全体公民法治意识和法治素养,促进社会和谐。

关于遏制农村高价彩礼的建议

尤志文

当前我县农村特别是北部乡镇，农村彩礼平均已达 15 万元左右，并呈现出逐年增长的态势。除此之外，女方还要求男方有房有车，且对车子的价格和房子的位置及面积有特别的要求。若男方有兄弟几人且其父母务农作为经济收入来源的，婚娶成本还会翻倍加大，造成男孩一次的婚姻需要几代人偿还的现象。举债结婚、因婚致贫、因婚返贫现象屡见不鲜。

主要有以下原因：一是婚龄男女比例严重失调。由于重男轻女的传统思想，加上之前一胎的严厉计生政策，男女出生性别比严重失调。大多数农村外出打工的女孩，选择嫁到生活条件更好的地区；外出打工的男孩定居大城市则十分困难，返乡生活找对象是他们的唯一选择。二是贫穷的自然经济条件制约。每个农民家长一方面希望自己的女儿能离开农村进入城市，即便走不出农村也希望能找到家庭条件好一点的男孩，索要高额彩礼则成了理所当然；另一方面，女儿出嫁收取的高额彩礼还可以作为给儿子娶媳妇的积累资金或偿还儿子娶媳妇欠下的高额债务。三是极度的攀比心理作怪。随着改革开放的不断深入，受市场经济的冲击，逐利思维刺激着人们的物欲。许多女方家长认为彩礼的多少其实代表的是女儿的身价，甚至当成炫耀的资本。

高价彩礼让许多家庭不堪重负，对家风、村风、民风的破坏远超想象，给社会带来了极大的隐患。高价彩礼不是一个孤立片面的存在，而是一个复杂的社会毒瘤；它不仅给许多家庭带来经济窘迫，还可能给婚姻生活带来长期关系紧张；它吞噬的虽是部分家庭的幸福生活，但侵蚀的却是整个社会和谐稳定的基础。

所以说，高价彩礼不仅是经济问题、民生问题、教育问题、认识问题，而且更是发展问题。为遏制高价彩礼，提出如下对策和建议：

一是发挥典型示范作用。发挥好基层党员干部、公权力行使者、医务和教育工作者等财政供养人员这些“关键少数”的示范引领作用，基层党员干部带头签订“移风易俗、抵制彩礼”承诺书,在全社会形成低价彩礼、不要彩礼的良好风尚。集中整治突出的高价彩礼现象,通过媒体曝光、舆论监督、道德评议、典型选树等方法,把高价彩礼、低价彩礼、零彩礼正反两方面典型个案置于公众视野,形成激浊扬清的治理格局。

二是强化教育管理。破除“天价彩礼”陈规陋习,不仅需要从传统文化的价值认同上着手,更需要从宣传和制度层面加以引导。在做好法律宣传、政策教育的基础上,重点抓好针对党员干部婚丧事宜报备、执行情况的纪律约束。村民委员会、红白理事会、道德评议会等乡村自治组织,要把治理高价彩礼纳入农村基层自治组织工作范围,重点抓好发动群众制定村规民约、村民履行情况监督评议,通过柔性管理形成风尚。

三是加速经济发展。推动治理高价彩礼,改变的是落后观念,断掉的是金钱贪念,树立的是科学理念,必须将尊重群众与教育群众、听取民声与改善民生相结合,通过农村脱贫攻坚、农业稳步发展、提高农民生活水平诱导彩礼下降;树立坚持不懈、久久为功的思想观念,坚持善始善终、善作善成的工作方法,把握好节奏、力度、时效,抓常抓细,通过持续努力推动彩礼下降,树立文明婚嫁新风。

关于解决中小学生就餐难问题的建议

高雪梅

目前,全县中小学校均已开学,在校学生约15万人,学生就餐难问题普遍存在。主要问题是不少学校没有校内食堂,在校中小学生就餐难,午餐多到周边小吃摊点或参加居民“小饭桌”午托就餐,食品安全风险难以防控。由此造成:

一、就餐食品安全隐患。多数学生就近在临时路边摊点、快餐店等地方解决就餐问题,部分学校周边无营业执照、无卫生许可证、从业者无健康许可证的临时或流动餐饮摊点随处可见,垃圾食品、“三无”食品等充斥其间。

二、校外“小饭桌”质量参差不齐。有的没有营业执照和餐饮服务许可证,有的藏身普通居民住宅,这也给餐饮监管部门的查处增加了难度。菜品是否新鲜、卫生是否达标都难以监管,更别提营养搭配的问题。

三、家长送餐无就餐地点。有些学生中午放学时间短、离家距离远,或家长担心在外吃不好,有些家长就送餐到学校,但是没有吃饭的地点,只好在学校门口马路边上随地就餐,就餐环境比较差。

为此建议:

一、高度重视在校学生就餐对教育的重大意义。中小学生正处于发育阶段,新陈代谢旺盛,如果营养不均或者是营养跟不上生长的速度,都会影响正常的生长发育,造成学习时注意力不集中、记忆力减退等问题。为此相关部门要从思想上高度重视此项工作,把解决在校学生就餐问题列入重要议事日程,科学有效地制订实施相关计划,切实改善在校学生就餐难状况,提高学生健康水平。

二、加大强丰集团沛县中央厨房的利用率。该中央厨房主要供应学生营养餐,生产规模每天可达25000份,但目前在全县送餐范围只是5—6所中小学校,每天配送3000份,建议加大中央厨房利用率,推广学生食用营养配送餐。学校应组织老师和家长代表对配送餐的质量和温度进行监管。

三、加强食品卫生监管。城市管理、市场监管、卫生监督等相关部门要建立执法巡查制度,开展定期巡查与不定期巡查相结合,将校园食品经营区域分段划片,落实到具体人员。并制订巡查计划,加大巡查力度,增加巡查频次。加大对校园周边餐饮摊点及“小饭桌”的监管力度,让过期食品、变质食品、三无食品等无藏身之地,坚决打击坑害学生的行为。

四、要充分利用好已有的食堂。完善基础设施,加大对已有学校食堂建设的投入力度。可以考虑将改善中小学校食堂硬件设施设备条件列为为民办实事项目,做到“明厨亮灶”,市场监管部门远程进行监控,保证在校学生营养就餐。

五、对有条件送饭带饭的学生,学校应提供就餐地点,在校内设置学生就餐小餐厅,添置电热水壶、微波炉等必要的设施,确保学生就近安全舒适就餐。

关于调整部分公交线路方便农村中学生上下学的建议

周兴华　罗述相

杨屯镇旧姚桥村和下庄村初中学生到新镇区杨屯中学上学，路途分别为 6.2 公里、8 公里。目前两村共有在读中学生 80 余人，学生早晚上下学的交通方式为家长接送、学生自行骑电动车和自行车，经 253 省道入杨屯镇新镇区至杨屯中学。由于上学途中车流量大、人员密集，家长在接送孩子和学生自行骑车上下学时，存在重大交通安全隐患，易引发安全事故，下雨下雪等恶劣天气尤令家长担忧。

经调研了解，当地两村有县公交公司车辆经过，但是车辆较小，线路也不到杨屯新镇区，且时间点也不与中学生上学时间吻合，村民依托公交出行效率较低，公交车空座率、闲置率也高。为此现提出如下建议：

一、建议由杨屯镇政府牵头，会同县交运部门尽快组织人员与杨屯中学对接，了解农村中学生到新镇区杨屯中学就学的具体情况，包括人数、平时采用何种交通工具等，并根据实际摸底情况，拿出合理工作方案，适当调整公交线路、调配公交车辆，满足学生和村民外出需求。

二、建议县教育部门关注农村中学生上下学的困难，尽快开展农村中学生利用公交车上下学需求的调查，并与县交运部门沟通，适当调整公交车运营线路，既方便学生上下学，又提高公交车利用率，实现运营与服务双赢。

关于充分利用小区公共用房设立及完善社区服务设施的建议

耿兴盛　柴德安

近年来我县城市建设不断加快,特别是棚户区改造深入推进,大量小区新建成并交付使用。老旧小区改造结合"三城同创"的开展,使城市面貌日新月异,可以用改天换地来形容,环境好了,小区美了,居民对公共服务特别是社区服务的要求更高了。根据目前各个小区的情况看,普遍存在小区公共用房使用效率不高,甚至被占用、出租出售等情况,没有发挥服务居民的应有作用。群众反响强烈,呼声很高。

新建小区对社区用房都有一定的配建比例(2‰—3‰),社区用房相对比较以往的老旧小区非常充足,但由于业主及居委会意识不强,大量社区用房没有及时交付,被开发商及物业企业占用,部分被出租、出售,甚至抢占,侵害了广大业主的利益,也没有发挥社区公共用房的应有作用。个别业主即使提出,但维权的难度很大,亟须各部门形成合力解决。

建议:

一、以规划、房管、民政、街道组成联合工作组,清查、清理社区公共用房,确保老小区公共用房不被违法占用,新小区公共用房及时交付;

二、对清理出的公共用房明确管理主体,依据原规划用途并结合小区居民意愿完善和提升社区服务设施;

三、结合"三城同创"等活动的开展,以小区公共用房等场所为阵地广泛开展活动,设立爱国教育基地、小区图书室、健身活动、居民娱乐、养老助困、社区救助服务等服务设施,满足广大居民的公共服务需要。

关于加强沛县公共厕所卫生管理的建议

苗永旭　孙云侠

近日,我们听到社区居民普遍反映改造后的县城公共厕所卫生管理不到位,存在脏乱差、臭气熏天的现象,也感到疑惑,刚刚改造好的公共厕所为什么会发生这种情况？于是我们对部分公共厕所卫生现状进行了实地调查,确实存在好多问题,主要表现为:

一、厕所蹲位下水道堵塞,粪便满池,无人疏通,臭气熏人;

二、厕所部分内装门存在上锁现象,使用不方便;

三、厕所蹲位卫生太差,粪便溅地,卫生纸到处乱扔,人们无法使用;

四、厕所地面小便乱流,未及时清理打扫;

五、洗手盆内存在扔弃废纸,堵塞下水管道;

六、厕所部分内装门设施被人为破坏,水龙头、纸盒等配件有丢失的现象。

建议:

一、主管部门大力开展宣传提醒工作,印制张贴宣传标语,提高人们保护厕所卫生的自觉性、责任性;

二、加强厕所卫生管理者的责任意识,明确管理任务和具体要求,实施考核制度,落实工作责任制和奖罚制度,提高工作人员的积极性,主动性;

三、开展厕所卫生管理者评先活动,给予表彰奖励,提高其福利待遇;

四、主管部门应加大督察力度,采取随机检查和定期检查相结合,对不适合从事此项工作的人员予以辞退。

关于做好我县大型体育赛事观赛工作的建议

王海峰

近年来,越来越多的全国性体育赛事在沛县举办,仅 2018 年就举办了技巧、武术、散打赛事多起。2019 年 11 月 19—29 日,全国技巧冠军赛在我县体育馆举办,有预赛、决赛和颁奖仪式,非常隆重。但是通过电视新闻,看到诸多高规格赛事,观众席却空空如也,除了参赛运动员和教练外,鲜见观众。现场氛围差,影响了大型赛事的比赛效果,一些市民想观赛而苦于没有途径,也是对体育优质资源的极大浪费。

建议:

一是领导重视。将体育强县作为文化品牌项目抓好、组织好,体现出作为主人翁的自豪感,更能彰显沛县人热情好客、重情重义的素质形象和精神面貌。

二是强化组织落实。文广新体局要组织学校、机关、群众观赛。每场赛事相关部门做好座席分配方案并提前通知,教育部门组织好全县各中小学、幼儿园学生轮流观看赛事,陶冶情操,促进青少儿身心健康。同时可以向市民免费赠票,吸引体育爱好者观赛。

三是建立长效机制。由文广新体局编排实施方案,确保观赛工作长效开展、长效坚持。

疫情之下我县餐饮业遇到的三大困难及解决建议

王海峰

近期,突如其来的新型冠状病毒肺炎疫情给整个经济和社会生活造成了巨大冲击,各个行业受疫情影响严重,特别是餐饮业成了"重灾区",遭受到前所未有的重创。

一是复工复产率不高。我县餐饮业2600余家,1月20日开始,大量餐饮商户主动或被动暂停营业,以避免人口大规模流动和聚集而引发的交叉感染,取消宴席8000余桌。目前我县餐饮业复工率仅70%左右,其中主要是小餐饮业、外卖占比重,大型餐饮仅有30%复工,接宴席的为0。春节市场是每年的餐饮业旺季,今年春节餐饮业受疫情影响很大,损失惨重。虽然可以堂食,食客依然存在"恐疫"的心理,人们外出聚餐数量骤降。另外,宴席不能举办,家有红白事的市民反映强烈。

二是未开业的只有支出,没有收入。沛县大家庭菜馆负责人反映,饭店接手后,投资200余万元,目前没有开业,维持下去都困难。原因是开业没有顾客,每天将损失2000多元,不开业没有收入,每天的房租、工人工资、税收都是很大的支出。目前主要困难是年前进货30万元菜金未付清;房租马上到期,要经营就要交房租15万/年,水电费、物业费2万元/年;不敢裁员,裁员之后工人不好找,现有工人40人,工资平均每人3000左右,也是很大的支出;1—3月税收5000元,已经自动扣款。

三是已开业的入不敷出。固定成本压力大,餐饮经营户资金短缺。沛县小龙坎餐饮有限公司负责人反映,饭店3月20日试营业,顾客很少,以前每天正常50—60桌,春节期间100余桌/天,现在只有3—5桌/天,还不够工人工资。从年前停业到3月20日开业,中间没有收入,但房租、税收一样不少。主要的困难有:一是房租高,15万元/年。二是主要成本是人力成本,约占运营成本的30%左右。收入低但工人工资不能降,现有工人22人,平均每人3000元/月,降了工人就难招,目前已经离职6人了。三是红光路修路影响大。因修路,增加了围挡,顾客进不来,目前已经围上几个月了,施工进度慢,红光街是餐饮一条街,修路影响了很大一部分生意,希望政府能加快进度。

疫情之后,稳定餐饮行业是稳就业、稳增长、促消费、惠民生的大事,为此建议:

一、建议迅速出台支持性政策。在减免租金、减免税收、延期缴纳税款、延迟缴纳社会保险、失业保险稳岗返还、提供各项金融支持等方面给予政策支持。在专项资金补助员工工资、通过各种途径动员房主(包括私人门面房),免收一季度国有经营用房房租和非国有经营用房房租(包括私人门店)、减免外卖平台服务费等方面予以专门规定和解读,尽快出台扶持政策,切实解决餐饮业困难。

二、加快红光路施工进度。红光街是我县餐饮一条街,餐饮经营户 70 余家,建议加快道路施工进度,保证道路尽快畅通。

三、有序恢复宴席。卫健部门可加强对举办宴席单位的监督指导,做好人员测温、出示彭城码等防控措施,同时规定宴席数量、人员数量、分批次办理等规定,尽快恢复红白事宴席。

四、发放消费券刺激消费。建设县财政对我县防疫一线医务人员、社区工作人员、公安干警及所有参与防控工作人员制定激励政策,发放餐饮消费券,既奖励了防控工作人员,又能带动餐饮业复苏。

关于沛县建房与建停车场同步的建议

曹雷鸣

现如今买车的人越来越多,想停车却越来越难。据有关部门统计,近几年我县车辆特别是私家车数量均维持高位增长。而与之匹配的公共停车场、公交停车场、建筑物配建停车场、路旁咪表停车带等数量稀少,停车难成了有车一族的大烦恼。尤其在办公、购物、住宅相对集中的各繁华地段,像汉城中路苏果超市段、新庄路段、各大银行门口、老旧小区等,停车难问题更为突出,因为停车引发的各种矛盾和摩擦时有发生,给城市交通和群众生活带来了诸多不变。缓解和解决停车难的问题已势在必行。

建议:

一、加快编制城市机动车停车的整体规划,与城市建设同步进行。规划部门要将县城停车设施纳入城市总体规划,合理布局,统筹安排,对新建、改建、扩建的公共建筑、商业街区等人口密集场所应配建、新建停车场,并与主体工程同时设计、同时施工、同步使用。

二、根据人流和车流情况在各区域尽快建立规模不等、数量适中、功能齐全的停车场,特别要加快人流和车流密集区域公共停车场的建设,改造现有建筑一楼或地下室为停车场。

三、结合人防工程建设,大力兴建地下停车设施。

四、加强居民社区停车设施建设。在新建的居民小区设立居民停车位和车库,将公共停车设施纳入小区统一规划和建设。对老旧小区也要从实际出发,通过调研提出切实可行的解决办法,逐步加以解决。

五、在不影响交通的前提下,尽可能增加停车泊位,缓解停车难压力,并在相关路段设置明显指示牌,引导规范停车。交警部门应加大对无序停车、随意停车的管理和处罚力度。

关于推行成品住宅建设的提案

孔凡剑

据资料统计,毛坯房在二次装修中平均每户产生建筑垃圾约2吨,因拆除、清运等花费约1万元。存在的主要问题有:一、产生大量建筑垃圾、资源浪费;二、在混凝土墙、板、柱上钻洞、切槽、破墙等影响主体结构安全以及改变建筑外观影响城市形象;三、业主普遍对材料质量、价格不清楚,装修费神费力花了冤枉钱,还可能存在使用功能、质量等问题;四、产生噪音扰民、小区管理混乱、环境污染等问题;五、装修队伍水平参差不齐,装修的质量及后期保修不能保障。

成品住宅是出售前生活功能空间一次合理设计并完成,入住后能直接使用的住宅。一、成品住宅避免二次装修的重复浪费、多次污染,降低能源消耗。二、毛坯房是一定经济条件下的产品形式,随着社会的发展必将被成品住宅所代替。三、国家和各省相关标准均已出台,江苏省制定了60%成品住宅的目标,近几年也在大力推行。四、包括徐州市区在内的各地市,成品住宅的市场供应量都在逐年大幅增加。五、有效监管下标准化、精细化、程序化施工的成品住宅将解决毛坯房装修产生的系列问题,提升生活品质、城市品位。六、成品住宅的装修也能为业务量大幅减少的建设、设计、施工、监理等行业提供市场需求。建议:

一、政府出台鼓励政策,首先在具备条件的地块和企业进行成品住宅建设试点,市场成熟后再大范围实行;

二、严格建设程序,按照装修设计图纸经审查合格、招标确定施工企业、先做样板套并验收合格、全面施工的程序进行;

三、加强引导和监管、促进提高,确保装修施工企业在业务量扩大后的技术、管理、装修材料采购等方面质量保证能力的提升;

四、为解决购房者对成品住宅的个性化需求,提供多套装修设计方案供选,方案数量既有可选性又满足施工质量管控的要求;

五、加强政府对工程质量的监管,确保装修材料、室内环境污染等检测以及装修材料信息透明化,取得市场接受和信任;

六、建设单位明确质量保修的责任主体,并写入住宅使用说明书和保证书中。

关于冬季集中供暖存在的问题的治理建议

张林林

近几年,沛城各小区冬季集中供暖的范围逐渐扩大,但县政府对集中供暖的管理滞后,居民和物业管理部门常发生矛盾,迫切需要加以规范管理。特建议如下:

一、沛县县政府应参考《徐州市集中供热条例》并广泛征求居民意见,制定《沛城集中供暖条例》,具体规定供暖的起止时间,以及物业对供暖事项应负的责任和惩戒。

二、政府应根据气源的情况规定供暖的范围,不能无计划地扩大供暖范围,以保证已供暖区域供暖的质量。

三、政府应明确规定小区物业供暖收费标准,明确要求物业管理部门供暖收费账目公开透明,做到一年一清。

四、政府应建立冬季集中供暖管理机构,以加强对集中供暖的监督、检查和管理。

关于推进电、水、气、热的远程自动集采集抄完成“多表合一”建设　实现一站式服务的建议

潘家森

沛县供电公司自2010年以来,完成了用电信息采集系统建设,建立了统一用采平台,实现了所有用户用电信息远程每日自动采集。在用采平台大数据基础之上,进一步拓展功能应用,具备了多种能源表的统一抄收和管理的能力,构建“抄表自动化、算费智能化、收费电子化”新模式。县供电公司从2016年10月份开始,在城区新上高档小区逐步实施多表采集建设工作,遇到以下困难:一、由于缺乏政府部门强力推动,小区开发商及物业管理部门配合不积极;二、电、水、气、热的管辖各自为政,部门之间缺乏有效统一协调机制;三、各类计量设备的标准、通信规约不统一,给施工带来较大的困难。

建议:

一、希望政府部门出台专门文件支撑多采工作,并由政府智能化管理办公室统筹建设工作(或指定真正有实力的单位负责建设);

二、开发商在房屋设计时要考虑多表合一采集建设工作,要求水、电、气、热要统一技术标准。

关于推进城市电动汽车充电设施建设为新能源汽车提供发展空间的建议

潘家森

县供电公司2017年计划：徐济高速敬安服务区建设电动汽车快充站2座，另在新老城区建设8车位城市快充站各一座。同时计划在新城区县行政中心院内、政务服务中心院内各建设低充电桩2台。

依据规划设计，每座快充站占地300平方米，预计投资230万元，整体项目投资约850万元。该项目由江苏省电力公司出资建设，由于省电力公司投资费用中不包含土地征用费用，故当前遇到最大障碍是城市快充站的选址问题，如无法落实规划选址问题。按照江苏省电力公司项目进度安排，应在2017年3月底前确定建设区域位置，以确保10月31日前投运需求。

建议：

一、希望县政府优先考虑新政府和政务服务中心充电桩建设位置，因这两处车辆非常密集、停车位较多且集中，无须变动院内布局及绿化，只对停车位略加变动即可实施建设。

二、为方便车辆充电，需要政府协调充电站和加气站建在一起，或者在大型公共场所及停车场规划出充电站建设用地。

关于增加全县小区微型消防站的建议

吕凤荣

近年来，随着我县城市化进程的进一步加快，城市规模的不断扩大，小区规模逐年增加，越来越多的农村人口进城入住，人口密集度也较大。许多居民的生活习惯不好，特别是老旧小区，一些废旧东西、电动车等堆放于楼道，火灾隐患较多。部分新建小区配备了“微型消防站”，但老旧小区都没有配备，一旦发生火灾，不能真正做到应急处置。

建议：

一、组织有关单位在全县增加“微型消防站”的数量。

二、开展专项检查，对小区内已有的室外消火栓进行维护保养。大力消除老旧小区消防车通道、消防水源、消防宣传及消防安全管理等方面的火灾隐患，进一步对小区主要道路实施维修改造，保证消防通道畅通无阻。

三、要高标准地建设“微型消防站”，建成后组织消防员常态化开展日常消防巡查、入户防火检查、消防安全提醒及消防宣传培训。

关于提高新建小区楼宇护栏质量和老旧小区楼宇护栏改造的建议

董　波

目前,我县老小区楼宇外墙的阳台护栏全部失去原有的亮丽,锈迹斑斑,岁月和风雨又将铁锈布满墙面,而且部分护栏已经处于半脱落或者半悬挂的危险状态,给居民和行人造成了安全隐患。比如鼓楼小区、新沛小区、汉街等,几乎所有的老小区都是如此。就连近几年新建设的紫荆花园、锦绣家园等也不例外,已严重影响城市的美观。

建议:

一、凡开工新建的工程项目,一定要严格按照政府要求设置楼宇护栏;由于铁艺的护栏容易氧化产生锈迹,最好使用不锈钢或者其他性质较稳定的材质代替铁艺护栏。

二、目前老小区的改造虽然在诸多方面如地面、地下管网、车位、外墙等方面进行了改造,解决了很多居民头疼已久的问题。但原来生锈的护栏仍旧没有任何改善,这样新刷的墙面会很快又出现之前的景象,为防止造成之前人力物力的浪费,建议楼宇护栏改造工作尽快进行。

关于实现村庄硬化道路“户户通”的建议

刘衷鸿

近年来,我县实施的道路“村村通”工程和农村环境综合整治,以及垃圾集中处理工作,对解决农民通行难、改善农民生产生活环境,提高农民生活质量方面起到积极的作用。但由于“村村通”工程实施已有几年,当时的质量要求偏低、道路普遍狭窄,农民出村走水泥路,入户走泥水路的状态还没有根本的改变。

建议:

建议有关部门,尽快着手“户户通”工作,打通农民通行的最后几十米,为显著提高农民生产生活环境提供基础保障,打破基础设施重点工程扁平化的格局,及早谋划美好乡村建设。

一是全县一盘棋。合理规划,统筹布局,高标准施工,中长期考虑,分阶段、分片逐步实施。县里统一安排,镇、村两级实施。

二是资金安排。通过“一事一议”的方式向驻村农户按人头筹集一部分,有条件的镇补助一部分,县里每年安排一部分,向市级以上政府每年争取一部分。村级集体经济组织收入较高的村,也可以集中解决资金问题。

三是工程施工。面向社会招标施工和监理单位,保证工程质量。

四是资金管理。按照专款专用的原则,根据资金来源的不同,镇级以上资金可以由县级主管部门管理,接受审计监督。“一事一议”筹集的资金,可以采取“一事一议”资金管理办法。村级集体组织统一安排的资金,由村级财审委员会管理,确保资金专款专用。

关于切实加强我县农产品质量安全监管工作的建议

马立建

“民以食为天,食以安为先。”农产品质量安全作为食品安全的基础环节和重要组成部分,不仅是关系人民群众消费安全和身体健康的重大民生问题,还事关农业增效、农民增收、农村繁荣和社会和谐稳定的全局性问题。近年来,我县各级党委、政府高度重视农产品质量安全监管工作,农产品质量安全问题得到了一定程度上的改善与提高,但也面临着如生产环节把关不严、流通环节监管乏力、消费环节担心重重等亟待解决的现实问题。为此建议:

一、加强组织领导,完善工作机制。根据《农产品质量安全法》相关规定,建议借鉴发达国家经验,成立由农业、市场监管、环保、卫计、公安等部门组成的类似于食安委性质的农产品质量安全委员会,明确成员单位的职责分工,形成“政府牵头协调,部门密切配合,多方统一行动”的工作机制。同时在农业部门成立办公室,负责协调农产品质量安全日常管理工作,通过加强部门之间的信息交流和协同配合,坚持日常监管与专项整治、应急能力建设相结合,不断提升农产品质量安全监管能力和水平。

二、注重宣传引导,提高业务素质。建议农产品质量安全委员会牵头,通过放心农资下乡、农业科技下乡、食品安全宣传周等重大活动,充分运用电视、手机等各种媒介,积极开展对生产经营者的农产品安全生产知识、科学种植养殖知识、《食品安全法》和《农产品质量安全法》等法律法规的宣传与公德教育,并与农产品质量安全监管人员、农技干部、农产品生产经营企业管理者进行农业标准化、监督检测、应急处置等方面的培训结合,切实提高从业者的农产品质量安全意识和掌控技能,努力营造全社会共同关心、支持农产品安全工作良好的氛围。

三、依靠多措并举,推行标准生产。基于《农产品产地安全管理办法》的要求,有计划分步骤地做好农业环境质量监测、改良与管理认定工作,公布生产或禁止生产区域,农业、质监、工商部门要切实加强农业投入品市场准入等的全程监管,通过加强源头治理来确保标准化生产环境。同时逐步建立健全我县农产品质量安全标准体系,将标准化技术转化成简易操作卡和挂图,引导企业、合作社和农民做好“三控”和标准化生产,并通过示范基地、示范户和示范村企和“三品一标”的示范带动效应,铺就我县农产品标准化和品牌化之路。

四、健全监管体系,规范追溯路径。按照“横向到边、纵向到底”的原则,建立一级抓一级、一段衔接一段的分级责任,领导负总责的农产品生产与监管体系建设亟待加强加快,尤其需加强乡镇农推中心的农产品质量安全生产与监管公共服务职能。建议整合农业、畜牧、质监、环保等检验检测资源,划拨专项经费予以增设备、扩人员,建成县级农产品质量安全检测中心、乡镇和基地、企业的三级检测机构,并辅以快速检测为补充的立体检测网络体系。要以“三品一标”获证产品为重点,引入农产品质量安全追溯的信息网络,逐步实现生产记录可存储、农产品流向可追踪、储运信息可查询,把生产经营各个环节纳入监控范围,由点及面,逐步扩大至全县农产品,农产品生产主体基本实现质量、责任可追溯管理。

五、加大执法力度,狠抓责任追究。应将农产品质量安全监管执法作为农业综合执法的重要组成部分,进一步完善农产品质量安全监管执法体系,充分整合农业部门内部分散的监管力量,组建一支业务强、素质高、装备优的农产品质量安全综合执法队伍,并建立健全农产品质量安全委员会成员单位之间的联动工作机制,切实加大“检打联动”的高压态势和震慑效应。还要依法公开,严格落实农产品质量安全监管绩效考核和“树立管理”及“谁主管、谁负责”的责任追究制度,对失职渎职、徇私枉法行为,依法依纪追究责任,坚持警钟长鸣。

六、启动信用评价,引入社会监督。建议采取宣传教育、示范引导、行业自律、乡规民约、检查监督等措施,在各类农产品生产、经营组织中推行农产品质量安全承诺制度和信用体系建设,引导农民健全自为机制和质量安全自为意识。同时在农产品批发市场、超市等地执行农产品质量安全信息挂牌销售制度,由市场开办者制作农产品质量安全信息公示牌并通过网络、媒体发布,实现依法监管与诚信引导同步。还应进一步健全公众参与的具体机制,通过监管信息发布、社会投诉举报和处理反馈等制度建设,充分保障公众的知情权、参与权、表达权和监督权,鼓励和引导社会各界共同关注、参与农产品质量安全监管工作,全力营造农产品质量安全的良好社会生态环境。

关于加强我县中小学周边“小饭桌”监管的建议

徐 海

近年来,我县中小学特别是城区中小学附近出现许多“小饭桌”,小饭桌就是为中小学生提供饮食服务的地方,从业者有的在自己家里经营,有的在学校附近租赁房屋经营,按月收取一定费用,一般还提供午间休息和学习辅导,部分还为中学生提供夜间住宿。在歌风小学附近统计,每天放学时大约有 12 家“小饭桌”的服务人员在等待学生到小饭桌吃饭,少的有十几名小学生,多的有四十多名。据业内人士估计,城区内“相对比较正规”的大约有 40 多家,其他半公开或不公开的具体有多少家谁也说不清楚。

毋庸置疑,小饭桌在一定程度上缓解了部分家长不方便照顾学生的困难,为学生家长解决了后顾之忧。但是,除了少数学生托管服务机构有资质外,其余大部分小饭桌没有营业资质,不同程度存在证照不全、场地不规范、设施简陋、从业人员不专业、卫生条件差等现象,存在安全卫生隐患,对政府部门来说,存在监管空白。尽管我县已经实行了中小学生集中配餐制度,但由于各种原因,小饭桌在相当长的时间里有存在的必要性和可能性,简单的“一刀切”取缔是不现实的,政府的工作就是要加强监管,防止突发安全事件的发生,为广大学生的健康营造一个良好的环境。

建议:

一、政府制定小饭桌规范化管理规定。

二、对学校附近从事小饭桌的服务机构在摸底排查的基础上,要求从业者自行申报,建立注册登记制度。要求持有营业执照、从业许可证、卫生许可证、消防安全许可证、治安许可证等证照。如果经营者经营小饭桌业务,不办理审批登记手续,视为违法行为。

三、多部门联合办公,集中检查,对不符合条件的小饭桌,限期整改,对整改不合格的予以取缔。

关于加强小区二次供水设施建设与管理的建议

刘 杰

居民小区二次供水设施是城镇供水系统的重要组成部分,关系沛县居民的身体健康。目前,我县居民小区供水设施建设与管理主要面临以下问题:一是建设主体多元化,供水设施系隐蔽工程,个别开发商在建设过程中肆意压缩小区内供水设施的经费投入,不按设计进行施工,使用劣质管材、设备等,为小区供水安全埋下严重隐患,并导致后续运行维护成本过高;二是小区内供水设施产权归全体业主所有,产权分散,设施运维一般由开发商、物业或业主负责,特别是老旧小区由业主自发管理甚至无人管理,普遍缺乏专业管理意识和能力,供水设施长期带病运行,影响用户正常用水;三是根据《物权法》规定,居民小区内供水设施由全体业主共有共管,履行维护义务,筹集维修资金。但小区供水设施维护费用由全体业主共同分担存在困难,对动用房屋维修基金又很难达成一致,导致小区供水设施出现问题难以得到及时解决,同时由于业主物权意识不强,一旦出现问题就找政府、找供水企业,而供水企业在没有政策、资金的支持下,其承担社会责任的成本过大,导致供水企业难以为继。

建议:

一、参照其他县、市成熟经验,研究出台我县二次供水管理办法。明确居民小区供水设施运行维护边界,鼓励供水企业将供水设施管理从市政管网延伸至居民水表,对居民小区内供水设施实施专业运行维护;鼓励供水企业对新建小区供水设施实施统建、统管;对既有小区,鼓励业主自行决定将供水设施委托给供水企业,实现供水企业抄表到户、计量到户、服务到户。

二、研究制定配套的城镇居民小区二次供水设施建设和运维收费办法,按照弥补供水设施运行、水质安全保障、设施维修重置等费用支出的原则,确定价格标准和收费方式。

三、按照有偿服务的原则,出台供水企业延伸服务价格政策,鼓励供水企业提供延伸服务,帮助用户及时整改供水设施安全隐患,满足用户供水设施维修的现实需求。

关于加快“残疾人之家”建设提升残疾人托养能力的建议

赵 义

根据《省政府关于印发2016年度十大主要任务百项重点工作责任分工方案的通知》(苏政发〔2016〕17号)、《市政府关于印发〈2017年《政府工作报告》主要目标任务分解方案〉的通知》(徐政发〔2017〕15号)及省残联《关于印发江苏省“残疾人之家”建设实施方案(试行)的通知》(苏残发〔2016〕28号)精神,我县残联建设了以辅助性就业为主,集托养、康复、培训、文化体育、维权等各项服务为一体的基层残疾人之家。江苏省残疾人事业“十三五”发展规划明确,五年内江苏全省要建设3000个“残疾人之家”,力争所有乡镇、街道全覆盖,这项任务也被纳入《江苏省“十三五”时期基本公共服务清单》。目前,全县已建设运营5家“残疾人之家”,为残疾人提供就近就便常态化的基本服务,接收残疾人166名,其中从事辅助性就业残疾人143名,极大地提高了残疾人托养服务水平,改善了残疾人就业质量。

建议:

一、发挥政府主导作用,将残疾人之家建设纳入政府购买服务范围,通过民办公助、公办民营等形式,加大扶持力度,逐步实现投资和运营主体多元化。鼓励利用闲置的厂房、仓储用房、学校、办公楼等存量房产和土地扶持残疾人之家的发展。在新建社区和新农村建设规划中,应将残疾人之家建设纳入其中,有条件的镇(街道)要无偿提供运营场地。据经济社会发展状况和残疾人需求,合理布局残疾人之家。

二、积极探索建立残疾人辅助性生产劳动项目和产品调配中心。可通过购买服务的形式,每年为残疾人辅助性就业提供一定数量的生产劳动项目,开发残疾人参与辅助性就业劳动项目能力,引导残疾人通过劳动增收脱贫。

三、对取得显著成效和示范作用的残疾人之家,按照国家有关规定给予奖励。对残疾人之家运营及辅助性就业项目开展给予相关资金扶持,对开展日间照料、学习培训、康复、文化体育等活动较好的机构可适当提高补贴标准。

关于进一步完善社会救助帮扶体系的建议

王海峰

社会救助是社会保障体系的重要组成部分,是切实改善民生的关键,其根本目的就是提高困难群众的生活水平、生命质量,让广大弱势群体共享改革发展的成果。中共十九大报告指出,要统筹城乡社会救助体系,完善最低生活保障制度。

近年来,我县民政部门及社会救助体系对低收入家庭和特困人员救助等专项救助和临时救助逐渐完善。对低保边缘家庭出现患病或有突发困难的给予及时救助。目前全县有低保家庭12359户,低保人员22856人,申请廉租住房家庭292户。

随着救助覆盖面不断扩大,保障水平不断提高,社会救助资金刚性需求也不断增加。救助资金条块分割、使用分散、供给不优的现实矛盾逐渐呈现,有待解决;社会救助涉及面较广,救助部门较多,交叉救助时有发生。其次救助资金不到位,社会工作者从业人员较少,特别是基层社会治理工作力量匮乏造成社会救助和帮扶体系不完善。因此,积极探索适合我县实际的社会救助和帮扶长效机制,服务全县每一个困难群众是目前亟待解决的问题。

建议:

一、整合救助资源。建立统一救助平台,形成救助合力,保障困难家庭获得多元服务。加强民政部门和教育、住建、人力资源和社会保障、妇联、红十字会等部门协作机制,规范救助行为,加大救助力度,建立完善以低保为基础,以教育、医疗、养老、法律等专项救助为辅助的社会救助体系;结合贯彻落实《慈善法》,会同相关部门进一步明确社会力量参与社会救助享受财政补贴、税收优惠、费用减免的具体办法,调动社会力量参与的积极性。

二、建立救助配套政策。对外出务工家庭、低保户、残疾人、孤寡老人、留守儿童等救助对象,分类别、分层次从基本生活、住房保障、子女上学、医疗、就业等方面建立配套措施和政策。

三、提高救助金标准。全面实现救助政策的城乡统筹，低保标准城乡一体化。上调最低工资标准、困难家庭专项救助金标准、特困人员供养标准，提升大病保险报销比例等，及时将达到扶助标准的对象纳入特别扶助制度保障。

四、加快社工队伍建设，为困境家庭提供专业服务。建议财政、人力资源和社会保障等部门完善社工激励保障措施，制定合理的薪酬、评价、奖励制度，解决他们的后顾之忧。把社工纳入专业技术岗位管理范畴，打通人才晋升通道，形成干得成事、留得住人的职业成长体系，发动媒体加强宣传引导，提高公众对社会工作的认知。

关于加强我县“女童保护”工作的建议

陈秀全

据我了解,“女童保护基金”是以“普及、提高儿童防范意识”为宗旨,一直致力于保护儿童远离性侵害的公益组织。全国关于儿童性侵案例很多,在数据上,根据“女童保护”不完全统计,2013—2016 年,全国媒体公开报道的性侵儿童案(14 岁以下)就有 1401 起,受害人超过 2568 人。最高人民法院公布的数据显示,2013—2016 年,全国法院审结的猥亵儿童案 10782 起,平均每天审结超过 7 起,而儿童被性侵的隐案率很高,这只是冰山一角。沛县的“女童保护”并没有得到很好的推广,关于儿童防性侵,学校教育中并没有专门的一课来教孩子如何进行自我防范,当遇到类似事情时安全地回应和逃离;在家庭教育中,家长也不知道如何教孩子保护自己,孩子出现了异常情况要如何警惕等。

建议:

一、由教育局落实在学校中,把“一校一讲师”落实在实处,让在校的每个孩子能切实地上女童保护的一堂课,告诉 4—14 岁的儿童学会爱护和尊重自己的身体,敢于正视身体的隐私部位,知道哪些情况属于性侵害;遭遇性侵害时,学会安全拒绝、安全反抗和安全逃跑,并及时告诉家人等。从领导层面上重视起来,从教师层面上给志愿者讲师在绩效上相应的肯定。

二、从妇联层面上在社区进行推动,让志愿者讲师在相应的机关单位,在社区普及开展家长版,对家长宣讲关于防止儿童性侵的常见误区、如何教会孩子保护自己、孩子的哪些异常值得警惕及发现孩子被性侵了怎么办,用专业的知识补足大家对儿童防性侵这一块认识的缺失,从而更好地护佑儿童的成长。

三、从社会层面上,让各公益组织联合,从根本上来渗透儿童防性侵教育的重要性,让整个社会重视起来,这样会有很好的效果。

关于积极推进老旧小区改造建设美丽宜居沛县的建议

马素秋

目前，我县老旧小区各项配套设施不够全面，受建造时条件的局限，一方面，缺乏污水管道网覆盖、地面排水系统，加上管理不到位，普遍存在灯不亮、下水不畅、车位不够、绿化不足、公共设施设备毁损等问题，严重影响了小区秩序和容貌。另一方面，老住宅小区多年来管理一直是粗放型的统管模式。"房屋归己、维修自理"的政策在老旧小区难以推行。先天硬件不足，后天失修失养，影响了城市品质提升，降低了居民群众的幸福指数，在我县积极三城同创的同时，对老旧小区投入大量人力、物力、财力，这也迫使老旧小区的及时改造成为一项重大任务。

建议：

一、老旧小区实施改造前确定方案。要因地制宜，根据小区的实际情况确定改造方式和改造内容，必要时，可采取一小区一改造方案。老旧小区较多，涉及改造资金缺口较大，除申请政府财政资金补贴、居民个人出资外，还可以从社会资金投入、电力电信等管线单位入手。老旧小区改造涉及居民的切身利益，在小区改造前，发动老旧小区居民通过协商形成共识，积极参与小区改造，同时做好居民改造意愿的征询工作。

二、老旧小区实施改造中加强统筹协调。老旧小区改造涉及住建、规划与自然资源、水务、税务、工商、城管、教育、电力电信、燃气等部门，而且改造的时间长（初步估计1—2年），在改造中不可避免会出现相关单位推诿、扯皮等情况，为保障改造的顺利推进，有必要成立统筹协调小组。老旧小区点多面广，小区改造的质量直接影响到党和政府的形象，可组织居民代表进行监督，同时政府相关部门加强监管，必要时可采取新闻媒体监督，以确保工程改造质量。

三、老旧小区实施改造后强化管理。政府及基层社区要协助小区成立小区业主委员会，制定小区管理规约及居民议事规则。同时增强居民购买服务的意识,最大可能引进物业公司,通过利用基层社区资源,形成“政府花钱建机制、百姓花钱买服务”的新型管理模式,探索先尝后买的服务模式,让老旧小区居民真正体验好处后,再扩大有偿服务的覆盖面,健全社区长效管理机制。

关于进一步加强地下燃气管网保护的提案

陈志民

城市地下管网是城市基础设施的重要组成部分,是保障城市正常运行的重要工具和“生命线”。近年来,伴随着沛县城市建设的快速发展,各类城市地下管网遭受野蛮施工、外力破坏所导致的事件数量不断攀升,给人民群众生命财产和社会稳定带来诸多安全隐患。一是燃气管线保护范围内第三方施工信息沟通机制不健全,难以实现管控无死角。二是燃气管线保护范围内第三方施工管控力度薄弱。三是燃气管网被第三方破坏后无法实现有威慑力的惩处,无法对社会形成警示教育。

建议:

一是建立完善的政府方、建设方、施工方、燃气运营方的施工监控联动机制,从源头入手,严把施工审核审批关,层层把关,各尽其责,联动管理,切实防范事故的发生。

二是请各工程建设主管部门督促建设单位、施工单位在燃气设施的安全保护范围内实施敷设管道、打桩、顶进、挖掘、钻探等可能影响燃气设施安全行为的,应当与燃气经营企业共同制订燃气设施保护方案,采取相应的安全保护措施。

三是严格事故追责。一旦发生燃气管网被第三方破坏事故,建议政府相关管理部门应立即成立事故调查组,查明各方责任,依据相关法规进行严肃问责和处罚,并纳入企业不良诚信记录,逐步提升燃气管网保护的良好氛围。

关于改善小区电动车集中存放集中充电的建议

郭士印

近年来,两轮电动车以其方便快捷和亲民的价格获得了很多老百姓的青睐,几乎是每家每户都有一到两辆电动车。但是电动车引发的火灾事故也是频繁发生,而大部分火灾都是在充电时发生的,时间一般是在夜晚到凌晨这段时间,又因为电动车停放的场所不当,所以导致了许多不可挽回的悲剧。据调查,目前,沛县大多数小区没有电动车集中存放处、集中充电点,造成小区管理较乱,存在很大的安全隐患。特别是高层小区,有些为了图方便或防止被盗,电动车停在楼道、消防通道、绿化带甚至随电梯上楼,特别是雨雪天气,将楼道塞得满满当当,部分业主将电线从楼上家中抛出,拉扯到楼道为电动车充电,造成很大的安全隐患。

据不完全统计,进入冬季以来,因为电车充电不规范引起火灾数起。时间长了,容易引发社会问题。

建议:

一、新小区在建设时,预留出集中停放处,集中充电点。

二、在小区内分区段建设可提供集中充电、集中存放电动自行车的车棚。老旧小区在现有条件上,建设、改善集中存放处、集中充电点,车棚要提高档次,不要露天,最好建成封闭式的。

三、由城管等政府职能部门跟踪管理。

关于加快老旧小区增设电梯的建议

孙雪影　蔡玉红

近年来,我县人口老龄化趋势严重,一些老住宅区的多层建筑因为没有电梯,给很多居住者,尤其是中老年居民的生活带来了很多不便,极大地影响了他们的生活质量。2018 年 3 月,徐州市政府印发了《徐州既有住宅增设电梯建设管理暂行办法》,各县(市)可参照执行。继 2019 年 5 月徐州首部老旧小区增设电梯加装完成后,涌现出更多的加装电梯队伍,包括其他县区也在相继实行。我县作为全国百强县,从发展水平、发展活力、发展潜力三个方面的综合经济实力也年年增强,有必要积极跟进惠民重点工程,切实解决人民群众的现实问题。因此,我们真诚地希望县委县政府将"既有住宅增设电梯"这一工程作为"惠民重点工程"来强力推进落实。

本提案必要性:

一、便于老年人出行。八九十年代我县兴建的大量住宅,由于受当时经济发展水平所限,大多无电梯设施。随着社会的创新发展、时间的推移,人均年龄增长,现居住在五、六楼甚至七楼的居民,每天都要经历着爬楼的生活,特别是老弱病残者,拄着拐杖上下楼,拖着病体爬楼梯,生活极为不便,有些老人干脆一天都不出门,爬楼梯之苦,已成为他们生活中一大难题。

二、便于病人紧急救护。如果没有电梯,还会给一些高层住户中的需要急救者,带来很大的阻碍甚至生命危险。对他们来说,电梯可谓是"生命的升降机",急救就是跟死神"争分夺秒",对高血压、心脏病等患者来说,抢先几分钟就有生的希望。

三、便于大件物品的搬运。对于住在无电梯楼的居民购置大件物品,搬运师傅现在都不愿上楼送货,要么搬运增加不少的费用,这样在平时生活无形中增加额外的负担。

四、有利于减轻居民经济负担,加装电梯能使旧房住户的居住生活质量得到改善,不必再购买电梯房,从而减轻了为购买电梯房而带来的经济压力,促进社会安定和谐。同时，由于加装电梯代价不大，把上万套旧住房改造成经济而功能完善的住房，等于节约了巨大的社会财富，极大提高了旧住宅的社会效益。

旧楼加装电梯需要政府的引导和协调，同时需要规划、住建、安监等多个部门的相互配合，制定相关政策、标准、实施细则及管理。对此提出如下建议：

一、制定建设和管理政策。政府层面出台《既有住宅加装电梯暂行办法》，制定加装电梯的业务流程，制定部分业主财产损失的补偿办法等各种问题的相关政策，制定实施细则。

二、简化流程。报建审批、竣工验收实行“一站式”办理，避免申请方反复奔波。办事涉及规划、建设、房屋管理、消防、安监、质监、供电等部门，其中涉及部门比较多，为了不让申请人跑断腿，建议在政务办事大厅公布加装电梯办事流程图，实现一次性告知、一站式办结。

三、减免税费政策。作为公益性的民生工程，可参照其他县市区做法，享受政府在规划报建、项目审批、税务等方面的减免政策，尽量降低工程造价。

四、资金扶持。申请方可以申请使用名下的住房公积金、专项维修资金，政府也设立加装电梯专项补助资金，按照每部电梯一定的标准予以扶持。

五、参照社会物业管理，由物业公司或街道居委会负责管理，住户缴纳适当的费用。

关于加强对外卖配送行业交通违法行为进行整治的提案

鹿存金

近年来,随着社会的快速发展,“网络外卖配送”群体规模不断扩大,在给人们带来便利的同时,也造成了许多隐患。如外卖配送人员交通违法行为普遍存在,而且为了抢单子在送餐路程中,一手把车,一手使用手机通话联系业务。这样的现象比比皆是,严重破坏了正常道路交通秩序,带来了极大的安全隐患。

建议:

一、加强行业监管

首先是从源头上督促企业落实主体责任,加强配送员的管理和教育,提高守法意识和安全意识,交管部门定期对配送员造成交通违法行为和事故信息予以通报,必要时对外卖平台采取相应的处罚。并由企业落实暂停接单、停工培训、考试等措施。然后对于车辆和驾驶员违法过多或管理混乱的企业进行曝光,并依法取缔营运资质。开通市民举报投诉热线,参与监督举报,共同维护交通秩序。

二、加强宣传教育

利用各种新闻媒体广泛宣传外卖配送车辆交通违法行为的危害性,同时组织记者深入整治一线,通过对违法个案进行曝光,切实提高外卖配送人员安全出行意识,组织外卖配送人员开展安全培训和宣传教育。

三、强化路面查处力度

加大对外卖送餐车辆违法行为查处力度,针对外卖送餐车辆不按规定悬挂号牌、闯红灯、逆行、争道抢行以及配送人员驾驶车辆时看手机、打电话等交通违法行为进行专项整治,并给予相应处罚。切实做到发现一起、查处一起,形成严管重处的高压态势。

关于进一步推动养老服务业发展提升养老服务水平的提案

杜津桥

近年来,我县不断完善养老服务业发展规划,加强养老机构建设力度,使城乡养老服务水平有了较大幅度提升。然而,随着我县人口不断老龄化、高龄化发展,如何养老仍是老百姓重点关注的话题。

目前我县养老服务机构偏少,老人入住率低的情况仍然存在,养老模式普遍还是居家式子女赡养,少数孤寡无子女失能老人的基本生活和日常照料则由乡镇街道敬老院承担。家庭中一对夫妻需要照顾四个老人的情况已很常见,但是只要有两位老人同时生病,这个家庭就会陷入忙乱。其中有些家庭,子女为了生计外出打拼,家中老人如有突发急病更是无人知晓。因此,为了让广大老年人老有所养、老有所依,更好地享受到高质量的养老服务,我有以下几点建议:

一、落实好养老服务业全面放开市场准入制度的各项政策,健全养老市场领域财税、土地、融资等相关领域的政策体系,使企业自由经营、充分竞争,消费者自发选择、自主消费,商品和要素自由流动、平等交换,推动养老服务产业向更复杂分工、更合理结构演进。

二、以满足老年人生活需求为导向,统筹利用县内各种资源,促进养老服务与医疗、家庭服务、健康、教育等相关产业的融合发展,推进县内养老服务企业以老年生活照料、老年用品、老年健康服务等业务全面发展。

三、新修建住宅小区配齐配套养老服务设施,老旧小区则由政府采取回购、租赁、改造等方式盘活现有闲置资源,因地制宜补足养老服务设施,要求有一定的公共室内活动面积,通过制订规划、合理布局,使小区逐渐成为养老服务的主阵地。

四、持续加强养老服务人员专业水平,推进养老服务人才职业化再教育。通过在职培训、就业培训等渠道,实行养老服务从业人员的资格认证制度和考核制度,分步骤、分阶段实施持证上岗,切实保证养老服务供给质量。

五、推行养老机构养老服务绩效评估制度。推进第三方中介对养老服务企业进行定期监督检查,对养老机构的机构设施、人员管理、服务水平、市场信誉等进行综合评估,并向社会公布评估结果,规范养老服务行为。

关于加强我县农贸市场建设管理的建议

周兴华　王海峰　王进黉

"开门七件事"——柴、米、油、盐、酱、醋、茶,每件都与农贸市场息息相关。自"三城同创"工作开展以来,我县紧紧抓住农贸市场创建活动契机,大力开展市场综合改造和环境整治,七彩街农贸市场、汉城商都市场、安国镇农贸市场、湖西农场农贸市场等一批农贸市场或新建或改造,实现了华丽转身,切实改变了过去多年存在的环境"脏、乱、差"现象,广大市民的购物环境明显改善,市场面貌得到显著提升。

但是调研发现,我县农贸市场仍然存在规模档次不够,市场内分类杂乱,敞开式市场较多,日常监管和考核制度不严,特别是乡镇农贸市场,卫生环境、规划管理和未来城市发展不相适应。随着经济社会的发展,人民群众对食品安全要求也越来越高。特别是疫情发生以来,不少民间自发农副产品配送应运而生,每个小区都建立了五花八门的"配送群""拼单群",大部分以单一农副产品进行配送,没有行业部门监管,产品没有检疫检测,还有一些不良商贩以次充好,导致社区居民采购的农副产品缺乏安全性,存在很大的食品安全隐患。有必要形成我县农贸市场长效管理机制,真正做到有人管、有人抓、可追溯,让农贸市场成为展示我县整体环境面貌,百姓"放心菜篮子"不可缺少的服务窗口。

建议:

一是加强统一领导。为保证农贸市场建设的质量和长效管理机制,建议县政府成立沛县农贸市场建设管理领导小组办公室,负责对全县农贸市场标准化建设等统一扎口管理。建议由县政府主要领导任组长,相关单位主要负责人为成员,领导小组下设办公室,具体负责全县农贸市场建设与管理的日常监督工作。

二是高标准规划。根据城镇化发展和人口集中的现状,新建农贸市场均应规划为中大型室内农贸市场。同时,应根据居民小区集中率,结合睦邻中心规划进行配套建设,包括停车场、地磅秤、农残检测室、垃圾回收站等相应设施的建设。

三是制定管理规范。为强化市场管理理念及农贸市场建设标准和管理规范，提升和保证农贸市场管理的质量，建议出台沛县农贸市场设置和管理规范、全县农贸市场发展规划、全县农贸市场体系和流通秩序的管理办法等系列制度文件。

四是加大监管力度。属地政府和相关部门应根据各自职能形成长效机制，加强对现有农贸市场环境卫生、食品安全、产品追溯、生鲜蔬菜检测、占道经营、治安消防等重点内容的长效监管，并着力在日常检查和考核上下功夫。既规范经营、规范管理，又从整体上提升了城市文明形象。

创建卷:提质增效

狠抓严管 常态长效 不断提升城市文明品质

李忠义

为进一步学习借鉴文明城市建设经验,探讨研究城市长效管理机制,接续提升城市文明品质,培育良好的社会文明风尚,为我县经济社会发展提供强大的精神动力,县政协组成专门调研组赴琼海市、珠海市香洲区等先进地区考察调研,通过现场观摩、座谈交流,取得了大量的第一手资料,并结合我县实际,梳理排查,对标找差,提出合理化的意见和建议。现将有关情况汇报如下:

一、外地先进经验

(一)党建挂帅,构建齐抓共管工作格局

全国文明城市海南省琼海市发挥党组织战斗堡垒和先锋模范作用,以社区党支部、驻区单位、社区群众等多方活动共联为抓手,加强区域统筹,建立上下联动的体制机制,形成全市联动、上下衔接、全民参与的创建合力。一是完善顶层设计。明确工作机制、建立联席会议制度和“双报到、双评议”等制度,从顶层设计上理顺领导体制和运行机制,为建设上下合力、互联互通、整体推进的创建体系打下坚实基础。二是整合力量统筹推进。以创建全国文明城市为重点,有效整合巩固国家卫生城市、建设全国健康城市、创建国家全域旅游示范区等工作资源与力量,设立“三市一区”指挥部,统筹协调,形成合力,共创共建,保障各项任务顺利推进。三是层层落实责任。将全国文明城市测评和实地考察的主要范围嘉积城区和城乡接合部划分为 19 个点,作为市四套班子领导和机关单位创建全国文明城市联系点及责任区。市委、市政府与全市 92 个单位签订责任状,逐一明确责任领导、责任单位、工作任务及完成时间,形成一级抓一级、层层抓落实的良好工作体系,确保责任全覆盖。一方面,打通行政壁垒,有效整合社区党组织与驻区单位党建、教育、文化、体育、信息网络等方面资源和力量,形成资源共享;另一方面,采取结对共建、挂钩帮扶、派驻党组织书记等措施,加强社区和驻区国企、非公有制经济组织及社会组织等党组织的沟通协调,推动形成城市基层党建工作合力。

（二）资源下沉，不断提升社会服务水平

由社区党组织牵头，整合驻区单位力量，灵活组建各类党员志愿服务团队、社区组织服务联盟等组织，采取“精准化”“专业化”“多样化”服务工作模式，有针对性地开展集中服务。一是打造志愿服务示范阵地。琼海市山叶社区党支部与共青团琼海市委在山叶社区打造了全市志愿服务站示范点，并将其建设成为集志愿服务文化展示、青年之声线下活动、青年之家为一体的青少年综合服务平台。以社区志愿服务网格化试点管理工作为特色，以实现志愿服务“供”“需”双方的有效对接为目的，实施“点菜单式”志愿服务运作模式，为社区居民提供优质的志愿服务。二是加大“创文”宣传力度。在全市营造邻里守望、文明和谐、友善互助的社会氛围，为群众发放“创文”宣传资料，宣传“创文”基础知识，同时给居民讲解“创文”的意义和内涵。三是在职党员干部带头送温暖到社区。全市23个社区（村）均设立志愿服务岗，全市在职党员干部到驻点社区报到，认领服务岗，以帮扶结对为基础，切实帮助解决困难群众、空巢老人、留守儿童、散居孤儿、残疾人、帮教对象的实际困难。

（三）以文化人，打造特色鲜明主题社区

社区党支部联合各相关职能部门以文化惠民、文化乐民、文化育民、文化富民为抓手，把社会主义核心价值观渗透到日常生活中。一是完善社区阵地建设。按照场所集中、功能集中、活动集中的“三集中”要求，采取“市—镇—居”三级资金投入的形式，完善提升社区活动阵地和文化设施，把社区活动场所建成联系服务群众的重要窗口。二是创建各类主题社区。琼海市登仙岭社区依托其居民书法字画爱好打造“书画文化街”，朝标社区以其物流产业聚集特点打造“物流产业街”，龙利坡社区以其五谷杂粮饮食文化特色打造“杂粮美食街”等一大批特色主题社区。以文化内涵和产业辐射效应进一步盘活了社区资源，提升了社区品位。三是社区文化街景改造。琼海市各个社区结合实际，对社区内的商铺、居民楼、街道等进行立面改造，如在商铺门面上印制《弟子规》中的《三字经》语句等，弘扬传统文化，在社区围墙上喷绘社会主义核心价值观标语，传播正能量等，社区街道呈现一片整洁祥和的景象。

（四）狠抓严管，打造和谐文明新型社区

安定有序的社区环境是文明城市的标签之一，琼海市狠抓联防联治，促进城市基层治理，全力创建安全文明、管理规范、服务完善、环境优美、关系和谐、风尚良好的新型文明社区。一是加强社区人员管控。加强流动人口和出租屋管理，进行24小时巡防，落实对吸毒人员等重点人口帮教工作。建设完善物防、技防系统，有效增强社区的社会治安管控和治理能力。二是增强社会管理和服务质量。把外来人口纳入常规管理服务范畴,建立劳动服务站、医疗服务站、计生服务站、老年人活动中心和青年志愿者协会,广泛开展社区服务。三是扎实推进社区网格化管理。将城区 14 个居委会划分为 56 个网格,配备 70 名技术管理员动态管理网格信息,稳步推进采集网格区域内常住人口、流动人口、房屋、出租屋、综治、计生、民政、社保、城管、安全生产等社会事务基础信息工作,从"坐等群众上门"转为"主动下社区服务",逐渐形成了"小网格"服务"大民生"的新格局。四是完善平台建设,提升管理水平。福建省长泰县落实"门前三包",针对全县 24 条街道,建立"门前三包"责任人电子档案 2087 份,与 1194 户签订责任书,确定街长、副街长 12 名;推行"掌上城管",完善"数字城管"平台建设,及时受理处置群众各类投诉,提升"四化"标准。截至目前,共解决市容环境问题 9800 多个,收集转运垃圾 7700 多吨,拆除各类广告牌 303 件,补植乔、灌木及草花 21.94 万株,组织公共设施维护更换 106 次。

(五)拆改并举,背街小巷蝶变美丽街角

背街小巷虽"背"而"小",却关系到普通老百姓的生活舒适度、出行便捷度、呼吸清新度。珠海市香洲区开展背街小巷大整治、大提升行动,旨在通过环境治理与丰富内涵相结合,对小微空间进行"微改造",通过美化、净化、文化,"变旧为美""变废为宝",把老旧的、不雅的角落打造成有"文艺范"的景观,从而延续历史文脉,保存城市记忆,实现社区空间品质的提升和功能创造。通过大型主题墙绘、特色文化景观等把老旧街道打造成一个有故事、能保存城市记忆的文化街角,呈现独特的街区文化。

(六)奖惩同步,"文明指数"呈现红黑榜首

"文明指数"即公共文明指数,是评价城市文明发展水平、市民文明素质状况以及群众性精神文明创建工作成效的重要工具。香洲区主要通过实地考察和问卷调查两种方式,涵盖 9 个镇街的 14 类场所。文明指数一级指标有 6 项,二级指标 63 项,其中,市容环境指数是主次干道、背街小巷、集贸市场、住宅小区等社会公共环境涉及的市容环境卫生任务指标;场所设施指数是指社区综合活动场所、公园、公共广场等公共场所涉及的公共基础设施、活动场所建设任务指标;行为秩序指数是指志愿服务开展情况和政务大厅办公秩序任务指标;未成年人工作指数是指中小学校文明校园建设、未成年人教育、结合文明校园创建工作等任务指标;重点工作指数是指根据当年迎检任务中需要重点推进的工作任务;市民评价指数是指根据《全国文明城市测评体系》中"调查问卷"所涉及工作内容的评价及满意度。据介绍,香洲区"文明指数"报告每季度公布一次,定期在该季度的次月 15 日发布指数排名。并建立严格的责任追究机制。

台江区也建立区级“红黑榜”发布平台,形成奖励文明守信、约束失信的导向。

(七)全区全域,全面激发文明创建活力

福州市台江区坚持把精神文明创建工作的生命力、持久力和创新力融入到省会城市各项改革的大环境、大背景下统筹推进,作为执政为民、服务发展的重要抓手,作为增进福祉、改善民生的重要实践,作为优化环境、提升形象的重要途径,加快打造商贸商务核心区,构建宜居宜业新福地,实现经济社会发展和精神文明建设同步提升。一是文明创建与区域发展相得益彰。以建设文明、清新、宜居城区为目标,统筹推进旧屋区改造、宜居环境整治和城区精细化管理,先后实施30片近2500亩旧屋区改造,深入推进“三横六纵、一江十三河”景观整治,“绿城花城水城”风貌进一步显现,为文明建设夯实了坚实基础。而城区环境日益宜居宜业,有力推动了经济转型升级。二是文明创建与民生普惠同频共振。结合开展文明创建,着力解决群众最关心、最直接、最现实的利益问题。全区年均民生支出占一般公共支出比例75%以上。全力建设“教育强区”,加快推进学校改扩建任务,实现公立幼儿园街道全覆盖。全力推动“病有良医”,社区卫生服务中心实现街道全覆盖。全力推动“老有善养”,加大政府投入和推动市场化运作有机结合,实现居家照料中心街道全覆盖。三是文明创建与社会和谐携手并进。建立区、街道、社区三级标准化便民服务机构网络,创设“一站式”区投资促进服务中心,打通服务群众、服务企业“最后一公里”。

(八)常态长效,不断擦亮城市文明品牌

一是重策划,浓氛围。台江区、街道、社区借助读报沙龙、百姓讲坛、民俗讲坛以及200多个道德讲堂等平台,在群众间广泛开展社会主义核心价值观教育。开展评选表彰台江首届道德模范暨“最美台江人”活动;连续十年举办“读书月”活动,推动全民阅读理念普及。二是讲文明,树新风。引导发动居民群众积极参与“推行‘八不’行为规范、争做文明市民”等主题实践活动,将社会主义核心价值观内容融入社区居民公约。通过编排巡演“文明小戏”,开设“文明台江”网站,通过微博、微信传播等推动精神文明建设。三是搭平台,助成长。构建以区级辅导站为中心和学校、社区“心理咨询室”为分支的全区未成年人心理健康辅导网络。充分发挥全省首家青少年社会工作服务机构——鲲鹏青少年事务服务中心作用,累计帮扶1000余名未成年人重新走上正常的学习生活轨道。持续推进“校园安全警务室”建设,成立由130名老同志组成的“夕阳红”志愿服务队,共同营造适合未成年人健康成长的良好社会环境。四是选载体,创品牌。精心培育、创新打造精神文明建设品牌。做优“诚信台江”品牌。坚持以党员诚信引领带动商贸诚信,先后评选表彰党员诚信店(企业)达572家,“党员诚信店(企业)”活动荣获全国第三届基层党建优秀案例第一名。做实“志愿服务”品牌。全区目前共有志愿者5.6万余名,各类志愿服务队1500余支。52个社区均成立志愿服务工作站,在主次干道、公园、码头等户外公共场所建立“志愿服务驿站”,在商场、超市、农贸市场等建立“学雷锋志愿服务岗”,建立全市首个“志愿服务广场”,党员志愿服务扎实推进,党员志愿者覆盖率达92%,成立“爱绿护绿、爱河护河”等10支党员志愿者服务队。做精“滨江文化”品牌。充分挖掘以“一山一水一街区”为重点的旅游文化资源,加快推进上下杭历史文化街区保护性开发,已完成4.4万平方米文保、历史风貌建筑的保护修复,并入选全国旅游名录。在闽江游船成立党员志愿者服务队,塑造滨江党建品牌和文明创建新窗口。不断繁荣文艺创作,《风雨苍霞人》作品荣获福建省第八届百花文艺奖、第六届福建艺术节曲艺作品一等奖,《百年上下杭》纪录片荣获第十八届中国电视纪录片短片十优作品奖,打响台江自有文化品牌。

二、我县基本情况

2018年,是新一轮文明城市创建的初始之年。县委、县政府紧紧围绕“一年打基础、两年上台阶、三年获全国提名”的奋斗目标,按照“常态长效、全员全域、城乡一体”的创建工作思路,把创建文明城市工作作为优化发展环境、提升城市品质、推进“三地一新”新实践、建设“强富美高”新沛县的重大举措,全县上下齐心协力、齐抓共管、持之以恒、常抓不懈,形成了文明城市创建的强大合力,促进了我县经济建设、政治建设、文化建设、社会建设、生态文明建设全面协调发展,塑造了整洁优美、规范有序、和谐文明、充满生机的新形象。

(一)加强组织领导,强化责任落实,建立强有力的创建工作推动机制

把创建工作作为“一把手”工程,以长效的领导机制做保障,以长效的督查机制强动力,出实招、求实效,保证各项创建任务落细落实。形成了县、镇、村三级联动、横向到边、纵向到底、覆盖全县的创建网络。

(二)聚焦问题整改,突出补软补短,全力攻坚创建工作关键环节

攻坚集贸市场改造,营造创文宣传氛围,推进厕所革命。攻坚小区整改,攻坚环境治理,开展专项行动。开展以“清洁家园·让城乡环境美起来”为主题的城乡环境卫生集中“治脏”专项行动。开展“三小车辆”综合整治行动,县委、县政府实施公交惠民工程,新增68辆公交车、8条线路、96个临时停靠点。

(三)坚持共建共享,丰富活动载体,全面提升人民群众的获得感

始终坚持创建为民、创建惠民、创建利民,把群众满意作为第一标准,人民群众从创建工作中体会到的幸福感日益增强。志愿服务活动全面深入。截至2018年12月,沛县在志愿江苏平台注册志愿者110013人,成立志愿服务队651

支。组建了一支5万余人的平安志愿者队伍,实行网格化管理,全县实现群防群治志愿者城乡全覆盖。道德模范与身边好人引领新风尚。近年来,县委、县政府积极探索社会主义核心价值观大众化实践和党风、政风、民风互促并进的路子,创新推进“好人沛县”建设,先后涌现出了1名“全国道德模范”、1名“江苏省道德模范”、17名“中国好人”、1户全国文明家庭、1户全国最美家庭和全国五好文明家庭标兵、1户全国五好文明家庭、1户“感动江苏·十大人物”、19名江苏好人,近千名徐州好人、沛县好人和最美沛县人。建设1处县级好人园。镇村善行义举榜实现全覆盖,开启了一个好人一面旗帜,一群好人满城春风的崭新纪元,使得好人成为沛县最亮丽的风景。

三、问题和不足

一是宣传氛围不浓厚。不少城市社区小区没有设置社会主义核心价值观、孝老爱亲、邻里和谐、移风易俗等“讲文明树新风”公益广告宣传栏,没有市民公约、居民公约、善行义举榜、文明城市、文明家庭、文明社区等创建内容;公共广场特别是大风歌广场公益广告太少;公交站台公益广告覆盖率低;部分公交车、出租车社会主义核心价值观、“讲文明树新风”公益广告宣传氛围还不浓厚;宾馆酒店、商场超市社会主义核心价值观、中国梦、倡导绿色生活、厉行勤俭节约等公益广告偏少;主次干道社会主义核心价值观、中国梦、关爱未成年人、倡导绿色生活、保护资源环境、厉行勤俭节约等公益广告氛围不浓;商业大街公益广告偏少,没有在显著位置开展诚信示范街区创建或发布诚信红黑榜不完善;进镇(村)沿线、主要出入口没有政治主题类大型公益广告,主要街道、综合性文化服务中心等处社会主义核心价值观、移风易俗、孝老爱亲等公益广告氛围不浓。

二是基础设施不达标。部分老旧小区和商业小区功能不健全,存在私搭乱建、衣物乱晾晒、车辆乱停乱放、飞线充电等,如鼓楼小区、汉城国际花苑、新华小区等;不少城市社区(村)没有综合文化服务中心或者不达标,没有道德讲堂氛围布置,没有设置志愿服务站点,没有常态化开展关爱老人、邻里守望等志愿服务,没有专属或共享的家长学校和未成年人活动场所;一些背街小巷的路面破损严重、坑洼不平,存在露天排水、乱搭乱建、乱堆杂物、乱张贴、乱涂写现象,如女人街、新正路、汉台路、汉街周边小街巷、城中村等;私人承包的室外公共厕所还存在收费现象,没有达到二类标准,没有设置无障碍设施,保洁不及时,存在脏乱差现象,有异味;一些窗口行业服务大厅设置了无障碍设施但档次太低,疲于应付,也没有注明无障碍设施,有的根本不方便残疾人通行。

三是文明秩序有待加强。各类机动车、非机动车违规违章乱行、乱停乱放、车窗抛物、不礼让斑马线等;出租车、公交车驾驶员在驾驶过程中使用手机,虚系安全带,随意停车现象普遍存在;行人闯红灯、乱穿马路等问题经常发生;交通劝导志愿服务开展不够正常,有些路口没有志愿者,有些路口虽然有志愿者也没有真正开展交通劝导志愿服务活动。

四是创建发动有待深入。文明创建是一项复杂的社会系统工程,需要全民大合唱,而不是政府独唱。但在创建过程中,群众参与意识不强,只是一味地要求政府怎么做,自己则做创建的旁观者。文明城市的创建过程就是城市管理者与市民共治共管、共建共享、共同提高的过程,也是城市文明程度和城市治理现代化水平同步提升的过程,需要全社会共同参与。

四、下步工作建议

随着创建工作的深入开展,文明城市创建已由最初的阶段性突击迎检向常态长效创建发展,由于文明城市创建工作具有反复性、反弹性,这要求我们在创建工作中要反复抓、经常抓,为此,提出以下几点建议:

(一)破除创建意识,制定持久战略

扎根沃土、广泛发动,增强文明创建的创新力和持久力。坚持创建为了人民、创建依靠人民,形成全民动员、人人参与的生动局面。彻底改变过去以运动式、突击迎检式为主的创建模式,进一步激发各镇街、各单位的工作主动性和积极性,推动文明创建工作科学化、长效化、常态化。

(二)坚持党建引领,实现资源整合

文明城市建设工作是一个系统工程,涉及方方面面,必须加强党的领导,凝聚各方力量,形成强大合力。借鉴琼海创文经验,各级党组织高度重视,一级抓一级,更好地把城市基层党建的政治优势和组织优势发挥出来。进一步打通行政壁垒,有效整合县直单位、镇、社区资源,逐步实现从"单打独斗"到"联动作战"、从"自我封闭"到"开放共享",有效推动区域创建融合互通,让文明城市建设工作步入新的台阶。

(三)广泛发动群众,打赢人民战争

文明城市建设,除了需要一支过硬的干部队伍以外,更重要的是要依靠广大群众自上而下地进行社会治理行动,方能取得人心和力量,推动形成共驻、共联、共建、共享、共商、共治、共赢的创建格局。要形成沛县独有的文明城市创建氛围,在高速出入口、高速连接线和城区主要道路要体现汉文化特色,结合文化宣传,抓好创建氛围布置和营造。在主要商业大街、公园广场、汽车站和商场超市等公共场所设立大型广告牌,宣传党的十九大精神、习近平新时代中国特色社会主义思想、社会主义核心价值观、关心关爱未成年人、文明旅游、保护资源环境、厉行勤俭节约、诚信经营服务等政治类和"讲文明树新风"公益广告;出入境管理办证大厅、旅行社、宾馆酒店等设置文明旅游宣传提示语,并在醒目位置摆放文明旅游宣传册。运用新闻媒体、自媒体等大力宣传文明城市创建先进典型,对不文明行为、脏乱差点位、群众关注的热点问题加大曝光力度。动员广大党员干部、志愿服务组织等深入学校、医院、企业、社区开展文明创建知识宣传活动,做到文明创建家喻户晓、人人皆知。充分发挥人民群众的主体作用,深入开展"沛县是我家,'三城同创'我参加"系列志愿服务活动,聚焦百姓普遍关心的热点问题,从群众最不满意的地方改起,从群众身边小事做起,真心真意为群众办实事好事,让群众看到创建带来的新变化、新成果,调动他们参与文明创建的积极性、主动性,努力形成全员参与、全民共建的良好格局。发动城市管理者、规划师、建筑师、高校师生、社会工作者以及广大居民都参与到文明城市建设中来,献计献策,改进目前文明城市建设管理中存在的问题和不足,全面提升市民的参与度、获得感,促进社会和谐。

(四)完善功能品质,提升保障能力

巩固和完善市政公共设施、无障碍设施、公共消防设施建设。规范户外广告、清理整治占道经营、乱搭乱建等行为,着力打造精品亮点工程。借鉴长泰县建设经验,推广实行街长制、路长制、河长制、小区区长制、楼长制等。严格对照标准,打造一批条件真正过硬的示范小区、示范社区、示范街区、宾馆酒店以及示范集贸市场等,突出抓好以城带乡、以点带面,提升硬件优化软件,在集中整治的基础上推进长效管理。

(五)挖掘文化资源,打造美丽街区

借鉴珠海市香洲区美丽街角建设经验,结合棚户区改造,道路管网建设等城市基础设施建设,围绕文化做文章,找出辖区内具有设计更新潜力的微空间,例如历史人文、古迹、古建筑、古树、古井、小游园、废旧单车棚等,通过设置一定的建筑园林小品、文化墙、雕塑、墙绘、环境基础设施等,打造一批具有鲜明地域特色的文化街角,保护传承城市文脉,使成长在这里的人们,可以从一棵树、一口井找到自己的童年,找到自己成长的印记,使来到这座城市旅行的人能感受到城市的细节之美、精致之美和文化品位。坚持三条原则:一是注重"品",力求有文化、有特色。二是突出"小",不贪大求洋。在维持现状建设格局基本不变的前提下,以较小的投入,通过较小的工程微改造,优化人居环境,增强街区、社区的功能活力。三是致力"和",做到问计于民、服务于民。广泛征求广大市民的意见和建议,注重发挥群众的智慧和力量。

(六)创新平台建设,打响文明品牌

不断擦亮"好人沛县"建设品牌。深入开展文明单位、文明家庭、文明校园、我评议我推荐身边好人等群众性精神文明创建活动,大力推进文明社区、文明楼栋、文明市民、文明窗口等创建活动,推动市民文明生活方式的养成。在城市社区设立道德讲堂,以培育和践行社会主义核心价值观为主线,大力推进社会公德、职业道德、家庭美德和个人品德建设,宣传道德模范和身边好人的先进事迹,在潜移默化中不断提升市民文明素质。借鉴香洲区、台江区经验,设立“红黑榜”,在居民小区宣传栏张贴文明市民公约和居民公约,让每个市民熟知并遵照执行。让大家知道哪些该做,哪些不该做,倡导文明行为,弘扬文明新风,争做文明市民。

(七)优化工作机制,夯实阵地建设

实践证明,做好“创文”工作,必须构建协调有序的工作机制。借鉴琼海市“三市一区”指挥部统筹领导机制,发挥“三城同创”领导小组作用,进一步细化县四套班子领导和机关单位挂点联系和责任分工,社区(村)党支部与广大群众积极配合的工作机制,上下联动,压实责任,扎实推进工作进程。进一步完善基础设施建设、整治卫生环境、强化社区功能等措施,切实改善社区办公条件,进一步提升社区服务水平,逐步建设成布局合理、功能齐全、管理有序、服务完善的新型社区。

(八)科学划格建网,智能互通互融

我县网格化社会治理机制建设起步较晚,现已完成网格的划分、兼职网格员的配备,已高标准试点建设了两个管理服务中心,制定出台了镇村网格化管理服务中心建设规范。借鉴香洲区网格化管理经验,推进智慧城市建设,全面整合优质资源。一是建立全县统一的城乡社区社会治理网格。明确网格职责,完善网格工作流程。构建以县、镇、村三级管理中心为中枢,县、镇两级指挥为骨架的综合治理运行构架和责任体制。二是建设统一的三级网格化社会治理管理服务平台。成立领导小组和专门工作队伍,统一设置标牌标识,统一功能划分,统一配备人员。建立智能化应用平台。三是健全统一的网格化社会治理运行工作机制。明确职责任务,健全工作制度,完善考核奖惩制度。四是建立统一的组织保障机制。强化党建引领,充分发挥组织优势,开展网格内的基层党建活动。努力营造积极向上、共建共享的浓厚氛围,使村(社区)网格化管理工作深入人心,赢得群众的理解支持。

(九)开展家校共建,巩固校园文明

提升素质教育,突出未成年人权益保护。积极探索校外活动与学校教育的有效衔接。借鉴台江区鲲鹏青少年事务服务中心的先进经验,利用学校基础设施好、师资力量强的优势,探索校内外融合育人模式,做强各类社团活动。与高校或专业团体合作,一方面培育具有专业水平、地方特色的青少年学生艺术团(乐团、合唱团、舞蹈团等)、书画院、科学院、文学院等品牌;一方面探索特长生与高校所需人才定向培养的体制、机制。研发影响全省乃至全国的普及性教育活动。多形式、多途径地创编校内外融合育人的系列品牌活动。一是采用“互联网+”模式。通过互联网将青少年活动中心、学校、社会组织、学生融合一体,用网络平台整合多项资源,开展主题教育活动。二是“县团委+教育局+行业协会”模式。通过不同形式的比赛或展示将校内外教育相融合,促进广大青少年个体的健康发展。三是“协会+学会+研究”模式。通过对校外教育活动、学校课外活动、综合实践活动课程的课题研究、课程研发、论文评选、教师培训等活动,助力于地区教育综合改革。挖掘、传承非遗文化是校内外教育共同的责任。沛县是汉文化的发源地,非物质文化内涵极为丰富,建议选择几所适宜的学校共同研发,形成鲜明的文化特色。

（十）突出标本兼治,实现常态长效

必要的文明约束,是培育文明自觉、展示文明形象不可或缺的手段。文明的呵护,不能让法律缺位。精神文明建设不仅包含对文明自律意识的倡导和呼唤,而且还对不文明的行为进行必要和适度的行为约束,通过适度的道德管制,从根本上警醒失落的文明自觉。创建工作要和谐融入街头巷尾的日常生活节奏,化为多数人内心的一种自觉力量,渐渐演绎为一座城市的行动,升华为一种人人参与奉献的城市精神,居民群众获得感、幸福感节节攀升,进一步凝聚党心民心。

关于提升小区物业管理水平助推全县三城同创工作的调研报告

李璪籍

小区是三城同创的主阵地,小区物业管理是城市管理的重要组成部分,涉及千家万户,和群众的生活息息相关。当前,群众对居住环境的要求不断提高,物业管理工作的矛盾也日益凸显,这给行业提出了新的要求和挑战。为此,县政协将其列为年度重点调研课题,专门成立了课题调研组,会同县房产服务中心、沛城街道办事处深入开展调研,与部分人大代表、政协委员、社区居委会负责人、物业公司负责人深入交流,实地查看了江南绿洲、金城家园、德信九龙城、新沛西区等住宅小区,并赴浙江桐庐、江苏昆山、如皋、沭阳等地学习考察,在此基础上,形成如下调研报告。

一、四县市物业管理的主要做法

浙江省桐庐县

(一)考察点物业管理概况

1. 绿城·桂花园小区。建成于 2008 年,建筑面积 12.9 万平方米,占地面积 10.7 万平方米,总户数 800 户,容积率 1.35,绿化率 35%。由绿城物业公司管理,物业费:多层 1.6 元/平方米/月(含公共能耗),高层 2 元/平方米/月(含公共能耗),物业费收缴率 93%。

2. 梅苑小区。是桐庐 15 年以上的拆迁安置老旧小区,2017 年由县政府投资 600 多万元,实施基础设施提升改造工程。物业费:多层 0.45 元/平方米/月,高层 0.60 元/平方米/月,由于拆迁户较多,物业费收缴率不高。物业由桐庐县服务业“优强企闻业”、“桐庐最具影响力及最具特色物业服务企业”、浙江市场消费者最满意物业“品牌单位”和中国物业行业“AAA 级信用企业”——浙江成诚物业服务有限公司代为管理。

(二)桐庐路径

健全三大机制即联席会议机制、联合执法机制、纠纷联调机制,实施四大专项行动即执法整治专项行动、物业费清缴专项行动、治理修缮专项行动、物业管理扩面提质专项行动。

（三）主要做法

建立县物业管理部门联动工作机制，建立物业管理类信访投诉分流机制。明确物业管理项目承接验收、移交办法，建立居住小区建筑垃圾统收统运和“僵尸车”统一处置机制，提高车位的利用率。出台普通住宅物业服务标准指导意见，规范物业服务收费行为，建立前期物业管理方案论证制度，规范物业管理用房配置。加强业委会党建工作，落实首次业主大会会议筹备工作经费，制定物业服务企业信用评价考核办法，强化物业服务考核制度。制订老旧小区应急修缮实施方案，改善老旧住宅小区物业管理。加强舆论宣传，营造良好氛围，确保物业行业健康有序发展，积极倡导机关事业、国有企业单位党员领导干部自觉遵守管理规约和物业管理各项规章制度。

江苏省昆山市

（一）考察点物业管理概况

1. 康居新江南小区。由昆山城市建设投资发展有限公司建成于2007年，建筑面积29万平方米，占地面积7.2万平方米，总户数2000户，容积率1.0。是拆迁安置小区，物业是前期物业，推行菜单式物业服务。社区居委会进驻小区，建立社区网格员进小区制度，由社区对小区物业重大管理项目实施监督。

2. 东方国际广场小区。由昆山中源房地产开发有限公司建设，项目占地面积35176亩，建筑面积17万平方米，容积率3.84，是区域内唯一的集金融、商务、酒店、居住、办公等功能于一体的综合性房地产项目。物业是前期物业——香港中泰曼科维尔物业有限公司，该物业公司通过对照评价标准，全面提升物业管理水平；通过组建专业队伍，加强培训提高人才素养；通过服务尽善尽美，关爱业主赢得广泛赞扬；通过房企携手物业共同营造优质美丽小区。

（二）昆山模式

充分发挥昆山市住宅区物业服务管理工作领导小组的协调和监督作用，建立“市级统筹协调、区镇落实责任、街道推进工作、社区化解问题”的四级物业服务管理体系，构建高效的上下联动机制，推行物业服务差别化模式（菜单式服务）。

（三）主要做法

成立昆山市物业管理工作领导小组，建立昆山市物业管理工作联席会议制度。建立社区、业委会、物业“三位一体”三方共治体系，建立健全物业纠纷调解工作机制，开展小区物业管理专项整治行动。制定《物业服务收费管理实施细则》,加强社会化物业服务管理,加强物业管理小区设施设备管理和规范使用维修资金,出台《物业服务企业信用信息管理暂行办法》。加强对成立业委会和使用维修资金的监管,制定《住宅专项维修资金应急使用管理办法(试行)》《昆山市车辆停放服务收费管理办法》《普通住宅物业公共服务分类分项分级标准及政府指导价标准》《昆山市民防工程安全使用管理办法》。加强违法建设处置工作,进一步加强全市电梯安全使用管理。印发《昆山市物业服务项目经理信用管理办法》,规范新建住宅项目物业承接查验工作,进一步做好前期物业服务招投标有关工作。印发《昆山市物管小区违法违规行为防控操作细则》,加强物业项目设施设备管理。印发《昆山市物业管理微信投票规则(试行)》《加强业主委员会监管的若干意见》,进一步明确业委会成立等相关工作,印发《昆山市物业管理工作考核奖励办法》,进一步加强住宅小区物业服务收费公示工作,落实执业物业项目经理退出机制。

江苏省如皋市

(一)考察点物业管理概况

1. 御锦馨河城。由江苏御锦置业有限公司开发建设,项目总占地面积约13.4万平方米,总建筑面积约48万平方米,绿化率≥35%,容积率2.76,总户数2272户,车位总数2000个,车位配比1:1。小区设超大奢华泳池、网球场、健身场、儿童娱乐场等配套设施,同时双层6米挑高入户大堂,3.3米层高,8000平方米人工景观水面。2018年10月业主开始入住,由如皋荣新物业管理有限公司服务,1.6元/月/平方米。

2. 江中世纪城。由江苏江中集团房地产开发有限公司开发建设,小区占地面积12.4万平方米,建筑面积45.6万平方米,容积率2.79,绿化率35%。2015年2月入住,由江苏管家物业有限公司进驻服务,是2017年度江苏省省级示范物业管理项目。

3. 锦秀苑小区。建成于1998年,为多层住宅。2014年,如皋市将锦绣小区纳入首批“中心城区老小区改造提升工程”。小区改造前,道路狭窄坑坑洼洼,树高遮天挡着窗户,停车无位你争我夺,违章建筑星星点点,环境脏乱设施老化,居民们怨声载道。改造首先拆除破烂不堪的主路面,清理下水道、化粪池,整理地下设施,拓宽道路铺上水泥路。对楼与楼之间道路同样进行拓宽,铺设水泥砖。去除部分影响居民生活的高大树木,栽种了各种各样矮型树木花草。拆除楼道处木头窗,全部改成铝合金窗。撤去门前小山处烧香点,建成群众休闲健身的地方。汽车停车位,安排得整齐有序。斑驳陆离的楼房,穿上了深灰色的围裙。

（二）如皋经验

加强制度建设，建立健全物业管理机制体制；加大监管力度，维护物业管理市场秩序；关注民生，着力推进物业管理全覆盖；创先争优强化指导，物业服务水平明显提升；建立"四位一体"矛盾调解机制，有效提升物业费收费率；强化自治管理，不断增强业委会作用发挥。

（三）主要做法

出台《如皋市物业管理暂行办法》，规范物业管理活动。制定《如皋市普通住宅公共物业服务等级标准》和《如皋市普通住宅公共物业服务收费标准》，进一步规范物业服务收费行为。制定《安置房居住区物业管理暂行办法》《物业服务考核管理办法》，加强安置房居住区的物业管理工作。制定《物业服务企业信用档案评定办法》和《物业项目经理信用档案评定办法》，推进物业行业信用体系建设，提高行业从业人员诚信度和服务水平。制定《物业服务企业退出项目管理办法》，规范物业服务企业退出行为。

江苏省沭阳县

（一）考察点物业管理概况

1. 沭城天下小区。由江苏元凯置业有限公司开发建设，占地面积10万平方米，建筑面积28万平方米，容积率1.50，绿化率45%，停车位配比接近1∶1。2016年上房，物业服务按照四星级标准执行，物业费：高层0.50元/平方米/月（不含公共能耗），多层0.50元/平方米/月（不含公共能耗）。楼宇实行智能化控制物业费收缴。

2. 皇冠世纪花园小区。由江苏新五洲置业有限公司开发建设，总占地面积55亩，总建筑面积为12.8万平方米。7栋30层建筑，1栋3层的会所。住宅物业费：0.50元/平方米/月（不含公共能耗）。由开发企业自办五洲物业公司管理。

3. 美好家园小区。位于沭城街道叶庄社区，建于2006年，属于拆迁安置小区。2017年，沭阳县围绕道路改造、绿化提升、用水保障、停车位建设等重点改造内容，对小区进行了改造。小区由社区居委会的物业管理。

4. 奥体文景苑小区。由沭阳明航物业管理有限公司进驻服务。奥体文景苑小区在街道小区指挥部的指导下，按照"规范管理、服务第一"的工作宗旨和"以人为本、业主至上"的服务理念，编制物业组织框架和人员定编定岗工作方案，对小区的房屋及公用设施的管理及维护、卫生保洁、公共秩序、车辆管理、社区文化等实施高起点、高标准综合一体化管理服务。推行封闭式物业管理模式。该小区物业还定时就卫生保洁、秩序维护、绿化管理、房屋维修等工作向广大业主发放物业服务征求意见书和满意度测评卡,对业主的合理诉求及时处理、好的建议和意见立即采纳,全面提高业主的满意度和幸福感。该小区先后荣获 2017 年宿迁市优秀示范项目、江苏省示范物业管理项目。

5. 沭城一品小区。由沭阳天成置业有限责任公司投资建设,占地面积 64 万平方米,建筑面积 20.5 万平方米。由 4 幢 28 层、3 幢 26 层、1 幢 25 层、1 幢 14 层、1 幢 12 层、附属裙房、地下停车库及设备用房组成。沭城一品引入具有国家一级资质的绿城物业管理公司担当顾问,以绿城先进的服务理念在沭阳努力打造一个服务型小区样板。

(二)沭阳特色

采取"物业主管部门牵头、相关部门协作、属地政府管理"的工作方式,建立沭阳县城区物业管理指挥部工作新体系。充分发挥县物管指挥部办公室的综合协调作用,沭城、梦溪、南湖 3 个街道物管指挥部全程参与,指导和督促各居委会和物业企业开展小区管理工作;监督业主大会和业主委员会依法履行职责,调处物业管理纠纷。

(三)主要做法

1. 理顺体制,明确责任。采取"物业主管部门牵头、相关部门协作、属地政府管理"的工作方式,建立物业管理工作新体系。充分发挥县物管指挥部办公室的综合协调作用,沭城、梦溪、南湖 3 个街道物管指挥部全程参与,指导和督促各居委会和物业企业开展小区管理工作;监督业主大会和业主委员会依法履行职责,调处物业管理纠纷。

2. 综合整治,强行入轨。按照"政府组织、部门配合、群众参与、属地管理、分片推进、综合整治"的原则,组织住建、城管、市场监管、公安、环保等相关部门,以规范物业企业服务行为为重点,对业主普遍关心的环境卫生、治安管理、公共设施维修、小区秩序、物业收费等热点难点问题进行全面综合整治,检查结果记入物业企业信用档案。同时,定期组织小区观摩评比,由县物管指挥部办公室牵头、三个街道物管指挥部参与,对小区的基础设施管理、日常保洁服务、保安管理等工作进行检查评比,在报刊、门户网站上进行排名公示,责令落后小区物业企业负责人进行电视表态,确保小区整治工作扎实有序推进。

3. 完善制度,规范行为。为推动物业管理市场化、规模化、品牌化,出台了《小区竣工综合验收和物业接管监督管理办法》,进一步严格了物业验收程序,防止建管脱节。要求物业企业在接管小区时,必须对开发项目内物业用房、公共服务设施、安保设施等物业设施进行查验,不符合验收标准的一律不予接收。同时,推行招投标方式选择业绩优、信誉好、管理规范的物业企业,鼓励优质企业接管老旧小区，鼓励优质企业做大、做强。

二、我县物业管理现状

（一）基本情况

目前，我县沛城、大屯、汉源、汉兴四个街道共有各类住宅小区 142 个，其中推行专业化物业公司管理的小区 57 个、街道指定物业公司管理的小区 13 个、业主委员会选聘物业公司管理的小区 3 个、业主自治管理的小区 2 个、单位自建自管的小区 5 个、社区自管的小区 37 个、物业服务站管理的小区 25 个。物业从业人员 2000 余人。

近年来，我县物业管理工作在县委、县政府和社会各界的关心关注下，物业服务总体水平得到了很大的提升，为提高城市形象做出了贡献。当前物业服务作为民生和谐、安居乐业的一个重要载体，已经得到广大业主的拥护和支持。但是，随着广大业主日益增长的维权意识和服务需求，我县物业管理仍存在着诸多不和谐因素，一定程度上制约了物业行业的良性发展。

（二）存在问题

1. 从行政管理层面看，存在四个突出问题。一是对物业管理工作的重视度不够。物业管理是一个综合性工作，涉及住建、规划、公安、城管、市场监管、物价、街道等多个部门，应该说小区存在的每一个问题都应有一个相关部门来解决，不仅仅是物业主管部门一家的事情。多年来，对物业管理工作缺乏有力有效的组织领导、工作指导和制度保障，对物业管理工作研究不深、工作力度不大、方法单一。二是物业管理政策法规宣传不到位。从考察调研情况看，各部门、物管人员、业主委员会成员以及业主代表，普遍对物业管理法规不知或知之甚少，各级宣传普及物业管理法规不积极、不主动，普法宣传也没有涉及物业管理的内容。三是物业监管职能职责不清。缺乏县、街道（镇）、社区、小区条块结合、层层负责的行业监管网络，缺乏物业管理矛盾协调机制和应急防御机制。部门之间没形成监管合力。物业收费标准需进一步细化明晰，小区建设规划不尽合理，在工程验收时对小区物业管理配套设施验收把关不严，为以后的物业管理埋下隐患。四是街道（镇）、社区组织没有发挥应有的作用。省物管条例规定，街道（镇）及社区在物业管理中应组织协调业主大会成立，调解业主、业主委员会与物业服务企业间的纠纷，协调物业管理与社区管理、社区服务的关系，但目前街道（镇）及社区都以人手少、工作忙等为由不愿承担物业管理相关职能。

2. 从开发商和物业服务企业层面看，存在四个突出问题。一是一些开发商从自身利益出发，随意变更设计，建设了一些达不到规划标准的住宅小区。如社区活动用房不到位，公建配套设施产权不明晰，房屋及小区水、电、排污系统建设质量不高,绿化档次低等等,造成后续管理纠纷多、难度大、成本高。二是住宅小区基础设施不配套,成为物业服务品质无法提升的硬伤。一个突出问题是停车难,目前随着私家车的迅速增多,许多住宅小区中,包括新建商品房小区的停车位严重不足,停车问题已成为破坏小区环境、困扰物业管理的一大难题,这在老旧小区表现得尤为突出。三是物业管理模式落后,经营活动不规范。部分分散式小区,都由住户分单元、分楼推选楼长或聘请退休老干部职工管理,所谓的管理大多只是负责收取一点卫生费,做一些简单的上传下达,都是义务服务,难以长期坚持。部分物业企业管理人员简单认为物业服务就是看大门、打扫卫生、收取管理费用等简单的事,对住户反映的问题不能积极主动解决,管理跟不上,服务工作远远不能满足居民的实际需求。四是物业管理企业服务质量不高。物业费收支不公开、不透明,造成部分业主不理解。部分物业企业摆不正自己的位置,认为自己是管理者而对业主颐指气使,缺乏主动服务、积极服务意识,从而滋生了众多的矛盾。物业服务质量不高,造成物业费的收交率不高,企业运转困难。

3. 从业主层面看,存在三个问题。一是业主自治而未治。召开业主大会、成立业主委员会难,业主自治组织不健全,业主大会、业主委员会作为新型的市民民主形式,是与物业企业对等的、维系物业管理市场完整性的重要主体。但是目前我县 100 多个小区因为组织无力、缺乏经费、区域太小太零散等原因均没有成立业主委员会,就是已经成立了业主委员会的小区,由于缺乏对业主委员会有效的监督制约措施,其业主自我管理、自我约束的机制尚未形成,民主协商、少数服从多数的议事原则很难实现,业主自治只能是良好的愿望而已。二是业主对物业管理认识模糊。不能正确处理维权意识与责任意识的关系。调研统计,95% 以上的业主对《物业管理条例》不了解或知道一点,对物管企业的服务要求往往会超出合理范围。例如:在调查中,各个小区反映最多的是顶层住户出现楼顶漏水的问题,在业主与物业交涉未果时,往往会采取拒交物业费的方式来处理。有些业主认为我不交物业管理费是因为我不住或者不需要物业管理,使业主与物管企业之间关系僵化,陷入恶性循环的怪圈。三是收费难问题突出。由于建设单位遗留问题、群众有偿服务意识淡薄、物业服务质量差、部分居民生活困难、拆迁安置户拒交等原因,导致我县物业管理收费困难,制约了我县物业管理行业快速健康发展。

三、加强我县小区物业管理的建议

如何提升物业管理行业发展是一项全国性难题。近年来,全国各地从本地实际出发,积极探索,大胆创新,形成了各具特色的物业管理模式。对浙江桐庐，江苏昆山、如皋、沭阳四地经验模式的梳理和总结，我们感觉，四地虽然目前也面临着物业费收缴难、物业服务不规范、业主委员会作用发挥不充分等与我县一样的问题和困难，但在破除这些难题上已经下决心、起好头、开好局，并取得了显著成效。其中，有四个方面比较突出的经验和做法，值得我县学习借鉴。

其一，政府重视。物业管理是一项民生工程，涉及面广、政策性强、工作量大，需要引起政府的高度重视，并从政府层面加以推动。譬如，如皋市政府为推动物业管理工作健康有序发展，主要领导亲自参加物业管理工作会议并讲话，出台了《如皋市物业管理暂行办法》等一系列配套政策，建立协调机制，真正将其摆上重要的工作日程，形成了强大的行政推动力。

其二，重心下移。四地的物业管理取得了显著成效，最重要的经验就是通过"下放权力、重心下移"，把政府管理、协调和服务的触角延伸到群众的家门口，实现了政府对社会管理的纵向延伸。目前，四地都建立了"分级负责、属地为主、多方联动"的市(县)、街道(镇)、社区三级物业管理体系。市(县)物业管理主管部门负责日常检查、指导、考评；街道(镇)成立管理机构，负责小区日常管理工作、调处纠纷；社区居委会负责指导业主委员会开展工作、参与纠纷调处；同时将相关条线管理机构纳入街道(镇)属地化管理，推动执法管理力量下沉。实践证明，三级物业管理体系的建立，有效发挥了街道(镇)在物业管理中的主体和综合协调作用，效果十分明显。

其三，大力扶持。在物业管理行业发展过程中，诸如老旧小区改造、长效管理、收费难等问题，仅依靠物业企业自身难以解决，这就需要政府提供必要的支持，帮助企业解决实际困难，使其走上健康、良性、可持续的发展道路。浙江桐庐、江苏沭阳坚持重点突出和全面推进、集中整治和长效管理相结合的原则，实施专项行动，着力优化和改善群众居住环境，切实提高居民生活幸福感、获得感。如江苏如皋对老旧小区管理经费进行政策性补贴(0.15元/平方米/月)，对防止和减少老旧小区物业弃管起到了重要作用。

其四，善于创新。四地结合本地实际，围绕提升物业管理和服务水平，做了大量富有成效的探索。如浙江桐庐、江苏昆山、如皋，通过社区"自治管理+物业企业专业协作"的模式，逐步形成了社区主导、委托服务的工作格局，有效避免了社区发展与物业服务之间的矛盾，解决了多头管理或多头不管的现象，形成了多方共赢的良好局面。

结合我县实际，提出如下建议：

(一)提高认识，提升物业管理工作紧迫感

物业管理关系到广大人民群众的切身利益，搞好物业管理是推进城镇化建设的必要前提,也是建设经济强、百姓富、环境美、社会文明程度高的新沛县的客观需要。在调研中,相关部门、社区和物业企业普遍反映,我县物业管理工作中长期积累的一些体制性、机制性障碍亟待县政府层面下决心破解。必须坚持问题导向,整体设计,分类施策,逐一化解影响物业管理工作正常开展的突出矛盾,切实增强将全县物业管理工作纳入良性循环发展轨道的紧迫感。因此,县政府及相关职能部门要高度重视物业管理工作,认真学习现行法律法规,深入研究工作中存在的问题,结合实际进行"顶层设计",尽快起草修订《沛县物业管理实施办法》(进一步加强物业管理的意见),要从加强领导、理顺体制、政策措施、明确职责、夯实任务、加强监管等方面做出具体规定,便于政府部门、开发企业、物业企业和业主各方履行责任、权利和义务,使物业管理步入规范化和法制化。同时,要正确引导社会舆论,大力宣传物业管理工作的重要性和紧迫性,积极争取广大群众和社会各界的理解、支持和配合,营造有利于物业管理工作开展的社会氛围。

(二)明确职责,建立属地化管理机制

1. 理顺管理体制。按照"条块结合、属地管理"的原则,加快建立"县、街道(镇)、社区"三级物业管理体系。据统计,目前城区入住小区人口超过25万,随着城市化进程加快,入住人口还将继续增加。小区的物业管理工作应摆上城市管理更加突出的位置,纳入城市建设管理大局。一要成立管理机构。建议县政府成立由政府主要领导任组长,相关职能部门、街道主要负责同志为成员的"县物业管理委员会",定期协调解决物业管理中出现的矛盾和问题。二要落实属地管理责任。物业管理重心在基层,推广社区党支部、居委会、业主委员会、物业管理企业互为一体、各司其职、互相促进的"四位一体"工作机制,配齐小区管理专职人员,组建好小区管理委员会,确保有人干事,有人管事。三要齐抓共管。着力推动部门管理职能进小区,明确职责,建立责任清单,强化管理执法联动,及时处置有关违规行为。加强对小区物业服务工作的协调指导和监督考评,促进工作开展。

2. 健全工作机构。在街道(镇)、社区层面设立物业管理机构,并落实人员和经费。建议可采取"四个一"模式,即"一个物业管理科",负责辖区内物业管理工作的组织、管理、服务、协调和监督检查,受理物业管理投诉;"一个物业管理服务中心",负责向暂不具备市场化物业服务条件的住宅小区提供有偿准物业服务,负责辖区内居民的物业应急及维修服务;每一个社区设立"一个物业管理站",负责辖区内物业管理工作的具体组织实施;"一个物业城管中队",实行垂直领导、双重管理模式。

（三）加大扶持，促进行业健康发展

1. 减轻税费负担。《江苏省物业管理条例》明确规定，物业企业享受国家和省有关现代服务业规定的税收优惠政策，住宅小区内共用设施设备维护管理、保洁、绿化等物业服务过程中的用水、用电、用气与民用同价。目前我县水务、供电部门已落实相关政策，建议县政府加快研究落实税收方面的优惠政策。此外，小区垃圾处置费、老旧小区路灯电费，建议由县财政统一承担。

2. 加大财政投入。建立健全物业管理财政补贴机制，综合考量住宅小区类型、物业费收缴情况等因素，进行适度补贴，逐步引导走向市场化。建立住宅小区长效管理专项资金，定期组织对住宅小区进行考核，依据考核结果，采取以奖代补的方式对物业企业进行奖励。建议设立物业企业奖励制度，对在老旧小区、拆迁安置小区经营的物业企业，予以适当政策性补贴（按 0.15 元/平方米/月的标准进行补贴），用于小区公共部位维修、绿化养护等，帮助其正常经营。对荣获省、市优秀小区称号的物业企业给予奖励，调动企业的积极性。

3. 加强政策引导。将物业管理纳入我县现代服务业发展规划，出台扶持行业发展的相关政策。鼓励和支持物业企业向市场化、专业化、规模化方向发展，在服务领域上，从住宅小区、商务办公楼向医院、学校、城市综合体、市政设施等拓展；在服务内容上，从传统的建成交付后的建筑物管理向物业全过程管理和为业主提供全方位服务延伸拓展。

（四）加强监管，规范物业管理行为

1. 规范前期物业管理。从物业项目的前期管理入手，切实规范物业管理行为。严格公建配套设施的建设、管理，开发企业要按相关规定配置、移交公建配套设施，达不到设计要求的不予审批，不移交的不予验收。严格执行前期物业项目公开招投标规定，对招投标实行全程监管，督促开发企业公开择优选聘前期物业企业，推进房地产开发与物业管理的分业经营。建立健全工程质量保证金制度，新建小区项目竣工验收前，开发建设单位缴纳一定数额的房屋质量保证金，由住建部门管理，用于保修期内发生的房屋质量问题处理，保修期满后予以退回。

2. 规范物业服务行为。建立物业企业和项目经理诚信档案，并与企业评优、物业管理招投标等挂钩。探索建立末位淘汰机制，由物业主管部门、物业协会牵头，吸收街道或社区、业主共同参与，每年对物业企业工作进行考评，对考核末位的企业限期整改。建立物业管理菜单式价格体系，将服务项目价格标准量化，让业主自主选择、透明消费。落实小区物业财务公示制度，提高物业企业经营透明度。推行岗前培训和继续教育制度，建立物业服务关键岗位人员持证上岗制度,提高物业服务从业人员的职业素质。强化对物业企业的日常检查与考核,健全物业投诉处理机制,及时查处物业服务中的不规范行为,切实保障业主合法权益。

3. 规范物业企业退出。物业企业在退出服务时,应履行“事先告知、重新选聘、及时移交、适当缓冲”等程序,确保物业管理活动的正常秩序。对于退出过程中的空隙和无人接管的小区,要明确代管的过渡措施,以避免和减少社会矛盾和群访事件。设立弃管小区应急预案专项资金,保障弃管期间的物业管理正常运行。

(五)突出重点,着力破解管理难题

1. 推进业主委员会建设。一要规范运作程序。按照《江苏省物业管理条例》及《业主大会和业主委员会指导规则》,加快编制业主委员会工作规范,建立相对统一的业主委员会筹备、组建、换届等工作流程。建立业主委员会监督机制,规范业主委员会的运作程序,有效监督业主委员会的日常工作及财务活动。二要加强工作指导。属地街道和社区居委会要组织、指导辖区内的小区尽早成立业主委员会,提高业主委员会的普及率。对于暂不具备成立条件或经指导后难以成立的,指导组建由街道、社区、社区服务机构、建设单位、业主代表等组成的物业管理委员会。三要开展业务培训。建立业主委员会成员培训机制,对业主委员会成员组织轮训,学习政策法规和业务知识。加强政治思想素质教育,使其明确职责,真正行使好广大业主授托的权利和义务。

2. 缓解停车难题。一要扩大增量。新建小区要严格按照建筑面积与停车位比例规定进行配建。老旧小区要通过综合整治,增设、补建停车位。二要盘活存量。完善开发企业车位出售和租赁价格政策,对开发企业只售不租行为,依法进行处理。调整地面、地下停车位收费价格差,利用价格杠杆作用提高地下车库使用率。指导物业企业科学划定停车位,做到应划尽划,最大限度地实现存量利用。三要加强管理。引导业主有序停车,对于小区内占用消防通道、乱停车等违法违规行为,公安、住建、城管等行政和执法力量要综合运用《消防法》《治安管理处罚法》《物业管理条例》等法律法规,结合自身职责,进入小区监管执法。

3. 提升物业费收缴率。一要以宣传引导交费。加大物业管理宣传力度,使广大居民充分认识并了解作为业主所享受的权利和须承担的义务,引导业主转变观念,树立正确的物业消费观念。倡导公职人员、共产党员率先垂范,带头遵守和维护小区秩序,并按时按约交纳物业费。二要以服务促进收费。物业企业要把提升服务质量和水平,作为解决“收费难”问题的切入点,以优质的服务赢得业主的理解和信任。三要以机制保障收费。相关职能部门要加强对物业费收缴工作的调查和研究,指导和帮助物业企业综合运用法律、舆论和行政等手段,提高物业费的收缴率。例如可以探索将足额交纳物业费作为房产转移的前置条件;推进社会诚信系统建设,将拒交物业费纳入个人征信范围;开通物业费诉讼绿色通道,建立物业费收缴速裁机制、公职人员单位催缴制度等。

4. 加大违规行为管控力度。一要注重源头控制。规划部门要加强把关,减少因规划缺陷所带来的违建行为。特别是阳光房搭建问题,规划设计时,不留违章搭建的位置,就从根本上解决了问题。已经建成的楼房,建议在不影响房屋安全结构及小区整体面貌的前提下,进行统一设计(包括材质、范围、尺寸、式样、颜色等),按规定程序报批确认建设。二要加强动态巡查。健全日常巡查机制,增加巡查频次,做到"早发现、早介入、早查处",把违规行为制止在萌芽状态。建立小区物业与数字城管的互动信息平台,把数字城管的信息传输、处置、监督功能,覆盖到小区围墙内,使违规行为能够得到快速、有效解决。三要强化综合执法。完善群众举报制度,部门执法事项、联系人、联系方式、监督电话要在住宅小区醒目位置进行公告,做到联络无障碍、事事有落实。对已形成的违规问题,相关职能部门要各司其职、相互配合、齐抓共管,形成共同遏制和查处的高压态势。

(六)超前谋划,积极探索"智慧"建设

在对老旧小区改造中,要充分利用计算机信息技术,对物业管理的一些传统收费项目,如水、电、气、暖等实行 IC 卡一卡通,进一步节约能源,降低人工成本,提高小区物业服务水平。对新建小区可试点推行将维修管理、房屋设备管理、安全管理、环卫管理、供暖、供水管理等服务纳入物业智能管理平台,不断提高物业管理科学化、规范化、智能化水平。

健全社区服务功能　补齐三城同创短板

陈楠楠

社区文明程度是创建文明城市的重要内容,社区功能的健全是促进社区文明的重要基础,随着我县"三城同创"活动的深入开展,对社区公共服务标准化程度提出了更高的要求。为全面提升我县社区基本公共服务标准化建设水平,促进文明社区创建,补齐三城同创短板,2019 年 5 月,县政协成立专题调研组,对重庆渝中区、四川邛崃市、四川自贡市等 9 个不同类型的全国优秀社区进行了专题调研,通过实地调研、专题研究,进一步找准了不足、理清了思路。现将有关情况报告如下:

一、外地的经验和做法

通过观摩、调研、思考,我们认为,重庆渝中区等 9 个社区在自身建设、提升服务能力等方面,立足实际、特色鲜明,形成了卓有成效的经验做法。

(一)坚持党建引领,保证了党组织在基层社区工作中的主导权。如邛崃市界牌村通过加强党建工作,夯实了基层治理的组织基础。一是密织组织网络。将原界牌村党总支设置为党委,下设产业发展、集中居住、综合服务 3 个党支部,成立网格党小组 6 个,纵向构建起"村党委 + 党支部 + 网格党小组 + 核心党员户"四级组织体系;村党委与青羊区康庄社区党委、锦江区翡翠城社区党委、邛崃市花园巷社区党委结对共建,与辖区内驻区单位党组织共驻共建,横向形成"村党委 + 结对党组织 + 共驻党组织"三联组织网络,定期共商界牌发展。二是建强领导核心。按照"六者型"基层党组织带头人标准,选拔政治素养高、带富能力强、群众基础好的党支部书记;精准培育村级后备干部,将 5 名务工返乡人才、致富带头人纳入"邛州萌芽"后备队伍管理;从驻区单位负责人、优秀小组长中选拔 4 名兼职委员,提升村党委对村级自治组织、经济组织和社会组织的组织领导。三是突出示范引领。大力开展标兵书记、模范党员、带富能手和道德乡贤等评选行动,选树 14 名先进模范,发挥先进典型示范作用;开展党员"微积分"管理,推行党员"三问三亮"活动,强化无职党员设岗定责,设立纠纷调解、文明劝导等志愿服务岗，定期开展矛盾化解、困难帮扶等志愿服务，引导党员参与村级治理。

（二）坚持群众主体，保证了广大群众在基层社区建设的话语权。如沿滩区沿滩镇开元路社区为破解老旧小区人群纷杂散乱、楼栋管理困难、基础设施薄弱等难题，以自治为抓手，保障居民“话语权”。一是丰富评议形式。制定党群联席会、社区工作例会、邻里关系协调会、民主评议会和群众事务代理的“四会一代理”制度，党员组长、网格员、道德评议委员会、社区“两委”共同参与其中，通过宣传党风廉政社会评价、解决小区物业管理费收缴问题、协调居民矛盾纠纷、民主评议低保、代办医保缴费等工作，实现集中对“家里事”“邻里事”“公共事”进行议事监督，群策群力解决问题。二是构建评议体系。构建阶梯式问题协商调处机制，探索建立“党小组—党支部—党总支”对应负责“睦邻区—公共区—居民区”的自治网络，实行党小组具体负责、党支部统筹规划、党总支综合管理的运转体系。目前，开元路社区在 3 个楼群居民区、15 个片区公共区 69 个楼栋开展试点，取得良好反响。三是打通评议通道。设立积分管理制度，居民通过参加评议会议和提出建议的次数来获得积分，积分可获得相应奖品或减免物业费，切实激发居民参与评议的积极性。同时，建立定期评先评优制度，宣传打造积极参与评议的优秀典型，引导动员社区居民积极建言献策，参与社区治理。

（三）坚持民意导向，保证了基层社区在社区群众中的凝聚力。如重庆渝中区石油路街道金银湾社区以群众诉求为重点，以“三访”为抓手，采取“三事分责、三色预警”的方式，明确责任，整合力量，督促办理，该工作法 2018 年被国家民政部遴选为优秀社区工作法。一是“三访”听民声。“网格化”走访。社区每个网格建立党支部，由社区“两委”成员兼任支部书记和网格长，统筹率领市政管理员、治安巡逻员、社会保障员等网格工作人员，分组进家入户听民声问民需。“群工系统”接访。积极推广使用“群工系统”，及时收集群众及企业需求，切实为群众办好事，让群众好办事。“社区工作日”接访。积极开展“社区工作日”和“服务企业日”活动，积极主动参与机关党员干部分期分批深入网格接访群众。倾听群众呼声，了解民心民愿。二是“三事”明责任。对收集到的群众诉求，按“公家事”“大家事”“自家事”进行分类，厘清事项权属，落实责任主体，整合资源办理。党政合办“公家事”。属政府管理事项和公共服务事项的，及时转交有关党委和政府部门，依据职能职责办理。共驻共办“大家事”。属社区网格内的公共事项和公益志愿服务的，由社区党建联席会、网格党组织牵头，整合辖区社会单位、社会组织及各类志愿服务队伍的力量和资源，共商共议推动解决。

热心协办“自家事”。属居民个人事务和市场化服务事项的,网格党支部主动协调,积极牵线搭桥引入中介组织提供优质服务,帮助居民群众解决问题。三是“三色”强预警。对分类梳理的群众“三事”诉求,实行“三色”管理,及时预警督促办理。“红色”挂号办。将“公家事”标识为“红色”,采取挂单销号方式,积极协调相关责任主体部门第一时间办理。“橙色”紧盯办。将“大家事”标识为“橙色”,整合资源积极协调办理。社区居务监督委员会、辖区“两代表一委员”、居民党员群众代表组成社区评议会,对事项办理情况进行督查督办。“黄色”积极办。将“自家事”标识为“黄色”,组织网格员、楼栋长、热心党员群众共同协商解决问题;积极整合社区报到的在职党员和志愿者力量,有针对性地开展志愿服务;引导和推介社工、义工组织提供优质低偿服务,多举措、多渠道、多形式解决群众诉求,寓管理于服务,以服务促治理。

(四)坚持社会联动,保证了社会组织在基层社区工作中的参与度。自贡市沿滩区在社区治理工作中注重发挥社区组织作用。一是通过培育发展社区社会组织,激发社区治理活力。全区共有社会组织 115 家,2018 年新登记社会组织 15 家,备案社会组织 30 家。成立了龙湖远达社区“社会组织孵化中心”,目前已入驻培育“自贡灵志社工联、围裙妈妈烘焙中心、法理情公益服务中心”等 10 个组织。二是通过推进社区社会工作发展,提升社区服务水平。大力引入专业社工开展专业化服务,成立了益心、星起点和美邻美家 3 家社会工作服务中心,在龙湖远达、恒大绿洲、沿湖等 5 个社区开展社会工作专业化服务。大力开发社区工作服务项目,实施了居家养老等专项社会工作专业服务项目,由社会组织承接购买服务推进服务项目。大力建设专业化社会工作者队伍,动员全区社会工作领域工作人员踊跃报名参加社工考试,全区共有社会工作师 1 人、助理社会工作师 9 人。三是加快志愿者队伍建设,积极开展社区互助活动。注册志愿者总人数为 29136 人,参加志愿服务活动的人数为 11494 人,注册志愿者参加志愿服务活动的人数占注册志愿者总人数的 40%,服务时长 79753 小时。社会组织的有效参与,增加了基层组织在社区建设中的工作力量,增强了社会透明度,提升了群众信任感。

(五)坚持因地制宜,形成了立足实际、各具特色、体现民意、成效突出的基层社区工作模式。如自贡市沿滩区在社区治理工作中,注意将上级要求与基层实际紧密结合,三个社区分别采取了不同的工作模式,均收到了良好的工作成效。龙湖远达社区通过开展道德银行“12345”工作法(一个定位立足“道德”;两类计分算好“道德”;三大机制管好“道德”;四个结合用好“道德”;五个成效实现“道德”),把满足群众需求作为主导方向,把促进协同治理作为共同目标,积极引领社会力量在服务社会、服务群众、服务行业中更好发挥作用，让“道德银行”成为社区建设的重要推手，并成为培育发展社会组织的“推进器”。目前，社区“道德银行”累计开户4000余户，办好事实事2000余件，积分达3万余分。2019年初，社区“道德银行”工作法被民政部评为全国优秀社区工作法。沿滩镇开元路社区针对老旧小区人群纷杂散乱、楼栋管理困难、基础设施薄弱等难题，创新实施了“楼栋自治”基层自治模式（1. 以自治为抓手，保障居民“话语权”；2. 以民意为重点，开通诉求“快通道”；3. 以群众为核心，构建和谐“稳压器”；4. 以和谐为基石，搭建互助“连心桥”），走出一条“群众事群众定、群众事群众管、群众事群众议”的社区自治新路径，使小区实现了秩序好、习惯好、邻里好、助人好、环境好的目标。沿滩区黄市镇水井沟村是省级贫困村，有建档立卡贫困户155户437人。村“两委”紧紧围绕脱贫奔小康和“四好村”建设目标，率先在易地搬迁集中安置点乐居大院探索农村院落“1234”民主自治工作法（搭建一套“微班子”；实施两个“微管理”；建立三项“微机制”；建设四好“微院落”），完善了“院落村民小组”功能互补、“村委会—村民小组—院落”三级互动和“区—乡镇—村”有机协同的基层治理体系，弥补了农村基层治理缺失的最基础环节，打通了党政自上而下常态化联系服务群众的“最后一公里”和群众自下而上充分自治的“最先一公里”。

二、我县社区建设基本工作情况

近年来，我县高度重视社区治理服务工作，围绕“构建现代社区公共服务体系”总目标，以“普惠性、保基本、标准化、可持续”为方向，以“设施完备、功能完善、服务高效、管理精细”为标准，以“健全社区基本公共服务制度、强化公共资源投入”为保障，大力加强社区建设。

自我县“三城同创”活动的开展，按照“三城同创”时间节点和任务要求，坚持问题导向，对照社区创建标准补短板，充分调动和发挥各镇（街道）、村（社区）履行“三城同创”职责的主动性、积极性，进一步搭建基层社会管理、社会服务、社会工作平台，高标准打造“五星级”社区（村），以示范点推动全县“三城同创”创建工作，使社区标准化建设进入全面推进的新阶段，为努力把社区建设成为和谐有序、绿色文明、创新包容、共建共享的幸福家园，让人民群众生活更加美好，建设“强富美高”新沛县夯实了基层基础。

（一）推进社区组织建设，强化支持保障。县委把推行社区基本公共服务标准化列入年度重点工作。县民政局等相关职能部门明确分工、密切配合，统筹规划，加大保障力度，积极推动社区基本公共服务标准化建设。我县成立了基层基本公共服务标准化建设工作领导小组，负责领导、协调、指导社区基层基本公共服务标准化建设工作,建立了分级保障、相互衔接的供给机制,做好与居民利益密切相关的就业创业、社会保障、教育医疗、居家养老、住房保障、文化体育、公共安全、法律服务、调解仲裁等公共服务事项,实现社区服务资源共享。

(二)推进社区平台建设,强化服务效能。大力推进社区基本公共服务标准化改革,打造一站式服务平台,让群众走进一扇门、办成所有事成为现实。一是服务用房创新化。老旧小区通过新建、购买、置换、改(扩)建、项目配套和整合共享等方式,进一步提升综合服务设施建设水平,完善功能配套。如沛城街道的汤沐社区原只有200平方米,采取扩建方式增加两层服务用房500平方米,达到标准化建设用房面积;西郊社区和新建社区通过购买门面房用来建设综合服务大厅,增加建筑面积以达到建设标准化。二是服务场所标准化。完成156个城乡社区综合服务大厅改造建设任务,改造建设面积11000万平方米,改造建设资金816万元,其中城市社区标准化建设6个,投入资金600万元,加强和完善了社区基本公共服务设施配置建设。三是服务管理人性化。各社区紧紧围绕居民群众最关心、最直接、最现实的问题,大力开展各项服务活动。据初步统计,全县385个村居全部建设社区综合服务中心,设置有综合服务大厅、社区卫生服务站、社区警务室、社区图书室,建设社区居家养老服务中心172个,从而使社区的就业、卫生、环境、文化、治安等各项服务得到进一步规范和完善。四是服务模式智慧化。依托江苏政务服务"一张网"、微信平台建设社区综合管理信息平台,推进"智慧社区"建设,更方便快捷地为群众开展服务。目前联合政务办开展工作,首先在沛城街道汉台社区试点开通了"江苏政务服务"智慧平台,面向居民开展服务工作,逐步在全县推广。

(三)推进社区阵地建设,强化党建引领。近几年,沛县不断探索党建发展新路径,以党建引领社区标准化建设。一是成立社区党组织。各社区都成立了社区党组织,依法选举产生了社区居委会、社区成员代表大会、社区协商议事会,制定了社区自治章程和居民公约,完善了社区各组织工作制度。社区成员代表大会、协商议事会定期开展活动,讨论、协商社区重大事宜,社区居民的参政议政、民主决策、监督管理的权利得到有效保证。二是选优配强社区干部。我县选拔出113名城市社区优秀后备人才,充实到社区进行挂职锻炼,通过"传帮带"探索推行城市社区工作者职业化体系建设,带动城市社区标准化建设。三是建立健全制度体系。按照"党员干部下沉到网格、具体工作落实到网格"的要求,推行"提户知人、提人知事、提事知情"的"三提三知"群众工作法,推行首问负责制、全科社工、全程代办和服务承诺制度,在社区开设标准化为民服务大厅,建立社区权力清单和责任清单,一次性告知所需材料,让群众少跑冤枉路,真正实现了让群众“进得了门、找得到人、办得了事”。四是组织开展社区活动。沛县各社区联合民警、业委会、物业等单位中的党员力量，共同致力社区“大党委”建设，组织开展丰富有效的共驻共建活动，让党组织在活动实践中凝聚党员群众的向心力。

(四)推进社区品牌建设，强化服务优势。在社区标准化的基础上，结合社区特点和优势资源，注重突出不同社区的特色优势，大力实施精品化社区创建工作。如沛城街道汉台社区主要突出居家养老、日间照料中心、社会组织孵化基地等为特色的社区综合服务中心；沛城街道南潭社区打造集幼儿园、超市、物业管理、婚丧嫁娶酒席招待集中办理等便民综合服务中心。杨屯镇孔庄、欢口、后屯等相邻社区探索建设“多社区一中心”的综合服务中心。

(五)推进社区队伍建设，强化人才保障。一是社会工作者专业化。我县民政局选派了 23 名城市社区人员参加了徐州市民政局组织的“徐州市全科社工暨社区基本公共服务标准化示范培训”活动，组织我县 15 名优秀社工参加了徐州市全科社工技能大赛，对 18 个镇级为民服务中心和 16 个城市社区社工人员进行了培训。目前镇级综合服务中心和城市社区全部开展“全科社工”服务模式。二是社会组织志愿化。建立社会组织孵化培育基地、志愿者服务中心，网格化管理志愿服务组织，实现志愿服务全覆盖。各社区普遍组建了志愿者服务队伍，成立各类志愿者组织 240 个，长期参加活动志愿人员 11000 余人，他们为社区居民提供了治安、文化宣传、医疗、家政等方面的服务，促进了社区的团结、文明、和谐和进步。

三、我县社区建设存在的问题

经过几年的努力，我县社区建设工作虽然得到了一定发展，但总的来看，仍然存在着发展不平衡、整体水平不高等问题，一些长期以来制约社区建设发展的问题依然不同程度地存在。主要表现在以下几个方面：

(一)认识不到位，社区建设工作氛围不够浓厚。一是部分居民参与社区建设的积极性不高。由于受到长期以来的生活方式和思维定式的影响，人们仍习惯于传统的生活模式，参与社区建设的意识不强，没有形成“社区是我家，建设靠大家”的良好氛围。二是部分基层干部对社区的认识不高。部分干部对社区工作的职能、任务不明，对加强社区建设的重要性、必要性认识不足，帮助社区解决实际困难和问题不够。三是辖区单位参与社区建设积极性不高。社区对辖区单位缺乏必要的制约机制，辖区资源得不到有效利用，共建活动难以开展。

(二)落实不到位，社区建设工作经费保障不足。社区服务资金未纳入财政预算，又因其具有福利、微利的性质，难以吸引商家投资，导致其水平难以提高，内容难以拓展。各级财政对社区建设的投入有限,社区基础设施薄弱,社区办公经费少,收入无来源,多数部门进入社区,但工作活动经费等未进入社区,工作人员待遇难以落实,社区活动缺乏必要的经费保障,致使社区部分工作不能正常开展,制约了社区建设的良性发展。

(三)服务不到位,社区建设工作缺乏活力。近几年来,社区工作者队伍整体素质有了一定的提高,县人社部门通过招聘考试等方式有序补充了一批年轻社区工作者。但是与全县经济社会的快速发展,人民群众生活水平的不断提高,人们与社区的联系越来越密切,对社区的服务要求越来越高,社区工作领域越来越广的新形势、新变化来说,目前社区工作者队伍职业素养、专业技能、创新意识、服务水平等方面亟须加强。我县现有社区专职工作人员 1533 名,特征表现在:性别比例严重失调。男女比例为1∶5,不利于社会群众工作的开展。年龄结构不合理。呈现"两头小中间大",40 至 50 岁的 720 人,占总人数的 47%,新生力量相对薄弱。知识结构不合理。大专以上学历占比很少,大多数没有社会工作专业的学科背景,而且知识更新进度不理想。这些都制约了社区工作水平和创新能力的提升。

(四)社区职能错位,社区建设行政化严重。办公场所挂牌数量繁多、杂乱无章、"有牌无实",相应的社区也承担了安全生产、维稳、综治、计生等多方面的行政事务,工作人员每天要应付各种资料收集、情况摸查和上级部门的检查,自身建设工作很少能开展。社区工作职能行政化、自治功能弱化等问题已成为社区基层治理的通病。一是职能不理顺。居委会转换成社区,但职能未完全转变,多以完成街道党委、政府部门交办的事务性工作为主,工作处于被动应付状态。二是体制不顺畅。部分职能部门要求社区办的事很积极,社区要求办的事则不主动、不支持,没有真正按照"权随责走,费随事转"的要求去落实。

(五)发展不平衡,社区建设工作整体水平不高。一是重视程度不高。部分地方在社区建设中,工作相对滞后,个别地方工作不实,流于形式,"以会议来落实会议,以文件来落实文件"的现象依然存在。二是社区发展不平衡。部分地方只注重抓试点社区,对之投入较大的人力、物力、财力,而对其他大多数社区重视不够,没有达到典型带路、全面推进的目的。此外,有的地方只注重硬件建设,而不在服务上下功夫,尽管投入很大,却不能满足社区居民的实际需求。三是社区区域化差异较大。社区间的管辖面积、管理人口、基础设施和公共服务体系建设、经济发展和社会治理等方面区域化的差异还较大,精细化管理服务发展不平衡,一些老城区、相对偏远的社区的"短板"尤为突出。

四、推进我县社区标准化建设的对策建议

加快推进社区标准化建设，是加强和创新社会治理的必然要求，是提升城乡居民生活质量的迫切需要，也是全面深化“三城同创”工作的重要基础。立足于我县当前社区建设发展的实际，我们在吸取外地经验的基础上，提出我县社区标准化建设的对策建议，助推社区服务转型，让百姓在新时代更有获得感、幸福感和归属感。

（一）“党建＋”注入社会治理新活力。突出党建在社区标准化建设中的引领作用，形成以街道、社区党组织为领导核心，基层政府为主导，基层群众性自治组织为基础，居民为主体，驻社区单位、群众团体、社会组织等多元主体共同参与的社区治理架构。一是以“大党建”模式引领社区建设工作，注入“三城同创”新动力。充分发挥社区党总支的基层核心作用，与党组织建立文明城市共建、卫生共建、生态城市共建的“大党建”模式，形成工作合力，有效激发基层党建新活力。深化基层党建规范管理“网格化”工作，完善从“街道党工委到社区党总支，到社区党支部，到小区物业管理办党小组，到党员”的网格化管理模式，依靠社会各方面的力量助力社区发展和服务。切实增强社区党组织的凝聚力，使社区党组织“战斗堡垒”作用在“三城同创”工作中得到有效发挥，在社区综合治理中得到有效体现。二是以特色化党建引导社区“联合”“自治”，探索“三城同创”新路径。按照“区域共建、资源共享、优势互补”的原则，切实开展好文明共建、综合整治、社会治理及转型发展等各项工作，构建社区党组织管理和服务的区域化，引领社区服务向“联合”“自治”转变。三是以标准化党建不断提升“硬实力”，完善“三城同创”新格局。为党员、群众提供学习培训、文体活动等“一站式”服务，着力打造特色鲜明、功能多样的社区党员培训教育基地。将党的历程展示、党员教育培训、党员文化活动等融为一体，有效构建广角度、全方位、多层次的党建基地。探索“党组织建在小区”“党组织建在市场”“党组织建在商圈”等做法，不断完善党建工作在各领域创建工作中发挥引领作用的新格局。

（二）“特色＋”打造社区建设新品牌。要强化社区品牌建设意识，结合社区人文环境、历史文化等特点，整合各方资源，聚焦社区居民需求，准确定位本社区文化要素，打造“一社一品”的社区品牌。各社区要从实际出发，找准定位，挖掘优势，丰富活动内涵，延伸服务范畴，建出社区特色。一是强化社区品牌创新意识。不断探索社区文化建设新路子，让社区文化得到社区居民的普遍认同和广泛参与，使社区文化活动保持旺盛的生命力。二是推动汉文化与社区融合。结合汉文化特色，将汉文化元素融入社区建设，推进汉文化创新，构建以

“景区、园区、社区”三区一体化为特色的沛县社区文化品牌。三是强化社区文化队伍建设,聚焦社区品牌打造,培育和建立一支具有社区特色、素质较好、文化业务知识较为全面的文化队伍,增强社区文化活动的吸引力和凝聚力,促进社区文化事业的发展和繁荣。四是丰富社区活动。利用社区综合文化服务中心、社区广场等文化活动设施,组织开展丰富多彩、健康有益的文化、体育、科普、教育、娱乐等新时代文明实践活动,大力推进社区文化建设。坚持德治、法治、自治有机融合,建立健全社区道德评议机制,用好社区道德讲堂,积极宣传居民身边的道德楷模、好人好事,营造崇德向善的浓厚氛围。深化文明家庭创建,开展“传家训、立家规、扬家风”“寻找最美家庭”“好媳妇”“好婆婆”等活动,增进邻里互信,以家庭文明促进社区文明。认真开办好社区家长学校,指导和帮助家长提高自身的素质和修养,帮助家长树立正确的家庭教育思想和观念,提高家庭教育的水平,营造良好的家庭教育氛围,使家庭教育充满爱意、充满温馨,增强家长与学校之间的联系,积极构建学校、家庭、社区三位一体的育人网络。健全社区未成年人活动,拓展未成年人校外活动空间,丰富未成年人的校外文化生活,培养未成年人高尚的思想品质和良好的道德情操,发挥社区教育平台作用,促进未成年人健康成长、全面发展。

(三)“互联网 + ”推进“智慧社区”工作新模式。一是推进智慧社区基础设施建设。坚持以居民需求为导向,充分利用“江苏政务服务”平台,融合全县信息惠民服务内容,为社区居民提供政务服务。采取政府、企业协同投入方式,鼓励和引导社会力量参与,加快社区便民服务终端建设,以社区规模为基础,逐步配备配齐电子显示屏、缴费和公共服务信息查询一体机,方便社区居民缴纳费用和查询公共服务信息。二是提升智慧社区服务水平。大力推进“互联网 + 政务服务”,有效将政府公共服务的社会就业、社会保险、社会救助、社会治安、法律服务、医疗卫生、计划生育、文体教育覆盖到社区。整合社区资源,拓展居民吃、住、行、游、购、娱、健等日常便民惠民生活服务。加快互联网与社区治理服务体系的深度融合,实现智慧社区集政务服务、社区服务、物业服务、公益服务和平安警务等五位一体的服务功能。

(四)“全科社工 + ”开拓社区服务新途径。一是全面建立“全科社工”服务模式。通过统一培训流程,建立一支政治坚定、素质优良、作风过硬、结构合理的职业化“全科社工”队伍;规范统一的服务标准,完善“前台受理、后台办理、一门服务”的工作流程;逐步形成“一窗式受理、一口清导办、全科式服务”的社区服务新模式。二是完善服务制度建设。推行首问负责、全程代办、服务承诺等制度,为居民群众提供精准高效的社区服务。同时要严格执行社区综合服务中心服务管理规范和社区工作人员服务礼仪规范，强化社区公章使用管理和信息公开，切实实现服务与管理精细化。三是积极争取县镇(街道)党委、政府重视。将社区基础设施建设、社区服务经费、社区工作经费及干部工资列入预算，并足额兑现，确保社区居委会的办公条件得到明显改善，保证社区专职工作人员的工资和养老、医疗及福利待遇不低于当地机关事业单位同类人员水平。通过采取政府投入、单位帮扶、社会赞助、社区创业等多种途径，解决社区工作服务用房和居民公共活动场所等必要的基础设施建设问题，力争到2020年，全县城市社区组织和服务用房均达到600平方米以上，按照《沛县社区基本公共服务标准化建设工作实施方案》配齐各项服务设施配置。

(五)"网格+"打造共建共治共享社区治理新格局。一是打造共建共治共享社区治理格局。以城乡社区网格为基础，以网格化服务管理中心(综治中心)为枢纽，以服务管理为重点，以信息化手段为支撑，构建社会治理"一张网"，实行网格统一规划、资源统一整合、人员统一配备、信息统一采集、服务统一标准"五统一"，在网格内第一时间感知防范社会风险，第一时间发现处置矛盾问题，第一时间了解相应群众诉求，有效实现社区服务管理扁平化、精细化、信息化、高效化，不断提升社会治理社会化、法治化、智能化、专业化水平，推动社区和谐稳定。二是坚持完善社区网格化管理机制。机制的建设和完善，是保障落实的关键，是统筹协调的前提。网格化管理工作是一项系统工程，覆盖范围广、工作任务重、操作要求高，需要制定完善机制，保障治理稳步推进，总结试点经验，吸取失败教训，完善管理机制，制定运行机制，实现社区网格化全覆盖。三是密切联系群众。人民群众是社区治理的主要对象，也是社区治理的参与主体，必须坚持察民情、晓民声、知民意、聚民智、解民困，以群众力量推进网格化管理。制定联系群众制度，增加沟通机会，搭建交流平台，了解群众需求，倾听百姓心声，吸收人民意见，以人民的幸福感、归属感、安全感作为社区治理的奋斗目标。

促进社区服务提档升级 助推文明城市长效建设

宋 敏

文明是一座城市的内在气质,也是一座城市的幸福底色。社区文明程度是创建文明城市的重要内容,社区功能的健全是促进社区文明的重要基础,在我县"三城同创"活动深入开展中,我县积极推动社区公共服务标准化建设,不断完善社区服务,丰富社区文化活动,社区标准化建设进入全面推进的新阶段,社区文明创建的整体水平不断提高,为努力把社区建设成为和谐有序、绿色文明、创新包容、共建共享的幸福家园,让人民群众生活更加美好,建设"强富美高"新沛县夯实了基层基础。

一、我县社区标准化建设的主要做法

一是推进社区平台建设,强化服务效能。老旧小区通过新建、购买、置换、改(扩)建等方式,完善功能配套。沛城街道的汤沐社区原只有200平方米,采取扩建方式增加两层服务用房500平方米,达到标准化建设用房面积;在沛城街道汉台社区试点开通了"江苏政务服务"智慧平台,面向居民开展服务工作,逐步在全县推广。

二是推进社区阵地建设,强化党建引领。近几年,沛县不断探索党建发展新路径,以党建引领社区标准化建设。各社区都成立了社区党组织,完善了社区组织工作制度,社区居民的参政议政、民主决策、监督管理的权利得到有效保证。沛县各社区联合民警、业委会、物业等单位中的党员力量,共同致力社区"大党委"建设,组织开展丰富有效的共驻共建活动,让党组织在活动实践中凝聚党员群众的向心力。

三是推进社区品牌建设,强化服务优势。在社区标准化的基础上,结合社区特点和优势资源,注重突出不同社区的特色优势,大力实施精品化社区创建工作。如沛城街道汉台社区主要突出居家养老、日间照料中心、社会组织孵化基地等为特色的社区综合服务中心;沛城街道南潭社区打造集幼儿园、超市、物业管理、婚丧嫁娶酒席招待集中办理等便民综合服务中心。

四是推进社区队伍建设,强化人才保障。建立社会组织孵化培育基地、志愿者服务中心,网格化管理志愿服务组织,实现志愿服务全覆盖。

二、我县社区建设存在的问题

经过近几年的努力,我县社区建设工作虽然得到了一定发展,但总的来看,仍然存在着发展不平衡、整体水平不高等问题,一些长期以来制约社区建设发展的问题依然不同程度地存在。主要表现在以下几个方面:

一是认识不到位,社区建设工作氛围不够浓厚。部分居民参与社区建设的积极性不高。受长期以来的生活方式和思维定式的影响,居民参与社区建设的意识不强。二是落实不到位,社区建设工作经费保障不足。各级财政对社区建设的投入有限,社区基础设施薄弱,社区办公经费少,社区活动缺乏必要的经费保障。三是服务不到位,社区建设工作缺乏活力。目前社区工作队伍职业素养、专业技能、创新意识、服务水平等方面亟须加强。四是社区职能错位,社区建设行政化严重。办公场所挂牌数量繁多、杂乱无章、"有牌无实"。社区工作职能行政化、自治功能弱化等问题已成为社区基层治理的通病。五是发展不平衡,社区建设工作整体水平不高。社区间的管辖面积、管理人口、基础设施和公共服务体系建设、经济发展和社会治理等方面区域化的差异还较大,精细化管理服务发展不平衡,一些老城区、相对偏远的社区的"短板"尤为突出。

三、我县社区标准化建设的对策建议

加快推进社区标准化建设,是加强和创新社会治理的必然要求,是提升城乡居民生活质量的迫切需要,也是助推文明城市长效建设的重要基础。立足于我县当前社区建设发展的实际,提出以下对策建议。

一是"党建+"注入社会治理新活力。突出党建在社区标准化建设中的引领作用,形成以街道、社区党组织为领导核心,基层政府为主导,基层群众性自治组织为基础,居民为主体,驻社区单位、群众团体、社会组织等多元主体共同参与的社区治理架构。探索"党组织建在小区""党组织建在市场""党组织建在商圈"等做法,不断完善党建工作在各领域创建工作中发挥引领作用的新格局。

二是"特色+"打造社区建设新品牌。要强化社区品牌建设意识,结合社区人文环境、历史文化等特点,整合各方资源,聚焦社区居民需求,准确定位本社区文化要素,打造"一社一品"的社区品牌。各社区要从实际出发,找准定位,挖掘优势,丰富活动内涵,延伸服务范畴,建出社区特色。结合汉文化特色,将汉文化元素融入社区建设,推进汉文化创新,构建以"景区、园区、社区"三区一体化为特色的沛县社区文化品牌。

三是“互联网+”推进“智慧社区”工作新模式。坚持以居民需求为导向,充分利用“江苏政务服务”平台,融合全县信息惠民服务内容,为社区居民提供政务服务。采取政府、企业协同投入方式,鼓励和引导社会力量参与,加快社区便民服务终端建设,以社区规模为基础,逐步配备配齐电子显示屏、缴费和公共服务信息查询一体机,方便社区居民缴纳费用和查询公共服务信息。

四是“全科社工+”开拓社区服务新途径。通过统一培训流程,建立一支政治坚定、素质优良、作风过硬、结构合理的职业化“全科社工”队伍;规范统一的服务标准,完善“前台受理、后台办理、一门服务”的工作流程;逐步形成“一窗式受理、一口清导办、全科式服务”的社区服务新模式。

五是“网格+”打造共建共治共享社区治理新格局。以城乡社区网格为基础,以网格化服务管理中心(综治中心)为枢纽,以服务管理为重点,以信息化手段为支撑,构建社会治理“一张网”,在网格内第一时间感知防范社会风险,第一时间发现处置矛盾问题,第一时间了解相应群众诉求,有效实现社区服务管理扁平化、精细化、信息化、高效化,不断提升社区治理社会化、法治化、智能化、专业化水平,推动社区和谐稳定。

用数字化赋能城市管理　加快推进“智慧沛县”建设

王海峰

如果每到一个城市，就能收到实时服务信息，告知您附近哪里有停车位，哪条道路安全、畅通；如果家人身体健康出现问题，您又抽不开身，但可以通过远程挂号、诊疗，能够解决您的后顾之忧，您一定会觉得方便、省心。当今世界物联网、大数据、人工智能等新技术发展速度越来越快，智慧交通、智慧政务、智慧医疗、智慧社区等服务不断刷新着居民的生活方式，这些构想和梦想正逐步变成现实。如果我县在智慧城市建设方面持续加力，必然会给我们的生活带来更加方便快捷的服务和高效回报。

习近平总书记在浙江杭州市大脑运营指挥中心考察时指出，从数字化到智能化再到智慧化，让城市更聪明一些、更智慧一些，是推动城市治理体系和治理能力现代化的必由之路。《中共中央关于制订国民经济和社会发展第十四个五年规划和二〇三五年远景目标的建议》也明确提出加快数字化发展的新蓝图，要加强数字社会、数字政府建设，提升公共服务、社会治理等数字化、智能化水平。

目前，“智慧沛县”建设相关工作正扎实有序推进，但是，根据调研发现，我县智慧城市建设正处于整合化前期阶段，与发展远景规划目标仍有很大差距。

一是基础设施建设有待完善。目前，我县无线城市建设尚未形成一张网络，水、电、气和通讯等城市信息基础设施、配套传感器等尚未整合，地下管网、城市部件等基础设施的智能化感知和监控管理水平有待继续加强，各部门建设的信息化系统存在防护能力不强、安全隐患严重，基础设施信息化水平有待进一步提升等问题。

二是数据资源价值性尚待释放。大数据中心建设较慢，运用数据服务的智慧化水平不高，各部门、各领域仍存在数据壁垒，造成信息孤岛、重复建设、资金浪费等现象，数据资源的价值有待于逐步释放。

三是城市治理精细度有待加强。运用智慧化手段服务城市精细化治理方面有待加强,在城市管理、综合执法等领域存在管理粗放、效率不高、重复劳动、数据偏差等问题,在教育、医疗、营商环境、社会保障、社区服务等方面存在服务覆盖不到位、服务水平相对较低、社会管理效率不高等问题,信息化决策支撑能力、网络应急联动能力亟待提升。

四是保障体制机制有待完善。信息化建设未形成长效推进和监督机制,资金扶持力度还不够,投融资渠道有待拓宽,信息化人才不足、专业素养有待提升。

国家新型城镇化建设、新基建等战略的实施,迫切要求我县在"十四五"期间推进新一代信息基础设施建设,助力提升城市能级和核心竞争力。

为此,建议如下:

一是强化政府主导。将大数据发展工作作为智慧城市建设的重点工程,加快建设5G网络、建立大数据中心等新型基础设施,全面对接数字化平台,形成"上下贯通、信息共享、互为支撑"的城市大数据共享系统,为智慧城市建设提供大数据保障。

二是强化政策支撑。构建完善的政策支撑体系,制定全县统一的大数据治理归集标准体系、工作机制等指导文件,出台"智慧沛县"建设管理规范、标准体系、产业政策、人才政策、投融资政策、信息安全政策等,将智慧城市建设成效纳入绩效考核体系,提升建设实效。

三是强化统筹协同。强化部门协同和县、镇区联动,城乡一体,实现跨区域、跨部门、跨层级、跨系统的统筹衔接,形成共建大设施、推动大协作的建设新氛围,打造城市治理共建共治共享体系。

四是强化资金保障。加大财政资金支持,确保项目资金专款专用。运用市场机制,鼓励引导社会资本参与智慧沛县建设,扩大大数据应用覆盖领域,挖掘开发多样化的数据应用,构建全流程、全覆盖、全模式、全响应的智能化管理与服务系统,增强市民对智慧城市建设的感知度和获得感。

关于深化“放管服”改革加快打造政务服务新高地的建议

许西锋

2020年,我县继续深化“放管服”改革,加快建立政务数据共享交换体系,“2330”办理时限大幅压缩,在全市率先实现开办企业“长三角一网通办”。提升县镇村三级服务平台,“一网通办”“网格代办”“不见面审批”成为全市政务服务现场会亮丽名片。“一件事”改革成效显著,首批60项利企便民事项高效办理,企业群众获得感、满意度大幅跃升。镇级综合行政执法改革实现突破,20项镇级行政审批权和136项行政处罚权划转到位,基层治理能力通过考验。在看到成绩的同时,我县政务服务工作还存在信息共享程度不够、基层专业队伍不强、服务平台运转效率不高等问题。

建议:

一是加快打造高效便捷的政务环境。持续深化“放管服”改革,放大“互联网+政务服务”改革效应,全力推进行政审批大瘦身、大提速,在简政放权、强化监管、优化服务上下功夫,强化信息数据跨层级、跨部门的互联互通、共享共用,实现服务对象和审批人员“双减负”,年内审批服务效率再提升30%。二是加快打造利企惠民的政策环境。全面推动政策落地,推进政策清理规范,提升政策针对性,不断提高宣传政策、贯彻政策、完善政策、落实政策的能力水平,真正把政策红利转化为发展红利,企业服务平台的覆盖率、知晓率达90%以上。三是加快打造开放包容的人文环境。完善“双随机、一公开”监管、“互联网+监管”,在严格公正执法、保护企业和群众合法权益、弘扬法治文化等方面下功夫,依法及时全面有效保护企业和群众的合法权益。以构建亲清政商关系为引领,认真落实领导干部挂钩联系企业等机制,摸清企业的痛点、堵点、难点,实打实帮助企业解决实际问题。

关于给力城市文化管理 助力文明城市建设的建议

葛志坚

推进“三地一新”新实践,建设“强富美高”新沛县的终极目的应是造福人民,享受现代城市文明。我县自 2016 年下半年以来,加快了现代城市建设步伐,整合城市配套资源,路宽街靓,城市建设更快更美地呈现了新时期新沛县的新内涵。但与城市显性物质文化不相匹配的却有少数市民公德意识缺失,不遵守交规、公共场合行为不检等现象时有所见。

为了助力城市文明,规范市民行为,提升城市品位,当前我县亟须推进城市文化管理,以重塑公德意识,提高环境意识,加强法制意识。

建议:

一、建设城市管理制度文化。打造县域文化内核,提升文明管理水平,如可制定“城市文明规范若干条”等制度文化,低着眼,用语浅显,人人能诵能解。过程中固守文化内核,创建管理文化阵地,借助文化板牌、视听媒介等,让其抬头可见,触目可及,潜移默化,深入人心,从而发挥城市管理文化的精神导向作用。

二、分层分级打造文化名片。分级凝铸文化核心,学校教育加强对德育工作理论探索和实践指导,让学生通过大量、系统、有组织的道德实践来体验文明城市文化,提高自身文明素养;家庭文化彰显榜样作用,评定“先进个人”“文明家庭”“文明贵族”等并大力表彰,形成家家户户争先创优的氛围;单位文化规范文明用语、工作忌语。建立“社区文明文化课堂”,传播新风尚,弘扬正能量。在宾馆、饭店、广场等公共场所设立有引领作用而且富有生趣的公共文化牌。

三、搭建公共平台,创新文化内涵。发挥新闻媒体等主渠道作用,广播、电视、报纸、网络等社会平台可定期举办城市文明文化礼仪讲座、培训等社会活动,宣传文明规范、法律规范;寓教于乐,以地方特色文艺活动等喜闻乐见方式让市民接受文化熏陶;文化部门加强文化市场管理,规范对歌舞厅、棋牌室、电子游戏室、网吧等场所的管理,提升市民文化品位。

四、借重公权威力,实现文化管理的法德并举。强化常态管理机制,定期公示曝光问题,持续优化各项文明建设方法举措;适度适时辅以强行入轨,司法部门一方面把市民的社会公德、职业道德、家庭美德、个人品德的基本要求细化深化,使之成为具有自律他律的公共规范;加强法制宣传,严厉查处有法不依的不良行为,并强制执行;建立全民监督机制,公共职能部门为市民参与社会监督提供更多方便参与的机会,借力群众的相互监督,提升市民文明意识。

关于加快新时代文明实践中心建设的提案

魏秀玲

长期以来,我县致力于推动文明建设工作,并取得了显著的成效,但与新时代的要求和广大人民群众的美好生活需要还有较大差距,仍存在着陈规陋习,顽疾尚存,乡风文明有待提升;基层公共文化财政投入不足,基层文化设施利用率偏低,基层设施建设亟待加强;实践活动形式及数量匮乏等问题。同时,2018年8月在全国宣传思想工作会议上,习总书记强调要加强和改进思想政治工作,推进新时代文明实践中心建设,不断提升人民思想觉悟、道德水准、文明素养和全社会文明程度。根据中央部署,我县应抓住这一契机,补齐短板,把新时代文明实践中心建设工作作为全国文明城市创建的一个有效载体,作为实现乡村文化振兴的一个重要载体,加快推进建设,全面提高全民素质,做到内外兼修,提高城市的整体文明形象。为加快新时代文明实践中心建设提出以下建议:

一、突出思想引领,规范运行体系

1. 明确定位,做好"党建结合篇"。全面理解新时代文明实践中心建设的战略部署,将文明实践工作上升到意识形态的高度落细、落实,突出思想价值引领,实现整合资源配置、精准务实高效、志愿服务提升、常态持续长久。将党的建设各项工作,与文明实践工作同部署、同落实、同考核,实践中确保动员到位,形成文明与党建双向提升的格局。

2. 合理赋权,完善制度设计。建议明确县级新时代文明实践中心的组织定位,并合理赋权,对其履职给予财政支持和人员调度方面的保障,推进县级文明实践中心通过调研群众需求统筹协调各种资源。加强对全县文明实践工作的制度设计、组织管理,在乡镇、街道和村居、社区实践所和实践站的指导服务等方面充分发挥作用。在建设管理、运行机制上探索文明实践的"加减乘"工作法,即"人文关怀做加法、破除短板用减法、阵地建设用乘法"的理念,确保新时代文明实践中心建设定位准、方式活、队伍强、保障实、效果好。

3. 实施"研、管、传、评"一体化运作,确保实践效果。文明实践中心、所、站三级联动,细化分工。“研”出题目,“管”筛选审核,“传”落地推广,“评”反馈优化。一方面,由街道实践分中心负责“研”和“管”,设立“红色信仰课堂、蓝色法德课堂、绿色健康课堂、粉色和谐课堂、橙色活力课堂”五色课堂,对课程和原创文艺作品资源进行审核、管理,为区级实践站提供菜单式服务;通过定期例会、调研分析、听课评课等方式,对文明实践站进行管理、督导,并对宣讲员进行培训,提升宣讲能力。另一方面,由新时代文明实践站负责“传”和“评”,根据“五色课堂”所提供课程,结合辖区实际进行“点单”,通过大众化、实用化的宣讲手段开展理论宣讲、文艺演出、志愿服务等活动;通过收集学员、党员、群众的意见、建议,对“五色课堂”以及各类活动的效果及时进行反馈完善,形成可复制、可推广的文明实践建设特色品牌。

二、盘活整合资源,加强平台载体建设

1. 因地制宜,统筹调配,加强实践阵地建设。灵活运用现有的公共服务阵地资源,加大配套资金投入,按文明实践活动开展的需要,对原有的文化活动室、图书馆等资源进行升级改造。抓好基础配套和功能转化,通过统一的建设标准、统一的标识悬挂和统一的工作制度,高标准打造镇级新时代文明实践所和村级新时代文明实践站,为新时代文明实践活动提供优质的理论宣讲平台、教育服务平台、文化服务平台、科技服务平台和体育服务平台。新时代文明实践所和新时代文明实践站将通过统一调配活动所需要的场所、人员、设备设施等资源,将各种平台统筹使用,协同运行。

2. 加强网络平台建设,实现信息联通共享。建议搭建“新时代文明实践中心云平台”,作为整合群众需求信息、管理者信息、志愿者人才库、志愿服务项目信息、场馆建设信息、各类传统和新媒体资源、活动动态展示等综合性信息平台,采取文明实践“全县一张网”的管理模式,根据文明实践不同单元之间资源和需求状况,实现单元之间资源共享,整合全县的文明实践优势资源。

3. 推行菜单式服务模式,精准对接群众需求。组织各乡镇街道、部门、单位、企业及社会公益组织的志愿服务团队,分别制定服务清单,以菜单的形式在全县新时代文明建设系统内公布。同时,开设百姓自助选择端口自主点单,收集基层“点单”需求,通过“点单+派单”制定服务清单,按需向基层配送资源和服务,形成“提前申请—审批备案—网上公示—动态发布”的工作流程。既保证供需双方的精准对接,又实现对全县文明实践活动的统筹调度、集中管理,避免形式化、确保活动效果。

三、规范与创新结合,加强志愿者队伍建设与运作

1. 搭建县区、镇街、村居社区的志愿服务体系。即党政领导担任志愿服务总队(分队、小队)的队长,带动各部门、各机构、各团体加入新时代文明实践中心的志愿服务体系,实现人力与资源的整合,文化与舆论的营造,形成"人人关注文明实践、人人参与志愿服务"的社会氛围。

2. 纵深式发展和壮大志愿服务组织。重视发展三类志愿服务组织。一是党员示范带动的志愿服务组织,即县区、镇街机关党员、事业单位党员踊跃参与的志愿服务组织,深入村居、社区开展"传播新思想、传递新关爱"的服务活动,将党的宗旨和理念传输到千村万户。二是社会特色志愿服务组织,即各类公益机构、社工机构、民间团队的志愿者,引导他们深入村居和社区,配合新时代文明实践的要求,开展文化营造服务、村民关爱服务,发挥社会和民间的活力,丰富新时代文明实践志愿服务的内容。三是源于村居、社区的村民志愿服务队、居民志愿服务队,即在上级党政部门的鼓励下,在新时代文明实践活动的激励下,村民、居民自发建设多样化、灵活性的志愿服务队伍,就近就便开展互助服务、邻里守望解决困难问题,让文明实践成为老百姓自己的事。

3. 规范和创新志愿服务项目。新时代文明实践中心(所、站)志愿服务要按照中宣部、中央文明办的部署,实现规范建设、规范发展。从全国试点和各省市试点工作安排看,新时代文明实践工作和志愿服务都有规范要求,如打造理论宣讲平台、教育服务平台、文化服务平台、科技服务平台、体育服务平台,还有学一篇重要讲话、读一段传统经典、唱一首优秀歌曲、看一部短片视频、讲一次身边故事、做一次感想交流等等。

因此,村居、社区志愿服务队伍要遵循上级的要求,围绕新时代新思想传播和为群众提供关爱帮助,做好最基本的服务;同时,也要根据区域特点、志愿者特色,探寻各种创新。"基本动作要到位、特色服务要出彩",要大胆创新、勇于探索,结合乡村、社区的特色,寻找富有魅力、引人注目的名称、目录、元素、措施,让老百姓喜欢和自豪;深入了解群众的需求,开展"进入楼栋""进入邻里""进入家庭"的宣传和服务,运用生动活泼、通俗易懂的方式让群众"听得懂、记得住、用得上";同时开展扶贫助困、惠民利民的志愿服务活动,让群众对文明实践中心(所、站)"有印象、有好感、有好评"。

习总书记在中央深改委第三次会议上强调,建设新时代文明实践中心,要着眼于凝聚群众,引导群众,以文化人,成风化俗,调动各方力量,整合各种资源,创新方式方法,用中国特色社会主义文化、社会主义思想道德牢牢占领农村思想文化阵地,动员和激励广大农村群众积极投身社会主义现代化建设。建设新时代文明实践中心是一项重大的政治任务,是加强和改进宣传思想文化工作、巩固意识形态阵地的重要行动,需要上下合力推动,立足于民,创新工作方法,久久为功,方能善作善成。

关于加快提升政务服务“一网通办”能力的建议

许西锋

近年来,我县认真贯彻落实全国、省市深化“放管服”改革工作部署,围绕打造全国一流营商环境,聚焦群众办事的堵点、痛点、难点,梳理公布“不见面审批”清单1101项,编制办事规程488项,管理标准156项。开通了网上办理通道,开设EMS专口,基本实现“网上办、快递送、不见面”,网上受理件数和免费快递量稳居全市各县区前列。但对照“放管服”改革高标准和人民群众新期待,我县在“政务服务标准化信息化不见面审批常态化”上还有一些薄弱环节,主要是“信息孤岛”“数据壁垒”现象突出,存在让办事群众重复提交材料的现象;“网上批、快递送、不见面”政务事项办理工作队伍还需加强;少数部门部分行政许可事项还没有完全集中到政务中心等问题。

为此,提出以下建议:

一是加快推进政务服务信息化。抓住新版行政审批系统试点的机遇,集约资源,加大投入,加快推进网上政务大厅和多种终端建设,通过“互联网+”有效整合相关部门资源,实现数据有效对接共享,让数据多跑路、群众少跑腿。进一步优化审批流程,尽可能减少办事群众往返的次数和重复提交各种办事资料的程序,不断提升行政审批办事效率。加快推进“互联网+政务服务”向镇村延伸,完善乡镇(街道)村级政务服务事项清单,提高面向个人事项“就近办”的便利度。二是加快提升审批队伍专业化。按照“人随事走、编随人走”的改革要求,加快推进审批事项涉及人员的最后转隶工作,确保专业的人继续干好专业的事。加大专业人员招录或选调力度,对照浙江、上海、苏南等地“放管服”改革先行区,大力开展审批工作人员业务培训,建强工作队伍,全面提升“全科受理”审批服务效能,确保70%指标达到国内先进水平。三是加快推进“一件事”改革集成化。加快完善县行政审批服务“一窗受理、集成服务”改革方案,针对企业开办、不动产登记、投资建设、社会事务等需要跨多部门或一个部门多个窗口办理的事项,尽快调整设置办理集成服务区和服务专区,加快提档升级“一窗受理、集成服务、一网通办”标准化、信息化、便捷化,推进全县行政审批信息化一体化运行走深走实,更好提升企业和群众的获得感和满意度。

关于建设机械立体停车库提升城市品位的建议

程 军

随着我县城市化进程加快,我县静态交通越发堵塞厉害,停车难问题越来越严重。自动化立体停车库在国内的发展如火如荼,立体车库的厂家不断增加,为解决停车难问题提升我县城市形象提供了解决方案。

建议:

一、提高思想认识,机械立体车库是世界时代潮流。可以充分利用土地资源,最大限度地停放车辆,是解决我县城市静态交通问题的重要途径,更是我县经济发展和城市管理水平的体现。

二、选择中医院南门对面停车场或其他合适地点,设计建设机械立体车库,作为试点,总结经验,示范引领全县停车场建设。

三、升降和移动类型立体停车场组件,由车库结构部分、传动部分和控制系统构成。认真调研国内外现状和发展趋势,结合我县实际,制订科学建设方案。

关于加快我县道路建设速度的建议

董 波

随着我县经济的高速发展,居民生活水平的提高,我县大小车辆及过往车辆越来越多。因而道路的负荷越来越大,道路损坏无时不在。我县每年都在增修新道路、修补老道路,但近年来,我县一些道路建设或扩建的速度越来越慢。由于车辆过多,一些道路必须在保持通行的情况下建设和修复,这样不仅给过路行人带来了安全隐患,车辆一过,尘土飞扬,也给周边居民生活带来不同程度的危害或影响,同时飞扬的尘土也给我们大气造成了一定程度的污染,逢上阴雨天车辆就会把泥土尘埃带进我们的大街小巷、千家万户。比如现在的敬沛南段、沛公路西延段等建设速度和防尘设施确实让人担忧。为提高道路建设速度缩短周期及在道路建设过程中对环境的影响,建议:

一、针对一些建设慢的道路工程必须引起我们县政府及地方政府的高度重视;

二、让一些专业且有实力的承包方去承建道路建设或修补工程;

三、按承包合同依法追责;

四、把道路建设过程中对环境的影响纳入合同。

关于完善公共自行车等非机动车道建设的建议

段培国

随着我县城市建设的不断增强，城市机动车拥堵日益严重，居民低碳环保出行将逐步成为习惯。为顺应居民低碳出行方便，我县已投资建成公共自行车站点58个，投放自行车2400辆。居民办理租车卡5800张，公共自行车已越来越受到全县居民的青睐。但是由于城市道路基础设施的不完善，机动车辆逐日递增，挤压了本来就有限的城市道路资源。许多非机动车道、人行道被机动车占用。我县大多数已建成的自行车道成为摆设，部分非机动车道没有划分，骑车出行也很不方便。

建议：

一、在城市建设和管理过程中，应保持以人为本的宗旨，从方便居民骑行的角度出发，出台相关管理办法，保证自行车和行人的路权不被占用。

二、科学规划，合理设置自行车道，完善无障碍坡道建设，采用隔离栏方式开辟自行车专用通道，有效阻止机动车占用自行车道，改造断头路，确保自行车与机动车分离，让各种交通工具在规划的空间内有序通行，提升出行效率，确保交通安全。

关于加快城中村改造和安置房建设的建议

梁　颖

近年来,我县认真贯彻落实中央、省、市关于棚户区改造工作要求,周密部署,细化措施,创新举措,强力推进棚改各项工作,取得了阶段性成效。一大批居民喜迁新居,城市化建设水平明显提升,棚改工作在全市领先,全省靠前。

虽然我县在棚户区改造工作上取得的成绩值得肯定,但依然存在一些不容忽视的困难和问题:一是土地权属性质复杂。涉及棚户区改造的项目住房困难群众多、违章建筑多、老旧企业多,房屋和土地权属、性质复杂,历史遗留问题多,协调难度大,在很多方面迟滞了棚改工作的进程。二是区位优势不断弱化。经过多年的开发,地理位置优越、经济价值高的区域很多已被开发利用,房地产行业已整体进入“啃硬骨头”阶段。棚户区改造成本不断提高,群众的期望值越来越高,开发企业的利润空间缩小,参与棚户区改造的积极性在弱化,通过市场化运作推进的难度越来越大。三是资金使用问题突出。首先是时间紧迫,争取金融机构贷款是棚户区改造的重要支撑,近两年,国家不断收紧棚改放款政策,融资难度不断加大。其次是资金使用率低,为保证国家金融机构贷款资金偿还安全,政府要求参与企业必须提供抵押,目前参与棚改的均为本地融资平台公司,大部分企业实力不够雄厚,无法提供相应的资产作为抵押,资金安全无法保证,导致目前的到账资金使用难度加大。四是改造后续问题较多。从建设布局看,有的区域改造还不够全面,学校、幼儿园等基础设施建设未能及时跟进,社区办公用房等公共设施配套建设落实不到位。涉及棚户区改造的城中村,在完成“村转居”后,管理运行机制还不够规范等问题比较突出。五是房屋征收过渡困难。近年来,我县不断加大棚户区改造力度,实施了一大批棚户区改造项目,切实改善了居民居住条件。房屋征收工作量的不断增大,伴随着被征收居民过渡困难的问题,近三年来,我县房屋征收面积达到400万平方米左右。而目前,大多已改造项目安置房正在建设中,城区内可供出租房源较少,造成被征收居民过渡困难问题。六是安置房报建周期较长。安置房建设工程从报批、设计到开工,即使各项环节审批顺利也需要数月,遇到一些问题则延后的时间往往无法估计。主要是因为提前开工的各项条件互为钳制,在实际工作中一一按照顺序完成,有实际存在的困难,造成个别安置房项目建设滞后。

为此,建议:

一是规划引领,全面提升品质。坚持“大规划引领、集中片区改造、大项目支撑、全方位配套”的工作思路,由国土、规划、住建、棚改办等单位牵头科学编制棚改计划。要统一规划、协调推进,合理布局学校、幼儿园、社区服务中心、生态休闲区域等服务设施,加大道路、供水、供气、公厕、绿化、路灯等基础设施建设,实行城市立体化改造,实现综合功能齐全、可持续发展的城市发展目标。

二是健全机制,加大协调力度。棚户区改造涉及土地、规划、财政、住建、征收、平台公司、政策性银行等多个方面,政策性强,协调难度大。应充分利用棚改领导小组职能作用,定期召开棚改工作联席会议,研究解决拆迁补偿、安置房建设等重点难点问题,有效化解棚户区改造的工作阻力。

三是分类安置,回应群众关切。要积极优化货币化安置政策,提高房屋征收补助标准,鼓励被征收群众选择货币补偿方式,自行购买商品房,盘活土地及房地产市场。采取多元化的安置方式,兼顾不同家庭、不同群体的实际需求,最大限度保障群众利益。

四是加大引资,吸引社会资本。要坚持“对内挖潜、对外吸引、对上争取、对下合作”的原则,加强项目整体策划,通过招商引资、项目推介等形式,向社会各界积极宣传我县的良好投资环境,吸引省内外资质高、实力强、信誉好的开发企业参与棚户区改造。

五是多措并举,加快建设进度。充分发挥县棚户区改造工作领导小组统筹协调作用,切实加强棚改工作的组织领导,积极落实棚户区改造主体责任,协调部门联合执法,加快房屋征收进度,保障项目用地需求。注重做好沟通服务,帮助建设方解决影响工程进度问题,保障安置房顺利开工建设,尽早使被征收户回迁安置。同时,积极做好政策宣传,把握正确舆论导向,引导广大群众了解、理解、支持棚户区改造工作,营造良好的工作氛围。

关于加快全县居民小区“飞线整治”的建议

王靖越

一、基本现状

近年来,我国电动车火灾事故频发,并呈逐年增长趋势。很大一部分原因是有居民为图省事,经常从楼上“飞线充电”、私拉私接电线造成的安全事故。一旦所需功率大于接线板上限,过载或短路便有可能引发火灾。若火势未能及时控制,“飞线”就成了“导火线”,从电动车到“飞线”途经的住户都会受到生命与财产损失的威胁。

目前我县4个街道现有小区155个,居民约113100户,307622人。全县共有高层524栋,43740户。高层现有商业化充电桩220组,充电插口2240个,按照50%使用率计算,充电桩缺口大约20000个;多层1992栋,69360户,充电桩缺口大约66000个。由于小区老旧、规划落后等原因,“飞线充电”情况严重,因充电设施缺乏,整治后又迅速反弹;弱电线路长期处于失管状态,乱拉乱扯严重,废弃网线、电话线、有线电视线长期无人清理。

据了解,目前已全面完成子隆小区、金星小区、天硕名都、农机小区、新沛东区、江南山水、韩坝小区“充电桩安装”“飞线充电整治”“三网弱电整治”工作,共安装充电桩1368个。

已推动中江文华苑、盛世珑庭、九龙城、夕阳红公寓等23个小区的150栋高层安装商业化充电桩321组,共3478个充电插口。

已启动充电桩安装的硬化基础的小区有风光地带、汉城国际一期、鑫达园小区。

已完成弱电整治的小区有城市花园、金星小区、新沛西区。

正在进行弱电整治的小区有江南山水、农机小区、鑫达园、鼓楼四期、汉风水苑。

已对九龙城、惠民小区、御景云城、汉邦景城、汉城国际二期、书香雅苑等35个小区开展“飞线充电”整治。近期将陆续启动城市花园、新沛东西区、鑫粮苑、金城家园、盛世锦园、名城锦园等小区“充电桩安装”和“三网弱电整治”工作。

二、存在问题

(一)一些小区楼四周都是绿化,安装充电桩需要破绿,导致进展缓慢。

(二)安装充电桩每个政府补贴 200 元,个人出资 100 元,部分业主对个人出资部分认同度不高,报名不积极。

(三)部分高层安装的商业化充电桩,因价格等原因导致使用率不高,仍有居民“飞线充电”。

(四)电动车堵塞楼道和“飞线充电”情况整治后反复性太强。

(五)部分作废的弱电线路分辨困难,清理不到位,部分小区整治效果不理想。

(六)“三网”运营企业的资金和人员投入有限,弱电整治进展缓慢。

三、整改建议

本着对全县人民住宅及生命财产安全负责的态度,政协现代服务业界物业行业协商议事会,在现代服务界“有事好商量”协商议事室,举行了“小区‘飞线充电’对小区管理的影响及对策”协商议事会议。会议达成了共识,形成如下建议:

(一)小区飞线专项整治工作,加大宣传力度,采取综合治理、疏堵结合的方式,分类建设电动车充电设施。在新建住宅小区规划建设电动车集中停放和充电场所,设置符合用电要求的充电设施,并采取防火分割措施。对已建成使用的住宅小区,有计划地增建规范的停车充电设施。待建小区,在立项和规划时应规划设置充足的电动车棚和充电设施。

(二)集中清理电动车“飞线充电”。拉网式清理建筑物外立面擅自拉接“飞线”,加大力度治理楼梯间、安全出口等公共区域私拉电线充电违规行为,不断提升居民小区美观舒适度。在建的小区,在竣工验收时应增设电动车棚和充电设施配置要求。刚竣工验收新交付的小区,在“飞线”问题出现以前应尽快规划改造非机动车棚和充电设施(如侨城中央学府、华宇商城)。在高层住宅小区试点推广电梯电动车智能识别系统,电动车进电梯即响警报不关门。

(三)落实停放充电管理责任。对于有物业服务企业或者主管单位的住宅小区、楼院,物业服务企业、主管单位应当依据《江苏省物业管理条例》等有关规定,对管理区域内电动车停放、充电实施消防安全管理;对于没有物业服务企业或者主管单位的,街道办事处应当按照《中华人民共和国消防法》和国务院办公厅印发的《消防安全责任制实施办法》等规范性文件,指导帮助社区居委会确定电动车停放、充电消防安全管理人员,切实落实属地管理责任。

关于创建“政协委员之家”的建议

赵 义

我县政协委员人数众多,分散在各个界别、各个行业。委员履职存在渠道单一、缺乏固定交流平台等问题。为全面贯彻落实党的十九大精神,深入开展“创‘五型’机关、做‘六讲’委员”活动,为政协委员履职更好地搭建平台、提供便利,特提出创建“政协委员之家”的建议。

一、创建目的

创建“政协委员之家”,是为政协委员搭建起更广阔的学习交流、联系群众、履行职责、沟通联谊的平台,助力政协委员能够更好地接地气、进基层,更好地用好话语权、发出好声音、做实民生事,切实提升政协委员的履职水平。

二、建设规模与标准

(一)阵地建设。明确有场所、有标识、有设施、有制度、有专人管理、有档案记录的“六个有”标准。建筑面积以200—400平方米为宜,内设办公室、会议室、群众接待室、参政议政室、民情联络室、活动室、图书室等功能室。外部设置政协委员公示栏,将委员的姓名、单位、职务、联系方式等情况对外公示,方便群众联系。

(二)平台建设。选择部分有条件的街道、镇场、企业、界别等,试点建立基层“政协委员之家”或界别“政协委员之家”。借助网络平台开辟“政协之家”网络版,以微信公众号、QQ群等形式为媒介,精心打造时刻在线的“网上政协委员之家”。

三、丰富创新活动载体

紧密结合“创‘五型’机关、做‘六讲’委员”活动,坚持以“服务中心、服务大局”为核心,以“聚焦民生事业,彰显为民情怀”为重点,以理论学习、调研视察、群众走访、实事惠民等活动为载体,为政协委员很好提升素质、履行职能搭建平台。

具体活动如下:

(一)开展学习调研活动。充分利用“委员之家”这一固定场所,定时间、定内容,通过举办专题讲座、报告会等形式,对十九大精神和当前方针政策等进行深入解读,不断提升政协委员的素质和能力。把“委员之家”的各项活动与政协专委会工作融为一体,开展视察、调研活动,形成高质量的调研报告。

(二)开展联谊交流活动。针对以前没有活动场所而造成的委员之间联系少、活动少、知情少的实际情况,充分利用"委员之家",定期召开小组会议,强化委员与委员之间、界别与界别之间、委员和群众之间的相互交流。

(三)开展政情通报活动。根据地方经济社会发展进程,各专委会适时组织召开政情通报会,邀请党委、政府分管领导以及相关部门主要负责人,就半年或者全年的经济运行态势、各项社会事业发展情况和下一步工作打算进行通报,强化党委政府与委员之间的互动交流,积极为政协委员知晓政情、服务中心创造条件,增强委员履职的针对性。

(四)开展社情民意收集活动。委员定期在"政协委员之家"接待来访群众,并且要深入基层,走访群众,调研视察,收集社会热点、难点问题。同时可以借助"政协之家"网络版,收集社情民意、宣传委员风采、接受群众来访等。

(五)开展服务群众活动。政协委员之家要倾听群众意见,反映群众诉求,疏导群众情绪,及时高效解决群众反映的问题。可以联合相关部门开展廉政教育、技能培训,会同有关部门化解矛盾纠纷、参加社会公益、帮扶社会弱势群体,为群众解决实际困难。

四、措施制度

(一)完善制度。建立健全"政协委员之家"各项工作制度,制定《委员之家工作职责》《委员之家学习制度》《委员之家反映社情民意制度》《委员之家活动制度》等,加强政协委员之家的制度化、规范化、长效化建设。建立健全季度或年活动计划表、活动情况登记簿、社情民意信息记录簿等台账,完整记录委员履职的各项信息。将委员参加"委员之家"活动情况作为其履职的重要考核内容和评先评优的重要依据,切实发挥委员主体作用。

(二)配备专人。专门安排召集人和联络员,落实1—2名人员负责日常管理。

(三)强化保障。"政协委员之家"的建设与运行,需要获得政策、资金、场地等方面的支持。尤其作为基层政协一项新的工作探索,更加需要各级党委、政府以及社会各界的理解、关注、支持与帮助。建议争取将"政协委员之家"建设纳入县委、县政府对街道及镇场的年度考核内容,将运转资金纳入各级财政预算。

总之,创建"政协委员之家"后,要充分利用这一平台,大力调动政协委员履职的主动性、积极性和创造性,努力把"政协委员之家"建设成学习之家、调研之家、服务之家,高效、廉洁、健康地运行。

创新“五动”工作机制 推进提案工作高质量发展

政协沛县委员会提案委

提案工作是人民政协履行职能的重要抓手。县政协郝敬彬主席对提案工作提出了“全市争第一,全省有位子”的目标要求。为此,县政协提案委进行了深入思考,借鉴省内外提案工作先进经验,进行消化、转化、深化,创造接地气的沛县经验。通过创新领导带动、整体联动、评议推动、宣传引动、创新驱动“五动”工作机制,激发工作活力,营造良好氛围,促进提案办理落实,全力打造效能型提案工作品牌。

一、领导带动,放大办理效应

一是主要领导批办,强化办理督办。召开提案审查工作会议,对县政协十届二次会议上征集的290余件提案逐一进行审查、立案,并精选12件提案,编印《重点督办提案专报》,分别报送县委书记、县长阅批。县委督查室、县政府督查室根据县委书记、县长签批的意见,将12件重点提案的办理纳入年度工作重点督查内容,开展专题督办,促进政协委员提案的办理落实。

二是党政领导领办,强化办理示范。按照县委书记、县长对重点提案的批示要求,提请县委、县政府分管领导领办相关重点提案,县委办、县政府办分别落实专人,督促提案承办单位及时启动,规范运作,认真办理,以此推动其他提案的办理落实。

三是政协专班督办,强化办理落实。精选《关于加强城区电动三轮车管理的建议》《关于将建筑业打造成为沛县支柱产业的建议》《关于以科技创新助推高质量发展的建议》《关于加大公共文化服务体系建设的建议》等重点提案,提请县政协主席、副主席督办,通过以点带面,全面推进提案办理落实,切实提升提案办理的整体水平。

二、整体联动,强化办理协商

一是精准导向,推进二次调研。县政协提案委组织提案委委员对提案进行认真梳理,并以问题为导向,组织提案委员深入实际,开展二次调研,力求情况搜集全面、原因分析透彻、问题把握精准、建议科学可行，切实丰富和完善提案内容，着力打造高质量提案，彰显提案工作水平。

二是精准选题，推进协商办理。县政协提案委认真遴选政协委员提案，就社会各界反映强烈、政协委员关注度高的热点、难点问题，结合提案办理调研视察活动，会同提案委员、提案承办单位进行深层次、全方位协商，在协商中凝聚共识，推动提案办理落实。

三、评议推动，提升办理效率

一是专班讲评“面对面”，精准提案办理的角度。在县政协主席、副主席的带领下，开展提案督办视察活动。承办单位通报情况。提案委员对办理工作提出意见建议，主席、副主席进行现场点评。通过“提、办”双方面对面的沟通，增进理解，达成共识，切实强化提案办理协商，进一步找准“症结”，精准“角度”，促进办理工作有序推进。

二是专题测评“点对点”，拓展提案办理的深度。年底召开政协常委会，邀请提案委员参加，对重点提案办理情况进行满意度测评。对满意度较低的承办单位，提出提案办理的整改意见。通过民主评议，实现以评促办，确保重点提案落实。

四、宣传引动，营造办理环境

一是实行全程公开，规范办理行为。完善提案公开机制，接受公众监督。对主要领导批办，党政领导领办，县政协主席、副主席督办的重点提案，通过县广播电视、《沛县日报》等媒体进行全程公开，规范办理行为，倒逼提案办理质量的提升。

二是推行重点追踪，接受社会监督。县政协、县电视台联合打造《提案追踪》专题栏目，对重点提案办理情况在县电视台新闻频道进行追踪报道。到目前为止，已播出《提案追踪》17 期，不仅推动了提案的办理与落实，也扩大了提案办理的社会效应。

三是进行成果转化，服务科学决策。县政协提案委员会同县政协研究室，将部分重要提案及时转化为社情民意信息，分别专报县委、县政府有关领导，报送市政协，为县委、县政府及上级领导科学决策提供有价值的参考，促进提案办理成果转化，实现提案工作效益最大化。

五、创新驱动，提升办理质效

一是落实办理清单，实施管理项目化。为确保提案工作的质量，提升提案工作水平，探索建立提案办理事项清单制度，推动提案办理项目化、落实精准化。去年，精选 10 件提案，根据案由，逐件确立提案办理事项清单，承办单位对照清单逐项落实,专班对照清单逐项督办,并总体量化评价,收到积极成效。

二是注重办复并举,实施二次答复制。承办单位按要求对提案的办理情况做出书面答复是提案工作的基本程序,为防止“重答复、轻落实”的倾向,探索建立二次办理答复机制,切实解决提案办理与办理答复“两张皮”的问题,确保“提出问题实打实、解决问题硬碰硬”,提升提案工作质效。

三是完善“三挂”机制,实施提案效能化。将提案办理纳入全县部门绩效考核体系,与绩效考核挂钩;将提案工作纳入政协委员履职考核内容,与年度考评挂钩;将提案工作纳入县政协创“五型”机关、做“六讲”委员活动内容,与评先表彰挂钩,切实增强提案工作活力,提升提案工作质效,促进提案工作提档升级,更好地服务全县高质量发展。

下一步,县政协提案委着重从五个方面发力,不断推进提案工作高质量发展。一是化压力为动力。坚持围绕“全市争第一,全省有位子”的总体目标,以“大石落水起大浪”的激情开展工作,着重在见实效、立品牌上下功夫。二是学经验,强实力。广集百家之长,做到“人无我有,人有我优”。三是创机制,激活力。以改革创新思维完善现有提案工作机制,不断增强提案工作新活力。四是重落实,促效力。着眼于提高提案“办成率”,深入推进提案办理协商,整合提案办理资源,创新“双向评议”机制、第三方绩效评议机制。五是多宣传,拓张力。运用电视、网站、新媒体,全方位做好提案宣传工作,扩大公众关注度,营造良好的社会氛围。

创新网络协商 远程协商

深入推进基层协商民主建设

李 萍

推进基层协商民主建设是完善基层社会治理，发展中国特色社会主义制度，推进国家治理体系和治理能力现代化的重要途径。党的十九大报告指出："有事好商量，众人的事情由众人商量，是人民民主的真谛。"作为专门协商机构的人民政协组织，通过推进基层协商民主建设发挥好参谋作用，协助党委政府做好基层社会治理工作是当前一项重要的课题。

今年4月，我县按照市委有关工作部署，成立了县委书记任组长、政协主席任副组长的推进基层协商民主建设领导小组，坚持"统筹谋划、典型带动、梯次推进、规范提升"的原则，以"领导责任主体化、平台建设标准化、议事流程规范化、协商民主信息化、督查考核制度化"为引领，基层协商民主建设各项工作有序高效开展，全县基层协商民主议事平台基本建成并运行，县、镇、村三级协商议事网络格局初步形成。通过协商议事，推动解决了一批事关社会经济发展、涉及群众切身利益的实际问题，拓展了基层政协工作的新空间，提升了群众幸福感、获得感、安全感，有效发挥了政协专门协商机构在基层社会治理中的作用，真正把人民政协的制度优势转化为参与基层治理的效能，赢得了党委认可、社会认可和百姓认可。

当前，沛县基层协商民主建设已经基本形成协商主体多元、内容丰富、形式多样、程序规范、制度健全、成效显著的基层协商民主新格局。但是在具体工作实践中还存在着一些不容回避的问题，比如议题收集来源渠道单一、议事形式不够创新灵活、协商议事主体参与度不高等。尤其在"互联网+"和大数据、云服务的时代背景下，政协组织如何顺应时代发展大势，以信息化推动基层协商民主建设取得高质量成果是一个崭新的课题。习近平总书记指出："要通过各种途径、各种渠道、各种方式就改革发展稳定重大问题特别是事关人民群众切身利益的问题进行广泛协商。""人民政协要探索网络议政、远程协商等新形式，提高协商实效。"这些重要论述为基层协商民主探索网络协商、远程协商新形式提供了基本遵循。政协组织要顺应互联网技术带来的社会结构的新变化,充分利用网络技术,把网络作为联系群众的重要桥梁,推动政协联系群众的触角向网络延伸。

为此,我建议:

在深入推进基层协商民主建设过程中,积极拓展网络协商、远程协商,真正实现开放协商、开门协商,不断畅通了解民情、集中民智、促进民主决策的新渠道。

一、强化顶层设计和制度建设,完善工作机制。主动适应信息化社会的发展要求,切实推进网络协商,远程协商工作制度化、规范化、程序化建设。县级层面可建设一体化的网络协商、远程协商在线平台。制定完善网络建设、运行、管理、维护、更新等相关制度,保证协商议事网络高质量建设、高效率运行;建立完善各协商议事平台、各界别委员和政协各专委会便捷接入、便捷参与的制度,充分发挥各主体在网络协商和远程协商中的作用;建立完善协商议事网络与党委、政府和有关部门政务网络互联互通、信息共享制度,强化基层协商服务党政决策的功能;建立完善吸引广大人民群众和社会组织有序参与制度,让基层的声音得到更充分的展示和关注;建立完善议事成果报送及办理结果反馈、公开等制度,以成果落实的正向激励,促进基层协商民主的良性发展和不断深化。

二、创建开放性议题征集网络平台,让协商议事更具民意基础。目前的议题征集方式还较为传统,与互联网迅速而便捷的信息交换方式相比,议题征集的广泛性还远远不够。在议题征集上可借鉴"专题网站""网上信箱"等方式,同时还可以利用微信群、QQ 群、网站等信息化沟通形式,小范围或者全辖区内发表议题、讨论和投票,使协商议事实现即时化进行。各协商议事主体在议事前充分利用网络公开征求意见,进行深入调查和研究,也能够使各议事主体的参政议政活动更接地气,其提出的意见、表达的观点更具有民意基础,更加务实。同时,积极稳妥推进议事成果公开化,除涉密和涉及敏感话题之外的议事成果,都可以通过网络渠道公开,听取群众意见,接受群众监督。

三、创新形式,不拘一格开展基层协商民主议事。在规范镇、村和企事业单位协商议事的同时,鼓励开展多种形式的协商议事活动,尤其是根据群众需求和实际,推进基层协商向"智慧政协""掌上履职"过渡。加快建设基层协商民主建设信息化服务系统,打破传统协商受时间和空间的限制,构建 PC 端和手机客户端实时共享的交互系统,拓展基层协商民主建设的广度和深度,助推基层协商民主建设工作走进"云"时代。通过主分会场、视频连线、在线发言等方式充分释放基层协商民主的潜力和效能,让基层协商更加生动活泼、简便易行、务实高效。

四、强化条件保障,营造良好氛围。将平台建设等相关费用及时足额列入财政预算,予以保证。抓好网络协商议事平台建设的前期研究、规划、设计、论证,保证平台先进适用。及时发现和回应群众对网络协商、远程协商热点、焦点问题的评论和看法,加强线上线下良性互动,及时处置网络舆情危机,优化网络协商、远程协商的生态环境,为基层协商民主建设营造良好氛围。

深入推进基层协商民主建设
促进基层社会治理效能提升

张冠军

近年来,随着改革开放的不断深入、利益分配格局的不断调整,各种矛盾在广大基层更快地积累和表现出来,基层信访矛盾逐渐上升。今年以来,镇(街道、场)来县上访量,约占全县信访总量的50.3%。基层党委、政府在信访、维稳工作方面也投入了大量的人力、财力、物力,牵扯了大量精力,甚至不惜"花钱买平安",但往往是"按下了葫芦浮起了瓢",始终处于"被动救火"状态。

4月25日,我县召开了县推进基层协商民主建设领导小组会议,对我县推进基层协商民主建设工作进行动员部署,并印发了《关于充分发挥政协专门协商机构作用　推进全县基层协商民主建设的实施意见(试行)》,随后县政协又印发了《关于进一步加强政协委员参与基层协商民主建设实践的通知》,我作为包挂张寨镇魏老家村的县政协委员,在参加魏老家村协商议事会议时,进一步领会了习总书记"有事好商量""众人的事情由众人商量"的内涵,对政协发挥专门协商机构作用有了进一步的认识。

于是在解决安国镇汪堂村和汉兴街道苗林居委会两个信访问题时,我就通过县政协,联系了包挂的政协委员,和协商议事会成员一起找来利益相关人,在协商议事室进行"商量"。会上,大家通过学习空闲地的附着物相关赔偿规定,当事人陈述理由、参加会议人员进行民主评论和协商,最后通过现场表决形式(13:1,还有1票弃权),得到了圆满的解决。沛县汉兴街道苗林居委会居民韩某,反映苗林居委会土地承包经营权不清,导致其母亲征地补偿款纠纷的问题。为化解该信访案件,我同样联系了包挂委员,在汉兴街道协商议事室召开了协商议事会,经协商达成了以照顾的方式给予信访人家庭一定生活补助费。信访人当场表示很满意。

通过这两个成功的案例,我深刻地体会到基层协商民主协商于民、协商为民对于解决基层信访矛盾的作用。一是基层协商民主化解基层信访矛盾是治本之策。可以减少矛盾增量。解决社会矛盾问题的治本之策,是从源头上预防矛盾纠纷。当前,基层社会矛盾之所以易发,主要是基层群众利益表达机制不畅、利益协调机制缺失,导致解决问题没有出口。加强基层协商民主建设,“众人的事情由众人商量”,更能够使基层决策合民意、顺民心,同时,能够及时协调各方利益关系,将各类矛盾隐患消灭在萌芽状态,从而最大限度地避免矛盾纠纷发生。可以减少矛盾存量。基层协商民主是调解说和、止讼息争的最好方式,能够使矛盾纠纷变对抗为对话,使处于矛盾纠纷的各方当事人拥有平等的话语权,从而在心理和关系感情方面容易达成共识、消除分歧、化解矛盾。这种化解,既是“契合点”的理性化解,也是在相互理解、相互尊重、相互体谅、相互妥协基础上的和谐化解。可以促进多元共治。基层党组织和村民自治组织、社会团体、行业协会和企事业单位,共同参与基层协商民主实践,有利于加快形成“党委领导、政协搭台、多方参与、服务群众”的多元社会治理格局。二是全面推进基层协商民主建设的条件已经成熟。从政策层面来看。对于基层协商民主建设,中共中央高度重视,先后印发了《关于加强社会主义协商民主建设的意见》《关于加强人民政协协商民主建设的实施意见》和《关于加强城乡社区协商的意见》等重要文件,特别是习总书记“有事好商量,众人的事情由众人商量,是人民民主的真谛”等关于发挥人民政协专门协商机构作用的论述,为我们开展基层协商民主建设提供了基本遵循。徐州市委也专门印发了《关于充分发挥政协专门协商机构作用　推进全市基层协商民主建设的实施意见(试行)》,给我们做出了具体指导。从实践层面来看。通过探索创新,我县各镇村都相继积累了很多鲜活经验,如杨屯镇“杨屯拆迁房不够分配议题”“杨屯金沟修建议题”“镇域自来水两网搭接议题”,栖山镇胡楼村“建设高标准休闲观光农业园区议题”“居家养老服务中心为老人提供免费营养午餐、免费洗浴议题”,龙固镇“大沙河公园公共空间治理水平提档升级议题”,张庄镇姚楼村“赡养父母议题”等,都是通过基层协商民主为基层化解矛盾、解决问题的典范。从社会层面来看。基层群众的政治文化素质整体提高,民主、法治观念普遍增强,他们对基层社会治理的关心程度越来越高,参与意识越来越强烈。

为进一步推动基层协商民主建设在解决基层信访问题、提升基层社会治理效能的作用,我建议:

一要深入推进基层协商民主建设。镇(街道、场)要把推进基层协商民主建设作为推进基层社会治理体系和治理能力现代化的重要手段,作为“一把手工程”落实好,充分发挥镇政协工作召集人、联络人的作用,把协商议事会议召开好,协商的成果落实好,真正做到听民情、解民忧,把基层矛盾化解在基层,做到基层信访事项小事不出村、大事不出镇、矛盾不上行。

二要推动基层协商民主实战化。协商议事会议选取的议题必须坚持问题导向,抓住基层群众关心的热点问题、各方面意见分歧较大的难点问题、化解矛盾纠纷的紧迫问题,进行充分协商。同时,在协商过程中要注重提高协商民主议事的知晓率、参与率、表决率和满意率,实现发扬民主与提高效率相统一,防止议而不决。要建立协商意见办理落实机制,商量不好缓着办,商量好了马上办,及时负责任地解决问题。

三要打造基层协商民主沛县品牌。建议在遴选协商议事会成员时,将信访办人员、村信访网格员等信访一线人员遴选为协商议事会成员,充分发挥他们的优势和作用,筛选突出信访问题,作为基层协商议事议题,促进信访问题的解决。同时强化对政协委员、协商议事会议成员的培训,打造专业化协商议事队伍。健全完善基层协商民主包挂机制、联动反馈机制、督办协调机制、长效运行机制等制度机制,推动基层协商民主建设"制度化、规范化、科学化、信息化、长效化",打造"有事好商量"沛县品牌。

加速构建省际接边协商新机制
助力微山湖地区县域协调新发展

尤志文

沛县有 9 个镇 53 个行政村与山东省鱼台、微山两县土地“插花”、河湖共壤，至今仍是全国唯一没有完全划定省际边界的区域，两岸居民为争夺湖田、湖产争执百年。近年来，在基础设施建设、水环境整治、教育医疗等方面又产生了一些新的问题。为推动接边地区和谐稳定、协同发展，在省市政协的指导和县委的坚强领导下，沛县以基层协商民主建设为抓手，推动了政协协商与区域协同发展有效衔接，探索实践出省际接边联合协商新模式，及时妥善解决了一系列接边矛盾和问题，实现了接边地区从“百年恩怨化和谐”到“苏鲁协同求共赢”的新提升。

一、接边协商画出“插花地”里最大同心圆

沛县政协主席郝敬彬先后带队赴鱼台县政协、微山县政协当面交流。经过三家充分协商，联合印发《关于创新接边联合协商机制　开展接边联合协商的指导意见》，搭建了县、镇、村三级联合协商议事平台，成立县联合协商议事联络协调指导小组，构建了信息联通、议题联审、成员联选、结果联办、过程联调“五联”机制，按照“谁主张谁召集”的原则，推动接边联合协商深入开展，在省际“插花地”里画出最大同心圆，取得了明显成效。仅以龙固镇为代表，与接边鱼台县老砦镇，微山县张楼镇、南阳镇召开联合协商议事会议 20 余次，稳妥解决了码头清理、园区道路修铺、项目用地等接边问题。去年以来，我们共收集接边重点信息 353 条，召开协商议事会议 112 次，解决重点难点问题 76 个。沛县接边联合协商的经验做法先后在《人民政协报》、《新华日报》、学习强国等主流媒体推广报道。《“插花地”里画出最大同心圆——苏鲁边界联合协商促进和谐发展》获得 2020 年全省政协工作最佳创新案例奖。

看到成绩的同时，我们也深刻认识到接边联合协商工作与党委重视、政协要求、群众期盼还有很大差距，主要反映在：一是协商的质效还需再提高。接边协商还存在随意性、流于形式等现象,协商质量有的还不高。协商过程中还存在议题遴选机制不健全、协商程序不规范、成果落实监督乏力等问题。二是协商的空间还需再扩展。对照县委十四届十次全会和“十四五”规划中确定的深化区域协同发展的目标任务,接边协商在微山湖地区县域协同发展大局中的实践空间还需进一步拓展。

二、接边协商共筑微山湖畔和谐梦

今年,是“有事好商量”协商议事工作巩固提升年。在全县深化区域协同发展之际,应牢固树立“一家人,就是亲”,共聚“一条心”、共下“一盘棋”的工作思路,在接边联合协商平台建设、议题选择、协商形式上持续深化、创新,解决更多的接边地区民生问题,打造更多的接边协商品牌。

一是健全完善“纵向到底、横向到边”的协商议事平台。纵向到底,搭建完善县、镇街、村居和网格四级联动的协商议事平台,实现沛县与山东微山县、鱼台县接边镇、村协商议事全覆盖。横向到边,探索搭建沛县与丰县、单县、滕州市、薛城区等县(市、区)协商议事平台,将“有事好商量”协商议事纳入微山湖地区县域协调发展的大局中去,有事多商量、有事好商量、大家的事大家商量,通过“商量”,解决协同发展中可能出现的一系列矛盾和问题,凝聚区域协调发展的共识、智慧和力量。

二是拓展“协同发展、共建共享”的协商议事内容。按照县委“十四五”规划的新任务、新要求,将更多适合区域协同发展特点的议题纳入协商议事,聚焦“构建新发展格局”、淮海经济区协同发展和环微山湖县域协同发展,围绕推进交通设施的互联互通、主导产业的共建共兴、文化旅游的开放开发、公共服务的共治共享开展协商,推动政协协商与区域协同发展有效衔接,为推动社会治理现代化、构建新发展格局贡献政协力量。

三是创新“便捷高效、灵活多样”的协商议事形式。发挥基层首创精神,将协商议事室从“室内”搬到“田间地头”,让协商议事活动更便捷高效、更贴近群众、更接地气。探索开展网络议事、远程议事,灵活开展会场协商、现场协商、企业协商、田地协商等,让接边群众愿意来、坐得住、还想来。通过协商形式的创新,进一步扩大接边群众的参与度,打通与基层群众协商的“最后一公里”。

以智慧建设助推乡村治理现代化

李 萍

党的十九届四中全会提出了推进国家治理体系和治理能力现代化的重大战略目标,开启了国家治理的新境界。乡村治理是社会治理的基础和关键,也是国家治理体系和治理能力现代化的重要组成部分。开展好基层的"乡村之治"是推进"国家之治"最基础、最重要的抓手。随着信息化和大数据时代的到来,人们的生产生活方式发生了极大的改变,如何适应新变化,通过信息技术和智慧建设推进乡村社会治理创新、实现基层社会治理现代化是下一步重要的努力方向。

去年以来,我县深化以党建为引领、德治为先导、自治为基础、法治为保障的"四位一体"善治模式,同时充分发挥县域技术、人才、资源等优势,将大数据、智能化与社会治理相融合。新冠肺炎疫情的发生,凸显了社会治理中智慧建设的重要性,依靠大数据精准导航,通过网格化立体防控,我县广大党员干部迈开"铁脚板"深入一线,为疫情防控和复工复产赢得了先机。在优化营商环境和为民服务的"最后一公里",通过"互联网 +"服务、"一网通办"、"一窗受理、集成服务"等方式,沛县标识的智能化公共服务体系不断完善。这些都是智慧建设在乡村治理中运用的新探索,极大地提升了乡村社会治理的活力和效率,推进了共建共治共享的乡村社会治理格局的打造。

党的十九大报告首次提出了"智慧社会"的概念,强调要提高社会治理智能化水平。党的十九届五中全会提出:"加强数字社会、数字政府建设,提升公共服务、社会治理等数字化智能化水平。"这些重要论述为乡村"智治"提供了基本遵循。当前,面对乡村智慧治理实践中平台不完善、推广不平衡、格局不全面等问题,需要进一步提高认识、转变观念、创造条件,以智慧建设为乡村治理能力现代化注入新动能。

一是构建"网格化"基础数据管理平台。以大数据建设为支撑,完善我县网格化信息系统规范化建设。将网格内的人、事、物、组织及其变化信息等全部纳入数据平台,统筹网格内党的建设、社会保障、综合治理、应急管理、社会救助等工作,实现“多网合一”。归集整合政务网、12345 热线、领导信箱、数字城管等各类数据信息,在互联互通基础上,各单位、部门可对共享数据精准分析、精细管理。同时借助移动终端、人脸识别、精准定位等信息手段,提升网格员工作效能,让公共服务在网格落实、矛盾风险在网格化解、群众满意在网格实现。

二是构建“一体化”统一指挥调度平台。建设县、镇(街)、村(社区)综合指挥系统,对在网格内收集、上报的各类信息,实现问题发现、流转交办、协调联动、研判预警、督办考核。通过全数据流转、全流程覆盖、全业务协同、全过程监督、全方位预警,形成覆盖全域、纵向贯通、横向互联的社会治理综合指挥平台体系。

三是构建“主体化”群众参与平台。发挥自治在基层社会治理中的基础作用,通过智慧建设对村民进行技术赋权,增强群众主体地位,扩宽政治参与渠道。继续开发完善沛县智慧社区 APP,通过开发“随手拍”“留声墙”“信息速递”等功能模块,解决发动组织群众难、社情民意不畅通的问题。开设“民主协商”等功能模块,及时公开村情民事,通过实时投票、点赞等形式,请村民参与村级重大事项、热点问题的意见征求、进展监督和事后评议,强化智慧建设过程中的群众参与,保障群众的主人翁地位。

四是构建“智能化”公共服务平台。以智慧智能赋能公共服务,推动公共服务高质量发展。继续深化基层“三整合”改革,向镇、村简政放权,实现服务下沉。在“一窗口办理、一站式服务”的基础上,将数字化应用到村(社区)公共服务和治理中,对民政、人社、残联等高频服务事项,通过智慧社区 APP 系统,做到足不出户办理,让村民在指尖上各取所需,真正实现办事少跑腿。开发“大数据·微治理”基层办公系统,简化乡镇工作人员填报各类报表的烦琐录入,以基层治理的数字化推动基层工作减负增效,从而构建精确、高效、便捷的新型乡村社会服务和乡村社会治理体系。

擦亮“有事好商量”品牌 打造沛县乡村振兴升级版

大屯街道联络小组

近年来,在县委县政府的坚强领导下,县政协直面时代课题,聚焦高质量发展,开创性地进行了基层协商民主的大胆实践和有效探索,力度之大、举措之多、效果之好,前所未有。打响了“有事好商量,画好同心圆”的基层协商议事品牌,为推进乡村振兴贡献了政协智慧,体现了政协担当,展现了政协力量。

一、基层协商民主在推进乡村振兴工作中存在的问题

乡村振兴是一个由诸多领域、诸多环节、诸多层面构成的大系统。基层协商民主建设更应该顺应高质量发展的要求,摸清找准当前乡村振兴的困难挑战,精准研判乡村振兴的基本态势,目前基层协商民主促进乡村振兴工作方面走得不够深、不够实。

二、基层协商民主在推进乡村振兴工作中的对策与建议

(一)精确定位,占领舆论制高点。县政协主抓的基层协商民主是实现党的领导的重要途径和提升治理能力的有效探索。本着“帮忙不添乱、补台不拆台、帮办不包办、督办不代办”的原则,无事不扰,有事必帮。在协商实践中,基层党组织负责对议题选择的把关定向、议事流程的研究确定、协商过程的组织引导等。首先,各级党委政府要将政协参与基层社会治理纳入本地社会治理工作全局之中,同研究、同部署、同推进,形成党政重视支持、政协上下联动、各方协同配合的工作格局。其次,加强统筹协调工作。在建强联络组织、选准协商课题、搭建活动平台、组织协商活动、落实成果转化等方面给予必要支持,促进政协参与基层社会治理工作更加扎实有效。三要凸显人民中心。坚持问题导向、需求导向,深入基层进行调查研究,多听一听群众的期盼、想一想群众的感受,解决好群众最关心、最直接、最紧迫的现实问题。

(二)精准选题,找准民生关切点。问题是时代声音,更是百姓心声。人民有所呼,政协有所应。发展出题目,政协做文章。围绕“产业兴旺、生态宜居、乡风文明、治理有效、生活富裕”目标,锁定产业、人才、文化、生态、组织等五个振

兴,把人民群众的痛点、难点、堵点作为协商民主的聚焦点。从整体上、全局上,群众中、工作中发现问题、认识问题、梳理问题、筛选议题,在集思广益中选定协商议题。并对协商议题的相关要素和环境进行系统分析、把准脉搏、分步实施、整体推进,选定解决问题的突破口。

(三)精心组织,把握工作着力点。以百姓呼声为第一信号,用民心坐标导航,打造“没有围墙的百姓议事室”,拓展平台,畅通议事渠道。围绕人民群众最关心、最直接、最集中、最现实的利益问题,聚焦群众的操心事、烦心事,采取会场议、广场议、现场议等多种形式,广泛开展协商议事会协商主体议事活动,在尊重民情民愿、贴近民心民意中达成共识,架起一座连心桥。加大攻坚力度,对准瓶颈和短板,精准对焦,协同发力,努力在增强创新能力、推动发展平衡、改善生态环境、提高发展质量、促进共享发展上取得新突破。

(四)精致落实,打造成果闪光点。健全协商成果采纳、落实和反馈、公示机制,对协商确定的事项,逐项明确责任主体、工作措施和完成时限,由党支部组织驻村政协委员、党员村民代表和利益相关方进行事前、事中、事后全过程监督。提升成果运用落实效能。重点关注基层长远发展规划等重大事项,进行民事民议民决。大力发展精品民宿、果蔬采摘、花卉种植,建设“都市城郊”休闲体验示范区,推动乡村振兴和省级特色田园乡村建设取得阶段性成果,不断提升知名度、美誉度和辐射力、影响力。

政以善治,协以商成。奋进新时代,踏上新征程。我们要充分尊重人民群众首创精神,不断拓展“政协搭台、党政唱戏、人民满意”的协商民主之路,汲取人民群众创新创造活力。坚持协商为了人民、协商依靠人民、协商成果由人民共享,我们一定能在新发展阶段创造新辉煌、铸就新业绩,高质量打造乡村振兴的“沛县样板”。

关于开展“书香政协·阅享歌风”活动的建议

县政协文化文史委

为全面提高人民政协的政治站位、时代定位和文化品位，提升政协委员的文化素养和履职本领，做到懂政协、会协商、善议政，守纪律、讲规矩、重品行，更好展现新时代的政协担当、政协智慧、政协作为、政协力量。建议在全县政协系统广泛开展“书香政协·阅享歌风”读书活动。具体建议如下：

一、提升书卷气，打造书香政协

一是把牢正确导向。以学习贯彻习近平新时代中国特色社会主义思想为主题主线，坚持政治性、思想性、理论性与知识性、前沿性、针对性有机统一。二是倡导自觉养成。推动委员真正成为“最喜欢读书、最有条件读书、最能把书读好”的群体，形成着眼界别、跨越界别，深耕专业、跨越专业的读书学习格局。三是做到读做结合。使读书活动的过程成为加强思想政治引领、广泛凝聚共识的过程，成为提高履职能力、推动政协工作的过程。四是坚持守正创新。自学与组织相结合，分散与集中相统一，自学与导读相衔接，线上与线下相协同，增强读书活动的集合效应。

二、掀起读书热，创设形式载体

一是用好“歌风书房”。充分发挥“歌风书房”站位高、储量大、品位佳、环境优的优势，定期开展政协委员讲坛、读书沙龙等活动，激发引导广大政协委员读书热情，打造政协委员读书点。二是建好政协书房。购置纸质图书、电子图书、桌椅、智能图书管理系统等软硬件设施设备，建设县政协机关书房；同时在政协“委员之家”“有事好商量”协商议事室等，设置委员读书场所。三是发放借阅卡。县政协为每位政协委员和机关干部购买县“歌风书房”借阅卡，免费发放给政协委员使用。四是建立委员读书群组。以专委会为依托、以委员界别（联络小组）为主体、以学习主题为单元，开设委员读书群组，推选群主，招募领读人，引导委员自由参加、自觉开展线下读书学习活动和线上线下读书讨论活动。建立“书香政协·阅享歌风”交流圈，交流学习心得。五是开展线上读书活动。在委员履职 APP 上,开设“委员读书”栏目,为参加读书的委员提供电子或纸质书籍。六是定期推荐读书目录。1. 由学习和委员工作委员会商请县委宣传部、县全民阅读促进会、沛县图书馆和新华书店等,确定书目后逐步分期发布。2. 各专委会向所联系界别(联络小组)委员广泛征集意见建议,定期推荐涉及本界别、本领域或跨界别、跨领域备选书目(书名、内容摘要和推荐理由),由学习和委员工作委员会审核后统筹发布。七是组织读书交流活动。根据读书主题,适时组织开展线上线下读书分享会、研讨会、相关专题调研考察等活动,深化读书成果,交流学习收获和体会,提高读书学习的实效性。八是开展读书评优活动。适时组织开展读书评优活动,评选优秀读书心得,并约请委员写成文章,择优推荐在省、市、县政协相关媒体上刊发。

三、提高执行力,加强组织保障

一是明确责任。读书活动在县政协主席会议领导下,由分管学习的副主席抓总负责,有关委室负责人协调配合。活动的具体工作由学习和委员工作委员会牵头,相关委室分工协作。学习和委员工作委员会负责方案制订、书目推荐及发布、委员读书情况统计;政协办公室为委员办理“歌风书房”借阅卡,建立并管理履职 APP“委员读书”栏目,做好线上读书交流技术保障、有关组织协调等;各专委会负责界别(联络小组)网上读书群、发展读书骨干队伍、收集委员的重要意见建议、参与读书心得评优等。二是成果转化。坚持理论与实践相结合,读书与履职相结合,学有所用、学以致用、学用相长,努力把读书的收获转化为做好本职工作的过硬本领,转化为履职尽责的工作成效,转化为委员提案、社情民意信息的履职成果。三是表彰奖励。将委员读书情况纳入委员履职统计范围,对评选出的季度、年度读书活动先进个人、先进集体和读书成果转化先进个人、先进集体予以表彰奖励,形成委员人人读书、热爱读书的良好局面。

关于将政协协商成果转化纳入巡察内容的建议

季忠义

近年来，在县委的坚强领导下，县政协在基层协商民主建设中，创新形式，拓展领域，在全省率先打响了"有事好商量"协商品牌，得到省政协主席黄莉新同志的高度评价和充分认可："希望进一步总结经验、巩固成果，更好发挥政协参与基层社会治理的效能。"

为发扬"言出必行、干则必成"的工作作风，开创"乘势而上、再攀新高"的工作新局，确保运用协商成果最大化，打造"沛县样板"。当务之急是，突出加大政协协商成果的转化力度，确保政协声音落地见效，政协方案转化为工作实践。

实践证明，县委巡察工作的有效开展，对于督促工作、解决问题发挥了不可替代的重要作用。为此，特建议将下列事项纳入巡察范围：1. 提案（建议案、社情民意）办理；2. "有事好商量"工作开展情况。

制度卷:守正创新

○县委文件

中共沛县县委
关于新时代加强和改进人民政协工作的实施意见

沛委发〔2019〕55 号

为深入贯彻党的十九大、十九届四中全会精神和习近平总书记关于加强和改进人民政协工作的重要思想,在新时代切实加强和改进我县人民政协工作,根据《中共中央关于新时代加强和改进人民政协工作的意见》(中发〔2019〕40号)、《中共江苏省委关于新时代加强和改进人民政协工作的实施意见》(苏发〔2019〕29 号)、《中共徐州市委关于新时代加强和改进人民政协工作的实施意见》(徐委发〔2019〕48 号),紧密结合沛县实际,现提出如下实施意见。

一、明确总体要求,准确把握新时代人民政协的新使命

(一)新时代新使命。中国特色社会主义进入新时代,全县政协系统要把握新时代新使命,以强化统一战线组织功能,汇聚实现中华民族伟大复兴中国梦的磅礴力量,以推动人民政协制度更加成熟,更加定型彰显中国特色社会主义制度的优越性和先进性,以发挥专门协商机构在国家治理体系中的重要作用,展现社会主义协商民主的独特优势,为实现新时代党的历史使命凝心聚力。

(二)目标要求。以习近平新时代中国特色社会主义思想为指导,深入贯彻落实习近平总书记视察徐州的重要指示,增强“四个意识”、坚定“四个自信”、做到“两个维护”,把坚持和发展中国特色社会主义作为巩固共同思想政治基础的主轴,把服务决胜高水平全面建成小康社会、开启基本实现现代化建设新征程奋斗目标作为工作主线,把加强思想政治引领、广泛凝聚共识作为中心环节,坚持团结和民主两大主题,着力提高政治协商、民主监督、参政议政水平,更好凝聚共识,担负起把中央决策、省市县委部署以及对人民政协工作要求落实下去、把各界人士的智慧与力量凝聚起来的政治责任,为加快推进“三地一新”新实践、建设“强富美高”新沛县做出新的更大贡献。积极探索实践,充分发挥人民政协专门协商机构作用。

（三）明确职能责任。专门协商机构综合承载政协性质定位，进一步明确人民政协作为专门协商机构的职能责任，要更好发挥政协组织及其协商平台、机制程序等作用，把协商民主贯穿履行职能全过程，在协商中促进广泛团结、实现人民民主。加强专门协商机构制度建设，践行党的群众路线和民主集中制，在决策之前和决策实施之中，充分协商交流、开展民主监督、宣传党和国家的政策法规、深化思想沟通，广集良策促进决策优化，广聚共识推动决策实施。

（四）完善协商内容。聚焦党政中心工作，围绕统筹推进“五位一体”总体布局、协调推进“四个全面”战略布局，紧扣党委、政府制定的事关全局的重大决策，国民经济和社会发展中长期规划，政府工作报告、国民经济和社会发展计划报告、财政预决算报告、人民法院和人民检察院工作报告，重要的地方性法规、政府规章，事关经济社会发展和民生的重大问题，对发展全局和社会稳定具有重大影响的政策调整，有关爱国统一战线的其他重要问题等，明确协商内容，确定协商议题。县政协要把开展协商作为主要工作，把“搭台”作为主要工作方式，把双向发力作为工作主旨，围绕党委和政府工作的重点、群众生产生活的难点、社会治理的焦点，开展多种形式协商。

在协商工作中，民主监督议题应有一定比例，重点围绕贯彻落实党委、政府重要决策部署情况开展民主监督。

（五）丰富协商形式。健全完善以政协全体会议为龙头，以专题议政性常委会会议、主席专题协商会议等为重点的政协协商议政格局。更加灵活经常地开展专题协商、对口协商、界别协商、提案办理协商。

大力开展网络议政、远程协商。坚持把互联网优势同政协协商特色结合起来，围绕重点协商议题，开通委员线上主题讨论群，组织网络议政；通过音视频连线方式，主会场与分会场以及现场手机实时互动，开展远程协商，拓展委员参与面，形成会上会下广纳群言、线上线下同步讨论的生动局面。按照全流程、全方位、全媒体、全系统要求，加快建设智慧政协，拓展网上委员履职综合服务功能。

（六）大力推进基层协商民主建设。把基层协商民主建设纳入各级党委重要工作内容，作为全县基层社会治理的重要组成部分，积极探索政协协商同社会治理相结合。坚持搭平台、建机制、搞协商，推动政协协商与基层协商有效衔接，在镇（街道、场）、村（社区）、园区和有条件的企事业单位等，建立健全委员履职小组，搭建协商议事会议平台，建设“有事好商量”协商议事室，由委员履职小组负责人指导服务协商议事会议，2019 年镇（街道、场）、村（社区）协商议事平台基本建成并运行，2020 年实现镇（街道、场）、村（社区）协商议事全覆盖。

研究制定深化基层协商民主建设的相关制度,进一步规范流程、完善机制。成立县政协专家咨询委员会,为协商议事提供专业咨询和智力支持。成立基层协商民主建设宣讲团,对全县政协委员、协商议事会议成员进行轮训。经过不懈努力,把协商议事会议建成党委政府“好帮手”、人民群众“连心桥”、委员履职“新平台”,推动“党委领导、政府支持、政协搭台、各方参与、服务群众”的基层协商民主建设向纵深发展,把政协制度优势转化为参与基层治理的效能。

(七)健全协商规则。坚持党委会同政府、政协制定年度协商计划制度,完善协商于决策之前和决策实施之中的落实机制,对明确规定需要政协协商的事项,必须经协商后提交决策实施。将政协重点协商活动纳入党委、政府工作总体部署,实施情况列入督查事项和考核体系。对政协报送的建议案、专项建议、重点提案、调研视察报告、社情民意信息等,党政领导同志要主动阅批,县委办、县政府办将批示情况及时告知县政协办。制定政协协商工作规则,坚持调研于协商之前,把协商互动列为必要环节,对协商的参加范围、讨论原则、基本程序、交流方式等做出规定。

(八)提高协商质量。坚持“有事好商量,众人的事情由众人商量”,培育与倡导平等、有序、真诚的协商文化,营造协商民主的环境。以改革思维、创新理念、务实举措推进协商能力建设,提高政治把握能力、调查研究能力、联系群众能力、合作共事能力。引导委员遵守协商规则,树立协商理念,培育协商精神。加强同专门研究机构的协作,建立健全协商议政质量评价制度。

二、加强思想政治引领,广泛凝聚人心和力量

(九)把凝聚共识作为政协重要职能。通过人民政协的有效工作,使之成为坚持和加强党对各项工作领导的重要阵地、用党的创新理论团结教育引导各族各界代表人士的重要平台、在共同思想政治基础上化解矛盾和凝聚共识的重要渠道。

(十)坚持思想政治引领方向。政协是中国共产党领导的由各党派团体和各族各界人士组成的政治共同体。要引导参加政协的各族各界人士深入学习习近平新时代中国特色社会主义思想,学习时事政策,学习中共党史、新中国史和统一战线历史、人民政协历史,树立正确的历史观和大局观。正确处理一致性和多样性的关系,在一些敏感点、风险点、关切点上,要把强化思想政治引领同经常性思想政治工作结合起来,求同存异、聚同化异,实现思想上的共同进步。

(十一)创新凝聚共识的载体。把凝聚共识融入视察考察、调查研究、协商履职活动之中,在建言成果、思想收获上一体设计、一体落实。建立健全政协习近平新时代中国特色社会主义思想学习座谈会制度，开展以自我教育、自我提高为主旨的委员学习座谈和党外委员专题视察。健全完善谈心谈话制度、走访看望委员制度，探索建立委员讲堂、专题性委员宣讲团等工作机制。积极运用网络信息技术传播共识、凝聚人心。

政协要广泛联系和动员各界群众，协助党委、政府做好协调关系、理顺情绪、化解矛盾的工作。鼓励和支持政协委员深入基层、深入界别群众，及时反映群众意见和建议，深入宣传党和国家方针政策。组织政协委员深入开展"走进企业、走进社区、走进乡村"联系群众活动。

（十二）广泛汇聚建设"强富美高"新沛县强大正能量。健全同党外知识分子、非公有制经济人士、新的社会阶层人士沟通联络机制。做好民族宗教台侨界委员工作。加强同港澳同胞的团结联谊。拓宽交流渠道，加强同台湾岛内有关党派团体、社会组织、各界人士的交流交往。统筹安排、积极支持政协开展对外交往。

三、健全制度机制，增强人民政协制度体系的效能

（十三）健全发挥新型政党制度优势的机制。支持无党派人士在政协参与讨论协商、提出提案、反映社情民意信息、做大会发言等。完善工商联与政协专门委员会对口联系制度，就共同关心的课题联合开展协商议政、调研视察等活动，做到优势互补、信息互通、成果共享。

（十四）完善政协履职工作制度。健全党政领导同志参加政协会议和活动制度。县政协全体会议期间，县委常委，县人大、县政府、县政协全体领导，以及县人民法院院长、县人民检察院检察长出席开幕会。换届会议闭幕会，上述领导同志全部出席；届中全会闭幕会，县委、县政府主要领导同志和县政协全体领导同志出席。县委、县政府主要领导同志听取县政协大会发言，有关部门负责同志列席大会发言，并参加政协界别联组和委员小组讨论，听取意见建议。根据议题需要，县委、县政府领导同志和有关部门负责同志参加政协常委会议、主席会议等重要协商会议和民主监督、参政议政活动，通报情况，听取意见，并与委员互动交流。县党政主要领导和分管领导要带头领办督办政协重点提案。

健全政协知情明政制度。县委、县政府召开有关重要会议，视情邀请县政协领导同志参加。县党政有关部门召开的相关专题会议，邀请县政协有关方面负责同志参加。建立党政有关部门定期向政协通报情况制度。

建立政协工作报告制度。每年主席会议向常委会会议报告工作，各专门委员会向常委会会议和主席会议报告工作，政协办公室向主席会议报告工作。完善专门委员会工作制度。强化提案工作质量导向，增加集体提案比重。健全视察调研、反映社情民意、对外交往、文史资料、新闻宣传、理论研究等经常性工作机制。

(十五)改进政协系统联系指导工作方式。县政协要在履职方向、履职原则、工作思路、重大协商活动等方面,指导镇(街道、场)委员联络小组开展工作,组织开展重要学习培训和重点视察调研、协商监督等活动。完善政协主席座谈会、政协工作经验交流会、专门委员会工作座谈会等制度。

四、强化责任担当,展示新时代政协委员的新风貌

(十六)强化政协委员政治责任。政协委员要珍惜委员荣誉和政治身份,旗帜鲜明讲政治,认真学习习近平新时代中国特色社会主义思想,增进“四个认同”,把做到“两个维护”作为责任担当的首要任务,在政治立场上不含糊、政治原则上不动摇,关键时刻靠得住、站出来、敢发声。

(十七)落实政协委员“懂政协、会协商、善议政,守纪律、讲规矩、重品行”要求。政协委员要坚持为国履职、为民尽责,自觉投身凝心聚力、决策咨询、协商民主、国家治理第一线的具体实践,当好政协制度参与者、实践者、推动者。组织引导政协委员广泛学习各方面知识,全面增强履职本领,自觉遵守宪法法律和政协章程,锤炼道德品行,严格廉洁自律,在构建亲清政商关系上发挥积极作用。充分发挥政协委员桥梁纽带作用,在界别群众中多做雪中送炭、扶贫济困的工作,春风化雨、解疑释惑的工作,理顺情绪、化解矛盾的工作,团结界别群众听党话、跟党走。

(十八)完善政协委员推荐提名工作机制。严把政协委员入口关,真正把代表性强、议政水平高、群众认可、德才兼备的优秀人士吸收到委员队伍中来。党委有关部门在换届研究政协委员、常务委员和专门委员会主任、副主任名额与人选,以及届中人事调整等问题时,按规定听取政协党组意见;政协党组根据政协委员履职情况和实际表现,落实好按程序对拟继续提名人选提出意见的责任。按照有关规定优化政协委员界别设置,增强界别代表性。

(十九)加强政协委员服务管理。尊重和支持政协委员依照政协章程履行职责,为委员行使权利、履行职责提供保障。加强政协委员学习培训,注重培养协商民主专业能力。建立健全政协委员联络机构,充分发挥政协参加单位、专门委员会、界别、机关、所在地委员活动召集人等联络服务委员的作用。落实委员履职工作规则,健全委员履职档案、常委提交履职报告等制度,将委员履职情况,特别是指导服务镇(街道、场)、村(社区)等协商议事会议召开情况作为换届时继续提名的重要依据。严格政协委员会议请假制度,委员出席会议和参加活动的情况书面通知本人并在一定范围通报。完善政协委员履职评价及激励机制，对优秀履职成果予以表扬。研究制定对不履行职责政协委员进行提醒或相应处理的办法。政协委员所在单位要支持其参加政协活动，保障其各项待遇不因参加政协活动而受到影响。

五、加强党的全面领导，确保人民政协工作正确政治方向

（二十）各级党委要把人民政协工作纳入重要议事日程。县委常委会定期听取县政协党组工作、政协常委会工作情况汇报，对县政协党组织执行党的路线方针政策等情况进行督促检查，每届召开一次政协工作会议。将政协机关列为党委统战工作领导小组成员单位，县委统战部部长兼任县政协党组副书记。把政协工作纳入各级党委工作考核内容。除特殊情况外，县政协领导班子中的党外代表人士应当与担任同级职务的党内干部享受同等待遇。支持县政协合理设置专门委员会，与市政协专门委员会名称要相对统一。加大对政协机关干部培养力度，推进政协机关和党政部门之间的干部交流。按照18—20人的行政编制，配齐建强机关干部队伍，切实解决县政协基础工作薄弱、人员力量薄弱特别是专门委员会"一人委"问题。建立完善镇（街道、场）政协工作召集人制度，提名专职镇（街道、场）党（工）委副书记为县政协委员，兼任政协工作召集人，对符合二级主任科员任职条件的召集人原则上予以明确，由统战委员兼任联络员，日常工作由党政办公室承担，实现对政协委员联络服务管理的全覆盖。

（二十一）政协党组要发挥好把方向、管大局、保落实的作用。政协党组要全面落实党对政协组织实施领导的制度规定，严格执行重大问题向党委请示报告制度。加强党的创新理论武装，健全以政协党组理论学习中心组学习为引领，主席会议集体学习、常委会会议专题学习、委员培训集中学习、座谈会交流学习等相配套的学习制度体系。政协党组书记要积极履行抓党建第一责任人职责。严格执行中央八项规定及实施细则和省市县委具体办法精神，驰而不息反对"四风"，特别是形式主义、官僚主义。

（二十二）以党的政治建设为统领，全面推进政协系统党的建设。县政协要进一步落实党建工作、意识形态工作、党风廉政建设"三个责任制"，健全政协党组工作规则，加强政协党组、党支部建设。巩固"不忘初心、牢记使命"主题教育成果，推进"两学一做"学习教育常态化制度化。党员政协委员要严格执行党章和政协各项规章制度，在政治引领、发扬民主、凝聚共识、合作共事、廉洁奉公等方面发挥模范作用。实行党员政协委员组织关系一方隶属、参加双重组织生活的办法，健全党员委员联系党外委员、党员常委履职建言点评等制度。扎实推进政协机关党的建设，努力建设模范机关。按规定开展全县政协系统先进集体、先进工作者评选表彰活动。

(二十三)进一步形成加强和改进人民政协工作的合力。各级纪检监察机关和组织、宣传、统战等部门,要在政协党的建设、委员和机关干部队伍建设、新闻宣传等方面提供支持保障。政府及党政有关部门要加强同政协及其专门委员会的沟通协作,积极参加政协协商活动,在知情明政、转化履职成果等方面提供支持帮助。

中共沛县县委

关于建立健全完善基层协商民主建设“五化”联动机制促进基层协商同社会治理相结合的指导意见

沛委发〔2020〕35 号

各镇党委、各街道党工委、经济开发区党工委、县委各部委办、县各委办局党委（党组）、县各直属单位党组织：

为全面落实《关于充分发挥政协专门协商机构作用 进一步推进全市基层协商民主建设的指导意见》（徐委发〔2020〕26 号）等相关文件精神，现就健全完善基层协商民主建设“制度化、规范化、科学化、信息化、长效化”五化机制，进一步推动基层协商同社会治理相结合，提出如下指导意见：

一、总体要求

（一）指导思想

坚持以习近平新时代中国特色社会主义思想为指导，深入贯彻落实中央和省市县委政协工作会议精神，充分发挥政协专门协商机构作用，坚持搭平台、建机制、搞协商、解民忧、聚民心、促和谐，通过健全完善基层协商民主建设“五化”机制，深入推动政协协商与基层协商有效衔接，深化“党委领导、政府支持、政协搭台、法治保障、各方参与、服务群众”的探索实践，不断提升县域治理体系和治理能力现代化水平，为加快“强富美高”新沛县建设贡献力量。

（二）基本原则

坚持党的全面领导，始终在党委的领导下组织实施，树牢“四个意识”，坚定“四个自信”，做到“两个维护”；坚持服务中心大局，促进高质量发展，全面维护社会和谐稳定；坚持人民至上，协商于民、协商为民，切实维护群众利益；坚持广泛参与、多元多层，平等对话、理性沟通；坚持规范有序、积极稳妥，协商于决策之前和决策实施之中；坚持探索创新，打造特色品牌。

（三）主要目标

实现镇（街道、场）、村（社区）、园区基层协商议事会议全覆盖，推动协商议事向有条件的企事业单位延伸,确保全县基层协商民主建设制度化、规范化、科学化、信息化、长效化运行,构建主体多元、形式多样、内容丰富、程序规范、制度健全、成效显著的基层协商民主建设新格局,努力把协商议事会议打造成党委政府"好帮手"、人民群众"连心桥"、委员履职"新平台",切实将人民政协的制度优势转化为参与基层社会治理的效能。

二、健全完善基层协商民主建设"五化"机制

(一)坚持协商民主制度化

1. 建立"三级联动"组织领导机制。成立县、镇(街道、场)基层协商民主建设领导小组,设立镇(街道、场)、村(社区)协商议事会议,由县、镇、村三级党组织主要负责人亲自抓、负总责,形成"纵向到底、上下联动"的工作合力。

2. 健全基层联络机制。健全完善镇(街道、场)政协工作召集人和委员履职小组等基层联络机制,由镇(街道、场)党(工)委副书记兼任召集人,组织并主持协商议事活动;推动住沛市政协委员、县政协委员向镇(街道、场)、村(社区)下沉,充实委员履职小组工作力量,实现政协委员对镇(街道、场)、村(社区)协商议事会议的全覆盖。

3. 完善培训指导机制。制定《协商议事工作规则》,推动协商议事制度化运行。加强对政协委员、专委会成员和协商议事会议成员的业务培训,强化协商意识、发扬协商精神、提升协商能力。健全县政协专家咨询委员会参与基层协商民主建设的工作机制,为基层协商议事会议提供政策、法规和专业知识咨询。

(二)坚持议事平台规范化

坚持不增加基层负担、"一室多用"原则,依托"政协委员之家"、镇网格化服务管理中心、党群服务中心、新时代文明实践站、社区服务中心等现有资源,规范建设"有事好商量"协商议事室,统一使用"有事好商量"名称和标识,完善制度规范,配齐设备设施。

(三)坚持议事流程科学化

1. 多元遴选协商主体。注重议事会议协商主体的广泛性。以利益相关方代表为主,推选党员代表、群众代表、乡贤代表、政协委员、企事业单位代表等为议事会议成员。针对不同议题,视情邀请县政协专家咨询委员会相关成员参加。

2. 科学确定协商议题。聚焦党政关注的要事、民生改善的实事、社会治理的难事,注重选择切口小、与群众切身利益密切相关的议题开展协商议事。主要通过党委政府点题、政协委员荐题、居民群众出题、社会公开征题的方式筛选

和确定上会议题，确保议题贴近群众、接地气。

3. 全面开展调查研究。坚持“不调研不协商”，围绕协商议题，组织委员及相关人员深入一线查实情、听民声。议题如涉及到利益相关方，在调研中应尽可能地了解利益相关方的诉求，在走访调研中寻求共识或达成部分共识，为凝聚民心、化解矛盾打好基础。对协商议题中的敏感问题、多年积累的难题等，要主动向党委政府报告相关情况，提前与相关部门研究切实可行的解决方案。

4. 精心组织协商会议。通过会议协商、现场协商等形式，实现面对面沟通、线上线下互动。协商中，坚持有事好商量、众人的事情由众人商量，促进不同思想观点的充分表达和深入交流，形成既畅所欲言、各抒己见，又理性有度、合法依章的良好协商氛围。会后及时向党委政府报送协商议事结果。

5. 积极推动成果转化。按照“一通报二评议三办结”的要求不断提升协商结果办理水平。“一通报”即协商成果办理落实情况及时向协商主体和利益相关方代表通报，接受监督。“二评议”即协商成果落实情况接受协商主体评议，进行满意度测评。“三办结”即评议结果为基本满意的，要及时办结并做好整理归档工作；评议结果为不满意的，可经有关程序提请复办后办结，推动相关协商事项高质量落实。

（四）坚持协商方式信息化

1. 搭建信息化平台。以“县智慧政协远程协商和视频会议系统”为依托，加快基层协商民主信息化平台建设，形成以基层协商民主议题提出、会议召开、结果公示、办理落实、综合评价为完整体系的“线上”履职闭环。

2. 创新委员履职形式。开展远程协商、网络议政，通过电脑客户端、手机APP与主会场视频连线、在线发言的方式将基层协商议事从会场延伸到“云端”，让基层协商议事更加生动活泼、简便易行、务实高效。

3. 组织开展线上活动。充分利用县政协官网、微信公众号、微信群、QQ群等网络平台，组织策划线上基层协商民主议题征集、会议召集、投票征求意见等相关活动，扩大群众参与度，提高基层协商民主建设活动关注度。

（五）坚持协商议事长效化

1. 建立定期调度制度。县推进基层协商民主建设领导小组办公室每年至少召开2次基层协商民主建设推进会，并每月调度1次各镇（街道、场）推进情况；各镇（街道、场）基层协商民主建设领导小组每年至少召开1次基层协商民主建设推进会，并每月调度1次村（社区）推进情况。主要研究和协调推进过程中遇到的突出困难和问题，推动基层协商民主建设按计划顺利进行。

2. 建立专项考核制度。将推进基层协商民主建设列入对各镇（街道、场）

党的建设考核;将委员参与基层协商民主建设情况纳入履职考核,并把考核结果作为换届提名推荐的重要依据。

3. 建立督办协调制度。县推进基层协商民主建设领导小组办公室会同县委督查室负责督办协调全县基层协商民主建设推进和落实情况,发现问题及时组织协调解决。

4. 建立专项视察制度。县政协根据协商成果落实情况不定期组织专项视察,督促协商事项的办理实施。

三、强化组织保障

(一)突出党的政治引领作用。充分发挥党总揽全局、协调各方的领导核心作用,各镇(街道、场)党(工)委要坚持把基层协商民主建设探索实践作为全面深化改革和"四位一体"社会治理体系建设的重大课题,定期研究部署,持续深入推进,确保基层协商民主建设工作在党的领导下高质量开展。县推进基层协商民主建设领导小组要发挥牵头抓总作用,适时召开会议,总结经验,分析问题,研究举措,深化探索实践。

(二)加大政府支持力度。各级政府要大力支持基层协商民主建设工作,在人员、经费、场所等方面提供保障。各有关部门要主动配合、积极参与,认真宣传政策、解疑释惑、回应关切、推动落实,促进协商成果转化为工作成效。

(三)注重发挥委员主体作用。以政协委员"三走进一联系""助创"等活动为抓手,推动委员工作重心下移,鼓励委员多做"倾听民声、反映民意、理顺情绪、化解矛盾"的民生工作,提升委员参与基层社会治理的能力。

(四)营造浓厚协商氛围。加大表彰奖励力度,选树典型,打造一批示范样板,形成比学赶帮、广泛多层制度化协商的生动局面。通过报纸、电视、网络、自媒体等形式,全方位、多角度宣传报道基层协商民主建设工作典型和特色亮点,弘扬协商精神,培育协商文化,营造全社会关心、支持、参与基层协商议事的浓厚氛围。

附件:基层协商民主议事工作规则(试行)

2020 年 6 月 25 日

附件：

基层协商民主议事工作规则(试行)

第一章　总　　则

第一条　社会主义协商民主，是我国社会主义民主政治的特有形式和独特优势，是党的群众路线在政治领域的重要体现。基层协商民主作为社会主义协商民主建设的有机组成部分，是完善党委领导、政府负责、民主协商、社会协同、公众参与、法治保障、科技支撑的社会治理体系的重要方面。对加强和改善党对基层的领导，保证人民群众广泛持续深入的政治参与具有重要意义。为有效推进基层协商民主建设，提升基层社会治理能力，根据《中共中央关于坚持和完善中国特色社会主义制度、推进国家治理体系和治理能力现代化若干重大问题的决定》、《中共中央关于加强社会主义协商民主建设的意见》、中共中央办公厅《关于加强人民政协协商民主建设的实施意见》精神，以及中央、省市县委对基层协商民主建设的部署要求，制定本工作规则。

第二条　加强基层协商民主建设，必须坚持党的领导、人民当家做主、依法治国有机统一；必须坚持围绕中心、服务大局、关注民生；必须贯彻民主集中制，坚持协商于决策之前、实施之中；必须坚持协商的科学性、时效性和可行性；必须坚持因地制宜、崇尚创新，尊重群众首创精神。

第二章　组织体系

第三条　成立县推进基层协商民主建设工作领导小组，负责推进基层协商民主建设工作的组织领导，由县委书记任第一组长，政协主席任组长，组织部长、宣传部长、统战部长，政府分管领导，政协副主席、秘书长任副组长；县委相关部门分管负责同志，县教育、民政、司法行政、财政、人社、卫健、工会、妇联、工商联等部门主要负责人，各镇(街道、场)党(工)委书记为成员。领导小组下设办公室，负责统筹协调、指导推进基层协商民主建设工作，牵头搭建基层协商民主议事平台，制订工作方案、协商规则、工作流程等，及时收集整理工作中遇到的问题、反映的意见和建议。办公室设在县政协，县政协分管副主席任主任。

第四条　镇(街道、场)设立协商议事会议，作为镇(街道、场)协商民主议事工作平台。镇(街道、场)政协工作召集人为协商议事会议召集人，住镇(街道、场)县政协委员、群众代表、镇(街道、场)相关负责人及企事业单位代表等为成员。在镇(街道、场)党(工)委领导下开展工作,接受县领导小组办公室指导,负责开展镇(街道、场)协商民主议事工作,指导村(社区)、企事业单位协商议事会议开展工作。镇(街道、场)协商议事室可根据实际情况设在镇(街道、场)政协委员之家或镇网格化服务管理中心。

第五条 村(社区)设立协商议事会议,作为村(社区)协商民主议事工作平台。村(社区)党组织书记任村(社区)协商议事会议第一召集人;联系该村(社区)的政协委员任第二召集人,负责相关服务指导工作;村(社区)"两委"代表、村务监督委员会成员代表、乡贤代表、社区网格员代表、党员代表、群众代表、外来务工人员代表、企事业单位代表等为成员。在村(社区)党组织领导下开展工作,接受镇(街道、场)协商议事会议指导,具体负责村(社区)协商民主议事工作。村(社区)应结合实际设立村(社区)协商议事室。

第六条 企事业单位设立协商议事会议,作为企事业单位协商民主议事工作平台。企事业单位党组织负责人或工会负责人任协商议事会议第一召集人,联系该单位的政协委员任第二召集人;企事业单位行政人员代表、工会和职工代表、党员代表等为成员。在党组织领导下开展工作,接受镇(街道、场)协商议事会议或县推进基层协商民主领导小组办公室指导,具体负责企事业单位协商民主议事工作。企事业单位应结合实际设立协商议事室。

第三章 协商主体

第七条 协商主体:

1. 协商议事会议成员。

2. 利益相关方代表。

3. 与协商议题相关的其他人员。

第八条 产生方式:

1. 镇(街道、场)、村(社区)、企事业单位协商议事会议成员由组织推荐、联名推荐、自荐等形式产生,经同级党组织审核通过,原则上在10—30人之间,其中公职人员数不超过20%。

2. 利益相关方代表由各利益相关方推荐或委托,报同级协商议事会议审定。每次协商会议,利益相关方代表人数不少于总人数的50%。

3. 与协商议题相关的其他人员,由同级协商议事会议商定,也可报上一级协商议事会议或领导小组办公室邀请相关人员参加。

第四章 协商内容

第九条 协商内容。党委和政府的方针政策和重点工作部署的落实，事关本地建设发展的重大问题，涉及镇（街道、场）、村（社区）、企事业单位群众权益的政策制定调整、群众反映强烈的民生问题和实际困难等，以及经济、政治、文化、社会、生态文明建设等所涉及的其他有关内容。

第五章 协商程序

第十条 议题提出。镇（街道、场）协商议题可由同级党（工）委、政府（办事处）、协商议事会议、跨村（社区）联名、社会组织或个人等提出，由镇（街道、场）协商议事会议统一登记整理。村（社区）协商议题，可由村（社区）“两委”、村（社区）协商议事会议、群众单独或联名、小组单独或联合等提出，由村（社区）协商议事会议登记整理。企事业单位协商议题，可由企事业单位协商议事会议、党组织、经营管理层、群团组织或经营管理人员、职工等提出，由企事业单位协商议事会议登记整理。

第十一条 议题筛选。通过问卷调查、直接对话、分组协商、听证会、网络投票等形式进行议题筛选、初步协商，拟定上会协商议题，由协商议事会议报同级党组织审批，同时报上一级协商议事会议或领导小组办公室备案。

第十二条 议题确定及公示。上会协商议题，经同级党组织审核批准后，原则上应在协商会议召开1周前，就会议相关事项在适当范围内公示。

第十三条 会议召开。镇（街道、场）协商议事会议原则上每半年召开1次，村（社区）、企事业单位协商议事会议原则上每2个月召开1次，如确有需要协商的议题，可根据实际情况召开会议。会议议程按照提出议题、互动协商、议题修订、提请确认等步骤进行。

1. 会议主持人。由镇（街道、场）、村（社区）、企事业单位协商议事会议召集人担任，也可以委托同级协商议事会议成员担任。主持人负责会议组织、分配发言权、维持会议纪律，提请确认并宣布会议结果。

2. 会议秘书。由主持人确定会议秘书，负责清点到会人数、会议记录及材料归纳等工作。

3. 开会人数要求。根据协商议题，确定每次会议应到会人数。镇（街道、场）、村（社区）、企事业单位协商议事会议实际到会人数达到应到会人数三分之二以上方可开会。

4. 主持人向大会报告参会人员出席情况，宣布会议纪律。

5. 主持人宣布协商议题并请议题提议人首先发言。

6. 主持人组织到会人员就协商议题进行互动协商。每人就相同观点发言不超过2次,每次原则上不超过5分钟。主持人有权打断违规或跑题发言,应尽可能让意见相反的双方轮流发言。

7. 会议主持人和议题提议人(代表)根据互动协商情况,综合多数与会人员的意见,对议题内容进行修订,并进行再次互动协商。

8. 提请确认。由主持人提议,参会人员采取鼓掌、举手、投票等其中一种方式表明态度,并当众宣布表态结果(达成共识、基本达成共识、未达成共识)。

第六章 协商结果实施

第十四条 经协商达成共识或基本达成共识的议题,报同级党组织确定后实施,并报上一级协商议事会议或领导小组办公室备案。实施情况应及时公示,并向议题提出人反馈,公示时间应不少于1周。协商达成共识的议题及实施情况,在下次协商议事会议上及时通报,将协商结果如实向群众和相关单位反馈。经协商未达成共识的议题,经同级党组织批准,可安排再次协商,同一议题协商次数原则上1年内不超过2次。协商情况可提交同级党组织决策参考,也可通过政协委员提案或社情民意信息等方式上报县政协。

第十五条 县领导小组办公室和镇(街道、场)协商议事会议负责监督协商过程和协商结果实施情况。

第七章 附 则

第十六条 本工作规则由县委负责解释,具体解释工作由县委办公室商县推进基层协商民主建设领导小组办公室承担。

第十七条 本工作规则自发布之日起施行。

政协江苏省沛县委员会 政协山东省鱼台县委员会 关于发挥专门协商机构作用开展接边联合协商的指导意见

政协沛委〔2020〕9号

为深入贯彻落实中共十九届四中全会《关于坚持和完善中国特色社会主义制度推进国家治理体系和治理能力现代化若干重大问题的决定》，以及中共中央关于新时代加强和改进人民政协工作的有关文件精神，结合沛县与鱼台县接边的实际，现就充分发挥政协专门协商机构作用、探索推进两地联合协商、促进和谐发展，提出如下指导意见。

一、指导思想

坚持以习近平新时代中国特色社会主义思想为指导，深入贯彻落实中央政协工作会议精神，坚持党的领导，充分发挥政协专门协商机构作用，构建县、镇、村三级接边联合协商机制，深入推动接边地区政协协商与基层协商有效衔接，真正做到解民忧、聚民心、促发展，切实将人民政协的制度优势转化为参与基层社会治理的效能，为打造和谐稳定、文明繁荣接边区域贡献政协力量。

二、基本原则

（一）人民至上原则。坚持协商于民、协商为民，切实维护群众利益，解决接边地区群众难题。

（二）多层多元原则。搭建接边县、镇、村三级协商议事平台，注重协商主体的多元化和代表性，尽可能提高群众的参与度。

（三）全面覆盖原则。聚焦发展要事、民生实事、稳定大事及群众生产生活涉及的实际困难等，广泛开展协商议事。

（四）因地制宜原则。鼓励接边镇、村结合实际探索创新，形成特色品牌，推广典型经验。

（五）常态长效原则。建立定期联络、“五联”推进、互访视察等常态化推进制度，推动联合协商深入开展，长效运行。

三、主要目标

通过县、镇、村多层级、全覆盖的联合协商议事,不断提升接边地区治理体系和治理能力现代化水平,推动接边地区持续和谐稳定、繁荣发展。

四、强化措施

(一)搭建"有事好商量"联合协商议事平台。成立县联合协商议事联络协调指导小组,由双方县政协秘书长任联络员,负责协调推进联合协商工作。在接边镇建立"有事好商量"联合协商议事工作室,由镇政协工作召集人任工作室主任;在接边村建立"有事好商量"联合协商议事工作站,村(社区)党组织负责人任工作站站长,具体负责联合协商议事工作的开展,推动联合协商实体化运行。

(二)制定镇、村联合协商议事规则。议题确定。由一方镇联合协商议事工作室或村联合协商议事工作站经充分调研并征求相关利益方意见后,拟定议题,通报另一方,经双方协商同意后,报同级党组织批准。组织筹备。经双方党组织批准后,由议题提出方提出协商时间、协商地点,通知另一方邀请联合协商议事会成员参加。协商议事。按照"谁主张谁召集"的原则,会议由提出议题的镇、村(社区)联合协商议事工作室(站)负责人召集,按照提出议题、互动协商、议题修订、提请确认等步骤进行。由议题提出方对议题进行说明,主持人组织互动协商。通过充分的酝酿协商后,会议主持人和议题提议人根据互动协商情况,综合多数与会人员的意见,对议题内容进行修订,并进行再次互动协商。主持人当众宣布协商结果。成果落实。经协商达成共识的议题,报同级党组织确定后实施,村(社区)协商议事成果报镇联合协商议事工作室备案,镇协商议事成果报县联合协商议事联络协调指导小组备案。监督反馈。县联合协商议事联络协调指导小组、镇联合协商议事工作室分别负责下一级联合协商议事会议协商过程和协商结果实施的监督工作,并向利益相关方进行反馈。

(三)建立镇、村联合协商"五联"推进机制。按照"相互协作、齐抓共管"的原则,建立接边联合协商"五联"工作机制,推动接边联合协商制度化、规范化、长效化运行。1. 建立信息联通机制。各接边镇、村(社区)分别指定一名工作人员、村委会主任担任接边联合协商信息员,在日常工作中通过走访、座谈、调研等方式收集接边重要信息,同时依托接边地区维稳办公室和智慧政协系统等及时筛选涉及双方共同利益的社情民意信息、热点、难点、焦点及苗头性问题,由镇、村联合协商议事工作室(站)负责人与对方镇、村(社区)互通共享信息。2. 建立协商议题联审机制。围绕共享联通的接边信息,聚焦接边地区在基础设施建设、土地使用、码头管理、水环境整治、教育医疗、健康养老等方面的民生实事、治理难事，精心选择协商议题，经接边双方镇、村（社区）初步沟通协商、联合审议后，确定为协商议题。3. 建立协商成员遴选联商机制。坚持利益相关原则，按照提出意见、互动协商、共同确认等步骤，遴选利益相关方、政协委员、群众代表、党员代表、相关单位代表等参与协商议事，报双方镇、村（社区）备案。4. 建立协商结果联办机制。坚持共建、共议、共享原则，建立协商结果联办机制。经联合协商议事会议协商达成共识的议题，由双方联合办理，实施情况及时公示，并向议题提出人反馈。5. 建立实施过程联调机制。协商未达成共识的议题，可安排再次协商或多次协商。达成共识已经实施的议题，在组织实施过程中，如遇阻力和困难，双方要联合协调，推动协商成果落实。对于镇级层面无法协调解决的问题，由县联合协商议事联络协调指导小组报同级党组织协调推动解决。

五、保障措施

（一）坚持党的组织领导。充分发挥党总揽全局、协调各方的领导核心作用，镇、村（社区）联合协商议事工作室（站）要切实加强与接边镇、村的沟通联系，工作室（站）联合协商议事会议成员确定、协商议题选择、协商结果运用等要报同级党组织批准后实施，确保协商议事活动始终在党的领导下开展和进行。

（二）发挥政协组织优势。定期互动联络。双方县级联合协商议事会议每年互动联商原则上不少于一次，镇级联合协商议事会议每年互动联商原则上不少于两次，村级联合协商议事会议每年互动联商原则上不少于三次，增进双方友谊，推动联合协商更好发展。提供专家咨询。充分发挥双方政协专家咨询委员会作用，为接边联合协商议事开展提供专业咨询和智力支持。互访视察。组织双方政协委员互访视察或联合视察，凝聚协商共识。

（三）营造浓厚协商氛围。接边镇要通过宣传栏、广播、微信群、公众号等方式，引导接边地区广大群众积极参与联合协商，提高群众有序参与协商的主动性。同时，通过报纸、电视、网络、自媒体等形式，打造专题栏目，全方位、多角度宣传报道接边联合协商先进典型和特色亮点，不断放大联合协商参与接边基层社会治理的效应。

2020 年 6 月 28 日

政协江苏省沛县委员会 政协山东省微山县委员会 关于发挥专门协商机构作用开展接边联合协商的指导意见

政协沛委〔2020〕10 号

为深入贯彻落实中共十九届四中全会《关于坚持和完善中国特色社会主义制度推进国家治理体系和治理能力现代化若干重大问题的决定》,以及中共中央关于新时代加强和改进人民政协工作的有关文件精神,结合沛县与微山县接边的实际,现就充分发挥政协专门协商机构作用,探索推进两地联合协商,促进和谐发展,提出如下指导意见。

一、指导思想

坚持以习近平新时代中国特色社会主义思想为指导,深入贯彻落实中央政协工作会议精神,坚持党的领导,充分发挥政协专门协商机构作用,构建县、镇(乡)、村(社区)三级接边联合协商机制,深入推动接边地区政协协商与基层协商有效衔接,真正做到解民忧、聚民心、促发展,切实将人民政协的制度优势转化为参与基层社会治理的效能,为打造和谐稳定、文明繁荣接边区域贡献政协力量。

二、基本原则

(一)人民至上原则。坚持协商于民、协商为民,切实维护群众利益,解决接边地区群众难题。

(二)多层多元原则。搭建接边县、镇(乡)、村(社区)三级协商议事平台,注重协商主体的多元化和代表性,尽可能提高群众的参与度。

(三)全面覆盖原则。聚焦发展要事、民生实事、稳定大事及群众生产生活涉及的实际困难等,广泛开展协商议事。

(四)因地制宜原则。鼓励接边镇(乡)、村(社区)结合实际探索创新,形成特色品牌,推广典型经验。

(五)常态长效原则。建立定期联络、"五联"推进、互访视察等常态化推进制度,推动联合协商深入开展,长效运行。

三、主要目标

通过县、镇(乡)、村(社区)多层级、全覆盖的联合协商议事,不断提升接边地区治理体系和治理能力现代化水平,推动接边地区持续和谐稳定、繁荣发展。

四、强化措施

(一)搭建"有事好商量"联合协商议事平台。搭建县、镇(乡)、村(社区)三级"有事好商量"联合协商议事平台,成立县联合协商议事联络协调指导小组,由双方县政协秘书长任联络员,负责协调推进联合协商工作。在接边镇(乡)建立"有事好商量"联合协商议事工作室,由镇(乡)政协工作召集人任工作室主任;在接边村(社区)建立"有事好商量"联合协商议事工作站,村(社区)党组织负责人任工作站站长,具体负责联合协商议事工作开展,推动联合协商实体化运行。

(二)制定镇(乡)、村(社区)联合协商议事规则。议题确定。由一方镇(乡)联合协商议事工作室或村(社区)联合协商议事工作站经充分调研并征求相关利益方意见后,拟定议题,通报另一方,经双方协商同意后,报同级党组织批准。组织筹备。经双方党组织批准后,由议题提出方提出协商时间、协商地点,通知另一方邀请联合协商议事会成员参加。协商议事。按照"谁主张谁召集"的原则,会议由提出议题的镇(乡)、村(社区)联合协商议事工作室(站)负责人召集,按照提出议题、互动协商、议题修订、提请确认等步骤进行。由议题提出方对议题进行说明,主持人组织互动协商。通过充分的酝酿协商后,会议主持人和议题提议人根据互动协商情况,综合多数与会人员的意见,对议题内容进行修订,并进行再次互动协商。主持人当众宣布协商结果。成果落实。经协商达成共识的议题,报同级党组织确定后实施,村(社区)协商议事成果报镇(乡)联合协商议事工作室备案,镇(乡)协商议事成果报县联合协商议事联络协调指导小组备案。监督反馈。县联合协商议事联络协调指导小组、镇(乡)联合协商议事工作室分别负责下一级联合协商议事会议协商过程和协商结果实施的监督工作,并向利益相关方进行反馈。

(三)建立镇(乡)、村(社区)联合协商"五联"推进机制。按照"相互协作、齐抓共管"的原则,建立接边联合协商"五联"工作机制,推动接边联合协商制度化、规范化、长效化运行。1. 建立信息联通机制。各接边镇(乡)、村(社区)分别指定一名工作人员、村(居)委会主任担任接边联合协商信息员,在日常工作中通过走访、座谈、调研等方式收集接边重要信息,同时依托接边地区维稳办公室和智慧政协系统等及时筛选涉及双方共同利益的社情民意信息、热点、难点、焦点及苗头性问题,由镇(乡)、村(社区)联合协商议事工作室(站)负责人与对方镇(乡)、村(社区)互通共享信息。2. 建立协商议题联审机制。围绕共享联通的接边信息,聚焦接边地区在基础设施建设、土地使用、码头管理、水环境整治、教育医疗、健康养老等方面的民生实事、治理难事,精心选择协商议题,经接边双方镇(乡)、村(社区)初步沟通协商、联合审议后,确定为协商议题。3. 建立协商成员遴选联商机制。坚持利益相关原则,按照提出意见、互动协商、共同确认等步骤,遴选利益相关方、政协委员、群众代表、党员代表、相关单位代表等参与协商议事,报双方镇(乡)、村(社区)备案。4. 建立协商结果联办机制。坚持共建、共议、共享原则,建立协商结果联办机制。经联合协商议事会议协商达成共识的议题,由双方联合办理,实施情况及时公示,并向议题提出人反馈。5. 建立实施过程联调机制。协商未达成共识的议题,可安排再次协商或多次协商。达成共识已经实施的议题,在组织实施过程中,如遇阻力和困难,双方要联合协调,推动协商成果落实。对于镇(乡)级层面无法协调解决的问题,由县联合协商议事联络协调指导小组报同级党组织协调推动解决。

五、保障措施

(一)坚持党的组织领导。充分发挥党总揽全局、协调各方的领导核心作用,镇(乡)、村(社区)联合协商议事工作室(站)要切实加强与接边镇(乡)、村(社区)的沟通联系,工作室(站)联合协商议事会议成员确定、协商议题选择、协商结果运用等要报同级党组织批准后实施,确保协商议事活动始终在党的领导下开展和进行。

(二)发挥政协组织优势。定期互动联络。双方县级联合协商议事会议每年互动联商原则上不少于一次,镇(乡)级联合协商议事会议每年互动联商原则上不少于两次,村(社区)级联合协商议事会议每年互动联商原则上不少于三次,增进双方友谊,推动联合协商更好发展。提供专家咨询。充分发挥双方政协专家咨询委员会作用,为接边联合协商议事开展提供专业咨询和智力支持。互访视察。组织双方政协委员互访视察或联合视察,凝聚协商共识。

(三)营造浓厚协商氛围。接边镇(乡)要通过宣传栏、广播、微信群、公众号等方式,引导接边地区广大群众积极参与联合协商,提高群众有序参与协商的主动性。同时,通过报纸、电视、网络、自媒体等形式,打造专题栏目,全方位、多角度宣传报道接边联合协商先进典型和特色亮点,不断放大联合协商参与接边基层社会治理的效应。

2020 年 7 月 22 日

中共沛县委员会

关于成立镇(街道)、园区政协工作委员会的通知

沛委办发〔2021〕52号

各镇党委、政府,各街道党工委、办事处,经济开发区党工委、管委会,县委各部委办,县各委办局,县各直属单位:

根据徐委发〔2019〕48号《关于新时代加强和改进人民政协工作的实施意见》、徐委发〔2021〕17号《关于深入推进2021年全市“有事好商量”协商议事工作的实施意见》有关“建立完善乡镇(街道)政协工作召集人制度”的部署要求,为进一步完善政协工作联络机制,经研究决定,成立镇(街道)政协工作委员会,委员会主任由镇(街道)党(工)委副书记兼任,副主任由镇党委宣传统战委员兼任,名单如下:

孟立群　龙固镇政协工作委员会主任;

徐思春　龙固镇政协工作委员会副主任;

杨　旭　杨屯镇政协工作委员会主任;

王　阳　杨屯镇政协工作委员会副主任;

田海宏　胡寨镇政协工作委员会主任;

王金华　胡寨镇政协工作委员会副主任;

李璪籍　魏庙镇政协工作委员会主任;

孙雪婷　魏庙镇政协工作委员会副主任;

王亚辉　五段镇政协工作委员会主任;

张　红　五段镇政协工作委员会副主任;

蔡　锋　张寨镇政协工作委员会主任;

沈运华　张寨镇政协工作委员会副主任;

燕存冲　张庄镇政协工作委员会主任;

陈缓缓　张庄镇政协工作委员会副主任;

李　飞　敬安镇政协工作委员会主任;

刘德义　敬安镇政协工作委员会副主任；
王　彦　河口镇政协工作委员会主任；
陶玉勇　河口镇政协工作委员会副主任；
姚海浩　栖山镇政协工作委员会主任；
甄玉洁　栖山镇政协工作委员会副主任；
白洁鹿　楼镇政协工作委员会主任；
张昊鹿　楼镇政协工作委员会副主任；
夏龙新　朱寨镇政协工作委员会主任；
王存胜　朱寨镇政协工作委员会副主任；
张　峥　安国镇政协工作委员会主任；
李　阳　安国镇政协工作委员会副主任；
崔祥琨　大屯街道政协工作委员会主任；
王　磊　沛城街道政协工作委员会主任；
赵　娟　汉兴街道政协工作委员会主任；
刘　众　汉源街道政协工作委员会主任。

日常工作由镇(街道)党政办公室承担。

2021 年 8 月 9 日

中共沛县县委办公室　沛县人民政府办公室 沛县政协办公室《关于加强县党政有关部门单位与县政协专委会对口联系工作的实施意见》的通知

沛委办发〔2021〕66 号

各镇党委、政府，各街道党工委、办事处，经济开发区党工委、管委会，县委各部委办，县各委办局，县各直属单位：

《关于加强县党政有关部门单位与县政协专委会对口联系工作的实施意见》已经县委同意，现印发给你们，请结合实际认真贯彻落实。

2021 年 11 月 5 日

关于加强县党政有关部门单位与县政协专委会对口联系工作的实施意见

为深入贯彻习近平总书记关于加强和改进人民政协工作的重要思想，进一步推进县党政部门与县政协专委会之间的沟通联系，促进工作开展，根据上级有关文件精神，现就加强县党政有关部门单位与县政协专委会对口联系提出如下意见。

一、总体要求

以习近平新时代中国特色社会主义思想为指导，深入学习贯彻党的十九大和十九届二中、三中、四中、五中全会精神，认真贯彻落实县第十五次党代会决策部署，围绕更好地发挥党政部门单位职能作用和政协专委会协商作用，明确对口联系对象，规范联系内容，完善联系方式，健全联系机制，进一步畅通知情明政、沟通交流、建言献策渠道，促进对口联系工作制度化、规范化、程序化，推动县党政部门单位科学民主决策和县政协专委会高质量资政建言，为奋力夺取“两个争做”新征程的全面胜利做出积极贡献。

二、基本原则

一是坚持围绕中心,服务大局。聚焦县委县政府中心工作,勇于担当,积极作为,紧扣抓重点、补短板、强弱项的重要问题,深入协商议政,强化推动落实。

二是坚持领域相关,互促共进。根据职能合理确定对口联系对象,相互支持合作共进,县党政部门单位为县政协专委会知情明政、履职建言创造良好条件,县政协专委会为党政部门改进提升工作贡献智慧力量,不断增强对口联系工作的针对性、稳定性和实效性。

三是坚持发扬民主,服务民生。就相关事项积极开展协商讨论,宣传政策,增进理解,集思广益,凝聚共识,增强决策科学化、民主化水平。持续开展"有事好商量"协商议事工作,倾听群众呼声,反映群众诉求,帮助解决实际困难,为全县高质量发展汇聚磅礴力量。

四是坚持规范有序,务求实效。紧密结合县党政部门单位工作实际和县政协履职需要,完善对口联系工作的制度规定,明确联系内容和方式路径,确保对口联系规范有序、便于操作,取得良好成效。

三、对口联系的部门单位

(一)县政协提案委员会对口联系:县委办公室、县政府办公室及提案各承办单位。

(二)县政协学习和委员工作委员会对口联系:县委组织部、县委统战部、县委机关工委、县总工会、团县委、县妇联、县工商联、县残联。

(三)县政协文化文史委员会对口联系:县委宣传部、县汉城景区管理处、县委党史工委、县委党校、县自然资源和规划局、县文体广电和旅游局、县志办、县档案馆、县文明办、县融媒体中心、县文联、县园林服务中心。

(四)县政协教育卫生体育工作委员会对口联系:县委编办、县教育局、县卫健委、县医保局、县人社局、徐州安保学校、沛县中等专业学校、县人民医院、县中医院、县红十字会。

(五)县政协海外联络与社会法制委员会对口联系:县委政法委、县公安局、县检察院、县法院、县司法局、县民政局、县信访局、县退役军人事务局、县应急管理局。

(六)县政协农业和农村委员会对口联系:县农业农村局、县水务局、县气象局、县供销社、县财政局、县金融监管局、县人行、县税务局、县审计局、县经济发展局、县商务局、县统计局、县科技局、县科协、县市场监管局、县交通运输局、县住建局、县生态环境局、县城管局、县房产服务中心、县建工服务中心。

除以上相对固定的对口联系单位,县政协各专委会可根据需要,邀请对口联系单位以外的有关部门单位参与相关工作；县有关部门单位可邀请对口联系以外的县政协专委会参与相关工作。

四、对口联系的主要内容

（一）县党政部门贯彻落实党的路线方针政策和国家法律法规，贯彻执行县委县政府重大决策、重要决定等方面情况。

（二）县党政部门做出的事关全局的重大决策，有关国民经济和社会发展中长期规划草案；做出的事关经济社会发展的重要工作部署与进展情况，具有重大影响的政策调整、重大建设项目和重大改革方案等。

（三）涉及人民群众生产生活方面的热点、难点问题。

（四）县政协组织开展的专题协商、提案办理、调研视察、民主监督、“有事好商量”协商议事等重要履职活动；县政协专委会、政协委员提出的有关意见建议、提案以及社情民意信息的办理情况。

（五）统一战线内部重大问题及其他需要相互协商配合的重要事项，县政协机关及各专委会需要同县党政部门单位相互协商的重要问题。

（六）其他需要对口联系协商的问题。

五、对口联系的主要方式

（一）及时沟通联系。对口联系双方可通过召开会议、走访交流、电话联系、征求意见等形式，及时加强沟通联系，研究确定年度协商议题，共同研讨有关工作，协调解决实际问题。

（二）组织联合调研。对口联系双方对共同关注的重点问题和重要工作，可组织开展联合调查，充分利用各方智库资源，加强研究论证，努力提升调研质量水平。

（三）开展协商议政。对口联系双方围绕确定的专题协商、对口协商、界别协商、提案办理协商议题，充分进行协商讨论，县政协专委会应做好调查研究，提出专业化意见建议。县党政部门单位应对政协在调研视察、反映提案和社情民意信息中提出意见建议的采纳和落实情况，及时以书面形式予以反馈。

（四）邀请参加会议活动。对口联系单位召开重要会议或组织相关监督检查、观摩推进、交流联谊、调研视察、专项民主监督等活动，可视情况邀请对方有关人员参加。

（五）通报有关情况。县政协专委会可根据需要邀请有关党政部门单位负责人出席会议，并通报相关情况。县党政部门单位可视情向对口联系的县政协专委会通报有关情况并征求意见建议，县政协专委会应组织政协委员积极议政建言。

(六)加强信息共享。县党政部门单位印发的文件、简报、资料等,应视情送达对口联系的政协专委会。政协专委会相关调研报告、社情民意信息、有关重要履职动态等,应视情送达相关党政部门单位。

六、组织领导

县党政部门单位要高度重视对口联系工作,认真制定落实对口联系的具体措施,明确分管领导,确定责任科室,积极加强与对口联系专委会的沟通交流,参加政协协商活动,在知情明政,促进履职成果采纳、落实和反馈等方面提供支持帮助。县政协专委会要主动加强对接联系,组织政协委员参与对口联系相关工作,充分发挥人才智力优势,深入调查研究,反映民情民意,努力提出专业化、可操作的对策建议,为助力党政部门开展工作和我县现代化建设积极贡献力量。

○政协党组文件

关于印发《沛县政协党组2020年度进一步贯彻落实中央八项规定和实施细则精神反对形式主义官僚主义的具体措施》的通知

沛政协党〔2020〕2号

县政协各委室：

《沛县政协党组2020年度进一步贯彻落实中央八项规定和实施细则精神反对形式主义官僚主义的具体措施》已经县政协党组会议研究通过，现印发给你们，请认真贯彻落实。

2020年5月22日

沛县政协党组2020年度进一步贯彻落实中央八项规定和实施细则精神反对形式主义官僚主义的具体措施

（2020年5月22日中共政协沛县委员会党组会议通过）

根据中央和省市县委有关文件要求，为持续深入推动中央八项规定和实施细则精神的贯彻落实，进一步整治形式主义、官僚主义突出问题，现提出2020年度加强作风建设的几项具体措施。

一、进一步提高政治站位

坚持把习近平新时代中国特色社会主义思想作为加强作风建设的根本指针，深入学习习近平总书记关于作风建设的重要论述，关于力戒形式主义、官僚主义的重要指示批示精神，深刻领会中央八项规定和实施细则精神实质、整治形式主义突出问题为基层减负的具体要求，跟进学习中央、省市县委关于作风建设的新部署、新要求,真正使转作风树新风内化于心、外化于行,增强反对形式主义、官僚主义的思想自觉、政治自觉、行动自觉。以政治建设为统领,把贯彻执行中央八项规定和实施细则精神作为增强“四个意识”、坚定“四个自信”、做到“两个维护”的具体行动,进一步严明政治纪律和政治规矩,以永远在路上的执着和韧劲加强作风建设,不断净化政治生态。

二、进一步提高调查研究质量

坚持调研于协商之前、不调研不议政。调研实行组长负责制,调研前要深入梳理情况问题,反复研究调研提纲,周密设计调研方式,精心组织调研力量,参加重点调研的成员一般在8—10人左右,吸收有专长的委员和专家参加;调研中要采取网络调查与实地调查相结合、座谈交流与个别了解相结合、定向调查与随机走访相结合、典型解剖与抽样分析相结合等方式,鼓励采取“四不两直”“三听两问”等方式开展调研,全面准确了解掌握情况,调研结束前形成成绩清单、问题清单、建议清单;调研后要深入梳理分析、深化研究论证,按时提交调研报告。严格按照县政协主席会议审议通过的年度调研计划开展调研。改进调研作风,严明调研纪律,深入基层,深入群众,务实高效,轻车简从,不增加基层负担。

三、进一步巩固减负成果

坚持总量控制,强化计划管理,严格审核把关,改进会风文风,保持对精文简会的刚性约束,确保实现“只减不增”的工作目标。一方面,加强对机关发文的统筹,提高工作的计划性,减少临时性发文。没有实质内容、可发可不发的文件一律不发。发扬“短实新”文风,机关各类文件要突出针对性、实效性和操作性,提倡写短话、写实话、写新话,防止穿靴戴帽、冗长空洞。充分利用“智慧政协”平台、掌上履职APP和OA办公系统等网络平台,逐步实现文件网络传输和网上办理,提高工作效率。要控制会议规格和规模,压缩会议数量和时间,提倡召开小范围研究、协调、解决问题的专题会议。

四、进一步强化制度建设

把贯彻落实中央八项规定和实施细则精神作为制度建设的重要内容,进行全面系统梳理,盘点收获,查漏补缺,总结规律,修订完善。把执行规定与建章立制结合起来,注意发现执行中的制度空白和模糊地带,及时研究出台配套衔接、管用有效的制度规范,在提升认识成果、实践成果的同时,着力扩大制度成果。强化制度意识,自觉尊崇制度,严格执行制度,坚决维护制度,加强对制度执行的监督检查,探索建立权威高效的常态化、长效化制度执行机制,推动作风建设各项制度落实落地。

五、进一步落实“三项机制”

认真贯彻中央《关于进一步激励广大干部新时代新担当新作为的意见》，抓好省市县委鼓励激励、容错纠错、能上能下“三项机制”落地落实，为担当者担当，为负责者负责。制定完善县政协机关公务员平时考核、年终考核办法，加大正向激励力度，引导机关干部进一步增强担当意识、进一步激发进取精神、进一步严格自我要求，做到更多一些热情、更多一些创新、更多一些奉献。

六、进一步压紧压实责任

县政协党组承担县政协作风建设主体责任，把贯彻落实中央八项规定和实施细则精神，解决形式主义、官僚主义突出问题，纳入工作总体布局，纳入党风廉政建设责任制。机关党组要对机关的作风建设全面负责，具体抓好工作落实，确保组织覆盖到哪里、工作推进到哪里，作风建设责任就落实到哪里。要发挥党员领导干部示范带动作用，党组主要领导履行好“第一责任人”责任，班子成员真正负起职责范围内的作风建设责任，层层明确要求、层层传导压力、层层示范引领。党员领导干部要带头严格要求和约束自己，带头发扬刀刃向内的自我革命精神，坚决反对“四风”特别是形式主义、官僚主义，放好样子，做出表率，以“关键少数”带动绝大多数。

七、进一步加强监督检查

将贯彻落实中央八项规定和实施细则精神，解决形式主义、官僚主义突出问题的情况，作为党组民主生活会、党员领导干部年度述职、干部考核选拔的重要内容，及时发现问题，推动整改落实。注重与巩固拓展“不忘初心、牢记使命”主题教育成果相结合，对明确的整治措施逐条梳理落实情况、分析实际成效，确保问题不解决不松劲、解决不彻底不放手，坚决防止和克服隐形变异、反弹回潮等问题。深化运用监督执纪“四种形态”，切实加强监督检查，持续释放执纪必严、违纪必究的强烈信号。

关于印发《中共政协沛县委员会党组意识形态工作责任制2020年度任务清单》的通知

沛政协党〔2020〕3号

县政协各委室:

《中共政协沛县委员会党组意识形态工作责任制2020年度任务清单》已经县政协党组会议研究通过,现印发给你们,请认真贯彻落实。

2020年5月22日

中共政协沛县委员会党组意识形态工作责任制2020年度任务清单

(2020年5月22日中共政协沛县委员会党组会议通过)

为进一步加强和改进新时代意识形态工作,落实党管意识形态原则,牢牢掌握意识形态工作领导权,增强意识形态领域主动权话语权,巩固马克思主义在意识形态领域的指导地位,筑牢各界人士团结奋斗的共同思想基础,明确意识形态工作责任,现制定沛县政协党组意识形态工作责任制2020年度任务清单。

一、党组领导班子主体责任

(一)及时传达学习习近平总书记关于意识形态工作的重要讲话、重要指示精神以及中央和省、市、县委关于意识形态工作的重大决策部署,及时制定落实意识形态工作责任制的相关文件,健全完善相关制度机制。

(二)持续抓好中央和省委巡视、市委及县委巡察意识形态专项检查反馈意见整改,全力抓好2019年度全面从严治党述职县委书记点评问题整改。

(三)及时学习上级党委关于意识形态领域情况通报,定期以文件或会议形式在一定范围内通报意识形态领域情况,分别每年不少于两次。

(四)把意识形态工作纳入党组年度工作要点,纳入党建工作要点,纳入领导班子和领导干部年度考核，纳入“三会一课”党员活动重要内容。

（五）对年度意识形态工作任务进行细化分解，明确领导班子、领导干部和有关委室意识形态工作职责和任务，制定落实意识形态工作责任制任务清单。

（六）党组会专题研究意识形态工作每年不少于两次。

（七）党组定期分析研判有关人民政协的舆情引导和委员队伍意识形态动向，对重大事件、重要情况、重要社情民意中的倾向性、苗头性问题，有针对性地加以引导。

（八）每半年专题汇报一次意识形态工作。

（九）建立健全意识形态领域风险防控制度机制，强化意识形态领域风险排查和防范化解。

（十）及时妥善处置意识形态领域问题和事件，及时向县委报告和处置意识形态领域重大问题、重大事件。

（十一）党组班子成员把意识形态工作作为民主生活会和述职报告的重要内容。

二、班子成员领导责任

（十二）主要领导履行“第一责任人”责任，做到带头抓意识形态工作，带头管阵地把导向强队伍，带头批评错误观点和错误倾向，重要工作亲自部署、重要问题亲自过问、重大事件亲自处置；每年至少两次听取意识形态工作专题汇报，带头上有关意识形态工作的党课。

（十三）分管领导履行“直接责任人”责任，协助主要负责同志统筹协调指导意识形态工作，协调指导各方面整体推进意识形态工作。

（十四）班子其他成员履行“一岗双责”，抓好上级关于意识形态工作部署要求的贯彻落实，抓好职责范围内的意识形态工作。

三、主流意识形态建设

（十五）深入学习宣传贯彻习近平新时代中国特色社会主义思想和党的十九大、十九届四中全会及省市县委全会精神，精心谋划组织党组中心组学习，抓好“学习强国”平台学习使用。

（十六）围绕学习贯彻习近平新时代中国特色社会主义思想和习近平总书记视察徐州重要指示，聚焦高质量发展、优化营商环境、推进乡村振兴、决战脱贫攻坚、安全生产、打好污染防治攻坚战、扫黑除恶专项斗争、构建“四位一体”社会治理模式等，开展专题宣传，做好经济形势、疫情防控宣传。

（十七）完善突发事件舆论引导机制，加强热点敏感问题和突发事件引导。完善应急预案、应急指挥、联动处置等舆情处置工作机制，提升舆情处置队伍能力水平。

(十八)贯彻落实《新时代爱国主义教育实施纲要》,常态化、制度化推动理想信念教育。深入开展党史、国史教育和政策、成就宣传。充分利用省内红色教育资源,积极推动"淮海战役精神进机关",深入开展"领导干部学周恩来、基层干部学赵亚夫、普通党员学王继才"等学习活动,并用好反面教材加强警示教育。

(十九)在专题议政性常委会议、主席专题协商会议、推进基层协商民主、专题民主监督活动、提案办理协商、网络议政履职活动中,注重加强对意识形态的引导。

(二十)把意识形态工作同专题调研、视察考察等履职实践深度融合,引导广大委员感受新成就、领悟新思想,不断增进对中国共产党和中国特色社会主义的政治认同、思想认同、理论认同、情感认同,寻找最大公约数、画好最大同心圆、汇聚强大正能量。

四、意识形态领域管理

(二十一)旗帜鲜明坚持党管宣传、党管意识形态、党管媒体,强化对智慧政协 APP、政协门户网站、微信公众号的管理,唱响主旋律,传播正能量。

(二十二)推进"沛县政协"网站、"智慧政协"APP、微信公众号等网上内容建设,创新传播形式手段方法,加强网上正面宣传,壮大网上主流舆论声势。

(二十三)健全网络舆情监测研判、预警预防、分级响应、交办督办、限时反馈全流程应急处置机制,强化重大事项协同联动处置。

(二十四)做好政协民族宗教工作,进一步弘扬爱国爱教精神。加强与教育文体界等界别政协委员的联系,充分发挥他们在意识形态工作中的积极作用。

五、督导问责

(二十五)把贯彻落实中央和省、市、县委关于意识形态工作决策部署情况,纳入执行党的纪律尤其是政治纪律和政治规矩的监督检查范围,纳入干部考核,健全相关制度机制,注重考核结果运行。

(二十六)坚持抓早抓小、防微杜渐,对政协机关党员干部的倾向性、苗头性、普遍性问题,及时谈话提醒、诫勉、函询、教育。

(二十七)党组领导班子和领导干部违反意识形态有关规定的,按规定追究责任。

○**政协委员会文件**

关于设立镇(场)街道政协工作联络员的通知

政协沛委〔2017〕6号

各镇(场)街道办、政协各参加单位：

根据《中共沛县县委关于加强和改进人民政协工作的意见》(沛委发〔2017〕25号)文件精神，经研究决定：

尤志文同志为龙固镇政协工作联络员；

王伟清同志为杨屯镇政协工作联络员；

毕旭同志为胡寨镇政协工作联络员；

魏芹同志为魏庙镇政协工作联络员；

白洁同志为五段镇政协工作联络员；

张振同志为张庄镇政协工作联络员；

赵丹宇同志为张寨镇政协工作联络员；

周奉军同志为敬安镇政协工作联络员；

赵本正同志为河口镇政协工作联络员；

姚亮同志为栖山镇政协工作联络员；

赵裕峰同志为鹿楼镇政协工作联络员；

朱信欢同志为朱寨镇政协工作联络员；

朱信杰同志为安国镇政协工作联络员；

甄苏杰同志为大屯街道政协工作联络员；

赵娟同志为沛城街道政协工作联络员；

魏秀玲同志为汉源街道政协工作联络员；

罗坤鹏同志为汉兴街道(开发区)政协工作联络员；

沈兆海同志为湖西农场政协工作联络员。

2017年4月5日

关于印发《政协沛县委员会界别(委员联络小组)活动办法》的通知

政协沛委〔2017〕7 号

各界别,各镇区场街道办,县政协各委室,各参加单位:

《政协沛县委员会界别(委员联络小组)活动办法》已经县政协十届四次主席会议协商通过,现印发给你们,请认真遵照执行。

2017 年 5 月 18 日

政协沛县委员会界别(委员联络小组)活动办法

第一条 为进一步开创政协工作新局面,根据《中共中央关于加强人民政协工作的意见》《中国人民政治协商会议章程》和《中共沛县县委关于进一步加强和改进人民政协工作的意见》等相关规定,制定本办法。

第二条 开展界别(委员联络小组)活动要坚持以马克思列宁主义、毛泽东思想、邓小平理论、"三个代表"重要思想和科学发展观为指导,深入学习贯彻习近平总书记系列重要讲话精神和治国理政新理念、新思想、新战略,以政协章程为依据,充分发挥政协的界别特色和优势,为推进"两聚一高",发挥"三个作用"走在全市前列,建设"三地一新"新沛县做出更大贡献。

第三条 县政协全体委员按界别编成组;各镇(场)街道办的委员再按各自所属镇(场)街道办建立委员联络小组。各界别(委员联络小组)明确一名委员为活动召集人。界别(委员联络小组)联合开展活动时,每个界别(委员联络小组)各有一名委员担任召集人。

召集人的职责是:

(一)根据县政协的工作部署和本界别(委员联络小组)的特点,制订年度活动计划,并负责组织实施。

（二）全体会议期间，负责组织本界别（委员联络小组）委员进行讨论；全体会议闭会期间，负责召集本界别（委员联络小组）委员开展专题调研、专题视察和专项活动。

（三）加强与本界别（委员联络小组）委员和相关专委会的联系与沟通，了解和反映委员的意见和建议，通报县政协重要工作。

（四）列席县政协召开的主席会议、常委会议和其他有关会议，了解情况并报告工作。

第四条 县政协全体会议期间，可以组织界别（委员联络小组）联组讨论。界别（委员联络小组）联组进行讨论时，可邀请县委、县政府及其有关部门的负责人到会听取意见和建议。

第五条 县政协全体会议、常委会议安排大会发言时，各界别（委员联络小组）可以本界别（委员联络小组）名义提交大会发言材料，申请大会发言。

第六条 县政协全体会议闭会期间，委员活动县级层面以界别为单位组织活动，镇（场）街道办委员按从事职业等相关情况并入界别参加活动，县级层面的界别活动每年不少于两次（含一次县内活动，一次县外活动）；基层政协组织层面（镇场街道办）以联络小组为单位组织活动。

第七条 各界别（委员联络小组）要制订活动计划，明确活动主题，创新思维方式，创新活动载体，确保活动成效。要及时向县政协提交活动计划和活动总结报告。每年底，县政协将对各界别（委员联络小组）开展活动的质量和效果进行考核、评比与表彰。

第八条 界别活动的主要内容：

（一）组织委员开展学习，传达县政协常委会议精神，通报县政协重要工作。

（二）围绕县委、县政府重大决策、重点工作，人民群众普遍关心和本界别重点关注的重要问题，开展专题调研、专题视察、专题民主监督、座谈讨论，提出提案，向县政协全体会议、常委会议提交大会发言材料，报送社情民意信息。

（三）组织委员联谊活动。

第九条 委员联络小组活动的主要内容：

（一）组织委员认真学习党的路线、方针、政策，政协统战理论知识及上级政协有关会议精神。

（二）按照县政协确定的工作要点和本小组年度工作计划，组织委员就当地政治、经济、文化和社会生活等方面的重要问题开展调研、视察、咨询等活动，向党委、政府及其他有关组织提出意见、建议和批评。

（三）密切联系群众，倾听来自各方面的意见，向县政协报送社情民意信息。

(四)积极协助完成县政协部署的文史资料稿的征集工作。

(五)组织委员开展形式多样的社会活动,广泛联系当地台港澳侨眷属和各界群众,增进友谊和团结,调动一切积极因素,为发展当地经济服务。

(六)完成县政协和镇场街道办党(工)委交办的其他工作任务。

第十条 县政协主席会议定期研究、部署和检查界别(委员联络小组)活动工作。各界别、民主团体、县工商联和党外人士的活动,由县政协办公室、研究室和相关专委会负责联系、协助和推动。建立主席、副主席分工联系界别(委员联络小组)制度,完善政协沛县十届委员会委员联络机制。

第十一条 各界别(委员联络小组)要加强与党政有关部门的联系,开展相互之间的协作,进行形式多样的活动。

第十二条 政协委员要加强与所在界别(委员联络小组)群众的广泛联系,深入基层,服务群众,关注民生,反映民意,踊跃参加界别(委员联络小组)委员活动。

第十三条 加强对界别(委员联络小组)活动的宣传工作。有计划、有重点地组织新闻媒体对界别(委员联络小组)活动做新闻报道。组织各界别(委员联络小组)委员在新闻媒体上参与访谈,发表意见和建议。在沛县政协网上开辟专栏,选择重要话题,发动各界别(委员联络小组)委员进行讨论和交流。

第十四条 县政协办公室、研究室及各专委会要为开展界别(委员联络小组)活动、发挥界别(委员联络小组)作用提供必要的条件和服务,做好后勤保障工作。县政协委员工作委员会负责联系各专委会收集、汇总各界别(委员联络小组)的年度计划、工作安排和情况总结。

第十五条 举办委员活动日。围绕中心工作和重大节日,通过报告会、联谊会、通报会、咨询服务、参观考察,不定期举办委员活动日。要丰富活动内容,改进活动方式,提高活动质量。

第十六条 本办法经县政协主席会议通过后实行。此前凡涉及界别(委员联络小组)活动的规定,与本办法不一致的,以本办法为准。

政协沛县委员会关于开展“创‘五型’机关,做‘六讲’委员”活动的意见

政协沛委〔2017〕9 号

为全面贯彻落实党的十九大精神,全面提升政协委员履职水平,开创政协工作新局面,经县政协主席会议研究,决定在全县政协系统深入开展“创‘五型’机关,做‘六讲’委员”活动。创建学习型、研究型、服务型、高效型、廉洁型机关,争做讲政治、讲学习、讲责任、讲创新、讲协作、讲奉献的政协委员。

一、指导思想

坚持以马列主义、毛泽东思想、邓小平理论、“三个代表”重要思想、科学发展观为指导,深刻领会习近平新时代中国特色社会主义思想的丰富内涵和精神实质,充分发挥县政协服务全县中心工作、服务全体委员的职能作用,进一步规范县政协机关工作,加强委员队伍建设,按照党的十九大报告关于发挥社会主义协商民主重要作用的新思路、新要求,紧紧围绕打造“三地一新”新沛县目标,结合“两学一做”活动和“百千万”走访帮扶活动,在县政协系统深入开展“创‘五型’机关,做‘六讲’委员”活动,力争使全体政协委员进一步解放思想、务实创新、转变作风、提高效能、勤政廉洁,全面提升工作水平,为我县在全市发挥“三个作用”中走在前列做出新的更大的贡献。

二、目标任务

通过深入开展“创‘五型’机关,做‘六讲’委员”活动,进一步强化使命担当意识,加强整体协调和配合,主动协商、沟通,高标准履行机关工作职责,以委员自身素质的提高来促进机关整体素质的增强,以委员和干部综合素质的提高来实现机关整体效能的提高,深刻理解十九大报告中的新成就、新思想、新使命、新目标、新部署、新要求,奋力打造政协“凝大智慧、聚众合力、谋新良策、发好声音、扬正能量、创高质效”的目标定位,推动政协各项工作迈上新台阶。

三、主要内容

(一)创“五型”机关

1. 努力创建“学习型”机关

按照习近平总书记提出的“懂政协、会协商、善议政”要求,不断提高政治把握、调查研究、联系群众和合作共事四种能力。发挥好县政协网站、政协微信群和政协微信公众号的作用,及时宣传创建学习型机关有关活动和成效,营造良好的学习氛围。修订完善县政协机关集体学习和考核考评制度,认真开展“两学一做”学习教育,形成学习长效机制。组织开展“五个一”活动,即组织一次党的最新理论成果或重要时事政治学习辅导报告,组织一次政协委员业务知识和技能培训,组织一次学习心得体会交流,组织一次县情调研,组织干部职工每人读一本好书。通过学习活动,促进全体工作人员自身素质增强、工作思路完善、工作方法改进、服务水平提高。(牵头委室:文史学宣委)

2. 努力创建“研究型”机关

根据全国政协、省市政协出台的政协工作制度,进一步建立和完善政协履行职能的各项规则和具体措施,深入研究解决政协发展中面临的理论和实践问题,认真总结政协在实践中形成的好经验、好做法,不断总结创新政协在新形势下履行职能的新形式和新方法,开展政协履职“金点子”征集评选活动,不断推动政协工作的制度化、规范化、程序化建设。依托《政协沛县委员会界别(联络小组)活动办法》,强化对各界别(联络小组)开展调研视察、参观学习、座谈通报等活动的督促检查,鼓励委员积极反映社情民意、提出提案和建议,提高委员活动参与率。围绕经济建设、社会发展等重大问题,每年至少举办一次专题论坛或讲座,邀请专家、学者来沛开展研讨、报告等交流活动。(牵头委室:研究室、委员工作委)

3. 努力创建“服务型”机关

动员和组织机关干部走出机关,深入基层,深入群众,多倾听民意,多调查研究,扎实做好调研视察、民主评议、提案办理和社情民意工作,努力提出更多务实管用的建议。加强与政协委员的联系,定期走访,电话联络,沟通思想,了解情况,帮助解决工作、生活中存在的困难和问题,主动为委员知情出力创造条件。热情接待来访委员,及时反映他们的意见和要求,力所能及地协调解决一些实际问题。重点开展好“四个一”活动,即写一件提案,提一条建议,化解一个矛盾,反映一条社情民意。通过活动的开展,不断总结政协在实践中形成的好经验、好做法,不断总结政协在新形势下服务委员履职的新形式和新方法。(牵头委室:教文卫体委)

4. 努力创建“高效型”机关

进一步理顺办公室和专门委员会、专门委员会联系委员的工作机制，强化执行意识、效率观念，定下来的举措就要抓紧实施，承诺了的事情就要切实兑现，减少形式，注重实效。建立健全抓落实的工作机制，把每项工作任务分解到委室，落实到个人，做到有布置、有督促、有检查、见实效，以高度的政治责任感、熟练的业务技能、良好的服务态度，做好政协机关的调研视察、提案办理、社情民意收集等各项工作。开展以“机关效能提升”为主要内容的岗位技能竞赛活动，根据每月工作要点安排，高质高效完成既定的目标任务，以季度为单位评选优秀委室和个人，年终予以一次性奖励。（牵头委室：提案委、人资经科环委）

5. 努力创建“廉洁型”机关

不断完善县政协机关党风廉政建设机制，着力解决党员干部党性、党风、党纪方面存在的问题，加强对党员干部作风的监督检查，建立完善作风建设监督评价机制。严格执行党风廉政建设各项规定，认真落实“一岗双责”，教育和引导县政协机关全体党员干部和职工切实做到勤政务实、清正廉洁。重点组织开展“三个一”活动，即开展一次廉政警示教育活动，开展一次廉政知识宣传活动，开展一次廉政文化展示活动。开展经常性的思想交流活动，妥善解决工作中存在的意见和分歧，增强机关的整体合力。（牵头委室：办公室、海联社法委）

（二）做“六讲”委员

1. 争做讲政治的委员

深刻领会习近平总书记关于人民政协工作的新论述，领会党的十九大报告关于发挥社会主义协商民主重要作用的新思路、新要求，在与社会各界交往中，在政治协商、民主监督、参政议政时，不断强化政治意识、大局意识、核心意识、看齐意识。树立讲政治的形象，树立遵纪守法的形象，树立爱岗敬业的形象，树立依法办事的形象，树立密切联系群众的形象。始终保持在政治上的坚定性和纯洁性，始终保持在界别群众中的代表性和先进性，始终牢记“守纪律、讲规矩、重品行”的准则，严格遵守党的政治纪律和政治规矩，以良好的作风和形象把各界人士团结在党的周围，履行好委员权力，做“懂政协、会协商、善议政”的政协委员，力求使政协工作与中心工作目标同向，步调一致。

2. 争做讲学习的委员

积极倡导“终身学习、全员学习”的科学理念，全面开展“不忘初心，牢记使命”主题教育，推动全体委员深入理解和把握习近平新时代中国特色社会主义思想科学体系的精神实质和实践要求，增强学习本领、改革创新本领、科学发展本领、群众工作本领、狠抓落实本领和政治协商、民主监督、参政议政本领。不断增强学习的自觉性和主动性,营造浓厚的学习氛围,引导全体委员爱学习、勤学习、多学习。通过个人自学、集中学习和参加讲座、论坛等形式,坚持学习与调研相结合、学习与工作相结合,确保学习时间不少、学习内容不缺。组织政协委员利用界别活动外出考察、深入村组调研,向实践学习、向群众学习,有效提升业务能力和工作水平。

3. 争做讲责任的委员

坚持高定位、高要求,进一步增强履职的责任感和使命感,以高姿态干事、高标准履职。始终坚持把发展作为政协履职的第一要务,服务经济建设大局;始终坚持把实现和维护最广大人民的根本利益,作为政协工作的出发点和落脚点,真实反映群众愿望,自觉承担社会责任,切实发挥协调关系、汇聚力量、建言献策、服务大局的作用。要围绕大局,在协商内容上求深,在协商质量上求精;要立足现实,在实施民主监督时要深入调研,了解实情,要坚持原则,把握尺度,确保民主监督有力、有效;要围绕发展主题议大事,观全局,谋大计,出成果,求实效。

4. 争做讲创新的委员

不断培养创新意识,勇于冲破陈旧思想观念束缚,主动学习新知识、接受新观念、形成新思维,推进人民政协理论创新、制度创新和工作创新,在创新中推进政协工作的科学发展。不断探索委员视察和调查研究工作的新形式、新方法,进一步提高调研质量,促进调研成果转化,提高议政建言的质量和水平,为决策提供高质量、高水平的参考依据;探索民主监督与视察、提案、社情民意工作相结合的有效形式,使民主监督更加切实、富有成效;探索提案办理工作的新形式,采取专题调研、跟踪督查、主席督办、现场办理等有效方式,对提案尤其是重点提案加大办理力度,提高提案办理满意率,不断拓宽履行政协职能的领域。支持各界别(联络小组)结合实际,通过各种途径、各种渠道、各种方式进行广泛协商,不断积累和提炼实践经验,对其中一些已经成熟的好做法要适时提升为制度规范。坚持问题导向,及时发现新情况、解决新问题,不断深化规律性认识,加快创建科学完善的社会主义协商民主理论体系。

5. 争做讲协作的委员

坚持有事好商量,众人的事情由众人商量,牢固树立一盘棋思想,把做好政协的每项工作,作为自己义不容辞的职责,注重工作配合,主动搞好协作,营造良好的氛围,倡导协商民主精神,培育协商民主文化,使大家乐于讲真话、讲实话、讲心里话,形成又有集中又有民主、又有纪律又有自由、又有统一意志又有个人心情舒畅生动活泼的政治局面。班子成员之间要多交流沟通,多鼓励支持,大事讲原则,小事讲风格,补台不拆台;领导干部要有相互协作的心胸和气度,用自己坚强的党性、高尚的人格做出表率;委室之间要主动加强联系,遇事多商量,平时多提醒,工作多支持,相处多谦让;委员之间要胸怀坦荡,以诚相待,理解体谅,敢于开展批评和自我批评,做到思想上互相尊重,生活上互相关心,工作上互相支持,通过大家共同努力,维护沛县政协的团结和谐局面。

6. 争做讲奉献的委员

坚持把"讲奉献、有作为"贯穿到做事立业的全过程,强化自己的历史使命感和社会责任感,牢固树立履职为民、无私奉献的履职理念,充分发挥表率的作用,影响和带动广大群众加强道德修炼,提升精神境界,发挥主体作用,勇于担当、积极作为,树立起政协组织和政协委员的良好形象。要淡泊名利、清正廉洁,树立正确的权力观、地位观、利益观和甘于奉献、永不止步的精神,着力提高全局观念、服务意识,为政协履行职能、开展工作提供有力保障。要常怀为民之心,关心群众疾苦,关注民生民情,结合"两学一做"教育和"百千万"走访帮扶活动,深入基层,贴近群众,开展调查研究,反映社情民意,倾听群众呼声,反映群众的意愿和诉求,推动群众最关心、最现实的问题的解决。

四、组织领导

1. 强化领导,统一思想。成立县政协"创'五型'机关,做'六讲'委员"活动领导小组,县政协党组书记揭月华同志任组长,县政协办公室主任牛文成同志任副组长,各专委会主任为成员,具体负责组织实施活动的开展和各项创建工作。要切实加强组织领导,精心安排部署,扎实组织实施,确保把各项创建任务落到实处。活动领导小组下设办公室,牛文成同志兼任主任,负责活动的具体实施。

2. 细化任务,夯实责任。活动办公室要根据创建工作目标和内容,进一步细化各项创建活动细则,逐项落实任务和工作责任,确保每项工作有人抓、有人管、有人负责。要明确各个阶段的活动内容、创建目标和时限要求,倒排日程,并认真抓好组织实施。

3. 密切协作,搞好配合。全体政协委员都要强化大局意识和责任意识,积极服从活动领导小组的统一安排部署,主动搞好各项创建工作。要建立创建工作例会制度、报告制度和通报制度,定期座谈研究、定期汇报交流、定期通报评比,及时解决创建工作中存在的困难和问题,促进各项创建工作顺利开展。

4. 强化督查,严格考核。活动领导小组要按照创建工作的要求,对创建活动进行定期不定期的督促、检查和指导,及时发现问题,提出对策,限期整改,强力推进创建活动的有序有效开展。

2017 年 11 月 22 日

政协沛县委员会
关于加强和改进政协提案工作的实施意见

政协沛委〔2018〕2号

提案工作是人民政协的一项全局性工作,是政协履行职能的重要方式,是委员参政议政的重要渠道。面对建设“强富美高”新沛县的新任务、新要求,迫切需要以解放思想、勇于变革、敢于担当的精神加强和改进政协提案工作,更好地发挥县政协“凝大智慧、聚众合力、谋新良策、发好声音、扬正能量、创高质效”的优势,增强政协履行政治协商、民主监督、参政议政职能的新成效。为贯彻落实县委《关于加强和改进人民政协工作的意见》(沛委发〔2017〕25号),结合县政协工作实际,提出以下实施意见。

一、创新提案征集与审查制度,进一步提高提案质量

(一)明确提案撰写要求。提案要坚持严肃性、科学性、可行性和针对性,围绕县委、县政府中心工作和群众普遍关心的热点问题,在充分调查研究的基础上,提出有情况、有分析、有具体建议的高质量提案,避免临时动议、笼统空泛。提案提交须符合规范要求,需说明的情况可作附件。

(二)开展常态化提案征集。实施县政协全会期间提案集中征集和全会闭会后平时提案征集相结合的征集模式。全会闭会期间,组织委员结合调研视察,或综合社情民意信息,引导委员及时、实时提交提案,推动提案征集常态化。每年8月份,提案委将闭会期间收集的提案,会同县委督查室、县政府督查室审查交办。

(三)严把提案质量关。政协委员要增强运用提案履职意识,充分参与提案提交、办理、反馈全过程,密切与所在界别群众的联系,从熟悉的领域或行业精选课题提出提案。参与联名提案的委员应了解提案内容并亲自署名。切实改变不当选题、罗列问题、抄袭拼凑等不良现象。

(四)注重培育集体提案。各界别要充分发挥专业、界别优势,紧紧围绕全县中心工作,深入调查研究、协商议政。要从提案选题、调研、知情等方面为本界别政协委员撰写提案提供保障。各界别每年至少召开一次界别提案工作会议，研究年度界别提案工作，协商确定界别提案主题，分配撰写调研任务等。要适时集中本届别委员开展活动，通过上门走访、对口协商等方式，主动“找米下锅”，提前酝酿集体提案选题，有的放矢开展重点提案培育。

（五）严把提案审查立案关。进一步规范提案审查程序，严格立案标准，完善提案初审、复审、会审定案制度。政协全会期间的提案，由大会提案审查委员会负责审查立案，并向大会提交提案审查情况报告；闭会期间的平时提案，由提案委员会负责审查立案，并可根据需要邀请提案承办大户参与审查工作。进一步完善提案提交方式，提案者提交的平时提案，报送县政协提案委后，由提案委审核把关，对建议不具体的提案可反馈提案者进行充实完善；提交政协全体会议的提案，于每年 12 月中旬前报送县政协提案委，由提案委会同有关部门审核把关；对全会期间提交的提案，经大会初步审查后对建议不具体的提案可再安排 15 天时间由提案者充实完善。对不予立案的提案，转作委员来信或社情民意处理。

二、创新提案办理协商机制，进一步提高提案办理质量

（六）完善提案交办机制。县政协全体会议期间立案的提案，在全会结束一个月内，由政协提案委根据提案内容先作整体“预交办”，拟定提案承办单位并与之协商办理意向或改办意见后，再由县政协办公室会同县委办公室、县政府办公室联合召开提案交办会议集中送交承办，确保提案交办准确性。闭会期间提交的平时提案，事关全县中心工作和民生的重大问题的提案，要随时提、随时交，由提案委及时审查立案，会同县委办公室、县政府办公室送交有关单位承办。各承办单位应积极参与政协提案交办与调整工作，确保提案交办对口、分办合理。

（七）完善提案办理内部运行机制。承办单位收到政协提案后应制订办理工作方案，明确任务分工、时限要求和质量标准，落实提案办理责任制，形成“主要领导亲自抓、分管领导牵头抓、职能科室抓落实、专门人员具体办”的提案办理工作机制。

（八）完善提案办理协商机制。各承办单位要进一步建立和完善提案办理协商制度，采取电话协商、现场协商、上门协商、座谈协商等形式，“走出去、请进来”，与提案者进行办前走访、办中随访、办后回访“开门办案”，认真听取提案者的意见建议，推进提案建议有效落实。由两个以上单位联合办理的提案，主办单位应主动征求协办单位意见，协办单位应在两个月内将协办意见函告主办单位。同一提案分别办理的，相关单位应加强沟通，就涉及本单位职责的事项分别或联合答复提案者。要重视提案办理中对同类提案进行并案办理,提高办理实效。

(九)完善重点提案督办机制。建立完善“书记县长批办领办、主席督办、协商快办、合力齐办”的重点提案督办机制。每年初由县政协确定一批重点提案,由县长、副县长各领办一件,县政协主席、副主席领衔督办。开展听取一次办理方案汇报、开展一次办理工作调研、听取一次办理情况汇报、召开一次提办双方办理协商座谈会、组织一次办理结果视察“五个一”办理协商活动,确保重点提案按时限、高质量办理落实。建立完善县政府领导通报重点提案办理工作情况制度。

(十)完善提案答复机制。各承办单位对政协提案答复,应当在收到提案之日起 3 个月内做出书面答复。确需延长办理时间的,须经县政协提案委同意,延长时间一般不超过 2 个月。提案答复内容包括提案反映问题的解决情况、意见建议的采纳落实情况等,对未予采纳的要加以说明。提案者对办理结果不满意的,承办单位应与提案者沟通,重新研究答复,并做出书面说明。

(十一)认真采纳落实合理建议。各承办单位应加强对政协提案内容的分析研究,认真采纳提案中的合理意见建议,凡是有条件解决的,应集中力量解决;因条件限制一时难以解决的,应实事求是地向提案者说明情况;对需要列入计划逐步解决,应及时向提案者反馈提案办理进展情况。对同一提案者连续多年提出同一提案的,承办单位要主动与提案者沟通,协商解决方案。

三、创新服务方式,进一步提高提案服务质量

(十二)强化学习培训工作。注重学习党的路线、方针、政策和国家法律法规,学习政协理论,切实增强委员参政议政的责任感、使命感。每年组织召开提案工作座谈会、学习培训班及编发提案知识、提案征集目录、优秀提案汇编,让委员了解提案性质、地位和作用,掌握提案相关制度与规范,提高提案质量意识和撰写提案能力。

(十三)做好知情服务工作。每年定期召开知情明政通报会,邀请县委、县政府及有关部门负责人通报全县经济社会发展情况,让政协委员更多地了解全县中心工作,了解社情民意。

(十四)深入开展调查研究工作。政协委员要根据提案选题,进社区、进园区、进农村,广泛深入地调查社情民意,了解实际政情社情,掌握“第一手资料”,准确把握问题实质,确保提案反映的问题真实准确、建议切实可行。

(十五)做好提案选题引导。立足实现提案征集常态化,建立面向社会公开征集提案线索制度,于每年 10 月向政协委员提供提案参考选题,确保提案内容的准确性、时效性和方向性。提案选题应紧扣全县中心工作和县委、县政府重大决策部署，着眼于推进“三地一新”新实践和建设“强富美高”沛县的任务要求，围绕科技创新、建立现代产业体系、招商引资、新型城镇化建设、现代农业发展、创新社会管理、乡村振兴等重大问题进行筛选。

（十六）发挥县政协专门委员会的服务作用。县政协各专门委员会要注重提案征集、重点提案跟踪办理、协商办案等组织协调，加强提案办理协商中与提案者、承办单位的联系沟通，为做好提案办理协商工作提供优质高效服务。

四、加强宣传与制度建设，扩大提案工作社会影响

（十七）强化政协提案宣传工作。进一步加强和改进提案宣传工作，通过县电视台、《沛县日报》、县政府网站、政协网站等新闻媒体，将提案和提案办理结果向社会公开，大力宣传承办单位办理提案的成效和典型事迹，宣传政协委员运用提案履行职能的有效做法。继续办好《提案追踪》栏目，提高社会各界对政协提案工作的认知度。

（十八）做好优秀提案表彰工作。进一步改进优秀提案评选工作，完善评选办法，增强评选工作的客观性和公正性。县政协每年对年度优秀提案进行表彰，联合县政府对提案承办先进单位进行表彰。

（十九）加强提案制度化、规范化、程序化和信息化建设。坚持和完善县政协主席会议重点提案督办制度、提案审查立案标准、提案办理协商工作程序、建立健全提案办理民主评议制度，建设提案信息化管理系统，搭建网上提案提交、审查、交办、办复、反馈和查询为一体的综合化服务平台，努力提高提案工作科学化水平。

五、加强组织领导，推动政协提案工作不断创新发展

（二十）切实加强和改进对提案工作的领导。主动争取县委、县政府的重视和支持，为提案工作创造良好的外部环境和条件。县政协常委会议和主席会议要从政协工作的全局研究部署提案工作，着力构建主席亲自抓、分管主席直接抓、其他副主席共同抓、各委室齐参与的工作格局，形成主席负责、专委会协调、提案委跟踪的重点提案督办机制，推动提案办理取得实效。

（二十一）建立提案工作考核评价机制。完善提案办理工作绩效考评办法，注重提案办理工作在县政府职能部门年度绩效考评中的结果运用。建立政协委员提案考评制度，把撰写提案作为衡量委员履职的重要条件，对一年内未提交提案的委员不得参选年度“优秀政协委员”评选，对连续两年未提交提案的委员建议免去政协委员资格。

关于开展“委员履职提升年”的意见

政协沛委〔2018〕5号

为深入贯彻中共十九大精神,进一步丰富我县政协组织协商议政的内容和形式,更好地发挥委员履职主体作用,推进委员服务管理工作的规范化、制度化建设,不断提高政协履职和服务水平,经县政协十届五次常委会议通过,拟将2018年定为“委员履职提升年”。现提出如下意见:

一、指导思想

高举中国特色社会主义伟大旗帜,全面学习贯彻落实党的十九大精神和习近平总书记视察徐州重要指示,深刻领会习近平新时代中国特色社会主义思想的丰富内涵和精神实质,在中共沛县县委的坚强领导下,牢牢把握团结民主主题,紧紧围绕“凝大智慧,聚众合力,谋新良策,发好声音,扬正能量,创高质效”的工作方针和“创‘五型’机关,做‘六讲’委员”的工作主线,同心协力搞好政治协商,积极稳妥推进民主监督,扎实有效开展参政议政,充分发挥协调关系、汇聚力量、建言献策、服务大局重要作用,在争当全面建成小康社会苏北先行军,奋力打造“强富美高”新沛县的新进程中做出更大贡献。

二、活动内容

(一)推动委员履职建言,突出委员主体作用

政协工作要坚持以委员为中心,充分激发委员主体意识,调动委员履职主动性,在履职实践中彰显委员地位和作为。

1. 开展“四个一”活动。每个委员做到全年至少写一件提案,提一条建议,化解一个矛盾,反映一条社情民意。为确保“四个一”活动取得实效,县政协各委、室要积极为委员建言献策搭建平台、提供服务保障,根据调研和视察活动的专业性,最大范围地邀请委员参与,扩大委员参与面,及时提供调研信息、政策资讯等,帮助委员建言立论有理有据。

2. 建立委员智库。选取我县经济社会发展的重大问题,按照政协所能,组织有专业优势、实践经验的委员组成智库,集中智慧,开展调研、咨询、论证活

动,为县委、县政府科学决策提出富有前瞻性、具有实践性的意见建议,切实提高政协的建言质量和水平。

(二)创新委员履职形式,激发委员履职活力

委员是政协工作的基础和保障。政协组织要履职有为,必须善于调动和激发委员的履职热情,不断丰富委员的履职形式,释放委员履职活力,引导委员为改革发展建言,为民生福祉发声。

1. 举办委员论坛活动。聚焦县委、县政府中心工作,围绕我县经济社会发展重大战略和部署,充分发挥政协委员的专业优势,为委员搭建议政平台,进行建言献策。2018 年拟分别围绕绿色建筑业发展和乡村振兴战略等重大课题,举办两期委员论坛活动,精心拟定政协委员论坛活动方案,做好活动组织,确保活动取得实效。

2. 深入推动界别(委员联络小组)活动。在去年开展活动的基础上,总结经验,突出特色,补齐短板,发挥委员优势,探索开展形式多样的委员活动,如委员沙龙、小型研讨会、专题座谈会和交流视察等活动,引导委员积极协商议政,调动委员参政议政的积极性。活动要力求做到有主题、有计划、有载体、有成果。通过界别委员活动,有效提高界别委员履职能力和界别提案、社情民意的质量水准。完善《政协沛县委员会界别(委员联络小组)活动办法》,各界别(委员联络小组)活动每年不得少于两次,并明确经费保障。

(三)加强委员履职服务,拓展委员履职渠道

切实加强与委员的沟通联系,不断拓展为委员履职服务的渠道,提高为委员履职服务保障水平,为委员知情明政、参政议政创造良好条件。

1. 完善主席联系常委、常委联系委员制度。在去年建立主席联系常委、常委联系委员的平台之上,突出创特色、打品牌,继续坚持县政协主席、副主席每人重点联系若干名政协常委、委员,每名政协常委负责重点联系若干名政协委员。主席、副主席以及政协常委要经常与被联系者谈心,交流思想,通过共同调研、视察、座谈、走访等多种方式,及时了解被联系者的履职情况以及对政协工作的意见、建议和要求,帮助联系对象协调解决实际困难,增强政协的影响力和向心力。

2. 建立委员联系点制度。政协委员来自不同领域、各行各业,具有广泛的代表性,对群众所思所盼最为知情。以界别为主体,探索建立委员履职联系点制度,拓展委员履职平台,鼓励各界别委员走出去,广泛联系群众,走进基层,把政协工作向最基层群众延伸,最广泛、最充分地搜集社情民意信息,体察民情,反映民意,搭建起党委政府和群众的连心桥,更好发挥政协理顺情绪、化解矛

盾、维护稳定的作用。

3. 建立“政协委员之家”。探索建立形式多样的“政协委员之家”,县、各镇(场、街道)都要建立“政协委员之家”,为本区域政协委员及住在本区域的市、县政协委员提供相对固定的履职活动场所。鼓励各界别利用界别资源建立“界别委员活动之家”,积极开展委员各项履职交流服务活动,真正把委员之家办成委员交流工作、增强联络和增进协商议政共识的重要阵地。充分利用“互联网+”平台,全力打造“智慧政协”,为委员活动提供智能支持。

(四)开展委员履职评议,增强委员履职实效

建立完善委员履职情况的考评机制,加强委员履职量化考核,推进委员服务管理的科学化、系统化、规范化建设,进一步增强委员的政治责任感,调动委员参政议政的自觉性和积极性。

1. 开展委员履职量化考评工作。在对委员履职、参加各类活动情况统计分析的基础上,制定《县政协委员履职管理办法》,建立委员履职档案,进一步明确委员履职的量化考评指标,充分发挥委员履职考评机制的正向激励作用。

2. 开展优秀政协委员评选活动。制定出台《优秀政协委员评选办法》,对履职表现突出、成绩显著的政协委员给予表彰和奖励。

3. 建立委员履职情况通报制度。定期将考核结果向政协常委会通报,并及时向县委组织部、统战部进行反馈,作为换届时委员去留的重要依据。

三、活动要求

深入开展“委员履职提升年”活动,是2018年县政协的一项重点工作,全县政协组织要高度重视,精心组织,周密安排,确保活动有力有序推进。

(一)建立领导小组。为确保活动取得明显成效,县政协将加强对活动的统一领导,成立县政协开展“委员履职提升年”活动领导小组,领导小组下设办公室,办公室设在委工委,具体负责活动的日常组织推动工作。

(二)明确工作责任。全县政协组织和机关各委室要高度重视,将“委员履职提升年”相关工作列入重点工作安排,结合工作实际,研究制订相关活动方案和工作计划,认真抓好各项目标任务的落实。县政协各委室要主动加强与联系的各界别(委员联络小组)协调配合,认真组织实施,做好活动记录,及时报送工作开展情况和相关活动信息,确保“委员履职提升年”活动扎实推进。

(三)积极主动作为。各位政协委员要切实增强委员意识,准确把握政协委员肩负的使命责任,立足本职岗位和所在界别,主动参与到活动中来,在参与的过程中敢于履职、善于履职,助推党委政府科学决策、民主决策,不断提升履职能力和水平。

（四）加强宣传报道。精心组织策划，利用多种渠道大力宣传“委员履职提升年”开展的经验成果和先进典型，加大对外、对上宣传力度，切实提高活动的社会知晓率，扩大政协组织和委员的影响力，为活动的顺利开展营造良好的舆论氛围。

关于印发《政协沛县委员会加强和改进反映社情民意信息工作的意见》的通知

政协沛委〔2018〕7 号

县政协各参加单位、各委室、各位委员：

《政协沛县委员会关于加强和改进反映社情民意信息工作的意见》已经县政协十届五次常委会议通过,现印发给你们,请认真遵照执行。

2018 年 1 月 11 日

政协沛县委员会关于加强和改进反映社情民意信息工作的意见

(2017 年 12 月 29 日政协沛县十届五次常委会议通过)

反映社情民意信息是人民政协重要的经常性、基础性工作,是履行政治协商、民主监督、参政议政职能的重要方式,是社会舆情汇集和分析机制的重要组成部分。为进一步提高我县政协社情民意信息工作水平,根据《中国人民政治协商会议全国委员会反映社情民意信息工作条例》《政协江苏省委员会关于加强和改进反映社情民意信息工作的意见》和《政协徐州市委员会关于加强和改进反映社情民意信息工作的意见》,结合我县政协工作实际,提出如下意见。

一、深刻认识反映社情民意信息工作的重要性

做好反映社情民意信息工作,有利于促进社会主义民主政治建设。开展反映社情民意信息工作,能够充分发挥各党派团体和各界人士建言献策的重要作用,密切广大政协委员和各参加单位同各界群众的联系,多层次、多领域扩大公民有序政治参与,畅通保障人民知情权、参与权、表达权、监督权的渠道,广泛表达和反映各种意见和主张,凝大智慧,聚众合力,推进党委和政府决策的科学化、民主化。

做好政协反映社情民意信息工作，有利于促进民生改善与社会和谐稳定。开展反映社情民意信息工作，把大量分散于各党派、各界别、各阶层、各群体的意见和建议，系统、综合、直接地反映给党委和政府，可以为调节利益分配、化解利益冲突、维护社会公平正义、科学制定符合人民愿望的方针政策，推动解决好人民群众最关心、最直接、最现实的利益问题，提供广泛的决策信息和智力支持；可以协助党委和政府做好各方面的团结工作，促进政党关系、民族关系、宗教关系、阶层关系、海内外同胞关系的和谐，形成全体人民各尽所能、各得其所而又和谐相处的社会。

做好政协反映社情民意信息工作，有利于促进政协履行职能的创新与发展。政治协商、民主监督、参政议政的具体内容，都与了解和掌握社情民意密切相关。反映社情民意信息工作贯穿于政协履行职能的各个环节，体现于委员发挥作用的各个方面。开展反映社情民意信息工作，可以密切政协各参加单位、各级政协组织和广大委员之间的联系，可以及时转化全体会议、常委会议以及专题调研、视察等各项经常性工作的重要成果，丰富和活跃履行职能的形式和内容，更好地发挥协调关系、汇聚力量、建言献策、服务大局的作用。

二、准确把握反映社情民意信息工作的总体要求

反映社情民意信息工作，要全面学习贯彻落实党的十九大精神，深刻领会习近平新时代中国特色社会主义思想的丰富内涵和精神实质，按照党的十九大报告关于发挥社会主义协商民主重要作用的新思路、新要求，坚持团结和民主两大主题，牢固树立和践行新发展理念，紧紧围绕全县改革发展稳定大局，深入基层、深入群众，广泛征集、反映社情民意，为"聚焦'两聚一高'、发挥'三个作用'、推进'三地一新'、建设'强富美高'新沛县"做出新的更大贡献。

强化大局意识。反映社情民意必须以习近平新时代中国特色社会主义思想为指导，积极践行以人民为中心的发展理念，坚持人民政协为人民，坚持有事好商量，众人的事众人商量；必须主动融入党委政府工作全局，紧扣"高质量发展、高水平小康"奋斗目标，聚焦在推进经济发展高质量上、在推进城乡深度融合发展上、在推进文化强县建设上、在深化改革创新上、在提升人民生活品质上、在推进生态文明建设上等六个方面攻坚突破、走在前列；必须始终与党委政府同频共振，突出"凝大智慧、聚众合力，谋新良策、发好声音，扬正能量、创高质效"工作主线，强化政协担当，彰显委员作用，建言建在需要时，献计献在关键处，推动政协工作在新时代取得新发展。

突出政协特色。注重体现广泛性，重视反映各社会团体、无党派人士及其他统一战线成员对政治、经济、文化和社会发展等各方面的看法和主张；注重体现界别性,重视反映来自各个界别有代表性的群众意见,反映一些人数不多但需要引起关注的特殊群体的合理诉求,反映一般渠道不易掌握的社会情况和群众意见;注重体现咨政性,重视主动策划、统筹协调,综合运用履行职能的多种方式反映社情民意,及时转化参政议政的成果,提出一些具有全局性、前瞻性、战略性的意见和建议。

确保真实准确。反映社情民意信息要坚持实事求是的原则,客观反映实际情况、如实表达各方意愿,保持生动鲜活,尽量原汁原味。所提出的意见建议必须符合法律法规和党委政府的有关政策要求,做到言之有据,言之有理。对涉及的相关数据应及时向有关部门核实,对正在发生的事实和情况,需进行跟踪了解,摸清弄准,务求准确无误。

树立精品意识。围绕事关改革发展稳定的重大问题、事关群众切身利益的突出问题,及时反映各界人士的意见和建议;坚持全方位、宽领域、多角度地反映信息,防止以偏概全,顾此失彼。善于对大量零星、孤立、分散的信息进行归纳整理、综合分析、加工提炼,从中发现带有规律性、苗头性、倾向性的问题;把一事一报同综合报送结合起来,努力提高反映社情民意信息工作的系统性和科学性。

三、形成全面反映社情民意信息工作的合力

充分发挥政协委员的主体作用。反映社情民意是政协委员履行职责的重要方式。广大政协委员要进一步增强责任感和使命感,密切联系群众特别是本界别(辖区)群众,了解民情,体察民意,集中民智。每位委员每年至少反映1件社情民意信息。政协机关要加强与委员的联系,不断提高工作质量和水平,为委员反映社情民意信息提供有效服务,确保高质量社情民意信息占比80%。

充分发挥政协界别(联络小组)的纽带作用。各界别(联络小组)要把反映社情民意信息作为界别(联络小组)活动的重要内容,认真组织所在界别(联络小组)委员及时了解和反映社情民意信息。鼓励同一界别(联络小组)委员围绕有关专题,以界别(联络小组)名义反映社情民意信息,把委员个人智慧升华为集体智慧,使意见建议更系统、更全面、更有针对性和操作性。

充分发挥专门委员会的基础作用。把反映社情民意信息贯穿于专委会的各项工作之中,并作为体现和转化专委会工作成果的重要渠道,有组织、有计划、有侧重地收集、整理委员在专题调研以及其他经常性活动中的真知灼见。委员在调研中形成的某些单项意见和建议、时效性强的意见和建议、不宜归入综合调研报告或在综合调研报告中反映不充分的意见和建议等,都可作为社情民意信息反映。县政协各专委会要将社情民意信息工作纳入重要工作安排,主动引导委员积极反映社情民意信息。

四、健全完善反映社情民意信息的工作机制

健全完善社情民意信息的征集机制。通过座谈、走访、调研、培训等多种形式,加强与相关职能部门的联络与协作,深化与各界别(联络小组)之间的沟通与协调,调动各专委会的积极性,做好相关的联系和服务工作,拓展和延伸社情民意信息的汇集渠道。县政协在各界别(联络小组)、各社会团体中,聘请一定数量的社情民意信息员,组织开展相应的座谈、调研等活动,带动政协委员积极反映社情民意信息。

健全完善社情民意信息的分析机制。认真把握党委和政府的重大决策部署和社会关注的问题,及时了解党政决策的信息需求,研究信息收集报送的重点选题。不定期组织政协委员、相关领域的专家学者和有关单位人员,对社情民意信息进行专题分析、综合分析、定量分析和定性分析,提出有见解、有深度的分析报告和有利于改进工作的对策建议。

健全完善社情民意信息的编审报送机制。严格信息稿件的登记、选稿、编辑、审批和报送等程序。《社情民意》简报、社情民意信息专报和社情民意信息转办单是反映委员和各界人士意见和建议的重要载体。《社情民意》简报根据内容,报送县委、县政府、县政协领导同志或市政协。社情民意信息专报根据内容,报送县党政分管领导。对于事关群众切身利益,近期有可能解决的具体问题,审核后以社情民意信息转办单形式直接转交相关党政部门。在信息编报上,注重言简意赅,力争让相关领导能够在较短的时间内了解全部内容。加快推进政协信息的网络化建设,保证信息传递快捷通畅。

健全完善社情民意信息的跟踪反馈机制。加强与各级党政机关和部门的沟通联系,推动政协社情民意信息进入党政领导机关决策信息收集、受理和反馈程序。对于一些重要的社情民意信息,要跟踪了解批示办理情况和在推动工作中的实效。完善信息办理情况通报机制,及时向信息反映者反馈有关领导批示及相关部门处理意见等。

健全完善反映社情民意信息工作的考核评价机制。每季度向各界别(联络小组)、县政协各专委会和全体委员通报信息反映和采用情况。按照“量质并重、以质为先”原则,每年评选一次反映社情民意信息先进单位、先进个人和优秀社情民意信息,并进行表彰奖励。

五、切实加强对反映社情民意信息工作的组织领导

明确责任,加强组织协调。把反映社情民意信息工作摆在重要位置,经常研究、及时分析和解决工作中存在的问题。将反映社情民意信息工作的情况,作为考核政协委员履行职责的重要内容。统筹兼顾,整合信息资源,努力形成各方支持、共同参与、密切配合的工作局面。县政协定期召开反映社情民意信息工作会议,总结工作,交流经验,部署任务。注重加强与市政协的联系沟通,积极争取业务指导。加强同各界别(联络小组)、政协委员的联系与协作,不定期召开座谈会或开展信息工作调研,促进反映社情民意信息工作扎实有效地开展。

健全机构,加强队伍建设。政协研究室是反映社情民意信息工作的专门机构,负责信息收集、编辑、报送及组织协调等工作。要选派政治素质高、业务能力强的人员充实政协信息工作队伍。信息工作人员要努力学习,提高素质,不断增强政治敏锐性和判断力,善于发现、筛选、精编社情民意信息。机关其他部门也要把反映社情民意信息工作作为自己的一项重要任务,负责收集各自工作范围内的社情民意信息。

总结经验,加强工作宣传。对政协反映社情民意信息工作中行之有效的做法和经验,及时进行总结概括,为加强和改进工作提供指导。充分利用报刊、电视、广播、网络等多种新闻媒体,采取灵活多样的形式,宣传反映社情民意信息工作的新成效,展示政协履行职能的重要成果。

关于印发《关于在全县政协委员中开展“我为高质量发展献良策办实事”主题活动的实施意见》的通知

政协沛委〔2018〕13 号

政协各委室、各界别、各镇（场、街道）联络小组：

《关于在全县政协委员中开展“我为高质量发展献良策办实事”主题活动的实施意见》已经县政协主席会议审议通过，现予以印发。

2018 年 4 月 23 日

关于在全县政协委员中开展“我为高质量发展献良策办实事”主题活动的实施意见

为认真贯彻落实党的十九大精神和县委十四届四次全会以及全县高质量发展动员大会精神，深化“创‘五型’机关，做‘六讲’委员”活动，结合委员履职提升年工作安排，经县政协主席会议研究，决定在全县政协委员中开展“我为高质量发展献良策办实事”主题活动，为确保活动取得实效，特制定本实施意见。

一、指导思想

以习近平新时代中国特色社会主义思想和党的十九大精神为指导，深入贯彻落实县委十四届四次全会精神，通过开展“我为高质量发展献良策办实事”活动，动员和组织全县政协委员主动融入高质量发展，在政协履职中多献良策，在本职岗位上多做贡献，在围绕大局、服务发展上彰显新作为，在增强素质、提升能力上展现新形象，为助推高质量发展贡献智慧和力量。

二、活动内容

主要开展“四个一”活动：

（一）围绕高质量发展提交一件提案。紧扣高质量发展目标内涵，引导委员重点在发展壮大实体经济、科技创新、城乡融合发展、乡村振兴、生态环境、城市管理等方面精心选题，深入开展专题调研，向县政协提交一份或联名提交一份有价值、有可操作性的提案。

（二）围绕高质量发展反映一条社情民意信息。引导委员深入园区、深入社区、深入农村，注重观察判断，积极搜集整理，向县政协报送一条有价值、有分量的社情民意信息。

（三）围绕高质量发展提出一条工作建议。引导委员积极围绕高质量发展参加专题调研、专项视察、专题监督活动，并就推进高质量发展提出一条具有建设性的工作建议。

（四）为高质量发展办一件实事。引导委员进园区、进社区、进农村，发挥界别优势，积极为企业和困难群众办一件看得见、摸得着的实事，为推进高质量发展做出应有贡献。鼓励有条件、有能力的委员多办实事，形成和衷共济、群策群力、共谋发展的良好局面。

三、活动要求

（一）强化组织领导。"我为高质量发展献良策办实事"主题活动在县政协主席会议的统一领导下进行，县政协成立开展主题活动领导小组，由县政协主席郝敬彬任组长，副主席、党组书记揭月华任常务副组长，其他副主席、秘书长任副组长，各委室主任、副主任为成员，领导小组下设办公室，由研究室主任赵丽莉任办公室主任，负责主题活动日常工作。

（二）注重分工协作。在开展主题活动中，由县政协办公室负责统筹协调，县政协研究室、教文卫体委负责日常工作调度、年终工作总结，建立健全工作台账和委员活动档案，年终汇总统计。县政协委工委要把主题活动开展作为对委员履职考核的重要依据，按照既定的工作目标，抓好落实。各界别、各镇（街道）联络小组负责引导、组织、协调所联系的县政协委员开展主题活动。各委室指导所联系的政协界别、联络小组主题活动的开展，结合各项年度调研视察监督活动统筹安排政协委员参加，为他们开展履职活动搭建平台，及时掌握工作动态，抓好进度督办和统计，协调解决活动中遇到的困难和问题。

（三）建立联系卡制度。建立政协委员为高质量发展献良策办实事联系卡制度，主要用于记录委员献良策办实事的内容和结果，联系卡电子表格可在县政协网站上下载。县政协研究室负责联系卡的汇总、梳理、报送等工作。委员联系卡上的献良策内容要观点明确，言简意赅，体现创新性、针对性和可操作性。委员联系卡上的办实事内容要有活动、有成效。

（四）加强宣传。充分利用《沛县日报》、县政府网、县政协网等宣传媒体，多渠道、多形式地开展宣传活动，努力营造浓厚的活动氛围。年底，县政协研究室收集整理主题活动成果，汇编成册或以专报的形式向县委、县政府报送。

（五）评选表彰。开展“我为高质量发展献良策办实事”优秀政协委员评选活动，并在县政协十届三次会议上进行表彰奖励。

关于实施六个专项监督　助推高质量发展的工作意见

政协沛委〔2018〕14 号

人民政协民主监督是我国社会主义监督体系的重要组成部分,是社会主义协商民主的重要实现形式,专项民主监督是政协开展民主监督的一项创新,对于推进党和政府科学决策、民主决策、依法决策,具有重要意义。为加强和改进我县政协民主监督工作,全面提升民主监督成效,围绕县委"六个高质量发展"要求,县政协决定实施六个专项监督,助推全县发展高质量,现提出如下意见。

一、指导思想

坚持以习近平新时代中国特色社会主义思想为指导,在中共沛县县委的坚强领导下,围绕全县工作大局,牢牢把握人民政协性质定位,坚持团结和民主两大主题,明确监督内容,规范监督程序,健全监督机制,提高监督实效,为全面建成小康社会,争当高水平全面建成小康社会苏北先行军,奋力打造"强富美高"新沛县的新进程中做出更大贡献。

二、基本原则

一是坚持中国共产党的领导,坚定正确的政治方向,围绕中心、服务大局,依照宪法法律和政协章程有序开展;二是突出专项民主监督成效,坚持问题导向,深入调查研究,认真负责反映情况,求真务实提出建议;三是坚持平等协商,坦诚相见,畅所欲言,尊重不同意见表达,把协商民主贯穿于监督全过程;四是坚持凝大智慧、聚众合力、谋新良策、发好声音、扬正能量、创高质效的理念,全力聚焦推动"六个高质量发展"和"三地一新"新实践。

三、主要内容

紧紧围绕高质量的发展要求,深化民主监督机制建设,按照推进经济发展、改革开放、城乡建设、文化建设、生态环境、人民生活等六个高质量发展的具体要求,突出专项民主监督重点,从党政所思、群众所盼、政协所能出发,紧扣改革发展的大事要事和短板弱项,开展专项民主监督,力争提供更多更优更好的"政协方案"。

（一）围绕创新金融扶持机制开展民主监督，推动经济发展高质量。实体经济是经济发展高质量的坚实支撑，金融是实体经济的血脉。重点围绕“怎么打通资金来源、怎么对接资本市场、怎么优化金融环境”三方面认真开展专项民主监督，推动创新金融扶持举措，助推实体经济发展。通过开展专项民主监督，推动政府出台一系列配套政策，依托核心企业信用优势、帮助上下游配套企业融资的供应链金融模式，鼓励银行优化信贷资源配置，创新产品与服务，重点支持轻量化新型铝材、光伏光电、装备制造、纺织新材、关键基础件等主导产业，以及企业自主创新、生产智能化改造等，全面增强高端资源要素的吸附力和辐射力，加快形成质量更优、效率更高、创新更强、体制更活，具有鲜明沛县特点的现代化经济体系。（牵头领导：李令军）

（二）围绕“放管服”改革开展民主监督，推动改革开放高质量。“放管服”改革是全面深化改革的主攻点和突破口。按照年初《政府工作报告》的要求，以“沛县综合服务旗舰店”建设为契机，围绕“互联网＋政务服务”开展民主监督，推动行政权力标准化建设，统一权力事项名称、编码、依据、类型等内容，实现政务服务内容从“碎片化”向“整体性”的转变；推动实现对外一个窗口受理、对内一个科室审批，实现市场准入“一窗受理、证照联办、集成服务”，投资建设“多线并行车间流水线审批”，社会事业“综合咨询、集约审批、一站办结”；推动尽快实现“网上咨询、网上受理、网上反馈”实时为群众提供标准化的网上政务服务，实现政务服务方式从“窗口式”向“网络式”转变。实现审批事项最少、办事效率最高、创新创业活力最强，促进公共资源交易更加规范透明，使更多事项实现网上办理，解决政务服务“最后一公里”问题。（牵头领导：郝敬彬）

（三）围绕矿地融合开展民主监督，推动城乡建设高质量。创建省级矿地融合示范区，形成矿地融合发展可复制、可推广的新模式，是贯彻中央“创新、协调、绿色、开放、共享”五大发展理念、省委“两聚一高”的战略部署和市委建设淮海经济区中心城市的重要创新，有利于进一步优化土地矿产资源配置，促进新型城镇化建设、生态文明建设和农村农业发展，增强保障服务地方经济发展能力。根据娄勤俭书记来徐州视察的指示精神，围绕矿地融合工作深入开展专项民主监督，通过矿地融合发展，推进矿区土地利用和矿产资源利用方式及管理方式的根本转变，切实增强资源保障能力、环境保护能力和地质工作服务功能，形成统筹协调、优势互补、相互促进的矿地融合发展新模式，为新型城镇化、农业现代化、区域经济发展、生态文明建设、民生改善等提供基础支撑和服务，形成在全省乃至国内具有代表意义的矿地融合发展新模式（牵头领导：李法伟）

（四）围绕公共文化服务体系建设开展民主监督，推动文化建设高质量。高质量发展既要体现在经济硬实力上,又要体现在文化软实力上,借助政协民主监督的特殊视角,推动把公共文化建设纳入全县经济社会发展的总体规划,与经济社会发展任务同部署、同推进、同落实,并将基层公共文化服务体系建设纳入目标责任考核,加大在基础配套设施建设等方面的政策扶持,全力推动我县公共文化服务建设。进一步推动公共文化服务标准化、均等化、社会化、效能化,充分发挥基层公共文化设施效能。打造一批能够代表沛县的标识性文化工程,加快新城区文化中心和体育中心建设,强化文化馆、博物馆、图书馆、影剧院免费开放服务功能,规划建设沛县体育中心,打造城市10分钟文化圈。同时加快新一轮村综合文化服务中心建设工程,推进文化信息资源共享工程和"农家书屋"建设工程,完善社区、居委会文体设施,实现农民看书有去处、演戏有舞台、活动有场所,努力打造"文化沛县""欢乐沛县""和谐沛县""幸福沛县"。(牵头领导:贺伟)

(五)围绕大气污染治理开展民主监督,推动生态环境高质量。良好生态环境是最公平的公共产品,是最普惠的民生福祉。借助全县继续推进"263"专项行动,坚持全民共治、源头治理,突出治气、治水、治土的有利机遇,选择以抓好治气为重点开展专项民主监督,重点在"防什么""谁防治""怎么治"三个方面下功夫。一是督促相关主管部门制定并落实控尘、控烟、控气措施,比如施工及拆迁工地防尘降噪、道路清洗清扫、车辆运输抛撒、散乱污企业整治等方面;二是推动制定出台相关制度,明确企业的主体责任、属地管理责任和部门监管责任,严格落实环境保护网格化管理责任,确保责任全覆盖、管理无缝隙,做到各司其职、各负其责;三是推动开展各项专项整治行动,加大治本力度,建立健全长效机制,推动大气污染防治工作逐步走上规范化、制度化轨道。充分利用组织委员视察、选派特约监督员、开展民主评议等形式,聚焦重点大气污染治理项目,努力提出丰富实用、操作可行的意见建议,推动不断加快调整产业结构,为全县生态环境高质量贡献政协智慧。(牵头领导:王素真)

(六)围绕社区物业管理开展民主监督,推动人民生活高质量。随着改革的深化、市场经济的发展和城市化进程的加快,社区在加强城市管理、服务市民生活、提升文明程度、发扬基层民主等方面的作用越来越突出,为城市化的发展起到了尤为重要的作用,强化社区管理也变得越发刻不容缓,围绕提高物业服务质量和管理水平,改善人民群众居住和工作环境开展专项民主监督,以改善物业服务质量和管理水平为着力点,围绕物业服务过程中的各个环节,充分发挥各办事处、居委会对小区物业的监管和引导作用,有效改善物业服务质量和管理水平,严肃查处物业服务企业的违法违规行为,建立健全提高物业服务质量的长效机制，促进我县物业管理行业持续健康发展。通过民主监督，使各办事处、居委会对小区物业的监管作用更强，物业服务和管理水平更高，物业服务质量的长效机制更健全，业主的获得感更明显。（牵头领导：揭月华）

四、具体措施

（一）强化组织领导，更好发挥人民政协民主监督作用

县政协成立六个专项民主监督小组，分别由各位主席、副主席为组长，各委室负责人、部分县政协委员为成员。专项民主监督工作由主席牵头，各委室具体负责，各界别、各镇场、街道联络小组、相关责任单位参与。围绕已确定的专项民主监督内容，运用专委会联合、县镇政协联动、邀请专家参与等多种方式，实行“一对一”监督。对专项民主监督内容实行全过程监督，充分利用调研、视察、座谈、提案、社情民意等多种形式，跟踪问效，持续监督，促进落实。

（二）建立“三二一”工作法，规范人民政协民主监督流程

探索建立专项民主监督“三二一”工作法。“三”是指围绕专项民主监督内容，分事前、事中、事后分别开展三次视察活动，专项民主监督小组成员按照监督流程，事前通过视察了解监督事项现状及存在问题，事中通过视察推进工作进展，解决存在的问题，事后通过视察根据督办情况督促整改落实，确保做到知实情、出实招、见实效；“二”是指围绕专项民主监督内容开展两次调研，包括一次县内调研和一次县外调研，县内调研主要是摸实情找问题，县外调研主要是根据找出的问题到先进地区学习取经；“一”是指形成一份专项民主监督报告，针对专项民主监督过程中取得的成绩，分析存在的问题，细化整改措施，以及对策建议等，确保专项民主监督取得实实在在的成效。

（三）融合监督力量，推进民主监督的组织化程度

一是民主监督与党内监督相结合。加强同党委、政府监督机构协调配合，通过廉政通报、特邀监督、行风评议等形式，借助党内监督渠道发挥民主监督的重要作用。二是民主监督与法律监督相结合。加强与人大的合作调研，不断提高民主监督的地位，更好地做到民主监督与依法监督的有效结合。三是民主监督与舆论监督相结合。充分发挥新闻舆论监督的影响力，相互依托，合力造势，增强民主监督的效果。四是民主监督与群众监督相结合。畅通社情民意反映渠道，动员政协委员围绕推动“六个高质量发展”收集热点、难点问题，邀请有关部门进行专项说明，进一步提高民主监督实效。

（四）细化保障措施，营造人民政协民主监督良好环境

一是坚持和依靠党的领导。准确把握政协民主监督在整个监督体系中的地位和作用，尤其是在开展民主监督这项比较敏感的工作中，对重大的民主监

督的内容和部署都要主动向党委请示汇报,听取指示;对监督进展情况和遇到的重大问题,要及时反映,对重要的意见、建议或总结的成绩、经验,要及时报送党委,从而使民主监督的各个环节都置于党的领导之下。二是保障委员监督权益。尊重和保障政协委员在参加民主监督工作中的知情权、参与权、表达权、监督权,维护政协委员在推动"六个高质量发展"中提出意见、批评、建议的权利,以及对违纪违法行为检举揭发的权利,发挥政协委员在民主监督中的积极作用。对于阻挠政协委员参加民主监管,甚至进行压制、打击和报复的,应依纪依法追究责任。三是坚持人民政协工作特色。在具体监督活动中必须坚持人民政协工作特色,做到态度诚恳,讲求方法,把握分寸。要通过主动联系,加强沟通,争取被监督对象的配合支持。要找准位置,把握好"度",做到尽职而不越位,切实而不表面。提倡热烈而不对立的讨论、真诚而不敷衍的交流、尖锐而不极端的批评,营造畅所欲言、各抒己见、理性有度、合法依章的民主氛围。

关于印发《政协沛县委员会提案办理协商办法》的通知

政协沛委〔2018〕15 号

县政协各委室、各界别、各镇(场、街道)联络小组:

《政协沛县委员会提案办理协商办法》已经县政协十届二十四次主席会议审议通过,现印发给你们,请认真贯彻执行。

2018 年 8 月 1 日

政协沛县委员会提案办理协商办法

为规范政协提案办理协商工作,进一步推进政协提案办理协商工作制度化、规范化、程序化建设,根据《中国人民政治协商会议全国委员会提案办理协商办法》《中国人民政治协商会议江苏省委员会提案办理协商办法》,结合我县实际,制定本办法。

第一章 总 则

第一条 提案办理协商是人民政协协商民主的重要形式,是提案者、提案承办单位、政协组织、党委政府及有关方面为增进共识、推动政协提案办理开展的协商活动。

第二条 提案办理协商贯穿于提案工作全过程,内容包括提案选题协商、提案审查协商、提案交办协商、重点提案遴选协商、提案办理协商、重点提案督办协商、成果转化协商等。

第三条 提案办理协商坚持围绕中心、服务大局、提高质量、讲求实效的提案工作方针。坚持民主协商、平等议事、求同存异、体谅包容的协商原则。

第四条 提案办理协商应畅通渠道、搭好平台、注重实效。提案办理协商形式包括电话联系、登门走访、面商座谈、实地调研、专题视察、情况通报、网络沟通和信函联系等,倡导提办双方面对面协商。

第五条 提案办理协商的主体是提案承办单位和提案者。县政协应充分发挥协商载体作用,做好组织、协调、督促、服务工作,推动提案办理协商广泛多层制度化开展。

提案者应积极参加提案办理协商活动,充分发表意见建议,及时接受承办单位的办理回访,客观评议提案办理结果。

第二章 办理前协商

第六条 提案选题协商。提案者应围绕县委、县政府中心工作及人民群众关心的热点、难点问题,在深入调查研究的基础上,通过提案提出具有针对性和可行性的意见建议。县政协提案委可通过邀请有关部门通报工作情况等方式,帮助提案者了解部门工作重点。提案委收集整理提案线索、编印提案选题参考目录、召开提案征集协商座谈会,做好提案征集引导工作。县政协各专门委员会和各界别组织调研视察、走访对口党政部门,帮助提案者知情明政,并做好集体提案的选题、论证和撰写工作,提高集体提案质量。

第七条 提案审查协商。县政协全体会议期间,大会秘书处提案组按照审查立案标准对收到的提案逐一审查,提出是否立案的建议,对需要修改、并案、不予立案的提案,及时与提案者沟通,开展协商,达成共识,形成审查立案的初审意见,在县政协全体会议上报告提案初审情况。全体会议闭会后,县政协提案委员会对县政协全体会议期间初步审查的提案进行复审、会审,会审情况向主席会议报告。县政协全体会议闭会后收到的提案,由县政协提案委按标准和程序及时审查立案。

第八条 提案交办协商。巩固县政府和县政协联合交办提案机制,共同召开提案交办会,落实提案承办单位。承办单位对交办的提案有异议的,应在收到提案 7 个工作日内向交办部门提出调整申请并说明理由,经相关单位协商同意后做出调整。

第九条 重点提案遴选协商。县政协全体会议闭会后,提案委全体会议协商提出重点提案初选目录,经征求意见后,提交主席会议审议,确定重点提案建议目录,报县委、县政府主要领导批示。

第三章 办理中协商

第十条 办理环节协商。提案承办单位应把与提案者的沟通协商作为提案办理的必经环节,了解提案者提出提案的目的、背景和真实想法,及时通报办理情况，共同协商解决难点问题，推进提案建议有效落实。提案承办数量较多的单位，组织提案者开展集中面商，提高协商面商率；对多个单位协办的提案，主办单位应主动牵头与协办单位就提案办理及答复意见进行沟通协商，协办单位应积极配合，共同推进落实提案办理，提案办理复文应体现各方意见；对反映问题比较集中、办理难度大的提案，县政协提案委商请县委督查室、县政府督查室，组织相关提案的提案者及有关方面代表，采取联合走访、共同调研、集中座谈等形式与承办单位开展协商，拓宽办理思路，提升办理成效。

第十一条 重点提案督办协商。建立完善"书记县长批办，县委常委和副县长领办，主席、副主席督办、协商快办"的重点提案工作机制。重点提案承办单位要认真分析研究，及时制订办理协商方案，注重办前调研和协商，主要领导应亲自审定办理方案、亲自参加调查研究、亲自参与协商活动、亲自签发办理复文。重点提案督办应邀请提案者、提案承办单位负责人、有关政协委员参与协商，可视情况邀请社会各界人士代表参加。建议落实具有长期性、复杂性和反复性的重点提案，县政协每年有针对性地实行跟踪督办协商，促进提案办理协商成果转化。

第四章 办理后协商

第十二条 督促检查协商。县政协提案委协同县委督查室、县政府督查室开展提案办理工作督促检查。县政协每年选择部分重点提案承办单位，从健全领导机制、开展办理协商、规范办复制度、落实合理建议等方面，开展重点提案评议，评议结果向县领导及有关部门通报。加强提案办理工作目标考核，把提案办理工作纳入县级部门年度绩效考核体系。

第十三条 成果转化协商。对提案办理取得的成效，提案承办单位应及时向提案者和县政协反馈。承办单位在当年办理任务完成后，应就本年度提案办理协商的基本情况、重点提案的办理情况、提案建议被采纳落实的情况和有关其他需要说明的情况，及时向县政府办公室和县政协提案委员会提交书面总结。县政府每年向县政协常务委员会通报提案办理情况。县政协常务委员会每年向全体会议报告提案工作情况。

第五章 组织领导

第十四条 健全提案办理协商的组织领导机制。县政协主席会议定期听取提案工作情况汇报，研究提案工作，明确重点提案督办要求。承办单位要把政协提案办理工作纳入整体工作布局，加强领导，健全制度，强化办理协商理念,重视提案者的协商意见,研究和解决提案办理工作中的重点、难点问题,推动意见建议的转化落实。县政协有关委室按照重点提案督办工作安排,协助县政协领导督办重点提案,提案委做好提案办理协商的协调服务工作,推动提案办理协商工作规范、务实、有效。

第六章 附 则

第十五条 本办法自县政协主席会议通过之日起施行,由县政协提案委员会负责解释。

政协沛县委员会
关于加强平时提案工作的实施意见

政协沛委〔2018〕16号

为进一步提升提案工作实效,更好地服务“强富美高”新沛县建设,根据《中国人民政治协商会议全国委员会提案工作条例》,现就加强平时提案工作提出如下实施意见。

一、加强平时提案工作的重要意义

(一)平时提案是县政协围绕中心、助推发展的重要载体。当前,我县正处于高水平全面建成小康社会的关键期,与时俱进地做好提案工作,更好地发挥提案在谋新良策、聚众合力、创高质效方面的积极作用,是提案工作围绕中心、服务大局的职责所在。加强平时提案工作,将委员日常履职中发现和收集的提案素材按要求转化为具有针对性和可行性的政协提案,对于促进县委、县政府科学民主决策、推进高质量发展具有重要意义。

(二)平时提案是强化委员主体作用、促进履职成果转化的有效途径。加强平时提案工作,鼓励和引导委员将日常履职过程中提交更多具有实效性和针对性的高质量提案,是在委员中开展“四个一”活动的具体要求,有利于进一步增强委员的责任意识和常态化履职意识,提升委员运用提案履职的能力和水平,助推县委、县政府中心工作落实和帮助解决人民群众关心的热点、难点问题。

(三)平时提案是实现政协提案工作自我完善、自我提升的内在要求。《中国人民政治协商会议全国委员会提案工作条例》第十五条、十六条明确提出:提案可以在政协全体会议期间提出,也可以在闭会期间提出。提案委员会应当加强闭会期间的提案征集工作,提案者应当重视在闭会期间提出提案。加强平时提案工作,加大平时提案征集力度,对于进一步增强我县政协提案工作实效、巩固提案工作良好格局具有重要的促进作用。

二、平时提案工作的指导思想和基本原则

(一)平时提案工作的指导思想

以习近平新时代中国特色社会主义思想为指导,深入学习贯彻党的十九大精神,牢牢把握“围绕中心、服务大局、提高质量、讲求实效”的提案工作方针,以提升提案质量为基础,以健全平时提案工作机制为保障,不断提升我县政协提案工作的科学化水平。

(二)平时提案工作的基本原则

注重时效。委员要切实增强时效意识,紧紧围绕县委、县政府年度阶段性重点工作部署和人民群众普遍关注的热点问题开展履职活动,及时发现存在的问题,结合自身所长找准建言方向,积极撰写提案,以提案提交的时效性促进提案办理的实效性。

协商在前。委员在确定提案选题后,要主动与有关职能部门协商对接,熟悉相关政策要求,了解工作进展情况,确保提案所提建议切合实际、便于操作、发挥作用。

质量为先。委员要结合专业特长有计划、有针对性地开展深入的调查研究,力求掌握全面翔实的第一手资料,提出具有专业性、操作性的对策建议。充分发挥各界别、政协各镇(街道、场)联络小组的组织者作用,注重引导全会期间未提交提案的委员参加视察、调研活动,形成更多问题分析准、对策建议实的高质量集体提案。

讲求实效。加强平时提案工作,提案质量是基础,建议落实和成果转化是关键。要坚持成果导向,扎实做好平时提案办理环节的各项工作,促进平时提案合理建议的落实和所提问题的解决。

三、健全平时提案工作机制

(一)健全平时提案征集工作机制。提案委要充分发挥平时提案工作的基础作用,在确保高标准完成全会期间提案工作各项任务的前提下,切实做好闭会期间的提案征集工作。要加强知情引导,扩大提案线索征集面,将向党政机关、社会各界征集提案线索和从社情民意中挖掘提案线索作为提案委日常工作中的一项重要内容,每季度召开一次情况通报会,帮助委员知情明政。对收集的提案线索及时做好整理、汇总和筛选工作,并通过“委员之家”向委员发布,为委员撰写提案提供参考。

(二)健全平时提案审查立案工作机制。委员提交平时提案可通过县政协网“提案工作管理系统”登录提交,也可通过电子邮箱 pxzxta@163.com 提交。提案委收到平时提案后,要认真及时地开展审查立案工作,提出立案或修改意见。提案审查情况通过县政协提案网络管理系统反馈给提案者。加强与县政协研究室联系沟通,对未能立案的提案协商转化为社情民意信息。

(三)健全平时提案办理工作机制。提案委要加强与县政府办的沟通,协商提案承办单位，对收到的平时提案做到即审即交、即交即办。交办时间为审查立案后5个工作日内，平时提案纳入各单位提案办理绩效考核范围。强化对平时提案办理整个流程的跟踪、分析和总结，在此基础上深化完善提案办理常态化的操作机制。

（四）健全平时提案督办工作机制。着力发挥重点提案在提案办理工作中的示范引领作用，在督办政协全会期间产生的重点提案基础上，将平时提案纳入重点提案的备选范围，每年选择2件以上平时提案作为年度重点提案，严格落实“书记县长批办、县委常委和副县长领办、政协主席和副主席督办、协商快办”的重点提案工作机制，以点带面推进整体提案办理工作。

（五）健全平时提案考核激励机制。把平时提案作为各界别、政协各镇（街道、场）联络小组和委员履职考核的重要内容，纳入考核评价体系；将高质量的平时提案纳入优秀提案的评选范围，充分调动委员提交平时提案的积极性，形成平时提案工作的浓厚氛围。

四、本《实施意见》经县政协主席会议审议通过后实施，由县政协提案委员会负责解释。

关于印发《政协沛县委员会重点提案办理民主评议暂行办法》的通知

政协沛委〔2018〕19 号

县有关单位、县政协常委、各委室:

《政协沛县委员会重点提案办理民主评议暂行办法》已经县政协十届二十八次主席会议审议通过,现印发给你们,请认真遵照执行。

2018 年 12 月 7 日

政协沛县委员会重点提案办理民主评议暂行办法

为促进政协提案承办单位重视加快提案办理工作,提高政协提案办理协商质效,充分发挥政协提案在助推我县经济社会发展中的作用,依据新修订的《全国政协章程》,按照《中共沛县县委关于加强和改进人民政协工作的意见》精神,结合我县实际,制定本办法。

一、总体目标

通过组织开展民主评议县政协重点提案办理工作,提高提案办理质量,增强提案办理实效,强化县政协民主监督职能,扩大提案工作社会影响力,助推我县高质量发展。

二、评议对象

每年县政协重点提案承办单位。

三、评议内容

承办单位重点提案的办理情况;提案主要建议采纳落实情况;办理成效及相关问题。

四、评议主体

县政协主席会议成员,县政协常委,相关提案者。

五、评议原则

1. 重点考核。对县政协确定的年度重点提案办理情况进行综合性评议,确保办理工作实效。

2. 客观公正。参评人员要本着对提案工作和对提案承办单位负责的态度,积极参加评议活动,正确行使民主权利,对评议对象做出客观公正评价,通过评议,切实提高委员运用提案履职的质量和实效。

3. 公开透明。评议做到程序规范,过程公开透明,评价结果在一定范围内公开通报。

六、评议程序

通过"听、看、评"三个程序进行。

1."听":听取重点提案承办单位介绍提案办理情况。

2."看":观看《提案追踪》专题片,展示提案办理的做法和成果。

3."评":发放评议表,由参评人员按照满意、基本满意、不满意对承办单位进行民主评议,当场填写民主评议表。

七、评价标准

1. 重点提案承办单位是否重视,是否建立办理责任制;

2. 重点提案建议是否分解落实,有无针对性举措;

3. 重点提案办理的措施是否有效,取得阶段性成果;

4. 提案办理进程是否持续推进,建议采纳和落实情况,包括已经落实的情况、正在落实的情况、计划落实的情况;

5. 未落实和因条件限制留待以后解决的问题是否有跟进办理的方案或意见。

八、评议时间

在每年 12 月份召开的县政协常委会上进行评议。

九、结果运用

评议结果分三个档次,承办单位满意票在 90%(含)以上为"满意",满意票加基本满意票在 70%(含)以上的为"基本满意",不满意票在 30%(不含)以上的为"不满意"。县政协提案委根据评议结果,形成《县政协重点提案办理民主评议通报》,报送县四套班子领导,县纪委、县委组织部、县目标办。评议结果作为部门绩效提案办理考核和提案办理先进单位的重要依据。

十、附则

本办法自印发之日起施行。

政协沛县委员会关于县政协机构改革有关专门委员会更名和调整的决定

政协沛委〔2019〕10号

政协各委室、各界别（联络小组）、各参加单位：

根据《中国人民政治协商会议章程》规定，结合机构改革总体要求和县政协工作实际，经2019年4月18日政协沛县第十届委员会常务委员会第十二次会议协商通过，决定：

一、组建县政协农业和农村委员会。将县政协经济科技与人口资源环境委员会联系农业界和研究“三农”问题等职责调整到县政协农业和农村委员会。

二、县政协文史资料与学习宣传委员会更名为县政协文化文史委员会。将县政协教文卫体委员会承担的联系文化艺术界等相关工作调整到县政协文化文史委员会。

三、县政协教文卫体委员会更名为县政协教育卫生体育委员会。

四、县政协委员工作委员会更名为县政协学习和委员工作委员会。将县政协文史资料和学习宣传委员会承担的组织委员学习培训等相关工作调整到县政协学习和委员工作委员会。

不再保留县政协文史资料与学习宣传委员会。

2019年4月18日

关于印发《沛县政协提案工作双向评议暂行办法》的通知

政协沛委〔2019〕12号

县政协各委室、各界别、各镇(场、街道)联络小组:

《沛县政协提案工作双向评议暂行办法》已经县政协十届三十四次主席会议审议通过,现印发给你们,请认真贯彻执行。

2019年6月12日

沛县政协提案工作双向评议暂行办法

为充分调动提案者和提案承办单位参与提案工作的积极性和主动性,进一步提高提案质量和提案办理质量,特制定本办法。

一、评议对象

被评议的提案是指本年度由县政协委员在政协全体会议期间或闭会后提出的、经审查立案后交承办单位办理的提案。

被评议的承办单位是指承担本年度县政协提案办理工作任务的有关职能部门。

二、评议方式

采取双向评议的方式,即提案承办单位对本单位承办的提案质量进行评议,政协委员对提案承办单位的提案办理质量进行评议。评议按百分制,设优秀、良好、一般、较差四个等次;90分以上(含90分)为优秀,80—89分为良好,71—79分为一般,70分以下为较差。

三、评议内容

(一)提案质量的评议内容

1. 提案的选题是否围绕县委、县政府中心工作和经济社会发展中的重要问题以及人民群众普遍关心的热点、难点问题。

2. 提案反映的情况是否客观、真实、准确,有科学的分析和正确的判断。

3. 提案的建议是否具有严肃性、科学性、可行性,有解决问题的具体办法和措施,为党委政府科学决策提供有力参考。

4. 提案的格式是否规范,达到“三有”(有情况、有分析、有具体建议)的基本要求。

(二)提案办理质量的评议内容

1. 领导重视。承办单位是否及时研究部署提案办理工作,建立健全提案办理工作制度,分工明确,责任到人;是否积极采纳和落实提案建议,有具体翔实的采纳落实措施。

2. 答复规范。承办单位在提案交办三个月内是否对提案进行正式书面答复;提案答复是否按规定的格式行文,并加盖公章。

3. 办理协商。承办单位是否注重与提案者充分沟通,协商解决问题的办法,并主动征询提案者对办理工作的意见。如提案者对办理结果不满意,承办单位是否及时重新研究,作进一步的答复。

4. 办理效果。承办单位对有条件解决的,是否集中力量及时解决;对因条件限制短期内不能解决的,是否积极创造条件逐步解决,并及时向提案者反馈解决进度;对确因条件所限制,无法解决或无法采纳的,是否实事求是地向提案者说明情况,取得提案者理解。

四、组织实施

双向评议工作由县政协提案委于每年第四季度组织实施。

五、方法步骤

1. 政协委员评议。由县政协提案委组织相关政协委员对照《沛县政协提案办理质量测评表》(见附件1)的评议内容进行打分,并提出具体意见和建议,评议表由县政协提案委审核汇总。

2. 承办单位评议。由县政协提案委向各承办单位发放《沛县政协提案质量测评表》(见附件2),各承办单位对照评议内容打分,并提出具体意见和建议,评议表由县政协提案委审核汇总。

六、结果运用

提案工作双向评议结果由县政协提案委形成书面意见,报告县政协主席会议,并作为评选年度优秀提案和提案办理先进单位的重要依据。

本办法经县政协主席会议协商通过后施行,由县政协提案委员会负责解释。

附件：1. 沛县政协提案办理质量测评表

2. 沛县政协提案质量测评表

附件1：沛县政协提案办理质量测评表

提案号		提案者		主办单位	
案 由					
测评内容及分值	领导重视	答复规范	办理协商	办理效果	合计分数
	承办单位是否及时研究部署提案办理工作，建立健全提案办理工作制度，分工明确，责任到人；是否积极采纳和落实提案建议，有具体翔实的采纳落实措施。(25分)	承办单位在提案交办三个月内是否对提案进行正式书面答复；提案答复是否按规定的格式行文，并加盖公章。(20分)	承办单位是否注重与提案者充分沟通协商解决问题的办法，并主动征询提案者对办理工作的意见。如提案者对办理结果不满意，承办单位是否及时重新研究，作进一步的答复。(25分)	承办单位对有条件解决的，是否集中力量及时解决；对因条件限制短期内不能解决的，是否积极创造条件逐步解决，并及时向提案者反馈解决进度；对确因条件所限制，无法解决或无法采纳的，是否实事求是地向提案者说明情况，取得提案者理解。(30分)	
对提高提案办理质量的建议	签名： 年 月 日				

注：1. 每件提案填写一份表格；2. 测评分四项内容，每项内容下方所列分值为单项分值，总分100分。请在质量测评表对应的项目内容下方打分，合计分数为前四项的总和。

附件2:沛县政协提案质量测评表

承办单位:　　　　年　　月　　日

<table>
<tr><td>提案号</td><td></td><td>提案者</td><td></td><td>案由</td><td></td></tr>
<tr><td rowspan="2">测评内容及分值</td><td>提案的选题围绕县委、县政府中心工作和经济社会发展中的重要问题及人民群众普遍关心的热点、难点问题。
(20分)</td><td>提案反映的情况客观、真实、准确,有科学的分析和正确的判断。
(30分)</td><td>提案的建议可行性强,有解决问题的具体办法和措施,为县委、县政府科学决策提供有力参考。
(30分)</td><td>提案的格式规范,达到"三有"(有情况、有分析、有具体建议)的基本要求。
(20分)</td><td rowspan="2">合计分数</td></tr>
<tr><td></td><td></td><td></td><td></td></tr>
<tr><td>对提高提案质量的建议</td><td colspan="5">签名:
年　　月　　日</td></tr>
<tr><td colspan="6">注:1. 每件提案填写一份表格;2. 测评分四项内容,每项内容下方所列分值为单项分值,总分100分。请在质量测评表对应的项目内容下方打分,合计分数为前四项的总和。</td></tr>
</table>

关于印发《关于开展“助力三城同创、共建美好家园”主题活动实施方案》的通知

政协沛委〔2020〕11号

县政协各委室、各界别(联络小组):

政协沛县委员会关于《开展“助力三城同创、共建美好家园”主题活动实施方案》已经县政协主席会议审议通过,现印发给你们,请认真贯彻落实。

2020年7月23日

关于开展“助力三城同创、共建美好家园”主题活动实施方案

为贯彻落实县委、县政府决策部署,引导全体政协委员积极投身于“三城同创”工作,根据县委、县政府《关于深入推进创建全国文明城市提名城市等“三城同创”工作的意见》,县政协决定组织开展政协委员“助力三城同创、共建美好家园”主题活动(以下简称“助创”)。现就活动开展提出如下意见:

一、工作目标

助力县委、县政府“全国文明城市提名城市、江苏省生态园林城市、江苏省优秀管理城市”成功命名并长效保持。

二、主要任务

以“助创”主题活动为载体,动员全体委员针对全县93个网格单位及各镇(街道、场)创建要求,深入创建活动一线,聚焦“十项专题整治活动”及30项重点工程,对标对表督促落实创建责任,及时发现反馈问题,推动“三城同创”工作任务顺利落实。

(一)强化督查督导。按照《政协委员“助力三城同创、共建美好家园”主题

活动责任分工表》,政协主席、副主席包挂街道(镇区),每月至少一次深入现场督查指导工作;委室主任、政协常委包挂城区网格,每周至少一次深入网格现场巡查,及时对接创建办督查组,现场研究解决问题;政协委员包挂村(居),每周至少一次到包挂点现场查看,发现、反映问题。借助智慧政协信息平台,政协委员运用"随手拍""微建言""社情民意"等多种形式即时反映问题,由政协研究室汇总、转交各相关责任单位办理,同时抄报给相关网格责任单位及属地。

(二)组织开展专项视察。由各委室牵头,针对"三城同创"工作突出或难以解决的问题,组织相关界别政协委员开展专项视察,形成建议案交由有关单位办理,办理结束后及时反馈给县政协和提案委员。委员根据反馈意见,做出"满意"或"不满意"评价。

(三)建立民主评议制度。由学习与委工委牵头,对照创建全国文明城市提名城市、江苏省生态园林城市、江苏省优秀管理城市评价体系及测评标准,围绕各相关责任单位工作开展情况,不定期组织政协委员进行民主评议,测评结果上报县委、县政府。

(四)联合"三城同创"办公室开展"大家来找碴"活动。聚焦环境卫生综合整治、秩序优化、六小行业整治、消防设施达标整治等十项专项整治,城区农贸市场提升、景区景点创建提升、卫生县城创建提升等十大重点提升工程,生态园林城市创建五项工程,江苏省优秀管理城市创建五项工程等方面存在的突出问题,由各包挂网格委员对照标准查找不足,将"找碴"问题反馈给"三城同创"办公室,推动创建工作不断整改提升。

(五)发挥新闻媒体监督功能。由提案委牵头,联合电视台开展《提案追踪——"三城同创"系列专题》采编录制工作,以更加立体的视角不断推动创建工作深入开展。

(六)强化舆论宣传氛围。县政协各委室、界别、镇(街道、场)联络小组要注重"助创"主题活动信息的上报,注重了解和挖掘政协委员参与"三城同创"活动的先进事迹,要广泛宣传政协委员参与"三城同创"活动的生动实践,大力弘扬"正能量"、唱响"好声音",形成争当创建活动的宣传者、争当文明有礼的示范者、争当创建攻坚的引导者、争当志愿劝导的先行者、争当创建成效的点赞者的良好氛围。

三、保障措施

(一)强化组织领导。成立政协委员"助创"主题活动领导小组,由县政协主席任组长,各位副主席任副组长,各委室主任、各界别(联络小组)召集人为成员,下设办公室,由政协秘书长兼任办公室主任,切实增强责任感与使命感,形成上下联动,一级抓一级、层层抓落实的强大合力,保证"助创"主题活动高标准、高质量开展。

(二)强化专题培训。县政协将政协委员"助创"主题活动列为委员培训的重要内容,开展专题培训。让委员明确参与"三城同创"的意义要求,熟悉创建目标、创建指标、创建动态等情况,确保政协委员"监"到点子上,"督"到关键处。

(三)强化督查考核。县政协将政协委员"助创"主题活动开展情况纳入到政协委员履职考核体系,委员"走现场"次数、发现解决问题个数作为年终界别(联络小组)及"六讲委员"评比表彰的重要依据。对在主题活动中表现突出的政协委员,县政协将在年度表彰会上予以表彰。

○政协办公室文件

关于在全县政协委员中开展“好委员”评选活动的通知

沛政协办〔2017〕16 号

政协各委室、各界别、各镇场街道联络小组:

依照《政协沛县委员会关于开展“创‘五型’机关,做‘六讲’委员”活动的意见》文件精神,在全体委员中深入开展讲政治、讲学习、讲责任、讲创新、讲协作、讲奉献的好委员评选活动,评选出的“好委员”将在政协沛县第十届委员会第二次全体会议上予以表彰。

相关要求:

1. 推荐一名好委员候选人,将推荐表并附主要事迹材料(一式两份)于 11 月 29 日前报县政协委员工作委办公室。

2. 好委员主要事迹材料原则上不低于 1000 字,材料要生动翔实,避免空洞。

2017 年 11 月 22 日

关于印发《沛县政协网运行管理办法》的通知

沛政协办〔2018〕8 号

各委室,各界别、联络小组:

《沛县政协网运行管理办法》已经县政协十届十七次主席会议研究通过,现印发给你们,请根据办法要求,认真开展落实。

2018 年 3 月 19 日

沛县政协网运行管理办法

为加强沛县政协网的管理和维护,规范网站信息采编、审核、发布等工作,确保网上发布信息的真实、准确、及时和网站运行安全有序,更好地发挥网站宣传政协工作、服务委员履职的重要阵地作用,根据国家有关法律法规,结合政协工作实际,特制定本办法。

第一章　总　　则

第一条　沛县政协网是开展政协宣传的重要窗口、服务政协委员的重要载体、展示政协形象的重要途径。其主要功能是:宣传党的路线、方针、政策法规;宣传统一战线理论、人民政协章程和业务知识,展示政协工作最新动态;为政协委员提出提案、反映社情民意、工作交流提供信息服务平台。

第二条　网站的建设、运行和管理应遵循"公开、便利、效率和安全"的原则。网站内容应当客观、真实、准确、及时、有效。

第二章　网站内容

第三条　网站主要栏目和功能有:政协概况、政协要闻、通知公告、调研视察、提案工作、社情民意、委员之家、文史资料、书画联谊、界别活动、镇区动态、机关建设,以及提案工作办理系统、社情民意管理系统;国家、省、市及外地政协网站链接等。

第三章 职责分工

第四条 县政协办公室统筹协调并扎口负责网站信息发布,县政协文史学宣委负责网站的日常运行管理,各委室按照职责分工编报相关信息、消息及相关资料。

第五条 县政协各委室主要负责人是网站信息工作的第一责任人,对本委室报送的文字图片信息内容质量要亲自审核把关,提交秘书长审定签字后方可发布。

第六条 遵循"政策性、专业性、及时性、协同性"办网原则,明确各板块栏目的承办部门。各专门栏目由各职能委室牵头承办,其他相关委室配合完成;综合性栏目由办公室牵头,各委室协同完成。

办公室:负责"政协概况""会议报道""通知公告""机关建设"等栏目文字图片信息的编辑报送工作。

研究室:负责"社情民意"等栏目文字图片信息的编辑报送工作;负责《社情民意管理系统》的运行管理工作。

提案委:负责"提案工作"栏目文字图片信息的编辑报送工作;负责《提案工作管理系统》的运行管理工作。

文史学宣委:负责"文史资料""书画联谊"栏目的具体承办。

委工委:负责"委员之家"栏目的具体承办。

提案委、经科人资环委、教文卫体委、海联社法委、文史学宣委、委工委:负责"政协要闻""通知公告""调研视察""界别活动"等4个综合性栏目中,与本委室工作相关的文字图片信息的编辑报送工作。

第四章 信息要求

第七条 网站信息内容必须客观、真实、有效。各委室、各界别、各联络小组要按照全面、及时、准确、高效的要求,及时收集、编撰、报送相关栏目的信息。重要会议、重要活动信息,如"政协要闻"栏目,一般应在会议活动结束后的1个工作日内完成发布工作;一般性的工作动态信息,如"委员之家"等栏目,原则上在2个工作日内完成发布工作;基础性信息,如"政协概况"等栏目,应根据工作情况变化及时调整。已发布的静态信息发生变化或调整时,要及时更新替换。

第八条 政协办公室负责对发布的信息进行归档留存。

第五章 评比表彰

第九条 年终根据县政协各委室、各界别、各联络小组投稿和用稿情况评比信息工作先进单位和个人;评比着重从信息报送和发布的数量和质量两方面进行考量。信息工作先进单位和个人在县政协全体会议上予以表彰。

第六章 附 则

第十条 本办法由县政协文史学宣委负责解释。

第十一条 本办法自公布之日起实施。

关于印发《“政协委员之家”创建方案》的通知

沛政协办〔2018〕14 号

政协各委室、各界别、各镇(场、街道)联络小组:

《“政协委员之家”创建方案》已经县政协主席会议审议通过,现予以印发。

2018 年 4 月 23 日

“政协委员之家”创建方案

一、目的意义

“政协委员之家”是加强委员学习、联谊和交流的平台,也是更好地开展履职活动的主阵地。创建“政协委员之家”,主要目的就是把委员有计划地组织起来,把参政议政工作提到日程上来,把委员在本职工作中的纽带作用、界别群众中的代表作用和在政协工作中的主体作用充分发挥出来,增强凝聚力、生命力,使政协委员可以更好地贴近中心、贴近实际、贴近群众,多建利民之言、多谋富民之策、多办惠民之事。

二、目标要求

(一)建设目标

按照通盘考虑谋划、分阶段稳步推进、运行中规范完善、全方位突破创新的思路,选择有基础、条件好的镇(场、街道)、界别起步,2018 年 6 月底前完成“政协委员之家”示范点建设任务,2018 年 9 月底基本实现全覆盖。

(二)建设标准

创建“政协委员之家”要坚持“突出功能定位,体现政协特色”的原则,以政协各联络小组和界别为责任主体,集中体现“学习、交流、履职、联谊”为一体的功能。要求结构布局合理、设施设备实用、档案管理规范、环境卫生整洁,做到

“六个有”：

一要有固定的场所。本着节俭实用的原则，各联络小组、界别应结合实际，充分利用原闲置办公用房或综合利用其他活动室建立“政协委员之家”，县级“委员之家”面积原则上不少于200平方米，界别“委员之家”面积原则上不少于40平方米，联络小组“委员之家”面积原则上不少于30平方米。

二要有必要办公设备。县级“政协委员之家”应配备电脑一台，不低于40人次会议桌椅等；界别“政协委员之家”应配备电脑一台，不低于20人次会议桌椅等；联络小组“政协委员之家”应配备电脑一台，不低于10人次会议桌椅等。

三要有标志。室外在醒目位置悬挂“政协委员之家”标志牌，由县政协按照“成熟一家挂牌一家”的原则授予。

四要有制度。要建立健全委员学习、工作、管理、联系、考核、委员履职档案等各项规章制度，制度规范上墙。

五要有活动记载。要有计划地组织委员开展形式多样、内容丰富的学习、履职、公益、文体、联谊等活动。建立“委员活动登记表”“委员履职情况登记表”等基础台账，要有专人记载。

六要有资料。订阅委员学习必需的《人民政协报》《中国政协》《江苏政协》《徐州政协》等学习资料，供委员参阅。

（三）职责要求

各建设单位应依托“政协委员之家”组织委员开展丰富多彩的活动。

1. 加强学习与培训。组织委员进行政治理论学习和业务知识学习，交流履职经验和做法，努力提高委员的综合素质和参政议政的能力。

2. 撰写提案和反映社情民意。组织委员认真撰写提案和反映社情民意，提高为民履职、为民代言的针对性和实效性。

3. 积极建言献策。围绕县委、县政府中心工作，认真开展调查研究，积极建言献策，主动当好参谋，提好建议，尽到职责。认真参与“金点子”活动，每年至少报送“金点子”两条。

4. 开展团结联谊。组织委员开展广泛的谈心、交流活动和丰富多彩的文体娱乐活动，加强委员之间的沟通交流，联络感情，增进友谊，活跃气氛。

5. 参加履职活动。组织委员积极参加县政协统一组织的调研视察、界别活动和委员论坛活动等，注重在参与履职中收集民情民意，发挥特长优势，主动帮扶群众，激励委员争做优秀政协委员。

6. 组织委员考评。组织委员开展年度述职考评,填写年终履职档案,听取委员对县政协本年度工作的意见建议。

三、组织领导

(一)统一思想,提高认识。创建"政协委员之家"是县政协进一步拓展委员履职空间的新探索,也是政协委员密切与群众联系的重要渠道,各政协联络小组、界别召集人要充分认识其重要性,切实把这项活动摆上重要议事日程,增强做好创建工作的自觉性和主动性,加强领导,着力推进。

(二)高度重视,精心组织。"政协委员之家"创建活动在县政协常委会统一领导下进行,由主席会议成员协调推进,县政协各委室对所联系的镇(场、街道)联络小组、界别承担具体任务的衔接指导。

(三)整合资源,形成合力。要积极争取所在单位党委、党组的支持,发挥委员主体作用,共同建设"政协委员之家"。采取多种方式,整合各方资源,循序渐进地抓好"政协委员之家"的软硬件建设。

(四)注重成效,不断创新。"政协委员之家"建设是县政协工作的一项创新举措,各联络小组、界别要在规范化、程序化、制度化上下功夫,在推动委员工作上做文章,真正做到形式与内容的统一,形式与效果的统一,通过"政协委员之家"建设努力使政协开展的各项活动在围绕中心、服务大局上见成效,在关注民生、为民排忧上见成效,在提高委员素质和履职能力上见成效。

(五)加强宣传,营造氛围。要将"政协委员之家"创建活动与宣传信息工作有机结合,做到以宣传营造氛围,以实绩赢得口碑。要做好思想发动,使广大委员充分认识到开展这项活动的重大意义,进一步激发他们的积极性、主动性和创造性;要加大对活动的宣传报道力度,努力营造浓厚的舆论氛围。

四、考核奖补

(一)考核奖补办法

对建成委员之家并符合"六个有"标准,经县政协组织验收合格的,给予一定的奖补。

(二)每年活动经费

对县级、界别、联络小组"政协委员之家"每年活动经费给予适当补助。

(三)经费使用要求

1."委员之家"创建的奖补资金,经县政协验收通过后,申请县财政予以拨付;"委员之家"每年活动经费,建议由县政府预算列支。所列费用要专款专用,确保所拨经费用于“委员之家”建设和委员开展活动。

2. 政协各镇(场、街道)联络小组的奖补资金由各镇(场、街道)政协联络小组建立专用账户,各界别由“委员之家”设立单位建立专用账户,实行专户管理。

3. 各联络小组、界别应加强经费的使用管理,年终应向“委员之家”全体委员报告资金使用情况。在经费使用过程中,应严格遵守中央八项规定和省市县委十项规定。

关于印发《2019 沛县政协资政履职高质量年先进政协联络小组工作评比细则》的通知

沛政协办〔2019〕4 号

政协各委室、各镇（场、街道）联络小组：

《2019 沛县政协资政履职高质量年先进政协联络小组工作评比细则》已经主席会议协商通过，现予修订印发。请各委室、各镇（场、街道）联络小组结合工作实际，抓好贯彻落实。

2019 年 4 月 11 日

2019 沛县政协资政履职高质量年先进联络小组工作评比细则

（总计：100 分）

一、镇（场、街道）党（工）委、政府（办事处）重视和加强对政协工作的领导（20 分）

1. 把政协工作纳入党（工）委重要议事日程，党（工）委会每年至少 1 次专题听取政协联络小组工作汇报，及时研究并统筹解决政协工作中的重要问题。（2 分）

2. 党（工）委高度重视政协的配备和建设，明确 1 名兼职工作人员，具体负责日常工作。（2 分）

3. 党（工）委、政府（办事处）积极支持政协委员参政议政，每年提出 1—2 个以上重大课题交由政协联络小组进行调研。（3 分）

4. 对联络小组、政协委员提出的意见和建议，党政主要领导亲自阅批，提出办理意见。（3 分）

5. 建立健全“委员之家”活动机制，充分发挥“委员之家”阵地作用。（10 分）

二、在履行职能方面取得的工作实绩(70 分)

1. 年内安排至少 1 次政协委员专题调研视察活动,并配合县政协开展调研、视察、座谈讨论等活动。(5 分)

2. 积极组织委员开展活动,有典型、有活动记录。(5 分)

3. 积极参与“智慧政协”活动。(10 分)

4. 沛县政协网“镇区动态”和“委员风采”栏目及“沛县政协”微信公众号上稿情况。(以政协办提供的结果为准,14 分)

5. 撰写提案的数量、质量和及时提交情况。(数量占 40%,质量占 60%,以政协提案委提供的结果为准,16 分)

6. 按照“四个一”活动要求,每位委员在联络小组帮助下解决 1 个突出矛盾和问题。(2 分)

7. 紧紧围绕党政中心工作和人民群众普遍关心的热点、难点问题,积极组织委员反映社情民意信息。(数量占 40%,质量占 60%,以政协研究室提供的结果为准,16 分)

8. 积极配合政协委室做好相关工作。(2 分)

三、切实加强镇(场、街道)政协联络小组自身建设(10 分)

1. 有年度工作计划和年度工作总结。(5 分)

2. 认真做好委员培训工作。(5 分)

加分因素:

1. 在政协提案、专题调研报告、反映社情民意工作方面有重要价值,县委、县政府主要领导签批的加 2 分;

2. 承办全县政协座谈会、现场会,加 2 分;

3. 以联络小组或委员个人名义,精心调研,认真准备全委会大会发言,被采纳的加 2 分;

4. 在履行政协职能方面创新创优,在县级新闻媒体发表文章、信息的加 1 分,市级加 2 分,省级加 4 分,国家级加 6 分。

关于将基层协商民主建设工作纳入2019年度优秀界别、先进联络小组和“六讲”委员补充评比的意见

沛政协办〔2019〕18号

按照中共沛县县委《关于充分发挥政协专门协商机构作用　推进全县基层协商民主建设的实施意见(试行)》(沛委发〔2019〕34号)、关于印发《深化基层协商民主建设,开展“三走进一联系”活动的实施方案》(政协沛委〔2019〕14号)的通知精神和《关于进一步加强政协委员参与基层协商民主建设实践的通知》(政协沛委〔2019〕18号)要求,决定将基层协商民主建设工作纳入2019年度优秀界别、先进联络小组和“六讲”委员评比内容。具体意见如下:

一、将基层协商民主建设工作纳入各联络小组2019年度工作评比内容和专项表彰工作

在原工作评比100分的基础上增加基层协商民主建设工作专项分值40分。

1. 镇(街道、场)、村(社区)分别成立基层协商议事会,基层协商民主议事室建设按序时进度完成任务的得10分,完不成任务的按完成比例得分。

2. 各镇(街道、场)、村(社区)年内至少召开一次协商议事会议,本联络小组政协委员积极参与,帮助解决实际问题,达成协商共识的得20分,完不成任务的按比例得分。

3. 完成县政协交办的其他基层协商民主建设相关工作,积极组织人员参加县政协组织的培训、观摩和各类会议,得10分。

4. 根据各联络小组基层协商民主得分情况,取前若干名列入政协年终专项表彰工作。

二、将基层协商民主建设工作纳入各界别2019年度工作评比内容

在原工作评比100分基础上增加基层协商民主建设工作专项分值40分。

1. 界别负责人组织委员积极参加包挂镇村基层协商民主建设工作,界别委

员按照全县基层协商民主建设工作政协委员包挂表，指导所包挂村（社区）完成议事平台建设的得 15 分，完不成任务按完成比例得分。

2. 各界别委员认真履行所包挂村（社区）基层协商民主议事会议第二召集人责任，年内至少参与一次协商议事会议，帮助解决实际问题，达成协商共识的得 20 分，完不成任务按完成比例得分。

3. 完成县政协交办的其他基层协商民主建设相关工作，积极组织人员参加县政协组织的培训、观摩和各类会议，得 10 分。

三、将基层协商民主建设工作纳入 2019 年度“六讲”委员评比内容

在县政协委员履职积分制管理办法的基础上，增加委员参与基层协商民主建设工作专项分值 10 分，作为评选“六讲”委员的重要依据。

1. 按照《关于进一步加强政协委员参与基层协商民主建设实践的通知》要求，政协委员到包挂村（社区）指导基层协商民主建设工作，得 5 分。

2. 政协委员参与服务和指导协商议事会议每年至少 1 次，可包括参与协商议题的搜集提出、协商议题的筛选、协商议事会议的召开、协商结果的监督等环节，完成任务的，得 5 分。

2019 年 12 月 5 日

关于印发《2020 年度先进政协联络小组工作评比细则》的通知

沛政协办〔2020〕23 号

政协各委室、各镇(街道、场)联络小组:

《2020 年度先进政协联络小组工作评比细则》已经主席会议协商通过,现予印发。请各委室、各镇(街道、场)联络小组结合工作实际,抓好贯彻落实。

2020 年 4 月 9 日

2020 年度先进政协联络小组工作评比细则

(总计:100 分)

一、镇(街道、场)党(工)委、政府(办事处)重视和加强对政协工作的领导(11 分)

1. 把政协工作纳入党(工)委重要议事日程,加强党(工)委对政协工作的领导,建立党(工)委会定期听取政协工作汇报制度,制订政协工作年度计划,及时研究并统筹解决政协工作中的重要问题,并明确一名副书记作为政协工作召集人。(5 分)

2. 党政主要负责同志参加政协开展的调研、视察、协商等履职活动,对联络小组、政协委员提出的意见和建议,党政主要领导亲自阅批,提出办理意见。(4 分)

3. 建立健全“委员之家”活动机制,充分发挥“委员之家”阵地作用。(2 分)

二、在履行职能方面取得的工作实绩(49 分)

1. 年内安排至少 1 次政协委员专题调研视察活动,并配合县政协开展调

研、视察、座谈讨论等活动。(2 分)

2. 积极组织委员开展活动,有典型,有活动记录。(1 分)

3. 积极参与“智慧政协”建设和“远程协商”活动。(6 分)

4. 沛县政协网“镇区动态”“基层协商民主”和“委员风采”栏目等及“沛县政协”微信公众号上稿情况。(以政协办提供的结果为准,8 分)

5. 撰写提案的数量、质量和及时提交情况。(数量占 40%,质量占 60%,以政协提案委提供的结果为准,14 分)

6. 紧紧围绕党政中心工作和人民群众普遍关心的热点、难点问题,积极组织委员反映社情民意信息。(数量占 40%,质量占 60%,以政协研究室提供的结果为准,14 分)

7. 积极配合政协委室做好相关工作。(4 分)

三、切实加强基层协商民主建设(40 分)

1. 镇(街道、场)、村(社区)组织体系和协商主体健全、按序时进度推进、协商内容广泛、协商程序规范、台账资料完整、协商结果实施成效显著。(8 分)

2. 镇(街道、场)、村(社区)“有事好商量”协商议事室建设达标,使用管理规范,按序时进度完成任务得满分,完不成任务的按比例得分。(6 分)

3. 镇(街道、场)、村(社区)按序时进度完成基层协商民主议事任务的得满分,完不成任务的按比例得分。[镇(街道、场)协商议事会议原则上每半年召开 1 次,村(社区)、企事业单位协商议事会议原则上每 2 个月召开 1 次,20 分]

4. 完成县政协交办的其他基层协商民主建设相关工作,积极报送信息报表、组织人员宣讲,参加县政协培训、宣传、观摩和各类会议。(6 分)

加分因素与表彰:

1. 在政协提案、专题调研报告、反映社情民意工作方面有重要价值,县委、县政府主要领导签批的加 2 分;

2. 承办全县政协座谈会、现场会,加 2 分;

3. 以联络小组或委员个人名义,精心调研,认真准备全委会大会发言,被采纳的加 2 分;

4. 在履行政协职能方面创新创优,在“有事好商量”基层协商民主建设活动中被列为县级观摩点的加 2 分、被列为市级观摩点的加 4 分,在县级新闻媒体发表文章、信息的加 1 分,市级加 2 分,省级加 4 分,国家级加 6 分;

5. 县政协对前 6 名先进联络小组予以表彰,在“有事好商量”基层协商民主建设工作中,表现突出的先进单位和个人建议县委、县政府予以表彰。

关于印发《2020 年度优秀界别工作评比细则》的通知

沛政协办〔2020〕4 号

政协各委室、各界别:

《2020 年度优秀界别工作评比细则》已经主席会议协商通过,现予印发。希望各委室、各界别结合工作实际,抓好贯彻落实。

2020 年 4 月 9 日

2020 年度优秀界别工作评比细则

(总计:100 分)

1. 根据县政协的工作部署和本界别的特点,制订年度活动计划,报送年度工作总结,并负责组织实施,及时向县政协提交活动计划和活动总结报告。(2 分)

2. 积极组织委员参政议政,每年围绕 1—2 个重大课题进行调研,有调研报告。(2 分)

3. 年内至少安排 1 次政协委员专题视察活动,有活动方案、影像记录。(2 分)

4. 召集本界别委员活动,界别活动原则上每年不少于 2 次。(4 分)

5. 组织委员撰写提案。(提案数量占 40%,质量占 60%,以政协提案委提供的结果为准,18 分)

6. 紧紧围绕党政中心工作和人民群众普遍关心的热点、难点问题,积极组织委员反映社情民意信息。(数量占 40%,质量占 60%,以政协研究室提供的结果为准,18 分)

7. 组织本界别委员按要求包村指导完成“有事好商量”协商议事室建设。(5 分)

8. 组织本界别委员包村完成议题提交、参与指导和服务协商议事会议、参与监督协商结果的跟踪落实、对于未达成共识的议题，通过提案或社情民意等方式上报县政协。(20 分)

9. 认真组织本界别委员，参加县政协培训、宣传、观摩和各类会议。(5 分)

10. 建立健全“委员之家”活动机制，充分发挥“委员之家”阵地作用。(4 分)

11. 信息宣传。(《沛县政协网》、“沛县政协”微信公众号，界别活动、委员风采栏目上稿情况，以政协办提供的结果为准。)(6 分)

12. 积极参与“智慧政协”建设和“远程协商”活动。(6 分)

13. 助推“三城同创”工作，每位委员在界别帮助下解决一个突出矛盾和问题。(5 分)

14. 积极配合县政协开展调研、视察、座谈讨论等活动，配合政协委室做好相关工作。(3 分)

加分因素与表彰：

1. 在政协提案、专题调研报告、反映社情民意工作方面有重要价值，县委、县政府主要领导签批的加 2 分；

2. 以界别或委员个人名义，精心调研，认真准备全委会大会发言，被采纳的加 2 分；

3. 在履行政协三项职能方面创新创优，在县级新闻媒体发表文章、信息的加 1 分，市级加 2 分，省级加 4 分，国家级加 6 分；

4. 县政协对前 5 名优秀界别予以表彰。

关于修订《沛县政协委员履职积分制管理实施办法》的通知

沛政协办〔2020〕5号

政协各委室、各界别、各镇(街道、场)联络小组:

《沛县政协委员履职积分制管理实施办法》已经县政协主席会议修订完善,现予以印发。

2020年4月9日

沛县政协委员履职积分制管理实施办法

为切实加强我县政协委员履职管理和服务工作,推进政协工作制度化、规范化、程序化建设,根据《中国人民政治协商会议章程》和《关于加强政协委员管理的规定》等有关规定,结合沛县政协工作实际,特修订本办法。

一、计分标准

根据委员履职的主要内容设置,按照委员参与政协履职活动的实际情况,以相关会议、活动、行文、报刊等工作的记录、备案资料为主要依据,并综合其他有关情况,分项给予相应计分。具体标准如下:

(一)参加会议

县政协会议(含专门委员会组织的会议),每次计5分。未履行请假手续、不参加会议的扣2分。(本项得分最高不超过20分)

(二)学习培训

参加政协组织的学习培训活动,每次计5分,未履行请假手续、不参加培训的扣3分。

(三)参与活动

参加政协组织的委员视察、民主监督、为民服务、慈善行动等委员应参加的

活动每次计 5 分，未履行请假手续、不参加活动的扣 2 分。（本项得分最高不超过 20 分）

（四）提交提案

被列为提案的，每件计 10 分；被评为优秀提案的，每件计 15 分；被列为主席重点督办提案的，每件计 20 分。按照“四个一”活动要求，未交提案的扣 5 分。

（五）社情民意

被县政协采用的，每条计 10 分；被徐州市政协采用的，每条计 15 分；被省政协采用的，每条计 20 分；被全国政协采用的，每条计 30 分。信息得到领导批示的，每条加计 5 分。同一信息被多级政协采用的，按照“就高不就低”原则，计最高分值。报送社情民意信息未被采用的，每条计 2 分。按照“四个一”活动要求，未交社情民意信息的扣 5 分。

（六）基层协商民主建设

委员按要求包村指导“有事好商量”协商议事室建设达标，计 5 分；委员主动走进基层，深入群众，广泛收集协商议题，通过走访、调研，了解民意，有针对性地提出议题，把涉及群众切实利益和群众关心的问题提交到相关协商议事会议，计 10 分；委员积极参与指导和服务协商议事会议，在协商过程中，发挥政协委员专业优势，积极引导群众依法、有序、合理表达诉求，确保协商议事会议操作规范、按照程序进行，计 10 分；委员对于经过协商达成共识的议题，积极参与监督协商结果的跟踪落实；对于未达成共识的议题，通过提案或社情民意等方式上报县政协，计 10 分；委员参加县政协培训、宣传、观摩和各类会议计 5 分。

（七）“智慧政协”建设

委员积极参与“智慧政协”建设计 10 分。

（八）宣传报道

委员撰写反映政协活动、总结政协工作经验、宣传委员风采等各类新闻信息稿件，在各级政协主办的刊物或网站上登载的，每篇县级计 2 分；市级计 5 分；《江苏政协》等省级刊物或网站计 8 分；《人民政协报》等全国性刊物、网站计 10 分。

（九）委员论坛

委员论坛稿件被市政协采纳的，每篇计 15 分；若调研成果属多名委员联合完成的，组织者和撰写者均计 15 分，参与者计 5 分；被市领导签批的，每篇加计 5 分。

(十)大会发言

在政协全体会议上做交流发言的,每次计 10 分;做书面交流的,每篇计 5 分。

(十一)理论研究

委员撰写政协工作理论性文章,被县政协采纳的,每篇计 10 分;被徐州市政协采纳的,每篇计 15 分;被省政协采纳的,每篇计 30 分;被全国政协采纳的,每篇计 50 分。获评为年度优秀论文的,每篇加计 5 分。同一理论成果被多级政协采用的,按照“就高不就低”原则,计最高分值。

(十二)认真撰写调研报告

按照“四个一”活动要求,未提交调研报告的扣 5 分。

(十三)为民服务

委员为民做好事、做善事,得到组织认可或社会广泛好评的,每件(次)计 5 分。按照“四个一”活动要求,帮助解决一个突出矛盾和问题,年内没有解决一个问题和矛盾的,扣 2 分。

(十四)参与界别、联络小组活动

委员参与本界别、联络小组会议或活动,每次计 2 分;未履行请假手续、不参加会议或活动的扣 1 分。(本项得分最高不超过 10 分)

(十五)助力“三城同创”工作

委员深入创建一线,对标对表督促落实创建责任,及时发现反馈问题,界别委员包挂网格,每周至少一次深入网格现场巡查,及时对接创建办督查组,现场研究解决问题;其他政协委员包挂镇(街道、场),每周至少一次到包挂点现场查看,发现、反映问题。(5 分)

(十六)岗位建功立业

委员在本职工作岗位年度获得镇、局一级先进(优秀)荣誉的,每项计 2 分;获得全县行业内先进荣誉的,每项计 3 分;获得县级先进荣誉的,每项计 5 分;获得市级先进荣誉的,每项计 10 分;获得市行业内先进荣誉的每项计 5 分;获得省级先进荣誉的,每项计 15 分;获得国家级先进荣誉的,每项计 20 分。委员担任法人代表的企业(或委员任主要负责人的专业合作社等)受到县级以上(含县级)党委政府表彰的,可参照以上办法计分。同一事迹获得多项荣誉的,按照“就高不就低”原则,计最高分值。

二、计分办法

委员履职积分制实行动态管理,第一、第二、第三、第九、第十一、第十三项日常基础性资料的收集、登记、统计以学习和委工委为主,其他专委会配合;第四项由提案委收集提供；第五、第七、第八、第十、第十二、第十五、第十六项由办公室、研究室收集提供；第六项由办公室、学习和委工委提供；第十四项由各界别、联络小组统计汇总上报。委员履职积分每半年进行一次，并及时通报，办公室、学习和委工委于次年1月份将委员年度履职积分汇总通报。

三、积分应用

计分标准中第1—15项为基础分，第16项为附加分。年度累计基础分低于60分的（不含附加分），取消其评选年度“六讲”委员的资格。基础分高于60分的，并加计附加分，按照全体委员数的10%，从高到低确定年度“六讲”委员候选人，提交主席会议研究后予以表彰。届满时，五年的累计得分作为推荐遴选下一届政协委员的重要依据。

本《办法》由县政协学习和委员工作委员会负责解释。

关于印发《中共政协沛县委员会党组2020年度全面从严治党主体责任清单》的通知

沛政协办〔2020〕8号

县政协各委室:

《中共政协沛县委员会党组2020年度全面从严治党主体责任清单》已经县政协党组会议研究通过,现印发给你们,请认真贯彻落实。

2020年5月25日

中共政协沛县委员会党组2020年度全面从严治党主体责任清单

为进一步落实县政协党组全面从严治党主体责任,切实加强人民政协党的建设,根据《中国共产党党组工作条例》、中央办公厅《关于加强新时代人民政协党的建设工作的若干意见》《党委(党组)落实全面从严治党主体责任规定》等有关文件精神,结合县政协党组工作实际,制定2020年落实全面从严治党主体责任清单如下。

一、政协领导班子集体责任清单

(一)把牢政治方向,坚持党对政协工作的全面领导

1. 坚决做到"两个维护"。始终把党的政治建设摆在首位,坚定执行党的政治路线,坚决维护习近平总书记党中央的核心、全党的核心地位,坚决维护党中央权威和集中统一领导,自觉在思想上、政治上、行动上同以习近平同志为核心的党中央保持高度一致。始终坚持党对政协工作的全面领导,坚定不移地贯彻中央和省、市、县委各项决策部署,确保把党中央大政方针和省、市、县委决策部署不折不扣地贯彻落实到政协全部工作之中。

责任委室:办公室、各委室

时间进度安排:持续推进

2. 健全落实党对政协工作领导的制度机制。发挥好党组在政协工作中把方向、管大局、保落实的领导作用,每半年召开1次党组会议专题研究全面从严治党工作,年底前听取各专委会关于党建工作、党风廉政建设以及意识形态工作等方面的情况汇报。

责任委室:办公室、各委室

完成时限:12月底前完成阶段任务,持续推进

3. 建立落实不忘初心、牢记使命长效机制。深入贯彻落实中央和省、市、县委主题教育总结大会精神,特别是习近平总书记重要讲话精神,持续用党的创新理论武装头脑、指导实践,夯实“不忘初心、牢记使命”的思想基础。探索建立学习教育、调查研究、检视问题、整改落实的长效机制,推动“守初心、担使命,找差距、抓落实”形成常态、见到长效。严格执行《新形势下党内政治生活若干准则》,深入贯彻民主集中制,认真落实党员领导干部双重组织生活制度,扎实开好民主生活会和组织生活会,增强党内政治生活的政治性、时代性、原则性、战斗性。

责任委室:办公室、研究室

完成时限:12月底前完成阶段任务,持续推进

4. 加强请示报告。认真学习贯彻《中国共产党重大事项请示报告条例》,严格执行重大问题请示报告制度,年内至少向县委做一次全面工作报告,县政协年度协商计划、常委会工作报告、全体会议和常委会会议、党组重要工作等向县委请示报告,传达贯彻中央和省市县委重要会议精神、执行党的重要指示和决定的情况专题报告,重大事项和重要情况及时请示报告。

责任委室:办公室、研究室

完成时限:12月底前完成阶段任务,持续推进

(二)加强理论武装,深学笃行习近平新时代中国特色社会主义思想

5. 深入学习贯彻习近平新时代中国特色社会主义思想。以党组理论学习中心组学习制度为龙头,落实好常委会会议专题学、政协讲坛重点学、委员培训集中学、机关干部跟进学等各层级学习制度,持续推动学习贯彻习近平新时代中国特色社会主义思想往心里去、往深里走、往实处落,深入贯彻落实习近平总书记对江苏工作重要讲话指示精神,把习近平总书记关于加强和改进人民政协工作重要思想的学习不断引向深入。党组理论学习中心组集中学习研讨每年不少于6次。学好用好《习近平谈治国理政》第一、二、三卷,《习近平新时代中

国特色社会主义思想学习问答》,认真学习贯彻党的十九届四中全会精神,进一步创新学习形式、拓展学习渠道、丰富学习载体,用好“学习强国”等平台,做到学思用贯通、知信行统一。

责任委室:学工委、办公室、各委室

完成时限:12 月底前完成阶段任务,持续推进

6. 深入学习宣传贯彻中央政协工作会议及省市县委政协工作会议精神。抓好中央政协工作会议及省市县委政协工作会议精神学习,充分利用政协讲坛、智慧政协 APP、政协门户网站等平台开展宣讲活动,定期组织党员干部培训。制订《关于落实中央政协工作会议和省、市、县委政协工作会议主要任务分工方案》,组织开展重点理论课题研究,确保会议提出的重要要求、做出的部署安排、确定的目标任务落到实处。

责任委室:办公室、研究室、学工委

完成时限:12 月底前完成阶段任务,持续推进

7. 加强意识形态工作。加强对县政协意识形态工作的统一领导,旗帜鲜明坚持党管宣传、党管意识形态、党管媒体,强化对县政协智慧政协 APP、政协门户网站、微信公众号等所属意识形态阵地的管理,把思想政治引领融入日常。发挥教育文体界政协委员作用,定期分析研判有关人民政协的舆情导向和委员队伍意识形态动向,对重大事件、重要情况、重要社情民意中的倾向性、苗头性问题,积极稳妥做好处置应对。加强协商议政活动中的意识形态工作。

责任委室:研究室、学工委

完成时限:12 月底前完成阶段任务,长期坚持

(三)突出政治标准和政治功能,不断加强组织建设和两支队伍建设

8. 加强政协党组织建设。突出强化政治功能,扎实推进创“五型”机关,做“六讲”委员建设。加强政协党的组织建设,实现党的组织对党员委员的全覆盖。完善政协党组成员联系相关界别党员委员、党员委员联系党外委员制度,实现党的工作对政协委员的全覆盖。党组成员按照“一岗双责”要求,领导、检查、督促分管部门全面从严治党工作。

责任委室:办公室、各委室

完成时限:12 月底前完成阶段任务,持续推进

9. 发挥党员委员先锋模范作用。按照组织关系一方隶属、参加双重组织生活的要求,组织和引导党员委员自觉接受政协党组织教育管理和参加政协党组织活动、进行党性锻炼,在政治引领、履职尽责、团结民主、廉洁奉公等方面充分发挥先锋模范作用。

责任委室:学工委、各专委会

完成时限:持续推进

10. 加强机关干部队伍建设。围绕“信念坚定、为民服务、勤政务实、敢于担当、清正廉洁”好干部标准加强机关干部的培养、使用和管理,突出落实政治标准,做好干部任前“政治体检”。加强年轻干部培养,强化对年轻干部的传帮带作用。统筹推进机关干部轮岗交流,不断优化知识结构、丰富实践阅历、增强业务能力。健全完善县政协机关公务员平时考核工作方案和评优办法,在机关形成比学习、比工作、比奉献和学先进、当先进、赶超先进的浓厚氛围,努力建设一支忠诚、干净、有担当的政协机关干部队伍。

责任委室:办公室

完成时限:持续推进

(四)深入推进正风肃纪,不断加强作风建设

11. 持续贯彻执行中央八项规定及其实施细则精神。始终把贯彻落实中央八项规定及其实施细则作为重大政治任务,制定县政协党组 2020 年度进一步贯彻落实中央八项规定和实施细则精神具体措施,坚持从自身做起,强化主体责任,以永远在路上的执着和韧劲加强作风建设,把作风建设有机融入政协各项工作中,不断增强改作风、转作风的思想自觉和行动自觉。

责任委室:办公室、各委室

完成时限:持续推进

12. 坚决整治形式主义、官僚主义。认真贯彻落实中办《关于解决形式主义突出问题为基层减负的通知》精神和省市县委部署要求,特别是把整治形式主义、官僚主义作为正风肃纪、反对“四风”的长期任务,坚持标准不降、力度不减,切实强化制度建设,巩固减负成果,压紧压实责任,以更大的决心、更实的举措把整治形式主义、官僚主义这项工作推进下去。

责任委室:办公室、各委室

完成时限:12 月底前完成阶段任务,持续推进

13. 严明纪律规矩。扎实推进“两学一做”学习教育常态化、制度化,把党规党纪特别是党的政治纪律和政治规矩作为理论学习中心组学习、党支部学习和干部教育培训的重要内容,开展经常性纪律教育,发挥先进典型示范和反面典型警示的作用,引导党员干部始终做政治上的明白人、老实人,自觉远离“底线”、坚守“高线”。

责任委室:办公室

完成时限:12 月底前完成阶段任务,持续推进

(五)深化标本兼治,推进党风廉政建设和反腐败斗争

14. 加强宣传教育。将党规党纪作为党组中心组学习、支部学习和干部教育培训的重要内容,认真学习党章、廉洁自律准则、纪律处分条例、问责条例等党内法规制度,充分利用党风廉政教育月,开展廉政党课、党风廉政现场教育、警示教育等活动,对新任职科级党员干部进行廉政谈话,增强拒腐防变的意识和能力,筑牢不敢腐、不能腐、不想腐的思想防线。

责任委室:办公室、学工委

完成时限:12 月底前完成阶段任务,持续推进

15. 落实党风廉政建设主体责任。组织签订 2020 年党风廉政建设责任书,明确班子主体责任、班子成员"一岗双责"责任。把党内监督与政协民主监督、群众监督等有机结合起来,加强对县政协党组领导班子成员、各专委会的监督,认真贯彻执行"三重一大"事项决策制度,推进权力公开透明阳光运行。积极采纳政协委员提出的批评和建议。

责任委室:办公室

完成时限:12 月底前完成阶段任务,持续推进

16. 支持派驻纪检监察组工作。定期听取派驻纪检监察组监督意见建议,抓好整改落实。邀请派驻纪检监察组参加县政协党组会议、主席会议、常委会议和机关党组会议,支持开展专项督查、查办案件,协调解决重大问题,为其开展工作、履行职责创造条件。

责任委室:办公室

完成时限:持续推进

(六)健全制度机制,切实加强政协党的制度建设

17. 完善党内制度。围绕坚持和完善党对政协领导的制度、强化党的创新理论武装制度、化解矛盾凝聚共识的制度、发挥新型政党制度优势的机制等,组织完善或制定县政协党组相关制度。

责任委室:办公室

完成时限:12 月底前完成阶段任务,持续推进

18. 强化制度执行。坚持制度面前人人平等、制度面前没有特权、制度约束没有例外,教育引导党员干部认真学习制度、严格执行制度、自觉维护制度,不断增强制度意识、规则意识。强化制度执行,严格责任追究,对已经出台的党内规章制度开展"回头看",对执行不到位的加大落实力度,对不适应形势要求的及时修订完善,确保制度执行到位。

责任委室:办公室、各委室

完成时限:6 月底前完成阶段任务,持续推进

19. 加强监督考核。党组书记认真履行全面从严治党第一责任人职责,其他党组成员根据工作分工抓好职责范围内的全面从严治党工作,县政协党组每年向县委书面汇报上一年度落实全面从严治党主体责任情况。统筹好党风廉政建设、意识形态工作、党建工作等方面考核,结合领导班子和领导干部考核,建立健全落实全面从严治党主体责任考核制度,在年度考核和相关考核工作中突出了解全面从严治党责任落实情况。

责任委室:办公室、研究室

完成时限:12 月底前完成阶段任务,持续推进

二、领导班子成员个人责任清单

(一)揭月华 党组书记、政协副主席

1. 当好全面从严治党"第一责任人",及时组织传达学习上级关于全面从严治党的部署和要求,研究贯彻落实具体措施,对本单位政治生态负责,对干部健康成长负责。(责任委室:办公室)

2. 对政治建设、党的建设、意识形态建设、党风廉政建设等全面从严治党重要工作亲自部署、重大问题亲自过问、重点环节亲自协调、重要案件亲自督办,组织领导并主动参加落实全面从严治党情况检查考核。(责任委室:办公室)

3. 严格执行《新形势下党内政治生活若干准则》,深入贯彻民主集中制,严格落实民主生活会制度,定期组织召开领导班子民主生活会,带头落实双重组织生活制度,以普通党员身份参加所在党支部组织生活会,坚持每年为党员干部上党课。(责任委室:办公室)

4. 研究制订全面从严治党年度工作计划、目标任务和具体措施,对县政协党组全面从严治党工作任务进行责任分解;年底前听取各专委会关于党建工作、党风廉政建设以及意识形态工作等方面的情况汇报;代表政协党组向县委报告上年度落实全面从严治党主体责任情况。(责任委室:办公室、各委室)

5. 每半年召开 1 次党组会议专题研究全面从严治党工作,全年至少为领导干部讲授 1 次廉政党课、主持 1 次县政协党组中心组全面从严治党专题学习。(责任委室:办公室、学工委)

6. 加强对县政协党组班子成员、各专委会的监督,认真贯彻执行"三重一大"事项决策制度,全年与县政协党组成员及各委室主任进行廉政谈话均不少于 1 次,发现问题及时提醒、纠正。(责任委室:办公室)

7. 加强对党风廉政建设和反腐败工作的领导,支持派驻纪检监察组工作,重要案件亲自协调督办。定期听取派驻纪检监察组监督意见建议,抓好整改落

实。(责任委室:办公室)

8. 落实意识形态工作责任制,切实担负起主体责任,加强意识形态阵地建设,健全重大思想理论问题分析研究和情况通报制度,做好网上舆情监测引导和管控处置工作。(责任委室:办公室、学工委)

9. 带头遵守党纪国法,注重家庭、家教、家风,教育管理好亲属和身边工作人员,主动接受各方面监督。强化组织观念,工作中重大问题和个人有关事项按规定程序向组织请示报告。(责任委室:办公室)

(二)党组领导班子其他成员共性清单

1. 履行"一岗双责",对分管范围内全面从严治党工作负领导责任,定期研究、布置、检查和报告分管范围内的全面从严治党情况。将全面从严治党与分管业务同部署、同检查、同考核,研究制订年度工作计划、目标任务和具体措施。

2. 根据工作开展情况,对分管范围内全面从严治党情况开展专题调研全年不少于1次。

3. 及时组织分管委室学习相关文件、会议精神,为分管范围内党员领导干部讲授1次廉政党课;年底,对全年个人履行主体责任情况和全面从严治党责任清单完成情况开展自查。

4. 对分管委室主任每年至少开展1次廉政谈话,对党员干部廉洁从政和全面从严治党责任方面存在的苗头性、倾向性问题及时预警提醒、督促改正。

5. 支持配合派驻纪检监察组工作,支持开展专项督查、查办案件,协调解决重大问题,为其开展工作、履行职责创造条件,听取派驻纪检监察组监督意见建议,抓好整改落实。

6. 抓好分管范围内的作风建设,深入开展形式主义、官僚主义集中整治,及时解决和处理群众反映的突出问题,积极采纳政协委员提出的意见和建议。

7. 自觉参加政协党组民主生活会和所在党支部组织生活会,严格对照检查,深入开展批评和自我批评。

8. 发扬密切联系群众优良作风,深入实际、深入基层、深入群众,总结经验、研究问题、指导工作。

9. 承担交办的其他全面从严治党工作事项。

10. 带头遵守党纪国法,注重家庭、家教、家风,教育管理好亲属和身边工作人员,主动接受各方面监督。强化组织观念,工作中重大问题和个人有关事项按规定程序向组织请示报告。

(三)领导班子其他成员个性清单

1. 郝敬彬　党组副书记、政协主席

(1)认真落实中央八项规定及实施细则精神,带头深入开展形式主义、官僚主义集中整治，认真执行干部驻点调研、联系群众、服务群众等工作制度，密切联系群众，带头改进调研作风，深入指导基层工作。

(2)加强机关干部的培养、使用和管理，突出落实政治标准，做好推荐干部前的"政治体检"。统筹推进机关干部轮岗交流，加强政协机关年轻干部培养，强化对年轻干部的传帮带工作。落实鼓励激励、容错纠错、能上能下"三项机制"，为担当者担当，为负责者负责。

2. 李法伟　党组成员、政协副主席

全面负责县政协学习和委工委、提案委等专委会的全面从严治党工作。

3. 韩友静　党组成员、秘书长、办公室主任

履行县政协办公室全面从严治党"第一责任人"责任，全面负责县政协办公室全面从严治党工作。

4. 牛文成　党组成员、专职常委

协助抓好研究室全面从严治党工作。

关于成立沛县政协办国家安全人民防线建设领导小组的通知

沛政协办〔2020〕9号

政协各委室:

根据工作需要,经政协主要领导同意,决定成立沛县政协办国家安全人民防线建设领导小组,组成人员名单如下:

组　长:韩友静　县政协党组成员、秘书长、办公室主任

副组长:倪士建　研究室主任

成　员:王玉存　海外联络与社会法制委员会主任

赵丽莉　农业和农村委员会主任

周兴华　提案委员会主任

杨国栋　教育卫生体育委员会主任

邵其斌　学习和委员工作委员会主任

季忠义　文化文史委员会主任

董　申　办公室副主任

领导小组下设办公室,办公室设在政协办,董申同志兼任办公室主任,王金华同志具体负责国家安全人民防线建设工作。

2020年5月27日

关于推进县政协界别指导下的行业“有事好商量”协商议事实施方案

沛政协办〔2020〕11 号

为进一步推动基层协商民主建设“两个全覆盖,一个延伸”落到实处,在全县镇(街道、场)、村(社区)实现基层协商民主建设全覆盖,企事业单位“有事好商量”协商议事有序推进的基础上,进一步创新界别指导下的行业“有事好商量”协商议事新模式,由界别指导,行业协会主导,不断推进各界别行业“有事好商量”协商议事工作开展,以行业高质量发展助推全县经济发展高质量。结合我县基层协商民主建设实际,制订本实施方案。

一、建立界别“有事好商量”协商议事室

坚持“一室多用”的原则,界别依托“委员之家”建立“有事好商量”协商议事室,增挂“有事好商量”协商议事室牌子。

二、建立界别行业协商民主建设指导机制

成立各界别行业协商民主建设工作指导小组,明确各界别召集人为组长,界别十届政协常委为副组长,界别委员为成员,指导小组具体负责本界别行业协商民主建设工作的推进,指导行业协商民主议事。

三、规范行业“有事好商量”协商议事工作

(一)议题征集。界别小组秘书牵头本界别涉及行业协会征集议题或联系本界别的其他政协委员征集行业议题。

(二)议题确认与公示。坚持民生、发展、问题三个导向,聚焦本界别行业间发展遇到的难事、与行业切身利益密切相关的议题开展协商议事。各界别协商议事会根据本界别行业的发展需求,体现行业特色,不搞千篇一律。议题征集筛选后报界别行业协商民主建设工作指导小组确定。确定的议题在行业和利益相关方单位公示 1 周后,报县政协办公室备案。

(三)协商主体的确定。围绕行业的议题从界别指导小组成员选取与本议题相关的政协委员,本议题相关行业协会会员、企业或个体大户,议题涉及行业的主管单位、镇(街道、场)、村(社区)、企业单位等利益相关方代表,组成行业协商主体。原则上在10—30人之间,公职人员不超过20%,利益相关方代表人数不少于总数的50%。

(四)会议召开。界别行业“有事好商量”协商民主议事会原则上每年召开2次,确有需要协商的议题可根据实际情况召开。会议议程按照提出意见、互动协商、意见修订、提请确认等步骤进行。

1. 会议主持人。由界别召集人、界别小组秘书或涉及行业政协委员担任。

2. 会议秘书。会议召开前,由主持人确定会议秘书,主要负责做好到会人数清点和会议记录等工作。

3. 开会人数要求。界别行业协商议事会议实际到会人数达到应到会人数三分之二以上方可开会。

4. 主持人向协商议事会议报告参会人员出席情况,宣布会议纪律。

5. 主持人宣读协商议题,并请议题提议人首先发言。

6. 主持人组织到会人员就协商议题进行互动协商。每人就相同观点发言不超过2次,每次原则上不超过5分钟。主持人有权打断违规或跑题发言,应尽可能让意见相反的双方轮流发言。

7. 会议主持人和议题提议人(代表)可根据互动协商情况,综合多数与会人员的意见,对议题内容进行修订,并进行再次互动协商。

8. 提请确认。由主持人提议,参会人员采取鼓掌、举手或投票等其中一种方式表明态度,并当众宣布表态结果(达成共识、基本达成共识、未达成共识)。

(五)注重成果转化。经协商达成共识或基本达成共识的议题,报界别行业协商民主建设工作指导小组确定后实施。实施情况应及时公示,并向议题提出人反馈,公示时间应不少于1周。协商达成共识的议题及实施情况,在下次协商议事会议上及时通报,将协商结果如实向群众和相关单位反馈。经协商未达成共识的议题,经界别行业协商民主建设工作指导小组同意,可安排再次协商,同一议题协商次数原则上1年内不超过2次。

四、强化措施落实

(一)建立会议推进制度。6月中旬前搭建好协商议事平台,召开界别行业协商民主建设指导小组第一次会议。6月底前召开第一次行业协商议事会议,年底之前召开第二次行业协商议事会议。

(二)建立县政协领导包挂制度。县政协领导按分工带领分管委室共同包挂各界别,推进包挂界别行业协商民主建设,及时调度包挂界别行业协商民主建设开展情况,赴现场研究协调推进过程中的困难和问题,督促包挂界别按序时节点完成目标任务。

（三）建立定期调度制度。县基层协商民主建设领导小组办公室定期调度各界别内行业协商民主建设推进情况，及时掌握情况，研究和协调推进过程中遇到的突出困难和问题，促进行业协商民主建设按计划顺利进行。

（四）建立责任落实制度。界别要始终以踏石留印的干劲，把凝聚各界人士智慧与力量的政治责任和推进行业协商议事的履职责任落实下去，全力提升行业与政府之间的协作沟通，全力化解行业之间的社会矛盾和问题。着力提升界别委员聚焦中心、关注民主、建言资政的能力，进一步理顺行业之间社会关系，提高行业参与社会治理的能力。

附件1：县政协领导包挂界别行业协商民主建设表

县政协领导	委（室）	包挂界别
郝敬彬	办公室 研究室	中共界 工业界
揭月华	文化文史委 农业和农村委	政法界 人民团体界
李令军	教卫体委 海联社法委	教育文体界 民族宗教台侨界 卫生科技界
李法伟	学习和委员工作委 提案委	驻沛企业界 农业界 现代服务业界

关于印发
《沛县“政协提案调研月”活动实施办法》的通知

沛政协办〔2020〕22号

县政协各参加单位、各专门委员会、各界别(联络小组):

提案是政协委员履行职责最基本、最广泛、最成熟的方式。为深入贯彻落实习近平总书记关于加强和改进人民政协工作的重要思想特别是对提案工作的重要指示,积极适应新时代政协工作新方位、新使命的要求,进一步提高提案质量,切实发挥提案在政协履行职能和推进民主协商建设中的重要作用,依据市政协《关于印发〈徐州市“政协提案调研月”活动实施办法〉的通知》(徐政协〔2020〕18)精神,经研究决定,从11月20日至12月20日,开展“政协提案调研月”活动。

一、总体要求

按照十九届五中全会和习近平总书记视察江苏“争当表率、争做示范、走在前列”指示精神,围绕县委中心工作,坚持提案办理的基础性、普惠性、严肃性、科学性、可行性,坚持把调查研究作为提案办理的第一环节,主动对接县委、县政府“十四五”规划和年度重大经济产业项目、城建重点工程、为民办实事项目,切实把党政关心、社会关切、群众关注作为提案调研的主要方向,努力使提案工作与县委、县政府中心任务同频共振,力求形成一批高质量政协提案。

二、组织实施

(一)实施主体

县政协各参加单位、各专门委员会、各界别(联络小组),可采取集体调研、分组调研、专题调研、对口调研、相互之间配合调研等方式实施。县政协委员应积极参加所在界别(联络小组)、专委会组织的集体调研活动。重点调研课题,可邀请县政协分管副主席参与共同调研。

(二)实施步骤

1. 提出选题意向。主要围绕我县经济、政治、文化、社会、生态文明建设中的重要问题以及人民群众普遍关心的热点、难点问题等开展提案调研。调研选题要准，力戒大而全、面面俱到。原则上县政协各参加单位、各专门委员会、各界别（联络小组），分别选择不少于1—2个课题，集中力量开展调研，为撰写高质量提案夯实基础。

2. 制订调研方案。经协商确立选题后，起草提案调研方案，主要内容包括：调研题目、调研提纲、调研计划及日程安排、调研组人员组成等。

3. 开展实地调研。可采取调阅资料、走访座谈和实地查看等方式进行。提案调研要注重实效，注意加强与各职能部门的互动交流，可邀请部门负责同志出席并介绍情况，也可邀请相关社会组织、企业和群众代表、专家学者参加，既了解成绩经验又发现问题不足，对重要数据和材料加以核实，尽可能多地掌握调研内容的现实情况，使调研的问题更集中、认识更深入、思路更清晰。实地查看要深入基层、深入一线，围绕调研课题，点面结合，从不同侧面总结经验、发现问题、拿出对策、提出建议。

4. 调研要求。调研活动要严格执行中央八项规定，尽可能轻车简从，坚决克服形式主义、防止“大呼隆”“走过场”。不增加基层负担。

5. 组织协商论证。对相关提案调研课题的调研情况，要逐个进行综合分析、研究论证，鼓励政协委员充分发表意见，特别要重视委员不同意见的讨论，以集思广益、扩大共识，力求拿出指向性明确、有针对性和可操作性的意见建议。

三、成果运用

要把提案调研和政协履职活动紧密结合，根据调研情况和成果，提出一批主题鲜明、分析翔实、建议中肯、针对性强的政协提案，通过提交高质量提案，把建言建在需要时、议政议到点子上、监督监在关键处。提案可以以集体提案名义提交，也可以以委员个人或委员联名名义提交。

四、活动保障

1. 沛县“政协提案调研月”活动在县政协主席会议领导下开展工作，县政协各参加单位、各专门委员会、各界别（联络小组）要分工合作、加强保障、形成合力。

2. 县政协提案委员会要协调联系县各职能部门和单位，认真做好调研服务工作，为提案者知情明政、了解情况提供保障；要安排专人对接，结合提案调研内容，积极主动听取各有关部门对提案可行性及基本情况、存在问题、工作建议提出的意见。

3. 县政协各专门委员会要加强与负责联系的界别（联络小组）和政协委员

的联系,配合做好提案调研月活动的组织工作,协助做好与调研单位的联系,安排好调研时间,丰富调研内容,创新调研方式,真正做到提案必调研、调研有成果、成果可转化。

4. 县政协各参加单位、各专门委员会、各界别(联络小组)要及时总结和提炼“政协提案调研月”工作的好经验、好做法,发挥新闻媒体的作用,探索利用网络等新媒体,深入开展活动宣传,可邀请媒体记者参加重要调研活动,加强对提案调研成果的宣传报道,不断扩大政协提案工作的社会参与面,提升社会影响力。

2020 年 11 月 18 日

关于对政协各界别、镇(街道、场)联络小组工作开展情况进行评比的通知

沛政协办〔2020〕23 号

政协各委室、各界别、各镇(街道、场)联络小组:

经主席会议研究,定于 12 月 10—11 日对各界别、镇(街道、场)联络小组开展工作检查评比,评选出的优秀界别、先进政协联络小组、“六讲”委员和政协基层民主建设工作先进单位将在政协沛县十届委员会第五次全体会议上予以表彰。现将有关事项通知如下:

一、评比时间

12 月 10—11 日。

二、评比内容

依据《关于印发〈2020 年度先进政协联络小组工作评比细则〉的通知》(沛政协办〔2020〕3 号)、《关于印发〈2020 年度优秀界别工作评比细则〉的通知》(沛政协办〔2020〕4 号)和《关于修订〈沛县政协委员履职积分制管理实施办法〉的通知》(沛政协办〔2020〕5 号),查阅台账、相关资料及基层民主议事平台现场。

三、相关要求

1. 请各界别、各镇(街道、场)联络小组按时将台账及有关材料存放在“有事好商量”协商议事室,便于各工作组赴现场检查。详见各界别、镇(场、街道)联络小组工作检查评比分工表。

2. 请各镇联络小组认真准备基层协商民主工作专项台账,此项考核结果作为年度政协表彰基层协商民主工作的依据。

3. 请各界别、各镇(街道、场)联络小组认真总结一年来的工作成绩、创新举措、工作亮点、存在问题及明年的工作思路(一式两份),总材料不低于 2000 字,材料要生动翔实,有成绩、有亮点、有思路、有举措,避免空洞。

2020 年 12 月 3 日

关于在全县政协委员中开展“六讲”委员评选活动的通知

沛政协办〔2020〕24 号

政协各委室、各界别、各镇(街道、场)联络小组:

依照《政协沛县委员会关于开展“创‘五型’机关,做‘六讲’委员”活动的意见》(政协沛委〔2017〕9 号)、《中共沛县县委关于健全完善基层协商民主建设“五化”机制促进基层协商同社会治理相结合的指导意见》(沛委发〔2020〕35 号)和《关于修订〈沛县政协委员履职积分制管理实施办法〉的通知》(政协沛委〔2020〕6 号)文件精神,在全体委员中深入开展讲政治、讲学习、讲责任、讲创新、讲协作、讲奉献的好委员评选活动,评选出的“六讲”委员,将在政协沛县第十届委员会第五次全体会议上予以表彰。

相关要求:

1. “六讲”委员评选,首先由各界别、联络小组成立考核小组,负责本界别、联络小组考核工作。

2. 全体政协委员根据实际情况认真填报《沛县政协“六讲”委员积分考核表》(表二)中的完成情况栏,进行自评。

3. 考核小组根据委员自评情况,进行审核评分,确定委员得分,交政协机关各委室复核。

4. 考核小组(各界别、联络小组)按照全体委员总数 10% 的比例和沛县政协“六讲”委员候选人名额分配参照表(表一),将每位委员的履职积分,从高到低,确定“六讲”委员的候选人,填写沛县政协“六讲”委员推荐表(表三),经各委室审核后,提交主席办公会研究,予以表彰。

2020 年 12 月 3 日

关于印发《沛县“书香政协”建设实施细则》的通知

沛政协办〔2021〕10 号

县政协各委室、各界别(联络小组):

《沛县“书香政协”建设实施细则》已经县政协十届五十八次主席会议审议通过,现予印发,请结合实际抓好贯彻落实。

2021 年 3 月 1 日

沛县“书香政协”建设实施细则

为深入贯彻习近平总书记关于加强读书学习的指示要求,进一步提升政协委员的理论水平和文化素养,提高政协委员的履职本领和建言质量,切实担负起新时代政协委员的职责使命,根据省、市政协有关精神和县政协主席会议要求,建设“书香政协”,在全县政协系统广泛开展读书活动。为确保“书香政协”建设及系列活动顺利推进,特制定如下实施细则:

一、指导思想

坚持以习近平新时代中国特色社会主义思想为指导,深化落实习总书记关于加强读书学习的重要论述,通过组织引导政协委员多读书、读好书、善读书,不断增强“四个意识”、坚定“四个自信”、做到“两个维护”。着眼新时代人民政协新方位、新使命,紧扣打造书香政协目标,把书香政协读书活动与党史学习教育、政协履职紧密结合起来,不断提高政协工作质效,为助力全县“两个争做、四个最前列”目标凝聚智慧、汇聚力量。

二、原则要求

(一)把牢正确导向,用科学理论武装头脑。以学习贯彻习近平新时代中国特色社会主义思想为主题主线,坚持用党的科学理论武装头脑、指导实践、推动工作,在政治立场、政治方向、政治原则、政治道路上始终同以习近平同志为核心的党中央保持高度一致,打牢政治理论功底。

(二)创新学习方式,营造浓厚的学习氛围。利用好行之有效的读书学习方式,同时适应新形势创新读书学习平台载体,做到自愿和组织相结合、分散与集中相统一、自学与导读相衔接、线上与线下相协同,激发政协委员和机关干部学习主动性和自觉性,形成“比、学、赶、超”的学习氛围。

(三)倡导自觉养成,做到读做结合。保持常态化读书学习习惯,推动委员真正成为“最喜欢读书、最有条件读书、最能把书读好”的群体,形成着眼界别、跨越界别,深耕专业、跨越专业的读书学习格局。使读书活动的过程成为加强思想政治引领、广泛凝聚共识的过程,成为提高履职能力、推动政协工作的过程。

三、阵地建设

按照“线上与线下相协同、读书与履职相结合”原则,全面推进“书香政协”阵地建设。

(一)“线下”阵地建设

1. 用好“歌风书房”,结合沛县“书香沛县”建设,在“歌风书房”内打造政协“委员读书吧”。按照“一室多用、一区多能”原则,内设政协“有事好商量”书柜、社情民意信息征集点、协商议事议题征集箱等,将“委员读书吧”打造成展现政协形象、宣传政协协商文化、增强委员履职本领的重要阵地。县政协为每位政协委员和机关干部办理县“歌风书房”读书证,免费发放给政协委员和机关干部使用。

2. 设置“委员书屋”。依托政协“委员之家”“有事好商量”协商议事室,设置“委员书屋”,为基层政协委员和群众读书学习创造条件,推动委员读书活动向乡村、社区、企业、社会组织延伸,助推“书香沛县”建设。同时,深度融合“有事好商量”协商议事工作,推进协商议事室、委员工作室、社情民意信息联系点、网格协商点、委员书屋“五位一体”建设,打造多功能协商议事平台。

3. 建设政协书房。进一步完善政协机关活动中心建设,强化软硬件配备,建设县政协机关书房,打造既能加强学习,又能开展读书活动的专业阅读阵地。

(二)“线上”阵地建设

1. 建设“网上图书馆”。依托政协智慧平台建设“委员网上图书馆”,由学习和委员工作委员会定期发布推荐书目,并组织委员线上读书活动。

2. 开设“委员读书”专栏。依托委员履职 APP 开设“委员读书”栏目,以网上阅读、在线互动、阅读分享等形式,交流心得,碰撞思想,凝聚智慧。

开通“委员读书”微信群。各界别(联络小组)召集人自行担任或指定一名骨干委员担任读书群群主,每天不定时推荐党政最新理论、最新动态、最新要求以优质经典书目、文章、新闻等,促进委员每日同步阅读打卡,分享阅读体验,养成读书习惯。

四、开展系列活动

为推动读书活动走深走实,并向建言资政、凝聚共识拓展,组织开展“书香机关”“书香委员”“书香履职”系列活动,以读书强本领、促履职、聚共识。

(一)“书香机关”系列活动

1. 开展机关读书活动

活动内容:结合党史学习教育,重点学习习近平新时代中国特色社会主义思想、中共党史、政协史以及中央和省市县委关于人民政协工作的重要会议、重要文件、重要精神等,精准选题、精心组织机关读书活动。坚持系统性学习与重点阅读相结合,组织开展荐书、交流分享读书心得等活动,引导机关干部在读书中坚定信念、提振精神,营造政协机关爱读书、重学习、敢创新、善作为的浓厚氛围。

活动对象:全体机关干部

活动方式:采取干部自学与集体学习相结合的方式,每周举办 1 次

活动时间:长期实行

活动地点:政协机关书房、政协会议室

牵头委室:办公室

2. 举办机关文化讲堂

结合党组理论中心组集中学习,定期举办机关文化讲堂,对《习近平谈治国理政》《习近平总书记关于加强和改进人民政协工作的重要思想摘编》等书籍进行重点学习,并针对性地邀请有关专家学者做政治、历史、法律、文化等方面专题讲座。

活动对象:全体机关干部

活动方式:采取集体学习的方式,全年举办 3 次

活动时间:长期实行

活动地点:政协会议室

牵头委室:办公室

(二)“书香委员”系列活动

1. 举办“书香政协·阅享歌风——委员读书活动”启动仪式

活动对象:政协各委室、政协常委、各界别、联络小组召集人、联络员

活动时间:2021 年 3 月

活动地点:歌风书房

牵头委室:办公室、研究室

2. 开展“委员书屋”捐赠书籍活动

活动对象:政协委员

活动方式:捐赠书籍

活动时间:2021 年 4 月

活动地点:“委员之家”“有事好商量”协商议事室

牵头委室:研究室

3. 开展“阅享歌风”委员读书沙龙活动

活动对象:全体政协委员

活动方式:组织委员读书交流会

活动时间:2021 年 2—12 月,每季度组织 1 次

活动地点:歌风书房

牵头委室:各专委会

4. 举办“献礼建党 100 年——永远跟党走”委员朗诵会

活动对象:全体政协委员

活动方式:朗诵

活动时间:2021 年 6 月

活动地点:文化馆会议室

牵头委室:办公室、研究室

5. 开展委员“同心向党,共谋发展”委员读书征文活动

活动对象:全体政协委员

活动方式:征集读书心得

活动时间:2021 年 5 月

牵头委室:研究室

(三)“书香履职”系列活动

1. 开展“金点子”征集活动

围绕沛县“实体经济发展、新旧动能转换、文明城市创建、推动乡村振兴、增进民生福祉”等县委、县政府中心工作,聚焦政协年度履职重点工作,在委员读书群中征集全县高质量发展、政协高质量履职“金点子”意见建议。

活动对象:全体政协委员

活动时间:2021 年 4 月

牵头委室:办公室

2. 开展“有事好商量”协商议事活动

充分发挥委员在基层协商议事工作中的示范作用和读书学习中的带头作用,各镇(街道)、村(社区)依托“有事好商量”协商议事室,组织开展助力产业强县、助力乡村振兴、助力文明城市创建、助力基层社会治理“四助”协商议事活动,更好地把委员读书收获转化为履职尽责的成效,不断助推全县经济社会高质量发展。

活动对象:镇(街道)、村(社区)协商议事会成员

活动方式:召开协商议事会

活动时间:按季度开展

牵头委室:学习和委员工作委员会

3. 围绕“双向发力”开展读书调研活动

将建言资政、凝聚共识贯穿委员读书调研全过程,聚焦党政中心要事、民生实事、群众关键小事,围绕“特色现代产业、创新驱动、产城融合、三园建设、民生改善”等,开展读书调研,形成有深度、有力度、有针对性、有可操作性的读书调研报告,促进将读书调研报告转化为高质量提案、社情民意信息、大会发言,为奋力夺取“两个争做”贡献智慧力量。

活动对象:全体政协委员

活动方式:调研视察

活动时间:2021 年 4—12 月

牵头委室:研究室

4. 开展“书香政协”委员读书成果展示活动

举办委员读书笔记展示活动并汇编成册,作为学习交流、存史资政的重要资料。

活动时间:2021 年 12 月

牵头委室:研究室

五、组织保障

一是明确责任。建立县政协“书香政协”建设领导小组,党组书记、主席任组长,其他副主席任副组长,各委室主任为成员。领导小组下设办公室,研究室主任兼任办公室主任,各专委会主任任副主任。研究室具体负责活动的统筹、协调和组织工作,相关委室分工协作。学习和委员工作委员会负责书目推荐及发布、委员读书情况统计;政协办公室建立并管理“委员网上读书馆”及履职APP“委员读书”栏目,做好线上读书交流技术保障;各专委会负责组织读书系列活动、界别(联络小组)负责网上读书群、发展读书骨干队伍、收集委员的重要

意见建议等。

二是成果转化。坚持理论与实践相结合,读书与履职相结合,学有所用、学以致用、学用相长,努力把读书的收获转化为做好本职工作的过硬本领,转化为履职尽责的工作成效,转化为高质量提案、社情民意信息的履职成果,助力实现"两个争做、四个最前列"目标任务。

三是表扬激励。将委员读书情况纳入委员履职考核,对评选出的年度读书活动先进个人、先进集体和优秀读书调研报告予以表扬激励,引导更多委员多读书、读好书、善读书,形成委员人人读书、热爱读书的良好局面。

关于印发《关于在全县政协委员中开展“四助”主题活动的实施意见》的通知

沛政协办〔2021〕14号

县政协各委室、各界别(联络小组):

《关于在全县政协委员中开展“四助”主题活动的实施意见》已经县政协十届五十八次主席会议审议通过,现予印发,请结合实际抓好贯彻落实。

2021年4月7日

关于在全县政协委员中开展“四助”主题活动的实施意见

为进一步发挥政协委员在政协工作中的主体作用,激励广大政协委员在全县“两个争做、四个最前列”发展进程中担当实干,经县政协主席会议研究,决定在全县政协委员中开展“助力产业强县、助力文明城市创建、助力乡村振兴、助力基层社会治理”主题活动(以下简称“四助”活动),为确保活动取得实效,特制定本实施意见。

一、总体要求

以习近平新时代中国特色社会主义思想为指导,深入贯彻落实县委十四届十次全会精神,充分发挥专门协商机构作用,坚持建言资政、凝聚共识双向发力,深刻把握产业强县、文明城市创建、乡村振兴、基层社会治理工作任务的阶段性特点,切实加强组织引导,不断丰富平台载体,激励广大政协委员在界别群众中示范引领、在本职岗位上担当作为、在政协工作中履职尽责,更好地贡献政协智慧、凝聚政协力量、彰显政协作为。

二、主要原则

1. 服务中心大局。聚焦我县“两个争做、四个最前列”目标要求,把“四助”活动放到全县发展大局中去组织,始终与县委思想同心、行动同步,与基层群众所盼同虑、奋进同力。

2. 坚持双向发力。把加强思想政治引领作为“四助”活动开展的中心环节,推动建言资政与凝聚共识双向发力,扎实做好凝聚人心、汇聚力量的工作,为推动我县“两个争做、四个最前列”找到最大公约数,画出最大同心圆。

3. 发挥三个作用。充分发挥政协委员在界别群众中的代表作用、在本职岗位中的带头作用、在政协工作中的主体作用,引导政协委员带头干事创业,倡导良好社会风尚,争做“四助”活动的积极建功者。

三、活动内容

1. 积极开展“助力产业强县”系列活动。开展“我为企业解难题办实事”活动,县政协主席会议成员示范带头,挂钩联系重大项目,帮助协调解决困难;依托“有事好商量”协商议事会,为政企沟通、银企对接、校企合作搭建平台,促进政府部门优化服务,激励企业家委员拼搏进取,为我县产业强县贡献力量;依托政法界委员组织开展“法律助企进商会”活动,促进商会协会规范发展、积极作为,帮助主导产业壮大、新兴产业培育、传统产业升级;开展“我为产业强县献良策”活动,倡议委员为打造“333 产业”高地,推动新旧动能转换建言献策;开展高新技术企业培育、优化营商环境专题调研活动。

2. 积极开展“助力文明城市创建”系列活动。会同县融媒体中心开设“政协啄木鸟”栏目,聚焦“十项专题整治活动”及 55 项重点工程,走进文明创建网格,每周一次在责任网格中对标对表走街串巷,查问题、找不足,推动“委员进网格,问题格中办”;开展“委员志愿者进网格服务”活动,引导广大政协委员利用周末时间到我县老旧小区、背街小巷开展义务劳动,到街道大集、农贸市场开展创城宣传活动;开展“委员助推移风易俗”活动,培育乡风文明;开展“委员进社区、进校园志愿服务”活动,鼓励卫生科技界政协委员深入社区为居民免费查体,提供医疗健康咨询以及相关医疗政策解答;鼓励教育文体界政协委员深入学校,进行文明城市创建宣传,引导学生和家长共同参与创城。

3. 积极开展“助力乡村振兴”系列活动。持续开展“三走进一联系”活动,引导政协委员密切联系群众,为我县百姓过上高品质的生活奉献添力;依托“有事好商量”协商议事室组织开展“助力乡村振兴”协商议事活动,为乡村振兴摸实情、出实招;组织农业界政协委员开展专题视察活动,围绕农业基础设施、特色产业发展、乡风文明提升、生态宜居建设等方面撰写提案,反映社情民意,形成调研报告。

4. 积极开展“助力基层社会治理”系列活动。发挥政协基层协商议事在社会治理方面的积极作用,开展基层矛盾纠纷“无讼”协商议事活动,把群众利益纠纷诉求在进入诉讼之前引导到协商平台上来，组织政协委员、法律顾问、人民调解员参与诉前纠纷协商，把矛盾纠纷化解在基层，探索基层社会矛盾协商式源头治理新路径；开展“《民法典》进乡村、进社区”活动，以《民法典》为重点开展普法宣传教育，做好答疑释惑工作，促进群众树立法治意识和法治思维，共建法治社会。

四、组织落实

1. 切实加强领导。县政协主席会议研究确定实施意见，常委会议动员部署主题活动，县政协办公室和学工委做好开展“四助”主题活动的统筹协调工作，充分调动县政协各专委会、各界别、各联络小组和广大政协委员的积极性，推动“四助”主题活动不断深入开展。

2. 认真落实责任。各专委会、各界别、各联络小组要根据本实施意见，结合自身实际制订活动计划，按时组织实施，并将活动计划和开展情况按时报送学工委。办公室和学工委要抓好“四助”活动推进和总结工作。

3. 营造良好氛围。县政协研究室要充分挖掘“四助”活动中涌现出来的典型，积极通过各类媒体，加强宣传报道，展现政协作为、扩大政协影响、树立政协形象。

宣传卷：凝心聚力

○文艺作品

家国情怀

季忠义

绵延几千年的中华文化是我们的精神坐标,是中华民族生生不息的思想沃土。作为传统文化圭臬和精髓的家国情怀,更是中华民族独特的文化胎记,成为每一个炎黄子孙深植于灵魂、潜滋于血脉、熔铸于骨髓的基因密码。

中华民族的家国情怀,如黄钟大吕,似金声玉振,是中华传统文化薪火相传、绵延不绝的血缘脐带。中国的传统文化是中华民族跻身于世界民族之林的根基厚土。源远流长、潜滋暗长、静水流深的家国情怀,集中反映了一个民族的价值取向、精神追求和道德品质。它以国家统一、民族昌盛、领土完整、和平幸福为核心,是几千年来植根于中国人心中的共同心理期盼和价值追求。在中华民族发展壮大、融合凝聚、抵御外侮、顽强奋进的历史进程中,谱写了一部部催人奋进的精神史诗。尤其是外敌入侵时,那种空前高涨的民族精神,更是成为响彻寰宇的时代强音和砥柱中流的雄壮担当。

从先秦诸子的百家争鸣,到天下归心、四海归一;从孔子的"杀身成仁",到孟子的"舍生取义";从屈原的"虽九死其犹未悔",到刘邦的"安得猛士兮守四方";从建安风骨,到大唐气象;从戚继光的"一年三百六十日,都是横戈马上行",到林则徐的"苟利国家生死以,岂因祸福避趋之"……一代代古圣先贤、仁人志士,无不以国家和民族的命运为念,在存亡继绝的历史关头,挺身而出,取义成仁。

血与火的淬炼,家国情怀内化为中华民族的品格。"修身、齐家、治国、平天下"成为中国传统知识分子的精神追求。"经世致用"的求实学风、"崇实黜虚"的实证思想、"知行合一"的道德标杆、"家国一体"的处世理念、"内圣外王"的治世思维、"自强不息"的进取精神……凡此种种,无不将个人追求与国家命运融为一体,成为支撑中华民族不断进步的精神原动力。

文化是精神的载体,情怀是精神的体现。高尚的情怀,催生高尚的壮举。

从苦难辉煌到浴血荣光，从贫弱挨打到繁荣富强，一代代饱含家国情怀的中国脊梁，都积极回应着最宏大、最重要的时代关切，在推动民族兴盛、社会进步中实现人生价值。实践也证明，那些能够在历史长河中留下璀璨印记和光辉形象的英雄人物，无不有灵魂、有本事、有血性、有担当，胸怀家国、心系天下，甚至用鲜血和生命，矗立起一道道民族精神的丰碑。

爱国主义的最强音，唱响了中华儿女凛然的气节和崇高的操守。特别是在共和国创建和发展的过程中，每一个历史时期都诞生了不朽的精神。这些融入精神图谱的红色基因，就是家国情怀的时代化、具象化，已经深深融入中华民族的血脉和灵魂，成为中华民族永不褪色的精神旗帜。

“江山如此多娇，引无数英雄竞折腰。”正是有了无数的民族脊梁，中国才没有如有些人所预言的那样崩溃，而是在披荆斩棘中，筚路蓝缕，抢关夺隘，一步步走了过来。

历史的地平线是奋进者标定的。爱国主义始终是激昂的主旋律，家国情怀始终是民族进步的推进器。家国情怀，是全民族的一种发自内心的对于国家和人民的热爱，是一种强烈的责任感与使命感。社会主义是干出来的，民族的伟大复兴是干出来的，要开动脑筋一起干，更要全体中国人撸起袖子加油干。

一代代优秀的中国人以执着的理想追求和热血实践，接力般铸就时代的精神内核，汇聚起中华民族前赴后继、勇往直前的磅礴力量。国家建设和国家治理的现代化需要更多的时代精英和优秀人才发扬甘于奉献、敢于担当、善于作为的奉献精神，始终与国家需要和人民利益同向而行。

“所当乘者，势也；不可失者，时也。”文化塑魂，精神聚魄；实干兴邦，勠力强国。唯有文化自信的心灵，才会凝聚成无坚不摧的中国精神和中国力量；唯有精神屹立的民族，才会实现真正的民族复兴和大国崛起；唯有具备核心价值的社会，才会激扬恢宏的中国作风和中国气象。

（本文刊于 2018 年 8 月 27 日《中国纪检监察报》）

长治久安

季忠义

古今血脉相连,人间情义相通。乡情、亲情永远是无法割舍的人间至爱。意料之外的一次造访,冥冥之中的一份机缘,酷暑里、骄阳下,在一片湿热和灼烈的煎熬炙烤中,来到了这峰峦如聚、王气沛然的长安古城。

这里,对于大汉王朝的缔造者刘邦而言,是他人生和事业的至高点,更是中华盛世的新起点。自此而后,“文景之治”、汉武雄风由此激扬开来,中华民族历史上的第一个皇皇盛世喷薄而出,璀璨了历史,惊艳了世界。

汉初三杰萧何、张良、韩信由此登场,擎起巍巍大汉。张骞凿空西域,由此出发,开启千年不绝、生机蓬勃的丝绸之路。苏武出使匈奴,由此出发,持节云中,牧羊北海,十九年的心血肝胆把“节义”二字写进千秋历史、万古洪荒……

“帝国双璧”卫青、霍去病由此出发,北却匈奴,七战七捷。那句“匈奴未灭,何以家为?”成为兵家名言,如今依然是那样的气壮山河、荡气回肠。

一个“汉”字,拥有了人类文明史上一个最伟大的历史承载。一个民族有了一个共同的名字,一种文化有了一个共同的徽标。

关中三秦大地,黄土高原上八百里秦川,曾经是中国历史上最早的天府之国,曾经是中华权力版图的千年高地。长安,在很长的一个历史时期,是天下豪杰龙争虎斗的名利场,群雄逐鹿虎啸鹰扬的角力场。

张良有言:“关中左肴函,右陇蜀,沃野千里;南有巴蜀之饶,北有胡苑之利。阻三面而固守,独以一面东制诸侯。诸侯安定,河、渭漕挽天下,西给京师;诸侯有变,顺流而下,足以委输;此所谓金城千里,天府之国也。”

大汉初立,豁达大度、善用人谋的刘邦察纳雅言、从善如流,毅然选择被山带河、四塞为固的关中奠都。汉高祖刘邦下令于渭河以南、秦兴乐宫的基础上重修宫殿,命名为长乐宫;公元前200年,又命萧何建造未央宫,同年由栎阳城迁都至此。因地处长安乡,故命名为长安城。

直至汉武帝时期,经过近百年的兴建,长安城规模始具,真正实现了娄敬所谓“案秦之故地,此亦扼天下之吭而拊其背也”。在西汉 210 年的历史中,长安一直是全国的政治、经济和文化的中心,也是丝绸之路的东端起点,繁盛一时。

未央宫在城的西南隅,又称西宫,为皇帝朝会之所。西汉的十几位皇帝均在此临朝听政。隋唐时,未央宫被划入隋大兴城和唐长安城的禁苑。

作为大汉中枢,丝路起点的汉长安城,曾是中国历史上第一个国际大都会和当时世界上规模最大的都城,与古罗马城东西相对,遥相呼应。也是中国历史上建都朝代最多、历时最长的都城,是汉民族文化形成过程中的中心。据悉,汉长安城遗址是我国迄今规模最大、保存最为完整、遗迹最为丰富、文化含量最高的都城遗址。1961 年被国务院列为第一批重点文物保护单位的“国家级”大遗址。2014 年 6 月 22 日,跻身世界文化遗产名录。

日月经天,江河行地。大汉王朝熔铸大汉精神、凝聚民族正气的《大风歌》依旧响遏行云横碧落,冠绝千古映人寰。

皇皇盛汉,岂甘蛰伏在历史的一隅,借《史记》栖身,为《汉书》开场?大汉王朝作为一个时代,永远地告别了历史的舞台,但泱泱汉风,一如滔滔黄河,滚滚向前,磅礴不息,依旧是那样的端正朗润、大气恢宏、粗犷豪放、激越雄强。他,依旧是一个民族的精神高标,一份永远让后人仰之弥高、敬之愈深的文化高地。

如今,踏上这片曾经雄视天下、威震八荒的王朝中枢、帝国心脏,驻足在皇城的制高点未央宫遗址上,感受大汉骄阳,品味盛唐烈日,喜看四海归一,呼唤八方风来。不由得心雄气壮,视野疏朗,步履也变得沉重而端庄。

“怅望千秋一洒泪,萧条异代不同时。”龙首塬上,南眺秦岭,北瞰渭河。目尽八极,心游万仞,我们小心翼翼地沿着铁丝网铺设的金街御道,踏着一个王朝的脉搏和心跳,仔细谛听来自历史深处的跫音。生怕稍一失足,唐突的脚步惊扰另一个世界的伟人清梦。

遥想当年,沛县三千子弟生死相随,肝胆相照,用热血和生命开基建国,定国安邦。在沛县,高祖还乡,置酒沛宫,宴请乡亲父老,感念生养之恩,封沛县为汤沐邑,世世免赋税徭役。击筑而歌:“大风起兮云飞扬,威加海内兮归故乡,安得猛士兮守四方?”唱出了安不忘危、乐不忘忧的家国情怀。

苍天圣地之间,黄土高原之上,抚摸着这段有着两千多年历史的斑驳的残缺古城墙。隐约间,依稀可见,清晰可闻,陆贾、贾谊、司马迁、董仲舒、司马相如、扬雄、班固……大汉群英次第登场,联袂而来,绝尘而去。紫袍玉带、白马红缨,男儿到此真豪杰。

长安,无疑得名于长治久安之义,寄托着最本真,也是最执着的愿望。同时,也是生活在这片土地上每一个中国人的天人长安的生活理想和价值追求。遭治不避其任,遇乱不为苟存。芸芸众生、茫茫山河,无不为一方土地祈愿风调雨顺,无不为一方百姓祈愿天朗气清。

乾坤朗朗,天风浩浩。三万里江山纵横,两千载岁月峥嵘,浓缩成脚下的这一方让人血脉喷张、心潮澎湃、壮志腾涌的精神高地。

(本文刊于2017年9月22日《中国纪检监察报》)

书法里的中国精神

季忠义

中华文明五千年，文字实具第一功。历经华夏先民的智慧汇集，汉字生生不息，蔚为大观。基于其象形表意的特性，成为世界上其他民族文字所无法企及的艺术，并成为汉文化的重要元素之一。言为心声，书为心画，文以载道，成己化人。文字是文化的记录者和传播者。具有中国特色的书法艺术，更是中华文化的传播者、中国精神的实践者。中华民族在几千年历史中创造和延续的文化，是中华民族的根和魂。而承载这个根和魂的，就是文字，书写文字的艺术，就是书法。

文字是珍贵的，它使文明行走在天地之间，却免受时间的剥蚀，历久而弥坚。数千年来，汉字记录了中华民族的辉煌历史，是汉字保证了中华文化的完整存在，从根本上维护了中华民族的大一统格局。

文字演变的历史，折射出人类文明发展的历史。书法发展的历史，也印证着文明发展的历史。书法的演变历史，同样反映着中华文化自我革新、永续发展的创造史。汉字在，中国在，它所承载的文化已经成为民族文化的一个重要支撑，成为激励着一代代中华儿女砥砺前行的伟大精神力量。

“高怀见物理，和气得天真。”书法，是线条艺术、造型艺术，是技法，蕴含笔法、墨法，更是章法和法度。“完法”“尚法”“变法”“无法”，无非天地自然之法；“帖学”“碑学”，不出君子人文之学；珍品、精品、神品、逸品，皆是天时地利人和之品；大气、正气、清气、和气，正是天地正气、浩然之气。优美的线条中、完美的造型里，蕴含着丰富的天人合一的生命色彩和通天贯地的自然气息。思想与艺术的高度融汇，传导着人的精神和情感力量，形象地展现出时代的精神风貌。

以笔胜口，行胜于言。平易中见奇崛，大拙中见大巧。品读临摹一幅幅经典作品，仿佛站在历史的镜头前，看着文化的长河奔腾汹涌，不禁让人发出“逝者如斯夫，吾辈当何为”的仰天浩叹。一位位古人从笔墨中获得重生，有血有肉有精神地向我们走来。潜移默化，手摹心追，更是致敬经典，礼赞崇高。

书道即人道,风格即人格,写字一阵子,做人一辈子。求真、求是、求正,写字做人皆当如是。不追求玄怪,不搞弯弯绕,以严谨老实的态度写字做人。作品中闪烁出人格的光辉,人格中折射着艺术的精髓。人书俱佳,相得益彰,书法艺术除了形式上的易读感和亲和力外,其根本面向应该还是人心、人性和人情。

美,是人类尊严之所系,是一种穿越时空、穿越种族的文化力量。梁启超曾言:“吾中国以书法为一美术,故千余年来,此学蔚为大国焉。”而时任教育总长的蔡元培,更以书法为核心载体,对“美育教育”进行了广泛实施。

雅正之美、圆融之道应是一个真正书家的价值追求和审美考量。书法是中国人“澄怀味象”、寓哲理与诗性的艺术最高表现形式。“道器合一”,它净化提升了人的精神品格。包罗万象的中国书法,从儒释道法到名家学说,从宇宙自然到万象人间,中华文化的精粹,在此都得到种种反映。篆、隶、楷、行、草书体的嬗变和成熟,无不源于无数书法家对美的不懈追求。变幻多姿的书风,愈加展现出汉字的无穷魅力。正是他们知行合一的杰出创造,汇成了中华书法的滔滔江河。

龙跳天门,虎卧凤阁。点点滴滴飘逸的墨痕、笔断意连的线条、酣畅淋漓的神采,映照着中华民族洒脱俊迈的精魂,穿越岁月的苍茫,交织出瑰丽奇境,令人心胸摇荡,拍案叫绝。

美,养心,养眼,更涵养纯美的人性,培育优美的人文精神。弘扬中华美学精神,坚守历史人文创造,彰显时代审美品格,书家必须有丰富的文化学养、高远的精神境界、崇高的审美追求,通过个性化创造,实现集品格、情怀、理想、信念与包容为一体的精神际遇,书写大时代、大变革、大情怀。

(本文刊于2018年9月7日《中国纪检监察报》)

家风赋

季忠义

家是小国，家风正则世风淳；国乃大家，民风正则国运兴。孟母三迁，哺育亚圣儒学鸿业；岳母刺字，播撒精忠报国高风。忍让为美，张公艺九世同居；忠烈可嘉，杨家将五世请缨。季文子相三君，妾不衣帛马不食粟，忠廉同辉昭日月；诸葛亮事二帝，鞠躬尽瘁死而后已，肝胆相照映穹窿。岳武穆仰天浩叹，文官不爱钱武官不惜死天下太平矣；文天祥引吭高歌，下则为河岳上则为日星天地正气永。范文正先天下之忧而忧，后天下之乐而乐；郑板桥衙斋卧听萧萧竹，疑是民间疾苦声。执法如山，视民如伤，万代齐呼包青天；刚正不阿，勤廉无私，千秋长仰海刚峰。

天眷古沛，神佑帝乡。地无山川之形胜，脉承孔孟之书香。老子悟道斯土，孔子问礼登堂。许由隐居之地，张良请封此方。崇文尚武之地，诗书礼仪之邦。汉汤沐邑，巍巍大汉肇基于此；明先世家，赫赫皇明溯源是乡。瓜瓞绵延，公推汉皇。汉以孝立，汉高祖尊父太上皇，手敕太子书，首定人道之极；明以廉治，朱洪武钦定大明律，重刑除贪腐，开启清廉政纲。伏剑教子，王陵母千秋大义；俭诫后世，萧相国万世长仰。矫诏袒左，周勃力践白马之盟；斗酒彘肩，樊哙气折西楚霸王。萧规曹随，谱写政坛千古佳话；子承父业，扬威细柳七国扫荡。诗书济世，金朝状元邵世矩独占鳌头；忠勇传家，虎威将军吴凤柱威震海疆。兴利除弊，大明循吏张贞观义正词严；存亡继绝，布衣之雄阎尔梅心侠骨香。仗剑许国，寒门将军朱敦法百战功成；曲艺兴家，二胡圣手燕守平梨园声响。绝技报国，发绣大师魏敬先开启外交新篇；丹青名世，国画大师徐培晨饮誉东方猴王。大国重器，中科院院士张涵信助推航天强国梦想；良医精诚，血液学专家吴德沛荣膺国家科技大奖。千秋不朽，社稷股肱有后；奕世弥昌，国家栋梁永光。微湖扬波，欣闻古泗水弦歌不绝；歌台高耸，喜看帝王乡大风高唱！

立业唯勤，勤开福源。处世唯廉，廉积寿乡。家风庭训，天雨流芳。耕读传家，源远流长。勤廉济世，造福乡邦。家道即治道，家风即政风。家道荣枯，关乎治道之兴衰;家风正邪,攸系百姓之兴亡。家风淳正,春风化雨百业旺;惠风和畅,天下归心国运昌。家风损毁,失人心而开祸端;污秽荼毒,伤风化而败家邦。居仁由义,智者因危而建安;见贤思齐,明哲成德而永康。劳神苦体,平居不惰其业;契阔勤思,穷困不易所向。敦行勤廉,计利当计天下利;恪守正道,争光须争万世光。

中天有序,斗柄三星常指北;大浪淘沙,黄河九曲自朝东。国正天心顺,家和万事兴。威不屈志,涵养天地正气;富不易心,永葆家国深情。贵不专权,持身洁如白璧;贱能守分,立志直与云平。勿忘初心,穷则独善其身;砥砺前行,达则兼济苍生。金玉其心,芝兰其实;忠义为友,清廉为荣。束身如圭,澄怀似镜;虚心似竹,中直刚正。尊圣贤,崇耕读;存厚道,走正路;敦俭朴,尚廉明。察兴衰之理,明义利之辩,秉严实之道,倡勤廉之风。诚如是,则家风可正,民风必淳,政风可清,国运必兴!

清风习来,碧海掣鲸同望巨擘;正气昂然,云天张翼齐仰高鹏。人无常性,习以成性;国无常俗,教则移风。春风骀荡,国步龙腾。朱毛传奇,成就共和千秋伟业;习李新政,再造中华复兴之梦。干国栋家,光前裕后,无愧古圣先贤;兴业旺族,尊崇礼卑,恩养勤廉家风。辨察物理,荡涤人心,推赤诚于肺腑;促殄流毒,永垂清名,扬正气于寰中。

(本文刊于2017年第7期《中华辞赋》有删节)

协商为民结硕果(荷叶落子)

徐知任

十九大精神天下传,十四亿人民尽开颜。
十九大报告暖人心,举国上下齐点赞。
习近平新时代中国特色社会主义思想指航向,
新的时代干劲添。
社会主义民主政治要发展,
首先把好协商民主这一关。
众人的事情众人来商量,
把人民民主的真谛来体现。
古彭大地春潮涌,
在全国政协会上发声言。
基层协商开全面,
汉皇故里创新篇。
县推进领导小组成立好,
镇和乡"有事好商量"的协商议事会建立全。
搭平台、建机制、搞协商、解民难、聚民心、促发展。
乡村振兴的锣鼓之声响连天,
有了民主协商的带路人,
为民办事不一般。
俺村里有所老学校,
党支部想为群众把好事办。
有事好商量,
村领导请来了群众代表、政协委员,
还有那德高望重的老党员。
商量着把旧学校改建成农村文化大院,

建一所老百姓喜欢的农民大乐园。
大伙都说好！好！好！
众人划桨开大船。
协商议事必成事，
农民文化大院建齐全。
读书室里读书、看画、看报纸，
棋牌室,楚河汉界战犹酣。
电视厅看电视，
休息室,老年人稳坐沙发来闲谈。
篮球、台球、乒乓球,羽毛球场地阔又宽。
文化大院正能量,退休老师义务教小学生把书法练。
笔墨纸张爱心人士来捐献，
义务教学在星期天。
大院内，
琴棋书画天天练，
诗词歌赋出新篇。
建成百姓大舞台，
年年举办乘凉晚会和“村晚”。
百姓大舞台,有才你就来，
锣鼓铿锵歌声欢。
能唱的演唱本村的好人好事，
能说的把党的方针政策来宣传。
老年人跳起广场舞，
年轻的婀娜身姿舞翩翩。
文化大院专人管，
一切公益不要钱。
文化大院为人民，
牢记社会主义核心价值观。
特别是全国大打新冠病毒阻击战，
全村老少在文化大院开会齐动员。
人民战争人民打，
祖国有难大家担。
人人争当抗疫志愿者，

站岗放哨做宣传，
许多村民捐物还捐钱。
共产党员党旗下党徽闪闪亮，
人民群众紧跟党走做奉献。
政协离人民近又近，
政协委员就在咱身边。
协商议事结硕果，
农民文化大院不平凡。
这才是大众的事情大众定，
社会治理的体系更完善。
老百姓小康路上大步走，
高唱凯歌永向前！

连心桥(徐州琴书)

张 让

【演员以夫妻角色演唱】

女:(唱)一条小河长又长,

小河两岸稻花香。

车来人往桥上过,

一桥两省三个庄。

只可惜天长日久桥面毁,

村民们往来出行不便当。

眼看梅雨季节到,

村主任心急火燎无主张。

男:(白)这犯啥难,不就是个“钱”的问题吗?给上级反映反映,大款捐一点,村民集一点,上级拨一点,众人拾柴火焰高,有钱出钱,有力出力,没有过不去的火焰山。

女:(白)吃了灯草,说话轻巧。咱这个桥不同于一般的桥,它是一桥担两省,鸡鸣三个庄。集资修桥不容易打兑。

男:是的,一桥担两省,鸡鸣三个庄,过去咱可都是湖西革命老区,村庄分了,这革命传统不能分。再说了,桥东桥西不是老表就是亲戚,接边地区有事,更要多沟通、多协调,不就齐了吗?

女:哟,您看俺当家的,平日的三棒槌打不出个屁来,哦,他是哑巴吃饺子——心里有数。

男:那当然,这叫真人不露相,高手在民间。

女:越说他胖他越喘。哎,当家的,你听说了吗?

男:啥事?

女:明天,三级政协委员到咱村,帮助咱村召集一个接边地区协商议事会,说的就是修桥的事,欢迎村民积极参加,建言献策。你刚才说的那一套,不能到协商议事会上说说吗?

男:我不说。

女:为啥?

男:咱一不官二不长,貌不压众,衣不惊人,说了也是嘴上抹石灰——

女:啥意思?

男:白说。

女:你说这话我不赞成,习总书记说啦:有事好商量。众人的事众人办,大家的事协商办。我问你,去年议事会上说的“广场舞场地”的问题,不是解决了吗?还有咱村农副产品网上销售不好,建议村里设个网络销售平台,不是也解决了吗?协商议事为的啥?就是为咱乡村振兴搭桥的,这能是嘴上抹石灰的事吗?

男:不管咋咋说,出头露面,我不去。

女:死狗拖不上墙头,你不去我去!

(唱)现如今有事好商量,

各抒己见表衷肠。

真情打开连心锁,

政协委员搭桥梁。

协商议事办法好,

水清天蓝正气扬。

男:(唱)要说你去我不去,

别在家中瞎嚷嚷。

女:别使激将法了,你不去我去。协商议事会是干啥的?那可是“知民情、解民忧、纾民怨、暖人心”的民生工程,新生事物。

男:哟,参加了两回议事会,景德镇里开店——她有瓷(词)了。

女:那当然。协商议事会不仅能议事,还能办成事。当家的,修桥补路是大老爷们儿的事,这一回,就该你去。

男:我不去。

女:我跟你说,你不要放着果子不吃“拿糖”。要是个大男人,现在你就放下弦子,离开凳子,滚,滚得远远的!

男:哟,真生气了?

女:人家是真心实意地帮咱解决问题,咱就该实事求是地表个态度,像你这样地别劲头,跟不上时代了。

男:孩他妈,你还没听我说完来。不去——那是不可能的。桥的名字我都想好了——

女:啥名字?

男:连心桥。

(唱)将心比心心连心,

协商议事办法强。

我代表全家去发言,

说好了媳妇有奖没有奖?

女:(笑)有奖。

男:奖个啥?

女:奖你个“带把的烧饼”(做打男状)。

男:你别闹了好不,哎,有没有这个?(持酒杯喝酒状)

女:有。

(唱)李家烧鸡买一只,

鼋汁狗肉扑鼻香。

打开一瓶沛公酒,

为你庆功喝二两。

连心桥上放远望,

协商议事路宽广。

社会和谐看沛县,

(合)乡村振兴创辉煌!

○书香政协

委员读书正当时　乘势而上攀新高

郝敬彬

县政协开展"书香政协·阅享歌风"政协委员读书活动,目的是深入贯彻落实全国、省市政协在政协委员中开展读书活动的部署安排,号召大家踊跃参与读书活动,全面提升政协委员能力素质,推动基层政协工作提质增效。为此,我谈几点意见,希望大家认真抓好贯彻落实。

一、提高政治站位,充分认识开展"书香政协·阅享歌风"委员读书活动的重要意义

(一)开展委员读书活动,是对人民政协重视学习、崇尚学习优良传统的继承和发扬。政协有读书学习的优良传统。早在1954年,毛泽东同志就提出把学习作为政协的五大任务之一,政协章程也明确规定学习是政协委员的一项基本任务。汪洋主席在全国政协会议上强调,各级政协组织和广大政协委员要崇尚学习、加强学习。十届政协以来,我们高度重视机关和委员学习工作,持续开展"创'五型'机关,做'六讲'委员"活动,取得了很好的效果。同时,坚持党组会议带头学,机关干部每周四集中学,政协全会、常委会议专题学,形成了以党组理论学习中心组学习为引领,党组会议、主席会议、常委会议、委员培训等相配套的学习体系。开展委员读书活动,就是要继续发扬政协重视学习的优良传统,引导广大政协委员和机关干部在坚持现有学习制度的基础上,运用好"书香政协"这个新的载体,多读书、读好书、善读书,不断深化思想认识,更好地担负起新时代人民政协的职责使命。

(二)开展委员读书活动,是政协委员做好新时代履职工作的迫切需要。面对日益复杂多变的国内外环境,面对日益拓展的履职领域,迫切需要委员通过读书积累知识、储备知识、增强履职本领。当前,我县全面开启了"两个争做、四个最前列"的新征程,这对我们政协委员的视野、能力、素质提出了新的更高要求。面对"十四五"发展新方位、新使命,委员需要学习的内容越来越多、学习的课题越来越广、学习的要求越来越严。开展委员读书活动,就是要增强委员履职能力,提高委员建言资政和凝聚共识水平,为全县经济社会高质量发展多建睿智之言、多献务实之策。

(三)开展委员读书活动,是助力“书香沛县”建设的有效举措。汪洋主席强调,要推动读书活动成果转化,增强社会溢出效应,以“书香政协”促进“书香社会”建设。近年来,我县积极推进全民阅读,不断加强公共文化服务建设,通过主城区城市书房、乡村百姓书房等公共文化设施提档升级,着力打造主城区“10 分钟阅读圈”、镇区“30 分钟阅读圈”。今天我们在鸿鹄园歌风书房举行读书活动启动仪式,一方面是借助歌风书房站位高、储量大、品位佳、环境优的优势,开展好委员读书系列活动,让委员们有更加温馨、安静、固定的场所,进行读书、思考、交流。另一方面,将“政协书香”嵌入歌风书房,以政协委员引领良好的阅读风气,以委员力量带动身边人乃至更多人多读书、读好书、善读书,推动全民阅读形成热潮,以“书香政协”建设全面推动“书香沛县”建设。

二、明确具体要求,推动开展“书香政协·阅享歌风”委员读书活动提质增效

一要坚持理论武装,把牢政治方向。政协委员读书必须要坚持以习近平新时代中国特色社会主义思想为指导,把讲政治贯穿委员读书活动的全过程,从历史和现实、国际和国内、理论和实践的贯通中去思考领悟,读出“四个意识”“四个自信”,读出“两个维护”“四个认同”,把理论的指导、知识的积累转化为观察事物、处理问题的立场、观点、方法,确保委员读书活动的正确方向。

二要坚持搭好平台,活跃读书氛围。为了让政协委员读书有场所、有平台,县政协积极打造政协机关书房、委员书吧,开通“网上图书馆”“委员读书群”,精心构建了线上线下结合、多层次立体化的读书矩阵。为了满足委员多样化读书需求,实现读书活动全员化、常态化,县政协印发了《沛县“书香政协”建设实施细则》,从原则要求、阵地建设、开展系列活动、组织保障等方面,对“书香政协”建设和开展委员读书活动做出了具体规定。各界别、联络小组、各委室要把《细则》落实好,活跃委员读书氛围,引导委员广泛参与,推动委员读书活动走深走实,既要形式多样,又要突出特色和亮点。

三要坚持守正创新,丰富学习载体。要做好“书香政协”建设与“有事好商量”协商议事工作的深度融合,深入推进协商议事室、委员工作室、社情民意信息联系点、协商议题征集点、委员读书吧“五位一体”建设,通过委员读书广泛宣扬“有事好商量”协商理念,在读书中形成浓厚的协商文化氛围;要做好“书香政协”建设与党史学习教育的深度融合,精心组织、创新学习载体,高质量、高标准开展好政协系统党史学习教育，在党史学习教育中深化委员读书活动和“书香政协”建设。

四要坚持知行合一，推动成果转化。坚持学有所用、学以致用、学用相长，通过集中研读、阅读分享、交流讨论，切实把读书的内容与建言议政结合起来，把读书的重点与履职短板结合起来，把思想和行动统一到中央决策部署和省市县委的工作要求上来，努力将读书的收获转化为做好政协工作的过硬本领，转化为履职尽责的工作成果，不断提高政治能力、调查研究能力、科学决策能力、改革攻坚能力、应急处突能力、群众工作能力、抓落实能力，为实现县委“两个争做、四个最前列”目标任务贡献智慧和力量。

三、加强组织领导，确保开展“书香政协·阅享歌风”委员读书活动落地落实

一要强化工作责任。县政协党组要加强对委员读书活动的组织领导，机关各委室、各界别和联络小组要按照读书活动实施细则切实履行好主体责任。建立专委会读书群、界别读书群、联络小组读书群，读书群要推荐一位“学习委员”作为领读人，通过多种方式开展荐书、讲书、评书等活动，实现学习主体、学习内容、学习分享全覆盖。二要注重统筹安排。把开展“书香政协·阅享歌风”委员读书活动与党组理论学习中心组学习、主席会议、常委会议、支部主题党日、机关干部每周四集中学习紧密结合，一体谋划、一体推进、一体落实。三要加强宣传引导。及时总结开展委员读书活动的经验做法，采取适当形式在主要新闻媒体进行宣传推介。对在“大学习”中找到的“新观点”，在“大讨论”中找到“金点子”，要进行认真梳理，并适时转化为提案、社情民意信息报相关部门办理落实。

书海泛舟学无涯，最是书香能致远。站在奋力夺取“两个争做”新征程的起点上，面对新目标、新任务、新要求，我们更要抓好读书学习这项基本功，以读书引领社会风尚、让“悦”读为履职赋能，更好地担负起委员的职责使命，为发挥好专门协商机构作用、推动全县“乘势而上、再攀新高”做出更大贡献。

学党史守初心建新功
干出新时代人民政协新样子

李法伟

2019年9月,在喜迎新中国成立70周年、庆祝人民政协成立70周年之际,党中央召开中央政协工作会议。这在党的历史、人民政协历史上都是第一次。进一步科学回答了人民政协"是什么""干什么""怎么干"等重大问题,为新时代人民政协事业发展进一步指明前进方向、提供根本遵循。

一、学史明理,关键是做到学深悟透、学以致用

领导干部如果不学习,不仅无法在工作中打开新局面,而且有迷失方向、落后时代的危险,县政协党组成员要在党史学习上先学一步、深学一层。一要原原本本学。既要积极参加县委中心组的集中学习,又要主动做好"学习强国"、干部在线学习等平台的线上学习,还要组织指导、带头参加政协机关支部的党史学习教育,认真学习习近平总书记《论中国共产党历史》等读本,推动党史学习往深里走、往心里走、往实里走。二要带着感情学。切实在学党史悟思想上下功夫,让习近平新时代中国特色社会主义思想烙印在脑海中、贯彻到工作中、体现在行动上。结合自身优势充分发挥政协作为爱国统一战线组织的作用,认真听取和反映不同界别、不同阶层、不同群体、不同信仰人士的意见与建议,努力寻求最大公约数、画出最大同心圆。三要融会贯通学。把党史学习教育与政治协商、民主监督、参政议政等实际工作结合起来,实现党史学习与工作实践相互促进、不断提升政治把握能力、调查研究能力、联系群众能力和合作共事能力。同时还要教育引导政协党员干部在学深悟透、融会贯通上下功夫,提高运用党的创新理论指导实践、推动工作的能力。

二、学史增信,关键要筑牢信仰之基,补足精神之钙

通过开展党史学习教育,进一步使政协党员干部特别是政协领导干部增强"四个意识",坚定"四个自信",做到"两个维护"。一要筑牢政治信仰。习近平总书记强调"理想信念是中国共产党人的政治灵魂"。县政协党组要深刻领会

"加强党对人民政协工作的领导"的重大意义,自觉用习近平新时代中国特色社会主义思想来武装头脑、改造思想、指导实践、推动工作,始终坚定政治方向,站稳政治立场,增强政治定力。二要筑牢道德信仰。自觉向张富清等先进榜样对标看齐,争做"一个高尚的人、一个纯粹的人、一个有道德的人、一个脱离了低级趣味的人、一个有益于人民的人",勤以修身、俭以养德、廉洁奉公、洁身自好、始终保持高尚的精神追求和道德情操。三要筑牢事业信仰。进一步增强做好新时代人民政协工作的使命感、责任感,紧扣人民政协的新方位、新使命,主动谋事,认真干事,努力成事,永葆蓬勃朝气,永做人民公仆,争做言出必行、干则必成的表率,用自己的模范行动团结凝聚、影响带动社会各界人士,为扛起"两个争做、四个最前列"新使命凝聚正能量、做出新贡献。

三、学史崇德,关键要以人民为中心,体现协商为民

政协工作要坚持人民立场,树立人民政协为人民的理念,用心、用情、用力解决好群众"急难愁盼"问题,为民谋利,为民尽责。一要贯彻宗旨意识。把人民对美好生活的向往作为奋斗目标,把全心全意为人民服务的宗旨意识融入到政协工作的全局之中,从群众最关切的"衣食住行、业教保医"等方面发力,自觉运用调研报告、视察报告、提案、社情民意信息等方式,推动解决人民群众最急最忧最盼的问题。二要紧密联系群众。以黄莉新主席视察沛县基层协商民主建设为契机,深入开展"有事好商量"基层协商议事工作巩固提升年活动,持续深化接边联合协商、地矿协商、界别协商、小微协商、园区协商五大特色品牌,探索政协协商与人民团体协商、商会协商衔接的有效路径,真正做到协商于民、协商为民,助力基层社会治理。三要支持委员创新创业。加强与委员单位和委员企业的联系沟通,积极开展委员走访活动,力所能及帮助委员解决面临的工作、生活上的困难问题。支持各界委员创新创业、抱团发展,引导政协委员争做我县"十四五"发展的排头兵。

四、学史力行,关键是坚持双向发力,展现担当有为

在建言资政和凝聚共识上双向发力是人民政协事业在继承中发展、在发展中创新的生动实践。对于政协来说,建言资政是有所作为的表现,凝聚共识也是有所作为的表现,必须做到统筹兼顾,相得益彰,提高建言资政的质量,最大限度地凝聚人心、凝聚共识、凝聚智慧、凝聚力量。一要紧扣高质量发展建言献策。要瞄准高质量发展中事关全局的牵动点、未来竞争的制高点、制约发展的矛盾点,围绕"两个争做、四个最前列"目标定位,今年在全县政协委员中开展"四助"(助力产业强县、助力文明城市创建、助力乡村振兴、助力基层社会治理)主题活动,为破解发展难题,增强发展动力、厚植发展优势多建净言、多谋良策、多出实招。二要坚持履职质量导向。在政协履职活动中,牢固树立质量意识,改进工作方式方法,大力开展“书香政协·阅享歌风”委员读书活动,坚持在学习中进步,努力把读书的收获转化为委员履职的过硬本领,推动政协工作从注重“做了什么”“做了多少”向“做出了什么成效”转变。三要在凝聚共识上下功夫。利用学习座谈、教育培训、座谈协商等载体形式,面向委员加强思想政治引领,面向参加政协的各界代表人士做好凝聚共识工作,面向社会传播共识,推动形成更广泛的大团结大联合,为促进实现高质量发展、高品质生活、高效能治理增助力、减阻力、聚合力。

薪火相传守初心　接续奋斗担使命

李令军

2016 年 5 月，习近平总书记在哲学社会科学工作座谈会上指出：自古以来，我国知识分子就有“为天地立心，为生民立命，为往圣继绝学，为万世开太平”的志向和传统。

纵观历史，我国历史上每一个时期都不乏胸怀天下的知识分子，有孟子的“如欲平治天下，当今之世，舍我其谁也”，有西汉戴圣的“修身齐家治国平天下”，再有宋代范仲淹的“先天下之忧而忧，后天下之乐而乐”，还有明末清初大儒顾炎武的“天下兴亡，匹夫有责”，更有梁启超的“美哉我少年中国，与天不老；壮哉我中国少年，与国无疆！”……一句句炽热催人的语言，一脉相承激情迸发的思想，感人至深！可见“家国情怀”始终在一代一代知识分子中薪火相传，作为一种最深层、最持久、最热烈的情感，流淌在中华民族的血脉、文脉之中，是我国知识分子独有的优良传统和责任担当。

当然，时代不同，格局差异，知识分子在不同时期承担的家国责任也不相同。特别是 1840 年鸦片战争之后，国家蒙辱，人民蒙难，文明蒙尘，中华民族遭受了前所未有的劫难。这一阶段，知识分子、仁人志士更多的是奔走于救国于危亡、救民于水火之路。虽各有差异，但都不同程度体现了“为天地立心，为生民立命，为往圣继绝学，为万世开太平”的向往与实践，体现了他们心怀社稷、情系苍生的拳拳初心。

作为 70 年代到 80 年代的学生，我从小就是深受爱国主义的熏陶和教育，1982 年高中毕业，考入扬州师范学院，学的是理科，但酷爱读书，大量接触了古圣先贤及现代思想巨擘的文章书籍，其拳拳爱国、殷殷为民的情怀带给我的不只是震撼，也使我萌生了“为天地立心，为生民立命，为往圣继绝学，为万世开太平”的价值追求。1986 年大学毕业，我被选入沛县中学，成为一名高中化学教师，开始了我“传道授业解惑”的从教生涯。

作为一名基层教师,虽然没有先贤大儒的智慧和能力,但传递这种浓浓的"家国情怀"的责任,我义不容辞,责无旁贷。特别是在培养学生的动手能力、做化学实验的过程中,经常把著名爱国主义和民主主义教育家、政治家黄炎培提出的"手脑并用"思想植入教学,并通过"手脑并用"思想的融入,将黄炎培先生的"爱国情怀"植入价值观教学。让学生了解,"爱国"是黄炎培先生一生的主线:在乡办校因宣传反清被逮捕;辛亥革命后,任江苏省教育司长,全力以赴改革地方教育;1917 年创办中华职业教育社,创建中华职业学校,投身教育事业达 32 年;提出了"劳工神圣"和"敬业乐群"的理念,以"双手万能"为校徽,倡导手脑并用。在追随孙中山反清倒袁、推动教育救国和探索"中间道路"的过程中,一次次挫折、一次次教训让他最终成为中国共产党的亲密战友,积极投身到中国共产党领导的人民革命和建设中来。黄老先生一生为国为民孜孜以求,他的"理必求真,事必求是,言必守信,行必忠实"至今仍响应着时代的节拍。

正是教学相长,通过对先生"家国情怀"的不断深入解读,我对仁人志士奔走呼告的焦虑、愤恨、激情有了更强烈的共振。同时,对中国共产党义无反顾地扛起实现中华民族伟大复兴的历史使命,团结带领中国人民经过艰苦卓绝的斗争,完成新民主主义革命、完成社会主义革命、推进社会主义建设、进行改革开放新的伟大革命有了更加深刻的认识。

11 月 8 日至 11 日,在中国共产党成立 100 周年的重要历史时刻,在"两个一百年"奋斗目标的历史交汇点,中国共产党十九届六中全会胜利召开,向全世界发出了新时代中国共产党人牢记初心使命、坚持和发展中国特色社会主义的政治宣言。

作为沛县八届、九届、十届政协副主席,我虽然不是中共党员,但一直以来萦绕在心头的"为天地立心,为生民立命,为往圣继绝学,为万世开太平"的豪迈和目标依然清晰。党的培养、组织的关怀是我不断进步的动力,也使我逐步树立了人民至上、政协为民的初心和使命,坚定了跟党走、不变质、为人民、做奉献的信心和决心。尤其是这次党史教育更使我牢固树立了履职为民、尽瘁为民的朴素情怀。十几年来,作为一个政协人,一个党培养起来的党外干部,始终坚持党的领导,认真履行自己的职责,围绕教育文体、卫生科技、经济社会、民生民意等,认真履职尽责,做了一些有益的事情。

当前,世界正经历百年未有之大变局,外部环境更趋复杂严峻;新冠肺炎疫情肆虐,疫情防控和经济社会发展任务繁重艰巨,风险挑战前所未有。作为党领导下的人民政协组织,我们更应该以习近平新时代中国特色社会主义思想为指导,突出团结和民主两大主题,守住知识分子的“家国初心”“政协初心”,担当起接续奋斗的历史使命,继承好“雄关漫道真如铁”的昨天,把握好“人间正道是沧桑”的今天,创造好“长风破浪会有时”的明天,携手开启新征程,凝力共筑中国梦,为实现中华民族的伟大复兴贡献政协力量。

艰难困苦有所得　玉汝于成天地宽

朱志军

近日我认真研读了《中国共产党简史》一书,从字里行间中深刻感受到中国共产党百年矢志践行初心使命,百年筚路蓝缕奠基立业,百年创造辉煌开辟未来,中国共产党的历史是一部丰富生动的教科书,是中国近现代以来历史最为可歌可泣的篇章。作为一名基层党员干部,阅之深读之切,启示良多,受益匪浅。

革命理想高于天——始终把对党忠诚作为第一品质。纵观党的历史,旗帜鲜明讲政治、保证党的团结和集中统一是党的生命,也是我们党成为百年大党、创造世纪伟业的关键所在。深学细悟百年党史,我定要将忠诚刻入“灵魂深处”、融入“坚定信仰”、投入“行动自觉”,在学习习近平新时代中国特色社会主义思想上要下大功夫,真正让新思想成为精神上的主心骨、理论上的定盘星、行动上的指南针,切实增强政治判断力、政治领悟力、政治执行力,坚决做到对“国之大者”心中有数、领悟到位,把对党忠诚体现在一言一行中,落实在每一次选择、每一份坚守中。

治国有常民为本——始终把为民服务作为第一目标。江山就是人民,人民就是江山。这既是对全体党员的谆谆告诫,也是对全国人民的庄严承诺,更是对中国共产党为人民服务根本宗旨的时代诠释。深学细悟百年党史,我定要滋养初心使命,大力弘扬干实事、求实效、创实绩优良作风,以人民为“本”,言必行、行必果,用实际行动践行为民服务的宗旨,不断回答好“我是谁、为了谁、依靠谁”,聚焦全县 116 个攻坚克难项目,以“为民服务解难题”的实际成效,让群众的获得感、幸福感、安全感更加充实、更有保障、更可持续。

绝知此事要躬行——始终把改进作风作为第一大事。中国共产党自成立之日起就是一个有着严明纪律的无产阶级政党。一百年来,全面从严治党的决心一以贯之、坚定不移。深学细悟百年党史,我定要拧紧思想开关,认真学习和借鉴党的百年纪律建设实践经验,把严守纪律、严明规矩放到更加重要位置,始终做到稳重自持、坚定自励、正气充盈,踏踏实实走好自己的从政路和人生路。

只留清气满乾坤——始终把责任担当作为第一追求。“在其位,谋其政”,把党和人民赋予的职责看得比泰山还重,是“担当”二字的真正内涵。作为县政协副主席、县委办公室主任,深学细悟百年党史,我定要练就过硬本领,全面抓好县委办公室工作和县政协分管工作,把通过学习产生的心动转化为推动发展的实际行动,不骛虚声,克难奋进,用实干实绩体现政治站位、彰显政治担当,不负时代所赋、不负群众期盼,践行新时代共产党人的初心使命。

理论滋养初心 实干引领使命

韩友静

2019 年 9 月,在喜迎新中国成立 70 周年、庆祝人民政协成立 70 周年之际,党中央召开中央政协工作会议。习近平总书记在会上发表的重要讲话,为新时代人民政协事业发展进一步指明前进方向、提供根本遵循,是一篇闪耀着马克思主义真理光辉的纲领性文献。

一、以习近平总书记重要讲话精神为指引,推动思想理论达到新高度

习近平总书记的重要讲话是从回顾人民政协历史讲起的。总结人民政协 70 年的历史,归结起来,有一个重要结论,就是:“人民政协是中国共产党把马克思列宁主义统一战线理论、政党理论、民主政治理论同中国实际相结合的伟大成果,是中国共产党领导各民主党派、无党派人士、人民团体和各族各界人士在政治制度上进行的伟大创造。”“两个伟大”高度概括了人民政协从哪里来、是什么的问题,深刻地阐述了人民政协产生和发展的历史必然性,是认识人民政协历史的基本视角。人民政协 70 年的发展历程,让我们更加深刻地认识到,人民政协植根于中国历史文化,产生于近代以后中国人民革命的伟大斗争,发展于中国特色社会主义光辉实践,具有鲜明中国特色,是实现国家富强、民族振兴、人民幸福的重要力量。站在新的历史交汇点上,回顾人民政协走过的 70 年光辉历程,是要不忘来时路,从中汲取奋进力量、坚定前行方向,在新时代更好地把握人民政协新方位、新使命,推动人民政协事业蓬勃发展、人民政协制度走向更加成熟定型。

二、以习近平总书记重要讲话精神为指导,开创新时代基层政协工作新局面

十八大以来,党中央总结经验,对人民政协工作提出了一系列新要求,主要有八个方面:加强党对人民政协工作的领导,准确把握人民政协性质定位,发挥好人民政协专门协商机构作用,坚持和完善我国新型政党制度,广泛凝聚人心和力量,聚焦党和国家中心任务履职尽责,坚持人民政协为人民,以改革创新精神推进履职能力建设。这是对人民政协工作规律的系统总结和深刻把握,体现了马克思主义守正创新、与时俱进的理论品格和实践品格。这八条既是基本经验,也是今后政协工作的根本遵循。作为基层政协,要紧紧围绕县委县政府中心大局,认真履行政治协商、民主监督、参政议政三大职能,主动担当、积极作为,推动贯彻落实工作持续深化,不断上水平、见成效,不断开创政协工作新局面。

一是要在加强党对政协工作全面领导上下功夫。要始终把坚持党的领导作为一切工作的前提和基础,以党的政治建设为统领,全面推进政协党的各项建设;要发挥党员委员的先锋模范作用,团结引领广大政协委员把事业放在心上、把责任扛在肩上。二是要在发挥专门协商机构作用上下功夫。要突出协商内容的针对性,聚焦高质量发展,协助党委政府听取民声、汇聚民智;针对短板弱项,寓政协民主监督于协商之中,推动各项任务落实落地。要注重协商形式的多样性,形成有事好商量、众人的事情由众人商量的秩序和氛围。三是要在加强思想政治引领、广泛凝聚共识上下功夫。要准确把握思想引领的政治方向,深入学习习近平新时代中国特色社会主义思想。要广泛汇聚共襄伟业的磅礴力量,积极宣传贯彻党的路线方针政策,努力寻求最大公约数、画出最大同心圆。

三、以习近平总书记重要讲话精神为引领,展现新时代基层政协新风貌

作为新时代的基层政协人,面临新时代新使命新要求,如何把新时代基层政协人的精神风貌焕发出来,结合习近平总书记政协成立70周年大会上的讲话的学思悟,我认为:

一是要有人民情怀。学习习近平总书记重要讲话精神,深切体会到“人民至上”这条红线一以贯之。“我将无我,不负人民”“江山就是人民,人民就是江山”,充分彰显了习近平总书记执政为民的博大情怀,树立了坚持人民至上的光辉典范。面对新时代,基层政协组织和政协委员更要体现服务人民的精神情怀,自觉把加强思想政治引领、广泛凝聚共识作为履职工作的中心环节,下沉工作重心、深入调查研究、展现一线作为,创造条件使委员履职触角延伸到乡村社区,将协商平台搭建在百姓家门口,实现服务中心大局与服务基层群众有机统一,将“同心圆”画得更大更圆,让专门协商机构“专”出特色、质量和水平。

二是要有大局胸怀。“领导干部要胸怀两个大局,一个是中华民族伟大复兴的战略全局,一个是世界百年未有之大变局,这是我们谋划工作的基本出发点”,这是习近平总书记对全体党员干部的谆谆嘱托,更是严格要求。作为一名基层政协人,要胸怀大局开新局,把政协事业放在“十四五”时期全县发展的主攻目标和重点任务中去谋划和推进,履职尽责,担当作为,更好地为国家治理添助力、增合力,为奋力夺取“两个争做”新征程首战大捷贡献政协力量。

三是要有深厚关怀。《习近平谈治国理政》第三卷第326页有一段对政协委员的殷切希望的话。习近平总书记说:“希望各位政协委员不断提高自身素质和能力,在方方面面都发挥带头作用。”他要求广大政协委员,“要有‘望断天涯路’的追求,耐得住‘昨夜西风凋碧树’的清冷和‘独上高楼’的寂寞,最后达到‘蓦然回首,那人却在,灯火阑珊处’的领悟”。殷殷重托,深情关怀,催人奋进。作为一名基层政协党员干部,要不断在提升委员履职能力、强化委员责任担当上下功夫,不断加强委员学习培训、履职服务管理,建立健全委员履职档案、委员履职评价机制等,强化纪律约束,为委员行使权利、履行职责创造良好条件、提供坚实保障。

讲好党史故事 赓续红色血脉

季忠义

《习近平论中国共产党历史》一书中的"讲好中国共产党的故事",这是习近平同志2013年9月至2020年9月期间文稿中有关讲好中国共产党的故事内容的节录。应该说体现了总书记对我们共产党人的基本要求。我们共产党的历史是丰富多彩的,但是再好的历史必须有故事载体来支撑。故事的受众性比较强,大家都能接受。结合今年4月份到瑞金、古田等革命老区接受红色传统教育的学习体验,我谈三点体会:第一个要想讲故事,第二个要会讲故事,第三个要讲好故事。

一、想讲故事。为什么想讲故事呢?大家都接受过高等教育,对于中国共产党的历史、新中国的历史,都比较熟悉。对于几个重要的历史节点,比如党是什么时候成立的、人民军队是什么时候建立的等等,大家都能讲出来。但是最感人的不是这些枯燥的时间数字、机械的人物事件,而是一个个感人泪下、永不磨灭的故事。比如,习总书记强调的焦裕禄的故事。在2018年的时候,黄河故道沿线有个联谊活动,我住在焦裕禄干部学院,看到了焦裕禄书记当年种下的泡桐,也就是"焦桐"。也看到了当年焦书记坐过的藤椅,有一个大窟窿,现在作为文物展览。看到那些,感到很受启发,最感人的是当地的讲解员给我们讲解的焦书记的一个个小故事。当年穆青、周原写人物通讯《县委书记的榜样——焦裕禄》的时候,焦裕禄已经去世几年了,他们到那里去采访、创作的过程中,采访到很多催人泪下的故事。这说明会讲故事最重要。

首先,故事必须有源头出处,没有源头出处那就是杜撰编造。我们要创作故事,再结合咱们今年建立党史教育基地的时候,就选取了一批咱们沛县共产党员的事,但是没有一个感人的故事,都是他们的革命经历,不够感人,很难谈得上受教育。他们老多人找我问这个事,我说故事必须得有出处,我们创作故事,必须从他的亲人、战友、同学讲故事的蛛丝马迹中发现,才能讲出故事。这是故事的源头活水。

其次,必须要有加工,也就是二度创作。到了古田,到了瑞金,十七棵松的故事和杨家一门八忠烈的故事,都是文人加工、文艺创作的结果。因为他们每一个讲解员,我都听了不同的版本,细节不一样,比如杨家八个儿子上战场,牺牲的次数、场次都不对茬。但说明啥?确有其事,这个事件是真实的。至于牺牲在哪一次战斗中、哪个时间不确定。因为在八个孩子中,也不可能从老大排到老八,老大先牺牲,最后老小牺牲。在沛县大地上,孟昭佩老人家在这里从事革命斗争的事,环境应该比他们那里更为恶劣。我们这里是白区,他们那里是建立的苏区,相对来说,工作环境比我们这儿还好开展。我们这里也有故事,但是我们对他们故事的挖掘还得受《半条被子》《十七棵松的故事》的启发,还得进一步挖掘。

二、会讲故事。再好的历史事件,没有故事这个载体,传播得很少。故事的受众广,老百姓听什么呢?你念段党史,念过就过去了,但如果能讲到习总书记提到的半条被子故事,焦裕禄同志一把藤椅的故事,泸定桥上一段铁链的故事,那段铁链现在也在中央革命博物馆放着,就是说要把故事编好、创作好。只有这样,才能把党的历史活化,更好地、更大范围地传播出去,宣讲开来,延续下去。只有会讲,才能谈得上讲好、讲下去。

三、讲好故事。结合前几年八项规定出台之前,编排、调侃、戏谑革命英雄的段子、故事层出不穷,是对先烈的亵渎、英雄的抹黑。经过整顿,这种现象已经得到遏制和打击。净化了舆论环境,匡正了社会风气。他们说黄继光堵枪眼,能堵住吗?从物理学的角度及其他角度给你分析,说这个故事是假的。他们这个故事出处也被我们予以反驳了。黄继光争取的不是堵住堵不住的问题,他争取的是那几秒钟,一瞬间,我们的战士就可以冲上去,争取到了进攻的机会。

大家都知道,基本的历史文化常识,有文化的不需讲,没文化的讲了也记不住。但无论有没有文化都有一个共同的特点,那就是喜欢听故事。我们到哪里去学习,留给我们最深印象的也是当时当地留下的一个个鲜活的故事。爱听故事,可以说是人的天性,与生俱来,与时俱进。今后,我们要围绕中央要求的弘扬主旋律,传播正能量,讲好我们的沛县故事。我们讲沛县故事的时候,对故事的进一步挖掘,进一步打磨,还是一个需要更加努力的方向。要讲好故事,要有选择地讲好,久久为功,必有成效。

发挥政协作用　践行委员担当

杨国栋

习近平总书记指出，历史是最好的教科书。我们要结合政协工作实际，充分认识学好党史、新中国史、改革开放史、社会主义发展史的特殊重要意义，认真学习党创立以来、新中国成立以来、改革开放以来的重大事件、重要会议、重要文件和重要人物，学习党领导人民进行艰苦卓绝的革命奋斗史、理论创新史和自身建设史，切实增强树牢“四个意识”、坚定“四个自信”、坚决做到“两个维护”的思想自觉、政治自觉、行动自觉。

一要坚持思想引领，强化政治责任。政协之“政”是政治之政，政协机关是政治机关。旗帜鲜明讲政治是人民政协的本质要求。我们要严格落实学习型机关建设要求，深入开展政治理论学习。通过读原著学原文、撰写读书体会、参加专题培训等形式，深入学习贯彻习近平新时代中国特色社会主义思想，明确新时代人民政协的历史使命和重要作用，明确政协专委会承担的职责任务，进一步彰显专委会“专”的水平、“专”的特色、“专”的质量。结合“书香政协”委员读书活动，引导政协委员多读政治书，多学中共党史、新中国史、统一战线史和人民政协史，不断增进委员对党的领导和中国特色社会主义的政治认同、思想认同、理论认同、情感认同，广泛凝聚共识，巩固团结奋斗的共同思想政治基础。

二要坚持服务人民，磨砺责任担当。人民政协来自人民、植根人民，全心全意为人民服务是我们党的根本宗旨，也是人民政协的性质本色所在。作为政协机关党员干部要坚持围绕中心、服务大局，强化担当、勇于作为，把人民对美好生活的向往作为奋斗目标，把全心全意为人民服务的宗旨意识融入到政协工作的全局之中，从群众最关切的“衣食住行、业教保医”等方面发力，自觉运用调研报告、视察报告、提案、社情民意信息等方式，推动解决人民群众最急、最忧、最盼的问题。

三要提升履职能力，锤炼过硬本领。习近平总书记强调，人民政协要提高政治把握能力、调查研究能力、联系群众能力、合作共事能力。我们要贯彻落实这些要求,针对能力上的短板、本领上的不足,不断在学习中进步,在继承中创新,在实践中完善。紧扣县委、县政府中心工作,务实灵活地组织开展调研视察活动,围绕助力产业强县、助力文明城市创建、助力乡村振兴、助力基层社会治理"四助"主题活动,多谋良策,多出实招,贡献政协智慧和力量。

四要增强一线意识,发扬严实作风。汪洋主席指出,人民政协处于凝心聚力第一线、决策咨询第一线、协商民主第一线、国家治理第一线,是国家治理体系的重要组成部分。我们要始终保持昂扬向上的工作热情和良好的精神状态,厚植政协情怀,热爱政协岗位,奉献政协事业,坚决克服"船到码头车到站"的消极思想和松劲意识,坚决克服调研视察活动中的"花架子""假把式",要大力弘扬为民服务、开拓创新、吃苦耐劳的"三牛精神",提高政协调研视察工作实效,以一流作风争创一流业绩,为推动全县"十四五"起好步、开好局做出更大贡献。

学党史 悟初心 求真务实 履职尽责

周兴华

在喜迎中国共产党百年华诞之际,县政协组织我们远赴江西瑞金、古田,实地参加了党史教育培训,重温中国共产党领导中国人民争取民族独立和人民解放血与火的历史。深受震撼,心灵再次受到洗礼!通过学习,让我更加清楚地认识到我们党为中华民族和中国人民建立的不朽功勋。这100年,是马克思主义基本原理同中国具体实际相结合、不断推进马克思主义中国化的100年,是我们党经受各种风雨考验、不断发展壮大,不断开创各项事业新局面的100年。特别是参加县政协"书香机关"学党史读书分享活动,深受教育。

一是学习党史强化初心。细读《中国共产党简史》《论中国共产党历史》等论著,深深地体会到没有中国共产党就没有新中国,只有中国共产党,才能建设好新中国。深感当今稳定而繁荣的社会局面是多么的来之不易,想想战火依旧的叙利亚、利比亚、阿富汗,老百姓生存的艰难,想想仍在疫情中挣扎的印度人民,更加坚定跟党走的自觉!只有在中国共产党的领导下,坚持走建设中国特色社会主义道路,才能发展中国,才能实现中华民族的伟大复兴。

二是学习党史坚定自信。中华民族近代100多年以来,从内忧外患、积贫积弱,到实现国家独立、人民解放和国家富强、人民富裕,正是无数中华儿女经过长期探索和实践取得的成果。这种经过无数仁人志士抛头颅洒热血的探索和实践向世人证明,只有共产党才能救中国,只有中国特色社会主义才能发展中国。"鞋子合不合脚,只有穿上才明白。"事实证明,中国的社会制度与创新,不断推动中国经济社会向前发展,为实现中华民族的伟大复兴奠定了坚实的制度基础。

三是学习党史牢记宗旨。中国共产党始终代表人民的利益,坚持"全心全意为人民服务"的宗旨,立党为公,执政为民,始终与人民群众心心相连,因而赢得了全国人民的广泛认同和拥戴。开国领袖毛泽东主席曾经把中国共产党比作古希腊神话中的安泰,广大人民群众就是他的母亲。只要身体不离开大地,英雄安泰就拥有无穷的力量;我们中国共产党人只要不脱离人民,就一定永葆蓬勃生机,永远充满力量。

四是学习党史履职尽责。“雄关漫道真如铁,而今迈步从头越。”共和国的今天来之不易！作为一名共产党员,我觉得对先烈的最好告慰就是不断接续奋斗,立足岗位履职尽责。共和国的大厦需要每一位劳动者同心协力去搭建、去巩固。面对国际、国内复杂的新形势、新情况,我们共产党人更要大力弘扬党的光荣传统和优良作风,牢固树立正确的人生观、世界观和价值观,常修为政之德,常思贪欲之害,常怀律己之心,恪守廉洁奉公的准则,立足自身岗位职责,发扬“三牛”精神,以更加奋发有为的姿态投入到工作中去,奉献自己的光和热。

从学党史中凝聚智慧力量

赵速杰

在喜迎庆祝我们党百年华诞之际,在“两个一百年”奋斗目标历史交汇的关键节点,习近平总书记号召全党集中开展党史学习教育,并在党史学习教育动员大会上做重要讲话,学史明理、学史增信、学史崇德、学史力行成为时代潮流。作为政协机关一名党员干部,有如下三点学习体会。

体会之一:中国共产党的历史是一部厚重史,是用生命熔铸崇高信仰的历史,也是用鲜血写就不朽史诗的历史,党史一百年,既规模宏大又气势磅礴,值得景仰。我们学党的历史必须厘清重点带着感情和敬意,有多深的感情就会有多深的敬意,学习党史只有带着情感,融入情境,才会有共鸣。一要深刻理解重大意义。党史学习教育是牢记初心使命、推进中华民族伟大复兴历史伟业的必然要求,是坚定信仰信念、在新时代坚持和发展中国特色社会主义的必然要求,是推进党的自我革命、永葆党的生机活力的必然要求,开展党史学习教育既是政治要求也是政治任务,党员干部责无旁贷。二要学懂弄通重要讲话。习近平总书记在党史学习教育动员大会上的重要讲话高屋建瓴,视野宏大,思想深邃,深刻阐述了党史学习教育的重大意义、学习重点和工作要求,为党史学习教育指明了方向,提供了根本遵循,我们务必贯彻落实。三要精学掌握重点内容。要深刻铭记中国共产党百年奋斗的光辉历程、为国家和民族做出的伟大贡献、始终不渝为人民的初心宗旨、推进马克思主义中国化形成的重大理论成果、在长期奋斗中铸就的伟大精神和成功推进革命、建设、改革的宝贵经验,这是我们党史的精华,既要学好更要记牢。四要赓续共产党人精神血脉。要大力发扬红色传统、传承红色基因,从红色基因中汲取信仰的力量,鼓起迈进新征程、奋进新时代的精气神。五要维护党的团结和集中统一。要从党史中汲取正反两方面历史经验,坚定不移向党中央看齐,自觉在思想上、政治上、行动上同以习近平同志为核心的党中央保持高度一致,听党话,跟党走。六要坚持树立正确党史观。要以党中央有关精神为依据,准确把握党的历史发展的主题主线、主流本质,正确认识和科学评价党史上的重大事件、重要会议、重要人物,要旗帜鲜明地反对历史虚无主义,敢于与唱衰中国、抹黑历史英雄人物的人和事做不懈斗争。

体会之二:中国共产党的历史是一部不断推进马克思主义中国化的历史,是一部不断推进理论创新、进行理论创造的历史,是一部用马克思主义武装全党、教育人民的历史,具有强大的生命力和感召力。一要深刻领悟马克思主义中国化的历史。在党的百年奋斗史中,我们党始终坚持不断推进马克思主义中国化,不断推进实践基础上的理论创新,不断开辟马克思主义新境界,产生了毛泽东思想、邓小平理论、"三个代表"重要思想、科学发展观和习近平新时代中国特色社会主义思想,为党和人民事业发展提供了科学理论遵循,实现了一个又一个"不可能",创造了一个又一个难以置信的奇迹。二要深刻领悟马克思主义的思想伟力。我们党运用马克思主义的立场、观点、方法分析中国革命、建设、改革的形势,形成了符合中国实际的科学方案,实现了中华民族从站起来到富起来、强起来的伟大飞跃,奏响了中华民族伟大复兴的最强音。三要深刻领悟新时代党的创新理论的真理魅力。党的十八大以来,以习近平同志为核心的党中央应时代之变迁、立时代之潮头、发时代之先声,创立了习近平新时代中国特色社会主义思想,引领党和国家事业取得历史性成就、发生历史性变革,彰显了中国社会主义制度的优越性,让世界瞩目。四要深刻领悟马克思主义是与时俱进的理论。马克思主义具有与时俱进的理论品质,她能立足时代发展需求、立足实践发展需要,坚持问题意识、问题导向、问题思维,不断推动思想理论创新,不断完善自我改造和革新,使党永葆生机和活力。党史是最好的营养剂,学习党史能补精神之钙,从党史中品味"信仰的味道",传承"真理的火炬",接过历史的接力棒,让我们更加认清中国共产党为什么"能"、马克思主义为什么"行"、中国特色社会主义为什么"好",坚持不懈用党的创新理论最新成果武装头脑、指导实践、推动工作。

体会之三:中国共产党的历史是一部践行初心使命、全心全意为人民服务的历史,必须牢记宗旨厚植为民情怀。历史唯物主义告诉我们,人民是历史的真正创造者,是推动历史前进的真正力量。习总书记说:"人民就是江山,江山就是人民。"学习党的历史,就是追溯中国人民的精神谱系,在情感上更加密切与人民群众的血肉联系,根植为民情怀。一要树牢马克思主义的人民观。人民群众是真正的英雄,只有人民才是创造历史的动力。党的根基在人民,血脉在人民,力量在人民,党取得的一切胜利都是人民群众奋斗的结果,我们不能忘本。二要时刻牢记党的性质宗旨。要始终保持马克思主义政党的鲜明本色,始终以人民立场作为党的根本立场,始终把全心全意为人民服务作为党的根本宗旨,把人民对美好生活的向往作为奋斗目标,我们不能跑偏。三要坚持党的群众路线。要坚持一切为了人民、一切依靠人民,要发扬好密切联系群众的作风,始终坚持"人民立场"、坚守"人民情怀",以"等不起"的紧迫感、"慢不得"的危机感、"坐不住"的责任感,时刻关注人民群众所思、所盼、所需,替人民群众着想,为人民群众办事,我们不能懈怠。四要把人民冷暖放心上。从人民群众的烦心事、纠心事和操心事入手,真心实意为人民群众解决"急难愁盼"问题,用心、用情、用力为人民群众办实事、办好事、解难事,让人民群众过上更高质量、更有保障、更有尊严的幸福生活,不断提升获得感、幸福感、安全感,我们不能停歇。

传承延安精神　汲取奋进力量

高宪忠

通过学习习近平总书记《论中国共产党历史》中的《继续从延安精神中汲取力量》这篇文章,深刻感受到延安精神是中国共产党人彻底的革命精神,是升华了的民族精神,是中国共产党人领导争取民族独立、人民解放的时代精神,是展示中国共产党人形象的群体精神,得到了很多启示。

传承延安精神,必须在强化能力素质上下功夫。延安时期,立足执政实际,毛泽东同志指出,我们队伍里有一种恐慌,不是经济恐慌,也不是政治恐慌,而是本领恐慌。今年是县政协建设"五型"机关第五个年头,机关党员干部的能力素质得到了很大提高,但"本领恐慌"的问题依然存在。政协的工作面广,涉及政治、经济、科技、教育、文化等各个领域,政协委员大都是社会各界的精英和代表人士,知识层次高,社会影响大。如果政协机关的党员干部不具有很高的素质和水平,就很难适应工作的需要,很难做好调查研究,很难搞好协调服务,很难提出有价值的意见建议。一方面,要看到现实差距,个别党员干部的能力和水平与县政协"五型"机关建设的要求还不太适应的问题是客观存在的,要有"知识的缺乏感""本领的恐慌感"。要以"书香政协·阅享歌风"委员读书活动为契机,除认真学习有关政协和统战理论外,还要学习更多的新知识、新本领,争做"学习型"干部,努力缩短"知识差""科技差",取得做好工作的主动权。另一方面,要正确看待"五型"机关的建设形势,尤其在形势发展好的时候要保持清醒的头脑,始终盯住"短板"做工作,要发扬"为民服务孺子牛、创新发展拓荒牛、艰苦奋斗老黄牛"的"三牛精神",在不断解决问题中前进,自觉克服"看院子""守摊子"思想,防止自拉自唱、自我欣赏、自我满足,做到不甘落后、勇于负责、奋发向上。

传承延安精神,必须在强化责任担当上下功夫。习近平总书记说,看一个领导干部,很重要的是有没有责任感,有没有担当精神。近年来,我们应当看到机关大多数党员干部的责任担当意识还是很强的,多项工作在全市乃至全省都产生了一定的影响,但是个别党员干部身上还存在一些不尽如人意的地方。如,有的缺乏工匠精神,不精益求精;有的不敢担当,被动应付;有的服务委员不主动、不细致等。这些都是责任担当意识不强的表现。因此,我们要进一步增强事业心、责任感,把精力投入到政协"五型"机关建设中去。真正把个人的岗位职责、工作任务和具体要求搞清楚,树立有所作为的思想,在其位,谋其政,尽己所能,推动政协"五型"机关建设不断在新的平台上向前迈进。

传承延安精神,必须在强化开拓创新上下功夫。解放思想、实事求是的思想路线是延安精神的精髓。创新是一个民族进步的灵魂。政协工作要保持生机和活力,就必须勇于探索、开拓创新,使工作不断有所突破、有所创造、有所发展,努力形成服务沛县高质量发展的新思路、新载体、新方式,形成政协高质量发展的新思维、新机制、新举措。应当看到,我们政协机关党员干部对做好新时代政协工作进行了很多有益的探索,做到了思想上不断有新的认识,内容上不断有新的拓展,方法上不断有新的探索,成果上不断有新的体现,确保了政协机关工作旺盛的生机和活力。但在日常工作中,还有个别党员干部虽然讲起创新深感重要,实际做起来却墨守成规,用老办法解决新问题,用老经验指导新实践;有的奉行"无过便是功",满足于平平安安、不出问题,不愿创新,不敢突破。思路决定出路,创新的意识和思维是推动工作创新的关键。因此,我们机关党员干部都要把创新当作一种责任,一种使命,自我加压,埋头苦干,奋发有为,迎难而上,努力研究,探索做好新时代政协工作的新形式、新方法。

传承延安精神,必须在强化求真务实上下功夫。自力更生、艰苦奋斗的创业精神是延安精神的显著特征。要传承延安精神,做好政协工作,关键在于真抓实干、狠抓落实。一要会干事。在任何岗位都要求真务实,始终把工作的过程当成锻炼提高的过程,在干中学,在学中干。党员干部只有勤奋工作、埋头苦干,才能提高自身素质,履行好自己的职责。二要干成事。要把严谨、细致的作风贯穿于办会、办文、办事和协调、组织、接待等具体工作之中,少讲空话套话,多讲解决问题的实话。少一些推诿扯皮,多一些通融配合;少一些指责,多一些支持理解。把时间和精力用在搞调研、抓工作和干成事上来。三要善于谋发展。任何岗位的党员干部都应当善于开拓创新,谋求发展,不断将自己所从事的事业推向前进,这样的勤奋工作才是最有价值的。

传承延安精神,必须在强化团结合作上下功夫。当年,成千上万的知识分子、青年学生从全国各地涌向革命圣地延安,献身救国伟业,充分显示了延安强大的吸引力和凝聚力。政协建设"五型"机关,党员干部是关键。因此,机关党员干部要有宽广的胸怀,努力搞好机关内部团结合作,做出表率。凡是需要几个委室合作完成的工作任务,在按主办、协办责任落实的同时,更重要的是增强团队意识,加强沟通协商,讲大局、讲感情、讲支持,努力增强向心力、战斗力、凝聚力。要有容人容事的气度,对工作中出现的问题,及时沟通,坦诚相待,换位思考,齐心协力抓好落实。总之,要把团结合作作为一种品德来培养,作为一种责任来对待,作为一种目标来追求,真正做到互相信任、互相支持、互相帮助,合心、合力、合拍地把各项工作做好,为深化"五型"机关建设做出自己的贡献。

书香增言值　履职见真章

刘家国

习近平总书记讲，“读书可以让人保持思想活力，让人得到智慧启发，让人滋养浩然之气”。读书是个古老而永恒的话题，我们说读书古老，是因为有了文字以后就有了阅读；我们说读书永恒，是因为即使到了如今互联网时代，书籍仍然是思想和知识的主要载体，将来无论发展到何种程度，读书都会是永远不变的进步阶梯。由全国政协发起的“书香政协”读书活动开展一年来，读书，不仅让我们丰富知识、开阔眼界、活跃思想，也让我们与履职尽责、做合格委员离得更近。下面，我从三个方面谈谈对读书的理解和感悟。

一、我们为什么要读书

当今社会，很多领域充斥着趋利、浮躁的气息，很多同志包括我自己都存在知识不足的“本领恐慌”。解决这些问题，读书虽不是唯一的办法，但是读书肯定能有助于我们降浮躁之火、补能力短板。读正统史书，可以警醒我们“民族的兴衰与更替”“欲知大道，必先为史”，古为今用，启发智慧；读经典名著，可以不断涵养“腹有诗书气自华”，开阔视野，陶冶情操；读马列原著，可以深刻把握“普遍真理与中国国情相统一”，审时度势，于变局中开新局；读《毛选》《邓选》，可以充分理解“一切认识源于实践，实践是检验真理的唯一标准”；读习近平总书记的《治国理政》，可以及时掌握新时代精神的精华，不忘初心、牢记使命。通过读书，我们可以真正做到明理、增信、崇德、力行，保持思想活力，得到智慧启发，涵养浩然之气，常怀仁爱之心。

二、我们该怎么去读书

（一）要立足终身受益，忌功利主义。人们往往到了“书到用时方恨少”的时候才意识到读书的重要性，于是萌动了读书的念头，其目的就是实用。从古至今，追求读书实用的人不在少数。古人读书为了做官，今人读书为了赚钱，每个人读书的目的和出发点不尽相同，这本是无可厚非的，但就我们政协委员而言，读书不应仅仅止步于此，更应立足提高自己，为更好地履职尽责、建言献策服务。既要读有用的书,又要读无用的书,不能总是为功利所囿。

(二)要立足细读深思,忌形式主义。孔子曰:"古之学者为己,今之学者为人。"意思是说,古人学习是为了提高自己的修养和水平,而现在的人学习却是为了做给别人看,表演的成分越来越浓。这话时至今日仍有启发意义。读书不是目的,就像咀嚼和吞咽,只是必经的过程。"学而不思则罔,思而不学则殆",这种知识的消化和吸收,须经过严肃而认真的细读、思考、辨析和淘汰,才会对我们大有益处。所以,作为政协委员,要静下心来静静地读、细细地品、深深地思。

三、我们读书该如何更好地履职尽责

(一)通过读书"懂政协",坚持学懂弄通。"懂政协"是"入门课",是前提。政协委员要有"空杯"意识和甘当"小学生"的态度,通过读书了解党的路线方针政策,知道政协历史,熟悉工作与业务,学习掌握调查研究、撰写提案、反映社情民意的方式方法,成为专业领域的行家里手。

(二)通过读书"会协商",提升履职能力。"会协商"是内涵,政协委员履行的职责范围涉及政治、经济、文化、社会、生态等各个方面,工作联系面广,要求了解掌握的知识很多,既要求着眼界别又要跨越界别,既要求深耕专业又要跨越专业,唯有坚持读书学习,以学促用,才能为"会协商"储备能量、注入活力。

(三)通过读书"善议政",做到知行合一。"善议政"是方式方法,是读书的最高境界,读书更重要的是要学以致用、学用相长。要立足站得高、议得准、说得实,通过读书,归纳总结过去执行有效的好方法和好经验,创新探索适应发展的新做法,切实做到建言建在需要时,议政议在点子上。

在政协这片星空里

张　玉

我是2017年加入政协大家庭的,工作中,同事们都说“从来没见你好好走过路,全是一路小跑”,我也觉得自己像个陀螺,每天围着文字材料和繁杂事务转圈。慢慢地,我就发现自己除了忙碌就只剩下怨声载道了,我忘了抬头看路,忘了静心思考,忘了自己选择机关工作的初衷。直到成为一名政协委员,我才明白,脚步可以匆忙但内心不可荒芜。

在这两年多的时间里,政协就像我的老师,她教导我撰写材料要精益求精、调研视察要深入深刻、办事办会要细致周到……在这两年中,我也参加了很多次政协会议,每一次政协委员和专家学者的发言,对于我来说都是一次“头脑风暴”,都是一场精神洗礼,不仅让我开阔了视野、丰富了知识,也让我对政协工作有了更深层次的认识。其实每次听完座谈会,我总是心情复杂,有激动、有惭愧、有感动、有振奋,因为在这里,就在我们政协,我看到有那么一群人,他们为百姓福祉、为城市建设、为经济社会健康发展不断思索着、奔走着、呐喊着。我这才意识到人生的关键不是你站立的位置,而是你面朝的方向,碌碌无为也不在于你的职务有多低、能解决的问题有多小,而是没有社会责任感,从不思考关心社会发展、人类文明和我们所处的这个时代。浑浑噩噩、麻木不仁才最可悲。我们政协委员能为这个社会做什么？我想,不仅仅是勿忘初心,更重要的是要记得仰望星空。

我们要做的事有很多,但无论如何都替代不了我们对星空的仰望。让我们再回到演讲前的那三个问题,如果你还没有答案或者从来没想过这些,那么请多仰望星空吧!

记得一位国家领导人曾说过:一个民族有一些关注天空的人,他们才有希望;年轻人要经常仰望天空,学会做人,学会思考,学会知识和技能,做一个关心世界和国家命运的人。作为一名政协委员,你的起点可以低,但不妨碍你为自己树立远大的理想抱负,让你的心走得更远。作为一名委员,你的脚步可以匆忙,但不妨碍你对星空的仰望,学会自省、自励,心胸才会开阔、方位才会明确。作为一名政协委员,你的工作可能平凡琐碎,但别忘了,每一份社情民意都是百姓的渴望和期盼,每一件提案都饱含着政协委员的心血和汗水,每一篇调研报告都是众多工作者深入调查、刻苦钻研的成果。当你能意识到,你的工作肩负着百姓的期盼,凝聚着各行各业的智慧和力量,推动着沛县这座城市的健康发展,你就不会因为工作平凡琐碎而灰心丧气,也不会随着工作新鲜感的消失,就失去了激情和活力,你会始终保持积极向上的心态去工作、去追求。

当然,善于仰望,能让目光穿越现实的云层,使我们目标更加明晰;而善于着眼低处,脚踏实地,才是仰望的根基、成功的垒土。因此,对于当下,我们必须脚踏实地,一步一个脚印,才能做一个仰望星空、追逐繁星并且不会跌倒的人。

最后,我想告诉大家:我们每个人都是一棵能走动的树,唯有抓紧土地,才能把握自己的呼吸;唯有仰望苍穹,才能不断提升自己的境界。那就让我们牢记,在政协这片星空里,仰望时,莫忘脚下的土地;俯瞰时,心怀一片蓝天。

结缘政协终无悔

王宝红

我是一名文化工作者、三届政协委员，与政协结下了深深的情缘。今年，我们迎来新中国和人民政协成立70周年，回顾十多年在人民政协这个大家庭中成长进步的经历，我心中充满了感恩、感激和感动。我深深地感到，有幸结缘政协，一生无怨无悔。

2007年，当我第一次出现在沛县八届政协全会驻地时，彼时的我已成为一名光荣的政协委员，这不仅仅是一份荣誉，也是一份重托，更是一份责任。我默默地告诉自己，一定要向上一届委员学习，在参政议政上要有新作为。曾记得，2014年1月，我代表教文卫体界登上了政协全会主席台，这也是我作为政协委员第一次登台做大会发言，赢得了热烈的掌声。这掌声，给我鼓励；这掌声，催我奋进；这掌声，让我找到了追逐中国梦的路径，那就是在政协事业中，建务实之言，献有用之策。2018年，我提出的《关于推进基层公共文化服务体系建设的建议》，成为县政协重点提案、优秀提案。县政协《提案追踪》栏目以此提案为素材，拍摄了专题片《加快公共文化服务体系建设，打造文化强县》，播出后引起极大反响。

十余年的政协委员经历，我切身感受到了政协委员的使命担当和无私奉献；我看到了人民政协事业的光辉前程和社会主义协商民主的广阔舞台。当领导关心、社会关注、群众关切的一件件热点、难点问题，借由我们政协委员的笔尖准确及时地得以反映，问题得到关注并解决，意见建议得以肯定和采纳时，当一件件提案被准确移交到相关部门予以办理时，作为政协委员，我们会为我们平凡的工作感到骄傲，会为我们努力的付出感到欣慰。因为，在沛县改革发展的精彩乐章上，有属于我们政协委员的音符在跳跃。

人生是短暂的，短暂的人生在于无私的奉献。人生梦、中国梦紧密相连，只有投入到中华民族伟大复兴的事业中才能实现梦想、创造辉煌。新时代人民政协事业，要靠每个政协委员忠诚的守望；中华民族伟大复兴，要靠海内外中华儿女的奋发有为、无私担当!

人生自当忙不息,天地原来未瞬留。中华民族伟大复兴是一项光荣而艰巨的事业,需要我们政协人增强中国特色社会主义道路自信、理论自信、制度自信、文化自信。需要我们政协人切实承担起中国特色社会主义事业的亲历者、实践者、维护者、捍卫者的政治责任,需要我们政协人走中国道路、弘扬中国精神、凝聚中国力量。

空谈误国,实干兴邦。坚定信念,走中国特色社会主义政治发展道路,在中国共产党领导的人民政协事业中,建务实之言,献有用之策,这是我的选择,也是我们政协委员共同的选择。让我们做好政协人,敢于担当、积极作为,为推进社会主义协商民主和实现中国梦贡献智慧和力量。

不忘初心跟党走　接续奋斗建新功

王金华

光阴荏苒,日月如梭,中国共产党走过了98年的光辉岁月。98年前,嘉兴游船上的会议,为中国点燃了照亮黑夜的火种。从此,这闪亮的火花,便在中华大地上燃起了燎原的烈火。挣扎过赢得民族独立的炮火,经历过争取民主自由的抗争,走过社会主义建设的曲折,沐浴过改革开放的春风,回望党领导中国人民走过的艰辛历程,我们明白:是党一直在引领着中国发展的前进方向。跟党走,我们赢得了民族独立和民主自由;跟党走,我们建设了社会主义,开启了古老中国的新时代;跟党走,我们伟大的祖国以崭新的姿态傲然屹立于世界的东方。

新时代,新征程,赋予了党更加神圣的使命。党的十九大,习近平总书记回顾过去,展望未来,告诫全党要不忘初心,牢记使命。中国共产党人的初心和使命,就是为中国人民谋幸福,为中华民族谋复兴。"不忘初心,牢记使命"是共产党人对历史和人民的承诺,也是对社会群体的宣示和引领。

作为80后的党员,我出生在和平发展的好时代,成长在改革开放的新时期。我深知:正是有了党的坚强领导,才有了国家的繁荣富强,才有了我们的幸福生活。于是,在成长的道路上,念党恩是我们共同的情怀,跟党走是我们坚定的信念。

带着工作中的感悟,聆听着习总书记讲话中那铿锵有力的"不忘初心",我也在思考:我的初心是什么?还清楚地记得大学入党时那激动的心情,当右手握拳,面对党旗宣誓的那一刻,心中便有了最坚定的信念,后来成为一名党务工作者,就更加坚定了我对党的热爱与忠诚:投身党的事业将是我今生无悔的选择。所以,大学毕业我便毫不犹豫地选择了回到家乡,来到基层,成为一名乡镇公务员。时光在不停飞逝,角色在不断变化,今年已是我参加工作的第八个年头了。八年间,从乡镇、到机关、再到政协机关,从初出校园的迷茫,到初入职场的努力,从选择岗位的困惑,到忠诚履职的担当。八年不长,却足以让人历练成长;八年不短,却丝毫不敢懈怠彷徨。

2017 年,我成为人民政协战线上的一名新兵,在此以前我片面地认为政协委员更多的是一种荣誉。直到身处其中,才清楚地认识到:政协没有荣誉委员,只有责任委员。政协委员是各界优秀的代表,是荣誉,更是责任。迈入政协方阵就意味着要承担起双份工作、双份责任,就是这份责任,激励着初踏人生路上的我,在精神气质上,不做“懈怠型”,始终鼓起向上的朝气、激荡奋发的锐气,以实干成就事业;在价值取向上,不当“利己型”,常思个人努力关乎万家灯火,常想个人奋斗连着万千生民;在生活方式上,告别“玩乐型”,健康生活,不断学习。我会始终坚持人民政协为人民的初心,在政协机关这个平凡的工作岗位上,以“赶考”的清醒和坚定答好新时代的政协答卷。

“现在,青春是用来奋斗的;将来,青春是用来回忆的。”青春的底色,永远是奋斗。只有在年轻的时候奋斗过、拼搏过、奉献过,那才是真正的“青春无悔”。我清醒地知道:唯有奋斗,才能把政协工作写在自己生命的历程里;唯有奋斗,才能把政协事业写在祖国辽阔的土地上;唯有奋斗,才能把中国梦想写在一个国家、一个民族光辉的未来中。作为政协人,让我们始终不忘初心,牢记使命,以行动树起新时代人民政协的新样子,用追求为祖国忠诚担当,以奋进汇聚蓬勃春潮,用奉献谱写时代华章!

○新闻作品

“插花地”里画出最大同心圆

——苏鲁边界联合协商促进和谐发展

政协沛县委员会

在深入推进基层协商民主建设实践中，沛县立足本地实际，以“五化”为引领，坚持“真抓、实干、惠民”，大胆探索，高位推进，通过搭平台、建机制，形成了边界联合协商特色模式，助推苏鲁接边地区实现了从协调到协商、从握手到合作、从“百年恩怨化和谐”到“协同发展求共赢”的迈进。

一、工作背景

沛县位于江苏省最北部，微山湖西岸，有9个镇53个行政村与山东省鱼台、微山两县土地“插花”、河湖共壤，至今仍是全国唯一没有完全划定省际边界的区域，两岸居民为争夺湖田湖产争执百年。近十年来，接边地区因发展需要，在基础设施建设、水环境整治、教育医疗等方面又产生了一些新的问题。为推动接边地区和谐稳定、协同发展，在省市政协的指导下，沛县积极推动政协协商同边界基层社会治理相衔接，在省际“插花地”里画出了合作共赢的最大同心圆。

二、主要做法

沛县拓展思路、主动作为，多次与微山县、鱼台县政协沟通协商，分别于2020年6月22日和7月22日同鱼台县和微山县联合印发了《关于发挥专门协商机构作用开展接边联合协商的指导意见》，架起了省际乡（镇）、村（社区）沟通的桥梁。

（一）注重多元，构筑联合协商议事互动平台

搭建“政协主席（副主席）指导，专委会协调，委员履职小组参与，镇（街道、场）、村（社区）负责，政法、国土、民政、水利等相关部门支持”的“4 + N”联合协商互动平台。

县级层面各自成立县联合协商议事联络协调指导小组，由双方县政协秘书

长任联络员,负责协调推进联合协商工作。镇级搭建“有事好商量”联合协商议事工作室,村级设立协商议事工作站,按照“谁主张谁召集”“全部达成共识”等原则,完善“议题确定、协商议事、组织筹备、成果落实、监督反馈”议事流程,构建了横向到边,纵向到底的协商格局。

(二)突出“五联”,构建联合协商常态长效机制

为了推动接边联合协商高效有序开展,沛县与微山县、鱼台县共同构建“五联”机制,为协商议事活动提供机制体制保障。一是信息联通机制。接边乡(镇)、村(社区)分别指定一名工作人员担任接边联合协商信息员,在日常工作中通过走访、座谈等方式收集接边信息。二是议题联审机制。聚焦接边地区在基础设施建设、土地使用、码头管理、水环境整治、教育医疗、健康养老等方面的民生实事、治理难事,精心选择协商议题,经接边双方联合审议后,确定为协商议题。三是成员遴选联商机制。坚持利益相关原则,遴选利益相关方、政协委员、群众代表、党员代表、相关单位代表等参与协商议事。四是协商结果联办机制。经联合协商议事会议协商达成共识的议题,由双方联合办理,实施情况及时公示,并向议题提出人反馈。五是实施过程联调机制。在组织实施过程中,如遇阻力和困难,双方联合协调,推动协商成果落实。乡(镇)级层面无法协调解决的问题,由县联合协商议事联络协调指导小组报同级党组织协调推动解决。

三、成果反响

沛县接边联合协商的经验做法先后在《人民政协报》、《新华日报》、学习强国等主流媒体推广报道。苏鲁边界通过接边联合协商解决合作发展问题的经验文章《曾国藩没解决的问题,如今有望了!》《全国唯一没有完全划定省际边界的区域,矛盾咋处理?》《微山湖畔动人的新谣》《江苏沛县:接边联合协商,在省级“插花地”里画出最大同心圆》《厚植协商议事土壤,提升基层社会治理质效》等先后被《人民政协报》主号、《新华日报》、学习强国等主流媒体推广报道。

(一)有事相商,绘就了协商议事的同心圆

接边联合协商工作开展以后,一大批涉及接边双方矛盾利益交织的问题,得到了有效的解决。沛县龙固镇与鱼台县老砦镇隔河相望,由于环境特殊,关系复杂,有10家非法码头,单方面清理难度非常大。在县联络协调小组的指导下,通过两镇联合协商、联合执法,多年积患,一举根除。沛县大屯街道安庄村与微山县曹庄村等6个村接壤,微山湖安庄片区是沛县饮用水源保护地,为保护水源地生态环境,确保水质安全,安庄社区协商议事会议,邀请微山县曹庄等6个社区党支部和居委会相关负责人及群众代表多次进行联合协商,达成共识,

从根本上杜绝了水环境污染问题，形成了共同保护微山湖水资源环境的良好氛围。

（二）有难相帮，绘就了协作共事的同心圆

随着协商民主不断深入，基层干群遇到涉及边界的烦心事、操心事、揪心事，首先想到的就是接边联合协商平台，2020年，共收集接边重点信息353条，召开协商议事会议112次，其中76个涉及道路修铺、项目用地、非标企业治理、民生难事等矛盾和问题，经过联合协商达成共识，得到圆满解决，随着互信的深度、协商的频度和破题的力度越来越大，质效越来越高，联合协商议事成为接边地区治理公共事务、促进经济社会发展的新途径，当年的"烫手山芋"变成了"香饽饽"。

（三）有梦共筑，绘就了协同发展的同心圆

接边联合协商有效打通了接边地区合作共赢的"最后一公里"，县级层面共同出台了优势互补、协同发展的工作规划，确立了一系列民生工程和基建项目，让接边群众感受到了实实在在的协商成果。2020年11月28日，首届微山湖地区县域协同发展座谈会在沛县举行，会上签署了《微山县与沛县协同发展协议》和《鱼台县与沛县协同发展协议》，推进微山湖地区形成互惠互利、携手共赢的协同发展格局。

2020年9月，省政协黄莉新主席来沛调研指导协商议事活动时，称赞沛县接边联合协商做得非常深入，特色鲜明，成效显著，做成了全省"有事好商量"协商议事的"升级版"。2020年12月，黄莉新主席对沛县政协基层协商民主建设工作又做出了专门批示：沛县政协认真贯彻习近平总书记关于加强和改进人民政协工作的重要思想，在县委有力领导下，按照省政协部署，创新协商形式，打响了"有事好商量"协商议事品牌，取得了助发展、惠民生、聚共识、促和谐的良好成效。希望进一步总结经验、巩固成果，更好发挥政协参与基层社会治理的效能。

四、经验启示

（一）横向拓展基层协商民主的纬度

接边联合协商着眼横向拓展协商面，将基层协商民主建设不断向省际、省内接边地区拓展，依托各地现有协商议事平台，搭建接边省、市、县、镇（街道）、村（社区）五级联合协商平台，构建联商机制，按照"谁主张谁召集"原则，开展接边联合协商，助力省、市、县际区域合作发展。

（二）纵向延伸基层协商民主的经度

接边联合协商着眼纵向延伸协商力量，将协商沉到基层、深入一线，把涉及接边群众切身利益的协商送到家门口,为群众提供一个解决矛盾纠纷、破解发展难题的平台,能够有效培养边界干部群众的协商意识,推动基层社会治理质效不断提升,推动接边地区和谐稳定、协作发展。

(三)多向发挥基层协商民主的独特作用

接边联合协商推动了边界不同政策的有效融合,发挥了基层协商民主在基层社会治理中的独特作用,有效维护了群众利益,让接边地区社会治理更有温度。通过联合协商解决了部分微山县居住于微山湖西岸的张楼乡、西平镇、赵庙镇、高楼乡等乡(镇)村民在沛县就医、就读等相关事宜,满足了人民群众对美好生活的需求,最大限度推动了融合发展。

更好发挥"有事好商量"协商议事

黄莉新等省政协领导参加基层协商议事活动

顾 敏

围绕江苏省委、省政府关于持续排查解决突出民生问题的决策部署，省政协于今年9月在全省政协系统联动开展"有事好商量·民生专题协商议事月"活动。近日，省政协主席黄莉新赴徐州沛县安国镇参加汉居雅苑社区"农村集体经济组织成员股权收益分配"协商议事活动。

黄莉新说，习近平总书记指出，有事好商量，众人的事情由众人商量，是人民民主的真谛。去年以来，省政协按照全国政协部署和省委要求，在全省基层打响了"有事好商量"协商议事品牌，得到了全国政协主要领导充分肯定。徐州市作为"有事好商量"协商议事工作先行者，协商议事室建设实现乡镇(街道)、行政村(社区)、界别全覆盖，得到基层干群的肯定和欢迎。这次民生专题协商议事月活动紧扣"五个一"目标，各项工作有质有效、有声有色。今天"农村集体经济组织成员股权收益分配"协商议事活动议题切口小、针对性强，与群众切身利益密切相关；协商主体既有政协委员、利益相关方，又有政府部门、镇村(社区)负责同志，具有代表性；议题经镇党委审定批准并公示，会前开展深入调研，活动组织严格按规定流程进行；大家畅所欲言、互动交流，做到了真诚协商、平等协商、有序协商，取得了释疑解惑、凝聚共识、促进工作的良好效果。

黄莉新指出，全省政协系统联动开展"有事好商量·民生专题协商议事月"活动，把协商送到群众家门口，努力打造党委政府"好帮手"、人民群众"连心桥"、委员履职"新平台"，有力增强了群众的获得感、幸福感。一要坚持党委领导，进一步完善常态长效制度机制，以制度化保证协商议事工作长效化。二要突出服务群众，切实做到协商于民、协商为民，聚焦群众"急难愁盼"开展协商，及时推动协商成果转化。三要强化双向发力，更好地凝聚共识汇聚力量，使协商议事的过程成为宣传政策、释疑增信、理顺情绪、化解矛盾的过程。四要创新协商形式，不断增强协商议事成效，通过会场协商、广场协商、网络协商等，形成会上会下广纳群言、线上线下广泛讨论的生动局面,更好地助发展、惠民生、促和谐,为提升基层治理效能贡献政协智慧力量。

同期,省政协副主席周健民、朱晓进、洪慧民、麻建国、阎立、周继业、王荣平、胡刚、姚晓东等分赴全省13个设区市有关乡镇(街道)、行政村(社区)、园区等,参加“落实大学生就业创业措施”“农民集中居住点物业管理”“镇域停车难”“共建文明家园”等协商议事活动。

(本文刊于2020年9月29日新华报业网)

沛县“接边协商” 推动苏鲁八县“跨省通办”

彭颂珂 欧阳德宽

日前，家住山东省微山县的市民魏女士收到了江苏省沛县行政审批局办理并通过 EMS 邮寄来的营业执照。“没想到在微山县居然可以办理沛县的证照，真是太方便了！”魏女士激动地说道。

今年以来，沛县县委、县政府以争做微山湖地区县域协同发展示范区为目标，与丰县、单县、滕州市、微山县、薛城区、鱼台县等县（市、区）联合出台了《微山湖地区县域协同发展工作要点》，并签署了协同发展协议，微山湖地区实现了从“百年恩怨化和谐”到“苏鲁协同求共赢”的发展模式。

如何打破政务服务的行政管辖和地理空间界限，改变政务服务按照属地管辖权进行申请受理的传统模式，让群众能“跨省办理、一地办理”。沛县把这一民心工程列入党史学习教育为民办实事工程，加快推动民生实事落地见效。

5 月 14 日，来自丰县，山东微山县、滕州市、薛城区、鱼台县、汶上县、单县等县、市、区政务服务部门负责人及相关人员齐聚沛县，参加微山湖地区县域政务服务“跨省通办”协商推进会，对“跨省通办”深化合作存在的堵点、难点问题，一一梳理、建言献策。通过协商，大家一致认为应该全面推进政务服务流程和方式系统性重塑，构建“标准统一、异地受理、远程办理、协同联动”的“跨省通办”新模式，顺应群众需求，编制事项清单，制定工作手册，真正方便微山湖地区企业和群众办事。苏鲁两省八县（市、区）现场共同签署了微山湖地区县域政务服务“跨省通办”合作协议，实现了苏鲁两省八县（市、区）政务服务“跨省通办”合作，步入“跨省通办”新时代。

走进沛县政务服务中心，翻开“跨省通办”工作手册，涵盖 36 项高频政务服务“跨省通办”的事项清单详细罗列，所需材料、办结时间、受理时间等“跨省通办”办理流程，通过图文并茂的形式让前来办理业务的群众一目了然。

“过去办理公司业务需要回到鱼台县才能办理，现在只要在沛县就能一次办结，大大节省了时间。”正在“跨省通办”专窗办理公司变更的市民王先生为

"跨省通办"模式点赞,如今通过"跨省通办"专窗,只要提供所需材料,就可以直接等待相关证照邮寄,无须两头跑,极大方便了办理过程。

(本文刊于2021年6月12日中国江苏网)

“有事好商量”　画出文明乡风同心圆

王有恒　沈运华　李桂利

行走在江苏徐州沛县张寨镇李庙村，一幅幅产业兴旺、生态宜居、乡风文明、治理有效、生活富裕的美丽画卷向人们徐徐展开，百姓脸上溢满幸福的笑容。“今天的好环境，得益于我们村率先推进基层协商民主建设，坚持群众的事情群众商量着办。”李庙村党支部书记兼村协商议事会第一召集人潘庆如是说。

有事好商量，众人的事情由众人商量，已经成为李庙村在推进各项工作中的生动实践。政协委员们为更好开展“完善村规民约　树立文明新风”专题协商议事活动，深入推进农村移风易俗工作走深走实，多次深入自然村、居民家中走访调研。通过调研发现个别村喜丧事大操大办、铺张浪费、盲目攀比的风气依然存在，群众大都意识到这样的做法不好，但农村人喜欢讲究面子，有的时候也是不得已而为之。议事会在多次征求各方意见的基础上，提出整修废弃村委会，运营“忆苦思甜”大食堂，由村里组织“大佬执”（红白喜事管事人）统一运行、统一制定标准、统一管理的协商议题。

“建设‘忆苦思甜’大食堂，推进移风易俗”议题很好，29 名议事代表参会代表各抒已见，一致举手表决通过。经多次协商洽谈，在充分征求相关部门及村民意见的基础上，达成了为大食堂规划 2 亩土地；资金筹备由村自筹，不让群众拿钱；吸纳本村红白理事会、“大佬执”协会、宴席厨师、留守村民参与运营，制定宴请标准，全村统一执行的共识，项目也很快投入建设。

近日，“忆苦思甜”大食堂在张寨镇党委政府的支持下已建成投入运营，并迎来了一批又一批客人。据了解“忆苦思甜”大食堂项目多采用旧物利用，共投资 30 余万元，没有一户老百姓提出异议，大家对此项目落地都比较满意。该项目不仅解决了村里喜事丧事宴请的问题，更成为本村红色景区——中共沛县党史纪念馆的文旅配套设施，让“趴趴屋”变成了村集体经济的“聚宝盆”。

据了解，自集中开展“完善村规民约，树立文明新风”专题协商议事活动以来，全县共组织召开县、镇（街道）、村（社区）三级专题协商议事会 520 余场次，达成举办集体婚礼、完善村规民约、统一礼金标准等共450余件次,在提升乡村文明建设水平上,充分彰显了政协的履职能力与时代担当。

(本文刊于2021年7月1日徐州学习平台)

地矿协商推动沛县杨屯镇南仲山村提前近20年搬迁

张耀文　张体会　罗述相

“俺们南仲山村要提前搬迁啦！真得感谢咱镇上和矿上的干部，咱老百姓能提前近20年住上新房子了。党委政府出面协商，搬迁我们自己说了算，真好！”近日，沛县杨屯镇村民魏中正得知一个好消息，自己年底就能从老房子搬迁到新镇区了。

南仲山村坐落在中煤大屯公司姚桥煤矿采煤区，由于采煤沉陷致使杨屯镇“一镇十四村”整体搬迁。南仲山村虽然是压煤村，可姚桥煤矿的采煤计划节点是2038年，按原计划南仲山村要2038年才能搬迁。

自学党史教育开展以来，杨屯镇党委坚持开展“我为群众办实事”实践活动，深入走访调研，倾听百姓需求，将发现的问题进行及时研究解决，提高党员干部为民服务意识，切实将学习成果转化为工作实效，让群众在家门口亲身体验党史学习教育带来的幸福感和获得感。杨屯镇矿办主任张强在走访中得知，南仲山村许多村民想搬迁到环境更好、配套设施齐全的新镇区，便立即将情况汇总上报。

据了解，要想提前签订南仲山村搬迁协议，姚桥煤矿就要提前近20年支付一个多亿的搬迁资金，对于企业来说是一笔不小的资金。搬迁资金哪里来？什么时候搬？具体怎么搬？一箩筐的问题接踵而来。

为推动解决采煤沉陷和失地农民保障等问题，依据采煤塌陷区村庄搬迁和城镇建设经验相结合，杨屯镇探索出地矿协商搬迁新模式，形成地矿协商统筹、部门协商合作、上下协商联动的地矿联合协商三项机制，走出了一条采煤塌陷区农民集中居住的新路子。镇党委牵头将地矿协商搬迁作为议题，请群众和矿方代表参与协商，形成“地矿相连、协商搬迁、党委在前、政协画圆、群众参与、共谋发展”的协商机制，让“群众参与说了算，党政企业领着搬”。

围绕压煤村南仲山村“要不要搬迁、怎么样搬迁、房子怎么分”等问题，杨屯镇党委邀请相关职能部门和议事会议成员到南仲山实地调研；并进行专题协商议事。除镇议事会成员、村民代表相关利益方外,姚桥矿地区科、镇矿迁办、沛县自然资源和规划局杨屯所、镇建设局等部门负责人也积极参与,杨屯社区、欢口村两个已搬迁村庄的支部书记也现身说法、交流经验,大家共同出谋划策。

最终,杨屯镇政府与姚桥矿多次协商,拍板确定了南仲山村搬迁资金来源。依靠积极争取矿搬迁补偿、土地复垦和争取中央预算内采煤沉陷区专项综合治理三项资金,共计近四亿元,基本上解决搬迁所需资金的问题。考虑到地矿共荣、协调发展,姚桥煤矿同意提前签订沛县杨屯镇南仲山村搬迁协议。此外,杨屯镇政府还根据群众意见,确定南仲山村下一步的搬迁分房政策和后期新村实行物业化管理规定,南仲山村村民可以提前近20年住上环境优美、管理规范的新居。“根据实地调查和群众需求,690户村民,仅车位就规划了1200个,户型分为60平方米、90平方米和120平方米三种。”杨屯镇建设局副局长李庆杰说。

“民之所需,就是政之所向,力之所至。随着党史学习教育的不断深入,我们将全力解决群众‘急难愁盼’问题。”杨屯镇党委书记王广浩说,下一步,杨屯镇将深入实施工业向沛北开发区集中,居住向新镇区集中,文化旅游向洪福湿地集中;建强省级经济开发区,做优省级经济发达镇,打造省级旅游度假区。

(本文刊于2021年5月12日《新华日报·交汇点》)

江苏沛县:创新垃圾分类处置"六化"新模式

魏垂敬 李 岳

在生活垃圾分类处置的实践过程中,江苏省沛县五段镇高庄村创新实践了具有简易化、长效化、实用化、生态化、资源化、经济化(低成本)六种特征的"六化"新模式。五段镇高庄行政村下辖西高庄、东高庄、林庄、权场、后场、历场6个自然村,常住人口1000余人,2017年7月在西高庄建设了两座25立方米的厌氧发酵池作为可堆肥垃圾集中处置的硬件设施,9月首先在西高庄进行垃圾分类试点,2018年扩展到其他5个自然村,即高庄所辖6个自然村全部实施了垃圾分类及可堆肥垃圾的就地处置。

一、具体做法与取得成效

(一)简易化——分类方法简便易行。依据农村实际,扬弃了"可回收物、厨余垃圾、有害垃圾、其他垃圾"垃圾四分法,创新应用了通俗易懂、简便易行的"可堆肥垃圾、其他垃圾"二分法。居民每户两桶,绿色桶盛放"可堆肥垃圾",灰色桶盛放"其他垃圾"。桶之所以选用绿色、灰色,容易让人们想象到垃圾的去处:"可堆肥垃圾"变成肥料进入土壤、生产"绿色食品";"其他垃圾"焚烧发电,所产灰渣生产"灰砖"。用词和色彩相符且达意。另外,可回收物,用老百姓的话说,叫可卖钱废品,由居民直接出售,不列入垃圾的序列,这是老百姓公认的常识。数量很少的有害垃圾单独投放,放置在小孩抓不到的隐蔽地方。如上思路就把垃圾四分法简化成了二分法。

(二)长效化——分类收集长效管理。居民源头二分类,将分好类的两个垃圾桶放置在院子门外,保洁员到每家每户上门分类收集。对保洁员多收多奖,保洁员每收集1公斤可堆肥垃圾,奖励0.16元。上门收集不称重、不记录,摒弃烦琐的积分制,采取物质上奖励保洁员、精神上表扬农户("光荣榜""星级户"等形式)的激励机制。垃圾分类的各主体——居民、保洁员、厌氧发酵池管理员、村环卫专干、镇环卫所人员的责任明确,各负其责,有效监督。乡村一户一院一门的院落式居住环境和乡村的熟人社会环境,具备了保洁员当场监督、当场追溯的自然条件,使得分类收集过程中责任到人和监督的成本很低。高庄村创新形成了“分为两类、上门收集、多收多奖、各负其责、互相监督”的分类收集长效管理运行机制。

(三)实用化——处置方法简便实用。高庄村采用厌氧发酵法对可堆肥垃圾不出村就地处置,建造了两座单体容量25立方米的地下湿式厌氧发酵池(双池循环发酵)。厌氧发酵池管理员把保洁员收集来的可堆肥垃圾经机器粉碎后直接进入厌氧发酵池,填满第一座,再填第二座;第二座填满时,第一座已经完成发酵进而可以清料(沼渣、沼液),清料后再填第一座,如此循环往复。出料很省事,由购买方(农业公司或家庭农场)直接用抽罐车运送到农田施用。处置的整个过程容易操作,简便实用。另外,将每家每户的化粪池粪污与可堆肥垃圾在厌氧发酵池混合、协同处置,非常有助于提高厌氧发酵速度,产生大量沼气和沼肥。所以,厌氧发酵法还可有效解决户厕粪污治理的难题。

(四)生态化、资源化——厌氧发酵处置技术生态环保。可堆肥垃圾经厌氧发酵后,产生沼气、沼渣、沼液“三沼”新资源,沼气供附近农户做饭或燃气热水器洗澡使用,沼渣、沼液作为特等有机肥施用于农作物,生产有机农产品,“三沼”全部实现资源化。处置的过程为微生物厌氧发酵的自然过程,无须电力加热,无臭气、无苍蝇、无污水产生,整个过程生态、低碳、环保。五段镇与附近家庭农场合作,包括高庄村在内,全镇6个垃圾分类行政村的沼液、沼渣,供应给家庭农场,形成生态化的产业链条。厌氧发酵技术让产自于田地的可堆肥垃圾最后回归到田地,实现了真正意义上的绿色循环。

(五)经济化——厌氧发酵处置技术节省开支、创造价值。与运往垃圾焚烧发电厂处理相比较,高庄村的厌氧发酵法就地处置,节省运输费用70元/吨,节省镇垃圾中转站的压缩和渗滤液处理费用20元/吨,节省焚烧处理费用210元/吨,合计给国家节省费用300元/吨。节省费用的同时,还创造价值。1000余人的高庄村,可堆肥垃圾与人粪混合发酵产生的“三沼”,年可产生经济价值4.161万元,远远大于奖励保洁员的费用。高庄村两座25立方米的厌氧发酵池建造成本10余万元,使用寿命可达35年,一年的运转、维护和管理费用不到0.5万元,相当经济。

(六)高庄村的“六化”新模式正在沛县形成示范效应。2017年6月,沛县被国家住建部列入“全国首批100个农村垃圾分类资源化利用示范县”。2018年11月30日,江苏全省农村生活垃圾分类工作现场推进会在沛县召开。截至目前,沛县五段镇的高庄、许口、余庄、后五段、前六段、龙塘6个行政村,安国镇的袁庄、苇园行政村,鹿楼镇的八堡、何庄、鹿楼、任董庄4个行政村,河口镇的河申行政村，张寨镇的陈油坊行政村，魏庙镇的小楼行政村，杨屯镇的东姚桥行政村，总计7个镇的16个行政村都正在采用和实行该模式。高庄“六化”新模式的星星之火，在沛县渐成燎原之势。

二、经验启示与相关建议

（一）高庄“六化”新模式具有以小见大、普遍推广的示范意义。高庄村探索实践的二分类方法、收集机制、激励机制、责任监督机制，是行之有效的制度创新。从简便操作、运行成本、环保效果、后续产物利用等多个角度进行综合考量，再与国内农村可堆肥垃圾处置的各种设施化方法技术做对比，高庄村的厌氧发酵法，应该是低成本、生态化、资源化三项绿色指标结合得最好的处置方法，是因地制宜的技术创新。高庄“六化”新模式尝试将行之有效的制度创新与因地制宜的技术创新相结合，尝试将垃圾前端分类与后端生态化处置、资源化利用相结合，形成了一条完整闭合可循环的生态链条，使整个垃圾分类处置系统成为相得益彰的有机体。因此，具有很强的创新性、典型性和示范性，具有以小见大、普遍推广的重要意义。

（二）建议根据常住人口，建设相应容量的厌氧发酵池。根据实践，农村每人每天平均产生可堆肥垃圾0.21公斤，户厕的尿液（0.6公斤）和粪便（0.5公斤）每人每天平均产生1.1公斤，合计1.31公斤，即每人每月产生可堆肥垃圾和粪尿的量总计39.3公斤。一个常住人口1000人的村，月产可堆肥垃圾和户厕粪尿的量总计39.3吨。消纳39.3吨则需要建设50立方米的厌氧发酵池两座（双池循环发酵，每一座的出料周期为两个月）。得出的结论是，一个常住人口1000人的村，需要建设两座50立方米的厌氧发酵池（总计100立方米），才能够正常消纳产生的可堆肥垃圾和户厕粪尿。即常住人口的数量，决定所建设厌氧发酵池的池容量。

（本文刊载于2019年7月19日出版的中央级内参《改革内参》综合第27期，第40—42页。沛县农村垃圾分类处置“六化”模式获中央农办领导批示肯定。）

“有事好商量”商出乡村振兴新图景

王金华　陈楠楠

在中国共产党建党100周年之际,沛县胡寨镇吴双楼村深入开展党史学习教育,将“有事好商量”协商议事工作与推动“我为群众办实事”实践活动有机结合,找准群众的操心事、烦心事、揪心事,以实际行动解决村民生活中的不便利、日子里的“小遗憾”,让“小协商”连接“大民生”,商出了乡村振兴新图景。

“有事好商量”助力产业兴旺。吴双楼村一直以粮食生产为主导,村集体经济基础薄弱。如何让产业兴旺、促进富民增收一直是困扰吴双楼村的一块“心病”。今年年初,搭乘着胡寨镇与湖西农场融合发展的东风,下沉到该村的政协委员陈秀全提出了可以学习湖西农场先进经验将“稻虾共作”和“藕虾共作”作为新的产业发展模式,吴双楼村党支部书记吴德利露出了久违的笑容,拍着手说:“方向有啦,那咱就商量商量吧。”

“我们议事会成员分头上门找村民代表谈心,征求意见建议,并先后到多个地区考察调研。”吴德利说,“围绕产业调整促增收这一协商议题,与会代表集思广益,最终达成共识,决定抽出850亩地进行‘稻虾共作’和‘藕虾共作’。”

“龙虾养殖已经初见成效,目前已有100亩龙虾塘清空,利润10万余元。”吴德利扳着指头算着账,他说,村里投入的总成本已经收回来了。除了龙虾外,200亩藕塘的藕长势良好,今年秋末冬初上市,预计纯收入超过30万元。

为了切实提高土地产出效益,发展村级集体经济,吴双楼村依托高标准农田项目成立土地股份合作社,与江苏大华种业合作,建设小麦优良种繁育基地,主要种植品种为中强筋“小麦33”,比常规小麦亩均增加纯收益100元;又与中粮集团合作种植富硒水稻,比常规水稻亩均增加纯收益485元,这都得益于“有事好商量”协商议事的成果。

“有事好商量”助力环境优美。雨后的吴双楼村,空气清新,鸟语花香。

“咱村的精气神来了,村子变美了,晒到朋友圈里很快有一群山南海北的朋友点赞!”43岁的王先生从外地回乡探亲,他本打算住两天就回去,这下打算多住几天。

"经过'有事好商量',咱村'户户通'推进很顺利,4700 平方米的高标准混凝土路已经完工。"吴德利说。

"有事好商量",众人的事情由众人商量。今年以来,吴双楼村协商议事会广泛听取党员、村民、乡贤代表的意见,共征求梳理协商议题 20 余条,采纳建议 15 条。吴德利又带领议事会成员议了几件村民们热切盼望的事,经过协商讨论,村党支部决定花费 6 万元在村内主干道上新增 181 盏太阳能路灯。4 月下旬,吴双楼村党支部又根据协商议事建议,决定对村里 1000 米沟渠实施高标准雨污分流治理。如今的吴双楼村,村里处处生机勃勃,焕然一新。

"有事好商量"助力乡风文明。随着吴双楼村经济收入的大幅增加,生活水平越来越好,村民婚丧宴请大操大办、铺张浪费、盲目攀比的现象日益突出。这些不良习俗给村民造成严重经济压力的同时,也成为制约乡风文明的羁绊。为大力倡导移风易俗、推进人情减负、弘扬文明新风,吴双楼村将"完善村规民约、树立文明新风"搬上"有事好商量"协商议事平台。

通过协商,吴双楼村立足本村实际,及时修订了新的村规民约 10 条,并通过举办一次群众性移风易俗文化文艺活动、树立一面旗帜、寻找一个典型等活动,引导群众革除陈规陋习,弘扬公序良俗,培育乡风文明。党员领导干部带头遵守村规民约、维护文明新风,带头说服教育、思想疏导等工作,吴双楼村兴起了"婚事新办、丧事简办、喜事小办"之风。

(本文刊于 2021 年 7 月 8 日徐州市政协网站)

大事卷:继往开来

(2017—2021)

2017 年

1 月 5 日,政协沛县十届一次会议预备会议在行政中心小礼堂召开,副主席李令军主持会议,传达县委成立临时党委的通知;听取政协十届一次会议筹备工作情况汇报,通过大会议程、日程(草案);通过大会主席团、秘书长建议名单(草案)。

县政协主席刘广远在行政中心第三会议室主持召开主席团第一次会议,推选大会主席团常务主席;通过大会执行主席名单;通过大会副秘书长名单;通过大会提案审查委员会成员名单。

副主席李令军主持会议,宣读大会主席团常务主席、执行主席、副秘书长及提案审查委员会成员名单;表彰;刘广远同志讲话。副主席贺伟在行政中心小礼堂主持会议。举办委员培训班;观看《警钟》《镜鉴》警示教育片;揭月华同志讲话。

1 月 6 日,中国人民政治协商会议沛县第十届委员会第一次会议在新城区会议中心开幕。副主席王素真在行政中心小礼堂主持举行第一次全体会议(大会开幕);县委书记李淑侠同志讲话;刘广远同志做《政协沛县九届委员会常务委员会工作报告》;闫淑芹同志做《政协沛县九届委员会常务委员会关于九届一次会议以来提案工作情况的报告》。

郝敬彬在行政中心第三会议室主持召开主席团第二次(扩大)会议,协商讨论本次会议《决议(草案)》;研究协商县十届政协主席、副主席、秘书长和常务委员候选人建议名单(草案);协商大会《选举办法(草案)》及选举工作人员建议名单(草案)。

1 月 7 日,副主席李法伟在行政中心小礼堂主持召开第二次全体会议,大会专题发言;县委、县政府领导同志讲话。组织部部长张磊在行政中心第三会议室主持召开临时党委(扩大)会议。

1 月 8 日,郝敬彬在行政中心第三会议室主持召开主席团第三次(扩大)会议,听取各小组召集人情况汇报;通过候选人名单;通过大会《选举办法(草案)》;通过选举工作人员建议名单;通过本次会议《决议(草案)》。

郝敬彬在行政中心小礼堂主持第三次全体会议,大会选举;召开主席团第四次会议(会中);县政协党组书记、副主席揭月华在行政中心小礼堂主持召开闭幕会,听取政协沛县十届一次会议提案收集审查情况的报告;通过大会《决议》;新当选主席郝敬彬致闭幕词。

3月23日，全市县（市、区）政协主席座谈会在我县召开。市政协主席、党组书记王昊出席并讲话。县领导李淑侠、郝敬彬、揭月华、贺伟参加会议。

5月17日，市政协副主席王军带领市政协特邀界部分委员来我县视察经济社会发展情况，县委书记李淑侠，县政协党组书记、副主席揭月华陪同。

6月9日，县政协机关党员干部赴张庄镇朱庄村、阚庄村开展"百千万"走访帮扶活动，了解"三夏"农忙情况，送去化肥、食用油等生产生活物资。县政协主席、县委常委、政法委书记郝敬彬，党组书记、副主席揭月华出席。

6月12日，副市长赵立群来沛调研中心镇创建工作，到敬安镇美丽敬安广场、工业园区标准厂房建设现场等处查看，县政协主席、县委常委、政法委书记郝敬彬陪同。

6月13日，县政协组织部分农业界委员对我县高效设施农业建设情况进行了视察。副主席李法伟带队到朱寨镇农管家（淮海绿谷）、鹿楼镇沙河桥果品家庭农场、三色水果种植家庭农场、安国镇高效设施瓜菜基地、龙固镇水产示范园、杨屯镇水产示范园进行了实地查看。

6月16日，县政协副主席李令军带领部分县政协委员视察全县文化旅游资源开发工作。到汉之源景区、安庄渔村、千岛湿地等处视察。

6月20日，县政协主席会议重点提案督办协商会召开，组织开展视察督办主席会议重点提案"关于加强城区电动三轮车管理的提案"。县政协主席、县委常委、政法委书记郝敬彬，县政协副主席王素真、贺伟出席。

6月21日，县委统战部、县检察院、县工商联在县检察院举行非公经济法制护航驿站揭牌仪式。县政协主席、县委常委、政法委书记郝敬彬出席并讲话。

7月13日，县政协机关举行"旗帜鲜明讲政治"专题学习会，传达学习县委书记李淑侠在全县领导干部"旗帜鲜明讲政治"专题培训会上的讲话精神，研究部署贯彻落实意见及政协机关推进"两学一做"学习教育常态化、制度化2017年工作计划。县政协党组书记、副主席揭月华讲"旗帜鲜明讲政治"专题党课。

7月17日，县政协组织部分政协委员对我县城乡一体化建设情况进行了视察。副主席李法伟出席。

7月26日，市政协十四届三十三次主席会议与会人员来我县观摩。市政协主席李荣启，市政府党组成员毕于瑞，市政协副主席冯正刚、孙晓青、陈新生、陈萍、张爱军、王军、李靖华出席活动。李淑侠、吴卫东、胡成彪、刘广远、张兴涛陪同。

7月28日，县政协召开十届二次常委会议。县政协主席、县委常委、政法委书记郝敬彬，县政协党组书记、副主席揭月华，副主席王素真、贺伟、李令军、李法伟出席。

8月17日，县政协主席郝敬彬到张庄镇开展“大走访”活动，秘书长牛文成陪同。

9月4日，县政协主席郝敬彬主持召开县政协十届八次主席(扩大)会议。县政协党组书记、副主席揭月华，副主席王素真、贺伟、李令军、李法伟，党组成员、秘书长牛文成出席。

9月4日，县政协党组书记、副主席揭月华和副县长刘雪君带领县第七督查组到安国镇对大走访、大排查、大整治情况进行督查。

9月5日，县政协主席郝敬彬带队到张庄镇督查大走访、大排查、大整治工作情况。

9月13日，县政协党组书记、副主席揭月华带领部分政协委员，对加快我县高新技术产业发展的重点提案进行视察。

9月26日，县政协副主席李令军带领部分县政协委员视察全县优质幼儿园创建工作。到格林春天幼儿园、如歌幼儿园等处查看，详细了解有关情况。

9月27日，县政协副主席王素真带领部分政协委员到县法院视察法治沛县建设工作，到县公安局、县法院、县检察院查看，并召开座谈会。

10月11日，县政协机关干部到张寨镇开展“不忘初心跟党走”主题党日活动。县政协党组书记、副主席揭月华，副主席王素真、贺伟、李令军参加活动。

10月22日，政协沛县十届委员会召开第三次常委会议。县政协主席郝敬彬，县政协党组书记、副主席揭月华，县政协副主席王素真、贺伟、李法伟出席。

11月1日下午，县政协召开十届十一次主席(扩大)会议，认真传达学习党的十九大精神，并对县政协学习贯彻十九大精神进行部署。主席郝敬彬主持会议并讲话，党组书记、副主席揭月华做辅导报告，副主席李令军、李法伟，党组成员、秘书长牛文成出席。

11月29日，政协沛县第十届委员会常务委员会第四次会议召开，县政协主席郝敬彬，县政协党组书记、副主席揭月华，副主席王素真、李令军、李法伟出席。副县长刘华东、刘雪君列席。

12月6日，县委宣讲团成员、县政协主席郝敬彬到张庄镇宣讲党的十九大精神，并与镇村党员干部互动交流。

12月28日，县政协副主席李法伟带领部分政协委员、政协机关委室主任，对我县精准扶贫工作进行视察。视察了杨屯镇扶贫果蔬创业园、魏庙镇农业设施扶贫项目、毛寨村综合服务中心、五段镇金满仓家庭农场项目、五段镇阳光平台建设情况。

12 月 29 日，政协沛县十届委员会第五次常委会议召开，县政协主席郝敬彬，县政协党组书记、副主席揭月华，副主席王素真、贺伟、李令军、李法伟出席。

2018 年

1 月 11 日，政协沛县十届二次会议举行预备会议。郝敬彬、揭月华、王素真、贺伟、李令军、李法伟出席。王素真主持会议。传达县委《关于成立沛县第十七届人民代表大会第二次会议和政协沛县第十届委员会第二次会议临时党委的通知》；听取政协十届二次会议筹备工作情况汇报，通过大会议程、日程和秘书处分组名单；通过大会主席团、秘书长名单。

召开主席团第一次会议，推选大会主席团常务主席，协商通过大会执行主席、副秘书长和提案审查委员会成员名单；对 2017 年度优秀提案、提案工作先进单位、优秀界别、先进镇场街道联络小组和“好委员”进行了表彰。

1 月 12 日，中国人民政治协商会议沛县第十届委员会第二次会议在新城区会议中心开幕。

政协沛县第十届委员会第二次会议主席团召开第二次会议。郝敬彬、揭月华、王素真、贺伟、李令军、李法伟、牛文成出席会议。县政协主席郝敬彬主持。

1 月 13 日，政协沛县十届二次会议举行第二次全体会议。李淑侠、吴卫东到会听取委员发言并讲话。郝敬彬、揭月华、王素真、贺伟、李令军、李法伟、牛文成出席会议。李法伟主持会议。刘华东、辛传坤、刘雪君、梅良杰、胡绍斌到会听取委员发言。

1 月 13 日，政协沛县十届委员会召开第六次常委会议。郝敬彬、揭月华、王素真、贺伟、李令军、李法伟、牛文成出席。会议由县政协主席郝敬彬主持。

1 月 14 日下午，政协沛县十届二次会议举行第三次全体会议，圆满完成了各项议程，胜利闭幕。

1 月 24 日，县政协主席郝敬彬带领县兽医站负责人来到驻点村张庄镇朱庄村，看望贫困户的生产生活情况。秘书长牛文成陪同。

1 月 25 日，县政协机关干部深入到所帮扶的敬安镇孙楼村贫困户中开展走访慰问。

1 月 30 日上午，县政协副主席贺伟来到栖山镇，看望慰问贫困群众，为他们送去节日的关怀和祝福。

2 月 1 日上午，县政协副主席王素真前往五段镇后五段居委会看望慰问抗美援朝老人。

2 月 1 日,县政协党组 2017 年度民主生活会召开。政协党组书记、副主席揭月华首先代表县政协党组班子做对照检查,并带头做个人对照检查。党组副书记郝敬彬,党组成员李法伟、牛文成先后对照检查。

2 月 2 日,县政协组织机关全体工作人员到县廉政教育基地参观学习,接受廉政警示教育。

2 月 2 日,县政协党组书记、副主席揭月华前往安国镇走访慰问困难群众,送去慰问金和慰问品,表达新春的问候和祝福。

2 月 2 日,县政协秘书长牛文成到敬安镇孙楼村走访慰问困难群众,送去慰问金和慰问品。

2 月 5 日下午,县政协副主席李令军前往胡寨镇曹岗村、辛庄村,走访慰问困难群众,送去慰问金和慰问品。

2 月 8 日上午,县政协主席郝敬彬深入张庄镇慰问困难群众,为他们送去党和政府的祝福和问候。县政协秘书长牛文成陪同。

2 月 13—14 日,县政协主席郝敬彬,政协党组书记、副主席揭月华,副主席王素真、贺伟、李令军、李法伟分别到包挂乡镇开展安全生产大检查。

2 月 28 日,县政协主席郝敬彬主持召开政协十届十八次主席会议,传达全县高质量发展大会精神,协商 3 月份工作要点,审议 2018 年政协各界别、联络小组争先创优考核办法等文件,协商 2018 年专题调研、视察活动方案。

3 月 6 日,市政协副主席、党组成员张耀环来我县调研城市生态文明建设情况。县政协主席郝敬彬,县政协党组书记、副主席揭月华,副主席贺伟陪同。

3 月 16 日,县政协主席郝敬彬、副主席李法伟带领部分政协委员,对我县 2018 年城建重点工程开工情况进行专题视察,副县长梅良杰出席。

3 月 16 日,县政协副主席李令军到所包挂大屯街道孟庄社区指导文明城市创建工作。

3 月 21 日,县政协召开网站运行管理和信息工作会议。县政协主席郝敬彬出席会议并讲话,秘书长牛文成主持会议。

3 月 27 日,县政协党组书记、副主席揭月华到包挂的沛城街道办事处新风社区督导文明城市创建工作。

3 月 30 日,县政府召开 2018 年政协提案交办会。县委常委、常务副县长吴以贵,县政协副主席贺伟等县领导出席会议并讲话。

3 月 30 日,县政协党组书记、副主席揭月华带领相关界别委员对全县重大产业项目开工情况进行了专题视察。

4 月 2 日上午,县政协主席郝敬彬主持召开政协沛县十届二十次主席(扩大)会议。学习传达全国两会精神，协商通过4月份工作要点，协商研究《亲历沛县改革开放40年》专辑图书编纂方案和政协党组机关学习计划。

4月17—18日，浙江省安吉县政协副主席、县工商联主席梁霜率考察团一行8人，来沛考察文化产业建设情况。县政协主席郝敬彬、副主席李令军陪同。

4月18日，在县行政中心第三会议室召开政协沛县十届十二次常委会议。学习传达全国两会精神；协商通过专门委员会调整及相关人事安排；协商通过《政协沛县委员会关于开展“资政履职高质量年”活动的意见(草案)》；县政协主席郝敬彬出席并讲话。

4月24日，政协沛县十届委员会常务委员会第七次会议召开。县政协主席郝敬彬，县政协党组书记、副主席揭月华，副主席王素真、贺伟、李令军、李法伟出席。传达学习全国两会精神；安排部署“政协委员之家”创建工作和“我为高质量发展献良策办实事”主题活动；协商通过相关人事事宜。

4月25日，为落实全县大气污染防治攻坚行动动员大会精神，县政协党组书记、副主席揭月华到包挂的安国镇调度“散乱污”企业集中整治工作。

4月26日，县政协邀请部分老领导、宣传部、新闻中心、老干部局相关负责人参加《亲历沛县改革开放40年》图书征编工作座谈会议。县政协主席郝敬彬，县政协党组书记、副主席揭月华，副主席王素真、贺伟、李令军、李法伟，政协老领导吴天英、刘广远参加座谈。

4月26日，县政协召开提案办理协商工作座谈会。县政协主席郝敬彬，副主席、党组书记揭月华，县委常委、常务副县长吴以贵，县政协副主席王素真、贺伟、李法伟，秘书长牛文成参加会议。

4月27日，四川德阳市政协副主席吴玉华来沛调研棚户区改造工作，县政协主席郝敬彬、副主席李法伟陪同。

5月9日下午，县政协召开《提案追踪》开播一周年暨重点提案宣传工作座谈会。县政协主席郝敬彬，副主席、党组书记揭月华，副主席王素真、贺伟、李令军，秘书长牛文成出席会议。

5月18日，县政协副主席贺伟带领提案委及部分提案委员，走访农委、建服中心、教育局、农工办等重点提案承办单位，推进提案办理落实。

5月25日，县政协提案委邀请县政府督查室、新闻媒体和提案委员到县市场监管局开展食品安全监管方面提案办理协商活动，开启提案委员、提案承办单位、县政府督查室、新闻媒体“四方联动”的提案办理协商新模式。

5月29日，县政协举办提案、社情民意信息网上管理系统操作培训会。县政协副主席、党组书记揭月华，副主席贺伟、李令军，秘书长牛文成出席。

6月14日,县政协提案委召开全体会议。副主席贺伟出席。

6月15日,市政协副主席张耀环来沛视察公共文化设施建设和“书香沛县”建设工作。县政协主席郝敬彬陪同。

6月21日,县政协副主席、党组书记揭月华,副主席王素真、李令军带领部分县政协企业界委员,就全县金融支持实体经济发展情况进行专题调研。

6月26日,县政协组织部分政协委员开展督办重点提案“关于将建筑业打造成为沛县支柱产业的建议”活动。县政协主席郝敬彬、副县长梅良杰出席。

6月29日,县政协组织全体党员到敬安镇开展“关爱孤贫学子”主题党日活动。县政协主席郝敬彬、副主席贺伟、党组成员牛文成出席。

7月4日,县政协党组书记、副主席揭月华带领工业界部分政协委员及政协各委室主任,对我县重大产业项目上半年建设进展情况进行视察。

县政协机关党支部召开“进一步解放思想,在新时代有新担当、新作为”专题组织生活会。县政协主席郝敬彬,党组书记、副主席揭月华,副主席李法伟参会,党外副主席贺伟、李令军列席。机关党支部书记牛文成代表支部班子做对照检查。支部支委开展批评和自我批评。

7月5日,宜兴市政协主席梅中华带队来沛考察生态文化融合发展。县政协主席郝敬彬、副县长周俊鹏、县政协副主席李令军陪同。

7月6日,山西省蒲县政协主席席建国一行来沛考察绿色农业发展情况。县政协主席郝敬彬、副主席李法伟陪同。

7月13日,县政协开展“深化‘放管服’改革,建设一流营商环境”专题民主监督活动。政协党组书记、副主席揭月华出席。

县政协召开金融支持实体经济发展调研座谈会。县政协党组书记、副主席揭月华出席会议并讲话,副主席王素真、李令军出席。县金融办、人民银行沛县支行和12家金融机构负责人及部分企业家、政协委员参加会议。

7月19日,县政协组织部分委员督办《关于全面推进我县品牌农业建设的提案》。副县长刘华东、副主席贺伟、县政府党组成员谭雪红出席。

7月23日,县政协主席郝敬彬带领部分政协委员、相关部门负责人一行7人赴新疆新源县学习社会管理综合治理先进经验。

7月23—24日,重庆市开州区政协副主席张定安一行来沛考察全域旅游工作。县政协党组书记、副主席揭月华,副主席李令军、李法伟陪同。

7月25日,湖北省当阳市政协副主席刘祖春带队来沛考察教师队伍建设工作。副主席李令军陪同。

7月26日,县政协党组书记、副主席揭月华到包挂的沛城街道新风社区督导文明城市创建工作。

8 月 3—4 日，县政协主席郝敬彬带队赴麟游县学习考察生态修复、文明创建先进经验。

8 月 13 日，河南省滑县政协党组成员段社钢带队来沛考察农村基层党组织建设工作。县政协党组书记、副主席揭月华陪同。

8 月 13 日，在县行政中心会议中心第三会议室召开政协沛县十届十三次常委会议。传达学习全国及江苏省地方政协工作经验交流会精神；听取讨论县政府上半年全县经济社会发展情况通报；协商通过《文商旅融合　投建营一体　产学研同步　全面打造中华民族的精神高地　世界级汉文化旅游终极目的地》调研报告；协商通过《政协沛县委员会常务委员会关于授权主席会议对违纪违法政协委员及时做出处理的决定》；协商通过相关人事事宜；县政协主席郝敬彬讲话。

8 月 16 日，县政协党组书记、副主席揭月华带队，组织部分政协委员对 19 号重点提案《关于加快培育本地传统产业做大做强高新自动化发展的建议》进行督办。

8 月 19 日，县政协主席郝敬彬到张庄镇查看灾情。要求该镇采取有效措施，疏通上流河道，确保村内、田间积水能够及时排出，确保人民群众生命财产安全。

8 月 21 日，县政协主席郝敬彬现场查看城市管理，指导城区排涝。到沛公路、张良路、萧何路、红光路、南环路职教中心积水路段和城市管理监督指挥中心，详细了解积水排除和城市综合管理等情况，提出指导意见。

8 月 22 日，县政协主席郝敬彬带领部分县政协委员对城建重点工程目前滞后项目进行专题视察，副县长梅良杰、县政协副主席李法伟、秘书长牛文成参加活动。

8 月 22 日，县政协党组书记、副主席揭月华召开政协 48 号重点提案《关于加强小区物业管理的建议》督办协商会。

8 月 23 日，政协沛县十届委员会常务委员会第八次会议召开。县政协主席郝敬彬，县政协党组书记、副主席揭月华，副主席王素真、贺伟、李令军、李法伟出席。副县长梅良杰应邀出席会议。听取讨论县政府上半年全县经济社会发展情况通报；通过相关调研报告；县政协主席郝敬彬同志讲话。

8 月 24 日，县政协党组书记、副主席揭月华带队对 34 号重点提案《关于以科技创新助推高质量发展的建议》进行督办，承办单位县科技局负责人和部分科技界政协委员参加活动。

8月27—31日,沛县政协十届常委履职能力提升培训班在陕西省延安市举办。县政协党组书记、副主席揭月华,副主席李令军,部分政协常委和委员等34人参加。

9月4日,市政协专职常委李跃华、提案委员会主任何峰一行来沛指导提案工作。县政协党组书记、副主席揭月华,副主席贺伟陪同。

9月11日下午,县政协主席郝敬彬带队到汉源街道刘寨社区、四座楼村、八里屯村,大屯街道郝寨社区、齐心村等实地查看"三城同创"工作开展情况。

9月13日,县政协主席郝敬彬到张庄镇潘庄村、姚楼村、镇文化中心、县金凤凰装饰城等地现场查看安全生产措施落实、"三城同创"工作进展情况。

9月13日,灌南县政协副主席尹文伟带队来沛考察学习城区水环境综合治理工作。副主席李令军陪同。

9月13日,副主席贺伟带队,组织部分政协委员对21号重点提案《关于整合旅游资源、大力发展沛县旅游业的建议》进行督办,并对我县文化旅游发展情况进行视察。

9月14日,县政协组织政协离退休老干部、老同志"看变化、话发展"活动。县政协主席郝敬彬,党组书记、副主席揭月华,副主席贺伟、李令军、李法伟,党组成员、秘书长牛文成及政协机关各委室负责同志参加活动。

9月17日,县政协党组书记、副主席揭月华到所包挂的新风社区督导"三城同创"工作。

9月18日,县政协组织部分委员督办关于加大公共文化体系建设的提案,协商推进我县公共文化服务体系建设。副县长徐刚、副主席贺伟出席。

9月20日,县政协组织部分政协委员对我县"263"专项行动工作开展民主监督。县政协主席郝敬彬,党组书记、副主席揭月华出席,副县长顾顺清陪同。

9月20日,县政协组织部分委员视察督办关于推进义务教育优质均衡发展的提案。副主席李令军、县政府党组成员谭雪红参加。

9月29日,县政协组织机关工作人员赴淮海战役烈士纪念馆开展"追忆光辉党史,赓续红色血脉"主题党日活动。

9月30日,县政协视察农贸市场专项整治工作,郝敬彬、揭月华、王素真、贺伟、李令军、李法伟出席。

10月12日,县政协主席郝敬彬,党组书记、副主席揭月华带队组织部分政协委员视察文明城市创建工作。县委常委、宣传部部长徐正冲,副县长周俊鹏、艾孜买提陪同,副主席王素真、贺伟、李令军参加活动。

10月15—17日,县政协主席郝敬彬,党组书记、副主席揭月华,副主席王素真、贺伟、李令军、李法伟等先后到包挂乡镇开展“扶贫日”走访慰问活动。

10 月 19 日，为督促滞后项目加快进度，确保全年重点工程目标任务圆满完成，县政协组织部分政协委员进行专题视察，县政协主席郝敬彬、副县长辛传坤出席。

10 月 26 日，县政协组织机关工作人员赴贾汪区马庄村开展“强化政协党的建设”主题党日活动，深入学习领会习近平总书记视察徐州重要指示精神。

10 月 30 日，县政协组织召开 2019 年重点提案策划暨提案征集工作座谈会。县政协主席郝敬彬，党组书记、副主席揭月华，副主席王素真、贺伟、李令军、李法伟，秘书长牛文成出席。

10 月 31 日，政协沛县第十届委员会常务委员会第九次会议召开。县政协主席郝敬彬，县政协党组书记、副主席揭月华，副主席王素真、贺伟、李令军、李法伟出席。县委常委、常务副县长张长缨应邀到会并代表县政府通报了提案办理工作。会议听取和讨论县政府《关于政协沛县十届二次会议以来提案办理情况的通报》和县依法治县领导小组《关于法治沛县建设情况的通报》，协商通过《关于加快推进地矿融合发展，助推乡村振兴的调查与建议》的调研报告。

11 月 6—10 日，副主席贺伟带队赴盐城响水县、南通通州区、安徽宁国市、安徽明光市学习考察提案工作先进经验。

11 月 7—9 日，县政协党组书记、副主席揭月华同志带队赴北流市、东兴县、平南县、长州区考察文史馆建设管理的主要做法和典型经验。

11 月 20 日，县政协在龙固镇召开政协“委员之家”建设现场推进会。县政协主席郝敬彬出席会议并讲话，副主席贺伟、李法伟参加。

11 月 20 日，县政协党组书记、副主席揭月华，县政协党组成员、办公室主任牛文成同志带队赴浙江省桐庐县开展专题专项民主监督调研。

11 月 21—22 日，县政协党组成员、办公室主任牛文成同志带队赴沭阳县、昆山、如皋，开展专题专项民主监督调研。

11 月 23 日，县政协党组书记、副主席揭月华同志带队一行 6 人围绕加强小区物业管理这一课题，开展专题专项民主监督调研。

11 月 25—30 日，副主席贺伟、李法伟带队赴琼海市、台江区、香洲区等地考察学习文明城区建设的主要做法和典型经验。

11 月 28 日，副主席李令军带领教育文体界政协委员到新沂市、台儿庄考察学习文化旅游先进经验。

11 月 28 日，县政协理论研究会组织部分会员观摩了我县“三城同创”工作。会长吴天英、副会长陈立元带队，县政协党组书记、副主席揭月华，秘书长牛文成陪同。

12 月 27 日,政协沛县十届委员会常务委员会第十次会议召开,县政协主席郝敬彬,党组书记、副主席揭月华,副主席王素真、贺伟、李令军、李法伟出席。

2019 年

1 月 2 日,县政协十届二十九次主席会议研究关于表彰 2018 年度优秀界别、先进联络小组和“六讲”委员的决定,决定对工业界等 5 个优秀界别,杨屯镇等 6 个先进联络小组、38 名“六讲”委员予以表彰。

1 月 2 日,政协沛县十届三次会议举行预备会议,郝敬彬、揭月华、王素真、贺伟、李令军、李法伟出席。王素真主持会议。传达县委《关于成立沛县第十七届人民代表大会第三次会议和政协沛县第十届委员会第三次会议临时党委的通知》;听取政协沛县十届三次会议筹备工作情况汇报,通过了大会议程、日程和秘书处分组名单;通过大会主席团、秘书长名单;召开主席团第一次会议,推选大会主席团常务主席,协商通过大会执行主席、副秘书长和提案审查委员会成员名单。

1 月 3 日,中国人民政治协商会议沛县第十届委员会第三次会议开幕。中共沛县县委书记李淑侠到会祝贺并发表讲话,郝敬彬代表政协沛县第十届委员会常务委员会向大会做工作报告,揭月华主持会议。

李淑侠、苏伟、郝敬彬、揭月华、王素真、贺伟、李令军、李法伟、牛文成出席会议。应邀出席开幕式并在主席台就座的有张兴涛、李静、张磊、陈刚、徐正冲、于帆、张长缨、赵士鹏、吕高骥、徐龙彬、徐兴常、刘丽涛、刘华东、辛传坤、周俊鹏、刘雪君、徐刚、梅良杰、艾孜买提、顾顺清、胡绍斌、谭雪红、沈善文、邓建云。

1 月 4 日,政协沛县十届委员会召开第十一次常委会议。郝敬彬、揭月华、王素真、贺伟、李令军、李法伟、牛文成出席。会议由郝敬彬主持。各界别、各镇(场、街道)召集人列席了会议。

政协沛县十届三次会议第二次全体会议,李淑侠、苏伟到会听取委员发言并讲话。郝敬彬、揭月华、王素真、贺伟、李令军、李法伟、牛文成出席会议。李法伟主持会议。张杰、辛传坤、周俊鹏、刘雪君、徐刚、梅良杰、艾孜买提、顾顺清、胡绍斌到会听取委员发言。

1 月 5 日,政协沛县十届三次会议主席团第三次会议召开,郝敬彬、揭月华、王素真、贺伟、李令军、李法伟、牛文成出席会议,会议由郝敬彬主持。政协沛县十届三次会议举行第三次全体会议,会议闭幕。

1 月 24 日,县政协主席郝敬彬到驻点村张庄镇朱庄村看望贫困户的生产生活情况。县政协秘书长牛文成陪同走访。要求张庄镇党委和县兽医站负责人,多给养殖户提供技术上的指导和政策扶持,帮助他们早日走上致富路。

1 月 25 日,县政协主席郝敬彬,党组书记、副主席揭月华,副主席王素真、贺伟、李令军、李法伟等政协领导分别到包挂乡镇开展走访慰问暨安全生产大检查活动。

1 月 29 日,县政协党组召开 2018 年度民主生活会。县政协党组书记、副主席揭月华主持会议。县政协主席、党组副书记郝敬彬,副主席李法伟,办公室主任牛文成逐一进行个人对照检查发言。副主席王素真、贺伟、李令军列席。会前,县政协党组召开会议专题部署,集中学习了习近平总书记相关重要讲话。会议通报了县政协党组 2017 年度民主生活会整改方案落实情况。揭月华代表县政协党组班子做对照检查,并带头做个人对照检查发言,主动接受批评。

3 月 7 日,经研究,政协沛县十届委员会主席、副主席、党组成员工作分工调整如下:郝敬彬(主席、党组副书记)主持县政协全面工作,分管县政协办公室、研究室工作。

揭月华(党组书记、副主席)协助主持全面工作,负责政协机关党的建设工作,分管文化文史委员会、农业和农村委员会工作。王素真(副主席)分管海外联络与法制委员会工作。贺伟(副主席)分管提案委员会工作。李令军(副主席)分管教育卫生体育委员会工作。李法伟(党组成员、副主席)分管学习和委员工作委员会工作。牛文成(党组成员、专职常委)协助分管研究室工作。韩友静(党组成员、办公室主任)负责政协机关行政、后勤及办公室工作。

3 月 7 日,市政协副主席陈萍来沛调研汉文化建设情况,县政协主席郝敬彬,县政协党组书记、副主席揭月华陪同。

3 月 24—30 日,为进一步挖掘汉文化资源,打响汉文化品牌,建设汉文化地标工程,县政协和市政协首次联合开展专题调研,邀请相关专家会同考察。县政协主席郝敬彬和市政协文化文史委负责人带队赴长沙、西安、汉中、杭州等地考察。县政协文化文史委主任季忠义负责组织实施考察。

4 月 2 日,县政协主席郝敬彬主持召开政协沛县十届三十二次主席(扩大)会议。揭月华、王素真、贺伟、李令军、李法伟、牛文成、韩友静参加会议,政协机关全体工作人员列席会议。会议学习传达了全国两会精神,协商通过了 4 月份工作要点,审议通过了县政协十届十二次常委会议有关安排。会议协商通过了政协机关各项规章制度以及《沛县政协党组中心组暨机关人员 2019 年度学习计划》《沛县政协常委会培训计划》《2019 沛县政协资政履职高质量年优秀界别工作评比细则》《2019沛县政协资政履职高质量年先进政协联络小组工作评比细则》《沛县政协委员履职积分制管理实施办法》。

4月4日,县政协组织开展"三城同创"视察活动。县政协主席郝敬彬,党组书记、副主席揭月华,副主席王素真、贺伟、李令军、李法伟参加活动。

4月9日,市政协主席、党组书记王安顺,市政协理论研究会会长、市政协原主席庄华平带领市政协理论研究会调研组来沛调研。先后到县工业展厅、鑫宇光伏、金荣泰纺织新型材料项目、珀然铝轮毂等处查看并听取相关汇报,详细了解了我县创业园区、产业发展和文化项目建设情况。县委书记李淑侠、县政协主席郝敬彬陪同。

4月18日,政协沛县十届委员会常务委员会第十二次会议召开。县政协主席郝敬彬,党组书记、副主席揭月华,副主席王素真、贺伟、李令军、李法伟,党组成员牛文成、韩友静出席。会议协商通过:韩友静同志任县政协办公室主任;周兴华同志任县政协提案委员会主任;季忠义同志任县政协文化文史委员会主任,免去县政协文史资料与学习宣传委员会主任职务;杨国栋同志任县政协教育卫生体育委员会主任,免去县政协教文卫体委主任职务;邵其彬同志任县政协学习和委员工作委员会主任,免去县政协委员工作委员会主任职务;高宪忠同志任县政协文化文史委员会副主任,免去县政协文史资料与学习宣传委员会副主任职务;免去牛文成同志县政协办公室主任职务。

会议协商通过,决定:组建县政协农业和农村委员会。将县政协经济科技与人口资源环境委员会联系农业界和研究"三农"问题等职责调整到县政协农业和农村委员会。县政协文史资料与学习宣传委员会更名为县政协文化文史委员会。将县政协教文卫体委员会承担的联系文化艺术界等相关工作调整到县政协文化文史委员会。县政协教文卫体委员会更名为县政协教育卫生体育委员会。县政协委员工作委员会更名为县政协学习和委员工作委员会。将县政协文史资料和学习宣传委员会承担的组织委员学习培训等相关工作调整到县政协学习和委员工作委员会。不再保留县政协文史资料与学习宣传委员会。

4月22日,县政协副主席李法伟带领相关委室及试点单位负责人专程赴睢宁学习考察基层协商民主建设试点工作。研究制定《关于充分发挥政协专门协商机构作用推进全县基层协商民主建设的实施意见(试行)》(沛委发〔2019〕34号)等一系列文件,并经县委常委会研究后印发。

4月25日,在行政中心二楼会议室召开沛县推进基层协商民主建设领导小组会议,对沛县推进基层协商民主建设工作进行动员部署,正式启动试点工作。市政协副主席、工商联主席王海永,县委书记李淑侠出席会议并讲话,县政协主席郝敬彬主持会议。标志着沛县基层协商民主建设工作正式拉开了帷幕。

5月14日，河北省阜城县政协副主席陈荣海率调研组来县经济开发区考察工业园区建设运行情况。政协党组书记、副主席揭月华陪同调研。

5月21日，县政协召开41号重点提案《关于对住宅小区"六小"行业规范整治的建议》督办协商会议。县领导郝敬彬、揭月华、刘雪君、王素真、贺伟、李令军、李法伟出席。

6月11日，山东省泰安市岱岳区政协党组副书记、副主席方增群来我县考察农村农业发展，县政协党组书记、副主席揭月华陪同。

6月12日，四川省彭州市政协一行12人来我县参观考察经济社会发展情况。县政协主席郝敬彬，县政协党组书记、副主席揭月华陪同。

6月13日，涟水县政协来我县考察文化旅游工作。县政协党组书记、副主席揭月华陪同。

6月13—15日，县政协主席郝敬彬和市政协文化文史委负责人带队赴无锡、曲阜等地开展汉文化专题第二阶段调研，实地考察灵山胜境、惠山古镇、尼山圣境、孔子博物馆。县政协文化文史委主任季忠义负责组织实施考察，撰写调研报告。

6月20日，沛县汉文化建设专题研讨会召开。县政协邀请市政协文化文史委领导和有关专家出席活动。县政协主席郝敬彬、副主席李法伟陪同现场观摩安国镇三诸侯广场、杨屯镇洪福湿地、东部新城选址、汉魂宫、高祖原庙、歌风台、刘氏会馆、博物馆、沛公园等地。召开座谈会，听取领导和专家意见，县政协文化文史委组织实施。县经济发展局、文体广电和旅游局、自然资源和规划局、汉城景区管理处、大运河文化研究会、沛城街道办事处负责人参加。

6月21日上午，县政协开展全县安置房建设进展情况专题视察活动。县政协党组书记、副主席揭月华，政协各委室主任、副主任、部分相关委员，县住建局征收办有关负责同志等参加活动。

7月1日，市政协主席王安顺率调研组来我县调研基层协商民主建设工作，先后到栖山镇胡楼村协商议事室、杨屯镇协商议事室、杨屯居协商议事室实地查看我县基层协商民主平台建设情况，对我县基层协商民主建设工作给予充分肯定。县委书记李淑侠、县政协主席郝敬彬陪同。

8月7日，县政协组织部分政协委员专题视察农村人居环境整治工作，县政协副主席李法伟出席。

8月13日，政协沛县十届委员会常务委员会第十三次会议召开，县政协主席郝敬彬，党组书记、副主席揭月华，副主席贺伟、李令军、李法伟出席，县委常委、常务副县长张长缨应邀参加。

8 月 14 日,全县基层协商民主建设推进会在行政中心礼堂召开。县政协主席郝敬彬,县委常委、宣传部部长赵士鹏,县委常委、统战部部长刘华东,县政协副主席王素真、贺伟、李令军、李法伟出席会议。县推进基层协商民主建设领导小组成员单位主要负责人、各镇(街道、场)党(工)委书记、副书记、宣统委员、村支部书记代表、住镇政协委员代表参加会议。

8 月 24—30 日,在广东省深圳市举办政协委员履职能力提升培训班。县政协党组书记、副主席揭月华,副主席贺伟、李令军、李法伟,党组成员牛文成、韩友静,以及部分政协常委、界别召集人、联络小组负责人、政协委室约 50 人参加培训。

8 月 30 日,在县政协党组书记、副主席揭月华的带领下,沛县政协爱心帮扶小组一行 6 人赶赴陕西省麟游县,为当地的贫困学子送去了助学金。县政协秘书长韩友静陪同。

9 月 4 日,安徽省萧县政协主席杨洪军带领考察团来沛考察,县政协主席郝敬彬、副主席李令军参加活动。

9 月 18 日,县政协召开“不忘初心、牢记使命”主题教育动员会议,县政协主席、党组副书记郝敬彬主持会议,县政协党组书记、副主席揭月华做动员讲话,县委第一巡回指导组组长参与指导。

9 月 18 日,县政协党组书记、副主席揭月华带队,文化文史委组织部分政协委员对 91 号重点提案《关于打造城区美丽街角,保护传承城市文脉》进行督办,并对我县文化旅游发展情况进行视察。

9 月 19 日,县政协举办了全县政协委员“不忘初心跟党走”演讲比赛。县政协主席郝敬彬,党组书记、副主席揭月华,副主席王素真、贺伟、李令军、李法伟出席。

9 月 26 日,县政协在县图书馆隆重举办“祖国颂 · 政协情”书画摄影联展,为中华人民共和国暨中国人民政治协商会议成立 70 周年献礼。县政协主席郝敬彬出席开幕式并讲话。文化文史委组织此次联展,集中展出政协委员、书画名家以及社会各界人士创作的 200 余幅精品力作。

9 月 30 日,县政协召集县经济发展局、行政审批局、营商办、市场监管局、工商联等单位负责人,就“优化营商环境助推民营经济高质量发展”课题进行座谈。

10 月 16 日下午,沛县基层协商民主建设现场推进会召开。县政协主席郝敬彬,党组书记、副主席揭月华,县委常委、组织部部长张磊,县委常委、统战部部长刘华东，副县长梅良杰，副主席王素真、贺伟、李令军、李法伟出席。

10月18日，县政协举办“老领导老同志看变化话发展”主题活动。县政协主席郝敬彬陪同参观了盛世珑庭物业管理模式、满汉全席明厨亮灶工程、中医院附近公厕建设、工业展览馆项目展示、金荣泰纺织新材料项目建设，以及安庄社区美丽乡村建设情况。

10月18日，市政协副主席孟铁林来我县调研农房改善、林果产业、基层协商民主建设工作，县政协主席郝敬彬，党组书记、副主席揭月华，副主席李法伟参加活动。

10月29日，河南省永城市政协党组副书记、副主席刘军带队来我县考察，县政协副主席李法伟陪同。

10月31日，在县行政中心会议中心第三会议室召开政协沛县十届十四次常委会议。学习传达习近平在中央政协工作会议暨庆祝中国人民政治协商会议成立70周年大会上的讲话精神和省委政协工作会议精神；听取讨论县政府关于提案办理情况的通报；听取讨论县依法治县领导小组关于法治沛县建设情况通报；协商通过《关于进一步优化营商环境　促进全县民营经济高质量发展的调研报告》；县政协主席郝敬彬讲话。

11月1日，县政协机关组织开展了“缅怀先烈守初心　坚定信念担使命”主题党日活动。

11月6日，在行政中心主楼15楼常委会议室，召开县委书记领衔督办重点提案工作汇报会，县委书记李淑侠，县政协主席郝敬彬，县政协党组书记、副主席揭月华，副县长刘雪君，相关委室负责人参加。

11月14日，县政协召开基层协商民主建设业务培训会，邀请市推进基层协商民主建设领导小组办公室副主任刘奇夫专题培训业务工作。县政协主席郝敬彬，副主席贺伟、李令军、李法伟出席。

11月19日，县政协2019年提案工作双向评议动员会召开。县政协主席郝敬彬，县委常委、常务副县长张长缨出席会议并讲话。

11月21日，县政协党组书记、副主席揭月华带领部分政协委员视察全县科技创新工作。

12月12日，县委召开政协工作会议，深入学习贯彻党的十九大、十九届四中全会和中央、省委、市委政协工作会议精神，部署我县新时代加强和改进人民政协工作。县委书记李淑侠讲话，县委副书记、县长苏伟主持，县人大常委会主任张兴涛、县政协主席郝敬彬出席。

12月20日上午，县委书记李淑侠专题调研全县基层协商民主建设工作。

县政协主席郝敬彬,党组书记、副主席揭月华,县委常委、宣传部部长赵士鹏,县委常委、统战部部长刘华东,县政协副主席李法伟参加活动。

12 月 27 日,在县行政中心会议中心第三会议室召开政协沛县十届十五次常委会议。听取政协沛县十届四次会议筹备情况汇报,审议通过大会议程(草案)、日程(草案);审议通过关于召开政协沛县十届四次会议的决定(草案);协商通过委员调整增补名单(草案);审议通过各次大会执行主席、主持人、报告人名单(草案);秘书处及各组负责人建议名单(草案);常委值班名单(草案);提案审查委员会成员名单(草案);小组召集人名单(草案);讨论通过《政协沛县十届委员会常务委员会工作报告(草案)》和《政协沛县十届委员会常务委员会提案工作报告(草案)》;协商讨论《健全社区服务功能,补齐三城同创短板》的调研报告;审议县政协各专门委员会工作报告;协商通过《政协沛县第十届委员会常务委员会 2020 年工作要点》;县政协主席郝敬彬讲话。

2020 年

1 月 1 日,县政协文化文史委编纂的《亲历沛县改革开放 40 年》一书由中国文史出版社出版。总字数 558000 字,印数 3000 册。本书详细介绍了沛县从 1978 年到 2018 年改革开放四十年的辉煌历程。沛县有着悠久的历史文化,改革开放给这个古老的历史名县带来了全新的活力。这四十年间的见证者、亲历者满怀深情与感恩地讲述了他们在这里成长奋斗的故事。

1 月 2 日,中国人民政治协商会议江苏省沛县第十届委员会第四次会议在汉源宾馆多功能厅开幕。李淑侠、郝敬彬、揭月华、王素真、贺伟、李令军、李法伟、牛文成、韩友静在主席台前排就座。在主席台就座的还有张兴涛、李静、陈刚、赵士鹏、刘华东、张毅、辛松、张杰、徐正冲、徐龙彬、徐兴常、梅良杰、朱信勇、顾顺清、张华、胡绍斌、邓建云、沈善文。列席会议的有:历届县政协的领导同志、驻沛市政协委员、县政协参加单位的负责同志、不是政协委员的部委办局主要负责同志。会议听取政协沛县十届四次会议筹备情况的汇报;审议通过大会议程(草案)、日程、召开大会的决定和有关名单;讨论通过《政协沛县第十届委员会常务委员会工作报告》和《政协沛县第十届委员会常务委员会提案工作报告》;协商通过政协委员任免事项;协商讨论《健全社会服务功能,补齐三城同创短板》的调研报告;审议通过各专门委员会工作报告;协商通过《政协沛县第十届委员会常务委员会 2020 年工作要点》。

1 月 2 日,中国人民政治协商会议江苏省沛县第十届委员会第四次会议开幕。在第一次全体会议上，与会委员审议通过政协沛县第十届委员会第四次会议议程；听取中共沛县县委书记李淑侠同志讲话；听取政协沛县第十届委员会常务委员会工作报告；听取政协沛县第十届委员会常务委员会关于十届三次会议以来提案工作情况的报告。李淑侠、郝敬彬、揭月华、王素真、贺伟、李令军、李法伟、牛文成、韩友静在主席台前排就座。在主席台就座的还有张兴涛、李静、陈刚、赵士鹏、刘华东、张毅、辛松、张杰、徐正冲、徐龙彬、徐兴常、梅良杰、朱信勇、顾顺清、张华、胡绍斌、邓建云、沈善文。列席会议的有：历届县政协的领导同志、驻沛市政协委员、县政协参加单位的负责同志、不是政协委员的部委办局主要负责同志。李法伟受政协沛县第十届委员会常务委员会的委托，向大会做了《中国人民政治协商会议沛县第十届委员会常务委员会关于三次会议以来提案工作情况的报告》。

1月2日下午，政协沛县十届四次会议第二次全体会议在汉源宾馆多功能厅举行。郝敬彬、揭月华、王素真、贺伟、李令军、李法伟、牛文成、韩友静等政协沛县十届委员会全体委员出席会议；黄浩、张杰、刘雪君、梅良杰、顾顺清、张华、胡绍斌等听取了委员发言。

1月3日，县政协主席郝敬彬主持召开政协沛县十届四十二次主席（扩大）会议。揭月华、王素真、李令军、李法伟、牛文成、韩友静出席。会议讨论通过政协沛县第十届委员会第四次会议决议（草案）；协商提出政协沛县第十届委员会秘书长和常务委员候选人建议名单（草案）；协商选举办法（草案）；协商通过选举工作人员建议名单（草案）。

1月3日，县政协主席郝敬彬主持召开政协沛县十届十六次常委（扩大）会议。揭月华、王素真、李法伟、韩友静出席。会议听取了各委员小组召集人情况汇报；协商通过政协沛县十届委员会秘书长和常务委员候选人名单；协商通过大会《选举办法（草案）》；协商通过选举工作人员建议名单（草案）；协商通过本次会议《决议（草案）》。

1月3日，政协沛县十届四次会议提案审查工作会议召开，县政协副主席李法伟出席。截至2020年1月3日12时，大会共收到提案245件，其中委员个人和委员联名提案235件，集体提案10件。

出席政协沛县第十届委员会第四次会议的政协委员分组学习县委书记李淑侠在政协沛县十届四次会议上的讲话，热议政协沛县第十届委员会常务委员会工作报告和提案工作报告。郝敬彬、揭月华、王素真、李令军、李法伟分别参加了各小组讨论。

1月4日上午，政协沛县十届四次会议举行第三次全体会议，在圆满完成各项议程后闭幕。大会分两个阶段进行,郝敬彬、揭月华、王素真、李令军、李法伟、牛文成、韩友静出席第一阶段会议,李令军主持。

在第一阶段会议上,审议通过《大会选举办法》和《选举工作人员建议名单》。会议以无记名投票方式,选举韩友静为政协沛县十届委员会秘书长,马凯、李厚党、胡建峰、郝超、崔雷、潘序忠为政协沛县十届委员会常务委员。

在第二阶段会议上,李淑侠、苏伟、郝敬彬、揭月华、王素真、贺伟、李令军、李法伟、牛文成、韩友静在主席台前排就座。在主席台就座的还有李静、陈刚、张长缨、刘华东、辛传坤、张毅、辛松、张杰、徐正冲、徐龙彬、徐兴常、刘雪君、顾顺清、张华、胡绍斌、邓建云、沈善文。会议听取了政协沛县十届四次会议提案收集审查情况的报告。截至 2020 年 1 月 3 日 12 时,大会提案审查委员会共收到提案 245 件,经审查立案 142 件。会议通过政协沛县十届四次会议决议。

1 月 29 日,县政协向全县政协委员发起了《众志成城　共抗疫情》倡议书,倡导广大政协委员大力弘扬“一方有难、八方支援”的优良传统,带头并引导社会各界人士用真情义举援助防疫一线,为抗击疫情贡献政协力量。

1 月 31 日,县政协主席郝敬彬到张庄镇吴攒楼村和兴国村疫情防控卡口指导查看疫情防控情况。在卡口认真查阅了人员进出、体温测量记录、进出人员防疫消杀等情况,对坚持一线值守的老党员表示衷心的感谢,并一再嘱咐他们要做好自身的防护工作,并要求张庄镇政府要保障好卡口值守人员工作及生活需求。

2 月 18 日,县政协党组召开会议,认真学习 2 月 14 日全国政协党组会议关于疫情防控最新要求,并研究部署下步工作任务。

2 月 25 日,县政协积极响应省市政协号召,发出了《关于向江苏援鄂一线医护队员捐款的倡议书》,再次倡议广大政协委员在已有捐款捐物的基础上,继续为我省援鄂一线医护队员奉献爱心。当天,县政协机关就筹集善款 37000 元。此前,全县广大政协委员已通过各种途径累计捐款 480 余万元,捐赠各类物资价值 10 余万元。

2 月 26 日上午,县政协主席郝敬彬现场查看了盛世珑庭小区疫情防控情况和张庄镇企业复工复产情况。要求张庄镇政府一定要为企业的复工复产提供全方位的支持和帮助。

3 月 2 日,县政协主席郝敬彬主持召开十届四十四次主席会议。党组书记、副主席揭月华,副主席李令军、李法伟,秘书长韩友静出席。传达习近平总书记在中央政治局会议和统筹推进新冠肺炎疫情防控和经济社会发展工作部署会议上的重要讲话精神,学习县委常委会 2020 年工作要点精神,协商通过 3 月份工作要点。

3月20日,县委书记李淑侠主持召开县委常委(扩大)会议,研究通过了《政协沛县委员会2020年协商计划》,由县委办、政府办、政协办联合行文印发执行。

4月1日,县政协召开十届四十六次主席(扩大)会议,县政协主席郝敬彬主持会议并讲话。传达3月27日习近平总书记在中共中央政治局常务委员会上的讲话精神;学习《政协江苏省委员会关于建好用好"有事好商量"协商议事室,促进政协协商同社会治理相结合的指导意见》;协商通过《2020年全县基层协商民主建设工作要点》《2020年度优秀界别工作评比细则》《2020年度先进政协联络小组工作评比细则》《沛县政协委员履职积分制管理实施办法》和4月份工作要点。县政协党组书记、副主席揭月华,副主席李令军、李法伟,秘书长韩友静出席。

4月9日下午,全县基层协商民主建设推进会召开。县政协主席郝敬彬、副主席李法伟、秘书长韩友静出席。传达全市建好用好"有事好商量"协商议事室工作会议精神。总结2019年全县基层协商民主建设工作,深入分析问题和不足,对2020年全县基层协商民主建设工作做了具体部署。印发《2020年全县推进基层协商民主建设工作要点》。

4月23日,县政协机关开展"不忘初心强党性　砥砺奋进促提升"主题党日活动。学习《党委(党组)落实全面从严治党主体责任规定》。县政协主席郝敬彬,党组书记、副主席揭月华,副主席李令军、李法伟分别向参与捐款支持新冠肺炎疫情防控工作的党员干部发放捐款收据。政协机关党员领导干部、入党积极分子和部分党外人士共25人参加党建知识竞赛。

5月12日,市政协调研组来沛围绕"加快农村三产融合,助理乡村振兴"课题开展专题调研。县政协党组书记、副主席揭月华陪同。

5月15日,县政协主席郝敬彬带领政协机关全体人员赴徐州市政协学习考察文史馆建设工作。市政协副主席李靖华、张耀环出席。

5月15日,市政协家校共育座谈会在沛召开,市政协副主席孟铁林,县政协主席郝敬彬,县政协党组书记、副主席揭月华,副县长梅良杰,县政协副主席李令军,以及市县教育部门的负责人、部分县直中小学校长参加。

5月20日,县政协主席郝敬彬、秘书长韩友静到张庄镇开展安全生产检查工作。

5月28日,市推进基层协商民主建设领导小组办公室副主任刘奇夫带队来沛指导基层协商民主建设工作,县政协主席郝敬彬、副主席李法伟、秘书长韩友静等陪同。

5 月 29 日,县政协召开化工行业安全生产专项整治落实情况专题民主监督工作部署会,政协党组书记、副主席揭月华,政协党组成员、秘书长韩友静,政协化工行业安全生产专项整治落实情况专题民主监督组成员出席。

6 月 4 日下午,政协沛县第十届委员会常务委员会第十七次会议召开。县政协主席郝敬彬出席会议并讲话,党组书记、副主席揭月华,副主席李令军,专职常委牛文成,秘书长韩友静出席会议。会议学习传达了全国两会精神,协商通过《锁定产业化 创设新平台 高点打造具有地域特色和时代印记的文化园区的建议案》。为沛县政协专家咨询委员会成员代表颁发了聘书。

6 月 9 日上午,县政协郝敬彬主席、李法伟副主席带领部分政协委员,对我县 2020 年城建重点工程进展情况进行专题视察。

6 月 10 日上午,市政协监督调研组联合沛县政协监督调研组开展了化工行业安全生产专项整治落实情况专题民主监督调研活动。县政协党组书记、副主席揭月华陪同。

6 月 16 日,河南省洛阳市老城区政协副主席王逢伟率队来沛考察基层协商民主建设工作。政协副主席李法伟陪同。

6 月 16 日下午,县政协副主席李令军率队到腾飞家园垃圾分类小区、陈油坊垃圾分类厌氧发酵池设施、沛城街道任庄村阳光堆肥房等示范点,开展垃圾分类社情民意督办活动。

6 月 18 日,市政协党组副书记、副主席吴新福一行来沛调研基层协商民主建设工作,县政协主席郝敬彬,党组书记、副主席揭月华,副主席李法伟等陪同。先后到龙固镇协商议事室、杨屯村协商议事室等处调研,详细了解我县"有事好商量"协商议事工作开展情况。

7 月 14 日,县政协党组书记、副主席揭月华带领相关界别的政协委员视察了全县供水一体化完成情况。查看了河口水厂、五段镇张庄村加压泵站,魏庙镇魏庙村加压泵站。

7 月 23 日下午,市政协副主席、党组成员王军来沛调研基层协商民主建设工作,县政协主席郝敬彬,党组书记、副主席揭月华,副主席李法伟陪同。

7 月 24 日下午,我县基层协商民主建设现场推进会在安国镇召开。县委书记、县推进基层协商民主建设领导小组第一组长吴昊,县政协主席郝敬彬,县政协副主席揭月华、李令军、李法伟出席。

8 月 20 日,全市"有事好商量"协商议事工作观摩推进会在沛召开。市政协主席王安顺,副主席、党组副书记吴新福,副主席王军、李靖华、张耀环、孟铁林,市政协党组成员孙光永,县领导吴昊、郝敬彬、揭月华、刘华东、张毅、李令军、李法伟参加活动。

8月25日,县政协副主席李法伟带领部分县政协委员对129号重点提案《关于加快城中村改造和安置房建设的建议》进行督办。

8月26日,县政协党组书记、副主席揭月华带领相关界别政协委员,就我县公共文化服务体系建设工作进行视察。文化文史委组织政协委员一行到五段镇奥体广场、张庄镇文化中心、张寨镇陈油坊村、安国镇文体中心、龙固镇大沙河公园、果园村、文体中心实地查看。在龙固镇文体中心召开专题座谈会,重点对工作短板和下步重点工作提出建议。

8月28日,政协沛县十届委员会常务委员会第十八次会议召开。县政协主席郝敬彬,县政协党组书记、副主席揭月华,县委常委、常务副县长张长缨,县政协副主席李令军、李法伟出席。会议由李法伟主持。传达县委十四届九次全会精神;听取讨论县政府上半年全县经济社会发展情况通报;布置有事好商量·民生专题协商议事月活动和委员助创工作。

9月8日,广西壮族自治区南宁市政协党组书记、主席杜伟一行来沛考察调研基层协商民主工作。市政协副主席张耀环,县政协主席郝敬彬、副主席李法伟陪同。

9月23日,县政协举办老领导、老同志"看变化话发展"主题视察活动。县政协主席郝敬彬,党组书记、副主席揭月华,副主席李令军、李法伟陪同。

10月13日,河南省商丘市睢阳区政协主席班奎星带领考察组一行48人来沛就基层协商民主建设工作进行考察。县政协党组书记、副主席揭月华,副主席李法伟陪同。

10月14日下午,南京大学马克思主义学院课题调研组金文一行来沛调研基层协商民主建设工作,市政协研究室主任李先文,县政协副主席李法伟、秘书长韩友静等陪同。

10月17日,黑龙江省牡丹江市政协主席闫岩带领考察组来沛考察调研基层协商民主建设工作。市政协副主席王军、县政协主席郝敬彬、副主席李法伟一同调研。

10月21日,县委书记吴昊领衔督办《关于消除义务阶段"大班额"的建议》重点提案,并召开工作汇报会。县政协主席郝敬彬主持汇报会,县政协党组书记、副主席揭月华,副县长梅良杰,县政协副主席李令军参加活动。

10月31日,政协沛县十届十九次常委会议召开。县政协主席郝敬彬,党组书记、副主席揭月华,副主席李法伟出席,县委常委、常务副县长张长缨应邀参加。会议传达中国共产党第十九届中央委员会第五次全体会议精神,及省政协主席黄莉新在安国参加民生专题协商议事活动时的讲话;听取讨论县政府关于提案办理情况的通报;听取讨论县依法治县领导小组关于法治沛县建设情况通报;协商通过《完善疾病预防控制体系建设,提升公共卫生安全保障能力》调研报告。会议通过政协沛县十届委员会第五十二次主席会议做出的关于撤销焦强、唐号伟政协沛县第十届委员会委员资格的决定。

11 月 12 日,湖南省永州市政协研究室主任刘翼平带领考察组一行 4 人来沛就基层协商民主建设工作进行考察。县政协副主席李法伟陪同。

11 月 17 日,全市推进基层协商民主建设调度会在沛县经济开发区管委会"有事好商量"协商议事室召开。市政协副主席、党组成员王军,县政协主席郝敬彬,副主席李法伟,各县(市)区政协分管副主席及具体负责推进基层协商民主建设工作的委室主要负责人参加会议。

11 月 26 日,四川省绵竹市政协副主席曹世民一行来沛考察基层协商民主建设工作。市推进基层协商民主建设领导小组办公室副主任刘奇夫、县政协主席郝敬彬、副主席李法伟陪同考察。

11 月 27 日,县政协主席郝敬彬、副主席李法伟带领部分政协委员及县"三城同创"办公室、县文明办的负责同志,对我县文明村镇创建工作进行专题视察。

12 月 5 日,沛县召开冯怀玉先生护送刘少奇过沛赴延安 78 周年座谈会。县政协党组成员、副主席李法伟出席会议并讲话。县政协文化文史委会同县党史工委、县志办经多方考证,首次发现并认定冯怀玉先生在 1942 年 8 月参与了护送刘少奇途经沛县赴延安这一重要历史事件。座谈会由县政协文化文史委主任季忠义主持。旨在纪念革命壮举,赓续红色血脉。并向冯老的家人颁发了荣誉证书与牌匾。县政协专委会相关委室主任和县党史工委、县志办、水利局、应急管理局、自然资源和规划局等相关部门负责人,县部分文史专家、学者,冯怀玉老人的家乡朱寨镇的领导、亲属、村民代表等参加了活动。

12 月 18 日,县政协主席郝敬彬率考察组赴邳州市考察创建全国文明城市工作。先后到馨宁雅居小区、滨河小区、向阳社区、丰华街等处,详细考察居民社区建设、背街小巷整改、志愿者服务等工作开展情况。

12 月 20 日,县政协文化文史委主任季忠义创作的文学作品集《风起云扬》一书由团结出版社出版。本书散文、评论、辞赋诸体兼备。家国情、赤子心、英雄气相互交融,凝结成振聋发聩、催人奋进的盛世交响。现实主义的基调、理想主义的光芒和浪漫主义的情怀,汇聚成摧枯拉朽的思潮狂飙。礼赞土地和人民,讴歌崇高与博大,敬畏生命和真情。让平凡的文字开出芬芳的花朵,让朴素的思想结成丰硕的果实。

2021 年

1 月 6 日,行政中心主楼 611 会议室,召开政协沛县十届五十五次主席(扩大)会议。调度十届五次全会筹备工作进展情况;协商研究十届二十次常委会筹备方案;协商通过十届五次会议议程(草案)和日程(草案);协商通过关于召开县政协十届五次会议的决定(草案);协商通过各次大会执行主席、主持人、报告人建议名单,秘书处及各组负责人建议名单,提案审查委员会成员名单(草案),小组召集人建议名单;协商通过各专委会工作报告;协商《常委会工作报告》;协商《提案工作报告》;协商《聚焦产业发展　助力乡村振兴》调研报告;协商大会发言情况;协商增补常委、委员事宜;协商通过大会表彰事宜;协商通过沛县政协 2021 年 1 月份工作要点;协商"书香政协 · 阅享歌风"政协委员读书活动方案;协商《中共政协沛县委员会党组 2021 年工作要点》;协商《政协沛县委员会 2021 年度协商计划》;协商通过《沛县政协委员活动经费管理办法》;近期工作安排。

1 月 9 日,在县行政中心会议中心小礼堂召开政协沛县十届二十次常委会议,会议听取政协沛县十届五次会议筹备情况,审议通过大会议程(草案)、日程。

1 月 12 日上午,中国人民政治协商会议江苏省沛县第十届委员会第五次会议开幕。吴昊、郝敬彬、揭月华、李法伟、李令军、朱志军、牛文成、韩友静在主席台前排就座。在主席台就座的还有张兴涛、黄浩、朱爱国、陈刚、张波、赵士鹏、刘华东、张毅、辛松、彭浩、徐正冲、贺伟、徐兴常、梅良杰、刘雪君、朱成、朱信勇、冯文勇、王建、张华、卢清波、邓建云、王琦。列席会议的有:历届县政协的领导同志、驻沛市政协委员。本次会议应到委员 346 名,实到委员 285 名。实到委员超过应到委员的半数,符合法定人数。会议由副主席李令军主持。在审议通过了政协沛县第十届委员会第五次会议议程后,县委书记吴昊讲话。

1 月 12 日下午,政协沛县十届五次会议举行第二次全体会议。吴昊到会听取委员发言并讲话,郝敬彬主持会议,揭月华、李法伟、李令军、朱志军、牛文成、韩友静出席会议,张长缨、刘雪君、朱成、冯文勇、王建、张华、卢清波到会听取委员发言。在听取了季忠义等 9 位委员的发言后,县委书记吴昊说:委员们选题精准、分析透彻、建议中肯,涵盖全县经济社会发展的方方面面。听了深受启发：一是委员们平时“功课”做得很足；二是委员们出题“考点”找得很准；三是委员们年度“考卷”答得很好，提出的措施建议精准可行。对于委员们的建议，相关单位和部门要认真研究、积极采纳。

1 月 14 日上午，政协沛县十届五次会议举行第三次全体会议，在圆满完成各项议程后闭幕。大会应到委员 346 人，实到委员 272 人，符合法定人数。大会分两个阶段进行。

郝敬彬、揭月华、李法伟、李令军、朱志军、牛文成、韩友静出席第一阶段会议。李法伟主持。会议审议通过《选举办法》和《选举工作人员建议名单》。会议以举手表决的方式，选举朱志军为政协沛县十届委员会副主席，王育芳、冯素莲、孙君伟、张京奎为政协沛县十届委员会常务委员。

吴昊、郝敬彬、揭月华、李法伟、李令军、朱志军、牛文成、韩友静出席第二阶段会议并在主席台前排就座。李法伟主持。在主席台就座的还有张兴涛、黄浩、朱爱国、陈刚、张波、刘华东、张毅、辛松、徐正冲、贺伟、梅良杰、朱成、朱信勇、王建、张华、卢清波、邓建云、王琦。会议听取了政协沛县十届五次会议提案收集审查情况的报告；截至 2021 年 1 月 13 日 12 时，大会提案审查委员会共收到提案 216 件，初审立案 185 件。会议审议通过了政协沛县十届五次会议决议。

2 月 1 日，在行政中心主楼 611 会议室召开政协沛县十届五十七次主席（扩大）会议。学习传达省市政协全会精神；汇报 1 月份工作完成情况及 2 月份工作计划；协商通过 2 月份工作要点；近期工作安排。

2 月 3 日下午，市政协党组副书记、副主席吴新福一行来沛走访慰问困难群众。县政协党组书记、主席郝敬彬，县委副书记朱爱国，县政府党组成员卢清波等人陪同参加活动。

3 月 1 日，在行政中心主楼 611 会议室召开政协沛县十届五十八次主席（扩大）会议。学习习近平总书记在党史学习教育动员大会上的重要讲话精神；汇报 2 月份工作完成情况及 3 月份工作计划；协商通过 3 月份工作要点；协商通过《沛县“书香政协”建设实施细则》；协商通过《关于强化政协委员责任担当的意见》《关于加强和促进凝聚共识工作的实施意见》《中共政协沛县委员会党组 2021 年工作要点》《政协沛县委员会 2021 年协商计划》；协商《2021 年全县“有事好商量”协商议事工作要点》；协商《洞鉴》编撰方案；近期工作安排。

3 月 19 日，邳州市政协党组副书记、副主席柳如钰带领基层协商民主建设工作考察团一行 37 人来沛考察。先后到安国镇汉居雅苑协商议事室，龙固镇协商议事室、亭等处考察。副主席李令军陪同。

3 月 22 日，在县行政中心小礼堂召开沛县政协提案与社情民意信息、基层协商民主建设专题培训会。

3 月 23 日，县政协党组书记、主席郝敬彬，党组副书记、副主席李法伟，副主席李令军，秘书长韩友静及相关委室负责同志到领创国际广场沛县装修装饰行业商会调研商会协商民主建设工作。

3 月 24 日，沛县“书香政协 · 阅享歌风”政协委员读书活动启动仪式在县鸿鹄园“歌风书房”举行。市政协党组成员孙光永，县政协党组书记、主席郝敬彬出席活动并讲话。

3 月 25 日，市政协研究室主任李先文一行来沛专题调研“有事好商量”协商议事工作开展情况。走访了现代服务业界协商议事室、开发区协商议事室、安国镇协商议事室、歌风书房“五位一体”协商议事点，并召开座谈会。副主席李令军陪同。

3 月 30 日，县政协召开五十九次主席（扩大）会议。学习传达全国“两会”精神；汇报 3 月份工作完成情况及 4 月份工作计划；协商通过 4 月份工作要点；协商通过《政协沛县十届二十二次常委会筹备方案》；协商通过《关于在全县政协委员中开展“四助”主题活动实施意见》；协商通过《沛县政协党组关于开展党史学习教育实施方案》；近期工作安排。

3 月 30 日，县政协举行基层矛盾纠纷“无讼”协商工作座谈会。副主席李令军、县法院、县司法局分管领导及部分政协委员参加会议。走访了大屯法庭、沛县法院诉讼服务中心、调裁中心、非诉中心等场所。

4 月 9 日，在行政中心第三会议室召开政协沛县十届二十二次常委会议。学习传达全国两会精神；协商通过《中国人民政治协商会议江苏省沛县委员会关于强化政协委员责任担当的意见》；协商通过相关人事安排；部署委员“四助”活动；县政协党组书记、政协主席郝敬彬讲话。

4 月 9 日，县政协调研视察优化营商环境，打造集聚集约开放园区活动，副主席李令军、政协相关委室主任和部分政协委员参加。视察了华昌铝厂、徐工精密铸造公司、裕成电子公司、珀然股份公司、县经济开发区。

4 月 12 日，黑龙江省东宁市政协一行 7 人来沛考察学习“有事好商量”协商议事工作。副主席李令军、相关委室负责人陪同。

4 月 15—21 日，县政协党组书记、主席郝敬彬带领机关全体党员干部、召集人、联络员、部分常委一行 52 人赴江西瑞金、福建古田革命遗址现场开展党史学习教育活动。

4 月 23 日，南京市江宁区政协一行 15 人来沛考察“有事好商量”协商议事工作。县政协主席、党组书记郝敬彬,副主席李令军及相关委室负责人陪同,考察了博物馆、大屯街道安庄社区协商议事室、安国镇协商议事室。

4 月 23 日,广西北海市政协一行 8 人来沛考察我县农村土地流转、现代化农业、城镇化建设、乡村振兴等相关工作。县政协党组书记、主席郝敬彬,党组副书记、副主席李法伟及相关委室负责人陪同。

4 月 23 日,内蒙古包头市青山区一行 8 人来沛考察“有事好商量”协商议事工作。考察工业展览馆、开发区园区协商议事室、博物馆、大屯街道安庄社区协商议事室。党组书记、主席郝敬彬,副主席李令军及相关委室人员陪同。

4 月 28 日,广西鹿寨县政协一行 10 人来沛考察县城住宅小区管理工作。到九龙城红郡、鼓楼小区四期、盛世珑庭小区、名城锦园小区、博物馆考察。政协党组副书记、副主席李法伟及相关委室负责人陪同。

4 月 28 日,安徽省滁州市政协一行 6 人来沛考察农业现代化。政协党组副书记、副主席李法伟及相关委室负责人陪同。考察了鹿楼镇为民服务中心、鹿楼镇千秋集社区、鹿楼镇三新示范基地、安国镇刘寨西瓜基地、大屯街道安庄社区。

5 月 6 日,在行政中心主楼 611 会议室召开政协沛县十届六十次主席(扩大)会议。学习《论中国共产党历史之学习党史、国史是坚持和发展中国特色社会主义的必须课》;汇报 4 月份工作完成情况及 5 月份工作计划;协商通过 5 月份工作要点;协商通过《政协沛县委员会反映社情民意信息工作表扬激励办法》;协商通过《关于开展“完善村规民约　树立文明新风”专题协商议事活动的实施方案》;观看红色影片《决胜时刻》;进行党史学习教育知识竞赛。

5 月 13 日,县政协协助市政协做好现代种业建设情况专题视察活动。

5 月 16—22 日,县政协副主席李令军、朱志军带队一行 10 人赴南昌、于都、漳州、永泰、瑞安就“优化营商环境,打造集聚集约开放园区”开展实地专题调研。

5 月 24—29 日,县政协党组副书记、副主席李法伟同志带队一行 8 人赴深圳、广州等地考察调研高新技术企业培育招引、双创平台、新型研发机构、高新区创建等工作经验。

6 月 2 日,在行政中心主楼 611 会议室召开政协沛县十届六十一次主席(扩大)会议。学习《习近平新时代中国特色社会主义思想学习问答》之“如何理解人民民主是一种‘全过程民主’”和“如何理解协商民主是我们独特的、独有的、独到的民主形式”;汇报 5 月份工作完成情况及 6 月份工作计划;协商通过 6 月份工作要点;协商通过“有事好商量”协商议事工作观摩会筹备方案;听取“有事好商量”协商议事工作专题汇报；听取“书香政协”建设进展情况专题汇报；近期工作安排；观看庆祝中国共产党成立100周年系列短剧之《理想照耀中国》第一集。

6月4日，县政协在行政中心小礼堂举办“政协啄木鸟·助创在行动”启动仪式。县政协党组书记、主席郝敬彬，县委宣传部部长赵士鹏，县政协党组副书记、副主席李法伟，副主席李令军、朱志军，政协机关全体人员，政协委员等170人参加。

6月15日，县政协开展主题党日活动，到县党史教育基地青墩寺参观学习。部分委室主任领学了《论中国共产党历史》相关篇目。党组书记、主席郝敬彬主讲党课《湖西红色交通线》。

6月16日，县政协副主席朱志军视察全县新冠疫苗接种工作，并在沛城镇卫生院会议室召开座谈会。县政协相关委室、县政协委员参加。

6月21—26日，县政协副主席李令军、朱志军带队赴建湖县、海安市、海门区、常熟市、滨湖区、溧水区开展优化营商环境，打造集聚集约开放园区专题调研活动。

6月24日，县政协在县检察院会议室举办庆祝中国共产党建党100周年“品读红色经典　汲取奋进力量”书香政协朗诵赛。县政协党组书记、主席郝敬彬，县委宣传部部长赵士鹏，副县长刘雪君，县政协党组副书记、副主席李法伟，县政协秘书长韩友静出席。

7月1日，在行政中心主楼611会议室召开政协沛县十届六十二次主席（扩大）会议。学习《论中国共产党历史》之“中华民族伟大复兴历史进程的大跨越”；汇报6月份工作完成情况及7月份工作计划；协商通过政协沛县十届二十三次常委会筹备方案；协商通过7月份工作要点；近期工作安排；观看庆祝中国共产党成立100周年系列短剧之《理想照耀中国》第二集。

7月20日，县政协党组开展“深化警示教育，筑牢思想防线”主题党日活动。政协党组书记、主席郝敬彬带领政协机关全体人员到沛县廉政教育基地接受警示教育。

7月23日，县政协召开全县“有事好商量”协商议事暨书香政协建设观摩推进会。现场观摩沛城街道鼓楼四期协商议事点、汉兴街道协商议事室、安国镇协商议事室、杨屯镇协商议事室、湖西农场韩楼协商议事室，并召开座谈会。

7月26日，政协党组副书记、副主席李法伟视察徐沛快速通道和大沙河现代农业产业带建设情况。相关委室负责人部分政协委员参加。

7月26日，县政协副主席李令军视察重大工业项目建设进展情况。相关委室负责人和部分政协委员参加。

8月2日,行政中心主楼611会议室召开政协沛县十届六十三次主席(扩大)会议。学习传达县第十五次党代会精神;协商通过关于撤销杨忠玉政协沛县第十届委员会委员资格的决定(草案);汇报7月份工作完成情况及8月份工作计划;协商通过8月份工作要点;近期工作安排;观看庆祝中国共产党成立100周年系列短剧之《理想照耀中国》第三集。

8月25日,在县行政中心会议中心第三会议室召开政协沛县十届二十三次常委会议。学习传达习近平总书记"七一"重要讲话精神及县第十五次党代会精神;讨论县政府上半年全县经济社会发展情况通报;协商通过"优化营商环境打造集聚集约开放园区"调研报告;政协主席郝敬彬讲话。

8月27日,在行政中心主楼611会议室召开县政协151号重点提案办理协商座谈会,县政协副主席朱志军、县政协相关委室、部分政协委员、各相关单位参加。

9月8日,南通市崇川区政协副主席镇海洋带队来沛考察立德树人的经验做法、义务教育"双减"政策举措及"三名"工程方面的经验。到沛县实验小学(东校区)、沛县初级中学、沛县博物馆、鸿鹄园歌风书房实地考察。党组副书记、副主席李法伟,副主席朱志军陪同。

9月24日,县政协开展"2021年政协老领导、老同志'看变化、话发展'主题活动"。党组书记、主席郝敬彬,党组副书记、副主席李法伟,副主席李令军、朱志军,县政协秘书长韩友静陪同。

10月9日,在行政中心主楼611会议室召开政协沛县十届六十五次主席(扩大)会议。学习贯彻市委书记庄兆林在市党代会上的重要讲话精神;协商通过关于撤销田中奎、孟庆凯政协沛县第十届委员会委员资格的决定;汇报9月份工作完成情况及10月份工作计划;协商通过10月份工作要点;近期工作安排。党组书记、主席郝敬彬,副书记、副主席李法伟,副主席李令军、朱志军,秘书长韩友静,政协机关全体人员参加会议。

10月13—14日,全省政协系统党的建设工作经验交流会在南京召开。县政协党组书记、主席郝敬彬参会并做交流发言。

10月19日,市政协理论研究会第五届理事会第九次会议在我县召开。市政协副主席、党组副书记吴新福,市政协理论研究会会长、市政协原副主席、党组副书记冯正刚,县委书记吴昊、县政协主席郝敬彬出席会议。考察沛县中学、湖西职业技术学院、汉兴汉润家园"有事好商量"协商议事室、祥邦无纺布等地。召开座谈会,吴昊通报全县经济社会发展情况。

10 月 21—29 日，县政协党组书记、主席郝敬彬、副主席李令军带队赴四川省安顺市关岭县、贵州省黔西南州贞丰县、兴义市、广西巴马瑶族自治县、柳州市柳江区、桂林市阳朔县、灵川县等地开展“推动移风易俗，培育文明乡风”专题调研活动。

11 月 2 日，在县行政中心主楼 611 会议室召开政协沛县十届六十六次主席（扩大）会议。解读中华人民共和国安全生产法；汇报 10 月份工作完成情况及 11 月份工作计划；协商通过《关于加强县党政有关部门单位与县政协专委会对口联系工作的实施意见》；协商通过 11 月份工作要点；近期工作安排；观看中国共产党在江苏历史展 VR 电视馆。党组书记、主席郝敬彬，副书记、副主席李法伟，副主席李令军、朱志军，秘书长韩友静，政协机关全体人员参加。

11 月 3—5 日，市政协原副主席李鸿民一行 5 人来沛考察。县委书记吴昊，县委副书记、代县长索向东，县政协党组书记、主席郝敬彬，副主席李法伟等陪同。

11 月 16 日上午，沛县召开县委书记领衔督办重点提案工作汇报会。县委书记吴昊在县政协党组书记、主席郝敬彬等人的陪同下，带领教育、财政、住建、人保、编办等提案承办相关部门负责人和有关政协委员，实地考察了正阳幼儿园、歌风嘉苑幼儿园、汉城国际如歌幼儿园。召开座谈会听取提案人、县教育局和县、市政协委员意见和建议。

跋

李法伟

五年艰辛不寻常，十届政协著华章。

弹指一挥间，沛县十届政协即将收官，迎来下一个崭新的五年。一部博采众长、广大悉备的政协著作，由县政协文化文史委编撰，凝聚着政协智慧、委员心血的《洞鉴》一书应运而生。这是一部新时代的《资政新编》，也是一部新征程的《资治通鉴》。这是致敬建党百年的一份贺礼，也是向沛县人民交上的一份答卷。

习近平总书记强调，协商民主是党领导人民有效治理国家、保证人民当家做主的重要制度设计。在党的领导下，人民政协通过制度化、程序化、规范化的设计安排，优化政治资源配置，形成社会各界广泛参与的体制机制，成为凝心聚力第一线、决策咨询第一线、协商民主第一线、国家治理第一线。

政协力量蒸蒸日上，政协方案熠熠生辉。作为人民政协最基层、最前沿的沛县政协，在大汉之源、刘邦故里这片英雄的土地上，共同的理想、共同的目标、共同的事业、共同的行动，汇聚起无坚不摧的社会合力。一届届政协人作为中国特色社会主义事业的亲历者、实践者、维护者、捍卫者，积极建言献策，为推动决策科学化、民主化发挥了重要作用，用实际行动呼应了“我是谁、为了谁、依靠谁”的时代命题。

沛县十届政协围绕加强新时代人民政协理论与政策的实践和创新、历史文化的挖掘和传承、地方经济社会的全面进步和高质量发展，进行深入调研、科学谋划、精准建言、积极献策。甘为沛县经济社会事业发展鼓与呼，为人民政协工作和实现中国梦的沛县篇章做出了应有贡献。

“时代是出卷人，我们是答卷人，人民是阅卷人。”实践证明，沛县政协“赶考”之心从未改变，“赶考”之志从未动摇，“赶考”之行从未停歇。我们以党的政治建设为统领，全面推进人民政协的政治建设、思想建设、组织建设、作风建设、纪律建设，突出制度建设。不断补足精神之钙、筑牢思想之基，增强了自我净化、自我完善、自我革新、自我提高能力。

寻求最大公约数，画好最美同心圆。立足“两个大局”，胸怀“国之大者”，我们要不断提高政治判断力、政治领悟力、政治执行力，不断提高政治站位、提高思想境界、提升人生品位。科学把握形势变化，精准识别现象本质，围绕“十四五”时期重大决策，找准履职尽责的切入点、着力点，扎实本领，丰富新知，敢于担当，善于作为。

聚焦政协智慧，照亮信仰之光！踏上实现第二个百年奋斗目标新的“赶考”路，沛县政协坚持解放思想和实事求是相统一、培元固本和守正创新相统一，永远同中国共产党想在一起、站在一起、干在一起，风雨同舟，同甘共苦，同呼吸、共命运、心连心。不忘来时的路，看清脚下的路，坚定前行的路。肩负历史使命，坚定前进信心，立大志、明大德、担大任、成大业。握紧历史“接力棒”，全力跑好“新征程”！

2021 年 9 月 10 日

图书在版编目(CIP)数据

洞鉴/政协江苏省沛县委员会编. --北京:中国文史出版社,2022.1

ISBN 978-7-5205-3423-9

Ⅰ.①洞… Ⅱ.①政… Ⅲ.①中国人民政治协商会议-地方委员会-工作-沛县-文集 Ⅳ.①D628.534-53

中国版本图书馆CIP数据核字(2021)第246756号

责任编辑:牟国煜

出版发行:**中国文史出版社**
社　　址:北京市海淀区西八里庄路69号院　邮编:100142
电　　话:010-81136606　81136602　81136603(发行部)
传　　真:010-81136655
印　　装:廊坊市海涛印刷有限公司
经　　销:全国新华书店
开　　本:720×1020　1/16
印　　张:48　　　　字数:854千字
版　　次:2022年1月第1版
印　　次:2022年1月第1次印刷
定　　价:188.00元